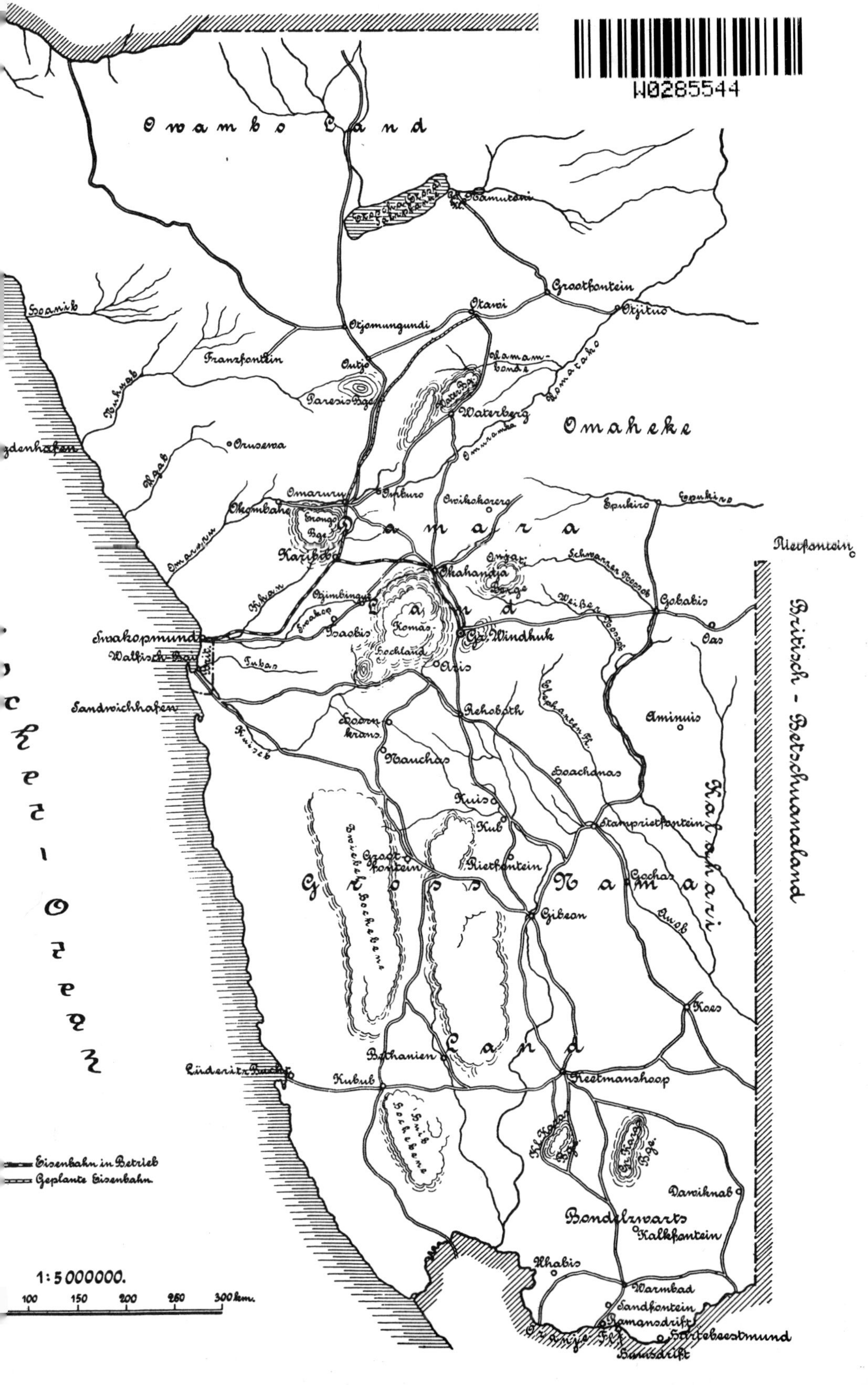

Owambo Land
Hamutoni
Grootfontein
Otavi
Otjituo
Otjomungundi
Franzfontein
Outjo
Paresis Bge.
Waterberg
Omaheke
Omaruru
Okombahe
Erongo Bge.
Karibib
Okahandja
Epukiro
Rietfontein
Gobabis
Swakopmund
Walfisch-Bai
Sandwichhafen
Otjimbingue
Gr. Windhuk
Aris
Rehoboth
Komas Hochland
Nauchas
Aminuis
Hoachanas
Kuis
Kub
Stamprietfontein
Rietfontein
Gochas
Gibeon
Groß Namaland
Kalahari
Britisch - Betschuanaland
Koes
Bethanien
Keetmanshoop
Lüderitzbucht
Kubub
Bondelzwarts
Kalkfontein
Warmbad
Sandfontein
Ramansdrift
Hartebeestmund
Oranje Fl.
Eisenbahn in Betrieb
Geplante Eisenbahn
1:5000000.
100
150
200
250
300 km.

W0285544

Walter Nuhn · Sturm über Südwest

Herausgegeben mit Unterstützung
des Arbeitskreis für Wehrforschung, Stuttgart

Walter Nuhn

Sturm über Südwest

Der Hereroaufstand von 1904 – Ein düsteres Kapitel der deutschen kolonialen Vergangenheit Namibias

Bernard & Graefe Verlag

3. Auflage Bonn 1996
2. Auflage Bonn 1994
1. Auflage Koblenz 1989

Herstellung und Layout: Walter Amann, München
Lithos: Repro GmbH, Ergolding/Landshut
Satz: MB Verlagsdruck, M. Ballas, Schrobenhausen
Druck und Bindung: Grafos S.A., Barcelona
Printed in Spain

ISBN 3-7637-5852-6

Hereroaufstand, 1904. Nachdem ein Aufstand der Herero in Deutsch-Südwestafrika bereits 1896 von Gouverneur *Leutwein* niedergeschlagen worden war, erhoben sich zu Jahresbeginn 1904 rund 8000 gutbewaffnete Angehörige dieses Volkes erneut, als die 750 Mann starke Schutztruppe im Süden der Kolonie aufständische Hottentotten bekämpfte. Mehrere größere Ansiedlungen (Okahandja, Omaruru, Okombahe) wurden eingeschlossen, rund 120 Weiße in kleinen Stationen ermordet. Die Siedler wehrten sich hinhaltend in zahlreichen blutigen Gefechten. Nach der Übertragung des Oberbefehls auf General *von Trotha* und Verstärkung der Schutztruppe auf 7500 Mann wurden die Herero am Waterberg am 11. August 1904 geschlagen und u.a. durch harte Verfolgung unter *Deimling* in die wasserlose Omahekesteppe abgedrängt, wo der größte Teil umkam. Nur einer kleinen Gruppe unter dem Anführer des Aufstands, dem Oberhäuptling *Samuel Maharero,* gelang der Übertritt auf engl. Gebiet, worauf sie am Ngami-See angesiedelt wurden. *Co.**

* Lexikon der deutschen Geschichte – Personen, Ereignisse, Institutionen. Herausgegeben von Gerhard Taddey. Alfred Kröner Verlag, Stuttgart 1983.

Inhalt

Einleitung

Der nach Ende des Zweiten Weltkriegs einsetzende Dekolonisierungsprozeß in Afrika hat sich seit den siebziger Jahren immer stärker auf die südliche Hälfte des Kontinents verlagert und Anfang der achtziger Jahre die weißen Ballungsgebiete des »Schwarzen Erdteils«, Südafrika, erfaßt. Während in den anderen Teilen Afrikas sich die Loslösung der Afrikaner aus den kolonialen Banden, wenn auch zum Teil in blutigen und langwierigen Befreiungskriegen, stetig vollzog, ist dieser Prozeß hier am Südkap, der Hochburg der spätkolonialen Vorherrschaft der Weißen, zum Stillstand gekommen. Die Fronten zwischen Schwarz und Weiß haben sich verhärtet. Nach Verlust seines Vorfeldes in Angola, Mozambique und Zimbabwe-Rhodesien scheint das weiße Minderheitenregime in Südafrika entschlossen, nicht noch weiter Terrain zu verlieren. Es beharrt auf seiner Position der Überlegenheit der weißen Rasse, der sogar in der Verfassung und Gesetzgebung verankerten Rassentrennung, der sogenannten »Apartheid«, der Ablehnung der gesellschaftlichen und politischen Gleichstellung der Afrikaner und auf der Vorenthaltung des Wahlrechts für die schwarze Mehrheit des Landes, weil man glaubt, nur so die Führungsrolle und Eigenständigkeit der weißen Rasse, der Garantin für »law and order« und wirtschaftliche Kraft des Landes, aufrechterhalten zu können. Hinter sich weiß die südafrikanische Regierung eine weiße Minderheit von 4,5 Millionen, die, die Schreckensbilder des Massenexodus der Weißen aus Angola und Mozambique nach der Machtübernahme der schwarzen Mehrheit noch vor Augen, von Zukunftsängsten geplagt wird und auf ihre Heimatrechte pocht.

Die schwarzen Südafrikaner aber verlangen ihre Grundrechte: die Anerkennung der Bürgerrechte, das Mitbestimmungsrecht, die Abschaffung der verhaßten Apartheidgesetze, die Gleichbehandlung vor dem Gesetz. An Versuchen der schwarzen Führer wie Mandela, Luthuli und Bischof Tutu, der weißen Regierung die Hand zu friedlichen Verhandlungen zu reichen, hat es nicht gefehlt. Doch diese winkt ab: Sie weiß sich mit der Mehrheit ihrer weißen Wähler eins in dem Willen, die bestehende Gesellschaftsordnung festzuschreiben. Die Geduld der schwarzen Führer scheint am Ende, sie können die militanten Kräfte in ihrer Anhängerschaft nicht mehr zurückhalten. Gewaltlose Demonstrationen, Streiks und Proteste haben nichts gefruchtet. Nun greift seit 1984 die Gewalt im Lande um sich, Unruhen brechen aus, vor allem in den schwarzen Vororten der Großstädte, so in Soweto bei Johannesburg und in Stellenbosch bei Kapstadt. Es kommt zu Serien von Brandstiftungen, Verwüstungen und Anschlägen. Zahllose Morde geschehen, begangen vor allem an schwarzen »Kollaborateuren« mit dem weißen Regime. Die Polizei schlägt hart zurück, Schießereien brechen aus in den schwarzen Ghettos, der Ausnahmezustand wird über das Land verkündet, Tausende von Schwarzen werden verhaftet.

Die westlichen Regierungen schalten sich ein, fordern die Abschaffung der Rassengesetze, die Freilassung der inhaftierten Führer der schwarzen Befreiungsbewegungen. Ein Waffenembargo wird gegen Südafrika beschlossen, wirtschaftliche Sanktionen erwogen und zum Teil verwirklicht, man will die Südafrikanische Union durch wirtschaftliche und politische Isolierung zum Nachgeben zwingen. Allmählich wird das Land in das politische Abseits gedrängt. Doch das Regime widersetzt sich weiterhin dem Druck der Außenwelt und der afrikanischen Freiheitsbewegungen, es verschanzt sich in seiner »Wagenburg«, so wie vor 150 Jahren die Buren auf ihrem Treck nach Transvaal. Es sieht nicht so aus, als ob Südafrika, von geringfügigen Zugeständnissen an seine schwarzen Bewohner abgesehen, in der vorhersehbaren Zukunft zum Einlenken bereit sein würde. Die Eskalation der Gewalt wird weitergehen. Die an die Südafrikanische Union angrenzenden schwarzen Frontstaaten haben sich zusammengeschlossen und halten sich zum bewaffneten Kampf für die Befreiung ihrer schwarzen Brüder und Schwestern in Südafrika bereit. Der Ostblock, schon lange politisch und militärisch im Süden Afrikas engagiert, forciert seine Waffenlieferungen an die südafrikanischen Frontstaaten, schickt Militärinstrukteure: In Moskau weiß man um die einzigartige weltwirtschaftliche und weltstrategische Bedeutung Südafrikas. Südafrika droht zu einem Konfliktherd ersten Ranges in der Welt zu werden! Wird die Saat der Gewalt am Südkap Afrikas in allgemeinen Krieg und in Rebellion, in ein Meer von Blut und Gewalt aufgehen? Die Menetekel verheißen nichts Gutes!

Wie in den anderen westlichen Ländern haben sich auch in der Bundesrepublik Deutschland viele gesellschaftliche, kirchliche und politische Organisationen und Kreise leidenschaftlich gegen die Unterdrückungspolitik und den an die Hitlerära erinnernden Rassismus in Südafrika gewandt und fordern noch energischere Maßnahmen der westlichen Regierungen. Laufend berichten die Medien bei uns über die Lage am Kap, immer neue schlimme Meldungen treffen von dort ein. Doch die Masse der Bürger nimmt die Nachrichten aus Südafrika gelassen und mit Gleichmut zur Kenntnis, man empfindet einen Augenblick etwas wie Mitgefühl für die Opfer der Gewalttaten da unten am Südkap von Afrika, nickt mit dem Kopf: Sicherlich, es ist schlimm für die armen Schwarzen in Südafrika, aber gibt es nicht anderswo auch Unterdrückung auf der Welt, werden nicht auch in manchen der befreiten Länder Afrikas die Bewohner von ihresgleichen drangsaliert, geht es nicht den südafrikanischen Schwarzen trotz aller Benachteiligungen in wirtschaftlicher Hinsicht vergleichsweise besser als ihren Rassengenossen in den befreiten Staaten des Kontinents? Überhaupt: Was haben wir im Grunde genommen mit den Vorgängen in Südafrika zu tun? Uns geht doch eigentlich dieser schmutzige letzte Kolonialkrieg in der Weltgeschichte gar nichts an! Sollen sich doch die europäischen Völker damit befassen, die dort noch Hypotheken aus ihrer kolonialen

Vergangenheit abzutragen haben, vor allem die Holländer und die Briten! Wir haben weiß Gott genug zu tun mit der Bewältigung unserer eigenen leidvollen jüngsten Vergangenheit! Seien wir froh, daß man uns wegen der Vorgänge in Südafrika nicht auch noch etwas am Zeug flicken kann!

Sicherlich, auch Deutschland besaß einmal Kolonien, damals zu Kaisers Zeiten. Man erinnert sich vielleicht auch noch, daß Südwestafrika, heute nennt es sich ja Namibia, einmal deutsche Kolonie war. Der interessierte Bürger weiß womöglich auch noch, daß wir sie dann als Ergebnis des verlorenen Ersten Weltkriegs – ebenso wie unsere anderen Kolonien in Afrika und in der Südsee – an die Siegermächte abtreten mußten, daß das Land dann Südafrika als Mandatsgebiet zugesprochen wurde und die Südafrikaner dort auch heute noch die Herrschaft ausüben, obwohl ihnen bereits 1971 das Völkerbundsmandat vom Internationalen Gerichtshof aberkannt worden war. Man denkt vielleicht auch noch an die SWAPO-Befreiungsbewegung von Südwestafrika/Namibia, die für Unruhe im Norden des Landes sorgt, an den bewaffneten Konflikt an der Grenze nach Angola, wo die SWAPO zusammen mit angolanischen Streitkräften, ja sogar kubanischen Truppen sich heftige Kämpfe mit den immer wieder nach Angola eindringenden südafrikanischen Truppen liefert. Wie dem aber auch sei: Wir haben dort keine Hypotheken aus der deutschen Zeit mehr! Die ist längst vergangen. Außerdem: Die deutsche Kolonialherrschaft war anders, sie konnte sich vor der Weltmeinung sehen lassen, sie war menschlicher, um das Wohlergehen ihrer schwarzen Untertanen besorgt. Man verweist auf die Kulturarbeit, die die Deutschen dort geleistet hatten: den Straßen- und Bahnbau, den Aufbau des Rechtswesens, des Schulwesens, des Gesundheitswesens, die Hebung des Lebensstandards der Eingeborenenbevölkerung, des »kostbarsten Guts unserer Kolonien«, wie es in den alten Schriften hieß. Die Tugenden der Ordnung und des Fleißes hat man den Schwarzen beigebracht, sie gelehrt, den Wert der Arbeit schätzen zu lernen! Strenge, aber Gerechtigkeit war die Devise der deutschen Kolonialherren. Hier wenigstens haben wir den anderen Kolonisationsvölkern etwas voraus!

Stimmt dieses sich so hartnäckig im Bewußtsein der Deutschen haltende Bild vom fleißigen, gerechten und humanen deutschen Kolonialherrn tatsächlich? Oder ist es etwa doch Legende, überkommen aus der Zeit nach dem Ersten Weltkrieg im Schmerz des Verlustes der Kolonien oder gar aus der Zeit des Nationalsozialismus? Nachdenklichkeit kommt auf. Vielleicht erinnert sich der eine oder der andere aus der älteren Generation doch noch daran, in den alten Kolonialbüchern einmal etwas von Eingeborenenaufständen in Südwestafrika und anderen deutschen Kolonien gelesen zu haben. Die Frage drängt sich auf: Warum haben sich die Eingeborenen erhoben, fühlten sie sich vielleicht doch ungerecht von uns behandelt? Sollten wir gar noch eine Schuldenlast aus unserer Kolonialzeit mit uns herumtragen, ohne daß wir uns dessen bewußt sind, vielleicht gerade aus unserer Kolonialära in Südwestafrika?

Wir wollen in der vorliegenden Arbeit diesen Fragen am Beispiel eines dieser Aufstände, des der Herero in Deutsch-Südwestafrika/Namibia im Jahre 1904, auf den Grund gehen.

Um ein besseres Verständnis von den Vorgängen im damaligen Deutsch-Südwestafrika zu bekommen, die zur Auslösung dieses Aufstandes geführt haben, soll einleitend ein Abriß des Hintergrundgeschehens, das heißt der *Geschichte der Entstehung und Entwicklung des deutschen Kolonialreiches,* gegeben werden:
Der Zeitraum zwischen dem deutsch-französischen Krieg 1870/1871 und dem Beginn des Ersten Weltkriegs im Jahre 1914 bescherte dem deutschen Volk eine der längsten Friedensperioden in seiner Geschichte. In einer Reihe siegreicher Kriege mit den Nachbarstaaten war es Preußen und den mit ihm verbündeten deutschen Staaten gelungen, das Deutsche Reich und damit die staatliche und nationale Einheit der Deutschen wiederherzustellen. Geschickt hatte es der erste Kanzler des Reiches, Fürst Otto von Bismarck, verstanden, durch Abschluß internationaler Verträge und Bündnisse für ein Gleichgewicht der Kräfte innerhalb der europäischen Staaten zu sorgen und so für lange Zeit den Frieden in Europa zu sichern.

Im Schutz dieses Friedensbollwerks nahmen Wirtschaft und Industrie des Reiches einen ungeahnten Aufschwung, der Handel blühte, deutsche Erzeugnisse erlangten überall in der Welt hohe Geltung. Deutschland wurde zu einem Machtfaktor erster Ordnung in Europa. Nun schienen auch die Voraussetzungen für eine Expansionspolitik und ein koloniales Engagement Deutschlands gegeben zu sein. Es galt, günstige Exportmärkte für den deutschen Handel zu erschließen, billige Rohstoffquellen für die heranwachsende Industrie zu erwerben und den zum Teil schon seit Jahrzehnten bestehenden Niederlassungen Bremer und Hamburger Handelshäuser in Afrika und in der Südsee und den dort tätigen deutschen kirchlichen Missionen den Schutz des Heimatlandes zu gewähren. Der Garant, der diesen Belangen in Übersee Geltung verschaffen konnte, war endlich vorhanden: Eine eigene Kriegsflotte von zunehmender Größe. Doch Bismarck zögerte: Er fürchtete, daß Kolonien für Deutschland zu teuer seien und daß es zu Komplikationen oder gar Konfrontationen mit den traditionellen Kolonialmächten, vor allem Frankreich und England, kommen könnte, die sein so mühsam aufgebautes Sicherheitssystem in Europa ins Wanken bringen könnten. Demarchen deutscher Kaufleute, Missionare und Kolonialpropagandisten in dieser Richtung lehnte er daher jedesmal mit dem Hinweis ab, der Besitz von Kolonien sei ein Luxus, den sich Deutschland nicht leisten könnte.

Nur einmal trat der Reichskanzler aus seiner Zurückhaltung hervor: Auf Drängen des in Zahlungsschwierigkeiten geratenen Hamburger Handelshauses Godeffroy, das mehr als fünfzig Plantagen und Minerallagerstätten in der Südsee, vor allem auf Samoa besaß, sollten für dessen Besitzungen auf Samoa vom Reich Zinsgarantien übernommen werden, damit das Handelshaus seinen

Zahlungsverpflichtungen nachkommen konnte und seine Plantagen nicht in englischen Besitz übergingen. Bismarck gibt nach und bringt im April 1880 die sogenannte »Samoa-Vorlage« in den Reichstag ein. Doch mit knapper Mehrheit wird die Vorlage abgelehnt. Bismarck ist tief verstimmt. Er erkennt, daß für aktive Kolonialbestrebungen des Reiches die Zeit noch nicht reif ist! Es fehlt der Rückhalt und das Verständnis hierfür im eigenen Volk, vor allem aber in der Volksvertretung, dem Reichstag. Verbittert stellt er fest: »Zu Kolonien gehört ein Mutterland, in dem das Nationalgefühl stärker ist als der Parteiengeist.«

Doch gerade die Ablehnung der Samoa-Vorlage war es, die die deutsche Öffentlichkeit wachrief. Die koloniale Idee gewinnt im Volk an Raum. Die Kolonialpropagandisten, unter ihnen der Missionsinspektor Fabri mit seiner aufsehenerregenden Schrift »Bedarf Deutschland der Kolonien?«, weisen in eindringlichen Worten auf die Notwendigkeit eigenen Kolonialbesitzes hin. So wird der Boden für ein aktives Kolonialengagement des Reiches bereitet. Kolonialvereine werden gegründet, die sich mit der Forderung nach Erwerb von Überseeterritorien an die Öffentlichkeit wenden. An Argumenten hierfür fehlt es nicht: Auf diese Weise könnte dem Abfluß deutschen Blutes durch Auswanderung in die Fremde Einhalt geboten, Rohstoffquellen für die wachsende deutsche Industrie gesichert werden und der deutsche Überseehandel unter dem direkten Schutz des Reiches gedeihen. Die Zeit dränge, es müsse tatkräftig und sofort gehandelt werden: Schon sei der größte Teil Afrikas in den Besitz der anderen europäischen Mächte übergegangen. Tatsächlich schickten diese sich jetzt an, unter Ausnutzung der Unentschlossenheit des Reiches zu Beginn der achtziger Jahre die letzten noch freien Flecken in Afrika unter sich aufzuteilen. Der »scramble for Africa«, der Wettlauf um Afrika, begann.

Da trat ein Ereignis ein, das Bismarck zum Einlenken zugunsten der Errichtung begrenzter territorialer Erwerbungen in Übersee veranlaßte: England und Portugal schlossen am 26. Februar 1884 einen Vertrag, in dem Portugal Hoheitsrechte im Kongogebiet und England dort erhebliche Schürf- und Handelsprivilegien eingeräumt wurden. Die anderen europäischen Mächte wurden aufgeschreckt und intensivierten ihre Bemühungen um Ausdehnung ihrer afrikanischen Besitztümer. Die in Afrika tätigen deutschen Handelsgesellschaften aber, bar jeden Schutzes des Reiches, fürchteten, durch die Annexionsbestrebungen der anderen Mächte ihrer Handelsbeziehungen und Marktanteile verlustig zu gehen. Die Handelskammern in Deutschland wurden eingeschaltet; diese wandten sich nun in Eingaben an die Reichsregierung und forderten die Errichtung deutscher Handelskolonien. Auch in Regierungskreisen wurde diese Forderung aufgegriffen: Am 8. April 1884 ließ ein hoher deutscher Regierungsbeamter gegenüber Bismarck durchblicken, er, Bismarck, könnte Schwierigkeiten mit dem Reichstag aus dem Wege gehen, wenn er die Bildung deutscher Handelskolonien in Afrika befürworten würde, in denen private Kolonialgesellschaften nach dem Vorbild der britischen »Chartered Companies«[1] die vollziehende Gewalt und die Verwaltung im Namen des Reiches ausüben, ohne daß letzteres seine Staatsgewalt im vollen Umfang zur Geltung bringen müßte. Der Reichskanzler griff diesen Gedanken auf, zumal da Wahlen bevorstanden und die der Kolonialpolitik aufgeschlossenen liberalen Kräfte im Reichstag an Boden gewannen. So wurde die Grundlage für die Bildung eines deutschen Kolonialreiches geschaffen: Innerhalb der nächsten vier Monate wurde nacheinander zuerst in Togo und Kamerun, wo schon lange deutsche Handelsniederlassungen bestanden, und dann in Südwestafrika[2] der symbolische Akt der Inbesitznahme durch Hissen der Reichsflagge vollzogen und Schutzverträge mit den dortigen Eingeborenenherrschern abgeschlossen. Das gleiche Zeremoniell vollzog sich bald darauf auch in Ostafrika (1885) und in der Südsee (Neuguinea Ende 1884); später folgten noch Mikronesien (1898) und Samoa (1900). So entstand ein deutsches Überseereich, das mit etwa 3 Millionen km² fast fünfmal größer als das Mutterland war und (1914) etwa 12 Millionen Einwohner hatte, davon jedoch nur ein Bruchteil Weißer, nämlich ungefähr 23000. Entsprechend den genannten Schutzverträgen erhielten die deutschen Erwerbungen nicht die amtliche Bezeichnung »Kolonien«, sondern »Schutzgebiete«. Vor dem Reichstag erläuterte der Reichskanzler seine Vorstellungen: »Mein Ziel ist die Regierung kaufmännischer Gesellschaften, über denen nur die Aufsicht und der Schutz des Reiches und des Kaisers zu schweben hat.«

Bismarck ahnte nicht, daß sein Kolonialprogramm schon bald von der harten Wirklichkeit überrollt werden würde: Keine der von den deutschen Handelshäusern und Banken für die verschiedenen Schutzgebiete ins Leben gerufenen Kolonialgesellschaften war finanziell in der Lage, ja überhaupt willens, die administrative Verantwortung in den ihrer Obhut anvertrauten Schutzgebieten wahrzunehmen, geschweige denn die vollziehende Gewalt dort auszuüben. Die erhofften Renditen blieben aus; und obendrein brachen noch Unruhen unter den »Kolonisierten« aus, bei deren Bekämpfung sich die Gesellschaften als machtlos erwiesen. Auch finanziell am Ende, wandten sie sich um Hilfe an das Reich. Um sein Prestige besorgt, blieb diesem nichts anderes übrig, als schon wenige Jahre nach Gründung der Kolonien diese größtenteils[3] in eigene Regie zu übernehmen und eine Reichsadministration dort zu etablieren: Die Schutzgebiete wurden de facto zu Kronkolonien, behielten jedoch ihre ursprüngliche Bezeichnung »Schutzgebiete« bei.

1 Hierunter sind private Handelsgesellschaften zu verstehen, die im Namen der britischen Krone die Hoheitsrechte in britischen Überseeterritorien ausübten, z.B. die British East Indian Trading Company, die bis 1878 Britisch-Indien verwaltete, das dann in den Besitz der britischen Krone überging und damit Kronkolonie wurde.

2 Südwestafrika wurde jedoch schon eher unter den Schutz des Reiches gestellt, und zwar mit der Ausstellung des Schutzbriefes an Lüderitz am 24. April 1884 (siehe Seite 30).

3 Mit Ausnahme der Südseekolonien; diese wurden erst später »verstaatlicht«.

Die Ausübung der Staatsgewalt, der obersten Souveränitätsgewalt, in den Schutzgebieten wurde gemäß dem Schutzgebietsgesetz vom 16. April 1886 und 10. September 1900 dem Souverän des Reiches, dem Kaiser, übertragen. Ihm stand kraft dieser Gesetze das Recht zu, Verordnungen und administrative und legislative Richtlinien zu erlassen. Dieses Recht delegierte er weitgehend an den Reichskanzler. Dieser bediente sich bei der Ausübung dieses Rechts eines kolonialen Beamtenapparates mit einer zentralen Instanz. Diese Instanz wurde im Jahre 1890 im Auswärtigen Amt unter der Bezeichnung »Kolonialabteilung« geschaffen, deren Leiter mit dem Titel »Kolonialdirektor« dem Reichskanzler direkt verantwortlich war. Durch die Unterstellung unter das Auswärtige Amt waren die Kompetenzen dieser Abteilung stark beschnitten. Dies besserte sich erst, als 1907 ein separates Kolonialamt eingerichtet wurde. Als Sachverständigengremium war der Kolonialabteilung ein sogenannter Kolonialrat beigegeben, der sich aus Interessenvertretern der Wirtschaft, der kirchlichen Missionen und der Kolonialgesellschaften zusammensetzte. Ein reines Beratungsorgan, nahm dieses Gremium im Laufe der Jahre in dem Maße immer mehr an Bedeutung ab, wie der Reichstag vermehrt in die kolonialen Belange eingriff. Der Kolonialrat wurde 1907 aufgelöst.

Als höchste Repräsentanten der Zentralverwaltung in Berlin fungierten in den einzelnen Schutzgebieten anfänglich Landeshauptleute, später dann – mit zunehmender Erschließung und Pazifizierung der Kolonien und damit Vermehrung des Beamtenapparates – Gouverneure. Sie vertraten das Reich als dessen höchste Vollzugsorgane in den Schutzgebieten und waren mit weitgehenden Vollmachten ausgestattet: Sie hatten sogar die oberste militärische Gewalt im Schutzgebiet inne, selbst wenn sie Zivilisten waren, ein Dualismus, der sich oft hemmend auswirkte, besonders bei Aufständen und während des Weltkriegs.

Die Beamtenschaft im deutschen Kolonialreich rekrutierte sich aus Angehörigen der verschiedenen Reichs- und Landesbehörden des Mutterlandes, die sich für einen mindestens dreijährigen Dienst in den Kolonien verpflichten mußten. Dies bedeutete zwangsläufig einen steten Personalwechsel im kolonialen Verwaltungsapparat, was sich sehr nachteilig auf die Entwicklung der Schutzgebiete auswirkte, da die Beamten, kaum daß sie ihre ersten Erfahrungen in der völlig andersartigen Umwelt gewonnen hatten, wieder abberufen wurden. Ein weiteres Manko war, daß die Meldungen für den Kolonialdienst den Bedarf nicht deckten, so daß zusätzlich auf Militärs aus der Kolonialtruppe zurückgegriffen werden mußte, die zwar gute militärische Erfahrungen – nicht immer zum Vorteil der »Kolonisierten« – mitbrachten, dafür aber oft um so weniger administratives Fachwissen. Eine Besserung trat hier erst ein, als 1907 eine gesonderte Kolonialbeamtenlaufbahn eingerichtet wurde.

Mit der Schaffung einer Reichsverwaltung einher ging der Aufbau eines militärischen Apparates in den großen Schutzgebieten Südwestafrika, Kamerun und Deutsch-Ostafrika, für den in Anlehnung an die Bezeichnung »Schutzgebiete« die Bezeichnung »Schutztruppen« eingeführt wurde, während man sich in den kleineren Überseebesitzungen mit Polizeitruppen begnügte. Die Schutztruppen in Kamerun und Deutsch-Ostafrika rekrutierten sich aus einheimischen oder in den Kolonien anderer Mächte angeworbenen Söldnern, geführt von weißen Offizieren und Unteroffizieren; in Südwestafrika, einer weißen Siedlungskolonie, dagegen bestand die Truppe ausschließlich aus weißen Freiwilligen[4]. Für die Dienstaufsicht, das Personalwesen und die Ausrüstung der Truppe war in den Anfangsjahren das Reichsmarineamt zuständig, später wurde dann mit der Wahrnehmung dieser Kompetenzen ein »Oberkommando der Schutztruppen« betraut, das in der Kolonialabteilung des Auswärtigen Amtes eingerichtet wurde und dem Kolonialdirektor unterstellt war. Es war nur eine kleine Gliedbehörde aus mehreren Stabsoffizieren, darunter den Referenten für die drei Schutztruppen. Wie die Reichsmarine, so waren auch die Schutztruppen kaiserlich[5]. Im Gegensatz hierzu gab es im Kaiserreich aufgrund seiner föderativen Struktur kein reichsunmittelbares Heer in Friedenszeiten, vielmehr besaßen die Souveräne der einzelnen Gliedstaaten des Reiches ihre eigenen, nur ihnen unterstellten »Heereskontingente« (es gab ein preußisches, ein württembergisches, ein sächsisches und ein bayrisches Heer), die nur im Kriegsfalle dem Kaiser als dem »obersten Kriegsherrn« unterstellt wurden. Gerade diese Tatsache wirkte sich als Hemmschuh in der Rekrutierung des weißen Personals für die Schutztruppen aus, besonders in Krisenzeiten (Aufstände, Unruhen): Die Schutztruppen hatten für das weiße Personal kein eigenes Wehrersatzwesen, der Personalersatz erfolgte vielmehr durch Anwerbung von Freiwilligen der Gliedstaatenheere[6]. Die Verwendung geschlossener Heeresverbände in den Kolonialgebieten war nicht möglich, da jedes militärische Engagement in Übersee, also auch in den Kolonien, Sache des Reiches war, dem als Machtmittel, wie erwähnt, nur die Reichsmarine zur Verfügung stand. Wegen dieses komplizierten Personalersatzwesens war es nicht möglich, z.B. für die Niederwerfung von Aufständen in den Kolonien, kurzfristig Truppen – außer Marinesoldaten – aufzubieten. Hier waren das britische und das französische System wesentlich effektiver: So hatten die Briten in ihrem Heer ein sogenanntes »Rotationsverfahren«, d.h. die einzelnen Truppenteile waren turnusmäßig einmal in den Kolonien, dann wieder in der Heimat stationiert, während die Franzosen über eine eigenständige Kolonialarmee mit eigenem Personalersatzwesen verfügten. Die Franzosen und Briten hatten also jederzeit ein Reservoir an erfahrenen Kolonialsoldaten greifbar.

4 Gliederung der Schutztruppe für Südwestafrika siehe Seite 42 und Anlage 2, Seite 360f.

5 Dennoch besaß der Kaiser – außer nach Verkündung des Kriegsrechts – kein direktes Eingriffs- und Verfügungsrecht über die Schutztruppen, da diese über den Instanzenweg Oberkommando der Schutztruppen – Kolonialabteilung – Auswärtiges Amt dem Reichskanzler unmittelbar unterstellt waren.

6 Die Verpflichtungszeit betrug normalerweise drei Jahre, im Herero- und Hottentottenaufstand 1904–1907 bestanden kürzere Verpflichtungszeiten.

Als Aufgabenstellung für die Schutztruppen war laut Schutztruppenordnung vom 25. Juli 1898 nur deren Einsatz in den Schutzgebieten zur Aufrechterhaltung der öffentlichen Ordnung vorgesehen, entsprechend bescheiden waren ihre personelle und ihre ausrüstungsmäßige Ausstattung. Logistische Maßnahmen, z.B. Bevorratung, Ausrüstung, Mobilmachungsvorbereitungen über den Rahmen von Aufstandsbekämpfungen hinaus, Anlegung von Befestigungen zum Zwecke der Selbstverteidigung im Falle kriegerischer Verwicklungen zwischen dem Reich und anderen europäischen Mächten waren nicht getroffen, da Reichsregierung und Reichstag davon ausgingen, daß in einem solchen Fall »über das Schicksal der Kolonien in der Nordsee entschieden würde«, und die europäischen Großmächte einen bewaffneten Konflikt auf Europa zu beschränken vereinbart hatten[7].

Der Aufbau dieses Beamten- und Militärapparates erforderte natürlich einen beträchtlichen Finanzaufwand. Da die volkswirtschaftliche Ertragsseite der Kolonien weit hinter den hochgesteckten Erwartungen der Kolonialpropagandisten zurückgeblieben war, konnte dieser Finanzbedarf nicht aus den Eigeneinnahmen der Schutzgebiete gedeckt werden. So mußte notgedrungen das Reich diesen Kapitalaufwand aus Mitteln der Staatskasse bestreiten. Ein besonderer Kolonialetat wurde in den Reichshaushalt eingestellt, doch auch dieser reichte oft nicht aus, so daß Nachtragshaushalte eingebracht und Zuschüsse gewährt werden mußten. Alle diese Finanzanforderungen durchliefen die Kontrollmechanismen des Reichstages, da das Budgetrecht Angelegenheit der Volksvertretung war. Der Reichstag sah hier ein willkommenes Betätigungsfeld und eine Möglichkeit zur Erweiterung seiner legislativen Kompetenzen, die im heimatlichen Bereich, vor allem in der internen Verwaltung, ohnehin durch die konkurrierende Gesetzgebung der Parlamente der Gliedstaaten des Reiches recht mager waren. Dies hatte zur Folge, daß fast alle Aspekte der Kolonialpolitik und Kolonialverwaltung öffentlich in der Volksvertretung ausgetragen wurden, ein Phänomen, das keine Parallele in den Parlamenten der anderen Kolonialmächte hatte. Oft mußte in zermürbenden und langwierigen Debatten die Reichsregierung im Parlament um die Bewilligung der Gelder für Kolonialprojekte ringen und ihre Handlungsweise und die ihrer Beamten in den Schutzgebieten rechtfertigen. So blieb es nicht aus, daß der im Reichstag ausgetragene Parteienhader um die Kolonialpolitik sich bis in die Kolonialadministration, ja bis in die abgelegensten Verwaltungsposten im Innern der Schutzgebiete auswirkte. Die Gouverneure mußten zu ihrem Verdruß einen Großteil ihrer Zeit mit der Rechtfertigung ihrer Verwaltungsmaßnahmen und ihrer politischen und militärischen Handlungsweise in ihren

7 Tatsächlich ist es dann im Weltkrieg doch zum Einmarsch von Entente-Truppen in die deutschen Schutzgebiete und zu kriegerischen Auseinandersetzungen dort gekommen, mit der Folge, daß die meisten der deutschen überseeischen Besitzungen wegen mangelhafter Kriegsvorbereitungen schon in den ersten beiden Kriegsjahren verlorengingen.

Schutzgebieten gegenüber Reichsregierung und Reichstag aufwenden. Dies bedeutete wiederum, daß ihnen oft zu wenig Zeit blieb, um sich um die internen Belange in den Distrikten und Bezirken zu kümmern. An der »langen Leine geführt«, konnten die dort tätigen Offiziere und Beamten weitgehend unabhängig ihren Aufgaben nachgehen, wobei Überschreitungen der Kompetenzen – manchmal zum Vorteil, öfter aber zum Nachteil der »schwarzen Untertanen« – nicht selten waren.

War in den alljährlichen Haushaltsdebatten im Reichstag der Kolonialetat nach zähen Verhandlungen schließlich durchgebracht, so wachte die Volksvertretung mit Argusaugen über den Verbleib und die zweckmäßige Verwendung der bewilligten Gelder. Ständig saß sie der Kolonialabteilung und den Gouverneuren im Nacken. Allgemeiner Tenor war, daß die Schutzgebiete in kürzester Zeit und mit so wenig staatlichen Investitionen wie möglich auf einen gewinnbringenden Stand gebracht werden müßten, sollte sich dies als nicht möglich erweisen, so sei es besser, man verzichte auf sie. Die Gouverneure und ihre Beamtenschaft gerieten in einen Erfolgszwang, der einerseits durch den Reichstag mit seinem Budgetrechtsmonopol, andererseits durch die Vertreter der expandierenden heimischen Industrie mit ihren Forderungen nach tropischen Rohstoffen ausgeübt wurde, nicht zuletzt aber auch durch Eigeninteressen bedingt war, um die dräuende finanzielle Gängelung durch Reichstag und Reichsregierung zu lockern: Mit ehrgeizigen Plänen mußte versucht werden, mit einem Minimum an Kapitaleinsatz und in einem Minimum an Zeit ein Maximum an Erfolgen in der wirtschaftlichen Entwicklung der Schutzgebiete zu erzielen. Dies aber setzte voraus, daß viel Land für die Besiedlung durch Weiße reserviert, moderne Methoden der Landwirtschaft, der Bodenmelioration und des Wasserbaus eingeführt, ein Wege- und Straßennetz angelegt, Eisenbahnen gebaut, Forstwirtschaft betrieben, Minerallagerstätten erschlossen und ausgebeutet, Bergwerke angelegt wurden usw. Dies wiederum ließ sich nicht ohne schmerzliche Eingriffe in den Besitzstand und die Lebensweise der Eingeborenen bewerkstelligen. Ihnen mußte, notfalls durch Zwangsmaßnahmen, Land abgenommen, sie selbst dem weißen Mann als Arbeitskräfte und Steuerzahler nutzbar gemacht oder, wo man sie als Bauern beließ, gezwungen werden, nur solche Produkte anzubauen, die für die deutsche Wirtschaft von Nutzen waren. Ihre nur auf die Befriedigung der Grundbedürfnisse des Lebens ausgerichteten archaischen Wirtschaftsstrukturen mußten so rasch wie möglich durch moderne, effiziente, gewinn- und steuerbringende und den Erfordernissen der heimischen Volkswirtschaft angepaßte Wirtschaftsmethoden abgelöst werden. »Zum Wohle des Fortschritts nicht nur des weißen Mannes, sondern auch des schwarzen, da dieser so zu einer höheren Daseinsform geführt würde«, mußten die Eingeborenen diesen Reformen, wo nötig mit Gewalt, unterworfen werden. Im Vertrauen auf »die Macht des Stärkeren« und ihre technische Überlegenheit glaubten die deutschen Kolonialherren, dieses Ziel ohne großen Widerstand seitens der »Kolonisierten« erreichen zu können.

Doch die Dinge entwickelten sich vielfach anders, als die Kolonialherren erwartet hatten: Die »Kolonisierten«, die sich in ihren Lebensinteressen und ihrer Existenz bedroht fühlten, verhielten sich keineswegs immer passiv und botmäßig: Es kam zu einer Reihe von Konflikten, die in einigen Fällen in regelrechte Aufstände ausarteten.

Zu den größten dieser Eingeborenenaufstände zählte der eingangs schon genannte Hereroaufstand im Norden Deutsch-Südwestafrikas im Jahre 1904. Der Aufstand, zusammen mit dem daran anschließenden Nama- oder Hottentottenaufstand im Süden der Kolonie, war, wie ein deutscher Kolonialoffizier es treffend ausdrückte, »Deutschlands blutigster und langwierigster Kolonialkrieg«. Ein für Begriffe der kolonialen Kriegführung gewaltiges militärisches Machtpotential mußte vom Reich aufgeboten werden – mangels ausreichender Meldungen aus der aktiven Truppe mußte in der Heimat sogar auf Reservisten und Landwehrleute als Freiwillige zurückgegriffen werden –, um diesen Aufstand, die erste geschlossene Erhebung eines afrikanischen Volkes im deutschen kolonialen Herrschaftsbereich, zu unterdrücken. Der Generalstab in Berlin schaltete sich in das Kriegsgeschehen im fernen Südwest ein und übernahm selbst die Oberleitung auf dem Kriegsschauplatz, womit die Erhebung über die Dimension eines bloßen Eingeborenenaufstands zu einem regelrechten Krieg hinauswuchs.

Abbildungen, Karten, Quellen- und Literatur-Verzeichnis, Nachwort, Anhang und Register sollen die Gesamtdarstellung im einzelnen belegen und verdeutlichen.

Wilhelmshaven, Sommer 1988 Der Verfasser

1. Zur Vorgeschichte des Aufstands

Geographie und Ethnologie von Südwestafrika · Das Volk der Herero · Der Gegensatz zwischen Herero und Nama · Die Gründung des deutschen Schutzgebietes Südwestafrika, der Abschluß von Schutzverträgen mit den Eingeborenenstämmen · Die Besiedelung des Hererolandes durch Weiße und deren Auswirkungen, das »Händlerunwesen« · Die ungleiche Behandlung Eingeborener vor deutschen Gerichten · Die Rinderpest und ihre Folgen

»Am 18. Juli 1894, nach einer Fahrt von mehr als vier Wochen, traf die »Lulu Bohlen« vor Swakopmund ein. Es war am Nachmittag. Die Reiter sahen hinüber nach dem Lande Südwest und suchten die Stadt Swakopmund. Aber so sehr sie auch ihre Augen anstrengten, keiner konnte sie entdecken. In der heißen Sonne, die flimmernd über dem Lande lag, dehnte sich unabsehbar eine weite, gelbrötliche Sandfläche, die langsam von der Küste anstieg. Da waren weder Baum noch Strauch, weder Palmen noch Wälder; es war alles nackt und kahl. Die Soldaten ließen die Köpfe hängen und wurden still ... Das sollte ihr Afrika sein; Wie hatten sie sich das so anders vorgestellt! Was sie vor Augen sahen, war eine unwirtliche, namenlose Öde. Ein feindselig fremdes Land, auf das die Sonne sengend herniederbrannte. Nichts als leuchtend gelber Sand, hier und da gewellt, nach Süden hin zu immer höheren Dünen anwachsend. Nackte und sandüberwehte Felsblöcke. Alles tot. Aus dem langen Silberband der tosenden Brandung ragten schwarze Riffe heraus...[1]«.

Das war der erste Eindruck, den der Reiter der Schutztruppe von Südwestafrika Tyrnau und seine Kameraden von der Kolonie Deutsch-Südwestafrika bekamen. In der Tat ist die Küste Südwestafrikas eines der unwirtlichsten Gestade in der Welt. Wie ein Bollwerk erstreckt sich die menschenfeindliche Einöde der Namib, wie die Küstenwüste heißt, in einer Breite von 100–150 km und über eine Länge von 1400 km, vom südlichen Grenzfluß Oranje bis hoch zum Norden, zum Grenzfluß Kunene. Die Namib, nach der das Land nach dem Zweiten Weltkrieg seinen Namen erhalten hat, war es auch, die Seefahrer und Entdecker jahrhundertelang davon abschreckte, das Land zu betreten, da man es angesichts dieser Einöde für ziemlich wertlos hielt und sich kaum vorstellen konnte, daß das Hinterland weniger trostlos sein könnte. Den gleichen Eindruck bekam der Entdecker und Reisende, wenn er von der Landseite her Südwestafrika betreten wollte. Wollte er dies von Osten her versuchen, so sah er sich ebenso trostlosen und schier unüberwindlichen Naturhindernissen gegenüber: der Kalahariwüste und dem sich im Norden davon anschließenden Omaheke-Sandfeld, die das Land über seine gesamte Nord-Süd-Ausdehnung im Osten abschließen. Nur direkt von Süden und Norden her, über die Grenz-

1 Aus: »Kampf um Südwest«, S. 34, von Kurt Renck-Reichert (siehe Quellen- und Literaturverzeichnis).

flüsse Oranje im Süden und Kunene und Okavango im Norden, gelangt man mit geringeren Schwierigkeiten in das Land hinein.

So ist es nicht verwunderlich, daß wir die erste Kunde über die Gegebenheiten im Landesinnern von weißen Reisenden und Missionaren erhalten haben, die Mitte des vorigen Jahrhunderts über die südliche »Hintertür«, d. h. vom Süden, vom Kapland, her und über den Oranjefluß, nach Südwestafrika gelangt waren. Nahm der unerschrockene Reisende, der gewaltigen Brandung trotzend, doch das Wagnis auf sich, das Land von der Seeseite her zu betreten, so gelangte er schließlich, nachdem er die abenteuerliche Odyssee im schwerfälligen, bis zu 50 m langen Ochsentreck, dem einzig möglichen Verkehrsmittel, durch die unendlich einförmige, durch kein Vogelgezwitscher, keinen Baum oder Strauch belebte, wasserlose und unbewohnte Sandwüste der Namib glücklich hinter sich gebracht hatte, auf ein Hochplateau, dessen Anblick, wenn auch immer noch reichlich triste, ihn doch etwas hoffnungsvoller stimmte: Vor ihm dehnte sich eine unermeßliche Savanne aus, die hier und da von einigen kahlen Bäumen belebt und von Geröll, Felstrümmern, Steinblöcken und Klippen dicht übersät war, und über dem Reisenden spannte sich der stahlblaue Himmel mit dem gelben Glutball der Sonne. Nur mit den größten Schwierigkeiten vermochte sich der Ochsenwagen hier einen Weg bahnen. Ächzend und rumpelnd fuhr er über das Geröll hinweg, den Felsblöcken und den allgegenwärtigen Dornbüschen ausweichend, die von den Buren »Wart en bitjen« genannt wurden, da man leicht an ihnen hängenbleiben konnte und es ein wahres Geduldsspiel war, die Kleidung von den langen, hakenartigen Dornen wieder zu befreien.

»Groß ist in Südwest der Mangel an Wasser, der die Viehzucht stark beeinträchtigt und einen ewigen Kampf um dieses das Leben erhaltende Element erfordert. Mit Ausnahme der Grenzflüsse Kunene, Okavango und Oranje gibt es im ganzen Land keinen einzigen Fluß, der ständig Wasser führt. Viele Flußbetten, Riviere genannt, die in den oft mehrere Jahre anhaltenden Dürrezeiten völlig austrocknen, durchziehen das Land. Doch die schon aus der Ferne wahrzunehmenden grünen Streifen von Bäumen und Büschen, die die mehrere Meter tiefen trockenen Flußwege umsäumen, verraten, daß das Wasser hier nicht völlig im Boden versickert. Prasselt dann schließlich doch einmal ein Gewitterregen hernieder, so verwandelt sich das Bild in kürzester Zeit: Von allen Seiten ergießen sich die Wasserkaskaden in das Flußbett: ›Das Rivier kommt ab‹, wie der Südwester sagt. Als wäre eine Schleuse hochgezogen, wälzt sich eine von Sand, Laub, Gras und Rindermist dickflüssige Wasserwand durch das trockene Sandbett dahin. Wehe dem Ochsenwagen, der von solch einer Woge überrascht wird! Mit jedem durchlaufenen Kilometer verringert sich jedoch die Wassermenge und verlangsamt ihren Lauf, um nach fünfzig bis sechzig Kilometern vom sandigen Flußbett völlig aufgesogen zu sein. Hin und wieder bleiben bei undurchlässigem Grunde Tümpel zurück, in denen das Vieh getränkt wird. Oft müssen jedoch in den Flußbetten tiefe Löcher gegraben werden, in denen sich das Grundwasser sammelt. Freilich würde das Grundwasser der Riviere niemals genügen, um größere Viehbestände zu erhalten. Zum Glück liegen im Lande verstreut noch viele natürliche Vertiefungen oder Depressionen, Pfannen oder Vleys genannt, in denen sich das Wasser sammelt[2].«

Je mehr man nach Norden gelangt, um so häufiger werden die Niederschläge und um so üppiger die Vegetation, die schließlich in eine grüne und fruchtbare Buschsavanne übergeht, nach Osten zunächst in Blattwälder und noch weiter nach Osten – im Caprivizipfel – in dichte Wälder. Dies ist der fruchtbarste Teil des Landes, im Westen Ovamboland genannt, im Osten Kavangoland, das an den bis zum Sambesi reichenden Caprivizipfel angrenzt. Während auf den Steppen des Hochplateaus nur Viehzucht betrieben wird, sind die hier oben lebenden Stämme, die Ovambo und die Kavango, Ackerbauer.

Südwestafrika, heute Namibia, bedeckt eine Fläche von etwa 835 000 km^2, ist also $1\frac{1}{2}$ mal so groß wie das damalige deutsche Kaiserreich. Wegen seiner Bodenbeschaffenheit kann es nur wenige Menschen ernähren. Daher war die Kopfzahl der dort lebenden Eingeborenenstämme – im Gegensatz zu der der anderen deutschen Schutzgebiete in Afrika – gering. Sie betrug nach amtlichen, nicht unbedingt als zuverlässig anzusehenden Schätzungen des damaligen Landeshauptmanns, späteren Gouverneurs Theodor Leutwein im Jahre 1894 etwa 244 000 und war nach Volksstämmen wie folgt aufgegliedert:

Ovambo (verschiedene Stämme)	100 000
Herero (verschiedene Stämme)	80 000[3]
Hottentotten (verschiedene Stämme, wichtigster: die Nama)	20 000
Baster (auch »Bastards« genannt)	4 000
Buschmänner und Bergdamara	40 000[4]

Auf den Volksstamm der Herero, deren Schicksal hier geschildert wird, wollen wir nun etwas näher eingehen:

Laut Hereroüberlieferung ursprünglich im Kongobecken in Zentralafrika ansässig, nach anderen Quellen aus dem Nilgebiet in Ostafrika stammend, wanderten die Herero etwa um 1700 über das spätere Angola in Südwestafrika ein. Ihr Siedlungsraum ist das Hereroland, fälschlicherweise auch Damaraland geheißen, dessen Hauptort Okahandja, in der Mitte des damaligen deutschen

2 Aus: »Deutschlands Kolonialweg« von W. von Schoen, S. 98 f.

3 Diese Zahl wird von Sudholt (siehe Quellen- und Literaturverzeichnis) angezweifelt: Anhand von Vergleichsrechnungen mit den entsprechenden Bevölkerungsstärken der vom Aufstand unbehelligt gebliebenen Bergdamara, deren Zahl, wie die erste genauere Erhebung von 1911 ergab, von Leutwein viel zu hoch angesetzt worden war, kommt Sudholt unter Berücksichtigung des durchschnittlichen Bevölkerungswachstums zu dem Schluß, daß die Gesamtstärke des Herervolkes 1904 höchstens 40 000 betragen haben könnte.

4 Darunter – nach anderen Schätzungen – 30 000 Bergdamara (diese Zahl ist nach Sudholt ebenfalls viel zu hoch gegriffen).

Karte 1: Verteilung der Stämme in Südwestafrika

Schutzgebietes gelegen, bildete und das im Westen bis an die nördliche Namib reicht, im Osten von den Sandfeldern der Kalahari und der Omaheke begrenzt ist und im Norden etwa in der Linie Outjo – Grootfontein endet. Es nimmt eine Fläche von ungefähr 100000 bis 120000 km² ein. Ethnologisch gehört das Volk der Herero zur negroiden Rasse der Bantu. Es ist ein gutgebauter, dunkelbrauner Menschenschlag mit einer Durchschnittsgröße von 1,80 m. Die

Dörfer der Herero, Werften genannt, bestanden aus bienenkorbartigen Hütten, Pontoks genannt, die kreisförmig um den Viehkraal angeordnet und von einem Dornenverhau umgeben waren.

Die Hereronation war in mehrere Gruppen aufgeteilt, die jeweils unter einem eigenen Häuptling, auch Kapitän genannt, standen. Die Hauptgruppe wohnte in und um Okahandja mit Maharero Katjamuaha (Kamaherero) bis 1890, danach seinem Sohn Samuel Maharero an der Spitze, eine Gruppe in und um Omaruru mit Manasse Tjijesata (der 1898 starb, sein Nachfolger wurde sein Sohn Michael) als Oberhaupt, in der Gegend von Otjimbingwe eine dritte Gruppe unter ihrem Häuptling Zacharias Zeraua, im Norden, im Bereich des Waterberg, die Waterberg-Gruppe (auch Kambazembis genannt) unter Kambazembi (ab 1904 dessen Söhne Salatiel und David), während im Osten, im Bereich der Nossob-Riviere (Schwarzer Nossob und Weißer Nossob) die Ostgruppe unter den Häuptlingen Tjetjo und Nikodemus (letzterer bis 1896) lebten. Eine Hierarchie in der Führerschaft unter den Herero gab es nicht, vielmehr besaß Maharero Katjamuaha von Okahandja (und später sein Sohn Samuel) unter den Hererokapitänen aufgrund seiner Verdienste im Kampf gegen die Nama eine Art »primus-inter-pares«-Stellung. Der eigentliche Machtbereich Mahareros war auf das Gebiet der Okahandja-Herero beschränkt. Schon die räumliche Trennung der einzelnen Volksgruppen bedingte eine mehr lokale Führerschaft der Gruppenhäuptlinge, wobei maßgeblich für den Status, den diese Häuptlinge im Gesamtverband der Herero einnahmen, ihr Viehreichtum, nicht etwa die zahlenmäßige Größe ihrer Volksgruppe war.

Das Vieh nahm überhaupt eine zentrale Stellung im Leben, ja sogar in der Religion der Herero ein: Sie sahen den Sinn ihres Daseins in der Erhaltung und der Mehrung ihrer Herden. Ein deutscher Missionar schreibt in diesem Zusammenhang: »Sonst körperlicher Arbeit eher abgeneigt, scheuten sie keine Mühe, wenn es um das Wohl ihrer Tiere ging. Sie konnten stundenlang in sengender Hitze ausharren, um – Eimer für Eimer – Wasser aus kärglichen Quellen zu schöpfen, damit ihre Tiere zu trinken hatten.« Außer dem, was die karge Pflanzenwelt bot – wie Zwiebeln, Wurzeln und Kräuter – lieferte das Vieh ihnen die Hauptnahrung: Milch (omeihi) und Sauermilch (omeire). Fleisch aßen sie wenig: Ochsen dienten in erster Linie als Zugtiere, die nur in der Not geschlachtet wurden, Kühe wurden grundsätzlich nicht geschlachtet. Ein Teil ihres Viehs war ihnen sogar heilig und daher unveräußerlich.

Läßt man einmal den auch damals bereits volkreichsten Stamm Südwestafrikas, die Ovambo, außer acht, die, im äußersten Norden wohnend, früher nur wenig Anteil an der Geschichte des Landes hatten, da ihr Siedlungsraum, obwohl nominell zum Territorium des Schutzgebietes gehörend, de facto niemals in den Herrschaftsbereich des Reiches einbezogen war, so fällt auf, daß der Stamm der Herero zahlenmäßig bei weitem die anderen Stämme, vor allem die Hottentotten, übertraf. Nun gibt es zwischen den Herero und den Hottentotten, die den Südteil des Schutzgebietes bewohnen, einen großen ethnologischen Unterschied: Während die Herero, wie erwähnt, zur negroiden Rasse zählen, bilden die Hottentotten, zusammen mit den ebenfalls in Südwestafrika und den benachbarten Ländern heimischen Buschmännern, eine separate, schwer einzuordnende Rasse kurzwüchsigen, mongoliden Typs, die sogenannte Khoisan-Rasse, deren sprachliche Eigentümlichkeit die Schnalzlaute sind. Von ihrem Wesen und ihrer Lebensweise her sind Herero und Hottentotten ebenfalls völlig verschieden voneinander: Die Herero galten als stolzes, alles Fremde verachtende Volk, dem jedes Gefühl für Obrigkeit und Untertanengeist fehlte; sie lebten vor allem vom Ertrag ihrer gewaltigen Rinderherden und griffen nur zur Waffe, wenn es darum ging, ihre Tiere zu verteidigen, für die sie dann willig ihr Leben einsetzten. Völlig anders dagegen waren die Hottentotten, vor allem der bedeutendste Stamm, die Nama, die weniger dem Besitztum verhaftet waren und als kriegerisch und raubgierig galten.

So ist es nicht verwunderlich, daß die »Nahtstelle« zwischen dem Siedlungsraum der Herero und dem der Nama, also das Zentrum Südwestafrikas, eine Art Wetterecke bildete, wo Grenzkonflikte fast an der Tagesordnung waren. Häufig arteten die Raubzüge der Nama, die vor allem auf das Vieh der Herero abzielten, in Unterdrückung der Herero aus. Trotz ihrer zahlenmäßigen Überlegenheit verstanden es diese nämlich wegen ihrer Aufsplitterung in zahlreiche Stammesgruppen nicht, sich vereint gegen die Nama zur Wehr zu setzen. Sie beschränkten sich auf die Abwehr der Raubzüge ihrer Gegner und drangen ihrerseits nie in das Namaland vor, wenn sie einmal die Oberhand gewonnen hatten.

Die Zeit der Überlegenheit der Nama dauerte etwa von 1850 bis 1860, dann aber wendete sich das Schlachtenglück: Der große Führer der Nama, Jonker Afrikaner, starb 1861, und den Herero erwuchs um diese Zeit in der Gestalt Maharero Katjamuahas, des Häuptlings der Okahandja-Herero, eine starke Persönlichkeit. Diesem gelang es, die verschiedenen Stämme der Herero gegen die Nama zu einigen. In der Schlacht von Otjimbingwe im Jahre 1863 brachte dann Maharero Katjamuaha den Nama, die von dem schwächlichen Sohn Jonker Afrikaners, Christian, geführt wurden, eine vernichtende Niederlage bei.

Mit unterschiedlichen Erfolgen auf beiden Seiten zogen sich nun in dem folgenden Jahrzehnt die Kämpfe zwischen den beiden rivalisierenden Stämmen dahin, bis es schließlich den Missionaren der deutschen Barmer Mission (Rheinische Mission) 1870 gelang, Frieden zwischen Nama und Herero herbeizuführen. Die sich nun anschließende Periode der Ruhe, die ebenfalls eine Dekade dauerte, wurde von den Herero genutzt, um ihre Herden gewaltig zu vermehren. Da sie den Frieden mit den Nama nur als einen Burgfrieden betrachteten, nutzten sie diese Zeit auch, um sich in den Besitz von modernen Gewehren und Munition zu setzen und sich so besser gegen die Raubzüge der Nama zur Wehr setzen zu können. Ihr Sicherheitsbedürfnis und ihr Mißtrauen gegenüber ihren kriegerischen Nachbarn im Süden veranlaßte sie dann im Jahre 1876, sich an die britische Kapregierung mit der Bitte um Abschluß eines

Schutzvertrages zu wenden. Diese reagierte, indem sie im gleichen Jahr noch einen Spezialkommissar, Mr. Palgrave, in das Hereroland entsandte. Dieser versuchte, zwischen den beiden befeindeten Stämmen zu schlichten. Er schloß dann am 9. September 1876 mit den Herero einen Schutzvertrag ab. Da aber die Briten den Herero kein Militär schicken konnten, um deren Schutzbegehren zu entsprechen, loderte die Kriegsfackel in Südwestafrika erneut auf. Wieder mordeten Herero und Nama einander, und diesmal gewannen die Nama, die jetzt von dem willensstarken Hendrik Witbooi geführt wurden, die Oberhand.

Inzwischen war eine weitere europäische Macht auf dem Plan erschienen: das Deutsche Reich. Am 1. Mai 1883 erwarb der Bremer Kaufmann Adolf Lüderitz Landkonzessionen von dem Namakapitän Frederick von Bethanien im Tausch gegen Waren und Gewehre im Gebiet von Angra Pequena, dem späteren Lüderitzbucht. Mit der Erteilung des kaiserlichen Schutzbriefes für dieses Gebiet am 24. April 1884 schlug hier in der abgelegenen Bucht von Angra Pequena die Geburtstunde des deutschen Kolonialreiches. Lüderitz, dessen Hauptanliegen die Erschließung des Landes zur Gewinnung von Rohstoffen für die deutsche Industrie und zur Ansiedlung Deutscher war, dehnte im Laufe der folgenden zwei Jahre seine Landerwerbungen schließlich bis zum Kunene aus. Noch vor seinem Tode, am 24. Oktober 1886, gingen diese aber in die Hand der am 30. April 1885 gegründeten Deutschen Kolonialgesellschaft für Südwestafrika über, da Lüderitz sich selbst finanziell völlig übernommen hatte.

Um finanziellen und diplomatischen Risiken aus dem Wege zu gehen, hatte der damalige Reichskanzler Bismarck, wie erinnerlich, zunächst keineswegs die Absicht, die neuerworbenen Überseeterritorien in Reichsbesitz zu übernehmen und die Aufgabe der Erschließung und Verwaltung der Kolonien staatlichen Organen anzuvertrauen. Vielmehr sollte nach dem britischen Vorbild der »Königlichen Kaufleute« diese Aufgabe den inzwischen gebildeten privaten Kolonialgesellschaften – in Südwestafrika der genannten Deutschen Kolonialgesellschaft für Südwestafrika – und anderen mit Konzessionen vom Reich ausgestatteten Handelsgesellschaften, darunter auch ausländischen, vorbehalten bleiben. Um ihre Aufgabe wahrnehmen zu können, wurde diesen Kolonialgesellschaften vom Reich das Recht der Ausübung der Landeshoheit eingeräumt. Die Reichsregierung übernahm lediglich die Schutzherrschaft über die Kolonialgründungen und entsandte zu dem Zweck Reichskommissare, nach Südwestafrika erst Dr. Gustav Nachtigal, danach – im Oktober 1885 – Dr. Heinrich Göring, den Vater des späteren Reichsmarschalls Hermann Göring. Die Aufgabe dieser Reichskommissare bestand darin, Schutzverträge im Namen des Reiches mit den Eingeborenen abzuschließen. Mit den Okahandja-Herero unter ihrem Häuptling Katjamuaha schloß Dr. Göring am 31. Oktober 1885 einen derartigen Schutzvertrag ab, am 2. November 1885 auch mit dem Häuptling der Omaruru-Herero, Manasse Tjijesata. Die Herero gingen auf das deutsche Schutzanerbieten ein, weil sie gerade wieder durch die Nama, die, geführt von ihrem Häuptling Hendrik Witbooi, vor den Toren Okahandjas standen, schwer bedrängt wurden und mit englischem Schutz nicht gerechnet werden konnte.

In den Verträgen wurde festgelegt, daß das Deutsche Reich den Schutz der Herero vor den Übergriffen von außen übernehmen sollte, während die Herero sich verpflichteten, deutsche Bürger und ihr Eigentum im Hereroland zu schützen und ohne Einwilligung der deutschen Regierung keinen Grund und Boden an andere als deutsche Staatsbürger zu veräußern und keine Schutzverträge mit anderen Staaten abzuschließen. Deutsche Bürger müßten im Hereroland Sitten und Gebräuche der Bewohner respektieren.

Fraglich ist, ob die Herero überhaupt Inhalt und Tragweite des Vertrages verstanden haben. Von dem Aktenstück, das in deutscher Sprache und in deutschen Denkbegriffen abgefaßt worden war, wurde für die andere vertragschließende Partei, die Herero, kein Exemplar in ihrer Sprache verfaßt. Es erfolgte lediglich eine mündliche Übertragung in die Hererosprache. Dies führte sicherlich zu einer ganzen Reihe von Mißverständnissen, da manche entscheidende Passagen wegen Fehlens äquivalenter Begriffe in der Hererosprache unrichtig oder auch gar nicht wiedergegeben wurden.

Die beiden vertragschließenden Parteien interpretierten den Vertragsinhalt nun jeweils so, wie es ihnen von Nutzen erschien; die Deutschen lasen die Verpflichtung der Herero heraus, Person, Eigentum, Minenrechte usw. der Weißen zu schützen; die Herero dagegen die Verpflichtung der Deutschen, ihnen Schutz gegen ihre Feinde, die Nama, zu gewähren. Die Schutzverträge waren auch insofern von zweifelhaftem Wert, als die anderen Hererohäuptlinge, darunter Kambazembi, Tjetjo, Zacharias Zeraua, Nikodemus und Quandja, nicht an den Vertragsabschlüssen beteiligt waren und diese in keiner Weise anerkannten; jede Suprematstellung Katjamuahas auf der Grundlage seines Schutzvertrags mit Dr. Göring lehnten sie entschieden ab.

Das Schutzversprechen, das den Herero unter Hinweis auf die angebliche Macht des Deutschen Reiches unterbreitet worden war, konnten die Deutschen indes nicht erfüllen: Hierzu wären nämlich militärische Machtmittel erforderlich gewesen, und über diese verfügte Dr. Göring ebenso wenig wie vorher der britische Sonderkommissar Palgrave. Görings »Schutztruppe«, d.h. die Privattruppe der Deutschen Kolonialgesellschaft, hatte nur Symbolwert: Sie bestand aus ganzen 7 Weißen und 20 Farbigen.

Vergeblich hatte Dr. Göring vor Abschluß des Vertrages mit den Herero versucht, mit dem einflußreichen und klugen Kapitän der Nama-Hottentotten, Hendrik Witbooi – ebenso wie vorher mit den anderen Kapitänen der Nama (Hottentotten) geschehen – einen Schutz- und Freundschaftsvertrag abzuschließen, um den Frieden im Lande zu gewährleisten. Witbooi erkannte jedoch Dr. Görings Autorität in keiner Weise an und weigerte sich, die deutsche Schutzherrschaft anzunehmen. Er sah die Ohnmacht des Reichskommissars, den Herero Schutz gegen die Nama gewähren zu können, und setzte die Fehde mit den Herero fort. Diese aber fühlten sich nun in ihren Schutzerwartungen getäuscht, und so kam es im Oktober 1888 zum offenen Bruch zwischen ihnen und Dr. Göring. Dieser mußte außer Landes in das 1878 britisch gewordene Walvis Bay fliehen. Die »Schutztruppe« wurde aufgelöst.

Um das Prestige des Reiches wiederherzustellen, blieb dem deutschen Reichskanzler Bismarck nunmehr nichts anderes übrig, als von seiner Idealvorstellung einer kolonialen Ausbreitung ohne Machtentfaltung des Reiches und ohne Einsatz von Haushaltsmitteln abzurücken und aktiv in das Geschehen in Südwestafrika einzugreifen. Das Deutsche Reich entsandte daher zunächst im Sommer 1889 den vorher in Togo tätig gewesenen Hauptmann Curd von François mit einer – ebenfalls anfänglich nur symbolischen – Truppe von 21 Weißen, später aufgestockt auf 50 Mann, einem Machtfaktor, der für die Durchsetzung der Autorität des Reiches natürlich völlig unzureichend war. Die Truppe wurde mitten an der Nahtstelle der beiden rivalisierenden Stämme stationiert, zuerst nur in Tsaobis (Wilhelmsfeste) und später – ab Oktober 1890 – zusätzlich noch in Windhuk, um die beiden Kontrahenten, Nama und Herero, auseinanderzuhalten. Dies war allerdings wegen der Schwäche der Truppe ein unmögliches Unterfangen. Um nun aber den Herero wenigstens eine indirekte Unterstützung zu leisten, war man am »grünen Tisch« in Berlin gegen den Willen des Hauptmanns v. François auf den unglücklichen Gedanken gekommen, die Einfuhr von Waffen und Munition in das Hereroland freizugeben, damit sich die Herero selbst gegen die inzwischen wieder aufgenommenen Raubzüge der Nama-Hottentotten zur Wehr setzen konnten. Dieser Entschluß sollte später schlimme Folgen für die Deutschen haben und mitentscheidend für den Entschluß der Herero zur allgemeinen Erhebung gegen die deutsche Herrschaft sein.

Wegen der derweil wieder aufgeflammten Kriegsfackel erfaßten die Herero erneut Sorge und Angst um ihre Herden. In ihrer Not wandten sie sich deshalb zum zweiten Mal an die Deutschen und erbaten Schutz vor den Übergriffen der Nama. So gelang es dann im Mai 1890 in erneuten Verhandlungen in Okahandja zwischen dem Oberhäuptling der Herero, Maharero Katjamuaha, auf der einen Seite und dem mittlerweile wieder nach Südwestafrika zurückgekehrten Dr. Göring und dessen Vertreter, Hauptmann Curd von François, auf der anderen Seite, den ursprünglichen Schutzvertrag in allen seinen Punkten zu erneuern.

Völlig überraschend für die Deutschen vollzog sich jedoch im November 1892 eine vollkommene Wende in den Beziehungen zwischen Nama und Herero: Nach über 40 Jahren Krieg schlossen Samuel Maharero, Sohn und Nachfolger des inzwischen verstorbenen Katjamuaha, und Hendrik Witbooi in Hornkranz südlich Windhuk Frieden miteinander. Deutscherseits wurde nun ein Zusammengehen der beiden Stämme gegen die deutsche Herrschaft befürchtet. François, inzwischen Nachfolger Dr. Görings als Reichskommissar, sah daher seine Hauptaufgabe jetzt darin, Hendrik Witbooi zu unterwerfen. Zu diesem Zweck setzte er eine Vermehrung seiner Truppe bei der Reichsregierung durch. Diese wurde nun stufenweise zunächst auf 200 Mann, dann (1894) auf 400 Mann verstärkt und am 3. Mai 1894 in eine Kaiserliche Schutztruppe umgewandelt. Mit diesen Machtmitteln gelang es schließlich dem Nachfolger v. François', Major Theodor Leutwein, dem späteren ersten Gouverneur von Deutsch-Südwestafrika, Hendrik Witbooi nach dem Gefecht in der Naukluft am 28. August 1894 vorerst als Machtfaktor in Südwest auszuschalten und ihn im September 1894 zum Abschluß eines Schutzvertrages mit dem Deutschen Reich zu bewegen. Nun begann eine Periode relativer Ruhe im Schutzgebiet, die zehn Jahre anhielt und in der es zu ersten größeren Einwanderungen deutscher Siedler kam. Mit dem Zustrom der Weißen in das Land aber bahnten sich die nächsten Probleme für die deutsche Kolonialverwaltung an.

Man hatte sich zu Beginn der deutschen Kolonialepoche – also in den achtziger Jahren des vorigen Jahrhunderts – in Deutschland phantastische Vorstellungen von der Besiedelungsfähigkeit der erworbenen Überseeterritorien für Deutsche gemacht. Damals geisterte in manchen Köpfen die kühne Idee einer gigantischen Umleitung der deutschen Auswandererströme fort von Amerika und den anderen Emigrationsländern und hin zu den neuen deutschen Schutzgebieten in Afrika, um so »dem Aderlaß an deutschem Blut Einhalt zu gebieten«. Diesen kolonialen Höhenflügen machte indes bald Ernüchterung Platz: Schon aufgrund ihres ungesunden, feuchtheißen Klimas waren die tropischen Schutzgebiete – also Deutsch-Ostafrika, Kamerun und Togo – für eine permanente Besiedelung durch Weiße ungeeignet. Lediglich Südwestafrika, das ein trockenes, gesundes Höhenklima, fast frei von Tropenkrankheiten, aufweist, bot einigermaßen günstige Voraussetzungen für weiße Einwanderung. Allerdings waren auch dieser hier enge Grenzen gesetzt, da das Land sehr karg und wasserarm war und somit Ackerbau praktisch nicht betrieben werden konnte. Nur für die Viehzucht bot es gute Möglichkeiten: »Von ganz Südafrika«, so schreibt die »South Africa News« vom 31. Mai 1904, »weist es die besten Weidegründe auf.« Die Zeitung schätzte, daß das Land Siedlungsmöglichkeiten für etwa 50000 Weiße bot. Südwestafrika schied mithin auch für eine Masseneinwanderung Deutscher aus.

Deutsche setzten sich vor allem im mittleren Teil des Schutzgebietes, im Hereroland, fest, das als das »Rinderparadies« von Südwestafrika galt; denn hier waren die Boden- und Wasserverhältnisse für eine erfolgreiche Viehwirtschaft wesentlich günstiger als in dem viel sterileren und unwirtlicheren Süden des Landes, dem Namaland. Unübersehbar dehnte sich hier im mittleren Teil des Landes das Grasland aus, das nur dünn bewohnt war. Dennoch war auch das Hereroland für eine stärkere Besiedelung nur bedingt geeignet, denn infolge der Spärlichkeit der Niederschläge war das Weideland außer in der seltenen Regenzeit dürr und kahl. Das Vieh mußte von einem Grasbüschel zum anderen wandern, da diese in dem sandigen Boden weit auseinanderstanden; die Wasserstellen waren rar und weit verstreut. So waren für die Farmwirtschaft riesige Flächen erforderlich. Um rentabel zu arbeiten, brauchte ein Farmer im Hereroland mindestens eine Fläche von 5000–6000 Hektar (50–60 km^2). Doch auch die hier ansässigen Herero benötigten als Hirtenvolk, dessen einziger Reichtum riesige Rinderherden bildeten, große Weideflächen. Sie wohnten deswegen weit verteilt in kleinen Dörfern und wachten eifersüchtig darüber, daß ihnen ihr ganzes Land für ihr Vieh erhalten blieb. Die Einbußen an Land und damit die Beschränkung der Bewegungsfreiheit ihrer Herden setzten für die Herero bereits weit vor der ersten weißen Einwandererwelle ein, nämlich als die deutsche Reichsregierung damit begann, Land zur Kolonisierung und Erschließung des Schutzgebietes privater Initiative und damit kommerziellen Unternehmen zu überlassen, hinter denen das europäische Großkapital stand. Die eigentlichen Probleme aber traten auf, als diese Unternehmen zu der Erkenntnis gelangten, daß ihr Hauptanliegen, die Erzielung hoher Gewinne für die Zahlung hoher Dividenden an die Aktionäre, sich weniger durch Landverkäufe für Zwecke der Farmwirtschaft als vielmehr durch Schürfen nach Erzen und Mineralien für die heimische Großindustrie erzielen ließen. Sie hielten sich deshalb mit dem Verkauf von Land an Einwanderer zurück. Diese Praxis sollte sich als verhängnisvoll für die spätere Entwicklung des Schutzgebietes erweisen; hier wurde der Keim zur späteren Erhebung der Herero gelegt. Denn den Neusiedlern blieb nun keine andere Wahl, als entweder Grundstücke im Kronland, d.h. Land, das die Regierung als Strafmaßnahme gegen unbotmäßige Eingeborenenstämme konfisziert hatte, oder – da billiger und weniger knapp – im Hereroland zu erwerben. Mit der Zuwanderung weißer Siedler in das Hereroland nahm auch der Handel mit den Eingeborenen zu: Unter den weißen Kolonisten waren manche, die wenig oder gar kein Kapital besaßen und deswegen zunächst, um Grundstücke und Muttervieh von den Herero zu erwerben, mit Handel im Hereroland begannen. Dies geschah auf Kreditbasis, wobei der eingeborene Schuldner, da in der Regel bargeldlos, in natura, d.h. mit Vieh, zu bezahlen pflegte. Um rasch zu Betriebskapital zur Gründung einer Farm zu gelangen, bedienten sich dabei diese Händler unter Ausnutzung der Geschäftsuntüchtigkeit und Naivität der Eingeborenen recht rüder Methoden.

So klagten in der Zeitschrift »Die Reformation«[5] die Rheinischen Missionare in Südwestafrika über das »Borgsystem«, das den Geschäftsverkehr der weißen Händler mit den Eingeborenen beherrschte: »Diese sind wie die Kinder: was sie sehen, wollen sie haben, und für die Händler ist es ein Leichtes, ihnen mehr aufzuschwatzen, als sie bezahlen können. Hat sich nun die Schuld gehäuft, so dringen die Händler auf Bezahlung. Zum Teil machen sich nun die Händler selbst bezahlt, indem sie in den Kraal des Schuldners gehen und so viele Tiere hinaustreiben, wie ihnen beliebt.«

Für die Herero besorgniserregende Ausmaße nahm dieser Kaufhandel an, als die Händler dazu übergingen, ihre ausstehenden Schulden nicht nur gegen

5 Nr. 3, Jg. 1904, S. 358–359.

den Schuldner, sondern gegen den ganzen Stamm einzuklagen. Da nach dem tradierten Hererorecht Grund und Boden Stammesbesitz war und nur vom Stamm selbst veräußert werden durfte, bot sich den Händlern nun die Möglichkeit, Landkonzessionen von den Herero zu erwerben. Je weniger der individuelle Schuldner seinen Zahlungsverpflichtungen nachkommen konnte, um so mehr nutzten die Händler diese Möglichkeit der Schuldeneintreibung. Die Folge war, daß in zunehmendem Maße Landstrecken im Hereroland in die Hände der weißen Händler und Farmer übergingen. So wurden die Herero in ihrem Lebensraum immer stärker eingeengt. Es kam zu ständigen Reibereien, ja sogar zu Zusammenstößen zwischen weißen Ansiedlern und Herero, da diese nicht einsehen wollten, daß sie plötzlich die Weiden und Wasserstellen, die sie seit eh und je aufgesucht hatten, nicht mehr benutzen durften.

Ein gerüttelt Maß Schuld an dieser Entwicklung trug das nominelle Oberhaupt der Herero, Samuel Maharero, der nach dem Tode seines Vaters Maharero Katjamuaha am 7. Oktober 1890 dessen Nachfolge angetreten hatte, die von der deutschen Kolonialverwaltung unterstützt wurde. Über Samuel schreibt Paul Leutwein, Sohn des bereits genannten Gouverneurs: »Samuel war keine eigentlich kriegerische Natur ... Ein schöner großer Mann, war er mehr einem fröhlichen Genußleben ergeben. Hinsichtlich des Schuldenmachens und des Verschleuderns von Hererofarmen stand Samuel jederzeit an der Spitze ... Im Umgang war er angenehm. Sehr trunkfreudig und den Weibern ergeben, war sein Grundsatz: Leben und leben lassen.«

Die Nachfolgeschaft Samuels auf dem Posten des Oberhäuptlings der Herero war keineswegs unumstritten. Besonders der sehr viehreiche und daher sehr einflußreiche Riarua[6] hatte sich dieser Regelung der Nachfolge stets widersetzt und Samuel als Nachfolger Maharero Katjamuahas (Kamaherero) nie anerkannt. Er vertrat den Standpunkt, daß sein, Riaruas, Stiefsohn Nikodemus, ein direkter männlicher Nachkomme Tjamuahas, des Vaters Maharero Katjamuahas, und Vetter Samuel Mahareros, nach Hererorecht der rechtmäßige Nachfolger Katjamuahas sei. Mit der Unterstützung der Position Samuels durch die deutsche Regierung verschärfte sich der Gegensatz zwischen diesem und seinem Rivalen, der sich ins Abseits gedrängt fühlte. Entscheidenden Anteil an dieser Entwicklung der Dinge trug die sogenannte »Grundstücksfrage«:

Wie bereits angeführt, waren die Neusiedler wegen der Zurückhaltung der Konzessionsgesellschaften in der Vergabe von Siedlungsland nach weitgehendem »Ausverkauf« von geeignetem Regierungsland auf preiswertes Hereroland angewiesen. Nach dem tradierten Hererorecht war es allerdings weder den Häuptlingen noch den einzelnen Angehörigen des Volkes möglich, Grundstücke zu verkaufen, da kein Herero ein persönliches Sondereigentum an Grund und Boden besaß. Für die deutschen Siedler und die deutsche Gouvernementsverwaltung konnte es daher nur von Nutzen sein, daß Samuel Ma-

6 Vater des späteren Kriegshäuptlings Assa Riarua, der im großen Aufstand 1904 eine wichtige Rolle spielte.

harero und auch andere Hererogroßleute sich über das Hererorecht hinwegsetzten und bedenkenlos Stammesland an Deutsche verkauften, um von den eigenen Schulden herunterzukommen und ihrer Verschwendungssucht zu frönen. Nach der förmlichen Anerkennung der deutschen Schutzherrschaft und der Konkretisierung des Schutzvertrages im Mai 1894 durch Bildung einer deutschen Garnison in Samuels Residenz in Okahandja schloß dieser noch im gleichen Jahr einen Grenzregulierungsvertrag mit der deutschen Gouvernementsregierung, demzufolge die Südgrenze des Hererolandes zugunsten des Deutschen Reiches verlegt wurde. Auf diese Weise wurde zum einen eine Art Pufferzone geschaffen und damit einer etwaigen erneuten Auseinandersetzung zwischen den alten Rivalen Nama und Herero vorgebeugt, zum anderen Land für weiße Besiedelung gewonnen. Nikodemus und Kahimema, die Häuptlinge der Ostherero, aber sprachen Samuel das Recht ab, Grenzveränderungen in ihrem Gebiet vorzunehmen und widersetzten sich diesen. Es kam zu dem sogenannten Nikodemus-Aufstand gegen die deutsche Herrschaft im Jahre 1896, in dem Samuel den Deutschen aktive und bewaffnete Heeresfolge leistete. Der Aufstand endete mit der Gefangennahme von Nikodemus und Kahimema und deren kriegsgerichtlicher Aburteilung und Erschießung. Auf diese Weise wurde Samuel seine gefährlichsten Nebenbuhler los und wähnte sich nun als unbestrittenes Oberhaupt des Hererovolkes.

Über diesen Aufstand und seine Folgeerscheinungen berichtet Missionar Irle: »Tjetjo mit seinen Leuten sowie die Kambazembis waren durch die Vermittlung der Missionare Viehe und Irle von der Teilnahme an dem Aufstande zurückgehalten worden, so daß es nicht zu einem großen Aufstand kam. Allein das Feuer glühte unter der Asche weiter und wurde besonders von dem Halbbruder des Nikodemus, Assa Riarua[7], genährt. Ein unauslöschlicher Haß beseelte ihn und seine Partei und vielleicht auch gegen dessen Gönner.« Riaruas Haß gegen die »Gönner«, d.h. den Gouverneur und die Deutschen allgemein, wurde noch durch persönliche Unbill gesteigert: Bei einem Brotkauf in Windhuk im Jahre 1901 kam es zwischen Riarua und einem deutschen Bäckermeister namens Schäfer zu einer Meinungsverschiedenheit, in deren Verlauf der Deutsche zum Tschambok, der Nilpferdpeitsche, griff und Riarua damit blutig schlug und aus dem Geschäftslokal hinauswarf.

Überhaupt trug das arrogante Auftreten mancher Deutscher nach »Herrenmenschenmanier« erheblich zur Schürung des Hasses bei: So schreibt Gouverneur Leutwein in einem amtlichen Brief vom 29. September 1904:

»Dazu kam die nicht abzuleugnende Tatsache, daß die in das Hereroland einströmenden Weißen mit dem Selbstgefühl der höheren Rasse von Haus aus geneigt waren, als Angehörige einer erobernden Macht aufzutreten, während wir noch nichts erobert hatten..., wurde doch sogar in einer Zeitschrift einmal tadelnd kritisiert, daß die Verwaltungsbeamten den Häuptlingen die Hand

7 Nach Sudholt, S. 102, war Assa Riarua der Stiefbruder von Nikodemus.

reichten. Die Hautfarbe sollte über den Wert des Menschen entscheiden und in den Kolonien jeder Weiße von Haus aus als ›ein höheres Wesen‹ angesehen werden.«

Wie die zukünftige soziale Stellung des Eingeborenen innerhalb der Schutzgebiete auszusehen habe, darüber herrschte bei der Mehrzahl der weißen Ansiedler eine einhellige Meinung: Nur die Weißen seien in der Lage, das Land wirtschaftlich zu entwickeln, die Eingeborenen aber, da sie aufgrund ihres »Barbarentums«, ihres niedrigen kulturellen Niveaus und – im Falle der Herero – ihrer nomadisierenden Lebensweise zu einer produktiven, intensiven Nutzung des Landes nicht imstande seien, müßten entweder weichen oder, zu einer Arbeiterklasse degradiert, den Weißen dienbar gemacht werden, damit diese das einstige Herrschaftsgebiet der Eingeborenen ausnutzen könnten. »Dies wäre zu ihrem eigenen Nutzen, da mit der Hebung der Produktivität des Bodens dank der Tüchtigkeit der weißen Rasse für sie erst ein Existenzrecht im höheren Sinne geschaffen werde.«

Große Unzufriedenheit herrschte unter den Herero und den anderen Stämmen in Südwest auch über die Art und Weise, in der Klagen, die von ihrer Seite gegen Weiße anhängig gemacht wurden, von deutschen Gerichten bearbeitet wurden. Schon der in der deutschen Rechtssprechung übliche lange Zeitraum bis zur Eröffnung der Gerichtsverhandlungen erweckte in ihnen den Argwohn, daß überhaupt keine Bestrafung der weißen Übeltäter beabsichtigt sei. Hinzu kam noch die Erfahrung, daß weiße Delinquenten – im Gegensatz zu schwarzen – zur Wahrung des Prestige der weißen Rasse nicht zu Arbeiten im Regierungsdienst herangezogen wurden, sondern entweder im Gefängnisbereich verblieben oder zur Verbüßung ihrer Strafe nach Deutschland abgeschoben wurden. Es hat auch Fehlurteile deutscher Gerichte gegeben, wenn Schwarze Opfer weißer Gewaltakte waren, wie der Fall der Ermordung der Schwiegertochter des Hererohäuptlings von Otjimbingwe, Zacharias Zeraua, beweist. Der Mörder, ein Deutscher namens Dietrich, war nach dem Mord zunächst wieder freigesprochen, später dann jedoch in zweiter Instanz zu drei Jahren Gefängnis verurteilt worden, nachdem ein Sturm der Entrüstung unter den Eingeborenen des Schutzgebietes die deutschen Gerichtsbehörden zur Wiederaufnahme des Verfahrens gezwungen hatte. Wie Gouverneur Leutwein in einem Brief vom 16. Juli 1904 schrieb, hatte dieser Fall fraglos zum Ausbruch des Aufstands beigetragen.

Erheblichen Anteil an der Verelendung der Herero hatte auch die im Jahre 1897 vom Kapland auf Südwestafrika übergegriffene Rinderpest. Während die Viehherden der weißen Farmer dank rechtzeitiger Impfung der Tiere nicht sehr schwer in Mitleidenschaft gezogen wurden, verringerte sich der Rinderbestand der Herero durch diese verheerende Seuche so stark, daß die Lebensgrundlage des Volkes in Frage gestellt wurde. Nach damaligen Schätzungen büßten die Herero fast 70 % ihrer Rinderbestände ein. Die Gründe dieser Dezimierung sind darin zu sehen, daß die Herero von Anfang an dem Impfzwang der deutschen Behörden mit Skepsis gegenüberstanden und von den Vorteilen der zweifellos erfolgreichen Impfmaßnahmen nicht zu überzeugen waren. Die Furcht vor der Impfung ihrer Tiere ging so weit, daß die Großleute ihre Tiere vor den deutschen Behörden versteckten. Die Folge war, daß nur ein kleiner Teil des Hereroviehs vor der Seuche gerettet werden konnte.

So trug die Rinderpest zu einer noch stärkeren Verelendung und Verschuldung der Herero bei. Vielen Leuten blieb nach Verlust ihrer Herden nichts anderes übrig, als sich als Lohnarbeiter bei den Weißen zu verdingen. Sie fanden Arbeit auf Farmen, beim Hafen- und Molenbau in Swakopmund sowie im Bahnbau. Die Hererokapitäne aber sahen mit Ingrimm, wie immer mehr ihrer Stammesleute zu den Weißen abwanderten und ihre Autorität und ihr Einfluß im Volk litten. Die Viehseuche hatte noch weitere Auswirkungen: Das Verkehrswesen des Landes wurde in Mitleidenschaft gezogen: Auf dem Alten Baiweg, der Ochsentreckpfad zwischen Swakopmund und Windhuk, erkrankten und verendeten die Treckochsen zu Tausenden. Die dadurch verursachte Transportkrise brachte erhebliche Engpässe in der Versorgung der Bevölkerung des Schutzgebietes. Zur Lösung dieses Problems ging man nunmehr endlich an den schon lange geplanten Bau der Bahnlinie Swakopmund – Windhuk und den Ausbau des Swakopmunder Hafens heran. Beide Projekte waren aus Sparsamkeitsgründen vom Reichstag immer wieder hinausgezögert worden. Auch jetzt konnte sich der Reichstag nur zu einem Provisorium entschließen: Um Haushaltsmittel zu sparen, wurde lediglich eine 60 cm-Schmalspurbahn bewilligt, deren Trasse zur Verkürzung der Strecke und zur Verringerung des Arbeitsaufwands zum Teil quer durch das Bett des Khanriviers verlegt wurde, was sich im Aufstand dann später als schwerwiegender Nachteil erweisen sollte. Die Bahnlinie, zunächst in Jakalswater am Ostrand der Namib endend, wurde 1902 bis Windhuk verlängert. Diese Bahn erlangte dann 1904 trotz der ihr anhaftenden Mängel einen unschätzbaren Wert bei der Niederwerfung des Aufstands. Der Bau einer zweiten Bahnlinie, der Otavibahn, die das Zentrum der Kolonie mit dem Norden verbinden sollte, wurde 1903 in Angriff genommen.

Die durch die Rinderpest ausgelöste Kettenreaktion setzte sich fort: Da im südlichen Hereroland mit dem Bau der Bahnlinie Swakopmund – Windhuk günstige verkehrsmäßige Voraussetzungen für das Anlegen von Farmen geschaffen wurden, nahm die Einwanderung weißer Neusiedler in dieser Gegend beträchtlich zu. Nun befürchteten die Herero ein weiteres Anwachsen der Einwanderung, wenn erst einmal die Bahnlinie nach Otavi, die ja quer durch ihr Land ging, fertiggestellt sein würde.

Mit der Zunahme der Besiedelung ihres Landes durch Weiße erwuchs den Herero noch eine weitere Erkenntnis: Mit Schrecken sahen sie, für die Lebensraum ja stets vorhanden und daher etwas Selbstverständliches wie die Luft zum Atmen war, welchen Wert Grund und Boden haben können. Am Beispiel der Farmen der Weißen erkannten sie mit Staunen, was aus diesem so dürftigen und wasserarmen Boden herausgewirtschaftet werden konnte, wenn er nur systematisch erschlossen, Wasserstellen angebohrt, Regenwasser durch Anlegen von Staudämmen gespeichert, der Busch gerodet und auf diese Weise bessere Weidegründe geschaffen würden. Mit Zorn im Herzen sahen daher die Herero-großleute, wie Samuel Maharero, ihr Oberhaupt, immer mehr Hereroland verschleuderte, nur um aus seiner prekären Finanzlage herauszukommen. Auf Drängen der Gouvernementsregierung trat er sogar noch das für den Bau der Otavibahn benötigte Land unentgeltlich ab! Vorhaltungen, besonders von Seiten Assa Riaruas, des Führers der konservativen Partei der Herero, an die Adresse Samuel Mahareros blieben fruchtlos: Der Ausverkauf des Hererolandes ging weiter. Immer stärker wuchsen auch Groll und Haß gegen die deutschen Eindringlinge, da Samuel den Vorwürfen der Riarua-Partei mit dem Hinweis begegnete, er müsse dem Druck der weißen Regierung nachgeben. So legte er praktisch das Odium für sein Treiben der Gouvernementsregierung auf.

2. Die Eskalation zum Aufstand

Die Kreditverordnung der Reichsregierung und deren Folgen · Die Reservatsfrage · Die Machtmittel des Gouverneurs

Mit der Zunahme der Spannungen zwischen Schwarz und Weiß zu Beginn dieses Jahrhunderts sahen sich der Gouverneur und seine Beamten vor wachsende Schwierigkeiten gestellt: Auf der einen Seite mußten sie die Wellen der Erregung unter den Herero, vor allem in den konservativen Kräften unter Assa Riarua, glätten, die unablässig von der Gouvernementsregierung forderten, sie solle dem Treiben der weißen Händler im Hereroland Einhalt gebieten, die Gleichbehandlung der Schwarzen vor Gericht erwirken und das weitere Hereindrängen weißer Siedler in das Hereroland unterbinden. Auf der anderen Seite galt es, den Klagen der weißen Ansiedler entgegenzuwirken, die in der deutschen Presse immer wieder behaupteten, der Gouverneur bevorzuge die Eingeborenen und verweigere den Neusiedlern geeignetes Siedlungsland. Gleichzeitig sollten aber auch die Forderungen der Kolonialpolitiker und der Unternehmer in der Heimat, die hinter den mit der Vergabe von Siedlungsland geizenden Konzessionsgesellschaften standen, erfüllt werden. Diese verschiedenartigen und konträren Vorstellungen und Interessen miteinander in Einklang zu bringen, war ein schier unmögliches Unterfangen, an dem letzten Endes jeder Gouverneur scheitern mußte.

Um die bestehenden Spannungen zu mildern und ein friedliches Zusammenleben zwischen Schwarz und Weiß trotz allem zu gewährleisten, war Gouverneur Leutwein bestrebt, zwei Grundprobleme anzupacken: Zunächst mußte die hohe Verschuldung der Eingeborenen abgebaut werden. Dies wollte Leutwein erreichen, indem statt des Kaufes auf »Schuld«, d. h. auf Kredit, der Kauf ausschließlich auf das Prinzip der Barzahlung zurückgeführt werden sollte. Zu diesem Zweck plante er eine Verordnung, die ein glattes Verbot jeder Kreditgewährung an Eingeborene und jeder Einklagbarkeit solcher Kredite und eine Tilgung bereits gewährter Kredite innerhalb von zwei Jahren vorsah. Wegen dieser Verordnung kam es zu langwierigen Verhandlungen mit der Kolonialabteilung des Auswärtigen Amtes in Berlin und mit dem Kolonialrat, einem Sachverständigen-Gremium. Dieser Kolonialrat, in dem auch Vertreter des Großkapitals saßen, meldete Bedenken an, da nach seiner Ansicht durch die Einschränkung der Kreditvergabe an Eingeborene das Interesse weniger bemittelter Weißer an einer Ansiedlung in Südwestafrika nachlassen würde, so daß es zu einer Verlangsamung der weißen Einwanderung und zu einer Beeinträchtigung der Interessen der Großunternehmer käme.

Am Ende stand ein unglücklicher Kompromiß: Die Forderung Leutweins, den gesamten Eingeborenenhandel auf das Prinzip der Barzahlung zu stellen, wurde – mit Rücksicht auf die Händler – als zu weitgehend angesehen und statt dessen in einer in Norderney am 23. Juli 1903 erlassenen Verordnung festgelegt, daß bisher gewährte und neue Kredite an Eingeborene binnen Jahresfrist für ungültig erklärt werden. Was in gutgemeinter Absicht am »grünen Tisch« ersonnen worden war, sollte sich jedoch in der Realität binnen kurzem als verhängnisvoll erweisen und das genaue Gegenteil hervorrufen: Die Händler, um ihre Außenstände bei den Eingeborenen bangend, fühlten sich nun unter Zeitdruck und ließen jetzt erst recht jede Rücksichtnahme beim Eintreiben der Schulden fallen. Noch rigoroser als vorher pfändeten sie – zumeist ohne im Besitz irgendeines Rechtstitels zu sein – Vieh und Grundstücke der Herero, gewissermaßen in Selbsthilfe, da die Befugnisse der Polizei in Bezug auf das Eintreiben privater Schulden Eingeborener sehr beschränkt waren.

»Ein gewaltiger Schreck bemächtigte sich der Herero«, schreibt die Farmersfrau von Falkenhausen, »sie mußten aus diesem Verhalten der Händler den Eindruck gewinnen, man wollte auf einen Schlag ihren gesamten noch vorhandenen Besitzstand konfiszieren.«

Das zweite große Problem, das es zu lösen galt, war die Sicherung eines ausreichenden Lebensraums für die Eingeborenen, das heißt, die Zuweisung genügend großer, unantastbarer und unveräußerlicher Bodenflächen an sie, vor allem an die viehzuchttreibenden Herero. Mit anderen Worten: Es sollten in Südwestafrika für die einzelnen Eingeborenenstämme Reservate eingerichtet werden, in denen diese, ungestört vor weißem Zugriff und mit einem gewissen Grad von Autonomie ausgestattet, leben konnten.

Der Anstoß hierzu kam 1901 von den Missionsgesellschaften, die mit Sorge feststellten, daß Schritt für Schritt immer mehr Hereroland in weiße Hände überging, so daß die Gefahr bestand, daß eines Tages das Hererovolk seine Existenz als eigenständige Nation einbüßen würde. Dieser Idee stimmte die Gouvernementsregierung nach einigem Zögern zu, da man erkannte, daß bei fortschreitender Landnahme der Weißen eine friedliche Weiterentwicklung der Kolonie nicht mehr möglich sein würde.

Die Reichsregierung schaltete sich ein, und im November 1902 erfolgte der Beschluß, im Hereroland zunächst ein Reservat bei Otjimbingwe einzurichten. Weitere Reservate sollten folgen. Den zuständigen Bezirksamtmännern bzw. Distriktchefs wurde aufgetragen, entsprechende Vorschläge zur Festlegung der Reservatsgrenzen dem Gouvernement zu unterbreiten. Am 30. September 1903 wurden die Grenzen der beabsichtigten Herero-Reservate bekanntgegeben. Dabei wurde als Hauptreservat die Omaheke, das sogenannte Sandfeld, in Aussicht genommen. Nur für das Reservat bei Omaruru (Omburo) standen die Grenzen zunächst nicht fest, da man sich noch nicht über die Trassenführung der Otavibahn im klaren war.

Die Reaktion der betroffenen Herero war für die Gouvernementsregierung enttäuschend. Zwar hatten einsichtsvolle Kreise im Hererovolk durchaus die Zweckmäßigkeit der vorgesehenen Reservate erkannt, nachdem diesem bereits ein großer Teil des Landes durch die deutsche Regierung nach und nach enteignet worden bzw. durch private Veräußerungen verlorengegangen war.

Auf diese Weise konnte verhindert werden, daß ihm durch weiteren Aderlaß an Grund und Boden seine wirtschaftliche Lebensgrundlage, die Viehzucht, schließlich entzogen würde. Was aber die Herero keineswegs befriedigte, war die Tatsache, daß die ihnen zugedachten Reservate in Bezug auf Qualität und Größe völlig unzureichend waren. Bei ihnen ging nun der Verdacht um, sie sollten in den Reservaten, einer in ihren Augen fast wertlosen Wüste, eingepfercht werden und ihr übriges Land völlig verlieren. Zorn und Haß auf die deutsche Herrschaft näherten sich dem Siedepunkt.

Mit der Zunahme der Erbitterung und des Zorns gegen die deutsche Herrschaft kamen unter den Herero immer mehr die nostalgischen Erinnerungen an den vorkolonialen Zustand des freien und ungebundenen Umherstreifens und Nomadisierens: Vor dem Auftreten der Deutschen konnten sie ihre riesigen Viehherden durch das Land treiben und sie weiden lassen, wo immer sie wollten, wo immer Wasser und Weide waren. Nun aber waren sie in ihrer Bewegungsfreiheit eingeschränkt. Die Weißen versuchten, ihnen ihre Denkungsweise, ihre Lebensnormen aufzuzwingen, nahmen den Großleuten die Untertanen fort und zwangen diese, für sie, die Deutschen, zu arbeiten. So wuchs in den Herero der Entschluß, den vorkolonialen Zustand wiederherzustellen und das ihnen unbequeme und verhaßte deutsche Kolonialregime abzuschütteln. Dieser Entschluß bekam zweifellos noch dadurch Auftrieb, daß die Herero das militärische Machtpotential des Deutschen Reiches völlig unterschätzten. Als »Kinder des Augenblicks« sahen sie nur das, was die Deutschen tatsächlich an Militär im Lande hatten. Und das war äußerst gering, zumal da Gouverneur Leutwein unter Hinweis darauf, »daß die Kriege in Südwestafrika ja bisher immer leidlich verlaufen sind«, nie dazu bereit war, sich gegenüber dem ohnehin auf sparsame Haushaltsführung in den Schutzgebieten bedachten Reichstag für eine Vermehrung der Schutztruppe einzusetzen, und die Soldaten über das ganze Land verzettelt hatte:

In dem riesigen Schutzgebiet standen dem Gouverneur lediglich 800 Mann Schutztruppe, davon 300 im Polizeidienst, zur Verfügung. Die restlichen 500 Soldaten waren, in vier Kompanien und eine Batterie gegliedert, über die gesamte Kolonie verteilt, und zwar die 1. Feldkompanie in Windhuk, die 2. Feldkompanie in Omaruru, die 3. Feldkompanie in Keetmannshoop, die 4. Feldkompanie in Outjo und die Gebirgsbatterie in Okahandja. Die Bewaffnung dieser nur aus weißen Freiwilligen bestehenden Truppe war dürftig: Sie war infanteristisch ausgerüstet mit dem Gewehr Modell 88, das aber inzwischen bereits durch das Repetiergewehr Modell 98 überholt war. Auch die artilleristische Ausstattung lag im argen: Von den 14 zum Bestand gehörenden Geschützen waren nur die fünf 6-cm-Gebirgsgeschütze voll verwendungsfähig. Gut entwickelt dagegen war das Wehrersatzwesen. So konnte in kürzester Zeit die Truppe durch Einberufung gedienter Reservisten, unter denen sich viele ehemalige Schutztruppler befanden, nahezu verdoppelt werden.

Angesichts dieser schwachen militärischen Präsenz des Reiches in Südwest war es nicht verwunderlich, daß unter den Eingeborenen die irrige Vorstellung herrschte, dieses Truppenaufgebot wäre alles, was der deutsche Kaiser an Soldaten zur Verwendung in der Kolonie entbehren könnte.

Wie stark waren die Streitkräfte der Herero und wie waren sie als Gegner einzuschätzen? Nach Schätzungen des Gouverneurs Leutwein war mit einem Aufgebot an Hererokriegern von 7000–8000 Mann zu rechnen, von denen 2500 mit Gewehren verschiedenster Herkunft und verschiedensten Alters bewaffnet waren. Wie sich später zeigte, war die Zahl der Gewehrträger in Wirklichkeit viel größer: Sie soll in der Schlacht am Waterberg mehr als 6000 betragen haben. Auch die Gesamtzahl der Krieger dürfte höher gewesen sein. Die große Masse der Herero, zumeist die nur mit einem Schurz bekleideten sogenannten Feldherero, waren mit Kirris (Keulen) bewaffnet. Jeder Gewehrträger war von Kirriträgern begleitet, die die wertvolle Waffe samt der Munition ergriffen, wenn der Gewehrträger kampfunfähig wurde. Der Herero war sehr widerstandsfähig gegenüber schweren Verwundungen und viel weniger empfindlich gegenüber Schmerzen als der weiße Soldat. Seine Wunden heilten rascher. Im Gelände bewegten sich die Herero mit einer bemerkenswerten Gewandheit; sie nutzten jede Deckung im Busch aus und kamen dabei dennoch rasch vorwärts. Zu Fuß war der Herero wesentlich schneller als ein Europäer. Sehr anspruchslos war der Herero in seiner Ernährung. Milch war seine Hauptnahrung, im Notfall ernährte er sich von Feldkost (kleinen Zwiebeln, Baumharz, Wurzeln usw.). Alles in allem war der Herero trotz seiner hoffnungslosen waffentechnischen Unterlegenheit als ein nicht zu unterschätzender, ausdauernder, an Entsagung gewöhnter, seinen Führern unbedingt gehorchender Gegner für den deutschen Soldaten einzuschätzen.

Im Vertrauen auf ihre Stärke warteten die Herero nun nur noch auf einen günstigen Zeitpunkt zum Losschlagen. Und dieser Zeitpunkt sollte nicht lange auf sich warten lassen.

3. Die Menetekel

Die Unruhe unter den Waterberg-Herero · Der Waffen- und Munitionsschmuggel · Die Erhebung der Bondelzwart · Das Hereroland wird militärisch entblößt · Die Kaufwut der Herero und andere verdächtige Verhaltensweisen · Die Lage in Okahandja unmittelbar vor Aufstandsbeginn

Im September 1903 verlor das Hererovolk mit dem Tode des alten Kambazembi, des Häuptlings des Waterbergstammes, einen seiner angesehensten konservativen Führer und die Deutschen einen ihrer politisch stets zuverlässigen Partner, der die deutsche Herrschaft von Anfang an als etwas unabänderlich Gegebenes aufgefaßt hatte.

Etwa um diese Zeit, aber auch schon in den Monaten vor Kambazembis Tod machte sich unter den Herero eine merkliche Unruhe und eine ungewohnte Hektik bemerkbar, die einem aufmerksamen Beobachter nicht entgehen konnten. So fanden im April und Mai 1903 große Hereroversammlungen in Okahandja statt, die von den Hereroführern mit der Regelung dringender Erbschaftsangelegenheiten begründet wurden. Dies klang für die deutschen Behörden zunächst glaubwürdig, da mit dem baldigen Ableben Kambazembis, der in der Herero-Hierarchie eine einflußreiche Stellung einnahm, gerechnet werden mußte und Erbstreitigkeiten zwischen seinen beiden Söhnen, Salatiel und David, vorauszusehen waren. Diese Beratungsversammlungen der Hereroführer wurden nach Kambazembis Tod in Waterberg fortgesetzt.

Die Frau des Farmers und Händlers Sonnenberg beobachtete das Verhalten der Herero in Waterberg und deren Stimmung während der Begräbnisfeierlichkeiten zum Tode Kambazembis und machte sich ihre Gedanken über die Vorgänge in den Werften dort:

»Auf der Heidenwerft wollte das rege Leben kein Ende nehmen. Es wurden sehr oft Fremde dort gesehen, welche gar keinen Grund hatten zum Kommen, die sich aber als entfernte Verwandte ausgaben. Kamerenepo aus Gaub war monatelang dort, ebenso Samuel Maharero. Es wurden große Versammlungen abgehalten. Wenn dann nach stundenlagen Sitzungen uns bekannte Großleute wie Timotheus, David, Joseph Katwesembena an unserem Hofe vorbeikamen oder auch ab und zu Waren kauften, fragte wohl mein Mann nach dem Grunde ihrer endlosen Beratungen. Es hieß dann immer: ›Wir beschließen, wer Nachfolger Kambazembis sein soll, ob David oder Salatiel.‹ Das war glaubwürdig, denn beide Brüder waren sich, besonders nach dem Tode ihres Vaters, feindlich gesinnt. Salatiel war nach ›Recht‹ der Nachfolger, David aber der begabtere von beiden und auch von der Regierung begünstigt. Beide hatten viele Anhänger und keiner wollte weichen…

Nie erhielt man aber irgendwelche Andeutung von einem Beschluß, den die Versammlung gefaßt hätte, und so ist es mehr wie wahrscheinlich, daß schon damals die Großleute zusammengeführt worden sind mit dem heimlichen Zweck, die deutsche Herrschaft abzuschütteln…«

Die Großleute aber, so berichtet sie weiter, blieben nach wie vor freundlich zu den Weißen.

Auffällige Beobachtungen wurden gegen Ende des Jahres 1903 auch von Reisenden im Hereroland gemacht, jedoch ohne daß hieraus Schlüsse gezogen wurden. So berichtete der Sohn des Gouverneurs, Paul Leutwein, anläßlich einer Reise durch die Mitte des Schutzgebietes im Herbst 1903:

»Am Abend des dritten Tages ... tauchten plötzlich vor uns zwei berittene, gut angezogene und bewaffnete Hereros auf. Es mußten Häuptlinge sein. Freundlich erwiderten sie meinen Gruß ... Ich machte mir keine Gedanken darüber, warum diese Schwarzen, wider jede Vorschrift, bewaffnet durch das Land zogen.«

An einer anderen Stelle schreibt er:

»In Omatupa wurde ich ehrerbietig aufgenommen... Man wies mir den stattlichen Häuptlingspontok an... Erst beim Kaffee und einer Zigarette kam mir zum Bewußtsein, daß ja der Kapitän fehlte. Auf Befragen erfuhr ich, daß er nach Waterberg geritten sei. Diese Antwort erhielt ich auch später hin in allen großen Werften. Schon wurden nämlich die Vorbereitungen zum großen Aufstand getroffen. Doch davon ahnte ich nichts und genoß die friedliche Ruhe der Gegenwart.«

Zur Jahreswende 1903/1904 hin wurden immer häufiger bewaffnete Herero-gruppen beobachtet, und auch über verlassene Hererowerften wurde berichtet, unter anderem wieder von Paul Leutwein, als er sich in der Nähe des Waterberg befand:

»Der Nachmittag fand uns in einer verlassenen Hererowerft, über der die Geier kreisten. Die noch frischen Feuerstellen bewiesen, daß die Werft erst vor kurzem verlassen sein konnte. Weshalb die Bewohner weggezogen waren, wurde uns erst mit dem Ausbruch des Hererokrieges klar. Wahrscheinlich hatte der Oberhäuptling in Waterberg, David, die Bewohner an sich herangezogen. Das mochte in diesem Fall nicht ohne Widersetzlichkeiten abgegangen sein. Die Bewohner der abgelegeneren Werften waren ja weniger an dem Krieg interessiert und traten mehr als Mitläufer auf... Diese Widersetzlichen wurden getötet. In unserem Falle fanden sich keine Leichen. Die Geier aber sprachen für sich. Die Toten mochten Geiern und Raubtieren zum Fraß im Busch liegen.«

Diesen Aufstandsvorzeichen wurden von den Weißen, auch von den Behörden und sogar von den Missionaren, die ja unter den Herero lebten, zunächst wenig Beachtung beigemessen. Das mag seine Gründe zum einen in der Unauffälligkeit, mit der die Herero ihre Kriegsvorbereitungen trafen, und in der raffinierten Selbstbeherrschung der Hererokapitäne, ja selbst der einfachen Feldherero liegen, die selbst nicht gegenüber den bei den Herero großes Vertrauen genießenden Missionaren irgendwelche Äußerungen von sich gaben, die Rückschlüsse auf kriegerische Absichten zuließen; zum anderen hielt man die Herero in maßloser Fehleinschätzung ihrer Kampftüchtigkeit und ihrer Bereitschaft zum gemeinsamen Handeln für gar nicht imstande, einen allgemeinen Aufstand gegen die Deutschen zu beginnen.

Ein weiterer Punkt, dem von deutscher Seite zu wenig Aufmerksamkeit geschenkt wurde, war die merkliche Zunahme des Waffen- und Munitionsschmuggels in das Hereroland, besonders im Jahre 1903, obwohl es an entsprechenden Warnhinweisen weißer Händler und Farmer nicht fehlte.

So berichtet beispielsweise der Geograph Seiner, der das Hereroland 1903 bereiste, über seine eigenen Beobachtungen in diesem Zusammenhang:

»Als wir an Kambazembis Dorf vorbeikamen, sahen wir längs des Dornenzaunes zwanzig Ovambos kauern, welche für Kambazembi Waren gebracht hatten. Wie mir mitgeteilt wurde, betrieben die Ovambos einen schwunghaften Zwischenhandel mit Pulver, das sie von portugiesischen Händlern kauften und an die Herero weiter verhandelten.«

Wie aus einer anderen Quelle hervorgeht[1], wurden den Herero über den Ovambo-Häuptling Nechale, den wir später noch kennenlernen werden, Waffen, zumeist Gewehre britischer Herkunft, im Austausch gegen Vieh geliefert.

Dieser Waffenschmuggel lief auch über das britische Betschuanaland und die kleine britische Exklave Walvis Bay, wo der Resident Magistrate der britischen Königin – nach eigenem Eingeständnis[2] – merkwürdigerweise über einen großen Vorrat an Munition verfügte. Als Mittelsmann für den Waffenschmuggel von Walvis Bay in das Schutzgebiet könnte Daniel Kariko, ein bedeutsamer Kriegshäuptling der Herero, gewirkt haben, der von 1897 bis kurz vor dem Aufbruch des Aufstands in Walvis Bay gelebt haben soll.

Während im Hereroland Wut und Erbitterung über das Treiben der deutschen Händler immer weiter anwuchsen, ergab sich im Oktober 1903 eine neue Situation, die entscheidend für den weiteren Verlauf der Dinge im Hereroland werden sollte: Fernab im Süden des Schutzgebietes, im Karras-Gebirge bei Warmbad, erhoben sich die Bondelzwart-Hottentotten gegen die deutsche Regierung. Vorausgegangen war ein an sich nichtiger Anlaß: Der Kapitän der Bondelzwart, Jan Abraham Christian, hatte einem seiner Untertanen einen Hammel gestohlen. Aufgrund einer Beschwerde des Geschädigten sah sich der Distriktchef von Warmbad, Leutnant Jobst, veranlaßt, den Bondelzwart-Kapitän in dieser Angelegenheit vorzuladen. Statt dieser Vorla-

1 »Journal der Wissenschaftlichen Gesellschaft«, Jg. 1955/1956, Windhuk, 1956, Seite 28.

2 Telegramm Resident Magistrate Mr. Cleverly v. 16. Januar 1904 über den britischen Admiral in Simonstown an den Gouverneur der Kapkolonie: »The Resident Magistrate has telegraphed to say that the Herero rising is rather serious and that he has a large quantity of ammunition there without means of adequately protecting it.« (Entnommen aus: Sudholt, S. 29, siehe Quellen- und Literaturverzeichnis.)

dung Folge zu leisten, versuchte der Kapitän unter Hinweis auf den Schutzvertrag zwischen der Reichsregierung und seinem Stamm die Sache als stammesinterne Angelegenheit hinzustellen, die den Distriktchef nichts anginge. Diese Bemühungen wurden von Jobst ignoriert. Nach zweifacher Weigerung des Kapitäns, in Warmbad zu erscheinen, schritt der Distriktchef – trotz unzureichender Machtmittel – am 25. Oktober zur Verhaftung des Kapitäns. Es kam dabei zu einem Feuergefecht, wobei der Distriktchef, zwei deutsche Polizeisoldaten und der Bondelzwart-Kapitän selbst den Tod fanden. Diese Überreaktion des Leutnants Jobst löste einen allgemeinen Aufstand des etwa 300 Krieger starken Bondelzwartstammes aus.

Es galt nun, das deutsche Ansehen so rasch wie möglich wiederherzustellen. Zunächst versuchte der Bezirksamtmann von Keetmannshoop, dem der Distrikt Warmbad unterstand, mit seinen geringen militärischen Kräften, der 3. Feldkompanie, den Aufstand niederzuschlagen. Nach einigen Anfangserfolgen erlitt die schwache deutsche Truppe am 12. Dezember 1903 eine Schlappe bei Hartebeestmund am Oranje-Fluß. Um den Aufstand rasch zu unterdrücken, hatte Gouverneur Leutwein schon Anfang November die 1. Feldkompanie aus Windhuk und die Gebirgsbatterie aus Okahandja in das Bondelzwartgebiet entsandt. Da auch nach dieser Truppenverstärkung keine entscheidenden Siege über die rebellierenden Bondelzwart errungen worden waren, beging der Gouverneur den verhängnisvollen Fehler, selbst nach Süden aufzubrechen, um einen schnellen Frieden, möglichst mit diplomatischen Mitteln, herbeizuführen. Nach Eintreffen im Aufstandsgebiet verfügte er auch noch den Abzug der 2. Feldkompanie unter der Führung des tüchtigen und energischen Hauptmanns Franke von Omaruru. Damit war praktisch der gesamte mittlere Teil der Kolonie von Truppen entblößt. Es blieb lediglich die schwache 4. Feldkompanie ganz im Norden in Outjo.

Der Gouverneur war sich sicherlich darüber im klaren, daß der Abzug sämtlicher Truppeneinheiten aus dem mittleren Teil des Schutzgebietes zu Unruhen unter den Herero führen könnte. Um dem entgegenzuwirken, gab er Befehl, sämtliche Angehörigen des Beurlaubtenstandes in diesem Gebiet einzuberufen. Aus diesen Leuten wurden dann in Windhuk und in Omaruru je eine Ersatzkompanie gebildet. Diese Einberufungen erwiesen sich in der Folge dann für viele Farmer und Händler als lebensrettend; sie wären bei Verbleiben auf ihren Farmen bzw. Handelsstationen mit großer Wahrscheinlichkeit der Mordwut der Herero zum Opfer gefallen.

Die fast vollständige militärische Entblößung des Hererolandes sprach sich in Windeseile unter den Herero herum. Ihre Kapitäne erkannten, daß sich ein günstigerer Zeitpunkt zum Losschlagen als jetzt so bald nicht wieder bieten würde! Sie befahlen ihren Kriegern, sich bereitzuhalten, der so lange herbeigesehnte Augenblick zur Abschüttelung der deutschen Herrschaft sei gekommen. Die Erregung und Spannung erreichten ihren Höhepunkt, da platzte in diese explosive Atmosphäre Mitte Dezember eine weitere Nachricht herein, die von Werft zu Werft, von Pontok zu Pontok weitergetragen wurde: »Die

Engländer schießen am Oranjefluß auf die Deutschen!« Verzweifelt versuchten die Missionare, die Herero von der Absurdität dieser Meldung zu überzeugen.

Vergeblich, man glaubte fest, daß sie stimmte. Was war wahr an dieser Meldung? Aus dem Zeitpunkt des Auftretens der Meldung folgernd, konnte es sich hier nur um das unglückliche Gefecht bei Hartebeestmund am Oranjefluß am 12. Dezember 1903 handeln, in dem Oberleutnant Böttlin mit seiner Bastardabteilung von den aufständischen Bondelzwart auf englisches Gebiet abgedrängt und von der Kap-Polizei entwaffnet worden war. Diesen Vorfall betrachteten die Eingeborenen im Süden statt als einen normalen Neutralitätsakt als einen feindlichen Akt der Engländer. Je mehr die Meldung der Entwaffnung sich ausbreitete, um so mehr wurde sie übertrieben, bis schließlich aus der Waffenabnahme die story vom Schießen geworden war. Nichts konnte den Herero willkommener und gelegener sein als eine bewaffnete Auseinandersetzung zwischen den Kolonialmächten!

Auch andere wichtige Voraussetzungen zum Losschlagen waren jetzt gegeben: Das Überraschungsmoment schien bis jetzt sichergestellt zu sein. Dank der absoluten Selbstbeherrschung der Herero, vor allem der Führer, waren die Weißen, selbst die mitten unter den Herero lebenden Missionare, völlig arglos. Sogar die Witterungsbedingungen waren günstig: Nach vielen Jahren regnete es seit Dezember 1903 wieder fast ununterbrochen. Das ganze Land war mit einer grünen, saftigen Decke überzogen. So bot es für die Zehntausenden von Rindern der Herero reichlich Nahrung und Wasser. Dies war für die Kriegführung des Stammes unerläßlich; denn das Vieh, als einzige Existenzgrundlage der Herero, bildete auch deren wichtigste Versorgungsquelle. Sie waren in ihrer Mobilität völlig von ihrem Vieh und damit von den Weide- und Wasserbedingungen abhängig, die das Land bot. Je stärker die Regenfälle, desto ergiebiger und zahlreicher die Wasserstellen und desto größer und üppiger die Weideflächen. Dies wiederum wirkte sich günstig auf die Kriegführung aus: Sie konnten dann großräumiger und flexibler operieren, da sie überall Weiden und Wasser für ihre Herden fanden.

Aber auch aus anderen Gründen konnten diese sintflutartigen Regenfälle den Herero jetzt nur willkommen sein: Die Riviere waren in reißende Ströme verwandelt, die Pade waren zum Teil unwegsam geworden, so daß eine rasche Rückkehr der Truppe nach Norden erheblich verzögert würde. Hinzu kam noch, daß das einzige Fernmeldemittel der Schutztruppe, der von schönem, klarem Wetter abhängige Heliograph (= Sonnenschreiber) bei schlechten, trüben Wetterlagen wegen der fehlenden Sonne nicht eingesetzt werden konnte.

Die letzten Wochen vor Aufstandsbeginn nutzten die Herero noch fleißig dazu, ihre Ausrüstung zu komplettieren, was wegen der Arglosigkeit der Deutschen nicht schwerfiel. Überall im Lande begannen sie, bei den Händlern mit einer Hektik ohne Rücksicht auf die Höhe ihrer Verschuldung alles, was ihnen für den geplanten Aufstand von Nutzen erschien, zu kaufen, so daß von einer

»allgemeinen Kaufwut« der Herero gesprochen wurde. Frau Sonnenberg berichtet hierüber:

»Schon in der letzten Zeit vor Weihnachten waren ausnehmend viele Herero am Platze gewesen, so daß mein Mann sich keine Stunde mehr am Platz dem Neubau widmen konnte. Alle wollten kaufen, oft mußte er sie fortschicken... Von früh bis spät fand ich keine Ruhe. Die aufregende Arbeit im Store machte mich fast krank. Der Store von Wecke & Voigt war schon ausverkauft. Auch bei Herrn Warncke aus Hamakari war alles verkauft... Er bestätigte mir, daß überall die Herero eine fast wahnsinnige Kaufwut zeigten... Anfang Januar wurden die Herero in ihrer Kaufwut immer dreister. Vom 6. Januar ab, nachdem es mir gelungen war, mit der Behauptung, der Store sei leer, zwei bis drei Tage die Leute abzuweisen, kamen sie mit erneuter Zudringlichkeit... Sie fragten nicht nach Preis und Güte, sie warteten nicht, bis ich ihnen das Verlangte reichte, sondern nahmen, was sie wollten.«

Aus dieser Kaufwut schlossen die Deutschen zunächst, die Herero wollten in das benachbarte Betschuanaland mit seinen guten Weidegründen am Ngamisee mitsamt ihren Herden auswandern, um sich so der verhaßten deutschen Herrschaft zu entledigen.

So bemerkte der Händler Sonnenberg am 10. Januar unmittelbar vor Ausbruch des Aufstands gegenüber seiner Frau: »Warme Decken, Strümpfe, Hemden – sie rüsten sich ja ganz aus wie zur Reise; so ist es am Ende doch wahr, was man munkelt, daß sie nach Betschuanaland auswandern wollen.«

Ihr Hauptaugenmerk schienen die Herero auf Pferde, Zaumzeug und Sättel zu richten, um gut beritten zu sein. Hierüber berichtet Missionar Eich von der Missionsstation Waterberg: »In den ersten Tagen des Januar traf Graf Dohna ein mit zwei Begleitern, v. Estorff (ein Neffe des Majors) und Rose... Er (Graf Dohna) erzählt auch, daß er einige Pferde mitgebracht habe, für die sich bereits fünf Käufer gefunden hätten. Ich sprach meine Verwunderung aus, daß die Herero so nahe vor der Sterbe[3] noch Pferde kaufen wollten, legte der Sache aber weiter keine Bedeutung bei.«

Angesprochen auf ihre wahnsinnige Kaufwut reagierten die Herero, besonders ihre Anführer, mit allerlei Ausflüchten und Vorwänden, um die Weißen in Sicherheit zu wiegen. So machten Eich und der Vorsteher der Polizeistation Waterberg, Sergeant Rademacher, dem Häuptling David wegen der Kaufwut seiner Leute Anfang Januar 1904 Vorhaltungen. Dieser entgegnete zunächst, er sei krank und habe nichts von diesem Treiben bemerkt. Eich schien dies nicht glaubwürdig, da David sich selbst kurz vorher ein Pferd gekauft habe, und sagte dem Häuptling, er solle bedenken, daß sie sich durch ihre Kauferei in den Verdacht kriegerischer Absichten brächten, und er würde dann für alles zur Rechenschaft gezogen werden. Er solle daher seinen Leuten das weitere Kaufen verbieten. Darauf entgegnete David: »Ich bin Samuels Mann, und Sa-

3 Pferdesterbe: Eine durch Stechmücken übertragene Virusinfektion.

muel ist des Gouverneurs Mann, wir denken nicht an Krieg.« Er versprach dann, auf seine Leute entsprechend einzuwirken. Deren Reaktion nach der »Einwirkung« Davids schildet dann Frau Sonnenberg:

»Herr Rademacher gab mir den Rat, nicht mehr auf Schuld fortzugeben, dies sei auch der Wunsch Davids, welchen er aufgesucht habe und ich möchte mich nur auf den Befehl des Häuptlings berufen. Ich tat das natürlich, und dann ertönte allemal lautes Gelächter. Bald sah ich ein und ebenso Herr Rademacher, daß wir vollständig in der Macht der Leute waren, und, um Schlimmeres zu verhüten, mußte ich wohl oder übel den Großleuten geben, was sie verlangten.«

Manche sybillinische Äußerungen der Herero ließen die deutschen Ansiedler und Händler aufhorchen und nachdenklich werden, ohne daß diese jedoch daraus die richtigen Schlüsse zogen. Frau Eckenbrecher, Ansiedlerfrau aus Okombahe in der Gegend von Omaruru, von dunkler Vorahnung erfaßt, schreibt hierüber:

»Dem friedlichen Weihnachtsfeste folgte ein stilles Neujahr. Heiß und schwül waren die Tage, dumpf und unerquicklich die Nächte. Über dem Okombaheberg, der dem Platz den Namen gegeben hat, ballten sich schwarze Gewitterwolken zusammen. Finster und drohend schienen sie schwer auf den öden Koloß herabzuhängen, jeden Augenblick bereit, ein böses Wetter zu senden. Gelbe Blitze schossen raketengleich am Horizont. Es war schier unerträglich. Die Schwüle der Natur schien sich den Gemütern mitzuteilen. Man hatte ein unbehagliches Gefühl. Etwas war anders, aber was es war, das konnte man nicht ergründen.

Die Herero, die eine halbe Stunde von Okombahe entfernt, in Kawab wohnten, waren sehr geschäftig. Ihre Großleute kamen oft nach Okombahe, um in den verschiedenen Stores Einkäufe zu machen. Mehr als sonst. Wunderte man sich darüber, so hieß es: ›Wir fürchten, schlechtes Gras auf Kawab zu bekommen. Wir wollen frühzeitig mit dem Vieh trecken, deshalb bereiten wir alles vor.‹ Uns besuchten sie des öfteren. Wir hatten stets auf freundschaftlichem Fuß gestanden und wunderten uns, als sie sich eines Tages sehr interessiert bei meinem Mann erkundigten, wann ich nach Deutschland zurückginge. Themis[4] war sehr erstaunt und meinte, ich dächte gar nicht daran. Da sprach der Großmannssohn Justus Hongera: ›Mister von Eckenbrecher, ich sage Dir, es wird gut sein, wenn Deine Frau fortgeht. Sie muß bald gehen und bleiben.‹ ›Aber wie kommt Ihr nur darauf?‹ – ›Ich sage Dir, es ist gut, wenn sie geht. Afrika paßt nicht für sie. Es ist ein Land für Männer, die den Krieg lieben. Rauh und wild müssen sie sein. Du kannst bleiben. Für Dich ist das Gewehr und der Sattel. Aber, wenn Du Deine Frau lieb hast, dann schick sie fort!‹«...

4 Ehemann von Frau Eckenbrecher.

An einer anderen Stelle zitiert Frau Eckenbrecher eine orakelhafte Äußerung des Unterkapitäns Josua gegenüber Eckenbrechers:

»Ihr Weißen müßt nicht denken, daß Ihr sicher seid im Lande der Schwarzen. Ich habe dort oben in den Wolken gelesen: Gott wird einen furchtbaren Krieg schicken, der das Land verheert und die Weißen tötet.«

Eckenbrechers Reaktion darauf: »Wir hielten die Worte für Großtuerei und albernes Geschwätz.«

Trotz der verdächtigen Änderungen im Verhalten der Herero und trotz ihrer plötzlichen Geschäftigkeit und Kaufwut und der häufigen Versammlungen ihrer Großleute schienen die Deutschen, vor allem die Obrigkeit, nicht sonderlich beunruhigt. Es herrschte vielfach sogar Optimismus vor. Man wußte, daß eine Abschüttelung der deutschen Herrschaft höchstens dann Aussicht auf Erfolg hätte, wenn sämtliche Hererostämme sich vereint gegen die Deutschen erheben würden. Aber die Möglichkeit einer solchen Erhebung wurde für ausgeschlossen gehalten. Voraussetzung wäre eine Beteiligung des Oberhäuptlings Samuel Maharero, dessen Einfluß im Hererovolk durch seine Verschwägerung in allen Zweigen und Gruppen des Volkes sehr groß war. Samuel aber verdankte seine Position der deutschen Herrschaft, und hierfür hatte er sich wiederholt der deutschen Obrigkeit erkenntlich gezeigt und sich sogar, wie der Nikodemus-Aufstand von 1895 gezeigt hatte, nicht einmal gescheut, auf Seiten der Deutschen gegen seine eigenen Landsleute, ja sogar seine eigenen Verwandten zu Feld zu ziehen. Es erschien daher den Deutschen der Gedanke absurd, daß sich Samuel mit seinen Leuten einem solchen Aufstand anschließen würde. Aber auch der kriegerische Geist und die Kampfbereitschaft der Herero wurden von vielen Deutschen sehr skeptisch beurteilt, mancher Farmer sehnte sogar einen derartigen Aufstand herbei, obwohl er selbst an diesen nicht glaubte: Dann könnte endlich die Rücksichtnahme auf die Schutzverträge mit den Eingeborenen fortfallen, so daß die Weißen völlige Handlungsfreiheit in der Kolonie und ungehinderte Ausdehnungsmöglichkeiten im Hereroland erhalten würden.

Die ersten Andeutungen über einen drohenden Hereroaufstand gelangten um die Weihnachtstage 1903 nach Windhuk. Sie stammten von einem östlich von der Hauptstadt lebenden Buren mit Namen Uys, der glaubte, aus dem verdächtigen Verhalten der Herero auf seiner Farm auf mögliche Vorbereitungen für einen Aufstand gegen die deutsche Herrschaft schließen zu können, und deswegen diesen Verdacht den Behörden in Windhuk meldete. Offenbar aber stießen diese Warnhinweise in Windhuk ebenso auf taube Ohren wie eine schon deutlichere Nachricht aus dem Osten des Schutzgebietes, die Anfang Januar beim Oberrichter des Gouvernements, Dr. Richter, einging:

Oberleutnant Streitwolf, der Distriktchef von Gobabis, berichtete, es hätten sich Viehdiebstähle durch Herero am 27. Dezember auf weißen Farmen im Norden des Distrikts ereignet. Er meldete ferner Fälle von Widersetzlichkeit und frechem Verhalten eingefangener Missetäter. »Viehraub galt in den Augen des Bantunegers gewissermaßen als Kriegserklärung«, schreibt hierzu der spätere stellvertretende Gouverneur Hintrager. Streitwolf wertete diese Vorfälle durchaus ernst, berief am 1. Januar acht Soldaten, die er am Vortage nach dem Süden zur Unterstützung Leutweins im dortigen Aufstandsgebiet entsandt hatte, zurück und ergriff Maßnahmen zur Abwehr eines möglichen Aufstands der dortigen Herero. So rief er vorsichtshalber sämtliche Reservisten zur Verteidigung der festen Plätze Gobabis, Oas und Witvlei ein. In diesem Gebiet waren die Farmer und Händler im Gegensatz zu denen in den anderen Teilen des Hererolands auch wachsamer: Seit dem Nikodemus-Aufstand, der in dieser Gegend in den Jahren 1895–1896 stattgefunden hatte, waren sie mißtrauisch gegenüber den Eingeborenen und rechneten schon immer mit einer erneuten Erhebung der Ostherero. Nur mit Mühe ließen sie sich von Streitwolf dazu bewegen, zunächst auf ihren Posten auszuharren. Der Distriktchef vereinbarte aber mit den Farmern und Händlern, daß sie sich, sobald Gefahr im Verzuge war, zu der am nächsten gelegenen der drei Stationen Gobabis, Witvley oder Epukiro begeben sollten. Indes beruhigten sich die Gemüter in den nächsten Tagen wieder etwas, nachdem Traugott, Sohn des Häuptlings Tjetjo der Ostherero, auf einer Zusammenkunft mit Oberleutnant Streitwolf am 6. Januar eine Bestrafung der Viehräuber zugesichert hatte und sich die Herero daraufhin wieder ruhig verhielten.

Über die Stimmung der Weißen in Windhuk um diese Zeit berichtet Paul Leutwein, der Sohn des Gouveneurs, inzwischen als Leutnant in die auf dem Wege in das Bondelzwart-Aufstandsgebiet befindliche 2. Feldkompanie eingezogen:

»Die Kompanie Franke marschierte am 31. Dezember 1903 in Windhuk ein. Am gleichen Tage wurde im Kasino Sylvester gefeiert. Hier waren eine ganze Anzahl Farmer versammelt, deren Farmen im Hererogebiet lagen. Diese waren durchweg mit dem herrschenden Grundsatz, die Farmen der Weißen nicht mehr auf Kosten der Herero zu vergrößern, unzufrieden. Alle dachten, daß jetzt der Augenblick gekommen sei, diesen Standpunkt zugunsten der Weißen zu ändern. Keiner dachte an eine Gefahr. Ich sehe noch heute den Hauptmann a. D. v. François, einen der ältesten Afrikaner, vor mir, wie er in heftiger Rede eine allgemeine Razzia gegen die Hereros predigte.« Aus diesen Worten erkennt man, daß hier paradoxerweise sogar so etwas wie eine Pogromstimmung herrschte, daß man jetzt die Gelegenheit für gekommen glaubte, gegen die Herero loszuschlagen. Ergänzend schreibt Paul Leutwein: »So weit ging die Unterschätzung der Kriegstüchtigkeit des Hererovolkes, daß die meisten die Schutztruppe nebst den im Lande eingezogenen Reservisten zu einer völligen Unterwerfung für ausreichend hielten. Dies alles zu einer Zeit, als der größte Teil der Schutztruppe zur Bekämpfung der Bondelzwart im Süden war.«

Vergleichsweise ruhig war die Lage unmittelbar vor Ausbruch des Aufstands in Okahandja, dem Hauptort des Hererolandes und Wohnsitz Samuel

Mahareros. Dies mag vor allem daran gelegen haben, daß hier das Zentrum der Konspiration gegen die deutsche Herrschaft war und die Hereroführer hier ihre Leute besser in der Gewalt hatten und von voreiligen und Argwohn erregenden Aktionen abhalten konnten. Erst als am Samstag, den 9. Januar, eine von Waterberg zurückgekehrte Patrouille dem Distriktchef, Oberleutnant Zürn, zwei Mitteilungen von dort überbrachte, erfaßte die deutsche Bevölkerung Okahandjas eine gewisse Unruhe. Es handelte sich um einen Brief des Missionars Eich von der Missionsstation Waterberg und eine Mitteilung des dortigen militärischen Stationschefs, Sergeant Rademacher, die von der ungewöhnlichen, keine Rücksicht auf Preise nehmenden Kauflust der dortigen Herero, berichteten. Allerdings hatte Missionar Eich in dem Schreiben beruhigend hinzugefügt, daß er nicht an eine kriegerische Absicht der Herero glaubte, zumal der Häuptling David krank sei und sein Bruder Salatiel, zusammen mit Timotheus und anderen Großleuten, verreist sei. Eich schrieb wörtlich:

»Die Kauferei ist nach meinem Dafürhalten von einigen jungen Burschen, nachdem wahrscheinlich Gerüchte über die Ausplünderung[5] der Ansiedler in Gobabis in dic hicsigc Gcgcnd gedrungen war, veranlaßt worden, andere haben sich angeschlossen, um im Trüben zu fischen, und die übrigen haben mitgemacht, weil das Kaufen so schön ist.«

Durch die beruhigenden Hinweise in den Mitteilungen Eichs legte sich die Unruhe unter der weißen Bevölkerung bald wieder. Nur der Distriktchef, Oberleutnant Zürn, der die Herero genau kannte, machte sich seine Gedanken: Ihm war es unverständlich, daß die Herero so kurz vor der Pferdesterbe derart viele Pferde kauften und sich trotz ihrer enormen Verschuldung aus den Käufen in den früheren Jahren jetzt erneut so unsinnig verschuldeten. Wenn er auch eine allgemeine Erhebung der Herero für unwahrscheinlich hielt, glaubte er nach reiflicher Überlegung dennoch, sicherheitshalber schon jetzt einige Maßnahmen treffen zu müssen. So rief er noch am gleichen Vormittag (Samstag, 9. Januar 1904) den Bezirksamtmann Duft in Windhuk an und informierte ihn über die Vorfälle in Waterberg.

5 Fälle von Ausplünderungen von Farmen vor Aufstandsbeginn hat es im Distrikt Gobabis nicht gegeben. Wahrscheinlich wird hier angespielt auf den Farmer Bulak, der einer Beraubung seiner Farm durch Niederschießen eines Herero zuvorgekommen war.

4. Der Sturm bricht los

Windhuk bei Ausbruch des Aufstands, die ersten Maßnahmen der Gouvernementsregierung · Die Vorgänge in Okahandja zu Beginn des Aufstands, Versammlung der Hererogroßleute in Osona · Der »Kriegserlaß« Samuel Mahareros, Samuels Kriegsabsichten, sein Versuch, Bundesgenossen zu finden · Die Ermordung der Ansiedler und Händler, die Ereignisse bei Waterberg · Das Aufstandsgeschehen in Omaruru, bei Otjimbingwe, in den Distrikten Gobabis, Outjo und Grootfontein · Der Angriff der Ovambo auf die Station Namutoni · Das Aufstandsgeschehen in und um Windhuk · Von Swakopmund aus unternommene militärische Maßnahmen · Das Aufstandsgeschehen in und um Karibib · Kriegsentscheidende Unterlassungen der Hereroführung

Die Nacht zum Montag, den 11. Januar 1904, war angebrochen. Sorglos waren die Bürger von Windhuk zu Bett gegangen. Es hieß zwar, es seien einige Nachrichten beim Gouvernement eingetroffen, daß die Herero bei Gobabis und Okahandja unruhig geworden seien, es habe auch einige Viehdiebstähle gegeben. Daß irgend etwas Ernstes dahinterstecken könnte, daran glaubte allerdings niemand. Man kannte die Herero, ihre endlosen Palavereien und ihre Uneinigkeit. Eine allgemeine Empörung gegen die deutsche Herrschaft? Nein, undenkbar, da müßte ja Samuel mitmachen! Dem aber sind seine Pfründe aus der deutschen Staatskasse viel zu lieb, als daß er sich hierzu hinreißen ließe! Wenn es um seine persönlichen Vorteile gehe, scheut er sich doch nicht einmal, zusammen mit den Deutschen gegen seine eigenen Rassegenossen zu kämpfen. Erst vier Jahre sind es doch her, da hatte er sich noch den Deutschen für eine gegen die Ovambo gerichtete Expedition als Verbündeter zur Verfügung gestellt! – So sahen auch der stellvertretende Gouverneur, Oberrichter Dr. Richter, und der Platzkommandant von Windhuk, Oberleutnant Techow, keine Veranlassung, besondere Wachbereitschaft für die Nacht anzuordnen.

Da – es war gegen 1 Uhr morgens – klingelte das Telefon im Postgebäude. Niemand reagierte, aber es klingelte hartnäckig und unablässig in der Erwartung, daß der eine oder der andere der Beamten schließlich doch aufwachen würde. Und richtig. Der Postdirektor Bischof selbst war es, der schließlich schlaftrunken zum Telefon eilte. Vom anderen Ende der Leitung meldete sich die aufgeregte Stimme des Distriktchefs von Okahandja, des Oberleutnants der Reserve Zürn:

Bedenkliche Mengen bewaffneter Herero hätten sich in und um Okahandja angesammelt. Weitere bewaffnete Massen von Herero seien vom Norden her im Anmarsch, man müsse mit einem Aufstand der Herero gegen die Deutschen rechnen. Gleichzeitig bat Zürn um Verstärkung für Okahandja. Bischof gab diese Meldung sofort an Dr. Richter weiter, der den Platzkommandanten alarmieren ließ. Um 0805 Uhr traf ein ergänzendes Telegramm aus Okahandja ein:

»Samuel und sämtliche Großleute in Osona, halte nach Eingeborenenmeldung Aufstand für sehr möglich. Patrouille auf Osona entsandt, habe 26 Mann auf Station mit Freiwilligen, schätzungsweise müssen, nach Durchmarschierten gezählt, 200 Herero auf Osona sein. gez. Zürn«

Was hatte Zürn zu diesen Alarmmeldungen veranlaßt? – Am Sonntagabend (10. Januar) wurde die Bevölkerung Okahandjas durch eine Meldung des Ansiedlers Alex Niet aufgeschreckt: Die Herero planten an einem bestimmten Tag einen allgemeinen Aufstand; 2000 Herero, darunter 300 mit Gewehren bewaffnet, seien von Norden her im Anmarsch auf Okahandja begriffen, um den Ort zu überfallen. Kurz darauf ging eine weitere Alarmmeldung bei Zürn ein: 300 bewaffnete Herero seien am Okahandja-Rivier entlang nach dem 3 km südlich Okahandja gelegenen Osona geritten. Das sah nach einer Einschließung Okahandjas aus!

Der Oberleutnant trat sofort in Aktion. Er entsandte eine Patrouille in die Umgebung von Okahandja, um die Farmer und Händler aufzufordern, zu ihrer eigenen Sicherheit unverzüglich mit ihren Familien Zuflucht in der Feste von Okahandja zu suchen, und um den Alarmmeldungen auf den Grund zu gehen. Gleichzeitig berief Zürn alle restlichen Reservisten ein und brachte die Feste in Verteidigungszustand. Außerdem benachrichtigte er das Gouvernement in Windhuk.

In der Hauptstadt liefen inzwischen die Vorbereitungen für einen eventuellen Kriegsfall und für eine mögliche Belagerung der Stadt auf Hochtouren. Ein umfassender Sicherheitsdienst wurde eingerichtet, alle verfügbaren Reservisten, selbst Invaliden wurden einberufen.

Nach Eingang der Zürnschen Meldung setzte sich gegen 0730 Uhr morgens (11. Januar) Dr. Richter mit dem Bezirksamtmann von Windhuk, Bergrat Duft, in Verbindung. Beide kamen überein, daß alles versucht werden müßte, um die Herero von ihrer unheilvollen Absicht, sich gegen die deutsche Herrschaft zu erheben, abzuhalten. Einer der beiden Beamten sollte sofort nach Okahandja gehen, um dort mit Samuel Maharero und seinen Großleuten zu verhandeln. Vielleicht würde es noch gelingen, Unstimmigkeiten aus dem Wege zu räumen und die Herero wieder friedfertig zu stimmen. Da Dr. Richter bisher wenig Kontakt mit den Eingeborenen in Okahandja gehabt hatte, Duft dagegen die Herero dort gut kannte, sollte letzterer diese Aufgabe übernehmen. Er fuhr daraufhin am gleichen Vormittag noch mit einer militärischen Eskorte von 18 Mann von Windhuk mit der Bahn ab und traf – ohne besondere Vorkommnisse unterwegs – um 1430 Uhr in Okahandja ein, wo er von Distriktchef Zürn empfangen wurde.

Als erstes meldete ihm Zürn, daß Samuel aus Okahandja verschwunden sei; er halte sich irgendwo außerhalb von Okahandja auf, so habe Zürn erfahren. Das war höchst verdächtig. Am Morgen (11. Januar) habe Präses Diehl, der Vorsitzende der Rheinischen Mission im Hereroland, sich in der Hererowerft von Okahandja selbst erkundigt, was der Menschenauflauf und die Ansammlung bewaffneter Herero, darunter vieler Ortsfremder, zu bedeuten hätten. Man habe ihm gesagt, dies geschehe wegen der bevorstehenden Häuptlingswahl im Zusammenhang mit dem Tode Kambazembis; dann sei es auch Usus bei den Herero, mit Gewehren bewaffnet zu erscheinen. Weiter berichtete Zürn dem Bezirksamtmann, er habe am Vormittag bereits versucht, den ortsanwesenden Kapitän Quandja aus Otjikururume, einer Werft am Etanenoberg, zu sich zu rufen, aber ohne Erfolg.

Am Nachmittag, den 11. Januar, gelang es dann aber doch, eine Verhandlung mit der Hereroführung zu arrangieren. Auf deutscher Seite waren Bergrat Duft und Distriktchef Zürn, auf der Hereroseite Quandja mit mehreren Großleuten, darunter auch welche von Waterberg. Man war sich auf halbem Wege zur Eingeborenenwerft entgegengekommen, sich mißtrauisch überzeugend, daß keiner von der anderen Seite bewaffnet war. Missionar Diehl dolmetschte, die Verhandlungen wurden stehend geführt. Zunächst entschuldigte Quandja die Abwesenheit Samuel Mahareros; er sei noch mit dem Eintreiben von Schulden beschäftigt, er käme jedoch bald zurück. Dann führte er noch einmal die gleichen Gründe zum bewaffneten Auftreten der Hereroscharen wie am Vormittag an: Es ginge um Erbschaftsangelegenheiten, das Mitbringen der Gewehre habe keinen besonderen Grund. Die Äußerungen Quandjas klangen recht glaubwürdig, und man ging völlig friedlich auseinander, nachdem erneute Verhandlungen für den nächsten Morgen vereinbart worden waren.

Dennoch war das Mißtrauen bei Duft und Zürn geblieben. Vor allem Zürn hatte den Eindruck gewonnen, daß Quandja Verhandlungsbereitschaft offensichtlich nur zeige, um Zeit zu gewinnen. Zürn ließ sich auch dann nicht von seinem Mißtrauen abbringen, als er Diehls Meinung hörte, daß kein Grund bestände, den Eingeborenen zu mißtrauen. Der Distriktchef richtete am Abend noch über Swakopmund ein Telegramm direkt an die Schiffsführung des gerade in Kapstadt weilenden deutschen Kanonenbootes S.M.S. »Habicht«, in dem er dessen Unterstützung erbat. Duft teilte dem stellvertretenden Gouverneur, Dr. Richter, über die noch intakte Telefonleitung das Erlebte mit, erwähnte vor allem die Ansammlung der Herero in Okahandja und den Anmarsch weiterer bewaffneter Hererohaufen. Da die Telegraphenleitung nach Swakopmund noch funktionierte, forderte Duft telegraphisch Truppenunterstützung in Berlin an.

Abends ging eine weitere Alarmmeldung ein: Der Ansiedler und Händler Leinhos berichtete dem Bezirksamtmann Duft und Oberleutnant d. R. Zürn, daß nach den von ihm bei einer Hererofrau eingezogenen Erkundigungen die Bewegungen der Herero nur den Weißen gelten und »der Schlag bald ausgeführt werden sollte«. Zürn und Duft wurde die Sache unheimlich, zumal die Zahl der Feldherero im Orte immer weiter anwuchs. Die beiden forderten von Windhuk weitere Verstärkung und ein Maschinengewehr an. Am Abend des 11. wurde dann noch eine Patrouille unter der Führung des Feldwebels Kühnel nach Norden Richtung Otjiamongombe entsandt, diese sollte die dort lebenden Farmer und Händler warnen und zur Flucht nach Okahandja auffordern. Die Patrouille war bereits zu spät abgeschickt worden und in ihr Verderben gelaufen. Sie wurde unterwegs von einer großen Schar Herero überfallen und niedergemacht.

Die weiße Bevölkerung Okahandjas zog sich noch vor Einbruch der Dunkelheit sicherheitshalber in den Schutz der Feste und des Bahnhofsgebäudes zurück. Die Nacht vom 11. zum 12. Januar (Montag zum Dienstag) verlief ruhig für die Bewohner Okahandjas. Dann aber brach das Verhängnis herein: Missionar Meyer, der Missionsvorsteher von Okahandja, war am Dienstag morgens noch einmal in der Werft gewesen, wo sich alles ruhig verhielt. Samuels Haus war von Bewaffneten umlagert; offensichtlich war er also zu Hause. – Gegen 8 Uhr begeben sich Duft und der Amtsarzt Dr. Maass vereinbarungsgemäß zur Werft, um die Verhandlungen mit den Hereroführern fortzusetzen. Unterwegs kommt ihnen Missionar Meyer entgegen und teilt ihnen mit, daß die Eingeborenen sich friedlich verhielten. Duft und Maass gehen weiter, sie wollen gerade am Haus des Kirchenältesten Johannes vorbeigehen. Da tritt dieser aus dem Hause heraus und ruft ihnen zu: »Omuhona mana, arikana twinde (mein lieber Herr, machen Sie, daß Sie hier fortkommen).« Daß dies ernst gemeint ist, wird den beiden Weißen sofort klar: Plötzlich wimmelt es überall auf den Straßen Okahandjas von bewaffneten Herero. Da schwinden bei Duft und Maass die letzten Zweifel über die Absicht der Herero, sie machen kehrt und laufen eilig zur Feste zurück. Die Herero lassen sie ungehindert passieren. Wahrscheinlich hatte die Hereroführung Weisung gegeben, die beiden Deutschen unbehelligt zurückgehen zu lassen; Duft galt als einer der mildesten und eingeborenenfreundlichsten Bezirksamtmänner.

Missionar Meyer berichtet nun über die folgenden aufregenden Minuten:

»Noch einige Minuten und die ersten Schüsse waren von der Hereroseite her gefallen. Damit waren aber auch die ersten Mordtaten hier auf Okahandja geschehen. Der Händler Dickmann, dessen Haus ganz dicht beim Hererolager lag, war mit seiner Frau – sie waren erst seit einem Jahr verheiratet – noch einmal nach dem Hause gegangen, um noch einiges zu besorgen und sich dann wieder auf die Militärstation zurückzuziehen. Auch ein Herr Kuntze mit einer Dame ging auf das Dickmannsche Haus zu. Als sie zurückgehen wollten, traf zuerst Frau Dickmann eine Kugel in den Rücken, so daß sie gleich zusammenbrach. Ihr Mann – die Tat geschah nahe beim Hause – warf sich über sie, wurde aber im nächsten Augenblick totgeschlagen. Ebenso fiel Herr Kuntze. Nur das Fräulein entkam und brachte, von zwei Kugeln in den Arm getroffen, die grausige Nachricht auf die Station. Das war der Anfang. Die Eingeborenen zerstörten nun sofort die Eisenbahn und den Telegraphen.«

Zürn war es allerdings noch gelungen, unmittelbar vor der Zerstörung der Telegraphenleitung zur Küste den Bezirksamtmann Fuchs von Swakopmund über die Vorfälle in Kenntnis zu setzen. Die Leitung nach Windhuk war aber bereits gestört. Was Bergrat Duft zum Zeitpunkt seines Gangs zu den mit Quandja vereinbarten Verhandlungen nicht wissen konnte, war die Tatsache, daß für die Herero die Würfel bereits am 11. Januar gefallen waren. Von seinem Vetter Assa Riarua vor die Entscheidung gestellt, entweder abzudanken oder die Waffen zu erheben, hatte Samuel Maharero schließlich nachgegeben und sich zum Aufstand entschlossen. Statt Schulden einzutreiben, hatte Samuel am gleichen Tag (11. Januar) in Gegenwart seiner in Osona versammelten Großleute seinen knappen Aufstandsbefehl: »Ich kämpfe, tötet alle Deutschen« verkündet und einen »ergänzenden Erlaß« verlesen, der in der Übersetzung wie folgt lautet:

Okahandja, den 11. Januar

»An alle Großleute meines Landes. Ich bin Samuel Maharero, Oberhäuptling der Herero. Ich habe einen Befehl für alle meine Leute angefertigt, daß sie nicht weiter ihre Hände legen an folgende: Engländer, Bastards, Bergdamara, Nama, Buren. Alle diese rühren wir nicht an. Tut dies nicht! Ich habe einen Eid geschworen, daß dieser Beschluß nicht bekannt werden darf, auch nicht den Missionaren. Genug.«

Dieser Erlaß und der als Losungswort gedachte Aufstands- und Tötungsbefehl wurden in Windeseile durch berittene Boten an alle Stämme der Herero im Lande überbracht. Aus dem Erlaß wird ersichtlich, daß die Herero nicht, wie in deutschen zeitgenössischen Quellen oft behauptet, einen *Krieg* gegen die weiße Rasse führen wollten, sondern *ausschließlich gegen die Deutschen*. Daß Engländer und Buren geschont werden sollten, dürfte verschiedene Gründe gehabt haben. Sicherlich spielte eine Vorliebe der Herero für die Engländer eine Rolle, die ihnen von der vorkolonialen Zeit her noch in angenehmer Erinnerung waren und deren Herrschaft ihnen durch Stammesgenossen in der Kapkolonie und im Betschuanaland als im Vergleich zur deutschen viel milder geschildert wurde. Eine Rolle mag hier auch die Überlegung gespielt haben, für den Fall eines Scheiterns des Aufstands die Tür zum britischen Betschuanaland offenzuhalten und die Zahl der Gegner nicht unnötig zu vergrößern, zumal die Buren als erfahrene Kämpfer galten. Darüber hinaus vereinbarten die Hererogroßleute nach späteren eidesstattlichen Aussagen des Häuptlings Daniel Kariko in ihren Geheimversammlungen vor Ausbruch des Aufstands, auch alle deutschen Frauen und Kinder sowie die Missionare mit ihren Familien aus Samuels Tötungsbefehl auszuschließen. Der Erlaß Samuels und die Vereinbarung der Hererokapitäne sind bis auf wenige, vermutlich auf Unkenntnis beruhende Ausnahmen von den Aufständischen streng eingehalten worden.

Samuel hatte auch den Versuch unternommen, Bundesgenossen unter den Eingeborenenstämmen zu gewinnen, um so der Erhebung einen quasi stammesübergreifenden Charakter zu geben. Dies hatte auch strategische Erwägungen. Er wollte die deutschen Truppen im Süden des Schutzgebiets durch Ausweitung des Aufstands dort unten binden, um so freie Hand für seine Operationen im Norden zu haben. Er schrieb deswegen zwei Briefe mit entsprechendem Wortlaut, den einen an Hermanus van Wyck, den Basterkapitän in Rehoboth, den anderen an den Namahäuptling Hendrik Witbooi in Gibeon. Beide Briefe gelangten jedoch über van Wyck, der von vornherein einer Teilnahme am Aufstand abgeneigt war, in die Hände der Deutschen. Aber auch Hendrik Witbooi hatte nicht die Absicht, zu diesem auch für ihn eigentlich günstigen Zeitpunkt gegen die Deutschen loszuschlagen. Vielleicht war für ihn die Feindschaft zum traditionellen Gegner der Nama, den Herero, größer als die zu den weißen Eindringlingen. Möglicherweise war ihm der Untergang seiner alten Rivalen, der Herero, sogar recht. Statt dessen aber zeigte er jetzt Loyalität gegenüber den deutschen Kolonialherren, indem er diesen eine Hilfstruppe für den Kampf gegen die Herero zur Verfügung stellte.

Samuel entsandte auch Boten in das Ovamboland, um die Ovambohäuptlinge zur Teilnahme am Aufstand zu ermuntern. Dieser Versuch wurde aber durch die im Ovamboland tätigen finnischen Missionare vereitelt. Auch der Versuch, den unschlüssigen Kapitän Cornelius der Bergdamara in Okombahe westlich Omaruru zur Teilnahme am Kampf zu bewegen, schlug fehl. Damit waren alle Bemühungen Samuels, den Aufstand durch eine gleichzeitige Erhebung aller Stämme gegen die deutsche Kolonialgewalt in eine Art nationalen Befreiungskrieg auszuweiten und so die Erfolgsaussichten wesentlich zu vergrößern, mißlungen. Von seinen Großleuten seit Jahren zum Orlog[1] gegen die Deutschen gedrängt, entschloß er sich dennoch, die durch den Abzug der deutschen Truppen nach Süden entstandene einmalig günstige Lage zu nutzen und jetzt loszuschlagen.

Mit elementarer Gewalt brach das Unheil über die Deutschen herein. Kaum waren die Boten aus Okahandja mit Mahareros Erlaß und Aufstandsbefehl auf den Werften in den verschiedenen Hererowohngebieten eingetroffen, als die Herero, die seit Jahren aufgestaute Wut über die deutsche Herrschaft im Herzen, schlagartig über die verstreut im Hereroland lebenden deutschen Farmer, Händler, Reisende und Soldaten herfielen. Wer nicht rechtzeitig gewarnt war und sich nicht in den Schutz der befestigten Militärstationen hatte retten können, fiel dem Ansturm der Aufständischen zum Opfer. So kamen etwa 150 Deutsche ums Leben. Dabei verfuhren die Herero auf den Farmen oft so, daß sie den nichtsahnenden Farmer herausriefen und ihm dann beim Heraustreten aus dem Farmhause hinterrücks mit einem Kirri den Schädel einschlugen. In anderen Fällen begrüßten sie den Farmer freundlich mit Handschlag, und, während einer die Hand des Farmers hielt, schlugen andere ihm den Schädel ein. Die Farmen wurden anschließend geplündert und vor allem Kleider, Gewehre und Munition geraubt; das Vieh, das sie als ihnen geraubt betrachteten, trieben die Aufständischen als Beute ab. Bemerkenswert hierbei ist, daß die Herero – mit ganz wenigen Ausnahmen – sich strikt an die Weisungen ihrer Großleute hielten und Frauen und Kinder der Deutschen am Leben ließen und zur nächsten Militärstation oder Missionsstation schickten oder geleiteten.

Die einzige deutsche Ansiedlung, die völlig unvorbereitet war und regelrecht überrumpelt wurde, war Waterberg (Otjozondjupa). Hier schlugen die Aufständischen am schlimmsten zu. Allein im Umkreis der Polizeistation Waterberg fielen zwölf Deutsche ihren Kirris zum Opfer. Dabei hatte es an drohenden Vorzeichen gerade hier nicht gefehlt, stammten doch die ersten Warnmeldungen, die in Okahandja und in Windhuk eintrafen, von hier (und

1 Hererowort: Krieg.

von Gobabis). Aber offenbar hatte weder Missionar Eich, Leiter der Missionsstation Waterberg, noch Sergeant Rademacher, Vorsteher des Polizeipostens Waterberg, die notwendigen Folgerungen aus ihren eigenen Beobachtungen und den ihnen gegebenen Hinweisen gezogen. Im Gegensatz zu anderen Orten wurde es hier auch versäumt, die Polizeistation rechtzeitig in einen verteidigungsbereiten Zustand zu bringen und die Weißen in der Umgebung zu veranlassen, sich in den Schutz der Station zu begeben.

Der Aufstandsbefehl Samuels erreichte die Waterberg-Herero am 14. Januar gegen Mittag. Er wurde verabredungsgemäß unverzüglich zur Ausführung gebracht: Innerhalb einer Stunde starben hier unter den Keulenhieben der Herero sämtliche deutschen Männer mit Ausnahme des Missionars Eich. Die Zahl der Opfer war dadurch besonders hoch, daß zufällig an diesem Tage verschiedene deutsche Reisende sich im Gebiet des Waterberg aufhielten, darunter der Legationsrat Hoepner und der Wasserbautechniker Watermeyer.

Eines der Opfer war der Ansiedler und Händler Sonnenberg. Seine Frau berichtet über diesen unheilvollen Tag:

»Ich stand auf, es war gegen halb vier Uhr (nachmittags) ... Ich deckte den Kaffeetisch und nahm dann eine Handarbeit... Draußen unter dem großen Baum beim Kraal war es lebendig. Da lagen viele Herero, auch Ludwig... Ein Blick ins Schlafzimmer zeigte mir, daß mein Mann noch fest schlief... Da nahten einige Leute. Ach, es war nur Perenna mit zwei oder drei Herero. Er stellte sich breit in die Tür und sagte – ruhig wie sonst – ich blickte kaum auf: ›Mister iripi‹ (Wo ist der Herr?). Den Kopf neigend, erwiderte ich: ›Mister rara, kurama‹ (Er schläft, warte!). ›Etjo‹, sagte Perenna sehr gedehnt, und sich mit einer Handbewegung nach hinten umwendend, machte er Ludwig und Kamujenju (Judas) Platz, die schnell hereintraten und im Augenblick hinter der Portiere verschwanden, die ins Schlafzimmer führte.

Das war doch stark, meinen Mann wecken zu wollen, und ich rief: ›Was fällt euch ein, kommt sofort zurück!‹ und das wiederholend, sprang ich auf. Da stürzte Perenna auf mich zu, hielt mich fest, riß die Gewehre von der Wand und gab sie einem der vielen, die plötzlich im Zimmer standen. Laut rief ich den Namen meines Mannes.

Da – drei dumpfe, furchtbare Schläge dröhnten aus dem Schlafzimmer – ein kurzes Gemurmel – ich taumelte – Perenna ließ mich frei. Auf die Portiere zustürzend, sah ich Ludwig. Er hielt einen schweren Steinhammer in der Hand, seine Gesichtszüge waren furchtbar entstellt und, ›Otjurumbu backoka‹ (Der Weiße ist tot!) schreiend, stürzte er aus dem Hause.«

Um für ihre Kriegführung gut gerüstet zu sein, richteten die Herero ihr Hauptaugenmerk auf den Store der Firma Wecke und Voigt, den sie restlos ausplünderten, und die Polizeistation. Diese wurden ohne irgend welche Gegenwehr erobert, nachdem die Besatzung, die nichtsahnend auf der Terrasse ruhte, hinterrücks niedergemacht worden war. Dabei fielen eine Menge Munition und Gewehre in die Hände der Aufständischen. – Nach der Ermordung ihrer Männer suchten die deutschen Frauen mit ihren Kindern Zuflucht in der Missionsstation, wo sie und Missionar Eich mit seiner Familie zunächst unbehelligt blieben, bis ihnen später dann David, einer der Kapitäne der Waterberg-Herero, erlaubte, nach Okahandja zu ziehen. Nach 6½ Wochen Irrfahrt, zuerst noch im Geleit mit den von Waterberg forttreckenden Herero, gelangten die Flüchtlinge am 9. April völlig erschöpft in Okahandja an.

Während sich bei Waterberg die Deutschen aus Arglosigkeit und Leichtfertigkeit regelrecht überrumpeln ließen, trafen die Herero in den anderen Ortschaften auf einen wohlvorbereiteten und erbitterten Widerstand, ja es gelang den Deutschen hier zum Teil sogar, den Aufstandsbeginn hinauszuzögern und so einen entscheidenden Zeitgewinn zu erringen, der zur Rettung der Siedler im Umkreis genutzt werden konnte.

So brach zum Beispiel der Aufstand in Omaruru erst am 17. Januar aus, obwohl Samuels Erlaß und Aufstandsbefehl bereits viel früher die Omaruru-Herero erreicht haben mußten und diese schon seit dem 12. Januar durch laufend eintreffende Meldungen über das Aufstandsgeschehen in Okahandja und anderswo in heller Aufregung waren. Die Aufregung nahm noch weiter zu, als am 14. bekannt wurde, daß mehr als 300 Herero raubend und mordend im Gebiet zwischen Okahandja und Karibib umherstreiften. Daß die Omaruru-Herero, die zu den kriegerischsten Herero überhaupt zählten, sich dennoch weiterhin unschlüssig verhielten, lag zum einen daran, daß diese Hererogruppe schon zu Manasses Zeiten eine gewisse Autonomie in der Hereronation genoß – wie auch der separate Schutzvertrag beweist, den Manasse seinerzeit mit Dr. Göring abgeschlossen hatte[2] –, zum anderen an dem umsichtigen Verhalten des Stabsarztes Dr. Kuhn, der, mit seiner Frau auf einer Durchreise von Norden nach Windhuk begriffen, zufällig zu diesem kritischen Zeitpunkt in Omaruru eingetroffen war. Auch der dortige Missionar Dannert wirkte sehr besänftigend auf seine Herero-Kirchenmitglieder ein. Sowohl Dr. Kuhn wie auch Dannert, die beide der Hererosprache mächtig waren, mahnten die Herero ständig zur Ruhe und wiesen sie auf die Folgen kriegerischer Aktionen hin. Offenbar waren deren Großleute auch wohl selbst überrascht über den Ausbruch des Aufstands in Okahandja. Sonst hätte Michael Tjijesata, ihr Häuptling, nicht noch am 12. Januar gegenüber Oberleutnant d. R. Kuhn, dem Distriktchef von Karibib, der zu dem Zeitpunkt die Militärstation in Vertretung von Hauptmann Franke leitete, geäußert, er glaube nicht an die Aufstandsvorgänge in Okahandja. Samuel könne doch nicht allein Orlog mit den Deutschen beginnen, falls er aber tatsächlich die Absicht zur Erhebung habe, so habe er ihn, Michael, nichts davon wissen lassen. Als am 14. Januar die Nachricht von der marodierenden Hererobande im Bereich Okahandja-Karibib eintraf, gab Oberleutnant Kuhn sofort das Kommando an Stabsarzt Dr. Kuhn ab und begab sich wieder in seinen Distrikt Karibib, um dort die Verteidigung zu organisieren. Gleich nach Übernahme des Kommandos begann Dr. Kuhn, die nöti-

2 Siehe Seite 30.

gen Verteidigungsmaßnahmen in Omaruru zu ergreifen. Sämtliche Reservisten des Bezirks wurden einberufen. Die Farmer – mit Ausnahme von vier – konnten rechtzeitig gewarnt werden, die Außenposten ausgenommen. Somit war dank der zögernden und unschlüssigen Haltung der Hererogroßleute alles geschehen, was zur Sicherheit der weißen Bevölkerung in Omaruru und Umgebung getan werden konnte.

In der Zwischenzeit aber hatten auch in Omaruru die Dinge ihren unheilvollen Verlauf genommen: Den Hereroältesten fiel es immer schwerer, die jüngere Generation, die auf Teilnahme am Aufstand drängte, zu beschwichtigen. Am Abend des 15. Januar trafen in Michaels Werft Abgesandte aus Okahandja ein, darunter der von Samuel zum Kriegshäuptling ernannte Daniel Kariko, um die Omaruru-Herero zur Teilnahme am Aufstand zu bewegen. Mit anfeuernden Worten wandte sich Kariko an die Jugend, und es gelang ihm, sie auf die Seite der Kriegführenden zu ziehen. Michael erfuhr von diesen Sendboten aus Okahandja, daß seine eigenen Leute bereits praktisch den casus belli für die Omaruru-Herero herbeigeführt hatten: Sie hatten drei Deutsche, die Händler Forst, Müller und Krause, ermordet. Da gab Michael nach. Er blieb fortan den routinemäßigen täglichen Besprechungen mit dem Stationschef fern. Auch seine Großleute erschienen dort nicht mehr. Um den Frieden in Omaruru zu retten, wollte Missionar Dannert sich nun persönlich auf die Suche nach den Großleuten begeben. Auf dem Wege zur Werft traf er eines seiner Gemeindemitglieder. Dieses gab ihm den gutgemeinten Rat: »Muhonge, gehe nach Hause und bete. Das junge Volk will den Krieg, und so müssen die Alten ihn wollen. Du wirst es nicht mehr ändern. Gehe nach Hause und bete!« Das war am Sonntag, den 17. Januar. In der Nacht zum Sonntag war es den Deutschen noch geglückt, sämtliche Vorräte von dem für die Verteidigung ungünstig gelegenen Stationsgebäude in die überhöht und damit wesentlich günstiger am linken Ufer des Omaruru-Riviers gelegene Kaserne zu schaffen. Dorthin wurde auch die gesamte weiße Zivilbevölkerung gebracht. Wegen der geringen Stärke der Garnison (50 Mann) sollte nur diese Kaserne verteidigt werden.

Am gleichen Nachmittag begannen auch hier die offenen Feindseligkeiten. Missionar Dannert schreibt hierüber:

»Die ersten Nachmittagsstunden verliefen ruhig, so daß wir noch in aller Stille eine Predigt lesen konnten. Kaum aber hatten wir das Buch weggelegt, da knatterten in unserer Nähe unzählige Gewehrschüsse. Die Herero schossen auf zwei Patrouillen von je drei Mann, die, wie ich später erfuhr, vom Stabsarzt ausgeschickt waren, um meinen Wagen, der von Karibib kam und auf dem sich die Frau des ermordeten Joost[3] befinden sollte, unter Bedeckung hereinzubringen. Da der Fahrweg, den die Patrouillen ritten, am Hause des Häuptlings Michael vorbeiführt, so mögen die Herero gedacht haben, die Soldaten hätten

3 Farmer zu Etiro.

feindliche Absichten auf den Häuptling und sich so zum Schießen für berechtigt gehalten haben...

Mit Beginn der Dunkelheit schwieg das Kanonen- und Gewehrfeuer. Aber nun stürzte sich alles, was Beine hatte, über die von den Weißen verlassenen Häuser und Läden her, woran sich auch die Frauen unter Kriegsgeschrei beteiligten. Nachdem die Einleitung zum Kriege also gemacht war, schien es, als wenn Dämonen ins Volk gefahren seien. Die ganze Nacht wurde geraubt...«

Wie es der Frau des ermordeten Farmers und Händlers Joost auf ihrer Flucht ergangen ist, darüber erfährt Missionar Dannert folgendes, nachdem Frau Joost bei ihm Zuflucht gefunden hat:

»Ihr Mann war Anfang der vorhergehenden Woche mit Herrn Müller, seinem Gehülfen, zum Viehposten gegangen und von dort nicht zurückgekehrt. Inzwischen waren die beunruhigensten Gerüchte von Karibib zu ihr gedrungen. Als dann Oberleutnant Kuhn mit einigen Soldaten (Donnerstag, den 11.) über Etiro gekommen war, hatte sie diesen gebeten, ihr einen Soldaten zum Schutze zurückzulassen. Hierzu war Unteroffizier Schneidewind kommandiert worden. Noch am selben Tage hatten sich aber schon Herero gezeigt, die einige Schüsse ins Haus feuerten. Die Schüsse waren aus dem Hause erwidert worden, und fünf Herero waren am Platze tot geblieben. Als nun bald nachher ein Frachtwagen von Karibib nach Omaruru vorbeigekommen war, hatte man sich geeinigt, mit diesem nach Omaruru zu fahren. Sie waren hier unbehelligt bis zu der nahe vor Omaruru liegenden Werft des Häuptlings Michael (Manasses Werft) gekommen. Ein Polizeisoldat (Eingeborener), der mit dem Wagen gekommen war, war etwas vor dem Platze vom Wege abgekommen und hatte die Ankunft des Wagens bereits in der Kaserne gemeldet, worauf von hier die beiden Reiterpatrouillen abgeschickt worden waren... Frau Joost erzählte nun weiter, wie bei ihrer Ankunft bei Michaels Werft Leute auf den Wagen gesprungen seien und zunächst vom Unteroffizier Schneidewind Gewehr und Patronen gefordert hätten. Da dieser sich geweigert hätte, seine Waffe abzugeben, habe man ihn vom Wagen gerissen und in die Büsche geschleppt. Mehr wisse sie nicht von ihm. Ich will hier gleich hinzufügen, daß, wie wir später hörten, die Herero ihm den Hals abgeschnitten haben sollen. Jedenfalls ist Schneidewind tot. Dem Töchterchen von Frau Joost haben einige freche Burschen die Kleider abgerissen, doch war bald allgemein erklärt worden, dieser wehrlosen Frau und den Kindern dürfe kein Leid geschehen. Unter sicherem Geleit hat man sie dann durch den abgekommenen Fluß ans jenseitige Ufer gebracht, wo sie nach ihrem eigenen Zeugnis in der Werft des Gideon freundliche Aufnahme und gute Pflege gefunden habe. Man versorgte sie und ihre Kinder mit Milch und Fleisch und gab ihnen für die Nacht die nötigen Decken. Ich möchte hier gleich erwähnen, daß bei allen Bosheiten, die die Omarurer verübt haben, sie sich an Leben und Blut von Frauen und Kindern der Weißen nicht schuldig gemacht haben.«

Von nun an wurde die neue Kaserne von Omaruru, in der sich die Weißen unter Führung von Dr. Kuhn verschanzt hatten, von den Herero belagert. Es gelang den Soldaten, sich bis zu ihrer Entsetzung durch die Kompanie Franke (2. Feldkompanie)[4] zu halten.

Noch später als in Omaruru brach der Aufstand in dem idyllisch und abseits vom eigentlichen Hereroland gelegenen alten Missionsort Otjimbingwe westlich von Windhuk aus. Obwohl die Nachricht von den Vorgängen in Okahandja hier bereits am 11. Januar eingetroffen war, blieben auch hier die Herero unter ihrem schwachen und friedfertigen Häuptling Zacharias Zeraua noch zwölf Tage lang unschlüssig, ehe sie sich auf die Seite der Aufständischen schlugen. Diese Verzögerung war nicht zuletzt dem dortigen Missionar Olpp zu verdanken, dem es immer wieder gelang, die Otjimbingwer Herero von der Torheit einer Beteiligung an der Erhebung zu überzeugen. Die im Ort und in der Umgebung lebenden Deutschen – insgesamt etwa 80 – verschanzten sich unter Führung des Landvermessers und Leutnants der Reserve Frankenberg sicherheitshalber in dem günstig gelegenen Gehöft der Familie Hälbig. Doch auch in Otjimbingwe wirkten Sendboten der Okahandja-Herero, unterstützt durch junge Elemente aus den Reihen der ortsansässigen Herero, unablässig auf Zacharias und seine Großleute ein. Die Wende kam in der Nacht zum 23. Januar, als wieder Boten der bereits aufständischen Herero aus Okahandja erschienen. »Sie brachten«, so erzählt Missionar Olpp, »dem Zacharias außer der Schauermär von der Abschlachtung sämtlicher Herero die Botschaft vom Anrücken des gefürchteten Distriktchefs mit Truppen von Karibib[5]. Beides war erdichtet, rief aber eine solche Panik unter den Herero hervor, daß die Jüngeren sich kampfbereit machten, während Zacharias noch in derselben Nacht, ehe ich ihn noch finden konnte, mit den Frauen nach auswärts flüchtete.«

Die jungen Herero verblieben den nächsten Tag über noch in Otjimbingwe, ermordeten dort den nicht in den Schutz des Hälbigschen Gehöftes geflohenen Kaufmann Kronewitter und plünderten die Häuser der Weißen. Das Hälbigsche Gehöft ließen sie unbehelligt. Dann zogen auch sie sich zu ihren älteren Stammesgenossen unter Zacharias zurück. Diese hatten Zuflucht in den nahegelegenen Khomasbergen zwischen Windhuk und Otjimbingwe gesucht. Der Otjimbingwe-Stamm wartete dann dort den weiteren Verlauf der Ereignisse im Hereroland ab.

In dem nahe der Grenze zum Betschuanaland im nördlichen Teil der Kalahari gelegenen Distrikt Gobabis war die Ausgangssituation für die Deutschen insofern vorteilhafter, als, wie bereits angeführt[6], hier schon frühzeitig – im Dezember 1903 – Anzeichen von Unbotmäßigkeit der Herero, u.a. Viehräubereien, festgestellt und daraufhin Sicherheitsmaßnahmen durch den Distrikt-

4 Siehe Kapitel 6.
5 Gemeint war der Distriktchef von Karibib, Oberleutnant Kuhn.
6 Siehe Seite 51f.

chef, Oberleutnant Streitwolf, getroffen worden waren. Die Lage hatte sich hier nach den Zusicherungen Traugotts etwas entspannt, doch trauten die Deutschen dennoch nicht recht den Friedensbeteuerungen der Herero.

Lange sollte es Traugott und Tjetjo auch nicht gelingen, ihre Herero zu beschwichtigen und ruhig zu halten: Es lief das Gerücht in den Werften der Ostherero um, der Führer der Witbooi-Hottentotten, Hendrik Witbooi, habe Samuel Maharero einen Brief geschrieben: »Deinen geliebten Herrn[7] habe ich gefangengenommen. Solltest Du etwa Herzweh nach ihm haben – so sende mir Hunderte von Ochsen und Du kannst ihn wieder zurückbekommen. Ich breche jetzt nach Rehoboth auf.« Schon vorher hatte es geheißen, die deutschen Truppen im Namaland seien geschlagen worden. Nun rückte schon Witbooi nach dem Norden, wollte er gar Windhuk erobern? Eine ungeheure Erregung bemächtigte sich der Ostherero, die nicht ahnten, daß nichts an dieser Meldung stimmte: Witbooi saß friedlich in seiner Werft in Gibeon. Und wieder setzten Übergriffe gegen weiße Farmen im Distrikt ein. Die Unruhe erreichte ihren Höhepunkt, als am 14. Januar mittags ein Herero aus Okazeva, wo sich die Werft Tjetjos befand, von einer Besuchsreise nach Waterberg zurückkehrend, die Kunde brachte, er habe in Okahua nahe Otjihaenena erfahren, daß sich Samuel am Montag gegen die deutsche Herrschaft erhoben habe und jetzt ovita (Krieg) zwischen allen Herero und den Deutschen herrsche. Damit waren auch im Distrikt Gobabis die Würfel gefallen.

Inzwischen hatte Streitwolf, etwas beruhigt durch die Friedensversicherungen Traugotts, Gobabis verlassen, um im Norden des Distrikts nach dem Rechten zu sehen. Er war am 11. Januar, dem Tag, an dem in Okahandja der Aufstand ausbrach, mit einer Patrouille aufgebrochen, zunächst in der Absicht, sich in Kanduwe erneut mit Traugott zu treffen, um mit ihm die nötigen Ermittlungen zur Bestrafung der Viehräuber anzustellen. Dort angekommen, mußte Streitwolf zu seiner Enttäuschung erkennen, daß von einer Entspannung der Lage keine Rede sein konnte: Traugott war nicht eingetroffen, ihm waren die Gerüchte aus dem Süden zu Ohren gekommen, weswegen er es zunächst vorgezogen hatte, auf seiner Werft in Kehoro die weitere Entwicklung der Dinge abzuwarten. Streitwolf wurde stutzig: Was mochte Traugott im Schilde führen? Wieder stieg Verdacht in ihm auf. Sollte am Ende doch wieder ein Aufstand drohen? – Da trafen neuerliche Alarmmeldungen in Kanduwe ein: Einem deutschen Farmer waren Pferde gestohlen, einem anderen das Haus ausgeraubt worden. Nun zögerte Streitwolf nicht länger. Er brach unverzüglich von Kanduwe auf, um die Farmer und Händler im Norden, im Gebiet des Eiseb- und des Epukiro-Riviers, zu warnen. Unterwegs stieß er immer wieder auf Gruppen von Herero – alle bewaffnet. Mit größter Vorsicht ritt er weiter. Wie recht er mit seinen Befürchtungen hatte, wurde ihm bald darauf bewußt: 200 km nördlich von Gobabis nahe Otjunda auf dem Wege zwischen Okavarumende und Opakarane stellte sich ihm und seinen Reitern plötzlich

7 Damit meinte Hendrik Witbooi Samuels »Gönner«, den Gouverneur Leutwein.

ein Haufen Herero, etwa 60 Mann, entgegen, um ihm den Weg abzuschneiden. Die Patrouille ließ sich hierdurch jedoch nicht beirren, sie sprengte mitten durch den Ring der Herero hindurch, die sofort auseinanderstoben. Streitwolf sammelte nun alle Weißen in der Umgebung von Epukiro, brachte den Ort in Verteidigungszustand und ritt zurück. In der Zwischenzeit war auch in Gobabis alles zur Verteidigung hergerichtet worden, nachdem am 15. Januar der Ansiedler Ivers die Nachricht vom Aufstandsausbruch in Okahandja gebracht hatte. Auf Veranlassung des Feldwebels Bach, der für die Dauer der Abwesenheit des Distriktchefs die militärische Befehlsführung in Gobabis innehatte, waren sämtliche deutschen Ansiedler aus dem Umkreis mit ihren Familien nach Gobabis in Sicherheit gebracht worden. Am 16. begannen die Herero, einen Belagerungsring um den Ort zu bilden, ohne allerdings dadurch den heimkehrenden Distriktchef mit seiner Patrouille am Durchbruch zur Feste Gobabis hindern zu können. Einige Tage später, am 21. Januar, erhielten die Verteidiger in Gobabis Verstärkung in Gestalt der Besatzung von Epukiro, das wegen Mangels an Wasser hatte geräumt werden müssen.

Am 27. Januar gaben die Herero die Belagerung von Gobabis bereits wieder auf und kehrten zunächst zu ihren Werften zurück. Dem Missionar in Okazeva, Kuhlmann, teilten sie auf Befragen mit, Hendrik Witbooi hätte ihnen gesagt, sie sollten die Belagerung der Häuser aufgeben und nun die Bahn und die anderen Wege im Lande besetzen. Waren sie wieder einer Finte des schlauen Fuchses in Gibeon aufgesessen oder steckte Samuel Maharero hinter dieser Anweisung? – Wie dem auch sei: In der Folge begnügten sich Tjetjos und Traugotts Leute damit, die Besatzung von Gobabis von jeder Verbindung mit der Hauptstadt Windhuk abzuschneiden.

Trotz der Vorsichtsmaßnahmen des Oberleutnants Streitwolf und seines Vertreters, des Feldwebels Bach, konnten eine Reihe von Farmern und Händlern, die weitab von den Militärstationen lebten, nicht rechtzeitig gewarnt werden. Sofern nicht Engländer oder Buren oder für solche gehalten, wurden sie ausnahmslos von den Herero umgebracht, selbst wenn es ihnen geglückt war, zunächst ihren Häschern zu entkommen und sich in den vermeintlichen Schutz der Missionsstationen zu begeben. So rettete sich beispielsweise der Händler Friedrich aus Okatjapja, der sich bei den Herero sehr verhaßt gemacht hatte, am 12. Januar zur östlich von Okahandja gelegenen Missionsstation Otjosasu, wo bereits andere Weiße (Engländer und Buren) sowie Frauen und Kinder, die auch hier von den Aufständischen ungeschoren gelassen worden waren, Zuflucht gefunden hatten. Friedrich wähnte sich jedoch auch hier vor seinen Verfolgern nicht sicher und wollte nach Windhuk weiterfliehen. Aber es war bereits zu spät. Am gleichen Tage noch erschienen etwa 15 schwerbewaffnete Herero und holten Friedrich kurzerhand aus dem Missionsgebäude heraus, ohne daß die anwesenden Weißen oder der Missionar sie daran hindern konnten. Später fand man den Händler dann eine Viertelstunde von der Missionsstation erschossen vor. – Unbehelligt von den Herero harrten die Missionare und die zu ihnen geflüchteten Weißen, soweit nicht deutsche Männer, dann noch eine Weile auf den Missionsstationen aus, verließen diese später jedoch, zum Teil mit Erlaubnis der Aufständischen, und gelangten schließlich zu den größeren deutschen Ortschaften. Dies geschah unter großen Strapazen und gefährlichen Abenteuern. Die wohl merkwürdigste Irrfahrt mußte Missionar Kuhlmann von der östlichsten Station der Rheinischen Missionsgesellschaft in Okazeva durchstehen: Mehr als sieben Wochen lang reiste er mit seinen Schützlingen, Frauen und Kindern, im Gefolge der aufständischen Herero im Aufstandsgebiet umher, hielt sogar Gottesdienste mit den Aufständischen ab, bis es ihm schließlich gelang, mit Samuels Hilfe die deutschen Linien zu erreichen. Völlig erschöpft trafen er und seine Schützlinge am 7. März in Okahandja ein. Es ist erstaunlich, daß Samuel diese Flucht zugelassen hatte; denn für die deutschen Truppen waren die Berichte, die Kuhlmann und seine Schützlinge über ihre Beobachtungen im Lager der Aufständischen abgaben, eine willkommene Hilfe bei den operativen Planungen.

Wesentlich günstiger für die deutsche Seite verliefen die Ereignisse im nordwestlichen Teil des Schutzgebietes, im Distrikt Outjo mit dem Hauptort Outjo, etwa 150 km südlich der Etoschapfanne gelegen, die die südliche Begrenzung des außerhalb des tatsächlichen deutschen Herrschaftsbereiches liegenden Ovambolandes bildete. Hier oben war die Lage für die Deutschen weniger kritisch: Zum einen war hier die militärische Präsenz voll erhalten geblieben, denn von der hier stationierten 4. Feldkompanie (70 Mann) unter Hauptmann Kliefoth war niemand nach dem Süden in das Bondelzwart-Aufstandsgebiet abgezogen worden; hiervon hatte Gouverneur Leutwein schon wegen der Ovambo Abstand genommen, da deren Haltung nach der militärischen Entblößung des Hererolandes schwer kalkulierbar war. Zum anderen war der Anteil der Herero unter den Eingeborenen im Distrikt Outjo relativ gering. Diese lebten untermischt mit andersrassigen Eingeborenen, den Topnaar-Hottentotten und den Zwartbooi-Hottentotten, zusammen, die im allgemeinen als loyal galten.

Die ersten Meldungen über verdächtiges Verhalten der Herero im Bereich des Waterberg erhielt Kliefoth über die Heliographie-Relaislinie Windhuk–Okahandja–Omaruru–Etaneno am 12. Januar, ihnen folgte am nächsten Tage die Alarmmeldung über die Ansammlung großer Haufen bewaffneter Herero im Bereich Okahandja. Die zweite Nachricht aus Okahandja enthielt den Nachsatz: »Feindseligkeiten haben noch nicht begonnen.« Daraus schloß Hauptmann Kliefoth, daß diese jeden Augenblick ausbrechen könnten, ja vielleicht bereits ausgebrochen waren. Er wußte, daß die Waterberg-Herero »unsichere Kantonisten« waren, und witterte einen Zusammenhang zwischen deren unruhigem Verhalten und der Herero-Massierung bei Okahandja. So beschloß er, bei den Waterberg-Herero mit der gesamten Kompanie nach dem Rechten zu sehen, und brach am 13. Januar dorthin auf.

Die ersten drei Marschtage verliefen ereignislos. Doch am 16. morgens kam es diesseits von Okanjande zu einem für die Deutschen völlig überraschenden Feuerüberfall einer Gruppe von etwa 200 Herero, in dessen Verlauf der Feldwebel Glatzel schwer verwundet wurde. Die Werft Okanjande wurde eingenommen, der Gegner aber hatte sich vor der deutschen Truppe zurückgezogen. Trotz dieses Erfolges zog Kliefoth, der um die Sicherheit seiner zurückgelassenen Nachschubgruppe besorgt war, wieder mit seiner Kompanie nach Outjo zurück, nachdem er aus Outjo obendrein noch eine Alarmmeldung von Mordüberfällen auf Farmen der Umgebung dort erhalten hatte.

Zur Station Outjo hatten sich inzwischen fast alle Weißen der Umgebung geflüchtet. Abgeschnitten von der Außenwelt – die Heliographenposten waren sämtlich eingezogen worden –, harrten Kliefoth und seine Leute die nächsten Wochen hier auf ihrem einsamen Posten aus. Die Zeit wurde mit Patrouillenritten ausgefüllt. – Am 27. Januar, Kaisers Geburtstag, wurde ein Versuch unternommen, in zwei Kolonnen in Richtung Omaruru vorzustoßen, um die Verbindung mit der dortigen Station herzustellen. Der Vorstoß erwies sich als Fehlschlag. Es kam zu einem heftigen Gefecht mit einer starken Hererogruppe von mindestens 600 Mann am Etanenoberg am 29. Januar, in dem Hauptmann Kliefoth einen schweren Schulterschuß erhielt. Die zum Teil in deutschen Uniformen auftretenden Herero räumten nach diesem Gefecht ihre Werft in Etaneno und vereinigten sich mit einer anderen Hererogruppe bei Otjihanamaparero. Die Kompanie machte Halt bei Otjikango, von wo weiter in Richtung Süd aufgeklärt werden sollte. Da traf eine wichtige Meldung aus Outjo ein: Der finnische Missionar Rautanen aus Ondonga im Ovamboland berichtete, daß die dortigen Ovambo, aufgewiegelt von Herero-Emissären, die Absicht hätten, die Herero in ihrem Kampf aktiv zu unterstützen. Daraufhin kehrte Kliefoth sofort wieder nach Outjo zurück. Dort angekommen, stellte sich dann heraus, daß der Missionar zu schwarz gesehen hatte und es bei der Absichtserklärung der Ovambo geblieben war.

Am weitesten abgelegen und exponiert war der Distrikt Grootfontein. Allerdings war die Zahl der hier wohnhaften Herero nicht sehr groß. Die militärische Stärke der Deutschen hier war gering: In Grootfontein selbst war ein Detachement der 4. Feldkompanie in Stärke von etwa 20 Mann unter Oberleutnant Volkmann stationiert; militärische Außenposten, besetzt mit einigen wenigen Soldaten, befanden sich in Otavi, dem Bergbauort, sowie in Otjituo, östlich von Grootfontein am Omuramba-Omatako-Rivier gelegen, und in Namutoni am Ostzipfel der Etoschapfanne. – Auch in diesem Distrikt war es – wie im Distrikt Gobabis – bereits vor Ausbruch des eigentlichen Aufstands zu vereinzelten Übergriffen von Herero gekommen. So überfielen vier Herero am 9. Januar den Farmer und Händler Grünwald auf seiner Farm Omombonde. Sie fesselten ihn an einen Baum, plünderten seine Farm und seinen Store und ergriffen dann die Flucht. Grünwald gelang es bald, sich seiner Fesseln zu entledigen und nach Grootfontein zu fliehen. Dieser Vorfall und weitere bald darauf folgende Beraubungen Weißer verliefen allesamt ohne Blutvergießen, ein Beweis dafür, daß der Aufstands- und Tötungsbefehl Samuels die Herero dieses Distrikts zum Zeitpunkt dieser Übergriffe noch nicht erreicht haben konnte. Diese veranlaßten jedoch Volkmann, frühzeitig Abwehrmaßnahmen gegenüber einem möglichen Überfall durch Herero zu treffen; und er begann, die Station in Verteidigungszustand zu setzen.

Die Nachricht vom Aufstandsbeginn erhielt Volkmann am 17. Januar. Überbringer war der Bur De Wet. Dieser war kurz vor Ausbruch des Aufstands von Okahandja nach Norden aufgebrochen und auf halbem Wege zwischen Waterberg und Otavi auf einen Haufen von mehreren hundert bewaffneten Herero gestoßen. Diese hatten ihm erklärt, es sei Orlog zwischen den Herero und den Deutschen ausgebrochen; soeben hätten sie zwei Deutsche totgeschlagen. Sie hatten ihm sein Gewehr abgenommen, ihn selbst jedoch mit dem Bemerken verschont, nicht den Buren gelte der Krieg, sondern ausschließlich den Deutschen. Weiter erzählte der Bur dem Oberleutnant Volkmann, daß er auf dem Wege nach Grootfontein zahlreichen weiteren Gruppen bewaffneter Herero begegnet sei. De Wet hatte noch in Otavi Station gemacht und die dortigen Deutschen gewarnt, die sich daraufhin zur Verteidigung einrichteten.

Am gleichen Abend kam die Alarmmeldung, der Gegner sammle sich bei Uitkomst 18 km westlich von Grootfontein, in der Absicht, in zwei Abteilungen gegen den Ort vorzurücken und diesen von zwei Seiten aus zu stürmen. Volkmann, der inzwischen durch die zahlreichen nach Grootfontein gelangten Farmer, darunter auch Buren, über eine beachtliche Streitmacht verfügte, beschloß, den Herero zuvorzukommen und in ihren Aufmarschbereich hineinzustoßen. Es kam zum Gefecht in den Bergen bei Uitkomst, das mit der Niederlage der Herero und dem Tode von sieben ihrer Führer, darunter dem Kapitän Batona, endete. Auf deutscher Seite gab es einen Toten und mehrere Verwundete. – Die Niederlage bei Uitkomst am 18. Januar veranlaßte die Nordherero, von ihrer Absicht, Grootfontein anzugreifen, abzulassen und sich nach Südwesten zu den Waterberg-Herero zurückzuziehen. Der einzige Verlust, den die Schutztruppe hier oben zu beklagen hatte, war die Ermordung der Stationsbesatzung von Otjituo, die sich leichtsinnigerweise trotz eindringlicher Warnung unbewaffnet außerhalb der Station aufgehalten hatte und so ohne Schwierigkeiten von den Herero niedergemacht werden konnte. Auf dem Außenposten Otavi dagegen vermochten sich die Schutztruppler zu halten. Am 19. Januar schickte dann Volkmann eine starke Patrouille von Buren, die sich trotz der Neutralitätsappelle der Herero auf die deutsche Seite geschlagen hatten, nach Otavi. Die Station wurde aufgelöst, die Stationssoldaten und die weißen Bewohner siedelten nach Grootfontein über.

Nach dem Rückzug der Herero aus dem Distrikt Grootfontein bestand keine unmittelbare Bedrohung mehr für den Ort, dessen weiße Einwohnerzahl mittlerweile durch Zufluchtsuchende aus der Umgebung auf etwa 250 angewachsen war. Trotz der Entschärfung der Lage blieb aber nach wie vor ein Gefühl der Unsicherheit: Mit Ausnahme gelegentlicher Meldungen aus dem Nachbardistrikt Outjo war Grootfontein von allen Nachrichtenverbindungen mit den anderen Teilen des Schutzgebietes abgeschnitten. Man wußte nicht, wo sich die aufständischen Herero konzentrierten; vor allem aber schwebte man in Ungewißheit darüber, welche Absichten der mächtige, kriegerische Stamm der Ovambo im Norden verfolgte. So mußte nach zwei Seiten Front gemacht werden.

Besondere Sorgen bereitete dem Oberleutnant Volkmann der an der Südgrenze des Ovambolandes gelegene Außenposten Namutoni, der nur von vier Soldaten unter Führung des Sergeanten Großmann besetzt war, zu denen noch drei Zuflucht suchende Farmer gestoßen waren. Der Oberleutnant entsandte deswegen am 25. Januar eine Patrouille unter Führung des Oberveterinärs Hörauf nach Namutoni zur Einziehung des dortigen Postens. Volkmanns Sorgen waren durchaus berechtigt: Alle Warnungen der finnischen Missionare in den Wind schlagend, wollte der Ovambokapitän Nechale aus Ondonga die günstige Gelegenheit der militärischen Schwächung der Deutschen im Hereroland sich nicht entgehen lassen und rückte am 29. Januar mit seinen Kriegern gegen Namutoni vor: Es waren zirka 600 Ovambo, darunter etwa 300 mit Henry-Martini-Gewehren bewaffnete, die gegen 1130 Uhr morgens mit lautem Geschrei gegen die Besatzung der Station vorgingen. Den Soldaten gelang es noch rechtzeitig, die beiden Türme der Feste zu besetzen, von wo aus sie dann ein kräftiges Feuer auf die Angreifer richteten. Das Gefecht zog sich mit Unterbrechungen bis 1530 Uhr hin. Danach zogen sich die Ovambo unter schweren Verlusten – etwa 70–80 Tote und Schwerverwundete – vom Gelände der Station außer Schußweite zurück. Diesen Moment des Rückzugs nutzten die Verteidiger, deren Munitionsvorrat nur noch 150 Patronen betrug, geschickt zum Abzug in südlicher Richtung aus. In der Chronik der Verteidigung Namutonis heißt es, »die Ovambos waren so eingeschüchtert, daß sie bis zum Abend nichts mehr gegen die vermeintlich noch besetzte Station unternahmen. Die glücklich entkommenen Verteidiger schlugen die Richtung nach Grootfontein ein. Unterwegs stießen sie auf die Gruppe Hörauf, die sie mit Erstaunen und Erleichterung empfing.« – Dies war der einzige Fall im gesamten Aufstandsgeschehen von 1904, wo ein Fort der Schutztruppe frontal von Aufständischen angegriffen wurde. Nach dieser Schlappe zogen es die Ovambo vor, keinerlei kriegerische Unternehmungen mehr gegen die Deutschen zu starten und verhielten sich fortan ruhig.

Wegen ihrer mehr peripheren Lage zum Aufstandsgeschehen blieben die anderen drei größeren Ortschaften im mittleren Teil des Schutzgebietes, Windhuk, Karibib und Swakopmund selbst unbehelligt. Zwar wurde, besonders in Windhuk, die Lage zeitweise kritisch eingeschätzt, doch ist es zu direkten kriegerischen Handlungen in den Orten oder in deren unmittelbaren Nähe nicht gekommen.

Nach Abreise des Gouverneurs Leutwein Anfang Dezember 1903 übernahm der Oberrichter der Gouvernementsverwaltung, Dr. Richter (er trug den Spitznamen »Doppelrichter«), vorübergehend die Amtsgeschäfte des Gouverneurs, während nach dem Abzug der 1. Feldkompanie der Adjutant des Gouverneurs, Oberleutnant Techow, militärischer Platzkommandant wurde. Da die ersten Nachrichten über Unruhen unter den Okahandja-Herero bereits in der Nacht zum 11. Januar in Windhuk eingegangen waren, konnte frühzeitig damit begonnen werden, die Ansiedler im Umkreis zur Flucht nach Windhuk zu veranlassen. So wurde Windhuk zunächst mit über 230 Mann militärischem Personal – nach Einziehung aller Reservisten, ja sogar der Invaliden – zu einer Art Heerlager. Alle Geschäfte, Büros usw. wurden geschlossen. Eine große Anzahl von Flüchtlingen und die Familien der eingezogenen Ansiedler mußten provisorisch in der Stadt untergebracht werden. Als am Abend die Telegraphen- und Telephonverbindung mit Okahandja und der Küste durch Feindeinwirkung unterbrochen worden war, mußte Dr. Richter Vorsorge für einen möglichen Überfall auf die Stadt treffen, da er ja nun nicht mehr hatte in Erfahrung bringen können, wie Dufts Mission in Okahandja ausgelaufen war, so daß er, Richter, das Schlimmste befürchten mußte. Er gab daher Anweisung, daß alle Bewohner der Stadt und die hierher geflüchteten Weißen Zuflucht in der Feste von Windhuk nehmen sollten, sobald Gefahr im Verzuge wäre. Inzwischen ließ Techow ein Heliogramm an den in Keetmannshoop weilenden Gouverneur absenden, das diesen über den Ausbruch eines allgemeinen Hereroaufstands in Kenntnis setzte. Leutwein reagierte sofort und antwortete: »Kompanie Franke ins Hereroland zurückbefohlen. Bis zu seinem Eintreffen übernimmt Hauptmann a. D. von François den Oberbefehl. Sie (Techow) sind Bezirksamtmann an Dufts Stelle.«

Hauptmann a. D. Hugo von François, der bereits im Jahre 1889 mit seinem Bruder, dem späteren Landeshauptmann von Südwestafrika Curd v. François, in das Land gekommen war, übernahm am 13. Januar das Kommando als Platzkommandant von Windhuk. François, der als sehr erfahren galt und das volle Vertrauen der Bewohner von Windhuk genoß, nahm sich voll Energie der Verteidigung des Ortes an, unmittelbar nachdem er, den Gestellungsbefehl in der Tasche, von seiner Farm »Hoffnung« nach der Hauptstadt geeilt war. Die Lage Windhuks wurde zu dem Zeitpunkt für sehr bedenklich gehalten, nachdem am 14. der vom Süden her eingetroffene Bur Steenkamp gemeldet hatte, daß er bei Aris, ca. 40 km südwestlich von Windhuk, auf einen großen Haufen bewaffneter Herero gestoßen sei. Diese beabsichtigten, wie sie ihm selbst erklärt hätten, für den 19. Januar einen allgemeinen Angriff auf Windhuk, der von drei Seiten erfolgen sollte. Steenkamp schätzte die Zahl der Herero bei Aris auf etwa 1500. Die von dem Bur gemachten Angaben deckten sich ziemlich genau mit denen einer Hottentottenfrau. Auch östlich von Windhuk wurden Ansammlungen bewaffneter Herero gemeldet. – Über den Eindruck, den diese Bedrohung Windhuks auf die Bewohner ausübte, und über die von Hauptmann v. François getroffenen Maßnahmen berichtet der Ansiedler Rust:

»Die Aufregung in der Stadt, worin sich zu der Zeit weit über 100 Frauen und Kinder befanden, war denn auch keine kleine und wohlberechtigt. Außer den Menschenleben handelte es sich darum, sämtliches Proviant in den Regierungsräumen wie in den Stores an eine Örtlichkeit zu schaffen, die dem Feinde unzugänglich war. Und das war die Feste. Am Morgen des 15. Januar herrschte in Windhuk reges Leben. Sämtliche aufzutreibenden Wagen wurden zur Arbeit herangezogen. Hunderte von Händen regten sich beim Auf- und Abladen, zum Empfangen und Wegpacken auf der Feste... Den Wachen waren schon um 3 Uhr morgens die Stimme des Garnison-Kommandanten (Hauptmann v. François) vernehmlich. Meldereiter flogen hin und her.«

François hatte sich inzwischen nämlich entschlossen, den Angriff der Herero nicht in Windhuk abzuwarten, sondern diesem durch einen Ausfall zuvorzukommen. – Mittags gegen 1½ Uhr traf von einer ausgesandten Patrouille die Mitteilung ein, sie habe bei der Farm »Hoffnung« 1 km vor Avis, ca. 10 km nordöstlich von Windhuk gelegen, Feindberührung gehabt. François beschloß, gegen diese Herero vorzugehen, und befahl den Abmarsch. Gegen 1345 Uhr ertönte das Alarmsignal. Die Soldaten traten feldmarschmäßig an, der Hauptmann nahm die Meldung entgegen, hielt noch eine Ansprache und schwang sich in den Sattel. Unter Voraussendung zweier Patrouillen ging die aus 60 Mann mit einem Gebirgsgeschütz bestehende Abteilung in Richtung Avis vor. Sie rückte durch den Ort hindurch und stieß östlich davon auf den im Aufmarsch befindlichen Gegner. Dieser wurde geworfen; er zog sich, von Geschützfeuer verfolgt, zurück. Der Vorstoß nach Avis hatte seine Wirkung nicht verfehlt: Fortan ließen sich die Aufständischen in einem Umkreis von 20 km um Windhuk nicht mehr blicken; lediglich Viehposten wurden hier und da noch von ihnen überfallen. Kurz nach dem Vorstoß des Hauptmanns v. François entspannte sich die Lage in Windhuk vollends: Am 19. Januar zog der aus dem Süden in Eilmärschen zurückkehrende Hauptmann Franke mit seiner 2. Feldkompanie in Windhuk ein, nachdem er die vorseitig erwähnte Hereromassierung bei Aris zerschlagen hatte[8]. Damit war die Zeit der Gefahr für die Hauptstadt endgültig vorbei.

Die in der weiteren Umgebung der Hauptstadt gelegenen Polizeiposten Seeis und Hohewarte konnten sich, rechtzeitig alarmiert, behaupten und erfolgreich gegen Angriffe der Herero zur Wehr setzen. Einige Deutsche im Bezirk Windhuk, die, obwohl gewarnt, sich nicht rechtzeitig in Sicherheit gebracht hatten, wurden von den Herero ermordet. So in Otjiseva, einem kleinen Polizeiposten, allein fünf Deutsche am 12. Januar; diese waren noch am Abend vorher von einer Patrouille gewarnt worden, hatten jedoch ihren eigenen Hereroleuten – zu ihrem Verhängnis – Glauben geschenkt, als diese beteuerten: »Wir sind Euch getreu, wir stehen zu Euch!«

Genau wie in Windhuk beschränkte man sich auch in dem Küstenort Swakopmund nicht nur auf die Verteidigung. Die Ausgangslage für diesen Ort war allerdings – schon von seiner geographischen Lage her – völlig anders. Die unwirtliche Namibwüste, die sich in einem breiten Gürtel zwischen der Küste und dem Binnenland erstreckt, machte jedes Vorgehen der Herero in Richtung auf

8 Siehe Seite 86.

die Küste unmöglich. Da also mit Überfällen durch Aufständische hier kaum zu rechnen war, konnte man sich auf die Unterstützung der bedrängten Ortschaften im Innern konzentrieren. So wurde Swakopmund in den ersten düsteren Tagen des Aufstands zu einem wahren Hort der Unterstützung, und dies nicht nur durch direkte Hilfeleistung, sondern – als Ausgangspunkt der Übersee-Telegraphenverbindung über Kapstadt nach Berlin – auch durch Anforderung von Truppenverstärkungen aus dem Reich.

Den Schwerpunkt der aktiven Maßnahmen legte die militärische Führung in Swakopmund auf die Wiederherstellung der Verkehrsverbindungen, vor allem der Hauptlebensader der Kolonie: der Eisenbahn Swakopmund – Windhuk. Auf diese Weise wurden die Voraussetzungen geschaffen für ein späteres Offensivwerden der Schutztruppe nach Eintreffen der erwarteten Verstärkungen.

Die Nachricht vom Aufstandsbeginn in Okahandja erreichte Swakopmund noch am 12. Januar durch ein von Bezirksamtmann Duft und Distriktchef Oberleutnant der Reserve Zürn abgesandtes Telegramm. Gleichzeitig wurde um Unterstützung durch das Kanonenboot »Habicht« gebeten, das gerade in Kapstadt lag, um dort in die Grundüberholung zu gehen. Das Unterstützungsersuchen aus Okahandja wurde direkt von Swakopmund an die »Habicht« in Kapstadt und an das Auswärtige Amt zur Veranlassung weitergeleitet.

Unmittelbar nach Erhalt dieser Warnmeldungen hatten der Ortskommandant von Swakopmund, Oberleutnant von Zülow, und der Bezirksamtmann Dr. Fuchs die notwendigen Maßnahmen eingeleitet: Die Gestellungsbefehle wurden ausgesandt, und am gleichen Tage noch (12. Januar) trat um 16 Uhr die erste Abteilung der Einberufenen an, um eingekleidet zu werden. Die zweite Abteilung folgte um 18 Uhr. Durch dieses Wehrersatzsystem, »Soldaten in Kisten«, wie die Herero dieses für sie unverständliche System der Verwandlung von Zivilisten in Soldaten durch Einkleidung nannten, hatte Swakopmund am Abend 50 Soldaten mehr.

Für v. Zülow und Dr. Fuchs ergab sich nun eine Art Arbeitsteilung: Während Dr. Fuchs sich den defensiven Maßnahmen, d.h. der Ortsverteidigung, widmete und sich um die notwendigen Vorbereitungen für die Unterbringung und rasche Weiterbeförderung der aus Deutschland zu erwartenden Truppenverstärkungen bemühte, übernahm v. Zülow die offensive Leitung, d.h. den Oberbefehl über ein Einsatzkommando von 50 Mann, dessen Aufgabe der Vorstoß längs der Bahn in Richtung Okahandja sein sollte. Der Vorstoß sollte mit einem Zug erfolgen, der für den Durchbruch zu dem belagerten Ort entsprechend hergerichtet und geschützt wurde. Auch eine große Menge Nachschubgüter und Munition wurde mitgenommen. Lassen wir den Farmer Rust über diesen hektischen 13. Januar berichten:

»Der friedliche und für südwestafrikanische Verhältnisse betriebsame Ort schien ein Feldlager in sich zu schließen. Vor der Station traten die Mannschaften an. Um 9½ Uhr wurde zum Bahnhof marschiert ... Schnell waren die

Mannschaften auf die zum Schutz gegen die Sonne mit Leinwandplanen versehenen offenen Wagen verteilt, ein letztes Abschiednehmen, ein Signal des Hornisten und unter dem brausenden Hurrah der Zurückbleibenden setzte sich der Zug in Bewegung...«

Die Nachrichtenverbindung über Telegraph und Telefon mit Okahandja, ja sogar mit Windhuk, funktionierte am Tage des Aufstandsbeginns, dem 11. Januar, noch einwandfrei, riß dann aber abrupt am 12. ab. Noch eine Hiobsbotschaft wurde von Okahandja durchgegeben: die Zerstörung der wichtigen Eisenbahnbrücke in Osona dicht südlich von Okahandja, dann die letzte Meldung: es fängt eben an zu schießen. Danach Totenstille in der Leitung. Damit hatten die Herero die letzte Fernmeldeverbindung zwischen dem Binnenland und der Küste durchtrennt. Über mehrere Tage lebte Swakopmund in Unkenntnis darüber, was sich inzwischen im Innern der Kolonie zugetragen hatte und was aus dem Expeditonskorps des Oberleutnants v. Zülow geworden war.

In dem wichtigen Ort Karibib, an der Eisenbahn- und Telegraphenlinie Windhuk – Swakopmund gelegen, erfuhr man bereits am 11. Januar von den Unruhen unter den Herero. Am folgenden Tage war auch die Nachricht von der Erhebung der Okahandja-Herero eingetroffen. – Da zahlreiche Hererobanden sich im Umkreis von Karibib aufhielten und Raubzüge schon am 11. Januar durchführten, galt Karibib als besonders gefährdet. Wegen seiner strategisch wichtigen Lage an der Eisenbahnlinie nach Osten und am Baiweg nach Norden mußte es unbedingt gehalten werden. Um eine organisierte militärische Verteidigung aufzubauen, mußte zunächst eine Führungskraft her, da der Distriktchef von Karibib und Leiter der Militärstation, Oberleutnant Kuhn, noch nicht von Omaruru zurückgekehrt war. Dieser Sorge wurden die Bewohner Karibibs bereits in der Nacht zum 13. Januar (Mittwoch) enthoben, als Oberleutnant v. Zülow mit seinen 50 Mann mit dem Zuge in Karibib anlangte. Er organisierte innerhalb einiger Stunden die Verteidigung und fuhr dann in Richtung Okahandja unter Mitnahme aller bei der Verteidigung Karibibs entbehrlichen wehrfähigen Leute weiter. Mit der Ortsverteidigung beauftragte er den Leutnant Hauber. Dieser forderte noch am gleichen Abend Verstärkung in Swakopmund an. Der Verstärkungstransport traf bereits in der folgenden Nacht in Stärke von 30 Mann unter dem Leutnant der Reserve Laubschat ein. Die Befehlsführung in Karibib ging dann am 15. Januar auf Oberleutnant Kuhn über, nachdem dieser, aus Omaruru kommend, nach Karibib zurückgekehrt war. Nach weiterem Personalzulauf aus Otjimbingwe und Omaruru standen Kuhn nunmehr 125 Soldaten zur Ortsverteidigung zur Verfügung. Er widmete sich jetzt der systematischen Sicherung des Ortes durch Anlegen von Barrikaden, Schießscharten usw. Zu einer Patrouillentätigkeit oder zu Vorstößen in die Umgebung konnte er sich nicht entschließen, da er glaubte, hierfür sei die Zahl seiner Soldaten unzureichend. So konnten die Herero ungestört mit ihren Farmplünderungen in der Umgebung fortfahren. Auch die Telegraphen- und die Telefonleitung zwischen Okahandja und Karibib wurden von ihnen an verschiedenen Stellen unterbrochen, einige Eisenbahnbrücken zerstört, ebenso die beiden Eisenbahnstationen Wilhelmstal und Okasise.

Aus den Ereignissen der ersten Tage des Aufstands läßt sich eine wichtige Erkenntnis ableiten: Die Hererohäuptlinge hatten es offenbar nicht verstanden, den kurzen Zeitraum ihrer Überlegenheit über die Deutschen, als diese von dem über sie hereinbrechenden Inferno wie gelähmt waren und der größte Teil der Schutztruppe noch im Süden weilte, voll zu nutzen. Statt ihre Kräfte gezielt auf die Zentren der deutschen Macht und die deutschen Verkehrs- und Nachrichtenverbindungen anzusetzen, verzettelten sie diese mehr oder weniger sinnlos in der Zerstörung von Farmen, der Ermordung von Händlern und Siedlern und der Erbeutung von Vieh, dem in ihrer Sicht wertvollsten Besitz. Ihr Trachten schien vor allem darauf gerichtet zu sein, sich ihrem Zorn und ihren Rachegefühlen gegenüber den Deutschen Luft zu machen. Den militärisch wichtigen Ortschaften mit ihren gut bevorrateten Forts, die später die Aufmarsch- und Versorgungsbasen für die deutschen Offensiven bildeten, widmeten sie sich nur halbherzig: Sie schlossen einige der Ortschaften und Forts weitläufig ein und beschränkten sich im übrigen auf die Erstürmung schwach besetzter, abgelegener Militär- und Polizeiposten, die ausgeraubt und deren Besatzungen niedergemacht wurden. Dabei wäre es den Aufständischen unter Ausnutzung des Überraschungsmoments und Einschaltung des eingeborenen Dienstpersonals der Deutschen wahrscheinlich nicht schwergefallen, die größeren Ortschaften mit ihren schwachen, nur aus Reservisten bestehenden Besatzungen im Handstreich zu nehmen.

Auch gegen den Lebensnerv der Kolonie, die Bahnlinie Windhuk – Swakopmund, waren die Aktionen der Herero nicht nachhaltig genug. Die hier angerichteten Schäden hielten sich in Grenzen: Sie waren auf den Bereich nördlich von Windhuk bis östlich von Okasise, das 60 km östlich von Karibib liegt, beschränkt, aber auch hier wurden nur streckenweise Schienen und Schwellen von Bahnkörpern entfernt oder Schienenjoche gelockert, Bahnstationen und Brücken zerstört. Die Auswirkungen auf die deutsche Kriegführung waren nur mäßig; schlimmer waren die Zerstörungen durch die Naturgewalten, d.h. die andauernden Regenfälle, die wesentlich größere Schäden anrichteten als die Herero. So wurden die Naturgewalten zu Bundesgenossen der Aufständischen. – Ähnlich verhielt sich das Zerstörungswerk der Herero an den Telefon- und Telegraphenleitungen. Auch hier wurden nur streckenweise Drähte zerschnitten, Masten niedergelegt und Isolatoren zerschlagen.

Wären die Herero gleich zu Beginn des Aufstands planmäßig und systematisch vorgegangen, hätten sie die Ortschaften und Militärstationen in ihren Besitz gebracht und die Nachrichten- und Verkehrsverbindungen zur Küste nachhaltig zerstört, so hätten die anderen Eingeborenenstämme wahrscheinlich nicht lange gezögert, sich der Aufstandsbewegung anzuschließen. Die Ausgangslage wäre dann für die Deutschen wesentlich schwieriger gewesen: Sie hätten die Ortschaften und Stützpunkte, sich mühsam von der Küste her einen Weg durch die Wüste hindurch ins Landesinnere bahnend, wieder zurückerobern müssen, da sie diese als Absprungbasen für die Unterdrückung des Aufstands benötigten. Das aber wäre praktisch einer Rückeroberung der gesamten Kolonie unter immensen Kosten für das Reich gleichgekommen. Vielleicht hätten sich dann doch im Reichstag die Kräfte durchgesetzt, die – wie unter anderem der Abgeordnete Bebel – für einen vollständigen Verzicht auf das Schutzgebiet und dessen Verkauf eintraten?

Was den Herero also offenbar fehlte, war ein klares Konzept, wie sie diesen Krieg gegen die Deutschen führen wollten, um zum Erfolg, d.h. der Abschüttelung der deutschen Herrschaft, zu gelangen. Einzig der zu späte Versuch der Hereroführung, Bündnispartner gegen die Deutschen unter den anderen Eingeborenenstämmen zu finden, läßt Planmäßigkeit erkennen: Bei Eingreifen der Witbooi und der anderen Hottentottenstämme wären die deutschen Truppen im Süden gebunden und vom Rückweg nach Norden abgeschnitten worden. Dieser Versuch war jedoch, wie bereits angeführt, fehlgeschlagen. – Damit waren die Grundvoraussetzungen für den Erfolg des Aufstands, die Ausnutzung des Überraschungsmoments und die Gewinnung von Bundesgenossen, nicht erfüllt worden. Statt ihre Chancen zu ergreifen und zu handeln, verharrten die Herero, wie Hauptmann Bayer schreibt, »in apathischer Ergebenheit in ihren Schlupfwinkeln vor Okahandja und schauten zu, wie die Zeit jetzt langsam, dann aber immer schneller für die Deutschen zu arbeiten begann«.

5. Die deutschen Gegenmaßnahmen laufen an

Die Alarmierung des Kanonenbootes »Habicht« in Kapstadt · Die ersten Versuche der Entsetzung Okahandjas von Windhuk und Swakopmund aus, das Korps Zülow und dessen Durchbruch nach Okahandja · Inmarschsetzung des Landungsdetachements »Habicht« · Einsatz bewaffneter Patrouillen von Windhuk aus gegen Seeis · Lynchjustiz der Deutschen · Die Arbeiten an den zerstörten Gleiskörpern der Bahn · Anforderungen von Verstärkungen aus dem Reich

Am 10. Januar traf das deutsche Kanonenboot S.M.S. »Habicht« in Kapstadt ein. Nach langjährigem Kolonialdienst als Stationär in Westafrika war es arg verschlissen und mußte dringend zur Grundüberholung ins Trockendock. Auch die Besatzung, die unter der tropischen Hitze und Feuchtigkeit sehr gelitten hatte, hoffte, sich nun in Kapstadt mit seinem gemäßigten Klima erholen und entspannen zu können. Alles freute sich auf einen längeren Aufenthalt in dieser kultivierten Stadt. Doch es sollte anders kommen. Am 12. Januar erhielt der Kommandant der »Habicht«, Korvettenkapitän Gudewill, ein Telegramm aus Swakopmund von Bezirksamtmann Dr. Fuchs mit folgendem Inhalt: »Okahandja belagert. Eisenbahn- und Telegraphenunterbrechung. Erbitten gemäß militärischen Auftrags schleunigst Kriegsschiff ›Habicht‹.« – Gudewill beantragte sofort den Ausführungsbefehl vom Admiralstab in Berlin; dieser traf am 14. gegen 11 Uhr morgens ein. Zehn Minuten später ließ der Kommandant die Mannschaft an Deck antreten und verlas die beiden Telegramme. Damit waren für die Matrosen die schönen und abwechslungsreichen Tage in Kapstadt, kaum begonnen, schon zu Ende. »Doch keiner«, so schreibt Oberleutnant zur See Hermann, »war traurig darüber, sollte doch nun eine andere ›Abwechslung‹ bevorstehen: Der Kommandant verkündete, aus der Besatzung sollte ein Landungskorps gebildet werden, das den bedrohten Landsleuten gegen die Aufständischen zu Hilfe kommen sollte. Er befahl, sofort alle Instandsetzungsvorbereitungen abzubrechen und seeklar zu machen. Noch am gleichen Tage – gegen Abend – verließ die ›Habicht‹ Kapstadt und nahm Kurs auf Swakopmund.« Oberleutnant zur See Hermann erinnert sich:

»An Bord herrschte emsiges Treiben. Das Landungskorps wurde zusammengestellt, die Seitengewehre geschliffen, die Rucksäcke mit Proviant verpackt und die Dienstkleidung mit einer ›Tarnfarbe‹, einer Brühe aus Tabak und Kaffe, versehen. An Bord herrschte fröhliche Stimmung, sollte es doch an den Feind gehen.«

Während die »Habicht« mit äußerster Kraft nach Swakopmund lief, wurden von der deutschen Führung im Aufstandsgebiet die ersten Versuche unternommen, zum Gegenschlag auszuholen. Vor allem wollte man den Gegner von der strategisch wichtigen Bahnlinie fortdrängen und Okahandja befreien. Anschließend galt es, die anderen eingeschlossenen Außenposten, vor allem Omaruru und Gobabis, freizukämpfen. Der weitläufig angelegte Ort Okahandja war inzwischen fest in der Hand der Herero. Die Feste, in denen sich die Deutschen, zusammengepfercht mit ihren Frauen und Kindern, zur Verteidigung eingerichtet hatten, war eingeschlossen, ohne daß jedoch von den Aufständischen ein Versuch unternommen wurde, sie zu erstürmen. Diese beschränkten sich vielmehr darauf, die Stores und Häuser im Orte zu plündern, die Feste dagegen nahmen sie nur gelegentlich vom nahen, von ihnen besetzten Missionshaus aus unter Feuer.

Die ersten Vorstöße zur Befreiung Okahandjas wurden sofort nach Aufstandsbeginn von Windhuk aus unternommen, nicht zuletzt auch deswegen, um aus der Isolierung von der Außenwelt herauszukommen, die sich durch die Unterbrechung der Bahn- und Fernmeldeverbindungen mit der Küste ergeben hatte. Zunächst wurde am 11. Januar ein mit einem Maschinengewehr bestückter Entsatzzug unter dem Waffenmeister Trampenau in Richtung Okahandja entsandt, dem jedoch infolge von Gleisbeschädigungen der Durchbruch dorthin mißlang. Gleichzeitig wurden zwei Patrouillen unter Führung von Leutnant der Reserve Maul bzw. Leutnant der Reserve Voigts nach Norden vorgeschoben; diese gelangten jedoch nicht über Brakwater und Teufelsbach hinaus. Den beiden Patrouillen schloß sich am folgenden Tag eine wie diese im Bahntransport herangeführte, stärkere Abteilung unter Leutnant der Reserve Boysen an. Dieser vereinigten Entsatzkolonne glückte es, bis zum südlichen Ortsrand von Okahandja vorzudringen. Dort jedoch geriet der Vorstoß nachts im heftigen Gewehrfeuer der Aufständischen infolge aufgerissener Schienen ins Stocken. Der erste Wagen des Entsatzzuges entgleiste, ein kritischer Augenblick trat ein: Leutnant Boysen, der Lokomotivführer und weitere fünf Mann fielen, der weiße Heizer wurde schwer verwundet. Im letzten Augenblick konnte der schwarze Hilfsheizer nach Abkupplung des entgleisten Wagons den Zug zurücksetzen und aus dem Feuerbereich der Herero bringen. Zur gleichen Zeit von der Feste Okahandja aus unternommene Ausfallversuche schlugen fehl. Da die Hereromassierung in und um Okahandja zu stark war und in Windhuk nur wenig Leute für offensive Maßnahmen zur Verfügung standen, wurden nach diesem Mißerfolg weitere Vorstöße in Richtung Okahandja von der Hauptstadt aus nicht mehr unternommen.

Auch Oberleutnant von Zülow, der Führer der Entsatztruppe aus Swakopmund, die am 13. Januar in Karibib eingetroffen war, hatte in der Zwischenzeit den Vormarsch in Richtung Ost mit dem Zuge fortgesetzt, nachdem er seine Truppe wegen der zu erwartenden Bahnstreckenzerstörungen um ca. 40 Mann technisches Eisenbahnpersonal verstärkt hatte. Dieser Vormarsch erwies sich jedoch wegen des traurigen Zustands des Bahnkörpers als überaus schwierig. Die Gleise waren durch die sehr heftigen Regengüsse der letzten Zeit an vielen Stellen im Bereich der Namib unterspült worden. Am schlimmsten war es um den Gleisabschnitt bestellt, der mitten durch das Bett des Khan-Riviers verlegt worden war: Hier hingen die Schienen stellenweise frei in der Luft, weil die darunter befindlichen Sandmassen durch die Gewalt der Wasserfluten des abgekommenen Riviers völlig weggeschwemt worden waren. Nach Verlassen Karibibs stieß der Zug auf die ersten durch Herero verwüsteten Bahneinrichtungen: Mehrere kleine Bahnstationen waren zerstört, die Streckenbeamten ermordet worden. Telegraphen- und Drahtleitungen waren über Kilometer zerrissen, Isolatoren zerschlagen, Telegraphenstangen herausgerissen worden. Auf einer Brücke fing die Lokomotive zu wanken an: die Schienenverbindungen – Laschen und Bolzen – waren von den Aufständischen abgeschraubt worden. Ab Okasise bestand wegen der Zerstörungen der Fernmeldeleitungen keine Verbindung mehr mit Swakopmund.

Schließlich gelangte der Zug am 13. Januar abends, ohne auf feindlichen Widerstand gestoßen zu sein, zur größeren Station Waldau, etwa 25 km westlich von Okahandja. Das Bahnhofsgebäude war vom Bahnpersonal und geflüchteten Siedlern besetzt. Die Truppe übernachtete hier.

Die Nacht verlief sehr unruhig. Die Herero wußten, was für sie auf dem Spiel stand, wenn es ihnen nicht gelänge, den Durchbruch der Entsatztruppe nach Okahandja zu verhindern. Bei stockfinsterer Nacht versuchten sie immer wieder, sich lautlos an die von den Deutschen besetzten Häuser heranzuschleichen und diese zu nehmen. Doch die Verteidiger waren auf der Hut und schlugen alle Angriffe des Gegners ab.

Der nächste Tag wurde mit dem Erkunden des näheren Umkreises und mit der »Panzerung« des Zuges mit Hilfe von Wellblechplatten, mit Hafer, Reis und Kohlen usw. gefüllten Säcken verbracht. Der euphemistisch »Panzerzug« genannte Zug bestand aus drei Einzelzügen, die einander in einem Abstand von jeweils 500–1000 m folgten. Am 15. Januar wurde dann die Weiterfahrt angetreten. Unterwegs stieß man an vielen Stellen wieder auf Bahnzerstörungen: ganze Schienenjoche waren entfernt, kleine Brücken aufgerissen. Immer wieder mußte gehalten und die Bahnstrecke repariert werden, zum Teil unter heftigem gegnerischem Beschuß. Unter starkem Gewehrfeuer gelang es schließlich v. Zülow, nach Okahandja durchzubrechen und die Verteidiger der Feste dort zu befreien.

Die Herero gaben die Besetzung des Ortes auf und zogen sich in das hügelige Gelände am Ortsrand zurück. Damit war die unmittelbare Gefahr für Okahandja vorüber. Die Besatzung des Ortes war nunmehr um über das Doppelte angewachsen, »die Verteidiger aber«, so schrieb ein Expeditionsteilnehmer, »schöpften neuen Mut, an die Gefahr einer Erstürmung der Feste durch die Hereros glaubte nun niemand mehr«. v. Zülow übernahm jetzt weisungsgemäß den militärischen Oberbefehl in Okahandja anstelle von Zürn. Den ihm von Dr. Richter erteilten Befehl, nach Windhuk mit den im Zuge mitgeführten Nachschubgütern durchzubrechen, konnte v. Zülow nicht durchführen, da die Bahnstrecke nach der Hauptstadt an verschiedenen Stellen so zerstört war, daß sie mit den von Zülow zur Verfügung stehenden Mitteln nicht instandgesetzt werden konnte. Für einen Durchbruch nach Windhuk ohne Abstützung auf die Bahn aber reichten nach Meinung von Zülows seine Mannschaften nicht aus. Auch ein am 20. Januar unternommener Versuch, die Verbindung nach Westen, nach Karibib, zu öffnen, mißlang 8 km westlich von Waldau im heftigen Gewehrfeuer der Herero und wegen der von diesen angerichteten erneuten Beschädigungen am Bahnkörper und an einer Brücke. Vier Tote waren auf deutscher Seite zu beklagen. – So richteten die Verteidiger von Okahandja ihre einzige Hoffnung auf Hilfe von außerhalb.

Diese Hilfe war bereits unterwegs, wieder aus zwei Richtungen: die eine in Gestalt des Landungsdetachements des Kanonenbootes »Habicht« von Swakopmund aus und die andere in Gestalt der 2. Feldkompanie der Schutztruppe unter Hauptmann Franke.

Die »Habicht« traf am 18. Januar mittags gegen 2 Uhr auf der Reede von Swakopmund ein. Das Landungskorps (drei Offiziere und 50 Matrosen) war bereits marschbereit an Deck angetreten. Unmittelbar nachdem die Anker fallengelassen worden waren, kam Bezirksamtmann Dr. Fuchs an Bord und gab dem Kommandanten, Korvettenkapitän Gudewill, einen Lagebericht: Er sei seit Unterbrechung der Telegraphenverbindung zum Landesinneren über das Aufstandsgeschehen weitgehend im Unklaren. Durch Kaffernboten habe er jedoch erfahren, daß die Lage immer noch sehr bedrohlich sei. Auch mit der Kolonne von Zülow habe er seit deren Eintreffen in Okasise am 13. Januar keinen Kontakt mehr. Sie werde, eingeschlossen von Aufständischen, in Waldau vermutet. Mit dem Süden, wo der Gouverneur offenbar immer noch weilte, fehlte jede Verbindung. Aus »Stories« der Eingeborenen wurde geschlossen, daß die Kompanie Franke auf dem Wege nach Norden sei. Aus der Heimat sei ein Bataillon Marineinfanterie als Unterstützung angefordert worden. Erwartet werde auch die routinemäßige Schutztruppenablösung von 200 Mann unter Hauptmann von Winkler. Von diesen ungünstigen Nachrichten waren die Matrosen der »Habicht« alles andere als bedrückt. Oberleutnant zur See Hermann schreibt in seinem Tagebuch: »Zu unserer großen Freude hörten wir denn auch sofort, daß die Lage sich bedeutend verschlechtert habe und daß unsere Unterstützung im Lande sehnlichst von allen erwartet würde. Daß die freundliche Nachricht sofort mit Sekt heftig begossen wurde, brauche ich wohl nicht besonders zu erwähnen.«

Das Landungskorps wurde gleich darauf ausgeschifft. Unter Führung des Ersten Offiziers der »Habicht«, Kapitänleutnant Gygas, trat es am gleichen Tag noch im Bahntransport den Marsch ins Innere des Landes an. Das technische Personal der »Habicht« nahm sich derweil des rollenden Materials der Bahn an, das in einem verwahrlosten Zustand vorgefunden worden war. Allein 20 Lokomotiven mußten wieder fahrbereit gemacht werden.

Kehren wir kurz zu der Situation in Windhuk zurück: Hier hatte man größte Hoffnung auf das Gelingen der Expedition von Zülow gesetzt, da im Falle der Einnahme der Feste Okahandja durch die Aufständischen mit deren konzentrischen Angriff auf Windhuk gerechnet werden mußte, das zweifellos für Samuel Maharero nicht nur aus Prestigegründen, sondern auch wegen der dort lagernden großen Vorräte an Waffen, Munition und Verpflegung ein begehrtes Ziel war. Da aber brachte ein Eingeborener die Hiobsbotschaft, daß v. Zülows Kolonne unter hohen Verlusten geschlagen worden sei. Inwieweit diese

»Story« zutraf, konnte nicht nachgeprüft werden, weil die Fernmeldeverbindung mit Okahandja immer noch unterbrochen war. So lebten die Bürger von Windhuk weiterhin in Ungewißheit. Man wußte auch nicht, ob die durch Bergrat Duft am 11. Januar per Telegramm an das Auswärtige Amt angeforderten Hilfstruppen aus dem Reich bereits in Marsch gesetzt worden waren. Ungewißheit herrschte auch über das Schicksal der östlich von Windhuk gelegenen Polizeistationen Hohewarte und Seeis. Um wenigstens in dieser Richtung Klarheit zu schaffen und den östlich von Windhuk immer wieder auftretenden Viehräubern unter Führung von Friedrich Maharero, dem Sohn des Oberhäuptlings, entgegenzutreten, wurde am 21. Januar eine starke Patrouille aus zehn erfahrenen Schutztrupplern, später verstärkt um weitere siebzehn Mann, unter Führung des Leutnants Niewitecki losgeschickt. Sie sollte den Kontakt mit den beiden Stationen wieder herstellen. Nachdem Hohewarte mit seinen Verteidigern unversehrt vorgefunden worden war, drang die Patrouille weiter nach Osten in Richtung Seeis vor, wobei sie am 26. Januar auf heftige feindliche Gegenwehr stieß. Sie wurde niedergekämpft und der Durchbruch zu den Verteidigern von Seeis erzwungen. Dieser so energisch geführte Vorstoß einer Patrouille hatte zur Folge, daß die Herero das Gebiet des Seeis-Riviers – zum Teil fluchtartig – verließen. Dies ist ein Beweis dafür, welche Erfolge die Verteidiger der einzelnen Ortschaften im Anfangsstadium des Aufstands hätten erzielen können, da die Herero zu diesem Zeitpunkt noch kein großes Selbstvertrauen in ihre eigene Stärke besaßen und ihre Hemmschwelle gegenüber der Macht der Weißen noch nicht ganz überwunden hatten.

Die Berichte über die erfolgreiche Patrouille des Leutnants von Niewitecki geben auch Aufschluß über die Art und Weise, wie gegenüber Farmplünderern, vor allem Vieh- und Pferdedieben, verfahren wurde: Die Patrouille hatte im Verlauf ihres Einsatzes drei Herero gefangengenommen, die als Pferdediebe »überführt« worden waren. Der Ansiedler Rust schreibt hierüber:

»Über die drei Hereros wurde alsdann ein Kriegsgericht abgehalten. Erdmann (früher Advokat) nahm den Vorsitz ein. Die Gefangenen wurden einzeln verhört und dann voneinander getrennt gehalten. Sie sagten ziemlich einstimmig folgendes aus: ›Wir sind auf Samuels Befehl ausgesandt, um zurückgebliebenes und wieder entlaufenes Vieh zusammenzutreiben und den Großleuten einzuliefern. Diesen Auftrag haben wir ausgeführt: hier die Pferde und die Sachen. Wir taten, was uns befohlen. Die drei Hereroreiter sind unsere Helfer[1]. Der eine ist der Großmann Paul. Was sie uns sagen, müssen wir tun…‹ Die Frage, ob sie geholfen hätten, Weiße zu ermorden, bejahten sie und fügten als Entschuldigung hinzu: ›Wir taten, was uns befohlen, und gehorchen müssen wir.‹

Darauf wurden die drei einstimmig zum Tode verurteilt und vor dem Hause als Schreckbild für später kommende Gesinnungsgenossen aufgehängt.«

1 Anm. Verf.: Diese drei Herero waren der Patrouille entkommen.

Solche Fälle von Lynchjustiz waren in den Anfangswochen des Aufstands nicht selten. Sie wurden vor allem im Bereich von Windhuk und Karibib praktiziert. Hier, im Gebiet der höchsten Farmdichte, erhoffte sich die Hereroführung eine besonders reiche Beute an Vieh und Pferden und entfaltete daher hier eine emsige Partisanentätigkeit unter Leitung des schon genannten Friedrich Maharero.

Überfälle auf Farmen und Viehherden im Umkreis der größeren Orte waren in den ersten Tagen des Aufstands an der Tagesordnung. Voll Zorn und Verzweiflung über die Vernichtung ihrer Existenz, über den wegen Nichtrückzahlbarkeit von Kreditschulden drohenden Konkurs griffen die Farmer, die nun in der Truppe ihren Dienst taten, zur Selbsthilfe und gingen erbarmungslos gegen Vieh- und Pferderäuber vor, wenn sie auf ihren Patrouillenritten dieser habhaft wurden. Die Viehdiebe aber glaubten sich ihrerseits im Recht, da sie sich nach ihrer Meinung nur das ihnen von den weißen Farmern und Händlern zur Begleichung der Schulden abgenommene Vieh wieder zurückholten.

An Stelle des immer noch im Bondelzwartgebiet weilenden Gouverneurs Leutwein hatte Korvettenkapitän Gudewill am 18. Januar den militärischen Oberbefehl im Aufstandsgebiet übernommen. Seine Befehlsgewalt war allerdings erheblich beschränkt, da ja der Kontakt mit der Hauptstadt und Okahandja noch nicht wieder hergestellt worden war.

Das auf dem Wege nach Karibib befindliche Landungsdetachement »Habicht« unter Führung des Ersten Offiziers der »Habicht«, Kapitänleutnant Gygas, stieß unterwegs auf die gleichen Probleme, mit denen die Kolonne v. Zülow einige Tage vorher bereits zu kämpfen hatte: Obwohl der Bahnkörper von Zülows Leuten notdürftig wieder instandgesetzt worden war, wurde auch Gygas immer wieder zu Fahrtunterbrechungen gezwungen, weil der unaufhörliche Regen die Strecke erneut unterwaschen und unbenutzbar gemacht hatte. Wieder mußte Sand unter den Geleisen aufgeschüttet werden, wobei die Matrosen häufig bis zu den Knien im Wasser waten mußten. Ein Teilnehmer dieses Unternehmens, der Obermatrose Auer, schreibt:

»Mit Spaten und Händen, das Gewehr auf dem Rücken hängend, wurde der zerwaschene Bahndamm repariert.« Die schwierigste Stelle war ein 5 km langer Abschnitt bei Khan, wo die Bahn mitten durch das bis zu 150 m breite Bett des Khan-Riviers führte. Auch die Brücken über die Riviere mußten wegen Fortspülung der Auffahrten und der Pfeiler repariert werden. Feindeinwirkung stellte man bei der Bahnstation Habis südlich von Ababis fest, die völlig verwüstet vorgefunden wurde. Bei Einbruch der Nacht zum 20. Januar wurde – ohne irgend welche gegnerische Behelligungen – schließlich Karibib erreicht, wie Obermatrose Auer sich erinnert, »sehr zur Erleichterung der Bürger Karibibs, die sich alle auf dem Bahnhof versammelt und die deutsche Flagge gehißt hatten – nun fühlten sie sich sicher: die Marine war ja da«.

Für die deutsche Führung war es eine böse Überraschung, daß die für die Versorgung der Truppe und der Bevölkerung so lebensnotwendige Bahnlinie

Swakopmund – Windhuk, die bisher schlecht und recht funktioniert hatte, ausgerechnet jetzt, in einer Notlage, wo man sie dringender denn je brauchte, völlig versagte – weniger wegen der gegnerischen Aktionen als vielmehr wegen der elementaren Gewalt sintflutartiger Regenfälle. Jetzt sollte sich die Zurückhaltung des Reichstages bei der Bewilligung der Gelder für den Bahnbau bitter rächen: der neuralgische Punkt auf der gesamten Bahnlinie war nämlich die Gleisstrecke im Bereich des Khan-Riviers, die man aus falscher Sparsamkeit mitten durch das Rivierbett hindurch verlegt hatte. Hier waren die Gleise über weite Strecken völlig unterspült worden. Es zeigte sich, daß, solange der Regen anhielt, ein ungestörter Bahnbetrieb nicht aufrechterhalten werden konnte. Ein Glück im Unglück war, daß zum einen der Feind selbst den Bahnbetrieb nur geringfügig beeinträchtigte, zum anderen, daß das erfahrene Personal der in Bau befindlichen privaten Otavibahn mit ihrem hervorragenden Material unter ihrem tüchtigen Chef Solioz und das technische Personal der »Habicht« zur Behebung der Schäden und zur Instandsetzung des völlig heruntergewirtschafteten rollenden Materials der Bahnlinie Swakopmund – Windhuk zur Verfügung standen.

Es erhebt sich die Frage, weswegen die Herero dem Durchbruch der Kolonne v. Zülow nach Okahandja nicht energisch genug Widerstand entgegengesetzt hatten, obwohl sie zahlenmäßig weit überlegen waren und durch vollständige Zerstörung der Gleise ein Vordringen des »Panzerzuges« nach Okahandja ohne Schwierigkeiten hätten verhindern können. Da wir so gut wie keinerlei Hinweise auf die Gedankengänge der Hereroführung während des Aufstands besitzen – im Gegensatz zu der Fülle von Informationen von deutscher Seite –, sind wir hier auf Spekulationen angewiesen: In keinem Bereich des Schutzgebietes war die Farmdichte so hoch wie in dem Dreieck Windhuk – Okahandja – Karibib, und so könnte man annehmen, daß ein großer Teil der Aufständischen vollauf damit beschäftigt war, die Farmen hier auszuplündern und das erbeutete Farmvieh abzutreiben und in Sicherheit zu bringen. Die Inbesitznahme von Vieh und dessen Sicherung hatte für das Hirtenvolk der Herero absolute Priorität vor allen anderen Überlegungen. Möglicherweise hatte Samuel Maharero – in Verkennung der enormen Bedeutung der Bahn für die deutsche Kriegführung – zu diesem Zeitpunkt aber auch bereits den Plan gefaßt, seine Krieger zur Sicherung der riesigen eigenen und erbeuteten Viehherden aus dem Kerngebiet der Kolonie zurückzuziehen, dorthin, wo, vermeintlich außerhalb des Zugriffs der Weißen, ausreichend Weideland und Wasserstellen für solche gewaltigen Massen von Vieh vorhanden waren. Das aber wäre zunächst das Gebiet der Onjatiberge. Von dort wäre dann ein weiterer Abtrieb nach Osten in das britische Betschuanaland oder nach Norden in das wasserreiche Waterberggebiet leicht möglich gewesen. Da in diesen Fluchtrichtungen die Deutschen sich nicht auf Bahnlinien und Straßen abstützen konnten und sie obendrein unter starkem Mangel an Pferden litten, hätten sie den abtreckenden Herero in diese entlegenen Gebiete nur sehr langsam folgen können.

Nachdem sich Korvettenkapitän Gudewill, nunmehr vorläufiger Befehlshaber im Aufstandsgebiet, einen ersten Überblick über die Lage verschafft hatte, kam er zu der Erkenntnis, daß die bisher vom Reich zugesagten Verstärkungen – ein Seebataillon mit Artillerie und der bereits auf dem Wege nach Südwestafrika befindliche Ablösungstransport der Schutztruppe unter Oberleutnant von Winkler – nicht ausreichen würden, um der Aufstandsbewegung Herr zu werden. Er forderte daraufhin weitere Verstärkungen beim Admiralstab in Berlin an.

Doch ehe die zugesagten Verstärkungen eingetroffen waren, hatte sich die Lage durch das Eingreifen der 2. Feldkompanie unter Hauptmann Franke bereits wesentlich zugunsten der Deutschen geändert.

6. Hauptmann Frankes Siegeszug

Rückruf Frankes und Gewaltritt seiner Kompanie von Gibeon nach Windhuk · Der Weitermarsch nach Okahandja · Das Gefecht am Kaiser-Wilhelm-Berg · Der Weitermarsch über Karibib nach Omaruru · Die Befreiung Omarurus

Die 2. Feldkompanie unter der Führung von Hauptmann Victor Franke, von Windhuk kommend auf dem Wege in das Aufstandsgebiet der Bondelzwart tief im Süden, bezog am 12. Januar abends Lager in Gibeon, wo sie bereits von einem Geschützzug unter Leutnant Griesbach erwartet wurde. Am nächsten Tag sollte es weitergehen. Von einer inneren Unruhe getrieben, ritt Franke gleich nach der Ankunft in Gibeon zum nahegelegenen Heliographenberg hinauf. Tatsächlich lag für ihn eine Nachricht vor, die soeben von Windhuk durchgegeben worden war: »Okahandja schwer bedrängt. gez. Techow.« Betroffen las Franke das Heliogramm: Sollten sich die Herero wider Erwarten doch erhoben haben? Sorgenvoll ritt Franke ins Lager zurück. Er gab der Kompanie bekannt, daß am nächsten Tag gegen 15 Uhr wieder aufgebrochen werden sollte, ohne die Nachricht aus Windhuk bekanntzugeben. Doch in den nächsten Stunden gingen von Windhuk über die Heliographenstation Gibeon noch weitere Hiobsmeldungen an den in Keetmannshoop weilenden Gouverneur durch: »Telegraphische Verbindung mit Okahandja unterbrochen; 5 km südlich Okahandja Bahn und Telegraph zerstört; Feste soll belagert sein; Reparatur Bahn versucht; den ganzen Tag heftiges Gefecht bei Okahandja; Feste belagert.« Franke überlegte: »Es müssen sofort aktive Truppen zum militärisch völlig entblößten neuen Kriegsschauplatz Hereroland entsandt werden!« Da seine Kompanie dem Aufstandsgebiet am nächsten stand, kam zunächst nur sie hierfür in Frage. Er zauderte nicht lange und fragte beim Gouverneur heliographisch an, ob er weiter nach Süden marschieren oder nach Norden, nach Okahandja, zurückkehren sollte. Stunden ungeduldigen Wartens vergingen; da, kurz vor Mitternacht, traf die heliographische Antwort Leutweins ein:

> »Hauptmann Franke, Gibeon
> Gehen Sie mit Ihrer Kompanie, Griesbach und dem Feldgeschütz nach Windhuk zurück und übernehmen Sie bis zu meiner Ankunft, welche im Februar zu erwarten ist, das Kommando.«

Mit dieser Entscheidung hatte der Gouverneur, der unten im Süden der Kolonie noch unabkömmlich war, solange noch kein Friede mit den Bondelzwart geschlossen worden war, einen raschen und – wie die Zukunft zeigte – wirksamen Entschluß gefaßt: Da Franke als der tatkräftigste und energischste Schutztruppenführer galt, hatte er ihn ohne Rücksicht auf Anciennität zu seinem militärischen Stellvertreter auf dem neuen Kriegsschauplatz ernannt. Die Hoffnungen, die Leutwein in diesen Offizier gesetzt hatte, wurden nicht enttäuscht: Durch Victor Frankes Eingreifen ging erstmals die Initiative im Aufstandsgebiet auf die Deutschen über.

Da Eile geboten war, beschloß Franke, die rund 380 km lange Strecke Gibeon – Kub – Rehoboth – Windhuk in 5 Tagen zurückzulegen, obwohl das zu durchreitende Terrain durch steinige Höhen, sandige Täler und dicht mit Dornbüschen bestandene Riviere äußerst schwierig war und die dauernden Regenfälle die Kompanie hart mitnehmen würde. Die Soldaten waren skeptisch: »Nach drei Tagen macht die Hälfte schlapp«, war der allgemeine Tenor.

Die Truppe brach am 14. Januar um 1430 Uhr auf und gelangte – nach einer kurzen Nachtruhe von 4½ Stunden – am 15. gegen 12 Uhr mittags nach Klein-Packriem, wo Pause gemacht wurde. Kurz vorher – beim Passieren des Heliographenpostens »Pforte« – erhielt Franke Kenntnis von einem aus Windhuk stammenden Heliogramm, das ihn zur höchsten Eile gemahnte: »Von Okahandja keine Nachricht, Windhuk bedroht. Viele Tote und Verwundete auf unserer Seite...« Um das Letzte aus seinen Leuten herauszuholen, verlas der Hauptmann in Klein-Packriem vor der angetretenen 2. Feldkompanie das Heliogramm und fügte hinzu: »Ich wollte heute nur bis Kuis marschieren – nun muß es weiter gehen; ich muß von jedem Mann, ob Offizier oder Reiter, das Äußerste verlangen.«

Am gleichen Nachmittag noch ging es im Eilmarsch weiter. Es wurde die ganze Nacht hindurch geritten, obwohl gegen Abend sturzbachartiger Regen einsetzte. Erst am 16. mittags wurde Rast am Kalbrivier gemacht. Abends erreichte die Kompanie Tsumis; nach einer durch erneut einsetzenden Regen verursachten Verzögerung gelangte die Kompanie am 17. Januar gegen Mittag nach Rehoboth, dem Hauptort des Basterlandes. Dank der vorzüglichen Pferdepflege in der Kompanie war bis jetzt kein einziges Pferd verlorengegangen und auch keines in seiner Leistungsfähigkeit beeinträchtigt. In Rehoboth meldete sich der neue Distriktchef des Basterlandes, von Brandt »in Schutztruppen-Heimatuniform und Gipskragen«. Stolz zeigte er Hauptmann Franke seine in Rehoboth getroffenen Verteidigungsmaßnahmen: drei große Verschanzungen. Schon hier fiel Franke auf, daß offensichtlich das Augenmerk der Verantwortlichen nur auf die Verteidigung gerichtet war, an Angriff aber nicht gedacht wurde. Meldungen aus Windhuk waren nicht eingetroffen, da die dauernde Bewölkung und die Regenfälle der letzten Tage den Einsatz des Heliographen unmöglich gemacht hatten. Franke ließ hier etwas längere Rast einlegen und die Gewehre einschießen.

Am 17. Januar spätabends – es war stockfinstere Nacht – ging es weiter nach Norden. Am folgenden Morgen näherte sich die Kompanie Aris. Hier kam es zur ersten Berührung mit den Herero: Eine große Schar Aufständischer, mehr als 600 Mann, hatte sich hier versammelt, um die große Viehherde, die von der Farm Schmerenbeck hierher getrieben worden war, in Besitz zu nehmen[1]. Trotz der Überlegenheit des Gegners ließ Franke sofort anreiten und jagte die vom Eintreffen der 2. Feldkompanie völlig überraschten Herero auseinander. Diese flohen nach Norden.

1 Vergleiche Seite 72.

Am gleichen Nachmittag noch zog die Kompanie in Windhuk ein, wo sie von der Bevölkerung mit großer Freude begrüßt wurde. Einer von Frankes Leuten erinnert sich: »Windhuk hatte sich mächtig verändert. Der im Tal liegende Teil der Stadt, die sogenannte Kaufmannsstadt, war verlassen, der obere Teil, die ›Beamten- und Truppenstadt‹, in eine Festung, mit der Feste Windhuk als Zentrum, verwandelt. Die Feste selbst war als ›letzter Zufluchtsort‹ schwer verschanzt und diente sämtlichen Frauen als Nachtquartier. Überall wimmelte es hier von Soldaten, fast alles Reservisten, selbst zwei Taubstumme waren einberufen worden.« Die Bevölkerung empfing die 2. Kompanie mit großer Erleichterung, war doch kurz vorher mal wieder große Panikstimmung aufgekommen, nachdem Buren den Anmarsch von 1200 Herero auf Windhuk nach dem angeblichen Fall von Okahandja gemeldet hatten. Diese Meldung, wie viele andere auch, hatte sich als ein reines Hirngespinst, eine wilde story der Eingeborenen, erwiesen. Franke, dem diese Furcht der weißen Bevölkerung unverständlich war, stellte lakonisch fest, daß angesichts einer solchen Truppenmacht in Windhuk von einer Bedrohung des Ortes nicht im entferntesten die Rede sein konnte.

Bei seiner Ankunft in Windhuk wurde Franke durch den Stadtkommandanten, Hauptmann a. D. von François, mit einem Wortschwall überfallen: »Ich freue mich, Sie begrüßen zu dürfen. Sie haben eine prachtvolle Marschleistung hinter sich. Darf ich Sie bitten, mir zum Kriegsrat zu folgen? Die Herren Offiziere der Kompanie bitte ich gleichfalls. Seien Sie nachher meine Gäste!« – »Kein Kriegsrat«, erwiderte Franke kurz, »keine Gastfreundschaft. Ich bin vom Kommandeur zu seinem Stellvertreter ernannt. Die Kompanie lagert im Hofe der Feste. Sorgen Sie für Verpflegung, neue Ausrüstung. Lassen Sie die besten Pferde vorspannen. Wir brechen am 21. früh nach Okahandja auf.« – François und sein Stab vernahmen die Worte mit Erstaunen und Ungläubigkeit, vor allem, daß nun Franke den Oberbefehl über Windhuk habe. François erhob Einwände. Schließlich mußte sich Franke durch deutlichere Worte Geltung verschaffen.

Am folgenden Tag, den 20. Januar, wurde rasch die Ausrüstung ergänzt und erneuert und die Kompanie durch Neueinstellungen und Auswechseln von Offizieren und Mannschaften verstärkt. Sie umfaßte nun statt der ursprünglichen 90 Mann etwa 150. Zu dem bereits mitgeführten Feldgeschütz kam ein Gebirgsgeschütz hinzu.

Am 21. frühmorgens wurde der Vormarsch bei starkem Regen in Richtung Okahandja fortgesetzt. Über die dortige Lage herrschte in Windhuk noch völlige Ungewißheit; wie bereits erwähnt, lief sogar das Gerücht um, Okahandja sei schon gefallen. Hauptmann Franke wollte deswegen diesen Ort so rasch wie möglich erreichen und besetzen und die Herero aus der Umgebung und damit auch aus dem Bereich der Bahnlinie, der Lebensader der Kolonie, vertreiben. – Unterwegs wurden überall Spuren der Verwüstung angetroffen: Farmhäuser und Bahngebäude waren zerstört oder verbrannt, Brücken zerstört, Telefon- und Telegraphenleitungen unbrauchbar gemacht.

Ein schwieriges Naturhindernis war auf dem Weg nach Okahandja zu überwinden: das durch die ständigen Regenfälle der letzten Zeit stark angeschwollene Swakop-Rivier. Da die einzige Brücke über den Swakop, die Eisenbahnbrücke bei Osona, durch den Feind zerstört worden war, schied diese Übergangsmöglichkeit aus. Es blieb also der Kompanie nichts anderes übrig, als das Rivier schwimmend oder watend zu durchqueren. Mehrere, z. T. gefährliche Überquerungsversuche schlugen fehl. Kostbare Zeit verstrich; sie wurde zu Instandsetzungsarbeiten am Bahnkörper genutzt. Erst am 27. Januar, als die Regenfälle nachgelassen hatten und sich der Wasserspiegel auf dem Swakop gesenkt hatte, gelang es der Kompanie, das Rivier bei Teufelsbach zu überqueren. Unverzüglich wurde der Vormarsch nach Okahandja angetreten, auf dem es zu keiner Feindberührung kam. Die Herero ließen Frankes Soldaten ungehindert bis zum Ortsrand von Okahandja vordringen. Diese sahen bereits die eingeschlossene Feste vor sich, auf der die deutsche Flagge wehte und deren Zinnen mit Menschen überfüllt waren. Erst hier – etwa 1000 m vor der Feste – eröffneten die Aufständischen das Feuer auf die Kompanie, vor allem von den Höhenzügen auf der Ostseite aus. Franke ließ sich aber hierdurch nicht beirren und rückte mit seinen Leuten bis zu den Verteidigern in der Feste vor. Doch diese kamen ihren Befreiern nicht etwa jubelnd entgegen, wie Frankes Tagebuch bezeugt: »Erst als ich mit dem Säbel gegen das verrammelte Tor klopfte, ward es aufgetan.« Seine ersten Eindrücke vom befreiten Okahandja gibt Franke wie folgt wieder: »Die Feste wimmelt von Menschen. Der Bahnhof ist besetzt. Alle Herrenhäuser sind verlassen, die Stores geplündert, und unausgesetzt feuern die schwarzen Halunken aus den Bergen, allerdings ohne etwas zu treffen.« – Mit Hilfe der mitgeführten Artillerie wurde kurz nach Erreichen der Feste das gegnerische Gewehrfeuer zum Schweigen gebracht.

Aus dem schwachen Widerstand, den die Herero dem Eindringen der 2. Feldkompanie in Okahandja entgegengesetzt hatten, schloß Franke, daß Samuel Maharero die Masse seiner Krieger abgezogen hatte, vermutlich in Richtung Otjosasu, etwa 18 km östlich von Okahandja. Das 3 km östlich von Okahandja sich ausdehnende steile und wildzerklüftete Gebirgsgelände mit dem 1675 m hohen Kaiser-Wilhelm-Berg, dem weithin sichtbaren Wahrzeichen von Okahandja, glaubte Franke daher nur mit schwachen Nachhuten der Herero besetzt. Dies sollte sich als Trugschluß erweisen.

Hauptmann Franke brach am 28. Januar mit seiner Truppe wieder auf, um den bei Otjosasu vermuteten abgezogenen Feind zu stellen. Da sich Franke über die tatsächliche Stärke des Gegners am Kaiser-Wilhelm-Berg aber nicht ganz sicher war, griff er vorsichtshalber, um die Herero zu täuschen, zu einer Finte: Er beschloß, zunächst nicht auf der direkt nach Nordosten führenden Pad in Richtung Otjosasu zu reiten, da diese dem Kandu-Rivier folgte, das sich um den Kaiser-Wilhelm-Berg herumwand, so daß sich für den Gegner von diesem Berg aus ein vorzüglicher Ausblick auf die Pad bot und daher Überraschungsangriffe auf die Kompanie nicht ausgeschlossen waren. Er ließ stattdessen die

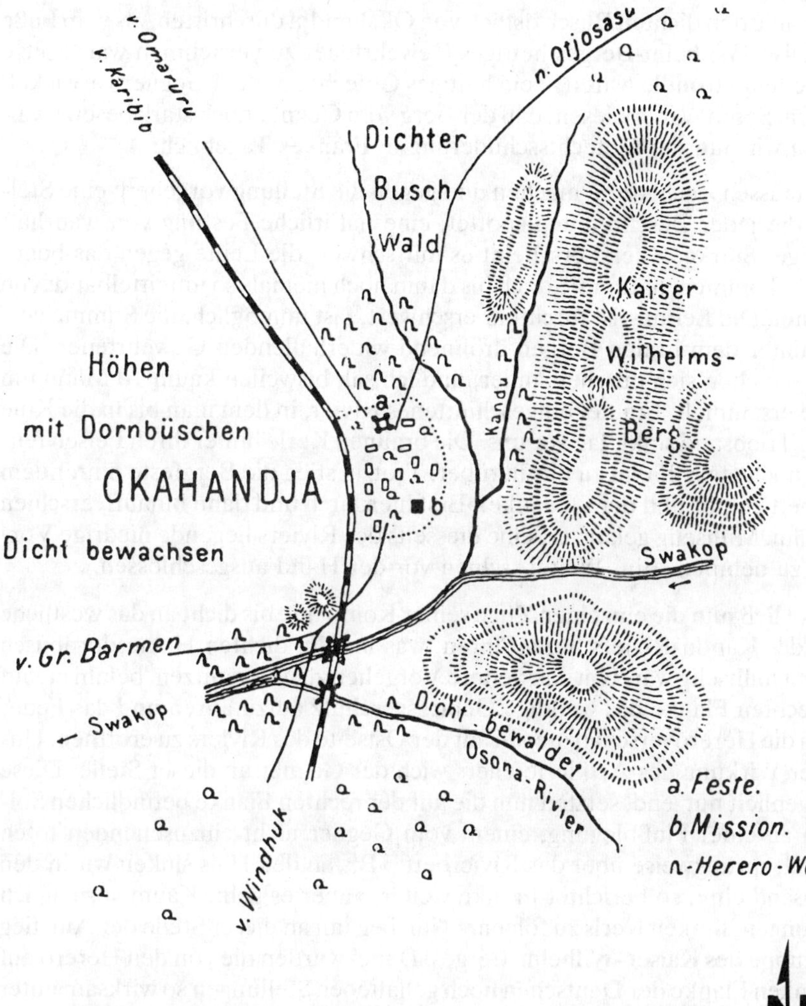

Karte 2: Umgebung von Okahandja

Truppe in Richtung Nord auf der Pad nach Okamita – Omaruru marschieren, die Spitze aber 2 km nördlich von Okahandja den Weg quer durch das Buschgelände nach Osten Richtung Kaiser-Wilhelm-Berg reiten. Nach Detachierung der Spitze folgte er mit dem Gros langsam nach. Gleich nach dem Aufbruch ließ er außerdem eine Seitenpatrouille ausschwärmen. Die Vorsichtsmaßregel sollte sich als durchaus berechtigt erweisen: Kaum hatte das Gros der

Kompanie den dichten Busch östlich von Okahandja durchritten, als vom Fuße des Kaiser-Wilhelm-Berges heftiges Gewehrfeuer zu vernehmen war: Spitze und Seitenpatrouille waren in ein heftiges Gefecht mit dem Gegner verwickelt worden. Somit war erwiesen, daß der Berg vom Gegner noch stark besetzt war. Folgen wir nun der Gefechtsschilderung in Frankes Tagebuch:

»Wir müssen ›rechts-um‹ machen und gegen die Stellung vorgehen: eine Stellung, die jeder Beschreibung spottet, eine natürliche Festung von wahrhaft grausiger Stärke. Zuerst erscheint es mir schwer, die Leute gegen das Feuer vorzubekommen, hatten sie doch bis dahin noch niemals so unmittelbar davon gekostet. Die Leitung ist furchtbar erschwert, fast unmöglich, die Stimme verhallt unter dem in den Bergen dröhnend widerhallenden Gewehrfeuer. Die Züge schieben sich durcheinander, und ich sah bisweilen kaum 10 Mann um mich versammelt. Ein tief eingeschnittenes Rivier, in dem man bis in die Knie in den Triebsand sinkt, lag vor uns. Die braunen Kerle hinter ihren Felsen feuerten noch etwa 250 m zu uns herüber. Trotzig stieg die Bergfeste hinter dem Flußbett empor und der Gedanke: ›Erst hierdurch und dann hinauf!‹ erschien tollkühn. Mühselig gelang es, eine diesseits des Riviers liegende niedrige Vorhöhe zu nehmen. Ein ›Weiter‹ schien vor der Hand ausgeschlossen.«

Franke ließ nun die einzelnen Züge seiner Kompanie bis dicht an das westliche Ufer des Kandu-Riviers heranführen, was in dem dichten Hakiesdornbusch äußerst mühselig war. Um das weitere Vorgehen zu unterstützen, befahl er, auf der rechten Flanke das wendige Gebirgsgeschütz aufzufahren und das Feuer gegen die Hereroverschanzungen auf der Ostseite des Riviers zu eröffnen. Unter der Wirkung des Artilleriefeuers wich der Gegner an dieser Stelle. Diese Gelegenheit nutzend, setzten nun die auf der rechten Flanke befindlichen Soldaten an einer Flußbiegung, einem vom Gegner nicht einzusehenden toten Winkel, sprungweise über das Rivierbett. »Bis an den Hals sinken wir in den Triebsand ein«, so berichtet Franke weiter, »aber es geht. Kaum vermag ich den jungen, flinken Kerls zu folgen.« Nun begann an dieser Stelle der Aufstieg zur Kuppe des Kaiser-Wilhelm-Berges. Dabei wurden die von den Herero auf der linken Flanke der Deutschen noch gehaltenen Stellungen so wirksam unter Feuer genommen, daß es auch auf dem linken Flügel des 2. Kompanie gelang, das Flußbett des Kandu zu überqueren. Auf halbem Wege zur Bergkuppe vereinigten sich die beiden Flanken der Kompanie, und vereint vertrieben die Soldaten die letzten Herero vom Kaiser-Wilhelm-Berg.

Ein Absuchen des Gefechtsfeldes am nächsten Tage zeigte, daß der Gegner den Berg geräumt hatte und nach Osten abgezogen war. – Die Verluste auf deutscher Seite waren gering: drei Soldaten verwundet. Dies war neben der vorzüglichen Ausnutzung der toten Winkel in dem zerklüfteten Gelände vor allem darauf zurückzuführen, daß der Gegner zumeist beim Schießen viel zu hoch hielt, wahrscheinlich weil er noch nicht mit der Zieleinrichtung der von ihm in großen Mengen erbeuteten Gewehre Modell 88 vertraut war. Über die Verluste der Herero konnte keine Klarheit geschaffen werden, da diese – ihrer

Sitte gemäß – sämtliche Gefallenen und Verwundeten beim Zurückweichen mitgenommen hatten.

Eine sofortige Verfolgung der flüchtenden Aufständischen, deren Zahl nach Schätzungen des als Zugführer in der 2. Kompanie dienenden Leutnants Paul Leutwein etwa 60–80 Mann betragen haben soll, erwies sich wegen der völligen Erschöpfung der Soldaten als unmöglich. Der 29. Januar wurde daher als Verschnaufpause für die Kompanie genutzt. Am 30. Januar wurde der Vorstoß in Richtung Otjosasu nachgeholt. Der Ort wurde jedoch wie ausgestorben vorgefunden, nur einen Engländer namens Stanley traf die Truppe dort an. Dieser, als Ausländer von den Herero verschont geblieben, berichtete dem Hauptmann Franke, die Herero hätten sich zu den Onjati-Bergen zurückgezogen. Nach Abbrennen der Pontoks in der dortigen Eingeborenenwerft kehrten die Soldaten noch am gleichen Tag nach Okahandja zurück.

Franke faßte nun zunächst den Plan, weiter in Richtung Waterberg zu marschieren. Nach reiflichem Überlegen änderte er jedoch seinen Entschluß, da er die Sicherung der Bahnlinie nach Karibib und vor allem die Befreiung seines Distriktortes Omaruru, dessen Schicksal ihm bis jetzt noch nicht bekannt war, für vordringlicher hielt. – Am 31. Januar wurde demgemäß der Vormarsch, zunächst nach Westen, auf Karibib angetreten. Franke rückte längs der Bahnlinie vor – immer wieder auf die Leichen ermordeter Weißer stoßend – und gelangte mit seiner Kompanie ohne irgend welche Zwischenfälle am gleichen Abend zur Bahnstation Waldau und zwei Tage später, am 2. Februar, nach Karibib – »zur großen Überraschung der Verteidiger, die mit einer so raschen Rückkehr Frankes überhaupt nicht gerechnet hatten«. – Es zeigte sich, daß wider alle Befürchtungen auch dieser Ort keineswegs bedroht gewesen war. Trotz einer relativ starken Besatzung – inzwischen war ja auch das Landungsdetachement der »Habicht« hier angelangt – hatte man aber auch in Karibib an keinerlei Angriffspläne gedacht. Franke schreibt hierüber:

»Auch in Karibib trat uns wieder der schier maßlose Respekt der weißen Bevölkerung des Platzes vor den Hereros entgegen: Nichts rührte sich, weder Mensch noch Tier waren zu sehen, obgleich Karibib ein weitläufig gebauter Platz ist. Nirgends wurden wir so recht eigentlich als Befreier begrüßt – aus einem furchtbaren Zustand – weder in Windhuk noch in Okahandja. Der Kommandant in Karibib hatte sich nur auf Defensive beschränkt. Wälle waren errichtet, ferner Wolfsgruben und Stacheldraht. Hierzu benutzte er Reis in Säken und Hafer…«

Frankes Fazit: »Hier hat man regelrecht auf der Bärenhaut gelegen.«

In Karibib wurde erneut Personal ausgewechselt: Leute mit wenig Kampfgeist und soldatischer Brauchbarkeit wurden gegen kampferprobte ausgetauscht. Schon am nächsten Tag, den 3. Februar, gegen 1630 Uhr wurde der Weitermarsch in Richtung Omaruru angetreten. Im Eiltempo ging es wieder voran. Nach zwei Stunden wurde die völlig verwüstete Farm Etiro erreicht, in deren Nähe das Nachtlager bezogen wurde. Am frühen Morgen des 4. Februar ging

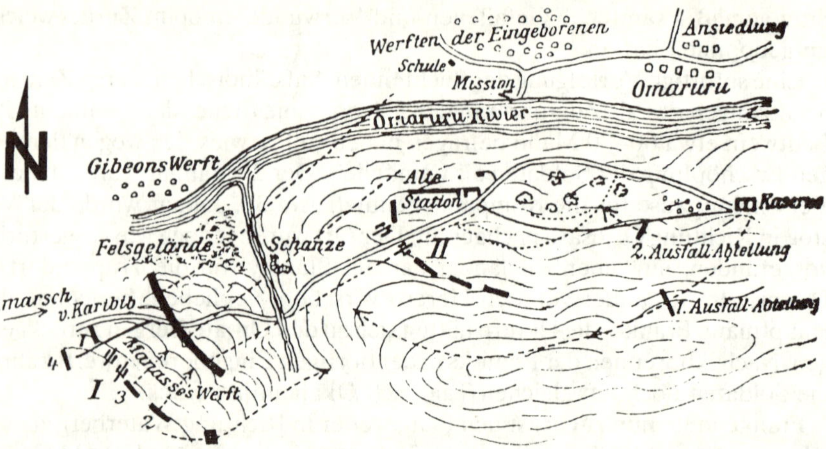

Karte 3: Umgebung von Omaruru

es weiter – noch in der Dunkelheit. Der Dornbusch wurde immer unübersichtlicher und dichter. Die Kompanie ritt deswegen lediglich mit einer vorgeschobenen Spitze ohne jede Seitensicherungen. Diese hätten das Vorrücken der Kompanie nur verzögert, weil sie sich den Weg mitten durch den Busch abseits der Pad hätten bahnen müssen. »Außerdem«, so erwähnt Franke in seinem Tagebuch, »wurde so die Gefahr vermieden, daß Seiten/Rückendeckung und Patrouillen ›abgetrocknet‹ würden, wie der poetische afrikanische Ausdruck für töten lautet.« Wichtigster Grundsatz in der Guerilla-Kriegführung sei, so betont Franke, der Zusammenhalt der Kräfte, um die Übersicht im dichten, tückischen Buschgelände, das die Sichtweite oft auf wenige Meter begrenzte und jeden Laut schluckte, zu wahren.

Die Kompanie rückte so lautlos wie möglich vor. Franke hoffte, dadurch das Überraschungsmoment auf seiner Seite zu haben. Anfänglich sah es so aus, als ob die Überraschung gelingen sollte: Gegen 0630 Uhr morgens, am 4. Februar, stieß die Truppe auf die ersten Anzeichen der Anwesenheit von Herero: Rinder, die diese anscheinend nichtsahnend unbeaufsichtigt weiden ließen. Der Zug des Leutnants Nathusius wurde detachiert, um das Vieh abzutreiben. Er stieß bald danach auf weitere Rinderherden, die von den überraschten Hirten hastig fortgetrieben wurden. Dabei kam es zum ersten Schußwechsel. Das Gros ritt derweilen im schnellen Tempo weiter, um so zu verhindern, daß die Hereroführer rechtzeitig gewarnt würden und so Abwehrmaßnahmen treffen könnten. Die Überrumpelung des Gegners mißlang jedoch: Nach vierstündigem scharfem Ritt erreichte die Spitze unter Leutnant Griesbach um 0900 Uhr einen Hügel nahe »Manasses Haus«, nun Wohnsitz des Omaruru-Häuptlings Michael, am Westende von Omaruru. Von diesem Hügel aus konnte die Spitze der Kompanie die gesamte Ebene überblicken, die sich südlich des hier in

Ost-West-Richtung verlaufenden Omaruru-Riviers erstreckte und wo die Herero-Werften lagen. Kaum hatten die Soldaten die Kuppe des Hügels erreicht, als sie von zahllosen Herero mit einem heftigen Gewehrfeuer begrüßt wurden. »Das ganze Vorgelände von Omaruru ist dicht mit Wollköpfen besetzt«, meldete der mit an der Spitze reitende Kompaniewachtmeister Wesch nach hinten.

Franke, der sich zu der Zeit bei dem nunmehr in einem Gefecht mit den Viehhirten verwickelten Zug des Leutnants Nathusius befand, galoppierte sofort zur Spitze hin. Seine Hoffnung, daß sich die Herero durch seine bloße Erscheinung beeindrucken lassen würden, ging nicht in Erfüllung: Als er auf dem Hügel bei seinem Wachtmeister Wesch angelangt war, empfingen die Aufständischen auch ihn mit Kugeln. Der Schußwechsel hielt noch eine Weile an, dann räumten die Herero ihre vorgeschobene Stellung bei »Manasses Haus«. Franke befahl nun, die beiden Geschütze vorzufahren, und ließ rechts und links in dem klippenreichen Gelände die drei restlichen Züge der Kompanie sich entwickeln; der Zug Nathusius hatte das Gefecht mit den flüchtenden Viehhirten beendet und befand sich zu der Zeit weiter links beim Troß, um diesen zu sichern. – Die Wirkung der aufgefahrenen Artillerie blieb indes gering, da der Gegner in dem von Felsen und Klippen übersäten, mit dichtem Buschwerk bestandenen und nach Westen hin abfallenden Terrain gute Deckungsmöglichkeiten fand und die tiefer liegenden Soldaten Frankes gut unter Feuer nehmen konnte. Die Lage wurde kritisch für die Deutschen.

Da befahl der Hauptmann seinen Zügen sprungweises Vorgehen auf die Höhenzüge am Westrand von Omaruru zu. Dabei erlitt nun die Kompanie ihren ersten schweren Verlust: Beim ersten Sprung wurde der Führer des 1. Zuges, der württembergische Leutnant von Wöllwarth, schwer verwundet; er erlag kurz danach seinen schweren Wunden. Die Truppe arbeitete sich immer näher an die feindliche Stellung heran. Schließlich wich der Feind beim Anblick der gefürchteten Seitengewehre, die inzwischen aufgepflanzt worden waren, zurück, und floh durch das Flußbett des zwischen der Hererowerft und dem eigentlichen Ort Omaruru verlaufenden Nebenriviers des Omaruru-Flusses, des sogenannten »Kaffer-Rivier«, hindurch in Richtung auf seine zweite Stellung.

Franke ließ jetzt die Kompanie am Westufer des Nebenriviers Halt machen und zog die Artillerie nach. Diese schoß die zweite Stellung des Gegners, am Ostufer des Nebenriviers, später »Müller-Schanze« genannt, sturmreif.

In diesem Stadium des Kampfes – gegen 10 Uhr – erhielt Frankes Truppe eine unerwartete Unterstützung: Der in der Kaserne von Omaruru mit seinen Leuten ausharrende Stabsarzt Dr. Kuhn schickte der 2. Kompanie ein Ausfallkommando unter Feldwebel Müller zu Hilfe. Müller packte den Gegner von Süden her, wobei er selbst tödlich getroffen wurde. In die Zange genommen, wichen die Herero bis in den Bereich der alten Station (Bezirksamt) zurück. Hier bezogen sie in dem klippenreichen Terrain östlich der alten Station und südlich des Anwesens des Siedlers Kindt eine vorbereitete dritte Stellung, aus der sie zähen Widerstand leisteten. Die 2. Kompanie war dem Gegner bis hierher nachgedrängt. Ein Gegenangriff der Herero aus ihrer Stellung heraus wurde abgewehrt, wobei die Kompanie einen zweiten Offizier, Leutnant Griesbach, durch schwere Verwundung einbüßte. Die Lage wurde erneut kritisch für die Deutschen. Es war Mittag geworden und sehr heiß. Wasser und Munition gingen zur Neige. Die Geschütze hatten sich bereits verschossen. Durst und Hunger quälten die Kämpfer. Da entschloß sich Hauptmann Franke zum frontalen Sturmangriff. Die Dramatik dieses Angriffs schildert er selbst in einem 1920 in Liegnitz gehaltenen Vortrag:

»Es war gegen 0300 Uhr[2] geworden. Wir hatten kurz vorher die Stelle passiert, an der ein Held, der Feldwebel Müller, genauer ›der Lange‹, mit seinem Ausfallkommando bis auf zwei Mann den Heldentod gefunden hatte. Es ist dies jener Ausfall, welcher auf Befehl des Stabsarztes Dr. Kuhn unternommen wurde. Ich fühlte, allzulange durfte es nicht mehr dauern, und versuchte, durch ein Kommando meine Leute zum Sturm auf die von Gewehrläufen starrende Feste[3] zu bewegen. Aber nur vereinzelt schien ich verstanden zu sein. – In jenem Augenblick erfaßte mich ein Grauen. Es war das erste Mal, daß meine Reiter versagten. Es ist mir heute nicht mehr klar, welche Überlegung ich damals machte. Jedenfalls brüllte ich mit ausgebrannter Kehle, so gut es gehen wollte, das Kommando: ›Zum Sturm!‹, ritt vor die Schützenlinie und im Galopp auf die Feste los. Ich vermutete instinktiv, den schützenden toten Winkel unter den Schießscharten zu erreichen. Ein Blick rückwärts bewies mir, daß mein Bangen unnötig war, denn wie elektrisiert sprangen die soeben noch wie tot am Boden Liegenden empor und folgten mir mit einem schier jauchzenden Hurra. Der Feind war derart verblüfft, hatte er doch geglaubt, wir Deutschen wären erledigt, daß er bis auf einige, die mit dem Bajonett wichen, in heller Flucht seine mächtige Bastion aufgab, so daß ihm dieser Rückzug unter unseren Gewehren eine riesige Menge Opfer kostete. Jeder, vor allem ich selbst, atmete auf, denn nun waren wir unseres Sieges sicher, wenn wir auch noch zwei Stunden gebrauchten, um noch einmal die Entfernung nach der neuen Feste[4] zu durchmessen und schließlich unsere eingeschlossenen Kameraden zu befreien.«

Die Verluste in diesem blutigen Ringen waren auf beiden Seiten schwer. Auf deutscher Seite waren sieben Mann gefallen, andere, darunter die genannten schwer verwundeten beiden Offiziere, ihren Wunden bald danach erlegen. Die Verluste der Herero waren schwer schätzbar, da sie wieder viele ihrer Gefallenen und Verwundeten auf ihrem Rückzug mit sich genommen hatten, wie die zahlreichen blutigen Schleifspuren bezeugten. Dennoch zählte man auf dem Gefechtsfeld ca. 100 gefallene Herero.

2 Nach anderen Quellen, u. a. im Generalstabswerk (siehe Quellen- und Literaturverzeichnis), muß dies viel früher gewesen sein; denn gegen 14 Uhr habe Franke bereits die Kaserne erreicht.

3 Gemeint ist die alte Station.

4 Gemeint ist die Kaserne.

Die Wirkung, die dieser denkwürdige Befreiungszug der 2. Feldkompanie auf die schwer bedrängte weiße Bevölkerung hervorgerufen hatte, faßt Franke in seinem bereits genannten Vortrag wie folgt zusammen:

»Der furchtbare Druck, der auf allen Gemütern lastete, solange die Hauptorte der Kolonie von den Eingeborenen bedroht wurden, war gewichen; man sah zuversichtlicher in die Zukunft.«

Nach der Räumung von Omaruru rückten die Aufständischen in der Nacht vom 4. auf den 5. Februar endgültig aus der Umgebung des Ortes in nordöstlicher Richtung ab. Eine sofortige Verfolgung des Gegners erwies sich als undurchführbar, da die Truppe, Soldaten wie Tiere, hierfür zu erschöpft war.

Mit dem Siegeszug der 2. Feldkompanie war der westliche Teil des Hererolandes nördlich der Bahnlinie wieder vollständig unter deutscher Kontrolle. Nur im Bereich südlich der Bahn, im Khomasgebirge, hielt sich noch, die weiteren Ereignisse abwartend, der Stamm der Otjimbingwe-Herero unter Zacharias Zeraua. Mit der Wiedererlangung der Kontrolle über die Bahnlinie Swakopmund – Windhuk waren die Sorge um die Versorgung für Truppe und Bevölkerung genommen und alle Voraussetzungen für die Heranführung der zu erwartenden Truppenverstärkungen in das Innere des Landes geschaffen, wenn auch wegen ihrer geringen Transportkapazität nicht allzu hohe Erwartungen in die Bahn gesetzt werden konnten. Auch der Fernmeldeverkehr funktionierte wieder einwandfrei.

Der in zeitgenössischen Berichten mit Cäsars »veni, vidi, vici« – »ich kam, ich sah, ich siegte« – verglichene ungestüme Siegeszug Frankes und das fluchtartige Zurückweichen der Aufständischen bei dessen Erscheinen hatte allerdings auch eine negative Wirkung auf der deutschen Seite hervorgerufen: die Unterschätzung der Moral und der Kampfkraft der Herero, die vor allem bei den frisch ins Land gekommenen, mit den afrikanischen Verhältnissen und der afrikanischen Kriegführung nicht vertrauten Soldaten festgestellt werden konnte, welche sich freiwillig zum afrikanischen Kriegsschauplatz in dem Glauben gemeldet hatten, ihren Tatendurst im Kampf mit diesen »Barbaren« ohne große Anstrengungen und Gefahren stillen zu können. In der Bewunderung der Leistungen der Truppe des Hauptmanns Franke wurde dabei allzu leicht übersehen, daß die Herero, wie das Beispiel des Kampfes um Omaruru und den Kaiser-Wilhelm-Berg bei Okahandja deutlich zeigte, keineswegs mehr das Bild einer in sich zerrissenen, nur auf den Nutzen des eigenen Unterstammes und der eigenen Sippschaft bedachten, verweichlichten und vor der Macht des weißen Mannes sich beugenden Nation boten:

Es war eine gewandelte Nation, die hier erstmals den Deutschen geschlossen gegenübertrat, eine Nation, die in seltener Einmütigkeit und Disziplin, mit Zähigkeit und Tapferkeit zu kämpfen verstand, wenn es galt, die nationale Freiheit, die Heimat und die Viehherden gegen den Zugriff des weißen Mannes zu verteidigen, so daß bei Eingeweihten böse Vorahnungen über die Härte und die Dauer der bevorstehenden weiteren Kämpfe aufkamen.

7. Das Reich greift ein

Die Nachricht vom Ausbruch des Aufstands trifft in der Heimat ein · Die Aufstellung und Verabschiedung des Marine-Expeditionskorps · Aufstellung der ersten Schutztruppenverstärkungen · Reaktion der sozialdemokratischen Fraktion im Reichstag auf die Aufstandsnachricht, Äußerungen zur Frage der zukünftigen Behandlung der Herero

In Berlin schickte man sich an, ein Jubiläum zu feiern: Fast zwanzig Jahre waren vergangen, seitdem in Südwestafrika der Grundstein des deutschen Kolonialreiches gelegt worden war. Von den Gründungsjahren und einigen begrenzten militärischen Aktionen in der Folgezeit abgesehen, war die Erschließung der Schutzgebiete bisher relativ friedlich verlaufen, und man konnte in den letzten Jahren sogar einen bescheidenen wirtschaftlichen Aufschwung dort konstatieren. Dieses hoffnungsvolle Bild zerrann jäh am 14. Januar 1904, als das Wolffsche Telegraphenbüro die Nachricht verbreitete, daß sich die Hereronation in Südwestafrika geschlossen gegen die deutsche Herrschaft erhoben hätte, viele Deutsche ermordet, Eisenbahnbrücken zerstört worden seien und die größeren Orte in der Kolonie von den Herero belagert würden. Die Nachricht schlug in Berlin wie eine Bombe ein. Niemand hatte eine kriegerische Entwicklung derartigen Ausmasses in einem der Schutzgebiete für möglich gehalten. Zwar war es hier und da in Südwestafrika – wie auch in den anderen Kolonien – bereits zu Eingeborenenaufständen gekommen; sie waren aber stets lokaler Art gewesen und konnten ohne große Mühe und mit den knappen Machtmitteln der Schutztruppen unterdrückt werden. Man hatte bisher geglaubt, nach dem Grundsatz des Teilens und Herrschens die einzelnen Eingeborenenstämme und Bevölkerungsgruppen gegeneinander ausspielen und so mit einem Minimum an Machtaufwand und Geldmitteln das Zepter fest in der Hand behalten zu können. Daß eine ganze Nation von Afrikanern sich in toto gegen die deutsche Herrschaft auflehnte, war ein völliges und nicht einkalkuliertes Novum, auf das das Reich in keiner Weise militärisch vorbereitet war: Eine koloniale Einsatzreserve – so wie sie Frankreich mit seiner Kolonialarmee und England mit einem Heer besaßen, das in regelmäßigem Turnus einen Teil seiner Verbände in Übersee stationiert hatte – gab es in Deutschland nicht; ihre Aufstellung wäre auch nicht verfassungskonform gewesen.

Doch Eile tat not: *Dies war nicht irgendein Eingeborenenaufstand, sondern eine nationale Erhebung Schwarzer mit dem Ziel der Abschüttelung der deutschen Herrschaft, hier war das Prestige des Reiches selbst herausgefordert.* »Die Ehre der Nation« stand auf dem Spiel; denn unüberhörbar waren die empörten Rufe nach Rache und Genugtuung für die von den »schwarzen Bestien« begangenen Morde an zahlreichen deutschen Bürgern aus allen Schichten des Volkes zu vernehmen, das, angefacht durch eine Presse, die sich in der Berichterstattung über tatsächliche und erfundene »Greueltaten Schwarzer« und »Abschlachtungen weißer Frauen und Kinder«[1] überbot, in eine regelrechte Pogromstimmung versetzt worden war.

Da kam man auf den Ausweg, Marineinfanterie als »erste Feuerwehr« in die bedrohte Kolonie zu entsenden, da die Verwendung geschlossener Marineverbände in Übersee nicht mit der Reichsverfassung in Widerspruch stand und die Marineinfanterie durch ihren Einsatz im Boxeraufstand in China im Jahre 1900/1901 bereits Überseeerfahrungen gesammelt hatte. Die Entscheidung, zunächst Marineinfanterie nach Südwestafrika zu entsenden, wurde am 17. Januar gefällt und noch am gleichen Tage von Kaiser Wilhelm II. gebilligt. Freiwilligenverbände des Heeres sollten später folgen. Ebenfalls am gleichen Tage noch erhielt die Inspektion der Marineinfanterie über das Reichsmarineamt die Weisung, ein Marine-Expeditionskorps in Stärke von 500 Mann aufzustellen.

In einer eiligst einberufenen Sitzung seiner Ressortchefs, darunter Reichskanzler von Bülow, Kriegsminister von Einem, der Chef des Generalstabs v. Schlieffen, der Chef des Reichsmarineamts v. Tirpitz und der Kolonialdirektor im Auswärtigen Amt Dr. Stübel, trug der Kaiser am 18. Januar morgens seine inzwischen getroffenen Entscheidungen vor und betonte die Notwendigkeit der Entsendung weiterer Truppen. Er schloß mit den Worten: »Wir wollen beraten, was zu geschehen hat.« Es folgte nun ein Kompetenzgerangel darüber, wer für die Aufstellung der hinauszusendenden Truppen zuständig sei. Auf die Worte des Kriegsministers v. Einem: »Ich bitte Eure Majestät, mir die ganze Angelegenheit zu übertragen. Das Kriegsministerium ist am besten in der Lage, Freiwilligenverbände aufzustellen und für die Ausrüstung zu sorgen«, erhob Kolonialdirektor Dr. Stübel Einspruch: Die Mobilmachung von Truppen für Kolonialkriege habe verfassungsgemäß durch die Kolonialabteilung und das Oberkommando der Schutztruppen zu erfolgen. Der Kaiser entschied in Stübels Sinne und übertrug damit dem »Oberkommando der Schutztruppen« diese Aufgabe. Das Ergebnis war eine sich später als sehr folgenreich erweisende Regelung, daß ein Privatunternehmen, von Tippelskirch, als Kontraktfirma mit der Fertigung und Lieferung des gesamten Bedarfs der Truppe mit Ausnahme der Pferde und Waffen beaufragt wurde. v. Einem schreibt in seinen »Lebenserinnerungen« über diesen Punkt: »... Es wäre wirklich besser gewesen, wenn das berühmte ›Oberkommando‹[2] den Kriegsminister mit herangezogen hätte, der am besten in der Lage war, für alles mit Leichtigkeit zu sorgen. Stattdessen griff man auf die Firma Tippelskirch zurück, der für Uni-

1 So berichtet z. B. Hauptmann Franke in seinem Nachlaß, ihm sei während seines Marsches von Gibeon nach Windhuk im Januar 1904 von einem Schutztruppler erzählt worden, er sei auf der Farm Frauenstein gewesen, habe diese total zerstört vorgefunden, der Farmer Pillet sei ermordet, desgleichen seine junge Frau und die Schwägerin. »Der Mann gab eine grausige Schilderung, weil er die zerstückelten Leichen der Frauen erblickt habe. So wollte er z. B. die abgeschnittenen Brüste der Frauen erblickt haben, an den Dornbüschen vor dem Hause hängend ... Eine Geschichte, mustergültig brauchbar und ähnlich den Zeitungsnachrichten, die damals in Deutschland Entsetzung und Empörung gegen die ›schwarzen Bestien‹ hervorriefen. Bezeichnend für den Wert dieser Gerüchte ist die Tatsache, daß ich wenige Tage später in Okahandjas Feste jene beiden Frauen unversehrt vorfand.«

2 Damit ist das »Oberkommando der Schutztruppen« gemeint.

formen und Stiefel mehr als das Doppelte des Preises gezahlt werden mußte, den das Kriegsministerium hätte fordern müssen.«

Der Vorteil des Rückgriffs auf die Marineinfanterie bestand in ihrer raschen Einsatzbereitschaft, allerdings wies sie in ihrer personellen und materiellen Ausstattung erhebliche Mängel auf: Konzipiert für die landwärtige Verteidigung der beiden Seefestungen Kiel und Wilhelmshaven, waren die vorhandenen beiden Marineinfanterie-Bataillone, das I. Seebataillon in Kiel und das II. Seebataillon in Wilhelmshaven, reine Fußtruppen und daher in ihrer Mobilität erheblich eingeschränkt. »Fußmannschaften aber, denen das Klima sowie das Land mit seinen eigenartigen Verhältnissen gänzlich neu sind und die plötzlich in diesem ungewohnten heißen Klima den größten Strapazen ausgesetzt werden, sind angesichts der Taktik der ebensogut berittenen wie bewaffneten Hereros, der Taktik des Entweichens, um nur gelegentlich einmal bei besonders günstiger Chance einen Streich auszuführen, von nur geringem Wert.«

Der Aufstellungsbefehl für das Marine-Expeditionskorps, wie die offizielle Bezeichnung dieses Einsatzverbandes der Marine lautete, erging am 17. Januar an die beiden Marinestationen der Nordsee und der Ostsee. Er sah die Abstellung von je 250 Mann der beiden Seebataillone sowie – für die Bedienung der von Windhuk angeforderten vier Maschinenkanonen – eines aus den beiden Matrosendivisionen der Nordsee und der Ostsee zu bildenden Detachements und eines Detachements Eisenbahntruppen der Armee vor.

Das Marine-Expeditionskorps wurde innerhalb von drei Tagen in Wilhelmshaven zusammengestellt, in vier Kompanien aufgegliedert und auf den vom Norddeutschen Lloyd gecharterten Dampfer »Darmstadt« eingeschifft.

Bereits am 21. Januar gegen 1500 Uhr verließ die »Darmstadt« unter den brausenden Hurrarufen einer vielköpfigen Menge und den Klängen der Musikkapellen, wie Seesoldat Peter Moor alias Michaelsen berichtet, die I. Einfahrt von Wilhelmshaven und nahm Kurs auf Swakopmund.

Neben dem Mangel an Mobilität – nur die Offiziere waren beritten – war der größte Übelstand, unter dem das Marine-Expeditionskorps litt, die hohe Zahl der mitgeführten Rekruten: zwei Fünftel der gesamten Mannschaften. Manche der Rekruten hatten noch nie scharf geschossen, was nun während der Überfahrt nach Südwest mit Hilfe mitgenommener, über Bord gehaltener Schießscheiben nachgeholt werden mußte.

Mit der Führung des Korps wurde ein in der Kolonialkriegführung völlig unerfahrener Offizier, der Inspekteur der Marineinfanterie und Festungskommandant von Kiel, Oberst Dürr, beauftragt. Dürrs Ausreise verzögerte sich jedoch; er verließ Deutschland erst am 6. Februar mit dem zweiten Verstärkungstransport für Südwest. An seiner Statt trat nun vorläufig der Kommandeur des II. Seebataillons, Major von Glasenapp, ebenfalls ohne Kolonialkriegserfahrung, an die Spitze des Marine-Expeditionskorps. Er erhielt folgenden, von Kaiser Wilhelm II. persönlich unterzeichneten Operationsbefehl:

»Befehl für den Führer des Marine-Expeditionskorps

1. Sie haben sich mit den Ihnen unterstellten Truppen so schnell wie möglich nach Swakopmund zu begeben.
2. Für Ihr Verhalten auf der Ausreise findet die Ihnen zugehende Vorschrift für Friedensablösungstransporte sinngemäße Anwendung.
3. In Swakopmund angekommen, treten Sie unter den Befehl des Oberst Leutwein, dem Sie Ihre Ankunft telegraphisch zu melden haben. Die Ablösungsmannschaften Meines Schiffes ›Habicht‹ sind dem Kommando des Schiffes zu überweisen.
4. Ist die telegraphische Verbindung mit Oberst Leutwein unterbrochen und finden Sie in Swakopmund von ihm keine Befehle für sich vor, so haben Sie selbständig die Ordnung in dem Schutzgebiet mit allen Ihnen zu Gebote stehenden Mitteln wieder herzustellen; in erster Linie die Hauptstadt Windhuk zu besetzen.
5. Bis eine Regelung der Kommandoverhältnisse seitens des Oberst Leutwein erfolgt, treten alle erreichbaren Schutztruppenkommandos und ausgeschifften Teile der Besatzungen Meiner Schiffe unter Ihren Befehl.
6. Ist die Eisenbahn unterbrochen, so ist sie soweit als möglich, ebenso wie der Telegraph wiederherzustellen. Für den Schutz beider sowie für die Aufrechthaltung der Verbindung mit Swakopmund ist zu sorgen.
7. Der Kommandant Meines Kanonenbootes ›Habicht‹ hat Befehl erhalten, Ihren Requisitionen, soweit es die Sicherheit und Gefechtsfähigkeit des Schiffes gestattet, Folge zu leisten.
8. Bis zur Herstellung der Verbindung mit Oberst Leutwein sind Meldungen und Berichte an Mich unter der Adresse ›Admiral Berlin‹ zu richten. Bis dahin sind die Chiffriermittel Meiner Marine zu benutzen.

Berlin, Schloß, den 20. Januar 1904
gez. Wilhelm, I. R.«

Glasenapp reiste mit dem Expeditionskorps am 21. Januar von Wilhelmshaven ab. Mit eingeschifft auf der »Darmstadt« war auch ein direkt vom Gouverneur Leutwein angeforderter »alter Südwestafrikaner«, Major von Estorff.

Es war ein glücklicher Zufall, daß kurz vor Aufstandsbeginn der routinemäßige Ablösungstransport für die Schutztruppe, 226 Mann unter Führung von Oberleutnant von Winkler, Deutschland verlassen hatte. Diese Truppe, die am 3. Februar in Swakopmund eintraf, bildete die erste Verstärkung für die Schutztruppe. Ebenfalls am 16. Januar, also bereits vor der Beratung mit seinen Ressortchefs im Palais des Reichskanzlers, verfügte der Kaiser die Aufstellung einer Verstärkung für die Schutztruppe in Höhe von 500 Mann, die in zwei Staffeln am 30. Januar bzw. am 6. Februar von Hamburg aus nach Swakopmund abgehen sollte. In aller Hast wurden Freiwillige in der gesamten Armee für diesen Verstärkungstransport geworben. In der Anfangsphase des Krieges war an Freiwilligenmeldungen – besonders im Offizierkorps – kein

Mangel: Die lange Friedensperiode schien manchem unternehmungslustigen, des öden Routinedienstes in einer – oft abgelegenen – Garnison überdrüssigen Offizier endlos, und hier bot sich nun die Gelegenheit, »für des Reiches Herrlichkeit das Schwert zu ziehen« und das, was man in der Theorie gelernt hatte, in die Praxis umzusetzen. Viele reizten aber auch die Aussichten auf eine raschere Beförderung und auf attraktive Gehaltsaufbesserungen.

Diese 500 Mann unter der Führung der Hauptleute Puder und Bagenski verließen Hamburg, wie befohlen, am 30. Januar bzw. am 6. Februar. Um diese Verstärkungen beritten zu machen, wurde gleichzeitig das nötige Pferdematerial aus Argentinien beschafft. Obwohl das Etatrecht für Schutztruppenverstärkungen die Mitwirkung des Reichstags vorschrieb, hatte sich der Kaiser wegen der Dringlichkeit in diesem Fall über das Etatrecht hinweggesetzt und gar nicht erst die Haushaltsmittelbewilligungen für diese Verstärkungen abgewartet.

Nach der Unterredung mit dem Kaiser und den Ressortchefs am 18. Januar machte der Reichskanzler dem Reichstag Mitteilung über den Ausbruch des Hereroaufstands in Südwestafrika, der, wie er verkündete, für genaue Kenner des Schutzgebietes »unerwartet und ohne sichtbaren Anlaß« erfolgt sei. Bülow wies auf die grausame Ermordung der Siedler und Händler und auf die den weißen Siedlern entstandenen gewaltigen Schäden hin. Gleichzeitig rechtfertigte er die vom Kaiser veranlaßten Truppenverstärkungen und forderte hierfür die Bewilligung der entsprechenden Geldmittel an. Es kam daraufhin zu erregten, zum Teil tumultartigen Rededuellen, die sich zu leidenschaftlichen Anklagen gegen die Kolonialpolitik des Reiches überhaupt steigerten, vor allem seitens des sozialdemokratischen Abgeordneten August Bebel. Dieser warf der Gouvernementsregierung, den Ansiedlern und den »blutsaugerischen« Händlern vor, selbst schuld an dem Aufstand zu sein, insbesondere durch die rücksichtslose Ausbeutung und Mißhandlung der Herero und die Fortnahme der besten Weideflächen und Wasserstellen im Hereroland. Der Aufstand sei nichts weiter als der Ausbruch eines seit Jahren aufgestauten Unwillens und Hasses gegen das deutsche Regime und müsse als ein Verzweiflungskampf eines um seine Existenz ringenden Volkes betrachtet werden. Bebel verlangte ferner, daß der Krieg mit möglichster Menschlichkeit geführt werde und daß nachher keine Racheakte erfolgen dürften. Die Gelder wurden schließlich mit Stimmenthaltung der Sozialdemokraten bewilligt.

Daß diese Appelle an die Menschlichkeit nicht ganz unberechtigt waren, wird bereits aus den Berichten deutlich, die in den ersten Tagen aus dem Aufstandsgebiet nach Deutschland gelangten. So schreibt der Kommandant des Kanonenbootes »Habicht«, Korvettenkapitän Gudewill, am 4. Februar 1904 in einem Telegramm an seine vorgesetzte Marinebehörde in Deutschland: »Die härteste Bestrafung des Feindes ist notwendig als Sühne für die zahllosen grausamen Morde und als Garantie für eine friedliche Zukunft. Um Ruhe und Vertrauen der Weißen herzustellen, ist völlige Entwaffnung und Einziehung von sämtlichen Ländereien und Vieh einzigstes Mittel.« Solioz, der Chefingenieur der Otavibahn, berichtet:

»... denn daß dieser Aufstand ganz energisch niedergeschlagen werden muß, und daß mit den Schuldigen tabula rasa gemacht werden muß, steht hier bei jedermann in der Kolonie fest.«

Ein Missionar war so entsetzt über die Pogrom- und Rachestimmung, die unter den Deutschen in Südwestafrika herrschte, daß er sich zu dem Ausruf veranlaßt sah:

»Die Deutschen sind erfüllt von einem furchtbaren Haß und schrecklichen Rachedurst, ja ich möchte sagen: Blutdurst gegen die Herero. Man hört in dieser Beziehung nichts als: ›aufräumen, aufhängen, niederknallen bis auf den letzten Mann, kein Pardon etc.‹ Mir graut, wenn ich an die nächsten Monate denke. Die Deutschen werden ohne Frage schreckliche Rache nehmen.«

8. Gouverneur Leutweins Rückkehr

Leutweins anfängliche Einschätzung des Hereroaufstands, Meinungen zu seiner Eingeborenenpolitik, Abschluß eines Friedensvertrags mit den aufständischen Bondelzwart · Der Ablösungstransport Winkler und dessen Einsatz Richtung Gobabis · Eintreffen des Marine-Expeditionskorps in Südwest, Lagebeurteilung durch Major v. Glasenapp · Die Ausschiffung der Seesoldaten in Swakopmund · Eintreffen des Gouverneurs in Swakopmund, seine Dispositionen, die Aufsplitterung des Marine-Expeditionskorps · Leutweins Brief an Samuel Maharero und die Reaktion hierauf · Die Lage im Lager der Aufständischen

Während die Ereignisse im Aufstandsgebiet im Norden der Kolonie ihren Lauf nahmen, bemühte sich der von den Herero bereits totgesagte Gouverneur Leutwein, den Krieg gegen die Bondelzwart im Süden so rasch wie möglich zu einem befriedigenden Ende zu bringen, um so den Rücken frei zu bekommen und sich voll dem Kriegsgeschehen im Hereroland widmen zu können. Da wegen der ungünstigen Wetterbedingungen die Nachrichtenübermittlung mit dem Heliographen zeitweise stark beeinträchtigt war, konnte sich Leutwein kein klares Bild über die Schwere der Lage auf dem nördlichen Kriegsschauplatz machen. Weil er obendrein aufgrund seiner Erfahrungen aus früheren Feldzügen gegen aufständische Herero diese nur als ein Volk von geringer Widerstandskraft und geringem politischen Zusammenhalt kennengelernt hatte, sah er zunächst die Lage dort oben, wie es in einer deutschen Zeitung hieß, »durch die rosarote Brille« und schätzte das Aufstandsgeschehen dort als nicht so gravierend ein, wie es tatsächlich war. Er war der Meinung, daß Samuel Maharero diesmal den Einflüssen der kriegstreiberischen Kräfte unter den Herero erlegen sei, weil er, der Gouverneur, dem Samuel voll und ganz vertraue, nicht im Lande weilte. Leutwein war aber überzeugt, es bedürfe keiner allzu großen Überredungskunst von seiner Seite, um Samuel wieder zum Frieden zu stimmen. Er glaubte daher, mit den vorhandenen Truppen auszukommen und berichtete entsprechend nach Berlin. Dort allerdings war man aufgrund der aus Windhuk, Okahandja und Swakopmund eingetroffenen Meldungen zu einer wesentlich ernsteren Einschätzung der Lage gelangt und hatte die schon erwähnten Maßnahmen zur Verstärkung der Schutztruppe beschlossen. Zu dem Zeitpunkt tauchten bei der Reichsregierung auch bereits die ersten Zweifel darüber auf, ob Leutwein überhaupt noch die geeignete Persönlichkeit auf dem schwierigen Posten des Gouverneurs sei. In der Öffentlichkeit, vor allem in der Presse, aber auch aus Kreisen der Ansiedler in Südwestafrika, wurden die kritischen Stimmen zum »System Leutwein« immer lauter: Man warf ihm Zaghaftigkeit im Handeln und zu viel Rücksichtnahme gegenüber den Forderungen des Reichstags nach Sparsamkeit im Umgang mit Steuergeldern und gegenüber den Belangen der schwarzen Bevölkerung der Kolonie vor. »Er vermeidet Kämpfe, damit die Kolonialpolitik nichts koste und die ängstlichen Gemüter in Deutschland nicht über das unnütz vergossene Blut schwarzer Zeitgenossen zu jammern haben«, schreiben die »Hamburger Nachrichten«

vom 13. März 1904. Als »befremdend und erstaunlich« fand man es, daß Leutwein trotz Warnhinweise aus der weißen Bevölkerung über »Gärungen unter den Hereros« seine gesamte Truppe »gegen die relativ recht wenig wichtigen Bondelzwart engagieren konnte«. Sogar Stimmen nach einer Abberufung Leutweins waren zu hören. Als ein Zeichen des Mißtrauens gegenüber Leutweins Führungsqualitäten kann auch gewertet werden, daß sich der Chef des Generalstabs, Graf von Schlieffen, mit der Entsendung der ersten Verstärkungen die Oberleitung der Kriegführung im Hereroland von der Heimat aus vorbehalten hatte.

Um einen Zweifrontenkrieg zu vermeiden, leitete Leutwein nun Friedensverhandlungen mit den aufständischen Bondelzwart ein. Es kam am 27. Januar zu dem für die Deutschen unter den gegebenen Umständen recht günstigen Frieden von Kalkfontein, in dem die Bondelzwart sich verpflichteten, Waffen und Munition sowie die den Deutschen geraubten Güter zurückzugeben und sich mit der Beschränkung ihres Wohnsitzes auf ein Reservat sowie der Auslieferung von Mördern und Plünderern bereiterklärten. Weil Unruhen unter den anderen Namastämmen unter allen Umständen vermieden werden sollten, konnten die deutschen Behörden allerdings die Durchsetzung dieser Friedensbedingungen nur zum Teil erreichen, was der Unzufriedenheit der deutschen Siedler am »System Leutwein« noch mehr Auftrieb gab.

Nach Abschluß des Friedensvertrages marschierten die nicht mehr benötigten Truppen nach Norden zurück, während sich der Gouverneur im britischen Port Nolloth auf den Dampfer »Ernst Woermann« einschiffte, um auf dem schnellsten Wege über Swakopmund nach Windhuk zurückzukehren.

Während sich der Gouverneur auf dem Rückweg befand, trafen die ersten größeren Verstärkungen in Swakopmund ein. Den Anfang machte der Ablösungstransport Winkler, der am 3. Februar die Hafenstadt erreichte und sofort mit der wieder voll betriebsbereiten Bahn in Richtung Windhuk in Marsch gesetzt wurde. Dort langte die Truppe in einer Rekordzeit von 26 Stunden an.

Die ursprüngliche Absicht Korvettenkapitän Gudewills, der zu der Zeit noch die Leitung auf dem Kriegsschauplatz innehatte, war es, die Abteilung Winkler gegen Gobabis anzusetzen, das angeblich von den Herero belagert war. Bevor die Truppe aber ihren Marsch nach Osten antreten konnte, mußte sie wieder nach Karibib zurückdirigiert werden, da Gudewill am 5. Februar von Hauptmann Franke das bedrohlich klingende Heliogramm aus Omaruru erhalten hatte: »Feind schließt Kaserne ein. Alte Feste zerstört. Kompanie zu schwach zum Vorgehen, da Feind große Mengen Munition 88 besitzt, Verstärkungen so schnell wie möglich senden, 400 Mann mit Geschützen. Werde Omaruru zu halten versuchen.« Wie sich später herausstellte, hatte Hauptmann Franke das Ausmaß seines Sieges über die Herero erheblich unterschätzt; er hatte zunächst geglaubt, daß es ihm nur geglückt sei, in den Ort einzudringen und daß er sich dort durch Einigeln behaupten könnte. Tatsächlich aber hatten alle Herero den Ort und die Umgebung Omarurus fluchtartig in

Richtung Otjihanamaparero, etwa 70 km nordöstlich Omaruru, verlassen. Nachdem dies durch Patrouillen festgestellt worden war, wurde sich Franke rasch seiner Fehleinschätzung bewußt. Er teilte daraufhin über die Heliographenleitung Gudewill am folgenden Tage in einer Gegendarstellung der Lage mit, daß er nunmehr keine Hilfe mehr in Omaruru benötige.

Während die Abteilung Winkler hin- und herdirigiert wurde, war in Windhuk eine weitere Befürchtung wachgeworden: Es mehrten sich die Anzeichen, daß die Tjetjoleute, vielleicht auch die anderen Hererostämme, mitsamt dem eigenen und dem Beutevieh vor den heranrückenden deutschen Truppen nach Osten ausweichen und über die Grenze in das britische Betschuanaland abtrecken würden. Schon wurde von starken Hereroansammlungen unweit der Grenze gesprochen. Wegen des großen wirtschaftlichen Wertes des Viehs für die Kolonie mußte diese Gefahr auf jeden Fall abgewendet werden. Die Kolonne Winkler erhielt deswegen als Zusatzauftrag die Absicherung der Ostgrenze.

Oberleutnant von Winkler kehrte mit seiner Abteilung in der Nacht zum 7. Februar nach Windhuk zurück. Hier wurde sie für den Marsch nach Osten ausgerüstet. Pferde standen nur in beschränktem Umfang zur Verfügung, der größere Teil der Leute mußte daher als Infanteristen ausrücken. Die Truppe marschierte am 7. Februar um 3 Uhr nachmittags von der Feste in Windhuk aus in einer ungeheuer ausgedehnten Kolonne – wegen der vielen Fußsoldaten mußten zahlreiche Ochsenwagen requiriert werden – nach Osten ab.

Oberleutnant v. Winkler rückte in Eilmärschen über Seeis nach Gobabis vor, das am 18. Februar abends erreicht wurde. Hier legte er eine einwöchige Erholungspause für seine strapazierte Truppe ein. Die Herero hatten jedes Gefecht mit der vorrückenden Kolonne Winkler gemieden und sich aus dem Bereich Gobabis rechtzeitig vor Eintreffen der Kolonne in eine stark verschanzte Stellung in einem dichten und hohen Dornenwald nahe Kehoro, etwa 50 km nordwestlich von Gobabis, zurückgezogen. Nach Meldungen von Eingeborenen sollten sie sich dort in einer Stärke von etwa 1000 Mann versammelt haben.

Während die Abteilung Winkler – ohne nennenswerte Feindberührung – trotz Fußmarsches zügig nach Osten vorankam, traf am 9. Februar das Marine-Expeditionskorps auf der Reede von Swakopmund ein. Major von Glasenapp, der Führer des Korps, wurde sofort vom Adjutanten des Gouverneurs, Oberleutnant Techow, und Korvettenkapitän Gudewill in die Lage eingewiesen. Am gleichen Tage löste von Glasenapp Gudewill als Befehlshaber auf dem Herero-Kriegsschauplatz ab.

In der Besprechung mit den beiden Offizieren mußte Major von Glasenapp feststellen, daß das Lagebild, so wie es sich ihm jetzt bot, völlig anders war als das, unter dessen Eindruck der Operationsbefehl für sein Korps in der Heimat abgefaßt worden war. Major von Glasenapp hatte zunächst geglaubt, seine Hauptaufgabe im Rahmen seines allgemeinen Auftrags zur Wiederherstellung von Ruhe und Ordnung im Schutzgebiet würde darin bestehen, die Bahnverbindung zwischen der Küste und dem Landesinneren wieder funktionsfähig zu machen, das Kerngebiet der Kolonie zu sichern und bis zum Eintreffen der erwarteten Schutztruppenverstärkungen hinhaltend zu kämpfen. Das wäre eine Aufgabe gewesen, der seine Truppe als Infanterieverband nach Ausrüstung, Ausbildung und Leistungsvermögen gewachsen gewesen wäre. Nun aber mußte v. Glasenapp erkennen, daß diese Aufgabe praktisch bereits von Zülows Truppe, vom Landungstedachement des Kanonenbootes »Habicht« und von der 2. Feldkompanie unter Hauptmann Franke gelöst worden war. Andererseits konnte der Major es sich nun auch nicht leisten, mit seiner Truppe tatenlos »Gewehr bei Fuß« zu stehen und zu warten, bis die Schutztruppe aus dem Süden zurückgekehrt und die Truppenverstärkungen aus der Heimat eingetroffen wären. Schon die Feindlage selbst gebot ein rasches Handeln. Bei Eintreffen des Majors in Karibib am 11. Februar stellte sich diese ihm wie folgt:

Wie ein am gleichen Morgen von Hauptmann Franke aus Omaruru eingegangenes Heliogramm[1] besagte, hatte der Gegner den Bereich Omaruru verlassen und war im Abzug nach Nordosten begriffen. Um aber den Gegner zu verfolgen, brauchte Franke mindestens 150 Mann als Besatzungstruppe in Omaruru und mindestens 250 Mann mit vier Geschützen zur Verfolgung selbst. Es hatte den Anschein, daß sich die Omaruruleute unter ihrem Häuptling Michael in Richtung Waterberg absetzten, um sich dort mit den Waterberg-Herero unter den Häuptlingen David und Salatiel zu vereinigen.

Anlaß zu großen Sorgen bildeten die beiden Distrikte im Norden, Grootfontein und Outjo, mit denen seit Aufstandsbeginn jeder Kontakt abgerissen war. Das Schicksal der in Outjo stationierten 4. Feldkompanie war daher unbekannt. Es bestand die Gefahr, daß die Waterberg-Herero, möglicherweise im Verein mit den Omaruruleuten, gegen die beiden Distrikte und die schwache 4. Feldkompanie vorgehen würden. Auch die Möglichkeit eines Eingreifens der Ovambo in das Aufstandsgeschehen war nicht auszuschließen. Für die 4. Feldkompanie ergab sich also eine starke Bedrohung. Wo die nach dem Gefecht bei Okahandja geflohenen Herero, bei denen sich wahrscheinlich auch der Hauptanführer Samuel Maharero befand, jetzt standen, war nicht sicher. Nach den Angaben des Engländers Stanley[2] vom 30. Januar sollten sich diese in die Onjatiberge östlich Okahandja begeben haben, wo gute Weidegründe für ihre Viehherden vorhanden waren.

Der Tjetjostamm im Distrikt Gobabis, der vor der Abteilung von Winkler nach Kehoro am Schwarzen Nossob ausgewichen war, verhielt sich dort abwartend. Ob diese Gruppe tatsächlich, wie befürchtet, die Absicht hatte, in das Betschuanaland auszuwandern, war nicht klar. Ihr Ausweichen entgegengesetzt zur Richtung in das Betschuanaland sprach eigentlich eher dagegen. Die

1 Siehe das abgebildete Original des Heliogramms im Bildteil Seite 373/74.
2 Siehe Seite 91.

Tjetjoleute wurden deswegen von Winklers Spähern unter Beobachtung gehalten.

Eine weitere starke Feindgruppe, die Otjimbingwe-Herero unter ihrem Kapitän Zacharias Zeraua, hielt sich weiterhin in den Khomasbergen und im unteren Swakoptal auf, von wo aus sie, vor allem durch Überfälle auf Viehposten, für Unruhe im Bereich Windhuk – Okahandja – Karibib sorgte. Sie bildete damit eine ständige Bedrohung im Rücken der deutschen Linien, besonders aber für die Bahn.

Für Major von Glasenapp schälten sich also zwei neuralgische Punkte auf dem Kriegsschauplatz heraus: der Norden des Schutzgebietes mit den Distrikten Outjo und Grootfontein und das Dreieck Windhuk – Okahandja – Karibib. Einen Vormarsch nach Osten hielt von Glasenapp für wenig zweckmäßig; zum einen sah er die Gefahr eines Abzugs der Tjetjoleute über die Grenze durch deren Stillverhalten bei Kehoro als nicht mehr so akut an, zum anderen konnte er wegen Mangels an Pferden seine Truppe nicht beweglicher machen und damit sowieso nicht mehr rechtzeitig mit seinen Marineinfanteristen eingreifen, falls die Tjetjoleute doch noch Anstalten machen sollten, in das Nachbarland überzuwechseln. Er hielt es daher für ratsam, erst einmal die Lage im Norden zu klären und zu stabilisieren; er beschloß, mit drei Seesoldatenkompanien, begleitet von dem erfahrenen Afrikaner Major von Estorff, nach Norden gegen Omaruru vorzurücken, sich dort mit der 2. Feldkompanie zu vereinigen und dann gemeinsam weiter in Richtung Waterberg – Outjo vorzustoßen. Die verbliebene eine Kompanie Seesoldaten wollte er zusammen mit dem »Habicht«-Detachement gegen die Otjimbingwe-Herero ansetzen. Somit blieb auch die angestrebte geschlossene Verwendung des Marine-Expeditionskorps weitgehend gewahrt, wenn auch der Einsatz der Truppe abseits der Bahnlinie erfolgen mußte.

Zunächst aber mußten die Seesoldaten erst einmal ausgeschifft und schubweise mit der hoffnungslos überlasteten Kleinbahn ins Landesinnere transportiert werden. Die erste Staffel, begleitet von den Majoren v. Glasenapp und v. Estorff, ging bereits am 10. Februar ab. Schon in den ersten Tagen nach ihrer Ankunft in Südwest erhielten die Soldaten einen Vorgeschmack von den Schwierigkeiten, die ihrer in diesem sonnendurchglühten Land harrten: Der Einjährig-Freiwillige Peter Moor alias Michaelsen gibt hierüber eine anschauliche Schilderung:

»Am anderen Morgen in aller Frühe stiegen wir der Reihe nach, den Tornister mit der weißen Schlafdecke auf dem Rücken, das Gewehr über der Schulter, den Patronengurt um den Leib, daran den Wassersack, den braunen Brotbeutel am Riemen, die Feldflasche daran, über die Reeling und kletterten die Strickleiter hinab nach dem sehr großen, flachen Boot, das in den starken Wellen wohl sieben Meter auf und nieder fuhr. Man mußte sehen, daß man zu rechter Zeit, nämlich, wenn das Boot oben auf einer Welle war, die Strickleiter losließ; aber, obgleich ich es ganz richtig machte, fiel ich doch schwer gegen die

Wandung. Als die Boote zwanzig bis dreißig Mann aufgenommen hatten, spannte sich ein kleiner, flacher Dampfer davor und schleppte uns dem Lande zu.

Je näher wir dem Strande kamen, desto unruhiger wurde das Wasser. Das Boot warf sich immer heftiger und unruhiger durch die wühlenden, springenden Wassermassen. Wir lagen oft tief zwischen zwei hochlaufenden Wellenbergen und sahen von dem Dampfer vor uns nichts. Im nächsten Augenblick waren wir oben und meinten, wir würden heruntergeschlagen. Zunächst fuhren wir durch lauter Gischt und Schaum, der hoch rund um uns aufsprang und seine Spritzer über das Boot warf und uns ganz und gar durchnäßte. Das Boot wurde eine Zeitlang in dem Gewirr der kurzen, schweren, sich überschlagenden Wogen hin und her, auf und nieder gestoßen, daß ich dachte, es müßte ineinanderfallen. Viele wurden von plötzlicher und heftiger Seekrankheit befallen und lagen totenbleich an den Planken. Aber nach einer Weile waren wir hindurch und kamen in flaches, ruhiges Wasser und stiegen an Land.

Durch den unendlich tiefen und heißen Sand, unter brennender Sonne, ungefähr sechzig Pfund auf den Schultern zogen wir landeinwärts. Wir hatten gedacht, daß ganz Swakopmund am Strande stehen würde, überglücklich, daß endlich Hilfe käme, aber es war kein einziger Mensch da. Wir kamen an einzelnen Häusern vorüber, die da im kahlen Sande standen, und es zeigte sich kein Mensch, der uns einen freundlichen Gruß bot. Wo wir näher oder ferner im Schatten einer Veranda einen Menschen zu Gesicht bekamen, schien es uns, daß er uns gleichmütig und fast spöttisch zusah. Hinter uns hörten wir das schwere Tosen der Brandung – es klang uns fast schon lieblich –, rund um uns, so weit wir sehen konnten, war nichts als dürrer, heißer Sand, auf den die Sonne mit grellem Flimmern brannte. Die Augen zogen sich zusammen; ein heißes, trockenes Gefühl zog in die Kehle herunter. Wir waren ziemlich still.

Wir erreichten den weiten, sandigen Bahnhof und sahen mißtrauisch und verwundert auf unseren Zug, der mit Rattern und Knattern vorfuhr. Er bestand aus einer endlosen Reihe von kleinen, rohen Sandwagen; davor waren fünf oder sieben ganz kleine Maschinen gespannt. Wir wurden auf die Wagen verteilt und stiegen ein. Dann ging es langsam mit Fauchen und Stoßen und Klappern hinein ins Land…«

Am 11. Februar traf Oberst Leutwein, von Port Nolloth kommend, mit dem Dampfer »Ernst Woermann« in Swakopmund ein. Hier wurde er von seinem Adjutanten, Oberleutnant Techow, und dem Bezirksamtmann Dr. Fuchs empfangen und in die Lage eingewiesen. Zunächst schien sich Leutwein noch nicht so recht über den Ernst der Lage im klaren zu sein; er meinte: »So schlimm ist das alles nicht. Wenn ich jetzt nach Okahandja komme, werde ich mir Samuel Maharero kommen lassen, und Sie werden sehen, der Aufstand ist zu Ende.« Doch bald wurde ihm das wahre Ausmaß der Katastrophe bewußt. Er mußte sich eingestehen, daß er praktisch vor dem Scherbenhaufen seiner zehnjährigen mühseligen Aufbauarbeit stand. *In ungeahnter, nie dagewesener*

Geschlossenheit hatten sich die sonst oft miteinander zerstrittenen Hererostämme gegen einen ihre Existenz bedrohenden, gemeinsamen Feind geeinigt und um ihren Oberhäuptling Samuel Maharero geschart, entschlossen, ihre Freiheit bis zum letzten Blutstropfen zu verteidigen; und innerhalb von wenigen Tagen war es ihnen gelungen, der verhaßten, landhungrigen weißen Farmwirtschaft, der Hauptstütze des deutschen Kolonialregimes, unermeßlichen Schaden zuzufügen, ja sie fast zu vernichten.

Der Gouverneur mußte nun überlegen, wie er mit den wenigen Truppen, die ihm zur Zeit zur Verfügung standen, gegen die Aufständischen vorgehen sollte. Einen sofortigen Schlag gegen die nun mit einmal am Waterberg vermuteten Hauptkräfte des Gegners unter dem Oberhäuptling selbst auszuführen, hielt Leutwein für wenig sinnvoll. Es schien ihm ratsamer, zunächst einmal Zeit zu gewinnen, die angekündigten Verstärkungen und Pferdetransporte abzuwarten und dann die Masse seiner Truppen, vor allem die aus dem Süden zurückkehrenden Kompanien und die erwarteten Verstärkungen, bei Okahandja zu konzentrieren, um sie dann gegen die Hauptgruppe der Aufständischen anzusetzen. Der größte Teil der jetzt schon verfügbaren Truppen aber sollte sofort gegen die schwächeren Gruppen des Gegners operieren, und zwar ein Teil im Norden, von Omaruru aus, der andere Teil im Osten, in Richtung Gobabis. Sie könnten dann, wenn die Hauptmacht der Schutztruppe genügend stark für einen Angriff wäre, in flankierenden Bewegungen die Herero dieser entgegentreiben. Glasenapps Operationsplan mußte also abgeändert werden, und so schickte der Gouverneur noch am gleichen Tage, d. h. am 11. Februar, von Swakopmund aus folgendes Telegramm an Major v. Glasenapp, der zu dem Zeitpunkt in Karibib weilte:

»Zuerst geplante Verteilung der Kompanien bleibt bestehen mit der Maßgabe, daß Sie mit zwei Kompanien und vier Geschützen in Okahandja zu meiner Verfügung bleiben. Ich werde in zwei bis drei Tagen dort eintreffen.

Eine Kompanie und zwei Geschütze sollen von Windhuk nach Gobabis marschieren. Für landeskundige Führer sorgen. Eine Kompanie soll nach Omaruru weitergehen, wo Major von Estorff das Kommando übernimmt.

gez. Leutwein.«

Omaruru und Umgebung glaubte Leutwein nicht besonders gefährdet, nachdem am 11. Februar ein weiteres Heliogramm Frankes, das von einer entschärften Lage dort sprach, eingetroffen war. Franke sprach aber in seiner Meldung neben der Forderung nach einer Verstärkung seiner Truppen von einer notwendigen Klärung der Lage bei Gobabis als Voraussetzung für ein Vorgehen in Richtung Outjo, wo die Lage nach wie vor völlig unbekannt war. Franke schloß offenbar die Möglichkeit nicht aus, daß auch die Tjetjoleute sich den Kambazembi-Herero vom Waterberg anschließen könnten. Leutwein dagegen – wie die Mehrzahl der Siedler in der Kolonie – hielt eine Flucht der Ostherero über die Grenze in britisches Territorium zu ihren dort bereits lebenden Stammesgenossen für wahrscheinlicher und hatte deshalb v. Glasenapp in dem Telegramm angewiesen, eine der Seesoldatenkompanien nach Gobabis zu schicken, um die Abteilung von Winkler dort zu verstärken. In seiner Vermutung, die Tjetjoleute würden über die Grenze abtrecken, glaubte er sich noch bestärkt, als am 15. Februar in Karibib eine Nachricht von Oberleutnant Streitwolf, dem Distriktchef von Gobabis, eintraf, in der dringend um Entsendung einer starken Truppe in seinen Distrikt gebeten wurde, da das Entweichen der Herero ins britische Gebiet befürchtet wurde. Diese Alarmmeldung veranlaßte Leutwein, in Abänderung seiner Dispositionen vom 11. (Telegramm an von Glasenapp), eine weitere Seesoldatenkompanie statt nach Okahandja noch Gobabis zu dirigieren. Zur Verfolgung der Omaruruleute glaubte Leutwein, daß eine Verstärkung von einer Kompanie Seesoldaten, eingesetzt vor allem als Besatzung von Omaruru, ausreichen würde, da dann die Kompanie Franke freie Hand hätte, um den weichenden Gegner, unter Heranziehung der 4. Feldkompanie aus Outjo, zu verfolgen und zu schlagen. **In der Anfangsphase des Krieges bis hin zum Zeitpunkt der Ablösung Leutweins durch General von Trotha als Truppenbefehlshaber spielten wirtschaftliche Gesichtspunkte noch eine wichtige Rolle in der militärischen Planung. So war es auch hier. Da die Viehzucht die tragende Säule und Haupterwerbsquelle in der Wirtschaft des Landes war, hätte das Forttreiben der gewaltigen Viehherden in das britische Gebiet einen großen Rückschlag in der Entwicklung der Kolonie bedeutet. Das wollte der Gouverneur unter allen Umständen verhindern.**

Am 12. Februar traf Oberst Leutwein in Karibib ein, wo er von den inzwischen dort versammelten Offizieren des Stabes sowie von seinem Sohn Paul Leutwein und Hauptmann Franke, die beide von Omaruru herübergekommen waren, empfangen wurde. Drei Tage später, am 15., fand dort dann eine Lagebesprechung statt. Der Gouverneur präzisierte hier seine beabsichtigten Truppendispositionen und Operationspläne, die er anschließend in einem »Truppenbefehl« zusammenfassen ließ. Dieser Befehl lautete im Auszug:

»Truppenbefehl

Karibib, 15. Februar 1904

Eingegangen Okahandja, 16. Februar 1904, 0200 Uhr nachm.

(2. bis 4.) Die im Felde stehenden Truppen werden in drei Abteilungen gegliedert, und zwar:

a) *Westabteilung* unter Major von Estorff:
2. und 4. Feldkompanie,
eine Kompanie des Seebataillons,
einige Geschütze verschiedenen Systems.
Aufgabe: Säuberung des Distrikts Omaruru.
b) *Hauptabteilung*, unter mir selbst, zunächst bestehend aus:
einer Kompanie des Seebataillons nebst zwei Maschinenkanonen.
Hierzu treten die am 28. Februar landenden rund 500 Mann der Schutz-

truppe, welche in die 5., 6., 7. Kompanie und eine Feldbatterie eingeteilt werden. Möglicherweise landet eine weitere Feldbatterie.

Aufgabe: Bis zu beendeter Formierung: Halten von Okahandja, Beunruhigung des Gegners, soweit ihr dies möglich. Nach Formierung: Angriff der Hauptmacht des Gegners, deren Verbleib zunächst erkundet wird. Die Beendigung der Formierung ist frühestens in etwa 1 Monat zu erwarten.

c) *Ostabteilung* unter Major von Glasenapp:
Kompanie v. Winkler,
Kompanie Eggers,
zwei Kompanien des Seebataillons,
einige Geschütze verschiedenen Systems.

5. Die *Ostabteilung* säubert den Distrikt Gobabis und nimmt alle erreichbaren Gewehre ab. Ihre fernere Aufgabe ist die Sperrung der über die Ostgrenze führenden Übergänge gegen etwa mit Viehherden flüchtende Herero. Die ersteren sind tunlichst festzuhalten. Der eine dieser Übergänge (Rietfontein) liegt im Distrikt Gobabis, der andere (östlich Otjituo) im Distrikt Grootfontein. Mit dem letzteren ist baldmöglichst Verbindung herbeizuführen. Hierbei ist in Gemeinschaft mit den Distriktchefs zu handeln, welche beide hervorragende Landeskenner sind.

6. *Hauptmagazin* wird für die Ostabteilung in Gobabis errichtet. Den Nachschub von den Magazinen nach den Abteilungen regeln diese selbst.

7. Der *Feind* scheint in zahlreiche kleinere Gruppen verteilt zu sein, mit der Hauptmasse aber sich bei Waterberg zu sammeln.

Eine stärkere Abteilung – anscheinend der Tjetjostamm – ist auch bei Kehoro im Distrikt Gobabis gemeldet.

gez. Leutwein.«

Den Befehl über die Hauptabteilung wollte Oberst Leutwein an Oberst Dürr gleich nach dessen Eintreffen in der Kolonie übergeben und sich dann nur noch die Gesamtleitung vorbehalten. Eine zusätzliche Gruppe, die aus dem »Habicht«-Detachement, der Eisenbahntruppe und Reservisten gebildet wurde, sollte die Bahn sichern und eventuell gegen die Otjimbingwe-Leute vorgehen. Da überall Not am Mann war und die Zeit drängte, mußte Leutwein einen Übelstand in Kauf nehmen: die völlige Aufsplitterung des Seebataillons in drei Abteilungen und den Einsatz der Hälfte dieser unerfahrenen Fußtruppe in der Einöde des Ostens, abseits von der Bahn und den Versorgungsbasen, eine folgenschwere Entscheidung, wie sich bald zeigen sollte.

Große Sorge bereitete Leutwein der Gedanke, wo die Hauptgruppe der Aufständischen unter ihrem Oberhäuptling Samuel nach ihrer Niederlage bei Okahandja abgeblieben war. Hierüber kursierten widersprüchliche Meldungen und Gerüchte. Nach den ersten sich später als zutreffend erweisenden Informationen des schon genannten Engländers Stanley vom 30. Januar war der

Gegner in die Onjatiberge ausgewichen. Andere »Stories« aber sprachen von einer Konzentration der Herero am Waterberg, was auch der Gouverneur fälschlicherweise vermutete, wie aus seinem Truppenbefehl hervorgeht. Wieder andere Gerüchte ließen eine Vereinigung der Hauptgruppe mit den Tjetjoleuten im Bereich Kehoro/Gobabis vermuten. Hierüber mußte der Gouverneur sich nun Gewißheit verschaffen, um entscheiden zu können, in welche Richtung er seine Hauptabteilung ansetzen müßte. Patrouillen wollte er nicht vorschicken, da diese unterwegs von den Herero »abgetrocknet« werden könnten. So verfiel Leutwein auf einen Trick, den er schon in früheren Kriegen gegen Eingeborene mit Erfolg angewendet hatte: Er schickte Samuel einen Brief, in dem er diesen nach den Gründen fragte, die ihn zu dem Aufstand veranlaßt hatten. Dabei hoffte der Gouverneur, daß Samuel in seiner Antwort seinen Standort verraten würde.

Der Brief des Gouverneurs schlug bei den Herero, die aufgrund von »Stories« überzeugt waren, er sei von den Nama getötet oder gefangengenommen worden[3], wie eine Bombe ein. Missionar Kuhlmann, der zum Zeitpunkt des Eintreffens dieses »Lebenszeichens« des Gouverneurs in Samuels Lager weilte[4], berichtet: Im Lager Samuels habe sich der Herero eine ungeheure Aufregung und Bestürzung bemächtigt: »Wie ein aufgestörter Bienenschwarm seien die Leute durcheinandergelaufen. Es habe die Kapitäne alle Mühe gekostet, ihre Leute mit der Bemerkung zu beruhigen: Majora[5] ist auch nicht Mukuru (Gott), auch ihn kann eine Kugel treffen, wie jeden anderen.«

Samuel beantwortete den Brief am 6. März. Er übergab das Antwortschreiben dem Missionar Kuhlmann. In diesem Brief, den er mit der Ortsangabe »Otjosongati« versah, legte er dem Gouverneur die nach seiner Meinung maßgeblichen Gründe für die Erhebung dar. Kuhlmann erschien am folgenden Tag mit dem Schreiben im deutschen Hauptquartier in Okahandja. Mit der Beantwortung seines Schreibens durch Samuel Maharero hatte Leutwein seinen Hauptzweck erreicht: Er wußte nun, daß Samuel sich in Otjosongati am Osthang der Onjatiberge aufhielt. Damit waren die Angaben des Engländers Stanley vom 30. Januar bestätigt worden. Größte Überraschung, ja sogar Alarmstimmung aber löste die Mitteilung des Missionars im deutschen Lager aus, daß die Masse des Gegners keineswegs mehr am Ostrand der Onjatiberge, also zirca 100 km östlich von Okahandja, stände, sondern viel weiter nach Westen vorgerückt sei und jetzt am oberen Swakop-Rivier zwischen Okatumba und Okaharui, also »dicht vor der Tür« stände; Samuel selbst habe nun sein Kriegslager bei Ongandjira, etwa 50 km östlich von Okahandja. Kuhlmanns Informationen wurden durch eine in die Onjatiberge entsandte Patrouille unter Oberleutnant Reiss indirekt bestätigt; dieser meldete, daß die Onjatiberge jetzt feindfrei seien.

3 Vergleiche auch Seite 65.

4 Vergleiche Seite 67; der Brief Leutweins traf am 1. März in Samuels Lager ein.

5 Hiermit ist Leutwein gemeint (Anspielung auf seinen früheren Dienstgrad).

Leutweins Versuch der Kontaktaufnahme mit Samuel, dem wahrscheinlich auch die Absicht zugrundelag, Verhandlungen mit den Aufständischen anzuknüpfen, hatte in Berlin für viel Wirbel gesorgt, nachdem ein unbekannt gebliebener Siedler aus Swakopmund von Leutweins Absicht gehört und dies sofort an eine große deutsche Zeitung telegraphiert hatte: Die Reaktion aus Berlin war deshalb prompt: Am 20. Februar telegraphierte der Kolonialdirektor Dr. Stübel an Leutwein: »Es erscheint angezeigt, von allen zweiseitigen Verhandlungen abzusehen und bedingungslose Unterwerfung zu verlangen... Verhandlungen dürfen unter allen Umständen nur mit Genehmigung seiner Majestät begonnen werden.«

In seinem zwei Tage später abgesandten Antworttelegramm bat Leutwein, diese Scheinverhandlungen mit den Herero fortsetzen zu dürfen, da aufgrund der hierbei gewonnenen Informationen viele deutsche Leben gerettet werden könnten. Leutwein, der bereits jetzt spürte, daß man ihm in Berlin langsam das Zepter aus der Hand nehmen wollte, und um seine unabhängige Stellung als Gouverneur und Kommandeur der Schutztruppe fürchtete, versuchte anschließend in einem erläuternden Schreiben vom 23. Februar an die Kolonialabteilung im Auswärtigen Amt, seine Handlungsweise zu rechtfertigen. Dabei wird deutlich, daß er nicht nur im militärischen Denken allein verhaftet war, sondern auch das Gesamtwohl der Kolonie, vor allem das wirtschaftliche, im Auge behalten wollte. Er sah die Eingeborenen mit ihrer Arbeitskraft als ein unentbehrliches Betriebskapital im Wirtschaftsleben der Kolonie, durch deren von verschiedenen Kreisen in der deutschen Öffentlichkeit schon jetzt geforderte Vernichtung oder Vertreibung aus dem Schutzgebiet der weißen Kolonisationsarbeit ein schwerer Schlag versetzt würde. Warnend hob er seine Hand gegen den Gedanken eines Vernichtungsfeldzuges, wie er dann später bittere Realität werden sollte: »*In Kolonialfragen muß neben dem Führer immer der Diplomat stehen. Die Aufständischen müssen wissen, daß ihnen auch noch ein Rückweg freisteht, welcher nicht auf alle Fälle zum Tode führt. Andernfalls treiben wir sie zur Verzweiflung, und ein nicht endenwollender Krieg ist die Folge, bei welchem der Nachteil auf unserer Seite steht. Denn die Eingeborenen haben dann nicht mehr zu verlieren, als das ohnehin verlorene Leben, während wir infolge des Stillstands unserer Kolonisationsarbeit täglich Einbuße erleiden...*«

Wie die Zukunft dann zeigte, stießen Leutweins Ermahnungen und Vorstellungen fast überall in offiziellen Kreisen, aber auch in der Öffentlichkeit in Deutschland auf taube Ohren. Die weiße Bevölkerung im Schutzgebiet verhielt sich sogar offen ablehnend und warf ihm die Schuld an dieser Entwicklung vor, die er durch seine Nachsichtigkeit und Humanität gegenüber den Schwarzen heraufbeschworen habe.

Aus Berlin wurde der Gouverneur angewiesen, sämtliche Kontaktversuche mit den Aufständischen sofort abzubrechen und baldmöglichst die Offensive gegen diese zu beginnen.

Wie sah es zu dieser Zeit im gegnerischen Lager aus? Welche Absichten und Planungen bestanden bei der Hereroführung? Wie war das Stimmungsbild unter den Aufständischen? Darüber gibt es so gut wie überhaupt keine Quellen und Zeugenaussagen. Den praktisch einzigen Einblick in die Ereignisse und Vorgänge im Lager der Aufständischen, in ihre Moral und Stimmung, in die Bewegung und Verteilung ihrer Kräfte geben uns die Berichte der Missionare der Rheinischen Mission, vor allem der Missionare Kuhlmann aus Okazeva und Eich aus Otjozondjupa (Waterberg). Wie schon berichtet, befanden sich beide in diesem Zeitraum, d. h. Januar bis März 1904, tief im Hereroland auf dem Wege zu den deutschen Linien und lebten eine Zeitlang mitten unter den Aufständischen. Sie gaben nach ihrer Rückkehr auf die deutsche Seite der Führung der Schutztruppe wertvolle Hinweise über die Vorgänge, Bewegungen, Kräftekonzentrationen usw. auf der Feindseite. So berichtete beispielsweise Kuhlmann, es ständen etwa 2000 Herero-Krieger in Otjosasu, etwa 50 km östlich von Okahandja, von denen ein erheblicher Teil gut beritten sei. Von Samuel sei als oberster Feldherr, als »Omuhongere omunene«, Kajata eingesetzt worden, ein »energischer, kühner Krieger«. Die Krieger trügen Hüte, die mit den beiden Kriegsabzeichen der Herero, großen Straußenfedern und roten Lappen, markiert seien. Ihre Stimmung sei gut, alle seien überzeugt von der Gerechtigkeit ihres Krieges gegen die Deutschen. Auch die Disziplin sei gut, die Befehlsgebung militärisch kurz, Befehle würden unverzüglich ausgeführt.

Während Kuhlmann in seinen Angaben vom 7. März bestätigte, daß die Tjetjogruppe sich vor den heranrückenden deutschen Truppen nach Kehoro zurückgezogen habe, vermutlich um näher an Samuels Hauptgruppe heranzuschließen, und falsche Vorstellungen über den Standort der Hauptgruppe, wie bereits angeführt, berichtigte, meldete Eich am 8. April, dem Tag, an dem die deutsche Hauptabteilung zum Angriff antrat, Samuels Kriegslager befände sich tatsächlich bei Ongandjira, ca 50 km östlich von Okahandja, Samuel selbst halte sich an der weiter östlich gelegenen Wasserstelle Oviumbo auf. Auf seiner Flucht von Waterberg nach Okahandja hatte sich Eich zumeist im Gefolge von David befunden, der zusammen mit seinem Bruder Salatiel die Kambazembi-Herero anführte. Er und sein Bruder hätten, so berichtete Eich, am 18. Februar von Samuel den Auftrag erhalten, sich mit ihren Werften zu ihm zu begeben. Dieser Aufforderung habe nur ein Teil der Waterberg-Herero Folge geleistet: Der größere Teil habe es vorgezogen, mit Salatiel, der mit seinem Bruder wegen der Häuptlingsnachfolge in Zerwürfnis lebte und nur halbherzig Samuels Aufruf zur Erhebung gegen die Deutschen gebilligt habe, am Waterberg zu verbleiben, so daß David gezwungen gewesen sei, mit seinen Werften allein in Richtung Okahandja zu trecken. Unterwegs habe er immer mehr an Anhang verloren, während Salatiels Gefolgschaft stetig angewachsen sei. Vom ursprünglichen Gefolge Davids seien schließlich beim Eintreffen in Samuels Lager nur 150 Krieger übriggeblieben. Mitgereist aber war der ungeheure Ballast an Viehherden und Familienangehörigen. Es war überhaupt eine Eigentümlichkeit in der Kriegführung der Herero, daß sie selbst großräumige Bewegungen immer gemeinsam mit ihrem gewaltigen Troß an Vieh und Familienangehörigen ausführten, was ihre militärischen Operationen äußerst schwerfällig machte. So brauchte David 6½ Wochen, um die etwa 150 km von Waterberg bis Oviumbo zu trecken. Dies hatte zur Folge, daß die Aufständischen in ihren Bewegungen von dem Vorhandensein genügender Wasserstellen und Weidegründen abhängig waren, sich also an bestimmte Routen halten mußten.

Bis zum Beginn der Offensive der deutschen Hauptabteilung am 8. April verhielt sich der Gegner zumeist defensiv; wo es nicht darauf ankam, das Abtreiben des Viehs und das Absetzen des eigenen Gefolges zu decken, mieden die Herero fast stets Kampfhandlungen mit den Deutschen. War aber ihr Vieh in Gefahr, so setzten sie sich verbissen und tapfer zur Wehr. Allgemein war festzustellen, daß die Aufständischen mit dem Eingreifen der Kompanie Franke und der Abteilung von Winkler überall den Bereich der Ortschaften geräumt und vor den deutschen Truppen im stetigen Rückzug in den Busch begriffen waren. Sie gingen jetzt dazu über, sich enger zusammenzuschließen und dort zu konzentrieren, wo sich genügend Wasser und Weide für die zahlreichen Herden, gleichzeitig aber auch gute Verteidigungsmöglichkeiten boten. Hauptkonzentrationspunkte schienen hierbei zunächst das Onjatigebiet, später das Okahandja-Gebirge und das obere Swakoptal zu sein. Über die Absichten, die Samuel mit dieser Konzentration so nahe den deutschen Machtzentren und Truppenmassierungen verfolgte, lassen sich nur Vermutungen anstellen. Vielleicht hatte er ursprünglich den Plan gehabt, sein gesamtes Volk – auch die Zacharias-Leute schlossen sich ja später der Hauptgruppe unter Samuel an – in dem fruchtbaren Gebiet der Onjatiberge zu sammeln, um dann – nach Aufnahme des bei Kehoro bereits wartenden Tjetjostammes – gemeinsam ins britische Betschuanaland auszuwandern, wohin nach Angaben der Missionsfrau Kuhlmann bereits ein Großteil der Nichtkombattanten des Tjetjostammes ausgewichen war. Falls dieser Plan bestanden haben sollte, so ist er offensichtlich später wieder fallengelassen worden, nachdem die Hereroführung erkannt hatte, daß durch das Eingreifen der Abteilung v. Winkler und später der neugebildeten Ostabteilung unter Major v. Glasenapp der Fluchtweg nach Osten über die Grenze versperrt worden war. Daß Samuel Maharero mit der Masse der Aufständischen Anfang März noch näher an das deutsche Machtzentrum Okahandja herangerückt war, mag vielleicht seinen Grund in der Absicht gehabt haben, den Otjimbingwe-Stamm aufzunehmen, worüber später noch berichtet wird.

Während Samuel noch seine Kräfte im Onjatigebiet sammelte, wurde er durch Späher laufend und auf das genaueste über alle Vorgänge im deutschen Lager unterrichtet. Er verfügte nämlich über ein ausgezeichnetes System der »Feindaufklärung«: Dicht vor Okahandja hatte er seine Späher in den Klippen und Büschen versteckt sitzen, die mit Argusaugen die Bewegungen auf der deutschen Seite beobachteten, und sich auch nicht scheuten, bei Nacht zum Ausspionieren in den Ort einzusickern. Mit Hilfe einer Stafette windschneller

Läufer wurden dann die Feindinformationen von Mund zu Mund an die Hereroführung gemeldet.

Leutwein formierte inzwischen seine Truppen in Okahandja und wartete auf das Eintreffen der freigewordenen Truppen aus dem Süden und der Verstärkungen aus der Heimat. Da ergab sich die Gefahr eines weiteren Kriegsschauplatzes im Rücken der gegen das Hereroland gerichteten deutschen Front: Die Otjimbingwe-Herero südlich und westlich der Eisenbahnlinie waren unruhig geworden und planten offenbar einen Durchbruch nach Nordosten, um sich mit den Hauptkräften der Herero zu vereinigen. Auf diese unerwartete Gefahr, der Leutwein jetzt seine Hauptaufmerksamkeit widmen mußte, wird im folgenden Kapitel eingegangen.

9. Die Kampfhandlungen gegen die Otjimbingwer und die Barmer Herero

Die Situation im Distrikt Otjimbingwe Anfang Februar 1904, Aufstellung der Abteilung Gygas · Das Gefecht am Liewenberg, das Gefecht bei Groß-Barmen · Abmarsch der Abteilung Puder · Das Gefecht bei Klein-Barmen · Leutnant Rosenbergs Patrouille in die Khomasberge · Der Durchbruch des Otjimbingwe-Stammes über die Bahnlinie bei Teufelsbach nach Osten

Mit dem Eingreifen des Korps Zülow und der 2. Feldkompanie war es zwar gelungen, die Hauptkräfte der Herero nördlich und östlich der Bahnlinie aus dem Bereich der größeren Ortschaften und der Bahn selbst zu verdrängen und zum Rückzug in den Busch bzw. in die Berge östlich von Okahandja zu zwingen, dennoch war damit aber die Gefahr für das Kerngebiet der Kolonie noch keineswegs abgewendet: Im Laufe des Februar trat, wie bereits erwähnt, immer deutlicher eine neue Bedrohung auf, die von den Herero aus Otjimbingwe und aus Barmen unter ihrem alten Häuptling Zacharias Zeraua ausging. Wie schon berichtet, hatte sich dieser Stamm dank des besonnenen und klugen Verhaltens des Otjimbingwer Missionars Olpp erst mit einer Verspätung von zwölf Tagen dem allgemeinen Aufstand angeschlossen und sich dann in den damals noch wenig bekannten und unzugänglichen Khomasbergen verschanzt. Dort verhielten sich die Herero zunächst im wesentlichen ruhig und abwartend. Mit Ausnahme des Gefechts bei Aris am Fuße der Auasberge am 18. Januar[1], an dem wahrscheinlich auch Otjimbingwe-Leute beteiligt waren, traten sie also in der kritischen Anfangsphase des Krieges noch nicht in Erscheinung, und auch nach ihrem Abfall beschränkten sich ihre Kampfhandlungen auf ein »zweckloses Hin- und Herschießen« mit den im Hälbigschen Gehöft in Otjimbingwe verschanzten Deutschen.

Anfang Februar aber machten sich Anzeichen stärkerer Unruhe unter Zacharias Herero bemerkbar. Es mehrten sich die Überfälle auf deutsche Farmen und Patrouillen durch Zacharias-Banden, die nun zu einer ständigen Gefahr im Rücken der Deutschen und vor allem für die Bahn wurden. Die Ausschaltung dieser Bedrohung mußte deswegen Vorrang vor der beabsichtigten Offensive gegen die Hauptmacht Samuel Mahareros haben.

Major v. Glasenapp hatte bereits gleich nach seiner Ankunft in Swakopmund diese Notwendigkeit erkannt und eine Kompanie seiner Seesoldaten und die Mannschaften des Landungskorps »Habicht« für diese Aufgabe detachieren wollen. Zum Einsatz dieser Truppen gegen die Otjimbingwe-Leute ist es jedoch vorerst durch die Umdispositionen des kurz nach v. Glasenapp in das Kerngebiet der Kolonie zurückgekehrten Gouverneurs Leutwein noch nicht gekommen. Dieser setzte andere Prioritäten: Wie schon berichtet, glaubte er an die drohende Gefahr eines Entweichens der Tjetjoleute in die britische

1 Siehe S. 86.

Nachbarkolonie Betschuanaland und an die dadurch entstehenden verheerenden Auswirkungen für die Wirtschaft Südwestafrikas und dirigierte die für den Einsatz gegen die Otjimbingwe-Herero vorgesehene Seesoldatenkompanie nach Osten zur Vereinigung mit der Abteilung v. Winkler um. So mußte Kapitänleutnant Gygas, der Führer des »Habicht«-Landungsdetachements, dem die Leitung der Expedition gegen die Otjimbingwe-Leute anvertraut worden war, mit viel weniger Kräften als ursprünglich vorgesehen von Karibib in Richtung Otjimbingwe aufbrechen. Gygas' Auftrag lautete, den Ort Otjimbingwe, der immer noch belagert wurde, zu entsetzen und den Distrikt Otjimbingwe von den Hererobanden zu säubern, dann in Richtung Okahandja weiterzumarschieren, von wo aus ihm eine Reiterabteilung entgegengeschickt würde. Seine Truppe war 116 Mann stark, davon ca. die Hälfte Matrosen der »Habicht«. Nur zwölf Mann waren beritten. Am 12. Februar abends wurde aufgebrochen. Mit größter Vorsicht rückte die Truppe in dem bergigen, zerklüfteten und von Dornbusch durchsetzten Gelände vor, stets feindlicher Überfälle gewärtig. Doch überall wichen die Herero vor den Dütschmen (Deutschen) zurück, immer tiefer hinein in die unzugänglichen Felsengebiete.

Am 15. Februar morgens früh wurde Otjimbingwe erreicht, dessen Besatzung wohlauf angetroffen wurde. Am gleichen Abend wurde mit Marschrichtung Ost wieder aufgebrochen. Durch Späher war inzwischen in Erfahrung gebracht worden, daß Zacharias mit seinen Leuten den Bereich Otjimbingwe verlassen und sich am Liewenberg, etwa 28 km Swakop-aufwärts, verschanzt hatte. Dorthin rückte Gygas' Truppe vor. Die berittene Gruppe unter Oberleutnant Ritter wurde vorausgeschickt.

Am 16. morgens erreichte die Abteilung den Liewenberg. Hier angekommen, mußte Gygas dann feststellen, daß sein Reitertrupp bereits in einem Feuergefecht mit dem Gegner lag, der, gut verschanzt, auf mehreren Bergkuppen nördlich und südlich des Swakop-Riviers saß und anscheinend Gygas' Truppe bereits erwartet hatte. Der Kapitänleutnant reagierte rasch: Um den Gegner von Ritters Leuten abzulenken, setzte er zunächst seine Artillerie gegen die nördlichen Kuppen an. Er selbst ging mit seinen »Blaujacken« von verschiedenen Seiten gegen die beherrschende gegnerische Stellung südlich des Riviers vor.

Der Gegner glaubte sich in seiner Felsenstellung auf dieser Kuppe sicher, aber katzengleich wanden sich die Matrosen, das Gewehr am Riemen im Mund haltend, zwischen den steilen, dornbuschbewachsenen Felsenklüften hindurch nach oben. Ehe sich die Herero versahen, erhielten sie Feuer von allen Seiten und räumten völlig überrascht ihre Stellung. Ein Teil der Herero setzte über das Rivier hinweg und vereinigte sich mit den anderen Aufständischen auf den nördlich gelegenen Kuppen. Nun schwenkte die Truppe in breiter Front über das Rivier hinweg auf die gegnerische Hauptstellung zu. Von der linken Flanke aus griff Oberleutnant Ritter an, Leutnant Schwengberg führte den rechten Flügel, während Oberleutnant Kuhn frontal den Gegner anging. Sprungweise ging es vorwärts, doch auf einen Nahkampf ließen sich die Aufständischen nicht mehr ein, sondern räumten eiligst die Kuppen und verschwanden im Busch.

Nach dreistündiger Pause rückte die Truppe noch am gleichen Abend (16. Februar) weiter vor, immer am Swakop entlang in Richtung auf Okahandja marschierend.

Der geschlagene Gegner hatte sich inzwischen wider Erwarten erneut gesammelt und vier bis fünf km westlich von Groß-Barmen der Truppe einen Hinterhalt auf den steilen Höhenzügen zu beiden Ufern des Swakop gelegt. Die ahnungslos vorrückenden Deutschen gerieten hier am 19. Februar in ein mörderisches Feuer. Es entstand eine kritische Lage, da viele Treckochsen durch den Kugelregen des Feuerüberfalls getötet wurden und die Aufständischen versuchten, sich der in den Treckwagen befindlichen Munition zu bemächtigen. Im Nahkampf – vor allem durch den Einsatz der mitgeführten Revolverkanonen – konnte der Gegner jedoch schließlich abgewehrt werden. Er wich auf die nahen Höhenzüge zurück.

Der vorausgesandte Reitertrupp unter Oberleutnant Ritter war inzwischen nach Groß-Barmen geritten, wo er am 19. Februar mit der von Okahandja aus zur Aufnahme der Kolonne Gygas entsandten Patrouille unter Veterinärrat Rickmann Fühlung aufgenommen hatte. Am Nachmittag des gleichen Tages brach dann die gesamte Truppe nach Okahandja auf. Dort traf sie am 20. Februar abends ohne weitere Vorkommnisse ein.

Da inzwischen weitere Verstärkungen aus der Heimat eingetroffen waren, wurde in Okahandja nun das Landungsdetachement des Kanonenbootes »Habicht« von seinen Aufgaben entbunden und kehrte – mit Ausnahme einiger weniger Leute, die dem Seebataillon zugeteilt wurden – am 27. Februar an Bord der immer noch auf der Reede von Swakopmund liegenden »Habicht« zurück, um von dort aus mit einem Transportdampfer in die Heimat zurückgeschickt zu werden. Die »Habicht« aber verblieb vorerst weiter auf der Reede von Swakopmund. Die alte Besatzung wurde gegen eine neue, frisch aus Deutschland eingetroffene ersetzt. Von den neuen Leuten fand dann ein Teil Verwendung in verschiedenen Einheiten der Schutztruppe und des Marine-Expeditionskorps.

Als erste aktive Truppe in das verwüstete, von Militär entblößte Aufstandsgebiet entsandt, hatten die den Landkrieg nicht gewohnten Matrosen der »Habicht«, ausschließlich als Fußtruppe eingesetzt, trotz ihrer geringen Zahl Erstaunliches geleistet: denn mit dem Einsatz dieser Marinetruppe war es gelungen, den Gegner aus dem Gebiet westlich des Khomasgebirges zu verdrängen.

Eine direkte Folge des Gefechts am Liewenberg aber war die Vereinigung der Otjimbingwer und der Barmer Herero, die sich nun in dem schwer zugänglichen, felsigen Gebiet nördlich der Khomasberge eingenistet hatten und dort weiterhin eine ständige Gefahr für die Bahnstrecke Karibib – Okahandja bildeten. Somit ergab sich die Notwendigkeit eines weiteren Unternehmens in diesem Gebiet, um endlich diesen Unruheherd auszuschalten. Für diesen

Schlag sollten Teile der im Bereich Okahandja in Aufstellung befindlichen Hauptabteilung verwendet werden. Diese war mittlerweile durch das Eintreffen der ersten beiden Schutztruppenergänzungstransporte unter den Hauptleuten Puder und Bagenski auf eine Stärke von drei Kompanien und einer Artillerieabteilung gebracht worden. Da sich Samuel Maharero mit seiner östlich von Okahandja stehenden Hauptmacht weiterhin ruhig verhielt und Oberst Leutwein für ein offensives Vorgehen gegen Samuel noch das Eintreffen weiterer Verstärkungen und vor allem des Pferdematerials aus Argentinien abwarten wollte, sollte die Zwischenzeit für dieses zweite Unternehmen gegen den Zacharias-Stamm genutzt werden. Mit der Führung dieser Expedition wurde Hauptmann Puder betraut, dem hierfür die 5. Feldkompanie der Schutztruppe unter Leutnant Rosenberg, die 2. Seesoldatenkompanie unter Hauptmann Schering, 15 Mann von der »Habicht«, ein Reitertrupp unter Oberleutnant Ritter und eine kleine Artillerieabteilung, insgesamt etwa 230 Mann, unterstellt wurden. Auch diese Truppe mußte – mit Ausnahme des kleinen Reitertrupps – als Fußtruppe eingesetzt werden.

Am 2. März abends brach die Kolonne auf. Es war eine sternklare, mondhelle Nacht, mit größter Vorsicht wurde marschiert, immer eines Feuerüberfalls gewärtig. Gegen 0100 Uhr wurde Halt gemacht und eine Wagenburg gebildet.

In aller Frühe ging es dann weiter bis Groß-Barmen, das feindfrei vorgefunden wurde. Doch Spuren zeigten, daß der Gegner noch kurz vorher dort gewesen war und sich auf die angrenzenden Berge zurückgezogen hatte. Die Truppe blieb dann den gesamten folgenden Tag über (3. März) in Groß-Barmen und marschierte am 4. März morgens früh in der gleichen Marschordnung am Swakop entlang in Richtung auf Klein-Barmen weiter. Ritters Reitergruppe wurde zur Aufklärung vorausgeschickt.

Gegen 0600 Uhr morgens legte die Hauptkolonne in einem Hohlweg auf dem nördlichen Swakopufer eine Pause ein, damit die Nachzügler heranschließen konnten. Während der Pause kamen zwei Reiter der Vorhut im schärfsten Galopp heran und meldeten, daß diese in einen Hinterhalt geraten sei und schwere Verluste erlitten habe. Was war geschehen? Während die Fußsoldaten auf die Nachzügler warteten, hatte Ritters Truppe einen Vorsprung in Richtung Klein-Barmen gewonnen und dadurch die Fühlung mit der Hauptkolonne verloren. Die Herero hatten – in Erwartung der Deutschen – an den schroffen, buschbewachsenen Felshängen westlich von Klein-Barmen Stellung bezogen. Sie erkannten die günstige Gelegenheit eines Feuerüberfalls auf die kleine Vorausabteilung. Die Reiter wurden völlig überrascht. Fünf von ihnen starben im Feuerhagel. Die Überlebenden rissen die Pferde herum und zogen sich im Galopp etwa 300 m zurück.

Die Lage war äußerst schwierig für die Abteilung Puder: Es galt, den Gegner, der in einer hervorragend ausgebauten Stellung saß, aus den kaum ersteigbaren Klippen, welche sich etagenförmig türmten und vorzüglich Dekkung boten, zu vertreiben. Hauptmann Puder ließ zunächst die Seesoldatenkompanie gegen die Höhenzüge vorrücken. Diese befreite Ritters Leute aus ihrer Bedrängnis und stieß, den zurückweichenden Gegner verfolgend, die Berghänge empor vor. Die Herero, angefeuert durch einen frei auf einer überragenden Klippe stehenden Großmann, setzten sich zäh zur Wehr. Ihre Führung und Feuerdisziplin waren gut. Währenddessen war die Artillerie auf dem gegenüberliegenden Ufer des Riviers aufgefahren und eröffnete nun zur Entlastung der Seesoldaten das Feuer auf die Herero-Bergstellung. Bald entstand Bewegung beim Feind, die Artilleristen sahen, wie Hunderte von Schwarzen den Bergrücken hinauf zurückwichen, bis sie schließlich in einer großartigen Stellung, 100 m höher gelegen, verschwanden. Von hier aus setzten sie ihr Feuergefecht fort. Die Seesoldatenkompanie, im toten Winkel des Gegners, lag festgenagelt vor der gegnerischen Höhenstellung.

Da stieß Leutnant Rosenberg mit seiner Schutztruppenkompanie, die bei der Artillerie auf dem Südufer des Swakop verblieben war, über das Rivier hinweg vor, unterstützt von der Artillerie, und umging die südliche Flanke des Gegners. Dieser räumte nun seine Höhenstellung und wich in Richtung Südwest zum Tal des Aussib-Riviers zurück.

Trotz dieses Erfolges war das eigentliche Ziel der Unternehmung, den Gegner entscheidend zu schlagen und die Bedrohung für die Eisenbahnlinie zu beseitigen, nicht erreicht worden. Lediglich ein Erfolg konnte verbucht werden: Die endgültige Vertreibung der Otjimbingwer und Barmer Herero aus dem westlichen Teil des Distrikts Otjimbingwe. Dieser Erfolg aber sollte sich, wie später klar wurde, in das genaue Gegenteil kehren: Gerade dadurch, daß der Zacharias-Stamm in den östlichen Teil des Distrikts abgedrängt worden war, wurde eine Gefahr heraufbeschworen, die Gouverneur Leutwein, der auf ein getrenntes Schlagen der einzelnen Hererostämme gesetzt hatte, unter allen Umständen vermeiden wollte; nämlich eine Vereinigung der Otjimbingwer und Barmer Herero mit den Gewehr bei Fuß im oberen Swakoptal östlich Okahandja stehenden Hauptkräften der Herero unter Samuel Maharero selbst, »denn hierdurch«, so schreibt Gouverneur Leutwein in seinen Erinnerungen[2], »würde unsere Kriegslage wesentlich ungünstiger gestaltet werden«.

Einen Begriff davon, eine wie große Verstärkung der Herero-Hauptmacht diese Vereinigung bedeuten würde, sollte Oberst Leutwein kurz nach dem Gefecht bei Klein Barmen[3] bekommen. In der Nähe von Otuani in den Khomasbergen entdeckte eine von Hauptmann Puder nach diesem Gefecht entsandte, von Leutnant Rosenberg geführte Patrouille eine starke Hererogruppe von mindestens 1500 bis 2000 Waffenfähigen. Um die in Richtung Aussibtal, d. h. Südwest, entgegengesetzt zur Lage von Otuani, entwichenen, durch Hauptmann Puder geschlagenen Zacharias-Leute konnte es sich hier kaum handeln, da deren Zahl wesentlich kleiner war. Es mußte also eine neue gegnerische Kräftegruppe sein, von deren Existenz auf deutscher Seite niemand etwas ge-

2 »Elf Jahre Gouverneur in Südwestafrika«, S. 511 – siehe Quellen- und Literaturverzeichnis.
3 Diese Bezeichnung erhielt das vorstehend geschilderte Gefecht.

ahnt hatte. Da Puder mit seinen geringen Kräften gegen einen so starken, unvermutet aufgetauchten Gegner nichts ausrichten, seine Abteilung sogar bei einem weiteren Verbleiben in dieser Gegend in die Gefahr einer Überrumpelung in einer der vielen »Mausefallen« in dem schluchten- und hohlwegreichen Swakoptal geraten konnte, beschloß er nach Rückkehr der Patrouille Rosenberg, nicht weiter westlich vorzurücken, sondern in nördlicher Richtung nach dem an der Bahnlinie gelegenen Okasise zu marschieren, um von dort aus mit der Bahn nach Okahandja zu gelangen. In Eilmärschen ging es nun nordwärts. Okasise wurde am 8. März morgens 11 Uhr erreicht; von dort telegraphierte Puder die neue Feindlage an das Hauptquartier in Okahandja.

Leutwein nahm diese Meldung mit Überraschung zur Kenntnis. Für ihn eröffnete sich hiermit »die Aussicht auf einen weiteren Kriegsschauplatz«, für den jedoch keinerlei Truppen zur Verfügung standen: Die in Okahandja versammelten oder in nächster Zeit erwarteten Einheiten würden gerade ausreichen, um die östlich von Okahandja stehende gegnerische Hauptmacht zu binden. Eine Vereinigung der beiden gegnerischen Kräftegruppen wollte Leutwein, wie bereits erwähnt, mit allen Mitteln verhindern. Er telegraphierte deswegen am 9. März in die Heimat mit der Bitte um Entsendung weiterer 1000 Mann nebst zwölf Geschützen unter Hinweis auf die veränderte Feindlage. Dieser Verstärkungsantrag wurde sofort bewilligt. Da jedoch bis zum voraussichtlichen Eintreffen dieser Verstärkungen mindestens wieder vier Wochen verstreichen würden, konnten mangels Soldaten in der Zwischenzeit die feindlichen Kräftegruppen südlich der Bahn nur unter Beobachtung gehalten werden. Im übrigen aber konnte nichts unternommen werden, um sie vom Bereich der Linie Okahandja – Osona – Windhuk fernzuhalten und damit eine drohende Vereinigung mit Samuel Mahareros Scharen zu verhindern.

Mit der Beobachtung der Bewegung der Otjimbingwer und Barmer Herero wurde die Witbooi-Abteilung unter Oberleutnant Böttlin beauftragt, die sich zu diesem Zweck in Barmen einquartierte. Diese berittene Abteilung sollte ständig Fühlung mit dem Gegner westlich der Bahn halten und das Hauptquartier sofort informieren, wenn sich die Gefahr ergäbe, daß der Gegner die Bahnlinie zu überschreiten und Anschluß an die Herero-Hauptmacht zu suchen beabsichtige. Dann sollten sofort alle verfügbaren Truppen aufgeboten werden, um diesen Versuch zu vereiteln. Die Dinge sollten sich jedoch anders entwickeln, als man sich erhofft hatte.

Am 27. März erfuhr der Hauptmann i. G. Bayer, einer der beiden dem Marine-Expeditionskorps zugeteilten Generalstabsoffiziere, in Okahandja nach Rückkehr von einer Besprechung mit dem Gouverneur in Windhuk, daß die Otjimbingwer Herero jetzt in der Gegend von Otjiseva ständen, d. h. am Ostrand des Khomasgebirges, ca. 35–40 km nordwestlich von Windhuk und nur noch etwa 10–15 km von der Bahnlinie Okahandja – Windhuk entfernt. Damit bestand die unmittelbare Gefahr, daß dieser Gegner nun mit seinem gesamten Anhang und Vieh über die Bahnlinie hinweg den Anschluß an das Gros der Herero unter Samuel anstrebe. Höchste Wachsamkeit sei geboten.

Diese Meldung stammte von Oberleutnant Böttlin, der den Gegner bei Otjiseva im Anmarsch auf die Bahn in Nordostrichtung beobachtet hatte. Böttlin hatte die Meldung sofort an das Hauptquartier in Okahandja übermittelt und gleichzeitig versucht, sich mit seiner Witbooi-Abteilung den heranrückenden Herero vorzulegen. Es war zu einem kurzen Scharmützel bei Tabakstuin nördlich von Oseherongo, zwischen Barmen und Otjiseva gelegen, gekommen. Doch hatte die schwache Witbooi-Abteilung mit ihren wenigen Weißen gegen die ungestüm vordringenden Herero nichts ausrichten können und sich zurückziehen müssen.

Der Aufforderung Böttlins an das Hauptquartier, unverzüglich den Bahndamm Teufelsbach – Otjihavera besetzen zu lassen, konnte jedoch nicht rasch und wirksam Folge geleistet werden, weil zum einen der Gegner die Telegraphenlinie nach Windhuk, von wo aus der Bahndamm am raschesten erreichbar gewesen wäre, durchschnitten hatte, zum anderen die nötigen berittenen Einheiten fehlten. Über die nun folgenden Ereignisse berichtet Hauptmann i. G. Bayer in seinem Tagebuch:

»Am 28. März spät abends war die Leitung nach Windhuk wieder unterbrochen. Gibt es einen sechsten Sinn, ein Ahnungsvermögen? Ich weiß es nicht. Tatsache bleibt, daß diese an sich unwichtige und häufig wiederkehrende Meldung mich diesmal sehr beunruhigte und nicht losließ. Eine starke Patrouille unter Leutnant von Rosenberg wurde längs der Bahn vorgeschickt. Es war eine mondhelle Nacht.

Um 1030 Uhr werde ich ans Telefon gerufen: ›Hier Leutnant von Rosenberg, bin beim Posten an der Osonabrücke. Jenseits des Riviers ziehen große Herden Vieh über die Bahn, man hört deutlich das Gebrüll bis hierher. Vor uns ist wohl der ganze Otjimbingwer Stamm. Wir liegen hier ausgeschwärmt, sind aber zum Angriff zu schwach.‹

›Bleiben Sie, wo Sie sind, wir kommen, so schnell es geht!‹

Durch Telefon und Boten wurden alle Truppen in Okahandja alarmiert. Auf dem Bahnhof wurde ein Zug bereitgestellt. Vorn ein niedriger Güterwagen mit zwei MGs, dann die Lokomotive, dann in vollgedrängten Wagen der Führer, Hauptmann Häring, und alle Unberittenen. Die Berittenen folgten längs der Bahn, so schnell sie konnten. Nun fuhr die Truppe hinaus in die stille Nacht.«

Bayer berichtet weiter:

»Gespenstig lauerte der Busch im fahlen Mondlicht und täuschte der überwachen Phantasie allerhand Gestalten vor. Angestrengt horchte das Ohr auf den ersten Schuß, auf welchen hin der Zug sofort halten, alle herausspringen und sich zu Boden werfen sollten. Die Minuten schienen sich in der Erwartung zu Stunden auszudehnen. Bei der Osonabrücke hielten wir; im Dunkeln der Büsche lagen regungslos die Leute Rosenbergs. Der Führer meldete: Es wäre ruhiger vorn geworden, vielleicht sei der Feind noch zu fassen; man höre noch schwaches Gebrüll der Viehherden, es müsse eine gewaltige Masse durchgezogen sein.

Langsam fuhren wir wieder an, rollten über die Brücke und tauchten in den Busch ein. Jeder hielt den Gewehrlauf fest umspannt und maß die Entfernung zum Boden für den Sprung.

Alles blieb still. Da plötzlich sehen wir glänzende Streifen im Steppengras, sie führen von Westen quer über die Bahn nach dem Gebirge zu. Hier also waren sie durchgezogen, die Tausenden mit ihren mächtigen Rinderherden und hatten die Grasbüschel niedergetreten, so daß sie flach am Boden lagen, alle in einer Richtung, wie wenn Sturm ein Ährenfeld niederbiegt. 2000 m breit war der Zug gewesen; das ganze Volk hatte sich in breiter Front westwärts der Bahn an den Hängen des Khomas-Hochlandes aufgestellt und war auf ein Signal den nahen Onjatibergen zugeeilt. Sonst hätten wir den langen Schwarm noch treffen müssen, so aber kamen wir gegen die schmale Seite zu spät!

Der Bahnzug hielt, wir sprangen ab, stellten uns rings im Bogen auf und lauschten. Vor uns in den Büschen war alles frei, aber ostwärts in den Bergschluchten klang dumpf und fern ein tiefer, bald anschwellender, bald verhallender Ton –, sollten wir dem Otjimbingwer Stamm jetzt im Halbdunkel hinein folgen in völlig unbekannte Täler? Es schien ganz zwecklos, konnte nur zum Fehlschlag führen, der große Vorsprung war nicht mehr einzuholen...

Wir warteten das Morgengrauen ab und fuhren zurück. Unterwegs wurde die Leitung wieder hergestellt.«

Mit diesem Durchbruch nach Osten – gewissermaßen vor den Augen der deutschen Truppen – hatten die Otjimbingwer Herero unter ihrem alten Kapitän Zacharias Zeraua eine Leistung vollbracht, die auch der deutschen Seite Hochachtung abnötigte. So schreibt Paul Leutwein, der Sohn des Gouverneurs, in einem Brief vom 31. März 1904:

»Der Leistung der Schwarzen, in einer einzigen Nacht mit Weibern, Kindern, über 10000 Stück Vieh und allen Hausgeräten das 20–30 km breite Tal[4] zu durchqueren, verdient volle Anerkennung. Sie mußten einschließlich des Gebirgsabschnitts ca. 40 km zurückgelegt haben.

4 Des Swakop-Riviers.

10. Die Operationen der Westabteilung

Sammlung und Abmarsch der Truppe (Omaruru) · Die Vereinigung mit der 4. Feldkompanie in Okawakuatjiwi · Der Marsch nach Otjihanamaparero und das Gefecht dort · Bewertung des Gefechts · Das »Siegestelegramm« des Kaisers · Beginn des Marsches nach Süden · Das Gefecht bei Omusema · Der Überfall auf die Werft bei Otjinaua-Naua · Auflösung der Abteilung

Am 20. Februar 1904 herrschte im Hofe der Feste von Omaruru reges Leben: Die Westabteilung unter Führung des mit dem Transport »Darmstadt« ins Land zurückgekehrten Majors v. Estorff, des früheren stellvertretenden Kommandeurs der Schutztruppe, machte sich zum Abmarsch fertig. Estorff war zusammen mit der von Hauptmann Häring geführten 3. Kompanie des Seebataillons am 13. Februar, von Karibib kommend, in Omaruru eingetroffen. Hier wurde ihm weisungsgemäß die dort noch befindliche 2. Feldkompanie der Schutztruppe unter Hauptmann Franke unterstellt. Diese so gebildete Westabteilung sollte nun im Einklang mit Gouverneur Leutweins Operationsbefehl vom 15. Februar 1904 nach Vereinigung mit der irgendwo im Raum Outjo vermuteten 4. Feldkompanie gegen die nach der Befreiung Omarurus am 4. Februar in Richtung Nordost hin zurückgewichenen Michael-Leute vorgehen, um den Distrikt völlig von ihnen zu säubern.

Am Nachmittag des 20. Februar rückte die Truppe ab. Der Vormarsch vollzog sich zunächst in der allgemeinen Richtung nach Outjo, um die Verbindung mit der 4. Feldkompanie zu suchen. Die Spitze bildete die durch 15 beritten gemachte Seesoldaten verstärkte 2. Feldkompanie unter Hauptmann Franke.

Am Abend hatte man die Hochfläche hinter Epako erreicht, wo das Nachtlager bezogen wurde. Am nächsten Morgen ging es in aller Frühe weiter mit dem zu Aufstandsbeginn eingezogenen Heliographenposten Okawakuatjiwi als Tagesziel. – Es war ein »langweiliger, mühseliger Marsch«, bedingt durch das langsame Tempo der Ochsenwagen.

Wie hatten sich inzwischen die Dinge bei der 4. Feldkompanie in Outjo entwickelt? Kurz vor dem Abmarsch der Westabteilung von Omaruru, am 17. Februar, war die 4. Feldkompanie, nach Verwundung des Hauptmanns Kliefoth nunmehr unter Führung von Oberleutnant von Schönau-Wehr, von Outjo aus nach Süden aufgebrochen, ebenfalls in der Absicht, Kontakt mit den anderen bei Omaruru vermuteten Truppenteilen zu suchen. Der Zeitpunkt hierfür schien günstig, nachdem die Ovambo unter dem Eindruck ihrer Niederlage bei Namutoni keine weiteren Angriffe mehr gewagt und der Ovambohäuptling Kombande, Bruder von Nechale, der den Angriff gegen Namutoni angezettelt hatte, sich in einem Schreiben an Oberleutnant von Schönau-Wehr von der Handlungsweise seines Bruders distanziert und versichert hatte, er betrachte sich als Freund der Deutschen.

Bei Annäherung an den Ort Okawakuatjiwi, der eine Woche vorher noch als von den Herero besetzt gemeldet worden war, wurde eine berittene Patrouille vorausgeschickt, die bald danach die Werft Okawakuatjiwi als feindfrei meldete. Die Kompanie brach noch in der Nacht dorthin auf. Stülpnagel, Leutnant und Zugführer in der Kompanie, berichtet:

»Beim ersten Schimmer des anbrechenden Tages waren wir in Höhe der alten Werft ... Sie war geräumt. Vorsichtig, jeden Nerv angespannt, das Gewehr schußbereit auf der Lende, reitet die Spitze weiter ... Da wird von vorn gerufen: ›Auf dem Wege von Omaruru ein Trupp Reiter!‹ ›An die Gewehre, wo sind sie?‹

›Was, sind das nicht Weiße? Das ist doch Estorff! Wahrhaftig! Ja, das muß er sein!‹

Einen Augenblick noch der größten Spannung! Da kommen sie aus den letzten Büschen in schärfster Gangart angejagt...

Jetzt haben sie uns erkannt. Es sind v. Estorff und Franke und eine Anzahl neuer, unbekannter Gesichter in hohen Tropenhelmen – Marineinfanterie.«

Die Wiedersehensfreude nach den vielen langen Wochen der Ungewißheit und Isoliertheit wurde arg getrübt durch die niederschmetternden Nachrichten über das Ausmaß der Aufstandskatastrophe, von der die 4. Kompanie nur eine dunkle Ahnung gehabt hatte.

Nach der Vereinigung mit der 4. Feldkompanie gliederte v. Estorff seine Truppe um. Die mit Tornister und Zeltausrüstung zu Fuß den beiden berittenen Schutztruppenkompanien nachfolgende Seesoldatenkompanie wurde aufgelöst; sie fand zum Teil Verwendung als Besatzung der Heliographenstationen Okawakuatjiwi und Etaneno und zur Verstärkung der Besatzungen von Omaruru und Outjo, zum anderen Teil wurde sie zur Bedeckung der Bagage und der Artillerie der Westabteilung benutzt. Die wenigen berittenen Seesoldaten gingen in den beiden Schutztruppenkompanien auf.

Die Westabteilung verblieb mehrere Tage in Okawakuatjiwi. Nach Eingeborenenmeldungen sollte sich der Gegner südöstlich dieses Ortes am Oberlauf des Omaruru-Riviers bei der sehr ergiebigen und von einer gewaltigen Felsenstellung geschützten Wasserstelle Otjihanamaparero (50 km nordöstlich von Omaruru) festgesetzt haben. Daraufhin brach die Westabteilung mit den beiden Schutztruppenkompanien und der Artillerieabteilung, insgesamt 15 Offiziere und 104 Mann sowie fünf Geschütze, am 24. nachmittags auf. Die Truppe war übermüdet, Nachtruhe hatte es wegen der Gefahr von Überfällen nicht gegeben. Nach 2½ Stunden wurde die Wasserstelle Otjipaue erreicht. Der Ort war feindfrei.

Um 0100 Uhr nachts, 25. Februar, ging es von Otjipaue weiter in Richtung auf Otjihanamaparero. Die Nacht war mondlos und stockfinster. Der Marsch führte auf einem stark zugewachsenen, unbekannten Weg entlang, wegekundige Eingeborene fehlten, Kartenmaterial gab es nicht. Durch den anhaltenden Regen der letzten Tage waren die Wagenspuren auf der wenig befahrenen Pad völlig verwischt worden. Es war empfindlich kalt; die Leute zitterten, denn die Kälte drang durch die dicksten Kordanzüge. Immer wieder hieß es »Halt!«, weil die Richtung falsch war und wieder nach Spuren gesucht werden mußte.

Im Osten verkündete schon der erste dunkelrote Schein den heranbrechenden Morgen. Es war gegen 0500 Uhr. Soeben hatte die Spitze eine Lichtung erreicht. Da die Truppe durch den schwierigen Marsch erschöpft war, wurde abgesattelt und eine kurze Pause eingelegt. Es konnte nicht mehr weit bis Otjihanamaparero sein. Um 0550 Uhr wurde erneut aufgebrochen. Im frischen Trabe ging es auf dem nunmehr gut erkennbaren Weg in Südostrichtung vorwärts. Nach etwa einer Reitstunde wurden in der Ferne die ersten Pontoks der Werft Otjihanamaparero sichtbar. Im Süden zeichneten sich die Konturen des Otjihanamapareroberges ab. »Der Weg senkte sich allmählich in das Tal des Omaruruflusses hinab, in dessen Tiefe noch die Nebel wogten. Doch ist das der Nebel allein; Was bedeutet denn der Dunst jenseits der steilen Felsenwände, die den Fluß begrenzen? Das sind Staubwolken. Vieh wird weggetrieben!« Franke ruft es, der mit einigen Reitern vorausjagte. »Und dort die schwarzen Punkte zwischen den Zacken der jenseitigen Felswände, bei denen es hier und da wie von Gewehrläufen in der Sonne blitzte? Das ist der Feind!«

Es war eine formidable Stellung: die gewaltige, zwei bis drei Kilometer lange, 30–60 m hohe rote Felswand[1] jenseits des Omaruruflusses war Kopf an Kopf mit »Krausköpfen« besetzt, die sich »wie die Bienen« in den zahlreichen Felsspalten eingenistet hatten, welche sie als Schießscharten benutzten. Am Nordende der roten Felswand befand sich unten am Flußbett die Wasserstelle, hinter der sich das Rivier fortsetzte. Nördlich der Wasserstelle, aber diesseits des Riviers, begann ein aus lauter weißen Klippen bestehender Felswall. Das gesamte Gelände dahinter, also östlich des Felswalls wie auch das Terrain hinter dem »Roten Rand« waren von den sich nähernden deutschen Soldaten nicht einzusehen, so daß der Gegner hinter seiner Frontlinie ungestört Nachschub und Verstärkungen heranführen konnte.

Das Detachement marschierte zunächst auf dem Gelände auf, das sich hinter der Werft ausdehnte. Die Ausgangsbasis für einen Angriff war hier denkbar ungünstig: Das unübersichtliche, mit zwei bis drei Meter hohen Dornbüschen bewachsene Terrain fiel in südöstlicher Richtung ab. Der Gegner hatte aber nicht nur die hohe Felswand (»Roter Rand«) jenseits des Omaruruflusses besetzt, sondern auch – wegen der Wichtigkeit der Wasserstelle – den »Felsigen Rand« und den Ostteil des Otjihanamapareroberges, beide diesseits des Omaruruflusses gelegen. Diese vorgeschobenen Stellungen und das dahinterliegende Terrain mit dem Rivierbett waren für die Angreifer nicht einsehbar, lagen also für diese im toten Winkel. Somit bot sich für die Herero die Möglichkeit, ihre Kräfte nach Belieben – je nach Lage – im Rivierbett gefahrlos zu verschieben.

Major v. Estorff stand vor einer schweren Entscheidung. Ein Frontalangriff in dem deckungslosen Gelände in Richtung auf den Westrand des Riviers wäre

1 Auf Karte 4, Seite 128, als »Roter Rand« bezeichnet.

selbstmörderisch. So beschloß er, den auf mehr als 1000 Mann geschätzten Gegner mit den Hauptkräften auf dessen beiden Flügeln anzugreifen: Die 2. Kompanie unter Franke wurde auf dem linken Flügel des Gegners angesetzt. Die 4. Kompanie unter Schönau-Wehr sollte den rechten gegnerischen Flügel umfassen. Der größere Teil der Artillerie (drei 6-cm-Geschütze C 73 und ein 3,7-cm-Gebirgsgeschütz), mit den unberittenen Seesoldaten als Bedeckung, fuhr in der Mitte der Werft auf – wo sich auch der Major mit seinem Stab aufhielt – und eröffnete gegen 0800 Uhr morgens das Feuer auf die Hauptstellungen des Gegners, den »Roten Rand«. Franke sollte den Angriff beginnen. Die 2. Kompanie setzte sich in Zugkolonne in Richtung Otjihanamaparerobérg in Bewegung, sich mühsam einen Weg über Hänge und Schluchten quer durch den Busch bahnend. Die Kompanie befand sich etwa auf halbem Wege zwischen der Wasserstelle und dem Otjihanamaparereroberg, als sie plötzlich von dem etwa 700–800 m entfernten großen felsigen Höhenzug (»Felsiger Rand«) aus, der sich in Südwestrichtung zwischen der Wasserstelle und dem Otjihanamaparereroberg erstreckt, unter Feuer genommen wurde. Franke ließ sofort absitzen und ausschwärmen. Die Schützenzüge griffen dann »schachbrettartig« an, d. h. sie gingen, sich gegenseitig Feuerunterstützung gebend, abwechselnd sprungweise vor. Auf diese Weise und mit Unterstützung des zugeteilten Gebirgsgeschützes erreichte die Kompanie im heftigen Feuer des Gegners, der jedoch zumeist »zwei Strich zu hoch schoß«, nach Überwindung eines nahezu deckungslosen Terrains schließlich ein ausgetrocknetes Rivier etwa 200 m vor dem »Felsigen Rand«. Das Rivierbett bot Schutz vor dem Feuer der Herero, das inzwischen auch von rechts, vom Otjihanamaparereroberg aus, eingesetzt hatte. Eine kurze Ruhepause wurde eingelegt, während derer das Gebirgsgeschütz unter Leutnant Leutenegger die gegnerische Stellung im »Felsigen Rand« sturmreif schoß. Dann begann der Anlauf gegen die Feindstellung. Zunächst mußten die letzten 200 m, von Busch zu Busch springend, zurückgelegt werden, dann war der Deckung bietende Fuß der Höhe erreicht. Wieder eine kurze Verschnaufpause, die Hauptmann Franke nutzte, um seine Zugführer, im feindlichen Feuer von einem zum anderen gehend, in ihre Aufgaben für den Sturmangriff einzuweisen.

Nach einer letzten Feuervorbereitung ging es im Anlauf, Bajonett aufgepflanzt, den fast kahlen Hang zum »Felsigen Rand« hinauf. Der Gegner aber hatte seine Schanzen und Schützengräben bereits geräumt und sich in seine Hauptstellung auf dem »Roten Rand« zurückgezogen. Die Kompanie rückte auf dem Plateau des »Felsigen Rands« zur anderen, östlichen, Seite bis zum Klippenrand vor. Es war 1100 Uhr, als dieser beherrschende Rand erreicht war. Links unten vor dem Soldaten – nur eine Gewehrschußweite entfernt – lag das Angriffsziel, die Wasserstelle.

Paul Leutwein berichtet:

»Ein großartiges Panorama öffnet sich. Da unten liegt das wohl 800 m breite Tal des Omaruruflusses. Die Sohle ist dicht mit Büschen besetzt, zwischen de-

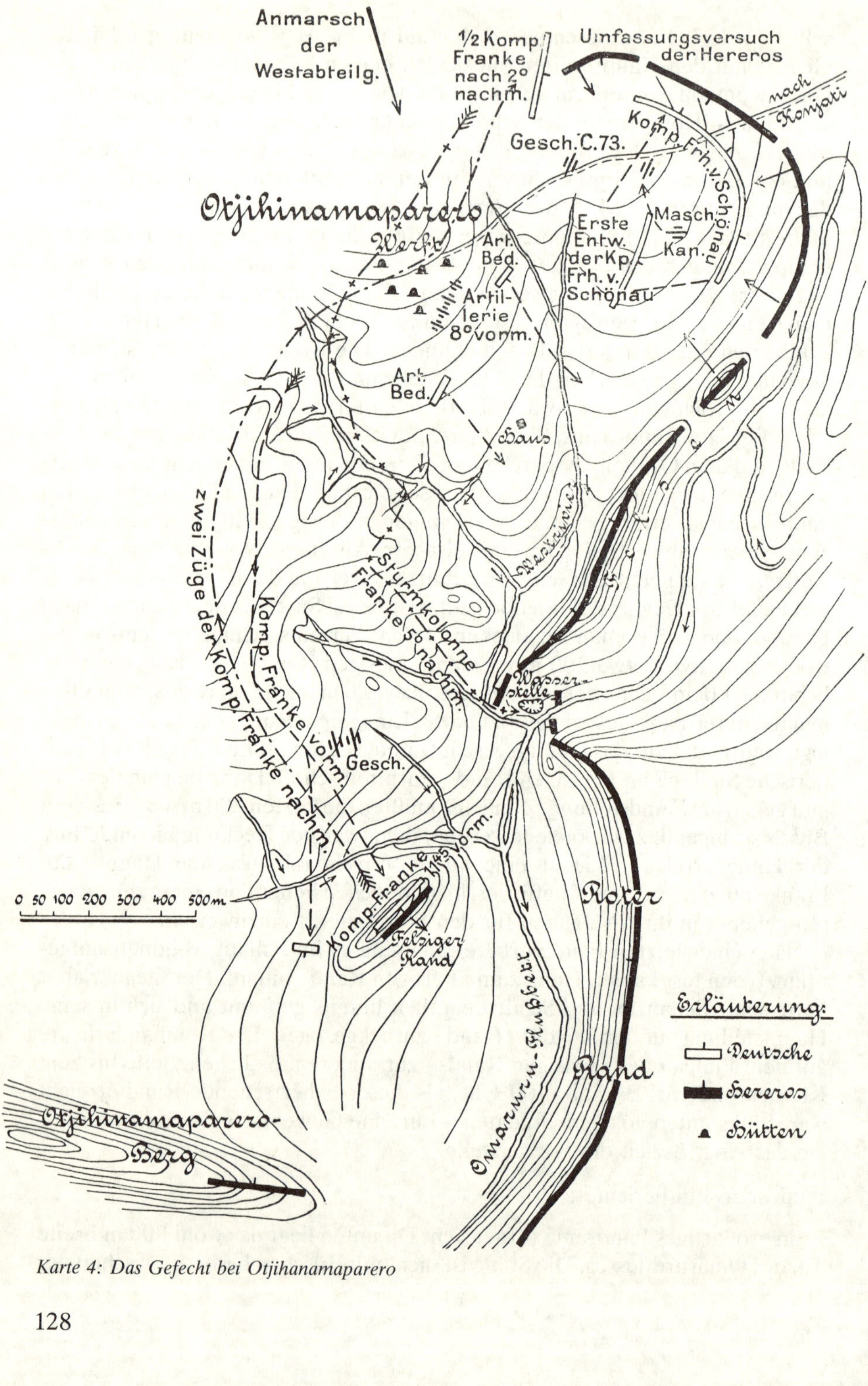

Karte 4: Das Gefecht bei Otjihanamaparero

nen eine weit ausgedehnte Niederlassung der Schwarzen sichtbar wird. Ab und zu kleinere Dornkräle, alle dicht besetzt mit brüllendem Vieh. Dazwischen tönt das Geschrei der Eingeborenen, die noch in der Niederung versteckt sind, und das Blöken herumirrender Bockies (Ziegen). Jenseits des Tals steigt eine imposante rote Felsenwand empor, gekrönt von Klippen, in denen sich der Hauptteil der Eingeborenen geflüchtet hatte.«

Die Eroberung dieser Erhebung war für den weiteren Gefechtsverlauf von entscheidendem Vorteil: Von hier aus gelang es Hauptmann Franke mit Hilfe des Geschützes, den Feind in einem mehrstündigem Feuergefecht aus dem »Roten Rand« hinauszutreiben und danach die Wasserstelle wirksam unter Feuer zu nehmen.

Auf dem linken deutschen Flügel, wo die 4. Feldkompanie stand, gestaltete sich der Gefechtsablauf indes wesentlich ungünstiger als auf dem rechten Flügel. Oberleutnant von Schönau-Wehr mußte mit seinen schwachen Zügen über fast deckungsloses Gelände gegen den nördlich der Wasserstelle in dem »Felswall« sitzenden Gegner vorgehen. Dieser hatte, um freies Schußfeld zu bekommen, sämtliche Büsche vor der Felswand gekappt. So stockte das Vorgehen der 4. Kompanie nach kurzer Zeit. Von einer Umfassung des Gegners konnte nicht mehr die Rede sein. Das Gefecht war zum Stillstand gekommen. Die Soldaten waren fast schutzlos dem Gewehrfeuer der Herero ausgesetzt. Deckung boten nur die wenigen kümmerlichen Büsche und Steine.

Stülpnagel, Zugführer in der 4. Kompanie, schreibt: »Wir sahen vom Gegner nichts, außer ab und zu einen Kopf oder Arm, und – aber nur auf Sekunden – bald auf diesem, bald auf jenem hochragenden Felsblock eine der großen, schlanken Führergestalten, gut gekleidet und auf dem breitrandigen Filzhut die wehende Straußenfeder, das Abzeichen des Führers. Sie riefen ihren Leuten Befehle zu, feuerten sie an und beschimpften uns auf Deutsch und Hereroart ... Das dumpfe Grollen der 73er Geschütze, das ununterbrochene Geknatter des Gewehrfeuers und der scharfe Knall der Maschinenkanonen tönen, von den Bergen doppelt und dreifach zurückgeworfen, zusammen mit dem Geschrei der kämpfenden Hereros, dem Kampfgesang ihrer Weiber und dem aufgeregten Brüllen von Tausenden von Rindern. Das alles wirkt doppelt unheimlich, denn man sieht nichts als den Felswall, an dem hier und da ein Rauchwölkchen aufsteigt. Selbst von der eigenen Truppe sahen die wenigsten mehr als den Nachbarn rechts und den zur Linken.«

Die Lage wurde für die 4. Kompanie bedenklich. Major v. Estorff wollte den Abend abwarten und gab gegen 1000 Uhr morgens der 4. Kompanie Weisung, bis dahin in ihrer Position auszuharren. Die Hitze hatte inzwischen gewaltig zugenommen und erreichte gegen Mittag 40°C im Schatten. Der Durst wurde immer unerträglicher.

Gegen 1300 Uhr schien beim Gegner etwas vorzugehen: Größere Mengen Frauen und Kinder mit einem Teil des Viehs zogen nach rückwärts ab, die Hänge hinter der »Felswand« hinauf. »Nur wenig später strömten zweimal größere Haufen Männer, im ganzen 200 bis 300, denselben Hang hinunter.« Sie verschwanden im Busch vor der 4. Kompanie, in Richtung nach links. Dies war Verstärkung, die der Gegner aus der Richtung Konjati herangeführt hatte. Leutnant v. Stülpnagel fährt fort: »Fast eine Stunde war seitdem verflossen. Es mochte zwei Uhr nachmittags sein, da pfiffen plötzlich ein paar Kugeln, die aus allernächster Nähe abgegeben waren, und gleich darauf fielen auch links rückwärts Schüsse.«

Was war geschehen? Der Gegner hatte offensichtlich die Schwäche und die mißliche Lage der 4. Kompanie erkannt und drehte nun den Spieß um, indem er seinerseits die linke Flanke der 4. Kompanie umfaßte. Eine Verlängerung der bereits überdehnten Frontlinie der 4. Kompanie war wegen der wenigen Leute nicht möglich: »So mußte sich der linke Flügel wie ein Fragezeichen zurückbiegen.«

Die Verluste nahmen zu: Leutnant v. Stülpnagel wurde schwer verwundet, ebenso der Kompaniechef, Oberleutnant v. Schönau-Wehr. Oberleutnant Schulze fiel. Damit waren sämtliche Offiziere der 4. Kompanie ausgefallen.

Die Krise hatte ihren Höhepunkt erreicht: Die Frontlinie der Westabteilung war inzwischen auf 3000 m angewachsen, die Gefahr eines Durchbruchs der Herero und damit eines ungeordneten Rückzugs der Deutschen wurde sehr groß.

Da griff Major v. Estorff zu einem Ausweg, mit dem er sich schon einmal, im Kampf gegen Nikodemus 1895 bei Gobabis, aus einer schwierigen Lage gerettet hatte: Er zog aus der Front der in gesicherter Position liegenden 2. Feldkompanie zwei Züge unter Hauptmann Franke und Oberleutnant Hanemann heraus und schickte diese zum linken Flügel mit dem Auftrag, den links umfassenden Gegner in dessen Flanke zu stoßen.

Die beiden Züge der 2. Kompanie jagten im gestreckten Galopp zum linken Flügel hinüber. Diese Verstärkung brachte der hart bedrängten, von den Herero schon fast völlig eingeschlossenen und führerlos gewordenen 4. Kompanie buchstäblich im letzten Augenblick Entlastung. Die Herero wurden nun ihrerseits in der Flanke gepackt und in einem energischen Gegenstoß bis über das Flußbett hinaus zurückgeworfen. Damit war auch die Gefahr auf dem linken deutschen Flügel gebannt, und v. Estorff konnte seine Aufmerksamkeit nun ganz auf das eigentliche Angriffsziel, die Wasserstelle, richten.

Der Major konzentrierte nun alle entbehrlichen Kräfte in der Mitte und gab Hauptmann Franke Befehl, mit den beiden jetzt auf dem linken Flügel befindlichen Zügen seiner Kompanie und einem Teil der 4. Kompanie unter Leutnant Freiherr von Buttlar die Wasserstelle zu stürmen.

Inzwischen war es Abend geworden.

Die Geschütze eröffneten den Angriff und überschütteten die feindlichen Stellungen um die Wasserstelle mit ihren Schrapnells. Die Sturmkolonne rückte im Bett eines vorher von Franke persönlich ausfindig gemachten, von der Höhe des »Felswalls« zur Wasserstelle hinführenden, ausgetrockneten

Wasserlaufs (»Wasserriß«) im toten Winkel der auf dem Nordende des »Roten Rands« verschanzten Herero vor. Die auf der »Felswand« befindlichen Herero wurden in der Zwischenzeit von der mitgeführten Maschinenkanone niedergehalten; sie schienen auch durch die untergehende Sonne geblendet zu sein.

Von der deutschen rechten Flanke aus gingen derweil die beiden restlichen Züge der 2. Kompanie unter den Leutnanten Gräff und Leutwein, die bisher auf dem »Felsigen Rand« verschanzt gewesen waren, in Richtung auf das nördliche Ende des »Roten Randes«, also von Süden her, ebenfalls gegen die Wasserstelle vor.

Paul Leutwein berichtet:

»Unaufhaltsam dringt die Schützenlinie unter dem feindlichen Feuer vor. Noch etwa 100 m von der feindlichen Stellung entfernt, befiehlt Gräff den Sturm. Doch ehe die Leute zur Ausführung des Befehls gekommen sind, geschieht etwas Staunenswertes: Ein wildes Hurra erschallt jenseits der weißen Klippen[2]; die noch eben ruhig in Deckung liegenden Schwarzen laufen hin und her. Rasendes Feuer nach einem für die Untenstehenden unsichtbaren Grunde und dann wogen kämpfende Gestalten auf dem Klippenrand durcheinander. Einen Augenblick später verlassen die Hereros in verzweifelter Flucht ihre Stellungen, von heftigem Gewehrfeuer verfolgt. Auf dem Felsen erscheint, den Kirri in der Faust, Hauptmann Franke.«

Hinter ihm die Leute seiner Sturmkolonne. Damit war die Wasserstelle erobert. Der Gegner wurde nun rechts und links in die Flanke gefaßt, entkam jedoch in der Masse in Richtung Konjati, von wo er dann vermutlich weiter zum Waterberg zurückging; ein kleinerer Teil wich nach Süden in Richtung auf die Onjatiberge aus.

Es war mittlerweile 1800 Uhr geworden, und die Dunkelheit brach herein. Die Truppe schlug, vollständig erschöpft, ihr Nachtlager auf dem Gefechtsfeld auf. Über den Kampf um die Wasserstelle Otjihanamaparero, was auf deutsch »wem gehört der Platz?« heißt, schreibt v. Estorff später: »Der Platz sollte uns gehören, aber erst nach schwerem Kampf. Schon von Franke wußte ich, was ich nun selbst festgestellt hatte, daß die Hereros tapfer und geschickt fochten, und daß ihre ausgesuchten Schützen auch recht sicher schossen, indem sie die Offiziere herausfanden.«

Auch taktisch hatten sich die Herero bei Otjihanamaparero sehr klug verhalten: Unter Ausnutzung des dichten Buschgeländes hatten sie Umfassungsangriffe auf ihrem rechten Flügel unternommen. Meisterhaft waren sie hier auch im Herstellen künstlicher Verteidigungsbauten gewesen: In den Geländefalten hatten sie Schutzdeckungen aus Steinen errichtet und Dornenverhaue angelegt, freies Schußfeld durch Kappen der Büsche geschaffen und Verbindungswege angelegt.

2 Auf Karte 4, Seite 128, als »Felsen« bezeichnet.

Auf deutscher Seite hatte sich der große Vorteil der berittenen Truppe gegenüber einer Fußtruppe gezeigt. Nur durch die Mobilität seiner Truppe war es Major v. Estorff möglich gewesen, einen Teil der 2. Kompanie rasch zur Entlastung seines bedrängten linken Flügels umzudirigieren. Die Tatsache, daß von allen drei Truppenabteilungen, die Gouverneur Leutwein im Frühjahr 1904 gegen die Herero aufmarschieren ließ, nur die Westabteilung aus berittener Infanterie, obendrein noch kampferprobten »Veteranen« bestand, war mitentscheidend dafür, daß diese Abteilung die einzige erfolgreiche war.

Die Zahl der Herero bei Otjihanamaparero wurde deutscherseits auf etwa 1000 geschätzt, sie waren den Angreifern – allerdings nur zahlenmäßig – weit überlegen. 53 gefallene Herero wurden auf dem Gefechtsfeld gezählt. Die Verluste auf deutscher Seite waren erstaunlich gering: Nur ein Mann, Oberleutnant Schulze, war gefallen, acht Mann, darunter drei Offiziere, wurden verwundet.

Ebenso wie die Gefechte südlich der Bahnlinie hatte das Gefecht bei Otjihanamaparero eine Konzentration der Hererostämme beschleunigt, was der ursprünglichen Absicht des Gouverneurs, die einzelnen Stämme getrennt zu schlagen, zuwiderlief. Dem Major v. Estorff dagegen war diese Entwicklung der Dinge ganz recht: Er schreibt, er habe bewußt von einer Verfolgung der bei Otjihanamaparero geschlagenen Herero abgesehen, um diesen Gelegenheit zu geben, sich wieder zu sammeln und mit den anderen Hererogruppen zu vereinigen, so daß dann später im Zusammenwirken mit der Hauptabteilung und der Ostabteilung eine Einkesselung sämtlicher aufständischer Herero ermöglicht würde. Doch setzte ein Zusammenwirken der drei Abteilungen ein gut funktionierendes Nachrichtensystem voraus. Hieran aber haperte es: Das einzige in Frage kommende Nachrichtengerät, der Heliograph, war erst in wenigen Exemplaren verfügbar – die Ostabteilung besaß anfänglich überhaupt kein derartiges Gerät – und ließ sich auch wegen seines aufwendigen Relaissystems und seiner Abhängigkeit von den Wetterbedingungen nicht immer einsetzen; die Verwendung eingeborener Melder war wenig zuverlässig und zeitraubend. Die Folge war, daß praktisch jede Verbindung zwischen den Abteilungen in dem Augenblick abriß, wo diese ihr Standquartier verlassen hatten, sie waren gewissermaßen für mehrere Wochen in einem leeren Raum verschwunden, vom Busch verschluckt.

Mit einem Seitenblick auf spätere Entschädigung für die der weißen Farmwirtschaft durch die Herero zugefügten Verluste vermerkten die Ansiedler positiv, daß es bei Otjihanamaparero gelungen war, genau wie vorher bei der Befreiung Omarurus, beträchtliche Viehbeute, nämlich 950 Stück Großvieh und 2000 Stück Kleinvieh (»Bockies«), zu machen. Dies wurde auch als taktischer Erfolg gewertet: »Wenn der Herero seine Rinder verliert, ist er überhaupt gebrochen«, ein Grundsatz, von dem die militärische Führung später zugunsten des Grundsatzes der Vernichtung des Gegners völlig abwich.

Der Kaiser äußerte sich anerkennend über den Ausgang dieses Gefechts und sandte am 29. Februar ein Telegramm an Gouverneur Leutwein, in dem er

– sehr zur Verdrossenheit von Hauptmann Franke und seinen Schutztrupplern – die Rolle der Seesoldaten bei der Eroberung der Wasserstelle durch Verleihung eines Fahnenbandes an das I. Seebataillon über Gebühr würdigte, obwohl nur einige wenige Seesoldaten direkt am Gefecht beteiligt gewesen waren. Paul Leutwein wertete diese Herausstellung des Seebataillons als einen Versuch des Generalstabs in Berlin, durch Verschleierung des wahren Sachverhalts gegenüber dem Kaiser diesen zu täuschen und damit den Eindruck entstehen zu lassen, als ob die kampfgewohnte Schutztruppe des Gouverneurs nichts Ungewöhnliches geleistet habe und letztlich frisch ins Land gekommene Truppen zumindest gleiche Leistungen vollbringen könnten. Als Hauptintrigant vermutete Paul Leutwein den Chef des Militärkabinetts, General v. Hülsen, der auf diese Weise die Position des auch von den Ansiedlern als zu weich und zaghaft geltenden Gouverneurs systematisch unterminiert und schließlich auch tatsächlich erreicht habe, daß Theodor Leutwein abgelöst wurde.

Nach dem Gefecht bei Otjihanamaparero verblieb die Westabteilung noch bis zum 14. März auf dem Gefechtsfeld. Die Zeit wurde für die Heranführung von Nachschub, den Abschub der Verwundeten und der zahlreichen an Malaria erkrankten Leute sowie für eine intensive Aufklärungstätigkeit genutzt. Zur Koordinierung der weiteren Operationen wurde Major v. Estorff am 7. März zu einer Besprechung in das Hauptquartier nach Okahandja berufen. Gouverneur Leutwein hatte inzwischen ebenfalls den Gedanken eines getrennten Schlagens der einzelnen feindlichen Gruppen aufgegeben, da die Feindaufklärung ergeben hatte, daß die Herero, mitbedingt durch die im folgenden zu behandelnden Aktionen der Ostabteilung, sich in der Gegend von Otjosasu zu sammeln schienen. In der Besprechung erteilte der Gouverneur dem Major den Befehl, die vor ihm in nordöstlicher Richtung zurückgewichenen Herero noch weiter abzudrängen und dann mit der gesamten Abteilung direkt nach Okahandja zu marschieren, um vereint mit der Hauptabteilung den bei Otjosasu sitzenden Gegner anzugreifen. Der ursprüngliche Plan v. Estorffs, weiter nach Norden in Richtung Otavi/Grootfontein vorzustoßen, sollte vorerst fallengelassen werden. Diese Entscheidung Leutweins dürfte ihren Grund darin gehabt haben, daß die Konzentration der Herero östlich Okahandja für ihn wegen der noch schwachen Hauptabteilung bedrohlich wurde und er deswegen die Westabteilung als Verstärkung zu sich heranziehen wollte.

Die Aufklärung hatte ergeben, daß das gesamte Gebiet östlich von Otjihanamaparero bis über Konjati hinaus und südlich davon bis zum Etjoberg und Omatakoberg feindfrei war. Am Omuramba-Omatako-Rivier gingen die Hererospuren auseinander: Eine Spur führte nach Süden in Richtung Otjiamongombe, die Hauptspur dagegen nach Norden Richtung Waterberg.

Nach Rückkehr v. Estorffs wurde am 14. März der Weitermarsch mit Generalrichtung Okahandja angetreten. Die Abteilung zog zunächst über Konjati und bog dann nach Süden ab. Am Etjoberg vorbei wurde am 15. März Erindi-Okasarandusu am Omuramba-Omatako-Rivier erreicht. Da auch diese

Gegend vollständig von den Herero geräumt war, war bis jetzt der Marsch ereignislos verlaufen.

Es wurde rivierabwärts durch dichtes Buschfeld marschiert. Gegen Abend – gerade wurde eine Lichtung nahe der Wasserstelle Omusema durchquert – geriet die Abteilung in den Feuerüberfall der Nachhut der Herero, die nach dem Gefecht bei Otjihanamaparero nach Süden ausgewichen waren. Auf deutscher Seite fielen zwei Reiter. Hauptmann Franke reagierte sofort und griff die Herero mit seiner Kompanie von der Flanke her an. Dieser Flankenstoß traf den Gegner so überraschend, daß er rasch seine Stellung räumte und im Busch verschwand. Seine Aufgabe, den Vormarsch der deutschen Abteilung zur Sicherung des Viehabtriebs aufzuhalten, aber hatte der abziehende Gegner erfüllt.

Die Westabteilung marschierte am folgenden Tag weiter, nunmehr mit größter Vorsicht und unter Verwendung der eingeborenen Offiziersburschen als Späher, die mit anderen Augen als der Weiße sahen, zunächst dem Lauf des Omuramba-Riviers in östlicher Richtung folgend und dabei immer wieder auf die Spuren flüchtender Menschen, Tiere und Fahrzeuge stoßend. Leutnant Leutwein berichtet: »Stundenlang ging es vorwärts. Werft reihte sich an Werft, alles frische Niederlassungen, bestehend aus Notpontoks und Krälen mit noch grünen Dornzweigen. Frischer Ochsenmist und kaum verkohlte Feuerstellen gaben Zeugnis davon ab, daß der Feind hier noch vor kurzem gehaust hatte.«

Vom folgenden Tag, dem 18. März, an wurde in südlicher Richtung weitermarschiert, immer auf den Spuren des Feindes bleibend, »die sich von Kilometer zu Kilometer mehrten«. Am Abend des 19. März stieß die Abteilung auf eine Werft bei der Vley Otjinaua-Naua. Gegen diese wurde im Überraschungsangriff vorgegangen: »Die Hereros waren gerade mit dem Einkraalen der Rinder und Melken beschäftigt, Wachen hatten sie nicht ausgestellt.« Die Abteilung schlich sich heran, die Werft wurde umfaßt. »Auf Kommando stürzten die Soldaten unter Hurrarufen die Werft; ... was Widerstand leistete, wurde ein Opfer des Bajonetts.« 900 Stück Vieh wurden erbeutet. »Die Hereros waren Hals über Kopf geflohen«, notierte Paul Leutwein für diesen Tag, »die ganze Nacht hindurch hörte man in der Ferne das Geschrei der Hirten und das Tuten der Ochsenhörner, ein Zeichen, daß man hier auf Massenniederlassungen der Schwarzen gestoßen war.«

Die Abteilung ritt anschließend über Otjiamongombe und Okamita weiter und erreichte schließlich am 24. März Okahandja, »mit viel Beutevieh und sehr viel malariakranken Soldaten im Gefolge«. Franke, schwer an Malaria erkrankt, und v. Estorff, von Typhus befallen, mußten sich ins Lazarett begeben.

Die Abteilung aber wurde aufgelöst und ging in der in Aufstellung begriffenen Hauptabteilung auf. Die Seesoldaten der Westabteilung wurden wieder dem Marine-Expeditionskorps unterstellt.

11. Das Debakel der Ostabteilung

Der Abmarsch der einzelnen Staffeln · Das Gefecht an der »Schwarzen Klippe« · Der Marsch nach Kehoro · Die Teilung der Truppe in zwei Kolonnen · Aufbruch der Owikokorero-Patrouille · Das Gefecht bei Owikokorero · Die Einschätzung des Gefechts von Owikokorero · Die Lage nach dem Gefecht · Erneuter Aufbruch vom Lager Onjatu · Das Gefecht bei Okaharui · Bewertung des Gefechts · Ausbruch der Epidemie · Otjihaenena · Würdigung der Leistungen der Ostabteilung

Von allen durch Gouverneur Leutweins Truppenbefehl vom 15. Februar gebildeten Abteilungen wurde der Ostabteilung unter Major von Glasenapp die weitaus schwerste Aufgabe zugemutet: Zum überwiegenden Teil aus Angehörigen des Seebataillons, d. h. aus Rekruten und Kurzzeitsoldaten (Einjährig-Freiwilligen), bestehend, bei einer Gesamtstärke von 412 Mann nur 80 Reiter umfassend, sollte diese Fußtruppe in einem nahezu wasserlosen und baumlosen Gebiet etwa von der Größe Bayerns mit einer West-Ost-Ausdehnung von 350 km operieren, ganz zu schweigen von der mehr als 500 km langen Strecke, die die Abteilung quer durch das östliche Hereroland hätte zurücklegen müssen, wollte sie auch noch die im Truppenbefehl vom 15. Februar befohlene Sperrung des nördlichen Übergangs nach dem Betschuanaland bei Otjituo östlich Grootfontein durchführen. Der Vormarsch mußte mit langsamen Ochsentrecks erfolgen, die wegen der Unerfahrenheit der Treiber und des weichen, sandigen Bodens noch schleppender als sonst schon vorankamen. Möglichkeiten für die Truppe, den Lebensunterhalt aus dem Lande selbst zu bestreiten, boten sich so gut wie überhaupt nicht, da in dem so vegetationsarmen Operationsgebiet die Zahl der weißen Farmen und der Ortschaften und Werften äußerst gering war; diese konzentrierten sich vor allem im Bereich des Schwarzen Nossob. Es gab nur wenige Wasserstellen, und diese lagen weit auseinander, so daß lange Tagesmärsche erforderlich waren. Die Truppe war mithin gezwungen, ihren gesamten Nachschub nachzuführen.

Die Ostabteilung wurde nicht als geschlossener Verband in Marsch gesetzt: Als Vorauskommando des Marine-Expeditionskorps rückte die 1. Seesoldatenkompanie, Spielmannszug voran, kriegsmarschmäßig am 13. Februar mittags vom Bahnhof Windhuk durch die Straßen der Stadt zur Feste hoch. Die Mannschaften machten einen vorzüglichen Eindruck: »Wohlgenährt, blond und eine Gesichtsfarbe wie rosaroter Sammet – die reinsten Apollos«, so berichtet der Farmer Rust. Wettergebräunte Afrikaner am Straßenrand schüttelten bei diesem Anblick bedenklich den Kopf: »Jungens, so wird's wohl nicht lange weitergehen. Schade, schade um sie!« Damit spielten sie vor allem auf die schwere, über sechzig Pfund wiegende Ausrüstung an, die die Soldaten auf dem Rücken trugen: aufgerollter Mantel, Tornister und Gewehr. Diese 1. Seesoldatenkompanie unter Hauptmann Fischel bildete die zweite Staffel der Ostabteilung. Die erste Staffel bestand aus dem Ablösungstransport v. Winkler, der bereits am 7. Februar auf Befehl des Majors von Glasenapp Windhuk in Richtung Gobabis verlassen hatte[1]. Die dritte Staffel, bestehend aus dem Stab der Abteilung, einer Reitertruppe erfahrener »Afrikaner« unter Oberleutnant der Reserve Köhler und der 4. Seesoldatenkompanie unter Hauptmann Lieber, sollte mit dem Major später folgen.

Fischels Seesoldaten konnten sich nicht lange über die gute Unterbringung in den Stuben der Feste und in rasch aufgestellten Zelten im Hof der Feste freuen: Der Abmarsch in Richtung Gobabis war schon für den nächsten Morgen festgelegt. Eile war geboten, galt es doch, dem Tjetjostamm das Überschreiten der 350 km von Windhuk entfernten Grenze zum britischen Betschuana-Protektorat zu verwehren. So mußten noch am 13. alle Marschvorbereitungen getroffen werden: Die Proviantwagen wurden bereitgestellt, die Maschinenkanonen mit Ochsen bespannt und Pferde für die Offiziere requiriert. Zehn schwächliche Seesoldaten wurden noch durch zehn Schutztruppler ausgetauscht, die der Kompanie als wegekundige Landeskenner dienen sollten.

Am 14. Februar morgens 0600 Uhr erfolgte der Aufbruch: »Die Sonne ging gerade auf, als die Abteilung durch das Tal von Klein-Windhuk zog, voran die zehn erfahrenen alten Schutztruppler, dahinter die zu Fuß marschierenden Seesoldaten und die lange Reihe von dreißig Ochsenwagen, jedes Gespann wohl 50 m lang. Marscherleichterung war für die Truppe nicht befohlen worden: Tornister mit gerollten Mänteln auf dem Rücken, in straffer Haltung und mit langem Marschtritt ging es im tiefen Sand in schweren Knobelbechern auf einem Weg dahin, der durch nichts als durch alte und neue Wagenspuren gekennzeichnet war, und die Sonne glühte trocken und heiter vom Himmel«. Die Schutztruppler schüttelten den Kopf. Sie wußten, was Marschieren in diesem Land bedeutete: »Wenn die hübschen Kerle bei Kräften bleiben wollen, muß es ganz anders werden. Tornister auf die Wagen, Rock auf, Gewehr am Riemen, und jeder darf sich auf der Pad die Stelle suchen, die am bequemsten ist; dann geht's vielleicht!«

Nach einer für den ersten Tag erstaunlichen Marschleistung von 40 km erreichten die Seesoldaten bei völliger Dunkelheit schließlich todmüde ihre erste Etappe: die »Schwarze Klippe«. Die Kompanie igelte sich für die Nacht in einer Wagenburg ein, die durch einen Dornverhau geschützt war; Sicherungsposten wurden aufgestellt. Mitten in der Nacht aber gab es das erste »Gefecht«, eine wüste Knallerei mit tragischem Ausgang: Wahrscheinlich waren von einem übererregten Posten eigene Leute für Herero gehalten und beschossen worden, denn Hererospuren waren weit und breit nicht zu sehen. Das Versehen hatte drei Tote und mehrere Verwundete gekostet. Ein böses Omen!

Die Kompanie verblieb die nächsten Tage an diesem Ort, nachdem am Morgen des 15. Februar Weisung vom Gouverneur eingetroffen war, vorerst stehen zu bleiben und auf die dritte Staffel der Abteilung zu warten.

1 Siehe Seite 104.

Die dritte Staffel brach am 17. Februar von Windhuk auf. Ihre Ausrüstung war minderwertig: Mangelhaftes Treiberpersonal, nicht aneinander gewöhnte Treckochsen, minderwertige Wagen. »Wir hatten von allem bekommen, was übrig blieb«, klagt Leutnant Schäfer, Adjutant des Majors, »erst die Truppen für den Süden, dann auf dem Rückmarsch Hauptmann Franke, dann das Detachement v. Winkler, schließlich die Kompanie Fischel hatten vom Vorhandenen das Beste für sich genommen.« Das Pferdematerial war quantitativ und qualitativ dürftig. Proviant und Pferdefutter wurden für nur dreißig Tage mitgeführt, da ja Gobabis als Nachschubbasis für die Abteilung eingerichtet werden sollte. Mit den so wichtigen Heliographengeräten war die Abteilung nicht ausgerüstet worden, gleichfalls fehlten eingeborene Späher, dagegen waren der Abteilung einige hervorragende weiße Landeskenner beigegeben, u. a. Oberleutnant Eggers und Hauptmann a. D. Hugo v. François. Sehr kärglich war das mitgegebene kartographische Material.

Am 19. Februar trafen sich beide Staffeln an der »Schwarzen Klippe«. Von hier wurde sofort nach Seeis weitermarschiert, das noch am 20. erreicht wurde. Die Truppe marschierte am nächsten Tag dann bei glühender Hitze über Otjihaenena und Orumbo nach Otjiwarumende am Weißen Nossob. An diesem Rivier stießen die Soldaten immer wieder auf verlassene Hererowerften; vom Gegner war aber keine Spur zu sehen. Nur schwer kamen die Ochsenwagen voran; laufend mußten Stopps eingelegt werden, um auf diese zu warten.

In Otjiwarumende erhielt v. Glasenapp am 23. Februar eine Mitteilung des Führers der 1. Staffel, Oberleutnant v. Winkler. Dieser meldete, daß er beabsichtige, die mit ihrem Vieh noch in und nördlich von Groß-Owikango stehenden Herero von Owingi aus in Richtung auf Kehoro am Schwarzen Nossob zu drängen. Major v. Glasenapp beschloß daraufhin, ebenfalls dorthin vorzurükken, um Tjetjos Stamm in einem kombinierten Vorgehen mit v. Winkler zu schlagen.

Die bereits ausgepumpten Soldaten, das ersehnte vorläufige Ziel, die Verpflegungsetappe Gobabis mit ihrer Schutz und Erholung bietenden Feste, schon fast vor Augen, wurden nun umdirigiert: In Eilmärschen ging es nach Nordosten. Peter Moor alias Michaelsen gibt ein anschauliches Bild über die Verfassung und die Stimmung der Seesoldaten zu diesem Zeitpunkt:

»Wir sollten den Feind nordostwärts im Bogen umgehen und ihn stellen ... In Eilmärschen sollten wir marschieren, mit wenigen und leichten Wagen, das heißt, mit wenigem und leichtem Proviant, und weniger und leichter Kleidung ... Voran zog wieder der Haufe alter Afrikaner, Offiziere und einfache Soldaten, alle beritten. Dann kam der Alte[2] mit einem Offizier. Dann kamen wir zu Fuß, in langer dünner Linie, in Staub gehüllt. In unserer Linie, hier und da, zogen unsere dreißig mächtigen Kapwagen mit Proviant und Munition, und die leichten Geschütze, von je zehn bis vierundzwanzig langhörnigen Ochsen ge-

2 Major von Glasenapp.

zogen, von Schwarzen unter lautem Geschrei getrieben. Zu beiden Seiten des Weges war dichter oder lichter, graugrüner Dornbusch mit knochenhartem Holz und fingerlang gebogenen Dornen, mannshoch, zuweilen zwei Mann hoch ... Wenn die Sonne über uns hoch und höher, fast bis zur höchsten Himmelshöhe stieg und der Sand unter unseren Füßen glühend wurde und Augen und Kehle brannten, hielt die Spitze an einer Lichtung, wo Wasser sein sollte. Nicht immer war Wasser da; oft mußten wir, die schwer Dürstenden, Löcher graben, ob wir ein wenig fänden, welches langsam hervorsickerte; fast immer war es salzig oder milchig von Kalk, oder stinkend. Oft aber fanden wir auch dieses lumrige, widerliche Wasser nicht und mußten durstig weiterziehen bis in die Nacht.

Fanden wir es, so machten wir erst einen Dornverhau rund um uns. Dann holte sich jede Backschaft ihre schmale Nahrung; ein wenig Fleisch von einem frisch geschlachteten schlappen Ochsen, ein wenig Mehl, ein wenig Reis. Das Fleisch oder Mehl verrührten wir in unserm Kochgeschirr mit dem schlechten Wasser, setzten es aufs Feuer und nannten es Fleischsuppe, Bouillon mit Reis, oder Pfannkuchen, die sie Plinsen nannten. Die Kochgeschirre reinigten wir mit dem Sand, der daneben lag. Danach lagen wir noch eine Stunde im Schatten der Wagen oder einer hochgestellten Zeltbahn. Dann ging es weiter.

Müde und gleichgültig zogen wir in den Abend hinein ... Oft zogen wir bis in die Nacht ... Der Gewehrriemen auf der Schulter drückte; die Füße stolperten in der unebenen Wegspur; die Gedanken waren langsam und stumpf.

Wenn wir dann in der Nacht eine Wasserstelle erreicht hatten und zuletzt ein oder zwei, oder, wenn es hochkam, drei Kochgeschirrdeckel voll des schlimmen Wassers ausgeliefert bekommen hatten, waren wir zu müde, um noch ordentlich abzukochen. Wir rührten ein wenig zusammen, was wir bekamen, und aßen es halb gar. Es war uns befohlen, das Wasser erst zum Sieden zu bringen. Aber ich habe gesehen, daß auch die Offiziere, ja selbst die Ärzte, es so wegtranken. Wir waren zu müde und stumpf.

Es war schlimm, daß wir nicht reichlich Proviant mitnehmen konnten. Dann hätte mancher die Heimat wiedergesehen. Wir selbst merkten es nicht; aber die Offiziere und Ärzte haben es wohl gesehen, daß wir allmählich saft- und kraftlos wurden.«

In Tag- und Nachtmärschen, das Letzte aus seinen Seesoldaten herausholend und den Troß in Okazeva zurücklassend, gelang es von Glasenapp, das 98 km entfernte Kehoro in 42 Stunden zu erreichen. Doch die Mühe war vergebens gewesen: Das Nest war leer. Der flüchtige Gegner war im letzten Augenblick entschlüpft. In Kanduwe vereinigten sich von Glasenapps beide Staffeln mit der ersten Staffel, d. h. der berittenen Kolonne von Winkler. Mittlerweile war die Versorgungslage kritisch geworden, die Verpflegung mußte gestreckt werden, da die in Okazeva zurückgelassene Nachschubkolonne erst in einigen Tagen eintreffen würde. Die Aufklärung durch Oberleutnant Eggers' Reiter, denen sich von Glasenapp selbst angeschlossen hatte, ergab, daß die Spuren des

Tjetjostammes wider Erwarten nicht nach Osten zur britischen Grenze, sondern nach Westen, vermutlich zu den Onjatibergen, hinführten. Glasenapp stand nun vor einer schwierigen Entscheidung: Im Truppenbefehl vom 15. Februar war ihm die Sperrung der Grenze zum britischen Betschuanaland und die Säuberung des Distrikts Gobabis befohlen worden. Mit dem Abzug der Tjetjoleute nach Westen aus dem Distrikt Gobabis heraus war der befohlene Auftrag praktisch gegenstandslos geworden. Um aber dem Befehl der Grenzsperrung östlich Gobabis wenigstens dem Buchstaben nach Genüge zu tun, entsandte der Major den Leutnant Eymael mit 30 Mann zur Besetzung des Grenzortes Rietfontein. Nach einigem Zaudern faßte dann von Glasenapp den folgenschweren Entschluß, dem Tjetjostamm nach Westen zu folgen, obwohl dies den Weisungen im Truppenbefehl widersprach. »Er fühlte sich in seinem Entschluß bestärkt, da sich die Truppe trotz der Strapazen noch in einem recht guten Gesundheitszustand befand und noch keine Fußkranken hatte«, schreibt sein Adjutant, Leutnant Schäfer. Das sollte sich jedoch bald ändern.

Da die Regenfälle der letzten Zeit aufgehört hatten und damit die Wasserverhältnisse zusehends ungünstiger wurden, war von Glasenapp zur Teilung der Truppe gezwungen. Dieser Umstand kam auch seiner Absicht entgegen, in einem breiten Suchstreifen vorzugehen und damit ein Entschlüpfen der Herero – falls diese doch nach Osten umkehren sollten – über seine Flanken hinaus zu verhindern und entgegenkommende Hererogruppen auf die Onjatiberge hin zurückzuwerfen. Er befahl daher die Aufteilung der Ostabteilung in zwei Kolonnen: in eine größere, die sogenannte Hauptkolonne, der er sich selbst als Führer anschloß, und eine kleinere unter Hauptmann Lieber. Mit der Hauptkolonne beabsichtigte nun der Major, in Westrichtung längs dem Epukiro-Rivier, in dessen Flußbett, vorzugehen, während die kleinere Kolonne – ebenfalls in Westrichtung, jedoch weiter südlich – am Schwarzen Nossob entlang marschieren sollte.

Der Major meldete zwar seinen Entschluß, dem abziehenden Gegner nach Westen zu folgen, durch einen eingeborenen Boten dem Hauptquartier in Okahandja, wartete die Antwort aber nicht ab, »da sonst kostbare Zeit verstrichen wäre«, wie es im Generalstabsbericht heißt.

Am 6. März traten beide Kolonnen ihren Vormarsch nach Westen von Kanduwe bzw. Kehoro aus an. Der Nord-Süd-Abstand zwischen beiden Kolonnen schwankte zwischen 20 und 40 km. Am 9. März trafen sie sich kurz wieder in Okandjesu, wohin Hauptmann Lieber wegen der schlechten Wegverhältnisse am Schwarzen Nossob kurzfristig ausgewichen war. In Okandjesu hatte von Glasenapp aufgrund der Mitteilungen eines gefangengenommenen Eingeborenen gehofft, auf den Gegner zu stoßen. Aber auch dieser Ort erwies sich als feindfrei, nur Reste von Herero-Wachfeuern und verlassene Notpontoks wurden vorgefunden. Beide Kolonnen trennten sich hier wieder: Lieber bog erneut zum Schwarzen Nossob ab, um seine ursprüngliche Marschrichtung wieder aufzunehmen, während von Glasenapp in Richtung Onjatu weitermarschierte. Am 10. März gelangte die Hauptkolonne zur Wasserstelle Okangono. Kurz vor diesem Platz erhielt von Glasenapp ein Schreiben des Gouverneurs. Es enthielt einen mit 29. Februar 1904 datierten Truppenbefehl; dieser lautete in Auszügen wie folgt:

»Eingegangen westlich Okandjesu, 10. März 1904

Windhuk, 29. Februar 1904

Kaiserliches Kommando der Schutztruppe Nr. 517

An Major von Glasenapp

Trotzdem Euer Hochwohlgeboren Operationslinien nunmehr weit nördlich Gobabis angelangt sind, muß doch dem Operationsbefehl gemäß der letztgenannte Platz Ihre Operationsbasis bleiben. Ich habe daher die Proviantkolonne dahin dirigiert und setze voraus, daß daselbst eine starke Besatzung unter einem Offizier zurückgeblieben ist, usw. (Handelt weiter von Transportbedeckungen.)

Was Ihre ferneren Operationen anbelangt, so ist selbstredend Ihr Hauptziel der vor Ihnen stehende Feind. Insofern erleiden die Direktiven des Operationsbefehls eine Abänderung. Nach meiner Vermutung scheinen sich die Hereros sowohl von Osten, wie auch von Westen, wie auch aus der Mitte (Okahandja) bei Waterberg vereinigen zu wollen. In diesem Fall würde auch das Operationsziel aller drei Abteilungen der genannte Platz werden. Leider aber wird die Hauptabteilung vor Ende März nicht operationsfähig sein usw. (Grootfontein verteidigt, Vormarsch dorthin nicht dringlich. Versuchen, durch zuverlässige Boten Verbindung aufzunehmen.)

usw. (Pferde für Ostabteilung nicht vor April zu erwarten.)

...

Der Kommandeur

(gez.) Leutwein.«

Aus diesem Truppenbefehl ging – wie zu erwarten – hervor, daß Leutwein noch keine Kenntnis von der seit dem 6. März entgegengesetzten Marschrichtung von Glasenapps – nach Westen statt nach Osten – hatte. Eine böse Überraschung war für den Major die Mitteilung, daß Gobabis weiterhin die Nachschubbasis für die sich immer weiter von diesem Ort nach Westen hin entfernende Ostabteilung bildete. Hier bahnten sich noch größere Verpflegungsprobleme für seine Abteilung an, da deren gesamter Nachschub statt direkt von Windhuk an die Abteilung weiterhin erst nach Gobabis geschickt und dann hinter der Abteilung her wieder zurückdirigiert werden mußte. Wie nun dem Truppenbefehl weiter zu entnehmen ist, ging Leutwein zum Zeitpunkt der Abfassung des Befehls davon aus, daß alle Hererogruppen im Abzug nach Waterberg seien. Tatsächlich aber bildeten, wie von Glasenapp aufgrund der festgestellten Richtung der Hererospuren zutreffend vermutete, die in dem Befehl unerwähnt gebliebenen Onjatiberge zu diesem Zeitpunkt das Massierungsgebiet der Herero. Der Major wollte sich daher zunächst Klarheit über die Lage in den Onjatibergen verschaffen und erst dann in Richtung Waterberg vorgehen, wenn sich die Onjatiberge wider sein Erwarten doch als feindfrei erweisen sollten. Wenn seine Vermutung zuträfe, d. h. daß der Gegner in Richtung auf die Onjatiberge abtreckt, wollte von Glasenapp ihn der Hauptabteilung entgegentreiben, so daß die Ostabteilung dann im Zusammenwirken mit der bis dahin sicherlich einsatzbereiten Hauptabteilung in die Hereromassierung in den Onjatibergen hineinstoßen könnte.

Inzwischen hatte von Glasenapps Kolonne, rascher vorankommend als Liebers Kolonne, die sich mühsam einen Weg im sandigen Terrain am Schwarzen Nossob bahnen mußte, am 12. März bereits Onjatu erreicht. Von dort erteilte Major von Glasenapp Hauptmann Lieber den Befehl, über Ekuja ebenfalls nach Onjatu zu marschieren, um sich dort mit der Hauptkolonne wieder zu vereinigen.

Seinen Seesoldaten aber mußte der Major jetzt unbedingt einige Ruhetage gönnen: Sie waren von dem ziellosen Hin und Her und den unmenschlichen Marschleistungen völlig ausgepumpt. Immer wieder hatte es geheißen »morgen stoßen wir auf den Feind«, aber nirgends wollte sich dieser stellen. Immer kleiner war die Menge der Lebensmittel geworden, mit erschreckender Schnelligkeit entleerten sich die Proviantwagen. Wie kraftlose Gerippe schlichen die Soldaten schließlich durch den tiefen Sand, in zerrissenen Stiefeln, mit zerlumpten Uniformen, entsetzlich schmierig dazu, die Hände voll Eiterbeulen von Dornenritzen und Insektenstichen.«

Während seine total erschöpften Seesoldaten in Onjatu ausruhten, wollte von Glasenapp die Zeit bis zum Eintreffen der Südkolonne und einer erwarteten Proviantkolonne aus Windhuk zu einer forcierten Erkundung nach Westen zu den Onjatibergen hin ausnutzen. Am 13. März brach zu diesem Zweck eine stärkere Erkundungsgruppe unter des Majors persönlicher Führung über Otjikuara in Richtung auf die große Kalkpfanne von Owikokorero, einer etwa 36 km von Onjatu entfernten nahe der heutigen Farm »Harmonie« gelegenen Wasserstelle, auf, wo früher schon oft große Hereroversammlungen stattgefunden hatten. Sämtliche noch leistungsfähigen Pferde, insgesamt 37, wurden der Patrouille beigegeben. Diese bestand aus elf Offizieren, 46 ausgesuchten, meist landeskundigen Reitern, drei schwarzen Helfern, einem Maschinengewehr und einer Sanitätskarre. Alle in Onjatu entbehrlichen Offiziere, darunter auch die Landeskenner Oberleutnant Eggers und Hauptmann Hugo von François, nahmen an der Erkundung teil. Nur die acht als Bedeckung für die Sanitätskarre dienenden Soldaten waren zu Fuß.

Morgens um 0600 Uhr wurde aufgebrochen, nach einer Stunde die Wasserstelle und Wegekreuzung Otjikuara erreicht, wo eine Stunde lang gerastet wurde, ohne daß die Pferde – wegen des noch sehr kalten Wassers – getränkt werden konnten. Von hier aus gab von Glasenapp an Hauptmann Fischel in Onjatu Weisung, Otjikuara mit einem Zug zu besetzen, was auch rasch geschah. Kurz nach 0900 Uhr wurde auf der Pad nach Owikokorero weitergeritten. Gegen 1000 Uhr erfolgte eine erneute Rast an einer kleinen Vley; dort wurden die Tiere getränkt. Nirgends waren Spuren von Herero festzustellen. Die Mittagshitze abwartend, brach der Trupp erst gegen 1400 Uhr wieder auf.

Man mochte vielleicht eine Stunde geritten sein, als die von Oberleutnant Eggers geführte Spitze erneut hielt: Sie war auf eine am Wege ruhende ältere Hererofrau mit Kind gestoßen. »Etwas Tabak für ihre Pfeife machte sie gesprächig.« Sie berichtete Eggers, der fließend die Hererosprache beherrschte, der Reitertrupp sei hier auf der Spur von Tjetjos Stamm, die Wasserstelle Owikokorero sei ganz nahe, dort habe Tjetjo einen Viehposten eingerichtet, eine große Herde solle dort stehen, bewacht von nur wenigen Hirten und Frauen; Tjetjo selbst befände sich in der südlich des Weges liegenden Werft. Sonst wisse sie nichts, die Krieger wären alle fort! Wie zur Bestätigung der Aussage der Hererofrau ging noch während des Verhörs von der linken Seitenbedekkung unter Sergeant Heyer die Meldung ein, südlich des Weges an einer Vley stände eine Menge Großvieh; die fliehenden Hirten seien niedergeschossen, das Vieh erbeutet worden.

Aufgrund dieser Meldung und der Äußerungen der Hererofrau gewann von Glasenapp den Eindruck, daß er nur eine schwache Hereroabteilung vor sich habe. Hier bot sich die günstige Gelegenheit, durch große Viehbeute den Gegner schwer zu schädigen. Zu längeren Überlegungen blieb ohnehin keine Zeit: Die Soldaten der linken Seitendeckung, fast ausschließlich durch den Aufstand um Hab und Gut gebrachte Ansiedler, die nur darauf brannten, das von den Herero erbeutete Farmvieh zurückzuerlangen, hatten bereits mit dem Viehauftrieb begonnen. Der Major gab Befehl, mit den zwei Zügen der Patrouille zur Sicherung des Viehauftriebs die Pad zu verlassen und in Richtung auf die Wasserstelle Owikokorero auszuschwärmen, wo der Busch dichter wurde. Dies geschah.

Nach einer Weile stieß Sergeant Heyer, der nach dem Ausschwärmen der Hauptgruppe unter von Glasenapp nun rechts von dieser vorrückte, auf eine zweite Rinderherde und bald darauf auf eine dritte. Er erhielt nun die Weisung, die drei Herden auf die Pad »zuzuschieben«. Das aber mißlang: die Tiere – es waren insgesamt fast 3000 – drängten unter fürchterlichem Gebrüll beständig in Richtung nach vorn, auf die Werft zu. Die Bullen gingen sogar auf die Reiter los. Rust berichtet: »Das Drängen der Rinder nach einem Punkt, die strotzenden Euter der Milchkühe und anderes mehr ließen den Schluß zu, daß die Werft mit den Kälbern in der Nähe sein mußte ... Von allen Seiten kamen Rinder hergerannt zu dem angetriebenen brüllenden Haufen aller Rassen: Simmentaler, Pinzgauer, Afrikaner und Damara, mit allen möglichen Merkmalen und sehr bekannte dazu, also meist gestohlenes Vieh. Der Wirrwarr war groß.« Immer näher wurden die Reiter – eingekeilt inmitten der »gehörnten Häupter« – zum dichten Busch und damit zur Wasserstelle hingedrückt. Plötzlich lichtete sich der Busch und die Reiter standen vor einer ungemein großen Werft mit vielen, vielen Pontoks. Da fielen auch bereits vereinzelt Schüsse aus der Richtung der Werft und Wasserstelle. Ein Teil der Leute Heyers mit allen Pferden der Gruppe ritt ein Stück zurück und nahm Deckung hinter einem

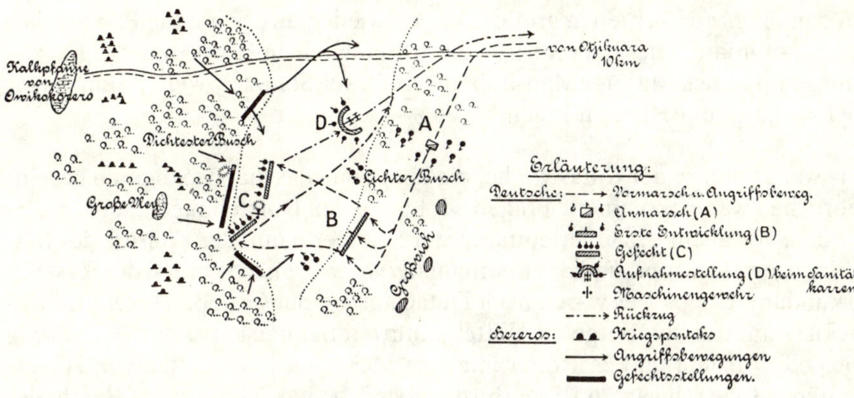

Karte 5: Das Gefecht bei Owikokorero

großen Termitenhügel. Heyer mit dem Rest der Gruppe blieb vorn. Im gleichen Augenblick setzte links voraus heftiges Gewehr- und Maschinengewehrfeuer ein: Glasenapps beide Züge waren auf einen unvermutet starken Gegner gestoßen, der sich im dichten Busch um die Wasserstelle Owikokorero herum verborgen gehalten hatte.

Wie ernst die Situation für die deutsche Abteilung war, erkannte Sergeant Heyer bald: Von links kam der Eingeborene Petrus, der Bursche des Leutnants Thiesmeyer, der einen der beiden Züge befehligte, angelaufen und rief: »Mein Baas (Herr) ist kaputt.« Petrus wurde nach hinten zu den anderen Soldaten der Gruppe geschickt. Kurz darauf kam ebenfalls von links her ein Schutztruppler angeritten, der zu von Glasenapps Gruppe gehörte. Er war völlig kopflos und gab nur zusammenhanglos Auskunft über die Katastrophe, die sich links von Heyer zugetragen hatte.

Inzwischen waren die Rinder zur Werft hin verschwunden. Statt ihrer tauchten aus dem Busch Hererokrieger in immer größerer Zahl auf. Das Gewehrfeuer nahm zu, Heyer mit seinen wenigen noch vorn verbliebenen Leuten geriet in eine kritische Lage. Da befahl der Sergeant, sich vom Gegner zu lösen und zu den Kameraden und den Pferden am Termitenhügel zurückzuweichen. Dies glückte. Dort angelangt, schwangen sich die Soldaten rasch in den Sattel. Von allen Seiten von kirrischwingenden Kriegern bedrängt, gelang es ihnen, nach links in Richtung zur Hauptgruppe durchzubrechen. Petrus wurde von den Herero gefangengenommen.

Plötzlich tauchte links wieder ein Reiter auf: Leutnant zur See Mansholt, quer durch die Büsche galoppierend. Er war in furchtbarer Aufregung und vollkommen verstört. Er wollte Hilfe von Onjatu holen, ritt aber in falscher Richtung nach Süden statt nach Osten. Mit Mühe gelang es einem der Soldaten Heyers, Mansholt einzuholen. Mansholt und Heyer mit seinen Leuten machten dann kehrt und ritten in großem Bogen wieder zurück auf die Pad Owikokorero – Onjatu. Hier bildeten sie eine Auffanglinie in Erwartung der Erkundungsgruppe des Majors. Mansholt ritt mit zwei Soldaten weiter zum Lager nach Onjatu, um Hilfe zu holen.

Wie war es nun zu der Katastrophe, die über von Glasenapps Soldaten hereingebrochen war, gekommen? Folgen wir hierzu den Darstellungen der Überlebenden, vor allem des Oberleutnants zur See Hermann, des Führers des Maschinengewehrtrupps, und des Leutnants Schäfer: Danach verließ der Rest des Erkundungstrupps – es waren nach Detachierung der Gruppe Heyer und Zurücklassung der von Sergeant Witte geführten Sanitätskarre mit Bedeckung noch elf Offiziere und 25 Reiter mit dem MG – nach den ersten von Heyers Leuten auf die schwarzen Rinderhirten abgegebenen Schüssen auf Befehl des Majors die Pad, schwärmte im lichten Busch aus und ritt dann im Galopp auf die Werft zu, wobei er in den allmählich dichter werdenden Busch geriet. Die Stimmung war gut. »Jeder einzelne war froh, nachdem er nun beinahe einen Monat hinter dem Gegner hergelaufen war, ohne ihn zu Gesicht zu bekommen, daß er nun endlich Hereros vor sich hatte«, schrieb Leutnant Schäfer.

Oberleutnant zur See Hermann, der mit seinem Maschinengewehr zehn Schritt hinter den beiden ausgeschwärmten Zügen ritt, berichtet: »Je weiter wir ritten, desto unübersichtlicher wurde die Gegend, die Seitenpatrouille mußte sich, um Fühlung zu behalten, an die Flügel anhängen. Wohl 20 Minuten ritten wir so, die Gewehre klar zum Schießen in der Hand. Plötzlich fielen vor uns einige Schüsse, und ich sah, wie abgesessen wurde. Die Pferdehalter, besonders abgeteilte Leute, übernahmen die Pferde, alle anderen gingen ca. 50 m vor, bildeten eine Schützenlinie und das Gewehrfeuer begann.«

Das Feuergefecht nahm an Heftigkeit immer stärker zu, und doch war kaum etwas zu sehen, obwohl die Herero weniger als 100 m von der deutschen Linie entfernt waren: Sie waren in dem hohen Gras und den dichten Gebüschen und hinter einigen Termitenhügeln gut gegen Sicht gedeckt. »Nur zum Schuß zeigte der Schwarze den Kopf, um dann sofort wieder zu verschwinden.« Das gegnerische Gewehrfeuer, anfänglich schwach, aber wohlgezielt, verstärkte sich innerhalb einer Viertelstunde auf der rechten, von Glasenapps, Flanke, immer mehr. Das MG wurde vorgezogen, um den stark bedrängten rechten Flügel zu unterstützen. Doch nach den ersten zwei Schüssen hatte das MG Ladehemmung: Fast alle Patronen im Gurt waren 3 mm herausgerutscht. In aller Hast wurde es geöffnet; von hinten wurden Ersatzgurte herangeholt. – Auf der deutschen Seite gab es den ersten Toten: Unteroffizier Bachmann, der Gewehrführer des MGs –, er war soeben mit der Gurttasche zum MG zurückgekehrt und wollte einen Ersatzgurt einlegen – erhielt einen Schuß mitten durch die Brust. Seinen Platz als Gewehrführer nahm nun die Nummer 1, Bootsmaat Hoeldke, ein. Er gab Schnellfeuer und ließ das Gewehr »wie einen Schlauch beim Spritzen immer hin- und herbewegen«, da er einen Gegner nicht zu Gesicht bekam.

Zu diesem Zeitpunkt war sich von Glasenapp noch nicht über die genaue Stärke des Gegners im klaren, offenbar glaubte er immer noch, es nur mit der Nachhut des Tjetjostammes zu tun zu haben. Er ließ daher den auf dem linken Flügel stehenden Zug des Oberleutnants Eggers zur Entlastung des stark bedrängten rechten Flügels einen Vorstoß nach rechts machen. Eggers schlich mit seinen Leuten bis dicht an den Gegner heran, um zum Vorstoß anzusetzen. »Der Gegner war nun so dicht vor uns, daß wir einzelne Leute sprechen hören konnten, aber nichts war zu sehen.« Christoph Cain[3] hörte, wie die Herero sagten: »Ruhig bleiben und schießen, das sind nur 30 Mann, die schlagen wir alle tot.« Von hinten ertönte »ein wüstes Getöse von Hunderten von Menschenstimmen«. Oberleutnant Eggers erstarrte das Blut in den Adern: Er erkannte, daß der Erkundungstrupp in eine Falle geraten war und das gesamte Kriegsvolk des Tjetjostammes gegenüber hatte. Schon verlängerte der Gegner seine Linien immer weiter und drohte, die schwache deutsche Abteilung zu umfassen. Eggers gab den befohlenen Vorstoß auf und wich mit seinen Leuten zurück. Er riet dem Major zum Abbruch des Gefechts. Nach kurzer Beratung wurde der Befehl zum langsamen Zurückgehen erteilt und von Mann zu Mann weitergegeben. Das Gesicht dem Feind zugewandt, wichen die Soldaten zurück, »während sich drüben im Busch ein wüstes Geheul erhob«. Das MG wurde gerade wieder auf die Lafette gesetzt, als plötzlich von allen Seiten »ein Hagel von Kugeln über uns und um uns pfiff«. Die Abteilung war umgangen! Offensichtlich hatten die Herero es auf das MG abgesehen. Erneut wurde gehalten und das Feuer erwidert, das MG wieder in Stellung gebracht. Von allen Seiten stürmte der Gegner heran. Leutnant Dziobeck brach, tödlich in die Brust getroffen, zusammen. Leutnant Schäfer wurde verwundet. Der Arzt, Marineoberassistenzarzt Dr. Velten, fiel.

Abwechselnd wurde nun in Richtung auf die Sanitätskarre zurückgegangen, doch immer wieder gehalten, um den nachdrängenden Feind abzuwehren und eine Einschließung zu verhindern. Die Verluste nahmen mit jedem Augenblick zu, fast fortgesetzt hörte man einen Aufschrei: wieder war einer getroffen. Besonders hart umkämpft wurde das Maschinengewehr, das trotz aller Bemühungen schließlich doch in die Hand der Herero fiel. Während des etwa zwanzigminütigen Rückzugs fielen noch zwei Offiziere: Hauptmann von François und Leutnant Thiesmeyer.

Es war etwa 1730 Uhr, als die acht Seesoldaten an der Sanitätskarre, in breiter Front ausgeschwärmt, die Trümmer der Patrouille aufnahmen. Es waren noch drei Offiziere, sieben Mann und zwei Eingeborene, davon sieben verwundet.

Die Herero folgten in der einbrechenden Dämmerung nur zögernd, offenbar hatten sie durch das wirksame Schnellfeuer der Seesoldaten an der Sanitätskarre den Eindruck bekommen, daß große deutsche Verstärkungen eingetrof-

3 Ein Baster, der auf deutscher Seite kämpfte.

fen seien. In der Dunkelheit hörte das Feuer dann vollständig auf. In Otjikuara schloß sich den Überlebenden die Gruppe Heyer an.

Die deutschen Verluste betrugen an Gefallenen sieben Offiziere und 17 Mann. Das waren ca. 70 Prozent der Gesamtstärke der Patrouille. Sehr schwer wog der Verlust der vielen Offiziere und sämtlicher mitgeführter Pferde. Über die Verluste auf Seiten der Herero wurde nichts bekannt. Leutnant Schäfer zog das Fazit: »Die Gewißheit, einen starken Gegner auf 25 km vor sich zu haben, war erreicht, mit diesem Verlust jedoch teuer erkauft.« Die »einzige positive Bilanz« aus diesem »einer Katastrophe nahekommenden« Gefecht konnte die Feindaufklärung ziehen: Es stand nun unzweideutig fest, daß der Tjetjostamm mit seinem gesamten Anhang und Vieh auf dem Wege nach Westen, zu Samuel Maharero, war und daher die Notwendigkeit einer Sperrung der Ostgrenze vorerst nicht mehr bestand.

Mehrere Fehler trugen zu dieser Schlappe bei: Zum einen war es die maßlose Unterschätzung der gegnerischen Kampfkraft und Kampfentschlossenheit, zu der, wie Gouverneur Leutwein selbst anführt, die beiden »Afrikaner«, Hauptmann von François und Oberleutnant Eggers, »deren Rat bei der Durchführung dieses Patrouillenrittes wesentlich mitgewirkt hatte«, von jeher geneigt hatten. Nach Angaben von Paul Leutwein soll Eggers, der vor Aufstandsbeginn viele Jahre in Deutschland geweilt hatte und daher nicht wissen konnte, wieviel Zündstoff sich in der Zwischenzeit in den Gemütern der Herero aufgestaut hatte, sogar noch an eine Einlenkbereitschaft Tjetjos zu diesem Zeitpunkt geglaubt haben, »wenn man diesem nur energisch genug zusetzte«. Ein zweiter Fehler ist darin zu sehen, daß sich von Glasenapp und die ihm als »Ratgeber« zugeteilten Offiziere durch die Aussicht auf Viehbeute von der eigentlichen Aufgabe, der Aufklärung, hatten ablenken lassen. Unverständlich erscheint auch, daß aus der Anwesenheit der großen Viehherden bei Owikokorero nicht auf die Nähe stärkerer Scharen von Herero – »so viel Vieh, so viel Herero« lautet ein altes südwestafrikanisches Sprichwort – geschlossen hatte, sondern weiter vorgerückt war. Und schließlich hatte zum unglücklichen Ausgang des Unternehmens auch noch beigetragen, daß man den Angaben der an der Pad angetroffenen Hererofrau blindlings Glauben geschenkt hatte, statt diese durch eine vorsichtige Aufklärung nachzuprüfen. So hatte man dann, als es tatsächlich zur Feindberührung kam, das Gefecht in dem Glauben angenommen, man habe es doch nur mit einer Nachhut oder einer »Viehsicherung« zu tun.

Die Reaktion in der deutschen Öffentlichkeit und in der Presse auf den unglücklichen Ausgang dieses Unternehmens reichte von Schadenfreude über Betroffenheit bis hin zu ohnmächtigem Zorn und dem Ruf nach Bestrafung der Verantwortlichen. So schreibt der Militärattaché an der britischen Botschaft in Berlin, Oberstleutnant Gleichen, an seinen Botschafter in einem Schreiben vom 8. April 1904[4]:

4 C. O. 48, 577, S. 576 v. 8. April 1904 – siehe Quellen- und Literaturverzeichnis.

»Die Sozialisten gaben unter sich unverhohlen ihrer Freude Ausdruck. In einigen Teilen der Presse wurden Kübel von Zorn auf die unglücklichen Offiziere, Leutwein, Glasenapp usw., ausgegossen; die Verfasser der Artikel, die überhaupt keine Kenntnisse von den näheren Umständen der Katastrophe hatten, bewiesen voll Selbstzufriedenheit, daß sämtliche militärischen Vorsichtsmaßnahmen außer Acht gelassen worden und alle Beteiligten absolut unfähig seien; sie verlangten die Abberufung und kriegsgerichtliche Aburteilung aller verantwortlichen Offiziere. Andere Zeitungen, ebenso unwissend, gaben sich alle Mühe, das genaue Gegenteil zu beweisen, und nur sehr wenige Blätter sind einsichtig genug, um einzuräumen, daß die deutschen Truppen noch etwas hinzuzulernen hätten und daß es ihnen nicht schaden könnte, von uns noch etwas über Kolonialkriegführung gelehrt zu bekommen. Zu diesen einsichtigen Kreisen gehören auch Offiziere des Großen Generalstabs; hier kann man interessanterweise feststellen, daß diese Offiziere Vergleiche anstellen mit den Erfahrungen, die unsere Truppen jetzt in Südafrika machen, und unumwunden zugeben, daß sie unsere Schwierigkeiten unterschätzt hätten und sie diese jetzt zu verstehen begännen.«

Nach dem Gefecht bei Owikokorero verblieb die Abteilung, der sich am 15. März die Südkolonne unter Hauptmann Lieber angeschlossen hatte, bis zum 28. März im Lager von Onjatu. Wegen der Schwäche seiner Truppe, vor allem des nun fast vollständigen Fehlens von Pferden, der Erschöpfung seiner Leute und der Stärke des gegenüberstehenden Gegners hatte Major von Glasenapp bis auf weiteres alle offensiven Absichten aufgegeben. Eine berittene Aufklärung, die in den nächsten Tagen unter Oberleutnant von Winkler nach Westen hin in Richtung auf Owikokorero durchgeführt wurde, ergab, daß die gesamte Gegend einschließlich Owikokorero selbst vom Feind geräumt und dieser jetzt im Abzug nach Westen war. Winkler beließ in der Nähe von Owikokorero auf einer Spitzkuppe einen Posten zurück. Von hier aus wurde in den nächsten Tagen vergeblich versucht, mittels Leuchtraketen Kontakt mit der westlich von Owikokorero vermuteten Westabteilung unter Major von Estorff zu suchen. Obwohl die Gegend weit und breit frei war, war die Feindlage durch widersprüchliche Meldungen unklar: Zwei Eingeborene, darunter der bei Owikokorero von den Herero gefangengenommene, später aber entwichene Bursche Leutnant Thiesmeyers, hatten übereinstimmend ausgesagt, sie hätten Gespräche der Aufständischen erlauscht, die besagten, daß Samuel Maharero mit seinem gesamten Orlog nach Owikokorero unterwegs sei, und »dort wollten die Damaras[5] die Truppe empfangen«. Dagegen sagten bei Owikokorero von der Aufklärungsgruppe von Winkler gefangengenommene Hererofrauen aus, Tjetjo sei von Owikokorero nach Ongandjira, wo die Hererohauptmacht stände, abgezogen.

5 Fälschliche Bezeichnung für Herero.

Am 15. März frühmorgens ließ von Glasenapp einen Bericht über das Gefecht bei Owikokorero an Oberst Leutwein absenden, zur Sicherheit in zweifacher Ausfertigung und auf zwei verschiedenen Wegen. Seine Absicht war, zunächst einmal die weitere Entwicklung der Dinge bei der Hauptabteilung abzuwarten, mit der er und die Westabteilung zusammenwirken sollten, sobald die Hauptabteilung ihren Vormarsch angetreten hätte. Nach der Mitteilung des Gouverneurs vom 29. Februar sollte dies Ende März der Fall sein[6].

Um den Kontakt mit der Hauptabteilung herzustellen, wurden mangels eigener Heliographen »aus großen Pistolen rote und weiße Glühkugeln als Signale steil in den Nachthimmel hinaufgeschossen«. Aber keine Antwort kam »von der großen Abteilung«. Diese Antwort konnte auch gar nicht kommen, denn die Hauptabteilung war noch mitten in der Aufstellung in Okahandja begriffen. Das aber erfuhr von Glasenapp wegen der dürftigen Nachrichtenverbindungen, die jedes Zusammenwirken der drei Abteilungen ungeheuer erschwerten, erst mit erheblicher Verspätung.

Am 17. März endlich trafen mit fünftägiger Verzögerung, bedingt durch den langen Nachrichtenweg – Übermittlung mittels Heliograph von Okahandja über Windhuk bis Seeis, dann von dort mittels berittener Boten nach Onjatu – neue Weisungen aus dem Hauptquartier ein: Veranlaßt durch die Meldung der gegnerischen Kräftekonzentrierung am Oberlauf des Swakop-Riviers westlich der Onjatiberge, hatte Leutwein am 11. März einen neuen Operationsbefehl für die Ostabteilung herausgegeben: Danach sollte diese nunmehr gemeinsam und gleichzeitig mit der Hauptabteilung, die voraussichtlich Anfang April einsatzbereit sei, gegen die im Gebiet südlich von Otjosasu, Okatumba und Katjapia stehenden Hauptkräfte der Herero sowie gegen die – wie Leutwein vermeinte – auf die Onjatiberge zurückweichenden Tjetjoleute vorgehen. Den genauen Angriffszeitpunkt wollte der Gouverneur noch bekanntgeben.

Dieser Befehl war jedoch bereits durch die Ereignisse überholt, da er von der Annahme ausging, von Glasenapp stände jetzt bei Ekuja am Schwarzen Nossob. Der Wirrwarr der Befehle und Gegenbefehle für die Ostabteilung ging weiter: Kurz darauf traf eine erneute Weisung für die Abteilung ein, nachdem der Gouverneur die Nachricht von der Niederlage bei Owikokorero erhalten hatte. Jetzt plötzlich waren Fühlunghaltung mit dem Tjetjostamm und Sperrung des Fluchtweges nach Osten wieder Hauptaufgabe der Ostabteilung. Offenbar befürchtete Leutwein, die Herero könnten sich, falls sie von ihm bei Okahandja geschlagen würden, nach Osten in das britische Protektorat absetzen. Gleichzeitig mit diesem Gegenbefehl teilte Leutwein mit, die Hauptabteilung sei nunmehr am 1. April operationsbereit.

Am 28. März brach von Glasenapp mit der gesamten Abteilung wieder auf. Unter Zurücklassung einer größeren Sicherung in Onjatu erfolgte der Vormarsch in Richtung auf das jetzt feindfreie Owikokorero. Die Wasserstelle wurde am folgenden Tag erreicht. Dort hatte Hauptmann Liebers Kompanie

6 Siehe Seite 140.

noch eine schauerliche Pflicht zu erfüllen: Die ihrer Uniformen beraubten, »nackten, verstümmelten und von Raubtieren zerfressenen« Leichen der am 13. März gefallenen Kameraden zu bestatten.

Am 1. April mittags wurde Otjikuoko erreicht, das als Ausgangspunkt für den beabsichtigten Vorstoß der Abteilung vorgesehen war. Eine entsprechende Mitteilung erging an die Hauptabteilung. Doch eine Antwort von der nun im Vormarsch vermuteten Hauptabteilung blieb aus, auch erneute Kontaktversuche mittels Leuchtraketen schlugen fehl. Da kamen von Glasenapp Zweifel, ob die Hauptabteilung überhaupt aufgebrochen war, und er beschloß, angesichts der ungeklärten Feindlage – Otjikuoko lag nur etwa 20–30 km von der im Dreieck Oviumbo–Otjosasu–Ongandjira massierten Hauptmacht der Herero entfernt – und aus Furcht, von seinem über Seeis und Onjatu führenden Versorgungsweg durch einen gegnerischen Vorstoß abgeschnitten zu werden, sich mit seiner schwachen Abteilung vom Gegner weiter abzusetzen und über Okaharui in das befestigte Lager bei Onjatu zurückzumarschieren. Dort, an der Hauptpad nach Osten, könnte, so glaubte er, die Ostabteilung auch ihrer Hauptaufgabe am besten nachkommen, d. h. dem Gegner den Weg nach Osten zu verwehren, falls er dorthin zu entkommen versuchen sollte.

Ein genaues Feindbild war zu diesem Zeitpunkt nicht zu erhalten, da wegen völliger Erschöpfung der wenigen noch vorhandenen Pferde keine Patrouillen mehr geritten werden konnten. Der Major rechnete allerdings nicht damit, daß die Tjetjoleute, die nach Südwesten abgezogen waren, nun mit einmal wieder kehrtmachen würden, dagegen hielt er den Durchzug von Hererokräften aus dem Norden in Richtung zum Sammelpunkt in der Gegend von Ongandjira für möglich.

Mit dem beklemmenden Gefühl der Ungewißheit über den Verbleib des Gegners wurde nun am 2. April nachmittags Otjikuoko wieder verlassen und gegen Abend Okaharui erreicht.

Am nächsten Morgen gegen 0600 Uhr – es war Ostersonntag – wurde wieder aufgebrochen. Marschrichtung: Otjikuara. Seesoldat Peter Moor alias Michaelsen schreibt über die eingenommene Marschordnung:

»Voran die kleine Reiterschar, die wir noch hatten, auf abgemagerten, verwundeten und zottigen Pferden, dann marschierte eine Kompanie[7]. Dann kamen unsere Kanonen. Dann kam wieder eine Kompanie[8]. Dann kamen unsere fünfzig Wagen[9] mit je vierundzwanzig Ochsen bespannt. Dann kam meine Kompanie[10]. Ich ging im ersten Zug. Hinter unserem Zug marschierte, als die letzten der ganzen Kolonne, in einem Abstand von ungefähr 300 Meter, ein halber Zug[11]. Die ganze Marschkolonne war fünf Kilometer lang. Man konnte

7 Seesoldatenkompanie des Hauptmanns Lieber.
8 Schutztruppenkompanie des Hauptmanns von Brockdorf.
9 Tatsächlich waren es 22 Wagen.
10 Seesoldatenkompanie des Hauptmanns Fischel.
11 Geführt von Leutnant der Reserve Nörr.

in dem dichten, schmalen, staubigen Weg, der sich in Biegungen durch den dichten Busch wand, immer nur einen kleinen Teil davon sehen. Man hörte nur aus dem Peitschenknallen und dem Schreien der schwarzen Treiber: ›Wörk! Wörk! Osse!‹, wie der Zug weiter ging.«

Peter Moor fährt fort:
»Was keiner ahnte: Um diese Stunde, im Morgengrauen, zog ein großer Haufe der Feinde wirklich nach Osten zu; aber nicht, um in die Wüste durchzubrechen, sondern um an einer besonders buschigen Stelle des Weges, die wir heute passieren würden, auf uns zu lauern.«

Gegen 0815 Uhr traf aus Richtung Onjatu eine aus fünf Wagen bestehende Proviantkolonne ein. Von dieser erhielt von Glasenapp auch einen Operationsbefehl Leutweins mit Datum 29. März 1904, in dem er seine Vermutung bestätigt fand: Die Hauptabteilung würde erst »um den 6. April herum« den Vormarsch antreten! Gemeinsames Marschziel beider Abteilungen bleibe der am oberen Swakop sitzende Gegner.

Eine kurze Pause wurde eingelegt, um die von der Proviantkolonne mitgebrachte Dienstpost durchzusehen. Gleich darauf brach die Kolonne wieder auf. Überzeugt, daß keine Gefahr im Verzuge war, da ja die schwach gesicherte Proviantkolonne ohne irgend welche Feindberührung die Abteilung erreicht hatte, begab sich der Major beruhigt an die Spitze der Marschkolonne.

Es war gegen 0820 Uhr: Seesoldat Peter Moor marschierte, in Gedanken an die Heimat versunken, zwischen seinen Kameraden in Staub und Sand auf der Pad dahin. Da fielen plötzlich, nicht weit hinter ihm, zwei Schüsse. Zuerst hieß es, ein Offizier habe auf ein Stück Wild geschossen. »Aber im nächsten Augenblick, während nun hinter uns Schuß auf Schuß fiel und wir uns umdrehten, das Gewehr schon zur Hand, kam ein Mann atemlos, lief an uns vorüber nach vorn und rief: ›Die Nachspitze hat Feuer.‹« Damit hatte das Gefecht bei Okaharui begonnen.

Was war hinten geschehen? Herero waren unbemerkt der Ostabteilung gefolgt und hatten nur auf eine günstige Gelegenheit gewartet, um in dem dichten Busch zuzuschlagen! Leutnant der Reserve Nörr, der die Nachspitze, einen Teil des 2. Zuges der Kompanie Fischel, führte, hatte, als er Herero im Dornbusch erkannte, sofort auf diese das Feuer eröffnet. Daraufhin überschütteten die zumeist berittenen Herero Nörrs kleine Schar mit einem so heftigen Gewehrfeuer, daß der Rest des weiter vorn marschierenden 2. Zuges der Kompanie Fischel sofort kehrt machte, um den bedrängten Kameraden beizustehen. Schnell zeigte sich jedoch, daß der Gegner übermächtig war und den schwachen Zug einzuschließen und zu erdrücken drohte. Nun setzte Hauptmann Fischel rasch auch seinen 3. Zug ein, den er rechts und links von dem den 2. Zug überflügelnden Gegner anzusetzen versuchte. Das aber mißlang, da die Herero zu zahlreich waren und von allen Seiten auftauchten. Der 2. Zug war bereits stark angeschlagen und hatte den größten Teil seiner Leute, darunter auch Leutnant Nörr, schon eingebüßt. Daraufhin setzte Fischel auch seine letzte Reserve, den 1. Zug, ein. Um den beiden anderen Zügen Luft zu schaffen, ging der 1. Zug mit dem Hauptmann im Bajonettangriff vor, wurde jedoch gleich darauf im Kreuzfeuer des Gegners in Deckung gezwungen. Schließlich schob sich der Zug, rechts vom dezimierten 2. Zug, in die Gefechtslinie ein, die inzwischen die Form eines zurückgebogenen Halbmonds eingenommen hatte. So dehnte sich das Gefechtsfeld immer weiter aus, zu Hunderten stürmten die Herero von allen Seiten in dichten Massen auf die Kompanie Fischel ein, die nunmehr fast vollständig eingeschlossen wurde.

Weil der dichte Busch den Gefechtslärm von hinten völlig verschluckte, verging eine Weile, bis die vorn befindlichen und nichtsahnend weitermarschierenden Teile der Kolonne erfuhren, was sich hinten bei der Kompanie Fischel zugetragen hatte. Der gerade an der Spitze der Wagenkolonne reitende Major erkannte sofort, daß rasch gehandelt werden mußte, da wegen der großen Ausdehnung der Marschkolonne die Gefahr bestand, daß der übermächtige Gegner im dichten Busch sich zwischen die einzelnen Marschteile der Kolonne schieben und diese dann einzeln einschließen und vernichten könnte. Glasenapps ganzes Bestreben war daher, aus diesem unheimlichen Dornbusch herauszugelangen. Weiter vorn an der Pad öffnete sich der Busch zu einer Lichtung. Der Major wollte versuchen, seine Kräfte dort zusammenzuziehen und so der Gefahr der Einschließung von Teilen seiner Truppe zu entgehen.

Eine sofortige Unterstützung der hart bedrängten Kompanie Fischel war nicht möglich, weil die Wagenkolonne auf der schmalen Pad zwischen dieser Kompanie und der Kompanie von Brockdorff stand und letztere daher gezwungen gewesen wäre, in das dichte Dornbuschfeld seitlich von der Pad auszuweichen und sich dann mühsam einen Weg zur Kompanie Fischel hätte bahnen müssen. Auf Weisung von Glasenapps hin machte daher die Kompanie von Brockdorff zunächst die Pad frei und ließ die Wagenkolonne passieren. Diese rollte nun nach vorn zur Lichtung hin, wo sie von der Kompanie Lieber, die dort Stellung bezogen hatte, aufgenommen wurde. Auf der Lichtung wurde nun eine Wagenburg gebildet.

Die Kompanie von Brockdorff eilte im Laufschritt nach Passieren der Wagenkolonne der langsam zurückweichenden Kompanie Fischel bis zu einer Lichtung im Busch entgegen, verteilte sich dort und nahm die fortwährend kämpfende Kompanie auf. Beide Kompanien machten nun erneut gegen die nachdrängenden Herero Front. Auch die Artillerie griff in das Kampfgeschehen ein. Dem zur Kompanie Fischel gehörenden und beim Nachhutgefecht verwundeten Seesoldaten Peter Moor war es mit einigen Kameraden gelungen, sich bis zum Verbandplatz auf der Lichtung durchzuschlagen. Er berichtet über diese Phase des Kampfes:

»So lagen und standen sie[12] im Halbkreis um uns Verwundete und um die ausgeladenen Kranken, die teilnahmslos und mit geröteten Gesichtern unter ihren

12 D. h. die noch Unverwundeten der Kompanie Fischel und die Soldaten der Kompanie von Brockdorff.

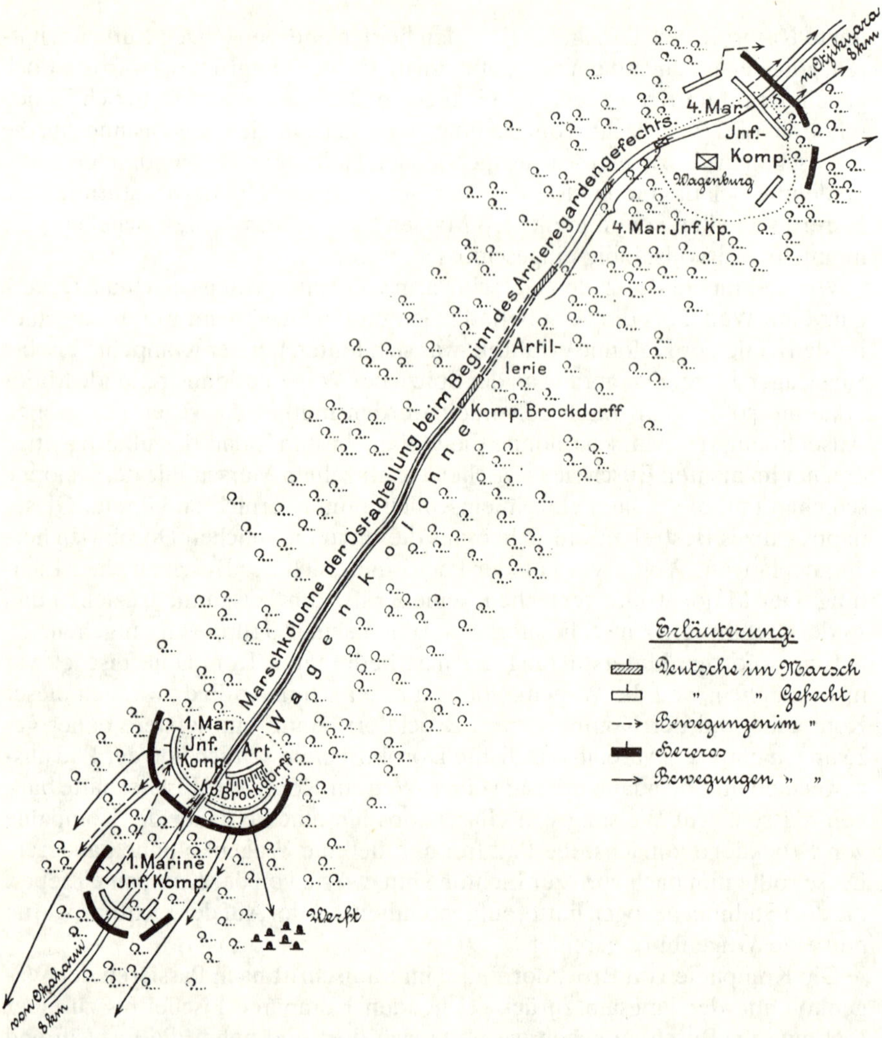

Karte 6: Das Gefecht bei Okaharui

Decken lagen, und feuerten heftig gegen die herandrängenden Feinde. Sie kamen so nahe, daß ich sie sah. Sie trugen meist die Uniform unserer Schutztruppe, andere hatten europäische Sommeranzüge, einige waren halbnackt. Ihre Glieder erschienen merkwürdig lang, ihre Bewegungen waren merkwürdig glatt und gewunden. So schlichen, glitten und sprangen sie durch die Büsche an uns heran. Zwei- oder dreimal schossen die Artilleristen mit Schrapnells; es rauschte wie ein Sturzbach durch die Luft; dann prasselte und knatterte es und sie wichen zurück. So lagen und standen die Unsern zwei Stunden lang um uns und hielten den wilden Ansturm aus, und konnten keinen Schritt vorwärts dringen.«

Während diese beiden Kompanien in einem erbitterten Abwehrkampf lagen, waren auch die Kompanie Lieber und die Wagenkolonne vom Kampfgeschehen nicht unberührt geblieben; Ursprünglich hatte die Absicht bestanden, nur einen Zug der Kompanie Lieber zur Deckung des zu einer Wagenburg zusammengefahrenen Trosses einzusetzen, während die beiden anderen Züge dieser Kompanie den Kompanien der Hauptleute Fischel und von Brockdorff zu Hilfe eilen sollten. Dazu kam es aber nicht mehr. In dem Augenblick, als die beiden Züge sich anschickten, zum südlichen Gefechtsfeld abzurücken, erhielten sie Rückenfeuer von einer anderen Abteilung zumeist berittener Herero, die sich durch den dichten Dornbusch bis an die Wagenburg herangearbeitet hatte und diese und die Kompanie Lieber unter Feuer nahm. Es wurde klar, daß der Gegner es darauf abgesehen hatte, mit seiner Masse (300–350 Mann) die Hauptkräfte der Abteilung von Glasenapp nur in der Absicht in ein schweres Gefecht zu verwickeln, um sich mit seiner Reiterei (etwa 200 Mann) umso ungehinderter auf von Glasenapps Munitionswagen und die kurz vor dem Gefecht eingetroffenen Proviantwagen zu stürzen. Dies bestätigten auch später aufgefundene Tagebuchaufzeichnungen des von den Herero gefangengenommenen englischen Händlers Wallace. Um die Wagen herum entbrannte ein wilder 1½stündiger Kampf, in dem es der Kompanie Lieber schließlich gelang, den Gegner zurückzuwerfen. Dieser zog dann in nordöstlicher Richtung ab.

Im südlichen Kampfbereich hatte der Gefechtsverlauf für die Deutschen inzwischen ebenfalls eine günstige Wendung gebracht: Unter dem Eindruck des Artilleriefeuers war der Gegner gegen 1145 Uhr in das Buschdickicht zurückgewichen. Die beiden Kompanien gingen nun unter Führung des Majors in südlicher Richtung beidseitig des Weges nach Okaharui zur Verfolgung über, die sich bei sengender Mittagshitze etwa 1½ Stunden hinzog. Peter Moor berichtet:

»Dann aber drangen sie langsam in dem Busch vor und stießen den Feind zurück, und drangen bis zu der Stelle, wo wir, die Nachspitze, gekämpft hatten, und hofften wohl, sie würden noch einige lebend finden. Aber sie waren alle tot und nackend. Sie brachten sie heran und legten sie in großem Halbkreis unter einen Baum.«

Insgesamt waren 32 Mann, die meisten Angehörige der Kompanie Fischel, auf deutscher Seite gefallen. Beim Absuchen des Gefechtsfeldes fand man 92 gefallene Herero. Aus den zahlreichen Blutlachen auf dem Kampffeld konnte aber geschlossen werden, daß die Verluste der Herero ungleich höher gewesen sein mußten. Geht man von der Gesamtzahl der am Gefecht Beteiligten aus, läßt sich sagen, daß sowohl die Abteilung von Glasenapp als auch die Aufständischen hohe blutige Verluste erlitten hatten. So berichtet der Generalstabsoffizier Bayer, später gefangengenommene Herero hätten bei Verhören immer wieder von den »Leichenhügeln bei Okaharui« erzählt. Eine sehr gereizte Stimmung soll deswegen danach im Kriegslager der Herero geherrscht haben. Die Häuptlinge hätten sich gegenseitig die Schuld an diesem fehlgeschlagenen Überfall vorgeworfen. Nach den vorausgegangenen Mißerfolgen der Ostabteilung hatte man im Hererolager den Gefechtswert der Seesoldaten offenbar sehr niedrig eingeschätzt, wie auch aus den Äußerungen des Kriegshäuptlings Kajata »Die alten deutschen Soldaten fürchten wir, die neuen aber nicht, die kommen direkt von der Mutter!« hervorgeht. Um so größer muß die Überraschung der Hererokrieger gewesen sein, als sie in Okaharui auf einen so zähen Widerstand der Seesoldaten stießen.

Der deutsche Generalstab in der Heimat aber, um den seit Owikokorero stark angeschlagenen Nimbus der Marineinfanterie besorgt, beeilte sich, aus der Tatsache, daß die Truppe bei Okaharui das Gefechtsfeld behauptet und den Gegner zum Rückzug gezwungen hatte, den Ausgang dieses Gefechts als einen Teilsieg der Ostabteilung zu werten und sprach von einer »Rettung der Waffenehre«. »Owikokorero ist damit wettgemacht!« hieß es.

Nach dem Gefecht bei Okaharui setzte die Ostabteilung ihren unterbrochenen Marsch nach Onjatu fort, wo sie am 4. April wieder eintraf. Hier warteten bereits die vor dem Gefecht bei Okaharui vorausgeschickten Reiter unter Oberleutnant von Winkler und ein Verstärkungstransport unter Hauptmann Fromm mit zwei Geschützen und den schon lange angeforderten Heliographen auf die Ostabteilung. In Onjatu erhielt der Major auch wieder eine Mitteilung vom Hauptquartier: »Die Hauptabteilung wird um den 6. April den Vormarsch antreten.« Bis dahin sollte die Ostabteilung »eine abwartende und defensive Haltung« einnehmen. Gemeinschaftliches Operationsziel sei der am oberen Swakop sitzende Gegner.

An gemeinsame Operationen mit der Hauptabteilung konnte von Glasenapp indes nicht mehr denken. Denn inzwischen war der vom Pech verfolgten Ostabteilung unvermutet ein neuer Gegner erwachsen, dem sie sich machtlos ausgesetzt sah: der Typhus. Das häufige Regenwetter, die unzureichende Ernährung, die Gewaltmärsche – in einem Fall 126 km an drei Tagen unter schwierigsten Geländebedingungen –, die nächtliche Kälte – Mäntel wurden erst am 4. April angeliefert! – vor allem aber das verseuchte Wasser und der Schmutz hatten die Widerstandskraft der solche Strapazen nicht gewohnten Seesoldaten unterhöhlt. Die Zahl der an Typhus erkrankten Soldaten betrug am 6. April zwölf und schnellte dann bis zum 16. April auf sechsundzwanzig! Peter Moor, bei Okaharui verwundet und inzwischen zum Gefreiten befördert, berichtet:

»Ich konnte an diesem Abend vor Fieber nicht schlafen. Ich lag mit offenen Augen neben dem Lazarettzelt und sah zu, wie sie sich um die Verwundeten und die Kranken bemühten. Sie nahmen eine Zeltbahn und schlugen sie einmal zusammen und knüpften die offenen Seiten zu und stopften in diese so entstandenen Säcke das lange, dürre Gras und legten den Leidenden darauf und taten ihm Gutes, so viel sie konnten. Gegen Abend kam ein neuer Kranker; er kam mit schleppenden Füßen und halbgeschlossenen Augen, blaß wie der Tod. Am Vormittag kamen wieder zwei.

Nun lagen da schon neben siebzehn Verwundeten vierzehn Kranke. Die Kranken lagen teilnahmslos da, wie von einem Schlag vor den Kopf betäubt. Wenn man sie fragte, sagten sie, sie fühlten keinen Schmerz, sie wären aber so matt und so heiß.

In den folgenden drei Tagen wurden weitere zwölf krank. So ging es Tag für Tag. Da sagten sie es offen, daß es Typhus wäre...

Die drückende Hitze des Tages und die schneidende Kälte der Nacht, die jämmerliche Nahrung, das erbärmliche Wasser machten immer mehr Kameraden schlaff, träge und gleichgültig. Wir bekamen alle eine andere Sprache; ohne Leben, ohne Schwung, wie schlaftrunken redeten wir. Einige wenige blieben munter... Der Gesang im Lager wurde immer, immer weniger, die Unterhaltung immer mühsamer. Wir wurden immer hungriger, schmutziger, kranker. Gleichmütig und still sahen wir an jedem Abend einen oder zwei von uns in ihre abgerissenen, schmutzigen Lumpen und in ihre grauen Wolldecken gewickelt unten in der fremden, grauen Erde liegen, schwer und müde hoben die Befohlenen die Arme in die Luft zum Feuern, den Toten zur Ehre; müde und stumpfsinnig schaufelten sie Erde auf sie und legten Dornen darauf. Nachts erwachte ich von den müden, wirren Reden der Kranken und von dem Heulen der Schakale, welche die Gräber witterten.

Als wir vierzehn Tage so gelegen hatten, war es so weit, daß jeder vierte Mann krank war. In zwei langen Reihen lagen sie auf der nackten Erde in voller Uniform, eine Zeltbahn über sich gegen den Sonnenbrand. Sie mußten da in ihrer schweren Krankheit liegen, nicht allein ohne irgendwelche Medizin, sondern auch ohne Stärkung. Wir hatten nicht einmal Milch und Eier. Wir hatten nicht einmal ein Stück trockenes Brot. Wir hatten nicht einmal ein bißchen Reinlichkeit.«

Vergeblich bemühte sich von Glasenapp, mit Hilfe des durch Hauptmann Fromm angelieferten Heliographen Verbindung mit der Hauptabteilung aufzunehmen, um auf den Notstand seiner Abteilung aufmerksam zu machen und Hilfe anzufordern. Jeden Abend wurde bis Mitternacht die Gegend in südlicher und westlicher Richtung mit der Signallampe abgeleuchtet – aber eine Antwort blieb aus. Am 9. April hörte man aus südwestlicher Richtung Donner, der fälschlicherweise für Gewitter gehalten wurde. Tatsächlich aber war es der Geschützdonner vom Gefecht an der ca. 60 km entfernten Wasserstelle Ongandjira, wo die Hauptabteilung auf die Hauptmacht der Herero gestoßen war[13].

Endlich – am 20. April – trafen zwei Eingeborenenboten aus dem Hauptquartier mit der Hiobsbotschaft ein, daß die Hauptabteilung nach dem schwe-

13 Siehe Seite 165ff.

ren Gefecht bei Oviumbo am 13. April[14] den Rückzug nach Otjosasu angetreten habe. An eine Wiederaufnahme der Operationen sei erst nach Eintreffen weiterer Verstärkungen zu denken. »Bis dahin aber könnten sechs Wochen vergehen.« Glasenapp wurde Entscheidungsfreiheit für die weitere Marschrichtung seiner Abteilung gegeben, er solle sich jedoch nur defensiv verhalten.

Während der Tage in Onjatu wurden Patrouillen in die Umgebung entsandt. Es zeigte sich hierbei, daß sämtliche Wasserstellen im weiteren Umkreis von Onjatu feindfrei waren.

Durch die Ausfälle an Kranken war die ursprünglich 500 Mann starke Abteilung unterdessen auf etwa 300 Mann zusammengeschmolzen. Infolge der Typhusepidemie waren die Wasserstellen bei Onjatu völlig verseucht worden, so daß sich der Major schließlich gezwungen sah, Onjatu zu räumen und mit der gesamten Abteilung zu der etwa 110 km weiter südlich gelegenen Wasserstelle Otjihaenena zu verlegen. Da Otjihaenena an der Pad Windhuk – Seeis – Gobabis und damit innerhalb der Heliographenlinie zwischen dem Hauptquartier in Okahandja und Gobabis gelegen war, erhoffte von Glasenapp, dort auch endlich Nachrichtenverbindung mit der Hauptabteilung herstellen zu können.

Am 21. April brach die Ostabteilung auf, nachdem ein Teil der Kranken mit der bisher von der Epidemie nicht befallenen Reiterabteilung von Winkler nach Seeis vorausgeschickt worden war. Wegen der vielen durch Wasser- und Futtermangel geschwächten Treckochsen und der zahlreichen Kranken wurde der Rückmarsch zu einer Qual. Durch Zusammenbrüche von Ochsen traten stundenlange Verzögerungen ein. Drei Tage dauerte der Marsch. Peter Moor schreibt hierüber:

»Am vierten Tag[15] erreichten wir auf unserem Rückzug eine gute Wasserstelle[16]. Es war da eine kleine, ganz schlichte Kirche, welche die Mission gebaut hatte, und das halbzerstörte Haus des Missionars; in diesem Gebäude wurden auf der Erde aus Gras und Decken Lager bereitet. Die Gesunden lagerten einige hundert Meter aufwärts auf einem Hügel. Da wollten wir nun liegen bleiben, bis die Krankheit unter uns ausgewütet hatte.«

Auf dem Wege nach Otjihaenena erhielt von Glasenapp am 22. April noch die Weisung von der Truppenführung, nach dem etwa auf halbem Wege zwischen Onjatu und Otjihaenena gelegenen Ort Otjihangwe zu marschieren, um dort eine Auffangstellung gegen den eventuell jetzt nach dem Gefecht bei Oviumbo doch wieder nach Osten abtreckenden Gegner zu bilden.

Am Tage der Ankunft in Otjihaenena gelang es schließlich, die Heliographenverbindung mit dem Truppenkommando herzustellen und Sanitätspersonal und -material für die vielen Kranken anzufordern.

14 Siehe Seite 178f.
15 24. April.
16 Otjihaenena.

Hatte der Major anfänglich noch geglaubt, der Weisung Leutweins, nach Otjihangwe zu gehen, Folge leisten zu können, so zwangen ihn jetzt die Umstände, diesen Gedanken aufzugeben: Durch die Typhusepidemie und die Gefechtsverluste war seine Abteilung nun auf ganze 151 Mann Kampffähige zusammengeschmolzen. Auf Befehl des Hauptquartiers wurde daher die Ostabteilung – mit Ausnahme der in Seeis verbleibenden Reiterabteilung – am 3. Mai in Otjihaenena in Quarantäne gelegt. »Sie hörte damit zu bestehen auf.«

Dieses Kapitel abschließend, erhebt sich die Frage, ob diese unter ungünstigen Voraussetzungen ins Feld geschickte Abteilung ihrem Auftrag gerecht geworden war. Ihre Hauptaufgabe hatte darin bestanden, eine befürchtete Flucht der Herero in das nahegelegene Betschuanaland zu verhindern. Hatte bei den Herero diese Absicht überhaupt bestanden? In verschiedenen neueren Quellen wird dies bestritten und von einer irrigen Auffassung Leutweins gesprochen. Diesem Standpunkt stehen aber verschiedene zeitgenössische Aussagen entgegen: So hatte der in Südwestafrika ansässige Engländer Alec Hewitt, der lange als Händler unter den Herero gelebt und zu Anfang des Aufstands von den deutschen Behörden in Swakopmund gefangengehalten wurde[17], in einem Gespräch mit dem Resident Commissioner des britischen Protektorats Betschuanaland in Mafeking, Ralph Williams, Anfang April 1904 geäußert, die Herero hofften, die Erlaubnis von den Briten zu erhalten, sich in der Nähe des Ngamisees anzusiedeln[18]. Aus den Äußerungen Hewitts wie auch aus dem anschließenden Schriftverkehr des Resident Commissioner mit seinem Vorgesetzten, dem High Commissioner Viscount Milner in Johannesburg, geht hervor, daß Hewitt im Auftrage der Hereroführung bei den zuständigen britischen Behörden die Möglichkeit der Ansiedlung der Herero auf britischem Gebiet sondieren sollte. Auch Übertritte größerer Hererogruppen auf britisches Gebiet in dem fraglichen Zeitraum werden belegt: So berichtete der britische Magistrat in Tsau, Ngamisee-Distrikt, in einem Schreiben an den Resident Commissioner in Mafeking vom 2. März 1904[19] über eine Hererogruppe von 50 Personen mit Vieh, die bei Rietfontein über die Grenze gegangen sei und um politisches Asyl bäte. Ebenso in einem Schreiben[20], wo von 30 Hereroflüchtlingen die Rede ist, die, von Leutnant Eymael und seinen in Rietfontein stationierten Soldaten verfolgt, Ende März über die Grenze nach Quagganei geflüchtet waren.

Es läßt sich also sagen, daß zumindest bei Teilen des Hererovolkes, vor allem bei den Tjetjoleuten, durchaus die Absicht einer Auswanderung in briti-

17 Hewitt befand sich zum Zeitpunkt des Ausbruchs des Aufstands im Auftrag der britischen Goldminengesellschaft von Johannesburg in Swakopmund, um Eingeborene für die Goldminen anzuwerben. Er wurde von den deutschen Behörden des Waffenhandels mit den Herero verdächtigt.

18 PRO, Kew, C. O. 417, Piece 391, S. 494.

19 PRO, Kew, C. O. 417, Piece 392, S. 49.

20 PRO, Kew, C. O. 417, Piece 392, S. 358.

sches Gebiet bestanden hatte, und daß sehr wahrscheinlich sogar Samuel Maharero sich für sein Volk eine Hintertür zur Flucht in das Betschuanaland für den Fall eines Scheiterns des Aufstands offenhalten wollte.

Leutweins Sorge, die Herero könnten in das Betschuanaland auswandern, war also durchaus berechtigt, und somit erschien auch der Gedanke der Notwendigkeit einer Sperrung der Ostgrenze sinnvoll zu sein. Indes war die Abteilung für diese Aufgabe überfordert: Die Vereitelung einer solchen Flucht wäre nur mit einer schnellen und starken, im Kolonialkrieg erprobten Truppe, einem Kavallerieverband, der sich den Herero hätte vorlegen können, möglich gewesen, nicht aber mit einer so schwerfälligen und obendrein noch völlig unerfahrenen Fußtruppe, wie von Glasenapp sie befehligte. Auch noch so große Gewaltmärsche hätten hier nichts ausrichten können. Daß von der Ostabteilung dennoch der Hauptauftrag, die Sperrung der Grenze, »gelöst worden ist«, wie es im Generalstabswerk heißt, dürfte wohl vor allem dem Umstand zu verdanken gewesen sein, daß Tjetjo dem Befehl Samuels, mit seinem Stamm statt nach Osten über die Grenze nach Westen zu trecken und sich dort mit der Hauptmacht der Herero zu vereinigen, Folge geleistet hatte, es also gar nicht erst zum Versuch einer Auswanderung gekommen war. Wäre es dagegen zu einem energischen Durchbruchsversuch des Tjetjostammes über die Grenze gekommen, so hätte die Ostabteilung dies wohl kaum vereiteln können, nicht nur wegen ihrer Schwäche, sondern schon deswegen nicht, weil sie als schwerfällige Fußtruppe nicht rasch genug am Ort des Geschehens hätte sein können. Hier kann also nur von einem Scheinerfolg der Abteilung gesprochen werden.

Die Bilanz für Major von Glasenapp aber sah düster aus: Wochenlang war man unter ungeheuren Verlusten an kostbaren Menschen und Tieren hinter einem flüchtigen und wendigen Gegner hergelaufen, und, statt ihn schließlich zum entscheidenden Kampf zu stellen, diesem selbst zweimal in die Falle gelaufen. Dabei kann dem Major gar keine Schuld an dieser Tragödie zugemessen werden. Als er im Schutzgebiet eintraf, war bereits bekannt, daß die Tjetjoleute im Augenblick nicht im Abrücken an die Grenze waren, sondern sich bei Kehero ruhig verhielten. Er wollte deswegen die Einsatzschwerpunkte des Marine-Expeditionskorps im Bereich der größeren Ortschaften und der Bahn setzen. Leutwein jedoch, auch unter dem Druck der um ihre wirtschaftliche Existenz bangenden Ansiedler und aufgeschreckt durch die übertriebenen Warnmeldungen des Oberleutnants Streitwolf, disponierte anders, wie bereits beschrieben worden ist, und verfügte – mangels geeigneter anderer Truppen – den Einsatz der Ostabteilung im Distrikt Gobabis. Aus Zeitmangel geschah dies obendrein ohne den für einen Einsatz in diesem wasserlosen und menschenarmen Gebiet unbedingt erforderlichen vorherigen Aufbau eines ausreichenden Nachschubwesens. So stellten sich Hunger und Durst und, in deren Gefolge, Krankheiten ein, die dann der ohnehin durch die Gefechtsverluste schon arg dezimierten Truppe den Rest gaben und sie nahezu vollständig aufrieben.

12. Oberst Leutweins Vorstoß mit der Hauptabteilung

Die Formierung der Hauptabteilung · Der Aufbruch · Das Gefecht bei Ongandjira · Bewertung des Gefechts · Das Gefecht bei Oviumbo · Der Rückzug nach Otjosasu · Bewertung des Gefechts bei Oviumbo · Der Rückzug der Herero nach Norden und Osten

Mit seinem Truppenbefehl vom 15. Februar 1904 hatte Oberst Leutwein fast sämtliche aktiven Einheiten an die neugebildete Ostabteilung und Westabteilung abgegeben. Die Hauptabteilung, mit der er gegen die Hererokräfte unter Samuel Maharero vorgehen wollte, bestand daher zunächst praktisch nur auf dem Papier: Als einzige Einheit war ihm die 2. Seesoldatenkompanie unter Hauptmann Schering geblieben. Diese kleine Truppe, obendrein noch aus lauter Fußsoldaten bestehend, reichte knapp aus, um die Stationen im mittleren Hereroland zu besetzen und die Bahnlinie zu sichern. So mußte Leutwein erst das Eintreffen der angeforderten Verstärkungen und der Pferdetransporte aus dem Reich und die Rückkehr der gegen die Bondelzwart eingesetzten Schutztruppeneinheiten abwarten, ehe er an offensive Maßnahmen denken konnte.

Eine erste Entlastung brachten die am 23. Februar bzw. 1. März in Swakopmund angelandeten Verstärkungstransporte der Hauptleute Puder und Bagenski[1]. Mit diesen Verstärkungstransporten traf auch der Führer des Marine-Expeditionskorps, Oberst Dürr, ein. Er sollte das Kommando über die Hauptabteilung übernehmen, während der Gouverneur sich die Gesamtleitung auf dem Kriegsschauplatz vorbehalten wollte. Oberst Dürr aber mußte schon nach kurzer Zeit infolge eines Herzleidens wieder in die Heimat zurückkehren. So blieb dem Gouverneur nichts anderes übrig, als selbst die Leitung der Hauptabteilung zu übernehmen.

Durch die beiden Verstärkungstransporte Puder und Bagenski – aus ihnen wurden die 5. und die 6. Schutztruppenkompanie gebildet – erhielt Leutwein nun gewisse offensive Handlungsmöglichkeiten, die er zu dem bereits im Kapitel 9 geschilderten Einsatz (Abteilung Puder) gegen die Otjimbingwe-Herero nutzte. Die erhoffte Ausschaltung dieses Hererostammes mißlang jedoch. Wie bereits dargelegt, verließ dieser Stamm, bedrängt durch die Expedition Puder, sein angestammtes Heimatgebiet und vereinigte sich am 29. März mit den westlich der Onjatiberge stehenden Hauptkräften Samuel Mahareros. Damit und durch das Abtrecken des Tjetjostammes nach Westen, worüber im vorhergehenden Kapitel berichtet wurde, war für Leutwein eine Lage Wirklichkeit geworden, die er zu verhindern gehofft hatte: die Konzentration der Herero. Nicht mitgerechnet die Tjetjoleute, deren Gefechtsstärke auf etwa 1500 Gewehre geschätzt wurde, standen nunmehr etwa 2500 gegnerische Gewehre im Dreieck Okatumba – Katjapia – Ongandjira der Hauptabteilung der

1 Siehe Seite 100.

Schutztruppe gegenüber. Mit der Massierung seiner Krieger in unmittelbarer Nähe der deutschen Hauptbasis Okahandja war jetzt deutlich geworden, daß Samuel entschlossen war, den Kampf mit den Deutschen aufzunehmen. Waren die Herero am Anfang des Aufstands noch zaghaft und von wenig Selbstvertrauen in ihre eigene Stärke erfüllt, so hatte sich dies nach ihrem Sieg bei Owikokorero geändert: Sie hatten die Unerfahrenheit der neu ins Land geschickten deutschen Soldaten erkannt und waren nun selbstbewußter und kampfentschlossener geworden.

Trotz der Nachricht von der Niederlage der Ostabteilung bei Owikokorero, die Leutwein am 18. März in Windhuk erhielt, und der Vereinigung der Otjimbingweleute mit Samuels Kriegern konnte sich der Gouverneur ein Abwarten auf die angeforderten weiteren Verstärkungen aus dem Reich nicht erlauben, obwohl die veränderte Kriegslage dies eigentlich erforderlich machte: Zum einen sahen die Herero das Hinauszögern des Angriffs der Hauptabteilung bereits als Zeichen von Schwäche an: Schon wurden sie, beflügelt durch ihren Sieg bei Owikokorero, »immer übermütiger und dreister« und überfielen sogar Viehposten in unmittelbarer Nähe von Windhuk. Zum anderen wurde der von Berlin aus auf den Gouverneur ausgeübte Druck zusehend stärker: Man wollte endlich Taten sehen. Widerstrebend entschloß sich daher Leutwein, den Angriff so frühzeitig wie möglich zu beginnen.

In rascher Folge trafen derweil die Verstärkungen in Okahandja ein. Zu Störungen durch die in der Nähe sitzenden Herero kam es dabei jedoch nicht, wie Hauptmann Bayer erstaunt vermerkt: »Stumpf und beschaulich saßen sie noch immer in der Gegend von Otjosasu und rührten sich nicht. Nur ihre Späher verfolgten aufmerksam unsere Bewegungen.«

Ende März war die Hauptabteilung vollzählig. Der Angriffstermin wurde auf den 1. April festgesetzt. Die Ostabteilung sollte nach den Vorstellungen Leutweins an der beabsichtigten Operation gegen die Hererokonzentration im Dreieck Okatumba – Katjapia – Ongandjira durch Herandrücken des Gegners von Nordosten her an die von Südwesten her vorrückende Hauptabteilung teilnehmen. Eine entsprechende Weisung erging am 11. März an von Glasenapp, die diesen am 17. März erreichte. Wie bereits geschildert, brach von Glasenapp daraufhin am 28. März von Onjatu aus nach Südwesten in Richtung Otjikuoko auf, sah sich dann jedoch wegen Ausbleibens irgendwelcher Anzeichen eines Vormarsches der Hauptabteilung (dieser war auf den 8. April verschoben worden) gezwungen, wieder nach Onjatu weit nach Norden zurückzukehren, um sich nicht der Gefahr einer Überflügelung auszusetzen. In der Folge fiel dann, wie berichtet, die Ostabteilung wegen der dort ausgebrochenen Typhusepidemie für weitere Kampfeinsätze völlig aus.

Von der Rückwärtsbewegung der Ostabteilung erfuhr Leutwein allerdings erst nach dem Aufbruch seiner Hauptabteilung, vom völligen Ausfall der Ostabteilung sogar erst nach dem Rückzug von Oviumbo. Somit trat der Gouverneur den Vormarsch in der Überzeugung an, daß es zu einem Zusammenwirken beider Abteilungen kommen würde.

Der Aufbruch der Hauptabteilung hatte sich indes erneut verzögert, bedingt durch die Schwierigkeiten mit dem Einfahren der Maulesel für die Artilleriebespannungen. Erst am 7. April konnte die Hauptabteilung schließlich den Vormarsch antreten. Die letzten Feindinformationen stammten von einem am 6. April eingebrachten Überläufer. Dieser berichtete: Zu beiden Seiten des Weges Otjosasu – Ongandjira seien Verhaue von den Herero angelegt, hinter denen Schützengräben ausgeworfen worden seien. Die Onjatiberge steckten voller Werften. Die nächste Werft befände sich bei Ongandjira, wo sich auch Samuel mit der Masse seiner Krieger aufhalte.

Kurz vor dem Abmarsch, am 6. April, ließ der Gouverneur die Truppen an sich vorbeiparadieren. Hauptmann Bayer schreibt:

»Wir waren eine stattliche Streitmacht geworden, über 800 Mann: 1., 2., 4., 5., 7. Feldkompanie, die 2. Kompanie des Seebataillons, 1., 2., 3. Feldbatterie – jede mit anderen Geschützen –, Maschinengewehrabteilung Graf Saurma und ein Zug Maschinenkanonen; dazu kamen zwei Abteilungen der Hilfsvölker, die Bastards unter Oberleutnant Böttlin und die Witbooi unter Leutnant Müller von Berneck. Wie auf dem Exerzierplatz in der Heimat kam alles vorbei. Von den Berghängen sahen die Späher Samuels verwundert zu.«

Nur ein knappes Drittel der Hauptabteilung war beritten. Das erste Marschziel der Abteilung war Otjosasu, eine Missionsstation 30 km östlich von Okahandja. Der Ort liegt am nördlichen Ufer des gleichnamigen Riviers, unweit der Stelle, wo dieses sich mit dem Swakop-Rivier vereinigt. Rivieraufwärts lag die bereits genannte Wasserstelle Ongandjira, während die ebenfalls schon erwähnten Wasserstellen Okatumba, Oviumbo und Katjapia nördlich von Otjosasu und Ongandjira lagen. Am 7. April nachmittags brach die Abteilung auf.

Am 8. April gegen Mittag wurde Otjosasu erreicht. Kurz vor dem Ort stieß die Abteilung auf den Missionar Eich, der zusammen mit anderen Deutschen, darunter Frau Sonnenberg, im Gefolge der Waterberg-Herero unter der Führung von David nach Süden gezogen war, um Anschluß an die deutschen Linien zu suchen[2]. Er gab Gouverneur Leutwein aufschlußreiche Informationen über die Bewegungen der Herero. Eich bestätigte, daß sich große Massen Aufständischer im Bereich Okatumba und Oviumbo befänden und daß ein Teil der Waterberg-Herero unter ihrem Häuptling Salatiel in Waterberg verblieben sei, während Michael mit seinen Omaruruleuten sich Samuel angeschlossen habe; dieser halte sich in Ongandjira auf. Von Missionar Eich erhielt der Gouverneur auch die erste Meldung über das verlustreiche Gefecht der Ostabteilung bei Okaharui.

Aus Eichs Meldungen und den Informationen des Missionars Kuhlmann[3] sowie den Aufklärungsmeldungen der jetzt in die Hauptabteilung aufgegangenen Westabteilung unter Major von Estorff erkannte Leutwein, daß er zwei

2 Siehe Seite 61 und 113.
3 Siehe Seite 113.

Otavi
Naidaus
Outjo
Franzfontein
Waterberg
Salatiel
Etaneno
Otjipaue
Omusema-Uarei
Konjati
Otjo Bg.
Omusema
Okamaja
Okakena
Okombahe
Omaruru
Erongo Berge
Etiro
Karibib
Okahandja
Kajata
Tjetjo
Samuel
Otjihaenena
Okaharui
Onjati Bge.
Habis
Ababis
Kubas
Otjimbingue
Swakop
Tsaobis
Komas
Gr. Windhuk
Aris
Hochland
Awas Geb.
Abrahams
Avis
Kl. Windhuk
Seeis
Hatsamas

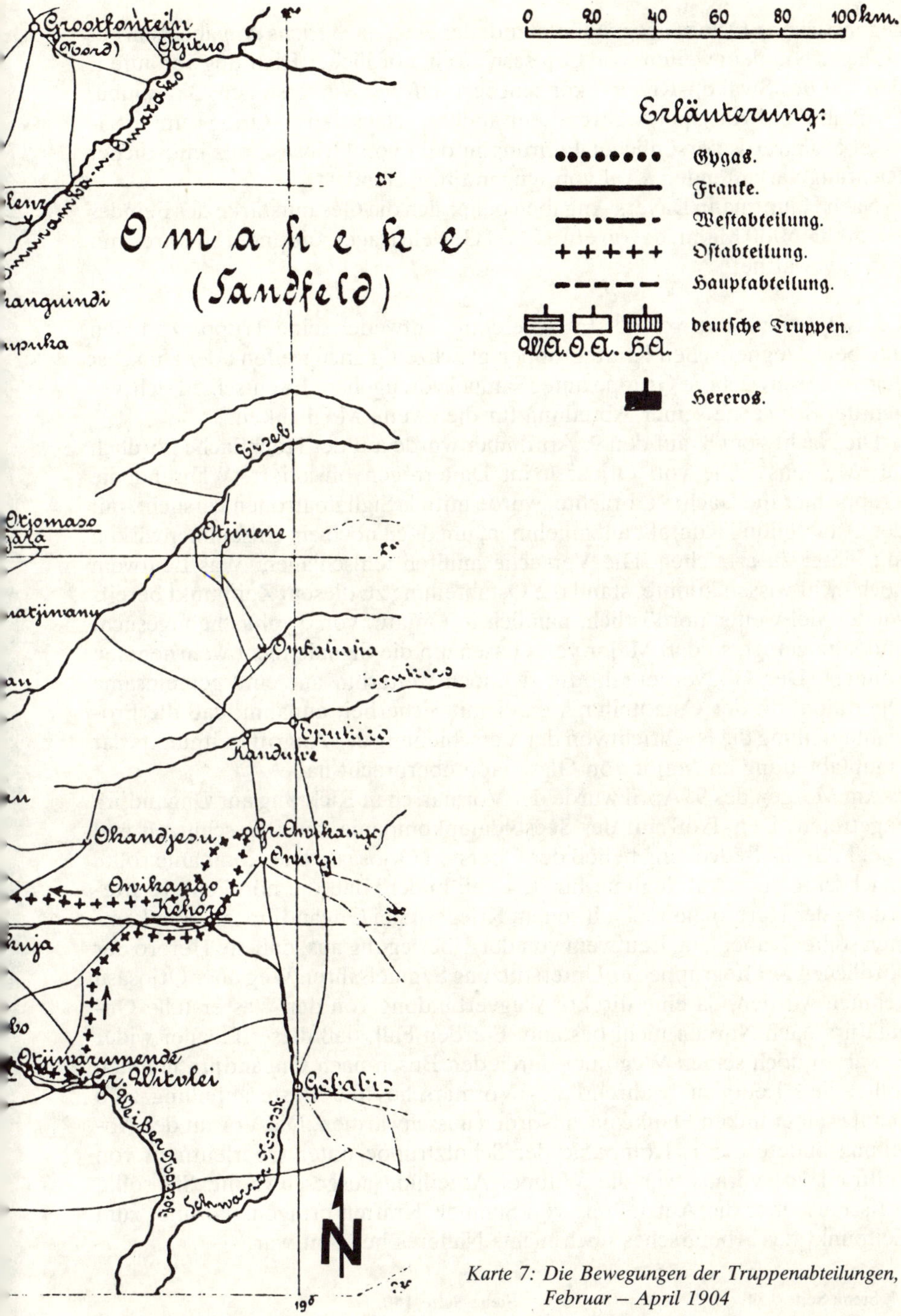

Karte 7: Die Bewegungen der Truppenabteilungen, Februar – April 1904

gegnerischen »Orlogs« gegenüberstand: der eine, nach Eichs Angaben stärkere, lagerte in dem weiten, von Otjosasu aus in nördlicher Richtung verlaufenden Tal des Swakop-Riviers, konzentriert auf die Wasserstellen Okatumba, Oviumbo und Katjapia, während der andere, schwächere »Orlog« unter Samuel Mahareros persönlicher Führung in dem von Otjosasu aus in östlicher Richtung verlaufenden »Tal von Ongandjira« stand.

Nach Hauptmann Bayers Angaben belief sich die Gesamtstärke des Feindes auf 5000–6000 Mann, davon etwa 3000 Gewehrträger, die anderen waren mit Kirris bewaffnet.

Leutwein stand nun vor der Entscheidung, entweder seine Truppe zu teilen und beide gegnerischen Kräftegruppen gleichzeitig anzugreifen oder zunächst gegen die schwächere Gruppe unter Samuel vorzugehen. Er entschied sich wegen der Schwäche seiner Abteilung für die zweite Möglichkeit.

Die Nacht vom 8. auf den 9. April über wurde auf der Hochfläche nördlich der Missionskirche von Otjosasu im Dauerregen biwakiert. Während die Truppe hier die Nacht verbrachte, wurde mittels Signalpatronen versucht, mit der Ostabteilung Kontakt aufzunehmen, um doch noch ein Zusammenwirken mit dieser zu erreichen. Die Versuche mußten fehlschlagen: Was Leutwein noch nicht wissen konnte, stand die Ostabteilung zu diesem Zeitpunkt bereits wieder viel weiter nordöstlich, nämlich in Onjatu, von Typhus heimgesucht und lahmgelegt, so daß Major von Glasenapp die Signale nicht wahrnehmen konnte[4]. Der Gouverneur hoffte dennoch weiterhin auf eine gemeinsame Operation mit der Ostabteilung, da er mit Sicherheit annahm, daß die Proviantabteilung die Nachricht von der Verschiebung des Angriffszeitpunkts der Hauptabteilung an Major von Glasenapp überbracht habe[5].

Am Morgen des 9. April wurde der Vormarsch in Richtung auf Ongandjira angetreten. Den Troß mit der Seesoldatenkompanie, zwei Geschützen und zwei MGs als Bedeckung beließ der Oberst in Otjosasu. Die Kompanie sollte gleichzeitig eine Auffanglinie für den Fall bilden, daß die nördliche Kräftegruppe der Herero Samuel mit seinen Kriegern bei Ongandjira zu Hilfe kommen sollte. Dabei ging Leutwein von der Überlegung aus, daß die Herero der nördlichen Kräftegruppe zur Unterstützung Samuels ihren Weg über Otjosasu nehmen würden, da eine direkte Wegverbindung von der Wasserstelle Ongandjira nach Norden nicht bestand. Für den Fall, daß dieser Gegner wider Erwarten doch seinen Weg quer durch den Busch nach Ongandjira nehmen sollte, ließ Leutwein während des Vormarsches die Basterabteilung zum Schutz seiner linken Flanke nach Norden ausschwärmen. Die Vorhut der Abteilung bildete die 1. Kompanie der Schutztruppe unter Oberleutnant von Stillfried, ihr voraus war die Witbooi-Abteilung ausgeschwärmt. Sie sollte Aufschluß über die Aufstellung von Samuels Kräften bringen, worüber zum Zeitpunkt des Abmarsches noch nichts Näheres bekannt war.

4 Siehe Seite 154.
5 Siehe Seite 150.

Die Truppe rückte zunächst gegen einen 4–5 km südöstlich von Otjosasu und südlich des Otjosasu-Riviers gelegenen, von der Witbooi-Aufklärung als feindbesetzt gemeldeten Berg, den heutigen Signalberg, vor, der, wie sich dann herausstellte, vom Feind jedoch bereits geräumt worden war. Von hier aus bot sich ein klarer Überblick über das breite, langgestreckte, nach Westen hin offene Tal von Ongandjira. Inmitten dieses dornbuschüberzogenen, von einer Kette hoher Berge begrenzten Tals fiel eine Verengung auf, in deren Mitte sich eine südlich des Riviers isoliert liegende steile Felskuppe, die »wie ein Querriegel wirkte«, erhob. Wie die Witbooi-Aufklärung inzwischen ergeben hatte, war der Gegner genau in dieser Verengung zu beiden Seiten der heute den Namen »Ongandjiraberg« führenden Felskuppe und auf dieser mit der Masse der jungen Krieger konzentriert. Hier befanden sich auch die von dem Überläufer[6] erwähnten Verteidigungsanlagen.

Über die taktischen Absichten der Hereroführung schreibt Hauptmann Bayer:

»Der Schlachtplan der Hereros war gut ausgedacht. Sie hatten sich in Hufeisenform aufgestellt: Auf beiden Seiten, an den Rändern des Tals entlang, standen die alten Orlogleute; auf der geschlossenen Seite des Hufeisens, als Querlinie im Tal bei den Verschanzungen, waren die jungen Krieger aufgestellt. In diese Falle sollten wir hineinmarschieren und zunächst frontal gegen die junge Mannschaft stoßen. Wenn wir dann mit diesen ins Gefecht verwickelt und aufmarschiert waren, sollten Tausende von alten Kriegern, plötzlich von beiden Seiten vorstürmend, uns durch die Übermacht erdrücken. Obendrein konnte dann von Osten her die Falle durch das Eingreifen der bei Okatumba/Oviumbo stehenden Krieger unter Kajata zugeklappt werden.«

Auch im Bau der Verteidigungsanlagen zeigten sich die Herero sehr geschickt. Diese erstreckten sich über die gesamte Talbreite und bestanden aus kunstvoll angelegten Dornbuschverhauen mit dahinter befindlichen Schützengräben. Der Ongandjiraberg selbst war mit Verschanzungen aus schweren Steinen versehen, die auch Schutz gegen Artilleriefeuer bieten sollten. Bayer notiert:

»Die Anlagen waren mit einer Akribie und Raffinesse in wochenlanger Arbeit angelegt worden, die man dem an körperliche Arbeit nicht gewöhnten Hirtenvolk der Hereros gar nicht zugetraut hätte.«

Der Oberst erkannte die Falle und marschierte nicht in das »Hufeisen« hinein, sondern wich rechts von der Pad ab und ließ seine Truppe am Fuße des südlich des Riviers gelegenen Höhenzuges entlang vorrücken. Auf dem Höhenzuge selbst gingen starke Patrouillen vor, um Flankenfeuer und jede feindliche Überflügelung von rechts her auszuschließen. So konnte der gegnerische linke

6 Siehe Seite 161.

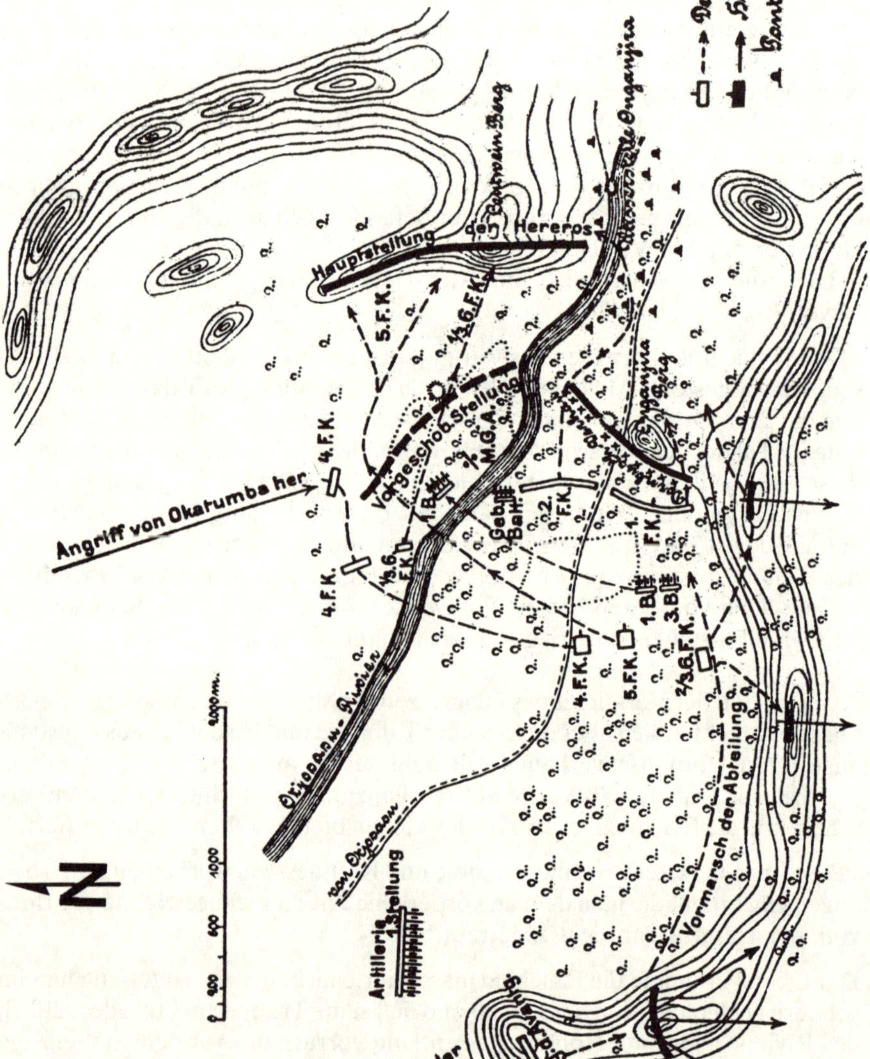

Karte 8: Das Gefecht bei Ongandjira

Flügel langsam aufgerollt werden. An einem der Hügel dieses Höhenzuges, dem Grünen Berg, kam es zur ersten Feindberührung. Leutwein setzte hier sofort die Artillerie ein. Kurz darauf erkletterte ein Infanteriezug unter Leutnant Grünwald die Kuppe, fand diese jedoch vom Feind bereits geräumt vor. Dieser hatte sich nach Süden hin abgesetzt.

Die Aufklärungsabteilung der Witboois hatte derweil erkannt, daß der Gegner in großer Zahl auch auf dem Leutweinberg und den vorliegenden Höhenzügen dicht am nördlichen Rivierufer Aufstellung genommen hatte.

Da der Gegner rechts gewichen war, aufgrund der Witbooi-Meldung sich nun aber links zu konzentrieren schien, bog Leutwein weiter nach links mit Generalrichtung Ongandjiraberg ab. Es war Mittag geworden: Immer stärker hob sich die isolierte Kuppe des Ongandjiraberges bläulich schimmernd mit seinem einzeln stehenden Baum vom Hintergrund ab. Oberleutnant Reiss von der 1. Feldkompanie führte die Spitze. Geben wir hier wieder Hauptmann Bayer das Wort:

»Plötzlich sah er (Anm. Verf.: Oberleutnant Reiss) sich einer langen Verschanzung des Feindes gegenüber, ein heftiges Gewehrfeuer schlug der kleinen Abteilung entgegen; rasch entwickelte sich die 1. Feldkompanie. Gleichzeitig brachen die Hereros schon hervor; sie verließen den sicheren Dornverhau und die Schützengräben und stürmten heran; doch nicht als eine blinde, dichte Masse, wie die Derwische bei Omdurman, sondern in langer Schützenlinie, geduckt und in Sprüngen, mit großer Geschicklichkeit und unter Ausnutzung jeder Deckung. Schließlich stürmten sie mit Hurrah, voran ein Herero mit gezogenem Degen und in deutscher Offiziers-Uniform. Es waren Leute des Kapitäns Assa Riarua. Hinter der Schützenlinie schrien und tanzten die Hereroweiber und feuerten die Krieger zum Kampfe an.«

Die Lage wurde für die 1. Kompanie kritisch, schon war der linke Flügel umfaßt und mußte etwas zurückweichen; Leutnant von Rosenberg erhielt eine tödliche Verwundung; Oberarzt Dr. Trommsdorf schleppte ihn und andere aus dem Feuer.

In diesem brenzligen Augenblick griff die 2. Feldkompanie ein, feuerte in die Reihen der anstürmenden Eingeborenen und brachte das Gefecht zum Stehen. Die Gebirgsbatterie fuhr neben der Schützenlinie auf und beschoß den schon dicht herangekommenen Gegner. Bayer fährt fort:

»Gleichzeitig hatten die 1. und 3. Batterie eine freie Stelle im Dornbusch erreicht, waren abgeprotzt und sendeten Schrapnells nach den feindlichen Schanzen. Hin und wieder erschienen einzelne Schützen auf wenige hundert Schritt vor den Rohrmündungen und versuchten, die Bedienungsmannschaften abzuschießen; dann feuerten die Batterien mit Schrapnells dicht vor sich in den Busch. Der Donner der Geschütze, das rollende Gewehrfeuer hallten hundertfach wider in den Schluchten und an den Felshängen – es war ein betäubender Lärm.«

Doch auch durch das Eingreifen der beiden Batterien und der 2. Feldkompanie wurden die Herero in ihrem Angriffsdrang nicht abgeschreckt; es drohte eine Umgehung des linken Flügels. Oberst Leutwein befahl deswegen Hauptmann Bayer, den berittenen Zug der 6. Feldkompanie aufzusuchen und dem Zugführer den Befehl zum Eingreifen am Ongandjiraberg zu überbringen. Als Bayer bei der 6. Kompanie eintraf, deutete der Kompaniechef, Hauptmann von Bagenski, nach Norden; und Bayer erstarrte das Blut in den Adern:

»Durch das Glas sahen wir deutlich eine dunkle Masse, die sich dort bewegte, ein Gewoge von vielen Köpfen, die über den Felsrücken auftauchten, und einzelne Führer, an weißen Anzügen kenntlich, die heftig gestikulierten und nach uns herüber zu weisen schienen. Dort standen wohl tausend bis zweitausend Krieger, die noch nicht am Kampfe teilgenommen hatten und jeden Augenblick gegen unseren schwachen linken Flügel anstürmen könnten.«

Das waren die alten Orlogleute, die ihre Ausgangspositionen in der Hauptstellung auf dem Leutweinberg verlassen hatten und nun in einer vorgeschobenen Stellung dicht nördlich des Riviers auf das Eingreifen warteten.

Kurz darauf stießen diese Feindkräfte über das Rivier hinweg nach Süden vor und fielen der am linken Flügel der Gefechtslinie vor dem Ongandjiraberg stehenden 2. Feldkompanie und der Artillerie in den Rücken und in die Flanke, so daß diesen die Einschließung drohte. Gleichzeitig war von Süden her der zunächst zurückgewichene Gegner wieder vorgestoßen und fiel nun den rechten Flügel der deutschen Gefechtslinie an.

Auch bei diesem Flankenangriff zeigte sich, wie Bayer berichtet, daß der Feind »keine wilde, wüste Herde war, sondern eine wohlgeleitete, gut disziplinierte Truppe, die nach sorgfältig vorbereitetem, einheitlich und sicher durchgeführtem Plan gegen uns vorgeführt wurde«. Geschickt versuchte er, mit seiner Übermacht die schwache, ihre Gefechtslinie immer weiter verlängernde Truppe fortgesetzt zu überflügeln. Hier bewiesen die Aufständischen, was sie vorher in deutschen Diensten gelernt hatten.

Bayer fährt fort:

»Nach deutschem Muster hatten die Herero ihre Orlogleute in Kompanien und Züge eingeteilt, jedem Truppenteil Führer gegeben und die Fechtweise tüchtig vorgeübt. Ganz vortrefflich bewegten sich die Schützenlinien der Herero vorwärts.«

In diesem kritischen Stadium schaffte das Eingreifen des berittenen Zuges der 6. Feldkompanie unter Hauptmann von Bagenski und der ebenfalls herangeführten Maschinengewehrabteilung unter Graf Saurma dem bedrängten linken deutschen Flügel Entlastung. Mit erneuter Wucht wandten sich jetzt die Angriffswellen der alten Orlogleute diesem Gegner zu, um zu ihren bedrängten Leuten auf dem Ongandjiraberg durchzustoßen. Bayer schreibt:

»Der Feind war so dicht herangekommen, daß die Granaten und Schrapnells dicht vor der Rohrmündung zur Explosion gebracht wurden. Dazu das nervenzerrüttende, trommelartige Geräusch der Maschinengewehre, das Geschrei der Wilden, tausendfach widerhallend in Busch, Wald und Felsschluchten…

Bis auf 20–30 Schritte vor unseren Gewehrmündungen wurde der Angriff vorgetragen, dann aber brach er zusammen vor der unerschütterlichen Ruhe und dem gutgezielten Feuer unserer Truppen. Drei-, viermal wiederholte sich der Ansturm, aber immer wieder mußten sich die Herero unter schweren Verlusten zurückziehen.«

Unablässig führte der Gegner weitere Kräfte aus seiner Hauptstellung im Norden heran und über das Rivier hinweg, und immer weiter verlängerte er seine Front nach rechts in dem Bestreben, die nördliche Flanke der Truppe zu umgehen. Der Brennpunkt der Kämpfe verlagerte sich nun zunehmend auf die nördliche Rivierseite und näherte sich allmählich der gegnerischen Hauptstellung (Leutweinberg), die vom Gegner zur Durchführung seiner Entlastungsangriffe in Richtung auf den Ongandjiraberg zum Teil entblößt worden war.

Wegen der jetzt großen Ausdehnung der Gefechtsfront und der Unübersichtlichkeit des Geländes wurde für Oberst Leutwein die Gefechtsleitung immer weiter erschwert. Eine Entscheidung mußte bald herbeigeführt werden. Eine Möglichkeit hierzu bot der teilweise Abzug der gegnerischen Kräfte aus ihrer Hauptstellung auf dem Leutweinberg. Hier war ein Schwachpunkt in der Front der Herero entstanden, den der Oberst sogleich erkannt hatte. Hier wollte er nun seine letzten Reserven einsetzen.

Nachdem er die beiden restlichen Züge der 6. Feldkompanie zu den südlichen Höhenzügen detachiert hatte, um die dort vordringenden Aufständischen zurückzuwerfen, standen dem Gouverneur nur noch die 4. und die 5. Feldkompanie als Reserven zur Verfügung. Diese beiden Kompanien setzte er nunmehr auf dem linken Flügel an. Die Angriffsleitung hier übertrug er dem Major von Estorff. Dieser entsandte zunächst die 4. Feldkompanie unter Oberleutnant von Epp im Galopp über das Otjosasu-Rivier hinweg, um sie in Richtung auf den Leutweinberg anzusetzen. Sie wurde sofort in ein heftiges Gefecht mit den alten Orlogleuten verwickelt, die sich in der genannten vorgeschobenen Stellung, einer Bodenwelle, verschanzt hatten und die Angreifer mit Schnellfeuer überschütteten. Diese Bodenwelle mußte unter allen Umständen genommen werden. Die Kompanie stürmte vor und nahm die Stellung, erlitt dabei aber Verluste: Zwei der Kompanieoffiziere, Oberleutnant von Estorff, ein Bruder des Majors, und Leutnant d. R. von Erffa sowie zwei Reiter fielen. Dies waren die einzigen Gefallenen auf deutscher Seite während des gesamten Gefechts. Die Schwarzen verschwanden im Buschgelände hinter der vorgeschobenen Stellung, doch plötzlich brachen sie erneut vor. Ein Gefechtsteilnehmer berichtet:

»Sie kommen in dichten Haufen und mit viehischem Gebrüll herangestürmt. Die dunklen, schweißtriefenden Leiber glänzten in der Sonne, in den weit aufgerissenen Mäulern blitzten die spitzgefeilten weißen Zähne. Wer kein Gewehr hat, schwingt Kirri oder Speer in der hocherhobenen Rechten. Die schwarzen Kapitäne in gestohlenen Offiziersuniformen schlagen mit dem Säbel rücksichtslos auf Zögernde ein. Jetzt sind die Vordersten bereits auf dreißig Schritt heran. Da durchreißt ein schrilles Kommando die Luft: ›Schnellfeuer!‹

Peitschend sausen die Geschosse den Schwarzen entgegen, mähen sie reihenweise nieder...

Aufmerksamkeit erregte in der deutschen Schützenlinie ein Dackel: Bei jedem neuen Angriffsversuch der Herero stürmte dieser aus dem Busch heraus, den Angriffswellen laut kläffend voran und meldete jedesmal den neuen Angriff, der dann gleich darauf mit Macht einsetzte.«

Somit war erneut ein kritisches Stadium eingetreten: Ein Durchbruch des Gegners im Norden des Gefechtsfeldes drohte. Leutwein war gezwungen, seine allerletzte Reserve, die 5. Feldkompanie, in das Treffen zu werfen. Er schob sie rechts von der 4. Feldkompanie ein und zog die Artillerie (1. Feldbatterie) weiter vor. Doch immer wieder war der Gegner bemüht, den entscheidenden Durchbruch zu erzielen, er rannte weiter gegen die deutsche Linie an.

Während auf dem nördlichen Gefechtsfeld das Vordringen der deutschen Truppe durch immer neue Angriffswellen der alten Orlogleute zum Stillstand gekommen war, war auf dem südlichen Gefechtsfeld die Front in Bewegung geraten; hier wich der Gegner. Es gelang der 1. Feldkompanie und einem der beiden unberittenen Züge der 6. Feldkompanie – der andere Zug war zur Sicherung des Höhenzuges im Süden zurückbelassen worden –, den Ongandjiraberg von Norden her zu umgehen. Der Gegner konnte nun umfassend in seiner Riegelstellung auf diesem Berg angegriffen werden. Im Generalstabswerk heißt es hierzu:

»Nun gab es beim Feind kein Halten mehr ... er gab nunmehr auf der ganzen Linie den Widerstand auf und stürmte in hellen Haufen unter lautem Angstgeschrei davon, erst in seiner ursprünglichen Hauptstellung am Leutweinberge machte er wieder halt.«

Die aus der Riegelstellung am Ongandjiraberg flüchtenden jungen Orlogleute rissen die immer noch gegen den deutschen linken Flügel anrennenden alten Orlogleute mit, so daß schließlich die gesamte gegnerische Front zusammenbrach und die Herero in regellosen Haufen zum Leutweinberg zurückfluteten.

Es war mittlerweile später Nachmittag geworden. Oberst Leutwein wollte nun seine Kräfte sammeln, um zum Sturm auf die feindliche Hauptbastion auf dem Leutweinberg anzusetzen: Dies war die Schlüsselstellung der Aufständischen, die das gesamte Tal und die Wasserstelle beherrschte. Die Wasserstelle aber mußte Leutwein unbedingt in Besitz nehmen, weil Truppe und Tier seit dem letzten Abend kein frisches Wasser mehr erhalten hatten.

Da zwang eine unerwartete Bedrohung von Nordwesten her zu einem Aufschub dieser Aktion: Die Basterabteilung, die nach Norden hin zur Beobachtung der im Dreieck Okatumba – Katjapia – Oviumbo stehenden Aufständischen sicherte, meldete den Anmarsch einer etwa 300 Mann starken berittenen Hererotruppe unter Führung Kajatas, hinter der weitere Hererokräfte zu

Fuß folgten. Kajatas Reiter griffen sofort in das Gefechtsgeschehen ein und schritten zum Flankenangriff gegen den sich zum Leutweinberg hin formierenden linken Flügel der Deutschen. Diese Herero-Reiterabteilung war jedoch zu schwach und zu spät auf dem Gefechtsfeld eingetroffen, um am Ausgang des Kampfes noch etwas ändern zu können. Sie konnte leicht von der auf dem äußersten linken Flügel stehenden 4. Feldkompanie unter Einsatz von Maschinengewehren und Geschützen abgewehrt werden. Die Flucht der gegnerischen Hauptkräfte konnte durch diesen Entlastungsversuch Kajatas nicht gestoppt werden.

Nach diesem Zwischenspiel wollte nun Leutwein die Entscheidung endlich herbeizwingen. Die Zeit drängte; der Abend brach an. Er entschied sich für einen Angriff auf die gegnerische Bastion von beiden Flanken her. Der Angriff wurde von der Artillerie vorbereitet, die mit zwei Feldbatterien und zwei mühselig auf den steilen Ongandjiraberg hinaufgeschafften Gebirgsgeschützen das Feuer auf den Leutweinberg eröffnete. Die hierbei benutzten neuartigen Pikringeschosse hatten eine furchtbare Wirkung, wie der Augenzeuge Cloete berichtete. Viele Verteidiger verließen die Stellung und flohen entsetzt. Inzwischen entwickelten sich die Angriffsverbände gegen die gegnerische Bastion auf dem Leutweinberg: von links her ging die 2. Feldkompanie, jetzt wieder unter der persönlichen Führung des Hauptmanns Franke, und von rechts die 5. Feldkompanie vor.

Die schwerste Aufgabe war der 2. Feldkompanie zugewiesen worden. Sie mußte über das deckungslose Flußbett des Otjosasu-Riviers hinweg den Angriff gegen den wie ein Klotz hochragenden Leutweinberg vortragen. »Wie der Sturmwind brach die Kompanie aus einem als Deckung dienenden Gehölz hervor. In rasender Eile ging es über das Flußbett, aber kein Schuß fiel. Die Soldaten sprangen von den Pferden und liefen ›mit wütendem Hurra‹ den Berg hinauf. Doch zu ihrem Erstaunen trafen die Soldaten auf keinen Gegner; ohne Mühe gelangten sie den Leutweinberg hoch; wenige Augenblicke später trafen von der anderen Seite die Leute der 5. Feldkompanie ein: Der Gegner hatte seine Stellung kampflos geräumt und floh in östlicher und nordöstlicher Richtung.« Die Hereroanführer, Samuel Maharero und Assa Riarua, setzten sich in Richtung Oviumbo ab, um Anschluß an Kajatas Leute zu gewinnen.

Frankes Kompanie drang weiter bis zum Gipfel des Berges vor. Oben bot sich den Soldaten ein schauriges Bild: Paul Leutwein, der wieder als Zugführer in der Kompanie mitkämpfte, berichtet:

»Ohne einen Schuß zu tun, gewannen wir den Gipfel. Von dort konnten wir im Abendschein sehen, wie das ganze Detachement in die Werft drang. Der Brand wurde in die Hütten der Neger geworfen, und bald standen die weiten Niederlassungen, der Wohnsitz von über 20000 Menschen, in Flammen.

Wir aber auf dem Felsen leuchteten im roten Schein und blickten aufatmend hinab in das Flammenmeer, das einer riesigen Siegesfackel gleich gen Himmel loderte.«

Da inzwischen die Nacht hereingebrochen war, mußte von einer Verfolgung des Gegners in dem ungünstigen, klippenreichen, von Dornbusch bewachsenen Terrain abgesehen werden. Leutwein hoffte jedoch, daß die Flüchtenden der Ostabteilung in die Arme laufen würden, die nach der letzten bei Leutwein am 9. April eingegangenen Meldung von Otjikuoko aus den Feind erneut anzugreifen beabsichtigte[7]. Leutwein wollte sich nun mit der Hauptabteilung gegen die im Dreieck Okatumba – Katjapia – Oviumbo stehenden gegnerischen Kräfte wenden.

Die Stärke der gegen die deutschen Truppen bei Ongandjira kämpfenden Herero soll etwa 5000–6000 Mann betragen haben, davon 3000 Gewehrträger. Es waren der Okahandjastamm, der Omarurustamm und Teile des Otjimbingwestammes und des Waterbergstammes, die den Deutschen in Ongandjira gegenübergestanden hatten. 80 gefallene Herero wurden auf dem Gefechtsfeld aufgefunden, doch dürfte nach den Angaben im Generalstabswerk die Zahl größer gewesen sein, da die Hereroführung gewohnheitsmäßig wieder zahlreiches Fußvolk hinter den Schützen postiert hatte, dessen Aufgabe u.a. darin bestand, den gefallenen Schützen die Gewehre abzunehmen und die Gefallenen selbst nach hinten zu schaffen. Die deutschen Verluste (zwei Offiziere, zwei Mann gefallen, elf verwundet) waren vor allem deswegen besonders gering, weil die Artillerie wegen des gebirgigen und weniger stark bewachsenen Terrains hier ihre Wirkung gut entfalten konnte. Wie die Zukunft zeigte, hatte die Hereroführung hieraus die Lehre gezogen und mied fortan Gefechte in gebirgigem und freiem Terrain. Sie entschied sich nun ausschließlich für den Kampf im Buschlabyrinth. Hier in dieser ihm von Kindheit an vertrauten Umwelt fühlte sich der Herero zu Hause: In jahrelanger Praxis, zum Beispiel auf der Jagd oder bei der Suche nach entwichenem Vieh, hatte er es gelernt, »sich schlangengleich durch die bis zur Erde herabreichenden Dornzweige hindurchzuwinden«, sich in diesem gleichförmigen, kaum Orientierungsmöglichkeiten bietenden Gelände zurechtzufinden.

Da, wie bereits erwähnt, keine direkte Wegverbindung zwischen Ongandjira und Okatumba bestand, mußte die Hauptabteilung, nachdem sie zwei Tage auf dem Gefechtsfeld von Ongandjira biwakiert hatte, zunächst nach Otjosasu zurückmarschieren. Dies geschah am 11. April. – Am 13. April 0500 Uhr morgens trat die Truppe den Vormarsch in Richtung auf die Wasserstellen im Swakop-Rivier bei Okatumba/Oviumbo an, wo sich die gegnerische Kräftegruppe unter Kajata befinden sollte. Um größere Beweglichkeit zu erlangen, blieb der schwerfällige Ochsentroß mit einem Großteil der Vorräte und der Munition unter Bedeckung durch die eine Hälfte der 2. Seesoldatenkompanie in Otjosasu zurück. Nur der unbedingt notwendige Vorrat an Proviant und Munition wurde auf Mulikarren mitgenommen.

7 Vergleiche S. 140 Mitte und Seite 154: Tatsächlich stand die Ostabteilung zu diesem Zeitpunkt (9. April) viel weiter nördlich, in Onjatu, von Typhus heimgesucht und aktionsunfähig.

Der Marsch gestaltete sich wieder äußerst schwierig. Statt gebirgigen Geländes war hier jedoch Kameldornbuschwald zu durchqueren, der sich beiderseits des Swakop-Riviers in einem dichten Gürtel erstreckte; die Aufklärung wurde hierdurch äußerst erschwert, Seitensicherungen waren nicht möglich. »Es war eine Gegend, die für die Kampfesweise der Herero wie geschaffen war.«

Die erste Wasserstelle, die die Vorhut gegen 0820 Uhr erreichte, war Okatumba. Der Ort war vom Gegner bereits geräumt. Aber weit konnte er nicht fort sein, denn auf den Feuerstellen glommen noch die Kohlen und in der Ferne hörte man das Gebrüll der Rinderherden. – Auch die Werften in der Nähe Okatumbas waren feindfrei. – Der Marsch ging am Nordufer des Swakop-Riviers entlang. Unerbittlich brannte die Sonne vom Himmel, Durst peinigte die Soldaten. Hauptmann Bayer erinnert sich: »Die Zunge klebte trokken am Gaumen, wie flüssiges Blei zog der Atem die ausgedorrte Kehle hinunter … Die Pferde waren matt und schleppten sich müde dahin.«

Es war mittlerweile 1000 Uhr geworden. Da beschloß Leutwein, bei der Wasserstelle Oviumbo, die von der Witbooi-Abteilung ebenfalls als feindfrei gemeldet worden war, erneut eine Rast einzulegen. Die Annäherung an Oviumbo sollte wegen der Feindnähe mit größter Vorsicht geschehen. Zunächst rückte nur die aus der 2. und der 5. Feldkompanie und der MG-Abteilung des Grafen Saurma bestehende, von Hauptmann Puder geführte Vorhut gegen die Wasserstelle vor. Sie überschritt das Swakop-Rivier gegen 1000 Uhr und rastete dann auf dem südlichen Ufer, während das Gros unter Leutwein gegen 1030 Uhr auf dem jenseitigen Ufer in gleicher Höhe eintraf. Überlassen wir Hauptmann Bayer, der sich bei der Vorhut aufhielt, die Schilderung des weiteren Verlaufs der Ereignisse:

»Das Gros blieb auf dem rechten Ufer zurück und rastete. Ein Witbooi führte die Vorhut über das wohl 200 m breite Rivier; dort hielten wir, also auf dem linken Ufer, stellten Posten aus und trieben die Pferde nach der nahen Wasserstelle. Die Offiziere lagerten unter einem mächtigen Baum, dessen breite Krone uns Schatten spendete. Wir zündeten ein kleines Feuer an und begannen, uns etwas zu kochen.

Plötzlich hörten wir in der Verlängerung des Riviers einige Schüsse fallen, und gleich danach ein prasselndes Gewehrfeuer! Wir sprangen auf – also doch: Es wurde ernst! Und hier, in diesem beengenden Dornbusch, wo man kaum etwas sah und sich nicht zurechtfand, sollten wir uns schlagen?

Da sauste auch schon das erste Geschoß über unsere Köpfe hinweg und schlug mit scharfem Klang an einen Stamm.

Im Augenblick hatten wir die Gewehre ergriffen. Die 2. Feldkompanie schwärmte nach vorn aus, mit dem linken Flügel am Rivier und warf sich hin. Die 5. Feldkompanie war nach rechts entwickelt, lag also im rechten Winkel zur zweiten; zwischen beiden ließ Graf Saurma die Maschinengewehre in Stellung bringen. Die Witboois deckten nach rückwärts. So bildeten wir ein nach dem Rivier offenes Karree.«

Kaum hatte die Vorhut ihre Verteidigungsstellung eingenommen, da sah sie sich einem wütenden Anfall der Herero ausgesetzt. Bayer fährt fort:

»Nun regte es sich auch vor uns; auf dem rechten Flügel der 2. Kompanie bemerkten die Schützen einige schleichende Eingeborene auf etwa 100 Schritt. Gleich darauf bekam die 5. Kompanie Feuer; der Feind suchte uns zu umgehen. Jetzt prasselte bei uns ein vielleicht zu heftiges Schnellfeuer los und hielt etwa fünf Minuten an. Gleichzeitig hörten wir beim Gros Kanonendonner. Überall wurde gefeuert; rechts, vorn, links – scheinbar hatten sich auch die feindlichen Scharfschützen in Baumkronen gesetzt, denn einzelne Projektile bohrten sich im steilen Fall in den Boden.

Bald gab es eine Art Gefechtspause; ...«

Die Vorgänge hatten sich mit einer derartigen Schnelligkeit abgespielt, daß erst nach geraumer Zeit Klarheit über das Geschehen entstand: Ausgelöst worden war der Feuerüberfall auf dem nördlichen Rivierufer beim Gros. Wenden wir uns deswegen jetzt diesem zu:

»Nachdem die Truppen des Gros gegen 1030 Uhr in Oviumbo genau gegenüber von der Stelle, wo die Vorhut rastete, eingetroffen war«, so schreibt Hauptmann Franke in seinem Tagebuch, »begannen diese, die Pferde zu tränken, als ob tiefer Frieden wäre, und das Unheil blieb natürlich nicht aus.«

Überlassen wir nun wieder Hauptmann Bayer das Wort:

»Beim Halt hatte die 1. Kompanie ihre Pferde in das Rivier geführt, um sie so zu tränken. Weiter flußaufwärts stand noch ein pferdetränkender Trupp, den man für Witboois hielt, denn er trug, wie diese, weiße Tücher um die Hüte. Plötzlich bekamen unsere Leute von den vermeintlichen ›Witboois‹ Feuer und mußten ihre Pferde zurücktreiben; es waren verkleidete Hereros!

Als Reiss (Anm. Verf.: Oberleutnant und Führer der 1. Kompanie) das Schießen hörte, glaubte er seine Pferde und deren Bedeckung gefährdet, raffte zusammen, was von der Kompanie entbehrlich schien – es waren 17 Mann – und stürmte vor. Er selbst hielt sich mit einigen Leuten mitten im freien Rivier auf, wahrscheinlich um bessere Übersicht zu haben, während zu beiden Seiten, in den Büschen, die Flügel der Abteilung liefen. Zunächst stieß er auf etwa 50 Hereros, die zurückgingen und von anderen aufgenommen wurden. Trotz der überlegenen Stärke des Gegners griff Reiss an, hingerissen von seinem Temperament und Tatendrang. Der übermächtige Feind eröffnete nun von allen Seiten ein so vernichtendes Feuer auf die kleine Abteilung, daß Reiss selbst und drei Mann in derselben Minute fielen. Vier Verwundete konnten nur mit Mühe geborgen werden. Die Reste der Patrouille wurden von den übrigen Leuten der 1. Kompanie sowie von der 4. und 6. Feldkompanie aufgenommen.«

Reiss war mit seinen Leuten so ungestüm und unvorsichtig vorgegangen, daß Oberst Leutwein ihn nicht mehr hatte zurückhalten können. Er schickte nun den Rest der 1. Kompanie zur Rettung von Reiss' Leuten im Galopp voraus, während er seine beiden noch verbliebenen Kompanien, die 4. und die 6., in

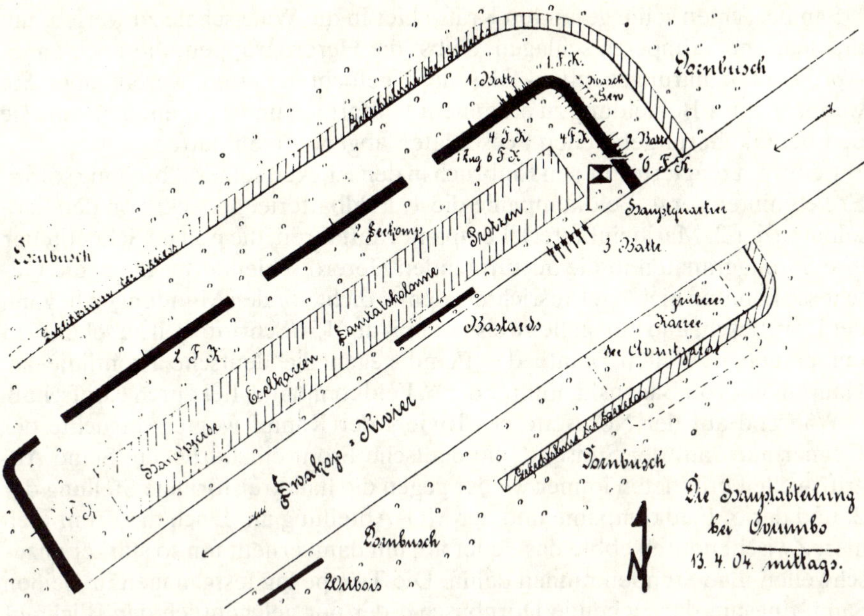

Karte 9: Das Gefecht bei Oviumbo

Gefechtsstellung auf der Nordseite des Riviers formierte. Dabei lehnte der rechte Flügel der 6. Kompanie an das Swakopufer an, während der linke Flügel so an den rechten Flügel der 4. Kompanie anschloß, daß beide Kompanien zueinander einen rechten Winkel bildeten. Es entstand ein nach Westen hin offenes Rechteck mit dem Swakopufer als südliche Seite. Hinter der Schützenlinie fuhr die 2. Feldbatterie auf. Der Troß wurde in der Mitte des Rechtecks konzentriert.

Nach Aufnahme der Überlebenden wich die 1. Feldkompanie vor der erdrückenden Übermacht der Aufständischen zurück, um der drohenden Einschließung zu entgehen, und fügte sich zwischen die beiden anderen Kompanien in die Gefechtslinie ein. Der der 1. Kompanie nachdrängende Feind rannte zunächst frontal gegen die Stellung der drei Kompanien an, versuchte aber dann, als ihm der Einbruch hier mißlungen war, in die ungeschützt gebliebene Rückseite des Rechtecks einzudringen. Unter lautem Geschrei drangen die Herero hier vor. Nur an deren lautstarken Vorgehen konnten die Soldaten die Gefahr, die ihnen im Rücken drohte, erkennen. Zu sehen war nichts; denn »dichter Dornbusch umstand uns von allen Seiten, wie Nebel ein Schiff auf hoher See umgibt«. Gleichzeitig setzten die Herero aber auch ihren Frontalangriff gegen die drei Kompanien fort. »Mit Gewehren, Keulen, Beilen, Wurfspießen und allen nur erdenklichen Mordwaffen stürmten sie und kamen bis auf 30 m heran«, berichtet der Gefreite Bergmeier.

Samuel schien seine gesamten Kräfte hier in die Waagschale zu werfen, um die deutsche Truppe zu schlagen. Selbst die Hererogruppen, die noch am 3. April bei Okaharui gegen von Glasenapp gefochten hatten, waren dabei: Sie waren an ihrer Bekleidung zu erkennen: Uniformen und Tropenhelme, die sie den bei Okaharui gefallenen Seesoldaten abgenommen hatten.

Leutwein reagierte auf den Einbruch in den Rücken seiner Abteilung sofort. Er ließ hinter der 4. Feldkompanie die 1. Feldbatterie, gedeckt von den Seesoldaten der 2. Marineinfanteriekompanie, auffahren, die nun im Schnellfeuer ihre Sprenggranaten in die anstürmenden Herero schleuderte. Doch die Geschosse konnten nicht viel ausrichten, denn »dicht vor den Mündungen begann der Dornbusch, und nur stellenweise war bis auf 150 Schritte weit zu sehen«. In immer neuen Wellen rannte der Feind gegen die deutsche Frontlinie an. Hauptmann von Bagenski, Führer der 6. Feldkompanie, fiel durch Kopfschuß.

Während auf der Nordseite des Riviers der Kampf wogte, versuchte der Gegner auch auf der Südseite, die deutsche Front einzudrücken. Seine Angriffswellen brandeten immer wieder gegen die halbkreisförmige Stellung der 2. und der 5. Feldkompanie und der MG-Abteilung an. Doch die Front hielt hier. Zwischendurch ebbte das Feuer ab, um dann erneut um so stärker anzuschwellen. Die Stunden rannen dahin. Die Truppe lag festgenagelt im heißen Sand, ringsum der »lebende Dornbusch«, der nur gelegentlich den Blick auf »einen oder zwei der schleichenden schwarzen Kerle« freigab. »Vorstürmen«, so schreibt Hauptmann Bayer, »konnten wir nicht, denn sonst gerieten wir leicht in falsche Richtung und befeuerten uns gegenseitig; dieser elende Dornbusch hielt uns von allen Seiten gefangen, drosselte uns, raubte uns Licht und Luft. Man fühlte sich wie in einen Sack gebunden, unfähig zur freien Bewegung…, den Nebenmann sah man kaum.«

Die Gefechtslinien von Freund und Feind waren so ineinander verzahnt, daß es zu Fehlschüssen der eigenen Artillerie in die deutschen Linien am Südufer kam, jedoch ohne Schaden anzurichten. Schließlich schien der Feind die Aussichtslosigkeit seiner Angriffe auf der Südseite erkannt zu haben und verlegte nun seine ganzen Anstrengungen auf die Nordseite. Oberst Leutwein erkannte, daß er sich nur durch Konzentrierung seiner Kräfte der Umklammerung durch die mit Todesverachtung angreifenden Aufständischen erwehren konnte, er wollte deswegen die auf dem Südufer stehenden Kräfte an sich heranziehen. Einen entsprechenden Befehl ließ er durch seinen Adjutanten, Oberleutnant Bosse, an Hauptmann Puder, den Führer der auf dem Südufer stehenden 2. und 5. Feldkompanie, übermitteln.

Diese beiden Kompanien mußten nun über das deckungslose 200 m breite Sandbett des Trockenflusses hinweg und boten sich so dem Gegner wie auf dem Präsentierteller dar. Merkwürdigerweise gab dieser aber keinen einzigen Schuß auf die beiden Kompanien ab, als diese das Rivier überquerten. Mit diesen beiden zusätzlichen Kompanien konnte der Oberst nun die Lücke im Rechteck ganz schließen. Die 2. Feldkompanie ließ er links von den Seesoldaten in Stellung gehen, während die 5. Feldkompanie sich links von der 2. Feldkompanie anschloß und damit die Lücke nach hinten bis zum Rivierufer hin schloß. In der Mitte befand sich, auf engem Raum zusammengedrängt, der riesige Troß. Die Witbooi-Aufklärungsabteilung verblieb auf dem südlichen Ufer. Die Norduferseite links von der dort in Stellung gegangenen 3. Feldbatterie wurde von der Basterabteilung gesichert.

Kaum war die Lücke auf der Westseite des Rechtecks geschlossen worden, als der Gegner – gegen 1630 Uhr – in einem erneuten verzweifelten Ansturm die deutsche Frontlinie, vor allem an der linken Flanke, einzudrücken versuchte. Aber auch dieser Angriff wurde im Feuer der Maschinengewehre zerschlagen, die hier im Nahkampf gut zum Tragen kamen. Die Artillerie dagegen war in dem undurchdringlichen Busch weitgehend unwirksam geblieben; auch war eine Feuerleitung wegen der fehlenden Sicht ausgeschlossen. So mußten die Geschütze im direkten Beschuß aufs Geradewohl feuern[8].

Bei jedem Feuerschlag der Geschütze warteten die Herero, »eng in den Vertiefungen des Bodens gepreßt«, hinter Büschen und Bäumen und ließen die Schrapnells über sich ergehen, um sich dann zum Sturmangriff auf die deutschen Linien zu erheben. So ging es stundenlang. »Sengende Glut lag auf dem Gefechtsfeld, der Durst quälte Menschen und Tiere; nirgends war Wasser zu bekommen, denn der Feind hatte es im Besitz.«

Leutwein ließ schließlich seine Truppe einige hundert Meter in östlicher Richtung vorgehen, wahrscheinlich in der Absicht, aus dem dichten, einen wirksamen Einsatz der Geschütze verhindernden Busch heraus in freieres Gelände zu gelangen. Der Gegner wich vor diesem »wandernden Kessel« zunächst zurück und gab so das anfängliche Gefechtsfeld der 1. Kompanie frei, wo die zuerst Gefallenen, darunter Oberleutnant Reiss, vorgefunden und mitten im Feuergefecht beerdigt wurden. Nun aber versteifte sich der Widerstand der Herero derart, daß ein weiteres Vordringen der Abteilung unmöglich wurde. Hätte die Truppe hier nur einige hundert Meter weiter nach Osten Raum gewinnen können, so wäre sie tatsächlich auf lichteres Gelände gestoßen, wie Oberleutnant Epp in seinem Tagebuch unter dem 8. Mai 1904 vermerkte. »Dann hätten wir unsere Waffen entsprechend ihrer Möglichkeiten ausnutzen können.«

Inzwischen war die Dunkelheit hereingebrochen, und das gegnerische Feuer ließ nach. Die Artillerie war jetzt nahezu verschossen, da nicht genügend Munition mitgenommen und nicht sparsam genug damit umgegangen worden war. Auch die Gewehrmunition war knapp geworden: Nervös geworden durch die kaum ein Ziel bietenden, heranschleichenden Aufständischen, hatten die Schützen, vor allem die unerfahrenen Neulinge, ihre Patronen vergeudet.

8 Die geringe Wirkung der Artillerie war auch noch auf die hohe Zahl von Versagern unter den Granaten zurückzuführen, die, in »Kartätschstellung« verfeuert, ausgeblasen, d. h. nicht explodiert waren. Dies bewiesen die zahlreichen, später auf dem Gefechtsfeld aufgefundenen, von den Herero »als Scherz« am Wegesrand aufgebauten Pyramiden von Ausbläsern (Tagebuch Epp unter 5. Mai 1904).

Sollte nun Munition von dem in Otjosasu zurückgebliebenen Troß herangeführt werden? Oberst Leutwein schien dies zu riskant, da dann die Munitionskolonne sich den Weg nach Oviumbo durch ein Gebiet bahnen müßte, wo laut Meldung der Witbooi-Aufklärung Feindkräfte stehen sollten. Er sah sich einer schweren Entscheidung gegenüber: Munitionsnachschub schien ausgeschlossen, das erhoffte Zusammenwirken mit der Ostabteilung, das Voraussetzung für den Erfolg seines Unternehmens sein sollte, war nicht zustandegekommen. Der Gegner schien unerschüttert in seinen Positionen auszuharren und, da er den Nachtkampf im Busch grundsätzlich mied, auf die Entscheidung am nächsten Tag zu setzen. Sollte er den Sturmangriff auf die Aufständischen jetzt dennoch wagen und alles auf eine Karte setzen oder zurückgehen und erst wieder offensiv werden, sobald weitere Verstärkungen aus der Heimat eingetroffen seien? Leutwein war unschlüssig. Er rief daher zunächst seine leitenden Offiziere zu einem Kriegsrat zusammen, um deren Ansichten zu hören.

Er wandte sich an Major von Estorff, der sich müde auf einen Baumstumpf niedergesetzt hatte, und dabei war, Figuren im Sand zu zeichnen: »Herr Major von Estorff, wie denken Sie über die Lage? Bleiben Sie ruhig sitzen!« Estorff entgegnete: »Herr Oberst, meine Stellung hier behaupte ich. Wir sollten hier die Nacht ausharren und morgen den Durchstoß erneut versuchen. Dann können wir weitersehen.«

Hauptmann Franke, der wieder einmal einen seiner Malariaanfälle hatte und lang ausgestreckt erschöpft unter einem hochästigen Busch lag, hob den Kopf: Wie denn, der Major wollte weiter hier in der Mausefalle bleiben und auch noch einen Vorstoß riskieren, und das alles, wo wir fast verschossen sind, den Troß nicht bei uns haben, mit schlappen Zug- und Reittieren? Der Oberst richtete den Blick auf ihn: »Nun, Herr Hauptmann Franke, wie denken Sie? Wenn wir die zweite und fünfte Kompanie, die beide noch ziemlich frisch sind, zum Sturm ansetzen, so muß es doch gehen?«

Erregt, fast beschwörend stellte Franke dem Oberst dar, was dann nach seiner Ansicht passieren würde: »Herr Oberst, wir stürmen durch, der Feind schießt uns nachher in den Rücken, und wir kommen kaum mehr zurück!« Der neben ihm stehende Oberleutnant Ritter und ein weiterer »alter Afrikaner«, Hauptmann von Heydebreck, schlossen sich Frankes Ansicht an und warnten dringend davor, auf dem Gefechtsfeld auszuharren, auch die beiden Generalstabsoffiziere, die Hauptleute Bayer und Salzer, plädierten für den Rückzug. Nur von Estorff als einziger »alter Afrikaner« war für das Ausharren und Stürmen. Fast beschwörend redete er auf den Oberst ein.

Leutwein, dessen Gedanke trotz allem das »Stürmen und die Rettung der Ehre des Tages« war und dabei auf die Unterstützung der »alten Afrikaner« gesetzt hatte, war verblüfft und enttäuscht. Er blickte in die Runde: »Wie denn, höre ich recht, die tapferen Krieger sind auf einmal vorsichtige alte Afrikaner geworden?!«

Da alle Offiziere mit Ausnahme des Majors von Estorff gegen ein Verbleiben auf dem Gefechtsfeld stimmten, entschied sich der Oberst »nur schweren

Herzens« für den Rückzug. Estorff, der immer noch den Oberst umzustimmen versuchte, wurde schließlich von diesem »schroff abgewiesen«.

Gegen 2000 Uhr wurde aufgebrochen und der Rückzug über Okatumba nach Otjosasu angetreten. In voller Ordnung marschierte die Truppe los, voraus die 5. Feldkompanie, während die 6. Feldkompanie die Nachhut bildete. Die Aufständischen ließen sich durch die zahlreichen in den alten Stellungen noch brennenden Lagerfeuer täuschen und drückten nicht nach. Am folgenden Morgen wurde in düsterer Stimmung Otjosasu erreicht.

Die deutschen Verluste bei Oviumbo waren erstaunlich gering geblieben, da die Herero, die immer noch nicht mit den Visiereinrichtungen der erbeuteten Gewehre umzugehen verstanden, auf größere Entfernung sehr ungenau geschossen hatten: acht Mann, darunter zwei Offiziere (Hauptmann von Bagenski und Oberleutnant Reiss) waren gefallen und 14 Soldaten verwundet. Über die Verluste auf der Hereroseite war wieder nichts Genaues bekannt geworden. Rust gibt sie mit 84 Gefallenen an; diese Angabe läßt sich jedoch aus anderen Quellen nicht belegen.

Drei Tage nach Rückkehr der Truppe nach Otjosasu übergab der Gouverneur dem Major von Estorff bis auf weiteres den Befehl über die Hauptabteilung. Leutwein selbst, der »äußerlich ruhig, aber innerlich sehr unzufriedener Stimmung war«, wie sein Sohn schreibt, begab sich über Okahandja nach Windhuk, um dort die Ankunft der weiteren Truppentransporte abzuwarten. Der Gouverneur, für den der Rückzug von Oviumbo »die erste Schlappe in seinem Leben war«, mußte vorausgeahnt haben, wie negativ Oviumbo von der deutschen öffentlichen Meinung aufgenommen würde. Es klingt fast wie eine vorweggenommene Rechtfertigung, wenn er einen Tag nach dem Gefecht zur Lage im Schutzgebiet schreibt:

»Die öffentliche Meinung in Deutschland einschließlich zahlreicher Afrikakenner hat die Herero weit unterschätzt. Auch wir hatten einen solchen Widerstand nicht erwartet. Die Hereros sagen sich anscheinend, daß sie doch keine Gnade zu erwarten hätten und sind zum äußersten entschlossen. Sie lassen sich mit Gleichmut totschießen. Der Krieg wird daher erst aufhören, wenn der Feind seine letzten Patrone verschossen hat.

Das Gefecht von Oviumbo hat klar bewiesen, daß die Truppe in ihrer gegenwärtigen Stärke in der Tat nicht ausreicht, um den Aufstand niederzuwerfen. Die Hereros, zu denen offenbar ein großer Teil der Waterberg- und fast alle Otjimbingweleute gestoßen sind, zählen mindestens 5000 Gewehre. Um ihren Widerstand zu brechen, muß die Truppe so stark sein, daß sie imstande ist, alle Kräfte des Feindes gleichzeitig anzugreifen, und nicht wie jetzt erst den rechten Flügel und dann den linken. Selbstverständlich kann hierbei von einer ›Umzingelung‹[9] der Hereros niemals die Rede sein, denn um eine Masse von

9 Hier spielt der Gouverneur auf die – wie sein Sohn schreibt – »Papierstrategen« in der Heimat an, die dem Gouverneur in »haarsträubenden Angriffen in den angesehenen Zeitungen« den Vorwurf machten, er habe versäumt, den Gegner in den Onjatibergen einzukreisen.

50000 Menschen zu umzingeln, würde die Versammlung einer so starken Truppenmacht gehören, wie sie hier in diesem wasser- und kulturarmen Lande in enger Vereinigung mittels Ochsengespanne nicht unterhalten werden kann.«

Während Leutwein seine ersten Überlegungen über eine Wiederaufnahme der Operationen anstellte, ergab sich plötzlich eine völlig neue Lage: Am 19. April deuteten Staubwolken nördlich von Otjosasu an, daß die Herero am Oberlauf des Swakop-Riviers in Bewegung gekommen waren. Major von Estorff ließ sogleich Patrouillen ausreiten, um festzustellen, was diese Unruhe unter den Herero für eine Bewandtnis habe. Die Erkundungsergebnisse brachten eine Überraschung: Alle ausgesandten Patrouillen meldeten übereinstimmend, die Herero hätten die Gegend am Oberlauf des Swakop völlig geräumt, alle Werften seien hier verlassen. Eine Patrouille war den Spuren des abziehenden Volkes gefolgt, tagelang, bis sie schließlich die große Staubwolke des Trecks vor sich hatte. In der Nacht hatten die Reiter eine Felskuppe erstiegen, die einen weiten Ausblick in das Land gestattete. Für den nächsten Morgen bot sich dann den Soldaten im Fernglas ein einmaliges, ergreifendes Bild: In einer unendlich langen und breiten Kolonne zog das heimatlos gewordene Volk in der flimmernden Morgensonne durch die Steppe dahin, eine gewaltige Masse, Viehherden, Wagenzüge, Fußgänger und Reiter, »sich auf rohen Wegen dahinwälzend«. Der Weg führte nach Norden, wo sich gleissend am Horizont die Umrisse eines langgestreckten Bergmassivs abhoben, das zum Schicksalsberg dieses Volkes werden sollte: **der Waterberg**.

Damit stand zweifelsfrei fest, daß beide Gegner voreinander den Rückzug angetreten hatten. Was mag nun die Herero so überraschend zum Rückzug bewogen haben, wo sie doch bei Oviumbo das Schlachtfeld behauptet und die Deutschen zum Rückzug gezwungen hatten? Ein Grund mag sein, daß die Hereroführung nach den Aussagen von Überläufern wegen ihrer enormen Verluste Oviumbo selbst als eine Niederlage empfunden haben soll und deswegen bestrebt gewesen sei, sich aus dem Bereich der deutschen Waffen abzusetzen. Eine große Rolle in dem Beschluß zum Abzug mögen auch die knappen Weidegründe im Raum Katjapia – Okatumba gespielt haben: Die Viehherden der Herero, durch die vielen Beutetiere stark angewachsen, standen in diesem Raum dicht zusammengedrängt, so daß das Weidegras rasch abgefressen war und andere Weidegründe unbedingt aufgesucht werden mußten. Ein weiterer Grund mögen der enorm hohe Verbrauch an Munition in den beiden Gefechten und der stockende und unzureichende Munitionsnachschub gewesen sein, der größtenteils über den weiten Weg aus dem Ovamboland herangeführt werden mußte. Die hierdurch bedingte Knappheit an Munition ließ es den Herero ratsam erscheinen, sich zunächst in keine weiteren Kampfhandlungen mit den Deutschen einzulassen und daher aus deren Nähe abzurücken.

Über die Abzugsrichtung und über die Frage, in welcher Form und ob überhaupt der Krieg gegen die Deutschen fortgesetzt werden sollte, hat es nach den

Berichten von Überläufern offensichtlich große Meinungsverschiedenheiten im Hererolager gegeben, zum Teil griff sogar defätistische Stimmung um sich. Nach Rust, der sich auf die Aussagen der Basterfrau Maria Cain abstützt, die als Gefangene beim Tjetjostamm gelebt hatte und später entkommen war, soll bereits nach dem Gefecht bei Ongandjira Friedensbereitschaft bei einem Teil der Herero bestanden haben, der sich Samuel Maharero jedoch widersetzt habe, obwohl er selbst sich nur widerstrebend zum Krieg hatte überreden lassen. Er habe seine Entschlossenheit hierzu durch eine Brutalität gegenüber seinen eigenen Leuten unterstrichen, »die man diesem Trunkenbold gar nicht zugetraut hätte«. So soll er nach Maria Cains Angaben bei Ongandjira und Oviumbo eigenhändig Leute erschossen haben, die sich feige gezeigt hätten und nicht zum Angriff hätten vorgehen wollen.

Nach dem Gefecht von Oviumbo waren die Herero zunächst in Richtung auf den nördlich von Oviumbo gelegenen Ort Otjiamongombe auf der Strecke Okahandja – Omusema abgezogen. Ein anderer Augenzeuge, der ebenfalls in der Gefangenschaft der Herero gewesene Baster Hendrik Cloete, berichtete, daß sich die Herero während dieses Rückmarsches beständig unter Schimpfen und Fluchen gezankt und einander Vorwürfe gemacht hätten. Das Zerwürfnis und die Meinungsverschiedenheiten müssen dann offenbar so groß geworden sein, daß sich ein Teil der Aufständischen unter der Anführung Kajatas und Tjetjos in der zweiten Aprilhälfte absonderte und nach Osten, Marschziel das britische Betschuana-Protektorat, abtreckte. Der größere Teil unter Samuel, Michael und Zacharias setzte den Marsch nach Norden – dem Waterberg entgegen – fort. Ursachen der Absonderung eines Teils der Aufständischen waren vermutlich die schon angeführte Knappheit an Munition und Verpflegungsmangel, aber auch eine allgemeine Kampfmüdigkeit mag hierzu beigetragen haben.

Die Munitionslage muß sich dann etwas später offenbar entspannt haben: Um den 10. Mai herum sollen Kajata und Traugott, der Sohn Tjetjos, als sie bereits in Verhandlungen mit der britischen Grenzpolizei standen, einen Brief von Samuel Maharero erhalten haben, sie möchten sich schleunigst mit ihren Leuten nach Waterberg begeben, da aus dem Ovamboland drei Wagen, beladen mit Gewehren und Munition, eingetroffen seien, »man könnte also wieder Krieg machen«.

Für Gouverneur Leutwein aber ergab sich aus alledem nun doch noch ein positives Resultat des Gefechts bei Oviumbo: Das gesamte Hererovolk begann, sich am wasser- und weidereichen Waterberg zu sammeln. Hier bot sich für Leutwein die Möglichkeit, in einem konzentrischen Vorgehen die Herero gegen den Waterberg zu drücken und ihnen eine entscheidende Niederlage beizubringen. Der Gouverneur hoffte, daß die Herero dann, ähnlich wie 1894 die Nama in der Naukluft[10], zur Unterwerfung bereit sein würden.

10 Siehe Seite 33.

13. Zwischenphase: Gouverneur Leutwein bereitet eine neue Offensive vor

Kritik aus der Heimat an Leutweins Kriegführung · Leutweins Brief zur Gefangenenfrage vom 17. Mai 1904 · Der Rückzug der Herero in Richtung Waterberg · Maßnahmen Leutweins zur Verhinderung einer Abwanderung der Herero in das Betschuanaland · Eintreffen der Aprilverstärkungen; Material- und Personalprobleme · Bericht des Soldaten Döhler über sein Eintreffen in der Kolonie · Das Hafenproblem in Südwest · Die Operation der neuen Ostabteilung (von Estorff): Der Aufbruch, im Lager von Onjatu, Gefangenenberichte, Verpflegungsprobleme, Erreichen Otjosondusus, das Gefecht bei Otjomasu, Bericht des Soldaten Arastus zur Feindlage, die Ostabteilung erreicht Okosondusu · Proklamation Leutweins an die Herero (30. Mai 1904) · Bildung der neuen Hauptabteilung · Aufbruch der Hauptabteilung (4. Juni 1904)

Mit dem Eintreffen immer weiterer enttäuschender Meldungen vom Kriegsschauplatz in Südwestafrika wuchs im Generalstab in Berlin die Unzufriedenheit über die Kriegführung Leutweins. Hatte schon die Niederlage des Majors von Glasenapp bei Owikokorero und sein verlustreicher Kampf bei Okaharui mit der sich anschließenden Pressekampagne in der Heimat und dem Ruf nach Abberufung und Bestrafung der Verantwortlichen die Gemüter im Generalstab erregt, so wurde der Rückzug Leutweins von Oviumbo vollends als eine Schlappe und Demütigung für das Reich angesehen, die noch um so schlimmer wog, als sie nicht etwa von einem »zivilisierten Gegner« zugefügt worden war, sondern von »barbarischen Wilden«. In völliger Verkennung der Schwierigkeiten der afrikanischen Kriegführung – zumal für die ins Land geschickten unerfahrenen Truppen – glaubte man, daß die Hauptursachen für die Fehlschläge in der Person des Gouverneurs lägen, dem die nötige Härte und Willenskraft fehle, um mit den Eingeborenen fertig zu werden. Der Ruf nach Ablösung Leutweins durch eine andere energischere Persönlichkeit erscholl immer lauter, und insgeheim – hinter den Kulissen des Generalstabs – wurden bereits Überlegungen angestellt, wer für diese Nachfolge in Frage käme. Fürs erste aber begnügte man sich, dem Gouverneur deutlich zu verstehen zu geben, daß die Geduld des Kaisers und des Generalstabs über seine Kriegführung nicht unbegrenzt sei und man weitere Mißerfolge in Südwestafrika nicht hinnehmen würde. Man erwarte von ihm jetzt endlich ein energisches Vorgehen gegen die Aufständischen. Leutwein, der vielleicht schon ahnte, daß in Berlin die Würfel gegen ihn gefallen seien, und einer befohlenen Abberufung zuvorkommen wollte, reagierte gekränkt: »Vorwurf des Mißerfolgs trifft mich hart. Glaube, bei Oviumbo Truppe mittels Nachtmarsches vor Katastrophe gerettet zu haben. Bitte um Ersatz durch höheren Offizier, welcher volles Vertrauen des Generalstabs besitzt, da nur dann gedeihliches Zusammenwirken möglich. Werde bis dessen Eintreffen Geschäfte des Kommandeurs pflichtgemäß weiterführen und dann als Gouverneur mit Rat zur Seite stehen.«

Aber nicht nur von Seiten des Generalstabs wurde die Handlungsweise des Gouverneurs gerügt: Auch der Reichstag machte ihn zur Zielscheibe seiner

Kritik, allerdings weniger wegen seiner Kriegführung als vielmehr wegen der Grausamkeiten, die sich die unter seinem Kommando stehenden Truppen angeblich hatten zuschulden kommen lassen. Dabei stützte man sich auf Angaben in den Briefen von Schutztrupplern. Hauptankläger waren die sozialdemokratischen Reichstagsabgeordneten Bebel und Noske. Ersterer erklärte im März 1904 vor dem Reichstag: »Wir müssen von der Kolonialverwaltung Aufklärung darüber verlangen, ob die brieflichen Meldungen von Angehörigen der Schutztruppe richtig sind, wonach der Befehl ergangen worden sei, überhaupt keine Gefangenen mehr zu machen, sondern alles, was schwarze Farbe hat, niederzuschießen.« Kolonialdirektor Dr. Stübel, in Reichstagsdebatten nicht gerade ein brillanter Redner, wand sich mangels gegenteilig lautender Informationen vom Kriegsschauplatz mit der Erklärung heraus, »der deutsche Charakter ist überhaupt nicht zu Grausamkeiten und Rohheiten geneigt«, forderte Leutwein dann jedoch zur Berichterstattung über diesen Punkt auf.

Leutwein entgegnete daraufhin in einem Schreiben an die Kolonialabteilung vom 17. Mai 1904: »Wie bereits telegraphisch gemeldet, sind Befehle, Frauen und Kinder zu töten sowie überhaupt keine Gefangenen zu machen, nirgends gegeben.« Er räumte dann allerdings ein, daß tatsächlich bisher noch keine Gefangenen gemacht worden seien: »Daß indessen auch auf Seiten unserer Soldaten nach allem, was vorgekommen ist, nicht mit besonderer Schonung vorgegangen wird, ist nur naturgemäß. Ebenso naturgemäß ist es, wenn kein Vorgesetzter diese Schonung befiehlt...« In diesem Zusammenhang verwies der Gouverneur auf die grausame Tötung der in dem Gefecht bei Okaharui verwundet in die Hände der Herero gelangten deutschen Soldaten, deren furchtbar zugerichtete Leichen später gefunden wurden[1].

Leutwein gab auch zu, daß es zu Beginn des Krieges während seiner Abwesenheit im Süden Fälle von Lynchjustiz gegenüber Herero und anderen Eingeborenen in Karibib gegeben habe, worüber bereits in Kapitel 5 berichtet worden ist.

Die von Leutwein abgegebenen Erklärungen zur Frage der Gefangenenbehandlung waren für seinen höchsten Vorgesetzten, den Reichskanzler Fürst Bülow, unbefriedigend. Und so hagelte es Mahnungen an die Adresse des Gouverneurs, doch ja den Krieg rücksichtsvoll zu führen und mit gefangenen Herero, vor allem Frauen und Kindern, schonend umzugehen. Gleichzeitig aber sollte er, so forderten der Generalstab und die »Partei der Säbelrassler« im Kriegsministerium und in der Bevölkerung, »einen Krieg bis zur Vernichtung der Herero« führen.

Während man sich in Berlin ernsthaft Gedanken über einen geeigneten Nachfolger für Leutwein als Kommandeur der Schutztruppe machte, stellte dieser erste Überlegungen über die Fortsetzung der Operationen nach der völligen Veränderung der Kriegslage an. Er wollte die Operationspause nach dem Rückzug von Oviumbo so kurz wie möglich halten und zur Vorbereitung einer

1 Siehe Seite 153.

alsbaldigen Verfolgung des aus dem Wirkungsbereich der deutschen Waffen entronnenen Gegners nutzen. Um ihm aber in das Gebiet des Waterberg folgen zu können, bedurfte es zunächst des Aufbaus eines umfangreichen Nachschubwesens, da nunmehr der Vormarsch abseits der Bahn und der Ortschaften quer durch die wasser- und vegetationsarme Dornbuschsteppe vor sich gehen mußte. Dies würde jedoch längere Zeit in Anspruch nehmen, so daß fürs erste Samuel Maharero im Vorteil war: Mit seinem Rückzug nach Norden hatte er jetzt Zeit gewonnen und konnte in Ruhe die Deutschen erwarten, die jetzt mit der Umstellung ihres Nachschubwesens auf die weiten Anmarschwege voll in Anspruch genommen waren. Samuel konnte nun seine erschöpften und bereits Hunger leidenden Herero und die Viehmassen wieder zu Kräften kommen lassen und insbesondere seine Munitions- und Verpflegungsvorräte wieder auffüllen. Letzteres war jetzt leichter geworden, waren doch die Herero durch ihre Konzentrierung im Bereich des Waterberg ihrem Hauptnachschubgebiet für Verpflegung, Waffen und Munition, dem Ovamboland, viel näher gekommen. Vordringliches Ziel für den Gouverneur war es jetzt, einen eventuellen Abzug der Herero über den Waterberg hinaus nach Norden in das Ovamboland oder nach Nordosten in das Kavangogebiet und von dort in das Betschuanaland zu verhindern.
Im Norden des Schutzgebietes aber standen nur wenige deutsche Truppen, viel zu schwach, um einen Abzug des Gegners in die genannten Gebiete zu verwehren. Als erste Maßnahme hatte bereits Oberleutnant Volkmann von Grootfontein aus mit 35 Reitern die wichtige Wasserstelle Coblenz am Mittellauf des Omuramba-Omatako-Riviers zwischen Otjituo und Okanguindi besetzt, da angenommen wurde, daß die Herero mit ihren gewaltigen Viehherden auf ihrem Rückzugsweg die wasserarme Omaheke meiden und sich weiter westlich an das in Nordostrichtung zum Okavango verlaufende Omuramba-Omatako-Rivier mit seinen zahlreichen Wasserstellen halten würden. Sollten sie tatsächlich am Waterberg vorbei weiter nach Norden abtrecken, so müßten sie die Wasserstelle Coblenz passieren. Diese liegt auf dem Wege zum Debra- und Kaukaufeld, wasserreiche und oasengleiche Gebiete mitten in der Omaheke und somit wichtige Etappen auf einem eventuellen Fluchtweg in das Kavangogebiet. An eine Sperrung dieses Weges im Bereich der Wasserstelle Coblenz war indessen mit diesen wenigen Leuten überhaupt nicht zu denken. So mußte man sich damit begnügen, von dort aus die Bewegungen des Gegners durch Entsenden von Patrouillen unter Beobachtung zu halten. Der Posten Coblenz wurde später (Ende Mai) wieder eingezogen, da die Wasserstelle infolge der geringen Niederschläge auch im mittleren Bereich des Omuramba-Omatake fast versiegt war.

Um die Absperrung im Norden zu verbessern, schickte Leutwein die im April aufgestellte, aus Neuankömmlingen bestehende 8. Feldkompanie unter Oberleutnant von Zülow als Verstärkung zu Oberleutnant Volkmann. Die Kompanie brach Anfang Mai von Karibib auf und rückte über Omaruru – Outjo nach Otavi vor, wo sie sich mit der inzwischen von der Wasserstellle Coblenz abgezogenen Abteilung Volkmann vereinigte. Die Gesamtleitung im Norden übernahm Oberleutnant Volkmann. Er bildete nun eine neue Sperrlinie zwischen Grootfontein und Otavi.

Auch dem Distrikt Gobabis mußte wieder besondere Aufmerksamkeit gewidmet werden: Wie bereits geschildert, hatte sich ein Teil des Hererovolkes unter Kajata und Tjetjo nach dem Gefecht von Oviumbo von der Hauptgruppe abgesondert, um, am Epukiro entlang nach Osten treckend, bei Rietfontein über die Grenze in das britische Territorium zu gelangen. Auch hier standen nur schwache deutsche Kräfte, nämlich die Besatzung von Gobabis unter Oberleutnant Streitwolf. Bei Rietfontein und an anderen Stellen war es mehrfach zu Grenzüberschreitungen durch Herero gekommen. Die britische Grenzpolizei war ersucht worden, die Grenze zu sperren und die Grenzüberschreitungen zu verhindern, war dieser Aufgabe aber wegen zu geringer Kräfte und der Größe des zu kontrollierenden Gebietes nicht gewachsen. Dem Ansinnen der deutschen Behörden, bereits auf britisches Gebiet übergewechselte Herero wieder auszuliefern, wurde von Seiten der britischen Grenzpolizei in keinem Fall Folge geleistet. Diesseits der Grenze angetroffenen Hereroflüchtlingen wurde Asyl im Ghansi-Distrikt des Betschuana-Protektorats gewährt.

Um die Lücke in der Absperrung im Osten zu schließen, die durch den Ausfall der jetzt einsatzunfähig in Otjihaenena in Quarantäne liegenden (alten) Ostabteilung entstanden war, entsandte Oberst Leutwein die von der Typhusepidemie verschont gebliebene Reiterabteilung Winkler der früheren Ostabteilung in den Distrikt Gobabis mit dem Auftrag, von Epukiro aus die wieder nach Osten ziehenden Tjetjoleute zu beobachten und deren eventuellem Abwandern in das britische Protektorat Abbruch zu tun.

Für Leutwein erhob sich nun die Frage, ob Samuel tatsächlich die Absicht hatte, sich am Waterberg, gewissermaßen mit dem Rücken gegen die Wand, auf einen Verzweiflungskampf mit den technisch weit überlegenen deutschen Truppen einzulassen, oder ob er den weide- und wasserreichen Waterberg als Sprungbrett für eine geregelte Flucht seines Volkes am Omuramba entlang zum Kavangogebiet und von dort entweder in das Ovamboland oder in das Betschuanaland benutzen wollte. Daß letztere Absicht, die Flucht in das Betschuanaland von Norden her, zumindest als letzter Ausweg für den Fall bestanden hatte, daß die Hereronation im Kampf um die Heimat unterliegen würde, kann man aus einem Brief des Resident Magistrate von Walvis Bay vom 12. Juni[2] herauslesen. In diesem heißt es, daß ein Engländer Lucas, der lange als Jäger und Händler unter den Herero gelebt hatte, zu ihm, dem Resident Magistrate, gekommen sei und ihm mitgeteilt habe, er sei von Samuel Maharero gebeten worden, bei ihm, dem Residenten, zu sondieren, ob die britische Regierung bereit sei, dem im Kampf um Leben und Tod stehenden Volk der Herero wenigstens Asyl zu gewähren, wenn es dem Volke gelänge, sich bis zur britischen Grenze durchzukämpfen.

2 PRO, Kew, C.O. 48, Vol. 3, Piece 577.

Wegen der wenigen hier oben im Norden stehenden deutschen Truppen hätte eine solche Fluchtabsicht unter der Voraussetzung eine gute Chance gehabt, daß die deutschen Truppen nicht rasch genug nachrückten – und wenn nicht die Natur hier einen Riegel vorgeschoben hätte, denn, wie bereits angeführt, waren die letzten Regenfälle so gering gewesen, daß sogar die Vleys und Wasserquellen am Omuramba-Omatako-Rivier versiegt waren. Damit schied auch der Weg am Omuramba entlang für einen gefahrlosen und geregelten Abzug des Volkes mitsamt dem Vieh in Richtung britisches Gebiet über das Kavangogebiet oder in das Ovamboland aus. Spätestens auf seiner Flucht am Omuramba entlang nach Norden im April/Mai mußte Samuel die Erkenntnis gekommen sein, daß dieser Fluchtweg weiter nach Norden am Waterberg vorbei nicht mehr gangbar war. Somit blieb ihm, selbst wenn er den Entscheidungskampf am Waterberg nicht gewollt hatte, nun nichts anderes mehr übrig, als hier, wo Wasser und Weide reichlich waren, zu bleiben und den unvermeidbaren Schicksalskampf mit den deutschen Truppen aufzunehmen.

Inzwischen waren im Zeitraum vom 17. bis 28. April die von Leutwein am 9. März angeforderten Verstärkungen in Swakopmund angelandet worden: Es waren insgesamt etwa 1200 Mann sowie 18 Feldgeschütze C.96 und eine 3,7-cm-Maschinenkanone, ferner eine Reihe von Maschinengewehren, 1200 Pferde und eine große Zahl von Maultieren und Eseln für die Geschützbespannungen. Ein erheblicher Teil des Personals und Materials mußte zum Aufbau eines Nachschub- und Etappenwesens gebraucht werden, da für den weiteren Feldzug abseits fester Straßen und besiedelter Gebiete mit großen Versorgungsschwierigkeiten gerechnet werden mußte und die Anmarschwege zum Feind viel länger geworden waren.

Es trat jetzt eine Zeit der Reorganisation der Schutztruppe ein. Mit dem Zulauf der Verstärkungen mußten neue Einheiten gebildet werden, insgesamt sechs Feldkompanien, drei Feldbatterien und eine Maschinengewehrabteilung. Wegen der Unerfahrenheit der neuen Soldaten wurde jeder dieser Formationen ein Stamm landeserfahrener Leute aus den alten Einheiten zugeteilt, letztere erhielten dafür als Ausgleich neues Personal aus den Verstärkungen. Um die Mängel im Fernmeldewesen abzustellen, die besonders das Zusammenwirken zwischen der Ostabteilung und der Hauptabteilung unmöglich gemacht hatten, wurde weiteres heliographisches Gerät und sogar eine »Funken-Telegraphie-Abteilung« ins Land geschafft, mit der man sich eine raschere und sicherere Nachrichtenübermittlung als mit den von klarem Wetter und Relaisstationen abhängigen Heliographiesystemen erhoffte. Von Okahandja nach Otjosasu wurde eine Telegraphenleitung verlegt, die später bis Owikokorero verlängert wurde.

Beantragt hatte Leutwein in Deutschland auch die Entsendung einer Luftschifferabteilung, um die Bewegungen und Stellungen des Feindes in dem undurchdringlichen Buschgewirr zu erkennen. Doch obwohl »man doch«, wie Oberleutnant Epp in seinem Tagebuch schreibt, »froh sein könnte, so ein Ding mal kriegsmäßig zu erproben«, wurde der Antrag abgelehnt.

Mit den im Schutzgebiet eingetroffenen Pferden konnten nun sämtliche Truppen beritten gemacht werden. Das war aber leichter gesagt, als getan. Ein Gutteil der mit den Verstärkungen eingetroffenen Freiwilligen waren Infanteristen, die noch nie in ihrem Leben auf einem Pferd gesessen hatten und denen jedes Verständnis für Pferdepflege fehlte. Sie mußten also noch gründlich Reitausbildung erhalten und im Umgang mit Pferden geschult werden. Das Pferdematerial stammte aus Argentinien und aus Deutschland. Das ins Land gebrachte deutsche Armeepferd erwies sich als wenig geeignet: »Ein verwöhntes, an Stall und viel Hafer und delikate Pflege gewöhntes Tier, die hierher geschickten meist alt und als solche noch weniger widerstandsfähig«, klagt Oberleutnant Epp in seinem Tagebuch. Schon besser war da das ostpreußische Landpferd, der Klepper; er war an einfache und rauhe Lebensweise gewöhnt. Aber auch diese Pferde benötigten Kraftfutter, das ihnen im Busch vielfach nicht geboten werden konnte. Mit ihrer leichten Behaarung machten den deutschen Pferden die starken Temperaturunterschiede zwischen Tag und Nacht arg zu schaffen. Sie bedurften daher vor dem Einsatz der Akklimatisierung. Dafür aber fehlte die Zeit. Hinzu kam noch die schlechte Behandlung, die diesen Tieren widerfuhr, da vielen Soldaten jedes Verständnis für Tierpflege fehlte. Häufig bekamen die Pferde nicht einmal Gras und Wasser geboten, sollten aber viel mehr als in der Heimat leisten. So war es nicht verwunderlich, daß viele der deutschen Pferde nach kurzer Zeit ihren Dienst versagten. – Gleich schlecht waren die Erfahrungen, die man mit den in Argentinien gekauften Pferden machte, sie waren jedoch ausdauernder im Ertragen von Durst und Entbehrungen. Am meisten bewährten sich noch die einheimischen Pferde. Sie waren am widerstandsfähigsten und regenerierten sich nach durchgestandenen Strapazen rasch wieder. Oberleutnant Epps Urteil über sie:

»Über die vernünftig gezogenen, oft unscheinbaren Afrikaner geht nichts!«; er bemerkt allerdings einschränkend: »Auf diese unglücklichen Tiere noch ein großer Teil Infanteristen geklemmt, die von Pferden und Reiten keine Ahnung haben, die Pferde mit Decken, Haferrationen u. a. noch bepackt, das Ganze einem Führer aus der Infanterie unterstellt, da müßte man sich wundern, wenn kein Fiasko herauskommt.«

Zu den Soldaten, die mit den Aprilverstärkungen nach Südwestafrika gekommen waren, gehörte der bayrische Infanterist Christian Döhler. Er berichtet uns anschaulich über seine Meldung zur Schutztruppe, seine Ankunft im Lande und auch über das »Berittenmachen« der Infanteristen; er läßt uns so erahnen, welche Probleme noch auf die Truppenführung mit dem Pferde- und Maultiermaterial zukommen würden:

»Im Januar 1904 kam die 8. Kompanie Infanterieregiment 13 Ingolstadt von einer Felddienstübung zurück. Da steht der Regimentskommandeur auf dem Kasernenhof. ›Achtung! Augen rechts!‹ 200 Knobelbecher knallen auf das Pflaster. ›Stillgestanden!‹ Der Hauptmann meldet dem Oberst die Kompanie.

Der Oberst hält eine kurze Ansprache: In Deutsch-Südwestafrika sei ein Aufstand ausgebrochen, die Schutztruppe dort soll verstärkt werden, es sollen sich Freiwillige für den Dienst in der Schutztruppe melden. Wer sich melden will, solle auf Schreibstube kommen, es kommen nur Leute infrage, die 1. über 21 Jahre alt sind, 2. bereits 1 Jahr gedient und 3. keinerlei Arreststrafen bekommen hätten. Am nächsten Tag meldeten ein Kamerad und ich uns auf der Schreibstube. Unser Hauptmann erklärte uns, daß der Dienst bei der Schutztruppe kein Zuckerlecken sei, daß wir gegen einen Feind kämpfen würden, der keine Gefangenen macht usw., ob wir es uns genau überlegt hätten, wir könnten jetzt noch zurücktreten, das sei keine Schande; aber wenn wir jetzt ›Ja‹ sagten, sei das endgültig. Mein Kamerad trat dann doch noch zurück, ich blieb bei meinem Entschluß…

Am 25. März wurde Maß für die Schutztruppenuniform genommen, sie wurde ganz genau angepaßt, nicht so flüchtig wie bei der Einkleidung. Am 5. April Abreise von Ingolstadt nach Berlin. In München kamen noch einige bayrische Kameraden dazu. In Berlin angekommen, gingen wir vom Bahnhof zu der uns befohlenen Kaserne… In der Kaserne wurden wir Bayern erst mal auf den Kaiser vereidigt, da wir ja bisher auf den König von Bayern vereidigt gewesen waren. Leider hatte der Kaiser keine Zeit, dafür begrüßte uns aber der Kronprinz, der ja mein Jahrgang ist. Er führte uns dann zur Bahn nach Hamburg. Dort wurden wir am 7. April nachm. 475 Mann inkl. Offiziere und 750 Pferde eingeschifft. Wir wurden am Kai von Gen. v. Bock und Polach verabschiedet. Auf der Schiffsreise bekamen wir Unterricht über den Sternenhimmel, Kriegführung in Südwest und Instruktionen am neuen Gewehr 98. Unterwegs wurde nur ein Hafen angelaufen, Monrovia, wo wir zwei Stunden lagen, um Kruneger an Bord zu nehmen, die in Swakopmund löschen mußten. Am 28., 0400 Uhr nachm., kamen wir in Swakopmund an, wurden aber erst am 29. früh ausgeladen, da die Brandung zu hoch war.

Der erste Eindruck von Südwest war Sand, Sand, Sand! Swakopmund bestand ja nur aus dem Bahnhof, Post, Leuchtturm als einzige massive Häuser, alles andere waren Holzhäuser, wovon das Hotel »Fürst Bismarck« das hervorragendste war. Die erste Mittagsverpflegung in Deutsch-Südwest bestand aus Reis und Backobst, und dabei blieb es bis zum 5. Mai…

Am 30. früh Abfahrt mit der Feldbahn nach Nonidas, wo die Pferde und Maultiere waren. Dort angekommen, lautes Kommando: ›Jeder Mann fängt sich ein Pferd!‹ Ob Infanterist, Pionier oder sonstwas, darauf wurde keine Rücksicht genommen. Viele hatten in ihrem Leben noch nie auf einem Pferd gesessen, als Bauernjunge konnte ich wenigstens mit Pferden umgehen…«

Ein großer Engpaß für den Truppen- und Materialnachschub zwischen der Heimat und der Kolonie ergab sich durch die völlig unzulänglichen Hafenverhältnisse in Südwestafrika. Für die Kriegführung gegen die Herero stand lediglich Swakopmund als »Hafen« zur Verfügung. Doch von einer kurzen Lösch- und Verlademole für Leichter abgesehen, die obendrein zusehends versandete, konnte hier eigentlich von einem Hafen überhaupt nicht gesprochen werden. Die Schiffe mußten auf offener Rede, weit von der Küste entfernt und oft in schwerer Dünung ankern. Dort wurden Personal und Güter geleichtert. Mit Hilfe des einzigen Schleppers »Pionier« wurden die Leichter dann durch die gewaltige Brandung hindurch zur Mole geschleppt, ein oft gefährliches Unternehmen, das manche Verluste an Menschen und Tieren verursachte. Im Laufe des Hererofeldzugs versandete die Mole dann derart, daß sie schließlich nicht mehr benutzt werden konnte. Nun mußte – wie zu Beginn der deutschen Kolonialherrschaft – das Personal mit Brandungsbooten direkt am Strand angelandet werden. Die Pferde und Maultiere wurden mittels speziell hierfür konstruierter Flöße mit Hilfe von am Strand aufgestellten Seilwinden an Land geschafft. Erst später – nach dem Hereroaufstand – wurde von Pionieren eine über die Brandung hinausreichende Landungsbrücke gebaut. So bildete Swakopmund über die Gesamtdauer des Aufstands einen neuralgischen Punkt im deutschen Nachschubsystem. Am Land stauten sich die Güter in riesigen Mengen – zum großen Teil im Freien gelagert, Wind und Wetter ausgesetzt –, da der Weitertransport wegen der geringen Transportkapazität der Bahn nur zögernd vor sich ging. Es kam vor, daß die Schiffe bis zu 40 Tagen – dauernd unter Dampf – auf Reede lagen, bis ihre Ladung an Land geschafft werden konnte. Durch den Nachschubstau und den schleppenden Transport der Güter, erst mit der hoffnungslos überlasteten Bahn, dann im Ochsentreck quer durch den Busch, dauerte es dann oft noch viele Wochen, bis Truppe und Tiere im Felde versorgt werden konnten. Die Folge waren mangelhafte Ernährung und Krankheiten; viele Pferde gingen vor Hunger und Entkräftung ein, und viele Soldaten hatten keine Widerstandskraft mehr gegenüber den heimtückischen Krankheiten Typhus und Ruhr.

Jetzt wurde der Nachteil besonders schmerzlich empfunden, daß der einzige natürliche Hafen im mittleren Teil Südwestafrikas, Walvis Bay, in britischer Hand war. Schon Missionsdirektor Fabri, ein früher Befürworter deutscher Kolonialpolitik, hatte in seinem 1889 erschienenen Werk »5 Jahre deutsche Kolonialpolitik« auf diesen Nachteil für die Kolonie hingewiesen und vom »Pfahl im Fleische des deutschen Schutzgebietes« gesprochen. Von deutscher Seite hatte es deshalb schon frühzeitig und mehrfach Versuche gegeben, Walvis Bay gegen deutsche Territorien, zum Beispiel am Oranje-Fluß, einzutauschen, doch alle deutschen Demarchen stießen bei der britischen Regierung auf taube Ohren. Von der Reichsregierung während des Aufstands an das britische Foreign Office gerichtete Anfragen, ob es deutschen Truppen erlaubt werden könnte, in Walvis Bay an Land zu gehen, wurden ebenfalls abgelehnt.

Anfang Mai ergriff der Gouverneur die ersten Schritte zur Verfolgung der sich zum Waterberg hin absetzenden Herero. Er faßte die noch bei Otjosasu stehenden Kräfte der alten Hauptabteilung, jetzt von Major von Estorff befehligt, zu einer neuen Ostabteilung zusammen. Diese erhielt den Auftrag, dem Gegner nach Norden zu folgen und ihn unter Beobachtung zu halten, sich jedoch weitgehend passiv zu verhalten und auf kein größeres Gefecht mit ihm einzulassen, es sei denn, er versuche, nach Osten auszubrechen. Die neu hinzukommenden Kräfte aus der Heimat wollte der Gouverneur später zu einer neuen Hauptabteilung formieren, die dann der Abteilung von Estorff folgen würde. Seine operativen Absichten faßte Leutwein im einzelnen in einem Operationsbefehl zusammen, den er am 1. Mai als »streng geheim« herausgab.

Wenden wir uns jetzt der neuen Ostabteilung zu. Sie bestand aus der 1., 2., 4. und 6. Feldkompanie, der 2. (Gebirgs-) und der 3. Feldbatterie, der Maschinengewehrabteilung Graf Saurma sowie den beiden Aufklärungsabteilungen der Baster und der Witbooi, insgesamt etwa 700 Mann. Von Estorffs Aufgabe war sehr heikel: Er sollte mit seiner schwachen Abteilung einem ihm um ein Vielfaches überlegenen, verzweifelten, um sein Überleben kämpfenden Gegner folgen. Er mußte daher sehr vorsichtig operieren, um diesem nicht in eine Falle zu laufen, andererseits sollte er aber trotz seiner starken Unterlegenheit den Kampf mit dem Gegner aufnehmen, falls dieser tatsächlich Anstalten machen würde, nach Osten zu entweichen.

Die Abteilung brach am 4. Mai morgens um 0800 Uhr von Otjosasu auf. Oberleutnant Epp, Chef der 4. Feldkompanie, vermerkte kritisch in einem Tagebuch: »Major von Estorff scheint keinen bestimmten Auftrag zu haben, man läßt ihn nach den Umständen handeln; geht es gut, ist's recht, geht es schlecht, geht es auf seine Kappe. Für weitergehende Unternehmungen ist er nicht mit Nachschubkolonnen ausgestattet, wahrscheinlich mit Absicht. Von Estorff möchte auf eigene Faust Orlog machen, möglichst weit vom Hauptquartier weg; daß er nicht erreichbar ist, das soll seine Art sein. Ein bestimmtes Ziel kann er nicht haben, weil zu wenig vom Gegner bekannt ist, um sich ein solches bilden zu können. Unter solchen Auspizien zogen wir los in unbekannte Gegenden hinein.«

Estorff wollte dem Gegner nicht energisch nachdrängen, sondern langsam folgen, um ihm so Gelegenheit zu geben, sich erneut zu setzen, möglichst am Waterberg. – Der Marsch führte zunächst nach Okatumba, wo die Nacht verbracht wurde. Am nächsten Morgen ging es weiter, erst am Gefechtsfeld von Oviumbo vorbei, wo die im Kampf Gefallenen aufgesammelt und bestattet wurden. Am Nachmittag des gleichen Tages wurde in Richtung auf die Wasserstelle von Otjikuoko weitermarschiert, wo die Abteilung noch am gleichen Abend eintraf. Nirgends wurde auf den Gegner gestoßen, doch zeigten Staubwolken weit voraus im Nordosten und Norden, daß der Gegner im Abrücken war. In der Nähe der Wasserstelle Otjikuoko kam es zur ersten Feindberührung: Eine Gruppe Herero mit Rindern näherte sich der Wasserstelle, wurde von der 1. Kompanie angegriffen, verschwand jedoch sogleich wieder spurlos im Busch, ohne daß ihr Verluste zugefügt wurden. Am 10. Mai wurde wieder aufgebrochen und am gleichen Tag noch das »aus ein paar verlassenen, armseligen Lehmpontoks bestehende« Okaharui erreicht. Hier gelang es, Heliographenverbindung mit Otjosasu und damit mit dem Hauptquartier in Okahandja herzustellen. Estorff ließ hier einen Heliographenposten zurück. Über diesen

Signalposten meldete sich die Abteilung vorerst zum letzten Mal: Dann war sie für die Außenwelt für die nächsten drei Wochen »vom Busch aufgeschluckt«. Voraus, in der Vormarschrichtung der Abteilung, dehnte sich bis in die Unendlichkeit der eintönigen Buschlandschaft nur welliges Gelände aus, das jede Möglichkeit einer Heliographenverbindung nach rückwärts ausschloß, Hauptmann Bayer, der diese Expedition mitmachte, berichtet über den weiteren Vormarsch:

»Am 10. Mai, 0230 Uhr früh, ritten wir ab. Bleicher Mondschein beleuchtete uns den Weg, die ›Pad‹, die aus einigen Wagenspuren bestand und in großen Schlangenwindungen zwischen Bäumen und Büschen dahinführte.

Es war bitterkalt. Wir kamen durch sehr dichten Dornbusch; stickiger Modergeruch füllte hier die Luft; weiße Gerippe, angenagte Tierkadaver bleichten und schimmerten im fahlen Licht des Nachtgestirns. Große Termitenhaufen, spitzen Hüten und Pagoden gleich, warfen dunkle, scharfe Schatten.

Wir waren auf dem Gefechtsfeld von Okaharui! Die Spitze hielt. Wir suchten die Gräber der gefallenen deutschen Soldaten und brachten sie in Ordnung. Schakale hatten daran zu wühlen begonnen. Unbeerdigt lagen da und dort die Gebeine der getöteten Hereros, obwohl hier später ein Teil ihres Volkes durchgezogen war.

Schweigsam und in uns gekehrt ritten wir weiter. Gegen 1000 Uhr vormittags erreichten wir Onjatu. Lange Schanzen lagen im Viereck an erhöhter Stelle und zeigten, wo Glasenapps Abteilung bis vor vier Wochen gelegen hatte. Dann war sie gezwungen worden, zurückzugehen, nicht vor dem Feinde, sondern vor dem Typhus, der die Reihen lichtete.«

Ausgerechnet an dieser bereits völlig verseuchten Wasserstelle ließ von Estorff die Abteilung ihr Lager aufschlagen. Die Folgen blieben nicht aus: Auch die neue Ostabteilung sollte sich hier den Keim zu der tückischen Krankheit holen!

Bayer fährt in seiner Berichterstattung fort:

»Wir fanden fünf tiefe Löcher in den Kalkboden und durch den Felsen gebohrt. Unten stand Wasser; als aber die Leute mit Mühe wohl sechs Meter hinunterstiegen, fanden sie Hundekadaver und verweste Schlangen darin. Eine Prüfung ergab, daß das Wasser nicht für alle reichen werde. Dabei drängten unsere Tiere ungestüm nach den Wasserstellen hin, und es bedurfte aller Energie, um zu verhindern, daß einige Pferde hineinfielen. Mit Fäusten, Stöcken und Peitschen wurde kräftig dazwischengeschlagen, bis die durstgequälten Geschöpfe zurückgedrängt waren, aber Ruhe gaben sie nicht, sie bissen und schlugen sich gegenseitig, wenn ein gefüllter Tränkeimer herangereicht wurde.

Wir schickten Patrouillen aus, um eine zweite Wasserstelle zu suchen. Sie wurde auch gefunden[3] und bald besetzt, so daß das Wasser an den nächsten

3 Anm. Verf.: Okarukambe, etwa 8 km nordwestlich von Onjatu. Hierher wurde ein Teil der Abteilung verlegt.

Tagen reichte. Mit derselben faulenden Flüssigkeit kochten wir unseren Reis und unser Fleisch, nachdem wir vorsorglich die toten Hunde und Reptilien herausgefischt hatten. Es schmeckte vielleicht nicht gut, aber wir hatten Durst und Hunger. Gewaschen haben wir uns an dem Tage nicht, auch nicht am nächsten.«

In den letzten Tagen hatte die Abteilung einige versprengte Herero gefangen genommen. Konnte man deren Aussagen, die sich zum Teil mit den früheren von Überläufern und Gefangenen gemachten deckten[4], Glauben schenken, so war die Feindlage nunmehr wie folgt: Nördlich Owikokorero hatten sich die Herero, wie berichtet, nach dem Gefecht bei Oviumbo geteilt; Samuel mit der Hauptgruppe verblieb in der Abzugsrichtung nach Norden, während Tjetjo mit seinen Leuten nunmehr nach Osten abtreckte, vermutlich um britisches Gebiet zu erreichen. Die letzten Gefangenenaussagen – um den 12. Mai herum – besagten, daß der Tjetjostamm etwa 50 km östlich von Onjatu stand, was plausibel erschien, da Tjetjo nach anderen Gefangenenaussagen »etwa um den 10. Mai herum«, als er bereits das an der britischen Grenze gelegene Rietfontein erreicht hatte, von Samuel zurückgerufen wurde[5]. Nach weiteren Gefangenenmeldungen war die Vereinigung dieser Hererogruppe mit der Hauptgruppe bei Omukuatjiwanu, ca. 60 km nordöstlich von Onjatu, beabsichtigt.

Zu dem Wasserproblem hatte sich in Onjatu ein weiteres Problem hinzugesellt: Die Verpflegung war knapp geworden. Epp notierte unter 11. Mai in seinem Tagebuch:

»Nach 6 Tagen merkte man im Stab erst, daß man nicht genügend Verpflegung und Fleisch hat, obwohl das Rechenexempel Tagesportion x Kopfzahl eigentlich recht einfach ist. Erfordernis deswegen: Einrichtung eines Depots.«

Und unter dem 12. Mai konstatiert er: »Was zu erwarten war, ist eingetreten: die Vorwärtsbewegung muß aufhören, weil sonst die Verpflegung aufhört.«

Estorff hatte also keine andere Wahl, als vorerst in Onjatu zu verblieben. Um seine Verpflegungsbestände wieder aufzufüllen, schickte er eine zehn Wagen umfassende Leerkolonne mit starker Bedeckung nach Otjosasu. Auf die Rückkehr dieser Kolonne mußte nun gewartet werden. Bayer notiert:

»Das Hin- und Herschicken der Verpflegungstransporte hörte von da ab nicht mehr auf und wurde zur Quelle unserer Hauptsorgen. Jeder Transport verschlang eine Bedeckung, und sein Schicksal blieb dennoch zweifelhaft, wenn er im Dornbusch einer Übermacht in die Hände fiel. Vom rechtzeitigen Eintreffen hing aber unsere Bewegungsfähigkeit, die Durchführung der Operationen ab.«

Um vor Überraschungen sicher zu sein und Klarheit über die Feindbewegungen zu bekommen, wurde eine rege Patrouillentätigkeit entfaltet.

4 und 5 Siehe Seite 181.

Inzwischen mußten Überlegungen über den weiteren Vormarsch angestellt werden. Dieser würde sich nach Norden und Nordwesten hin, d. h. zum Omuramba-Omatako-Rivier mit Generalrichtung Waterberg, sehr schwierig gestalten: Das zu durchquerende Gelände war weitgehend wasserlos; wegen der hier verlaufenden Wasserscheide zwischen dem Atlantischen und dem Indischen Ozean gab es östlich des Omuramba keine Riviere, die einzigen Wasserstellen, auf die man vielleicht stoßen könnte, wären Vleys oder Kalksteinlöcher. Jetzt machte sich der Mangel an einheimischen Führern in der Abteilung empfindlich bemerkbar; er war dadurch noch verschärft werden, daß ein Teil der Eingeborenen hatte abgegeben werden müssen: die Witbooi-Abteilung unter Leutnant Müller von Berneck, die der in der Aufstellung befindlichen neuen Hauptabteilung zugeteilt werden sollte. Eingeborene waren gerade jetzt für den Weitermarsch wichtiger denn je, nicht nur für die Aufklärung gegen den Feind, sondern auch zur Auskundschaftung der Marschmöglichkeiten und des Vorhandenseins und der Lage von Wasserstellen. Dies alles waren Voraussetzungen für die Entscheidung, in welche Richtung der Marsch fortgesetzt werden sollte.

Das verfügbare Kartenmaterial war äußerst dürftig. Die mitgeführte »Kriegskarte«, Maßstab 1:80000 war völlig unzureichend. Hauptmann Bayer stellt fest: »Was wir besaßen, war nur Stückwerk: Irgend welche oberflächlichen Skizzen, vielleicht auch einige genauere Arbeiten der Landesvermessung, waren bei Beginn des Krieges, so gut es ging, zu einer Karte zusammengestoppelt worden.« So war die Abteilung fast völlig auf die Hilfe der wenigen verbliebenen eingeborenen Späher angewiesen.

Unterdes war die nach Otjosasu entsandte Proviantkolonne beladen zurückgekommen. So konnte wieder zum Aufbruch gerüstet werden. Die noch verbliebene Baster-Aufklärungsabteilung unter Oberleutnant Böttlin hatte in nordöstlicher Richtung günstige Wasserstellen festgestellt und einen in der Kriegskarte nicht eingezeichneten steilen Bergkegel bei Otjosondu ausgemacht, der nach Angaben gefangengenommener Herero feindbesetzt war. Dorthin sollte nun der Marsch führen. Kurz vor dem Aufbruch gab es noch eine Hiobsbotschaft: Auch in der neuen Ostabteilung hatte der Typhus Einzug gehalten: Am Krankenwagen hatten sich die ersten Soldaten mit typischen Typhussymptomen gemeldet: heftigem Fieber, Darmbeschwerden, allgemeiner Mattigkeit und Müdigkeit. Fortan sollte der Typhus auch diese Abteilung nicht mehr aus seinem Todesgriff loslassen!

Am 18. Mai morgens 0600 Uhr brach die Truppe von Onjatu auf. Es ging zunächst in nordöstlicher Richtung durch padloses, dicht bewachsenes Gelände bis zu einer offenen Vley mit gutem Wasser und prächtiger Weide, von den Eingeborenen Engarawau genannt. Der Ort erwies sich als feindfrei. Wie die Gefangenenbefragung ergab, hatten die abrückenden Herero hier ein größeres Lager eingerichtet gehabt, das sie am 9. Mai aufgegeben hatten, um in nördlicher Richtung ihren Rückzug fortzusetzen. Der Feind mußte demnach weit voraus sein. Am nächsten Morgen wurde weitermarschiert und nach Passieren einer zweiten Vley gegen Mittag Otjosondu erreicht. Hier fand man bereits freiere Savanne. Die Truppe atmete auf. Das beklemmende Gefühl, dem lauernden Feind im wegelosen Buschdickicht fast hilflos ausgesetzt zu sein, war gewichen. Doch die Hoffnung, hier am Otjosondu-Kegel, einem der hier typischen Doppelkegel, endlich auf den Feind zu stoßen, trog: Der Berg war von diesem bereits vor etlichen Tagen geräumt worden.

Der Abteilungsstab bestieg den Berg, um sich einen Überblick zu verschaffen: Weit konnte das Auge das Gelände überschauen: Während in der Nähe ringsum noch offene Steppe »in ihrer unendlichen, traurigen Öde lag«, war weiter voraus das Land wieder dichter bewachsen: »Nach Norden, Osten und Westen reihte sich Busch an Busch, in ewigem, olivgrünem Einerlei; hin und wieder eine Lichtung. Gegen Norden aber erhob sich ein massiger, breiter, im Sonnenlicht rötlich strahlender Felsklotz, der sich in der klaren, dünnen, trokkenen Luft scharf gegen den Himmel abzeichnete, dessen Wände von allen Seiten fast senkrecht aus der Ebene emporstiegen und der als Bergplateau das ganze Land weit überragte: der Waterberg.«

Auf dem Bergkegel wurde ein Heliographenposten eingerichtet. Einige gefangene Hererofrauen, die wegen Schwäche nicht mit dem Rückzugstempo hatten Schritt halten können, wurden eingebracht. Sie bestätigten im wesentlichen die Vermutung, daß der Gegner eine neue Abwehrlinie hinter dem östlich des Waterberg in Nordost-Südwest-Richtung verlaufenden Omuramba-Omatako-Rivier bildete, um der Masse des Volkes den Abzug zum Waterberg zu sichern. Estorff mußte jetzt danach trachten, weiter nach Nordosten vorzurücken, um entsprechend seinem Auftrag, »dem Gegner die östliche Flanke abzugewinnen«, dessen Ausweichen nach Osten zum Betschuanaland zu verhindern. Nach den Feststellungen der Aufklärungsabteilung Böttlin, die die beabsichtigte Vormarschrichtung nach Nordosten ausgekundschaftet und dabei nahe Otjekongo eine kleine Hererowerft angegriffen und Gefangene gemacht hatte, befanden sich weiter nordöstlich zwischen Okamantagara und Otjomaso noch Werften mit Tjetjoleuten, die offenbar den Anschluß an die Hauptgruppe noch nicht gewonnen hatten. Estorff beschloß, diese anzugreifen und in Richtung Waterberg zu drücken, wo dann später – nach Eintreffen weiterer Verstärkungen – der Entscheidungskampf gegen die dann in die Enge getriebene Masse der Herero stattfinden sollte.

Nach Einrichtung eines Nachschubdepots und eines Lazaretts für die immer zahlreicher werdenden Typhusfälle verließ die Abteilung am 21. Mai Onjatu in Richtung Otjekongo, das noch am gleichen Tage erreicht wurde. Hier vereinigte sie sich mit der dort wartenden Basterabteilung unter Böttlin.

Von Otjekongo rückte die Abteilung weiter nach Nordosten auf Okamantagara vor. Hierhin war eine Patrouille unter Leutnant Graf Solms vorausgeschickt worden; ihr war es gelungen, einiger Buschmänner habhaft zu werden, nach deren Aussagen Tjetjoleute in einer Werft weiter östlich dicht bei Otjomaso im tiefen Busch an einer Vley ständen. In der Nacht vom 23. zum 24. Mai traf Major von Estorff mit dem Gros seiner Abteilung in Okamantagara ein.

Die Truppe gönnte sich nur wenige Stunden Ruhe und brach noch vor Sonnenaufgang am 24. Mai wieder auf, um die gemeldete Werft bei Otjomaso auszuheben. Im dichten Busch ging es vorwärts. Als Rindergebrüll und Menschenstimmen schließlich die Nähe des Feindes verkündeten, entwickelten sich die Kompanien lautlos. Die Seitengewehre wurden aufgepflanzt. Immer dem Viehgebrüll folgend, stießen die Kompanien plötzlich auf den völlig überraschten Feind. Dieser begann nun, in aller Hast sein Vieh abzutreiben; alle Krieger – es waren nur etwa 30–40 – waren zur Sicherung des Viehabtriebs eingesetzt. Tapfer setzten sie sich, zum Teil aus den Baumkronen heraus schießend, gegen die weit überlegene deutsche Truppe zur Wehr. Unter Verlust des Kleinviehs gelang es den Aufständischen schließlich, in nordwestlicher Richtung, also zum Waterberg hin, zu entkommen. Sieben gefallene Herero blieben auf dem Gefechtsfeld. Damit war das Ziel dieses Unternehmens erreicht: Das Herandrängen des Tjetjostammes an die Hauptgruppe der Herero am Waterberg. Die deutsche Truppe rastete an der Vley. Nachmittags wurde der Rückmarsch nach Okamantagara angetreten.

Immer stärker machten sich jetzt die Folgen der Mangelernährung – vor allem das Fehlen von Hafer – und des Aufenthaltes an den verseuchten Wasserstellen von Onjatu bei Mensch und Tier bemerkbar: Die Abteilung schmolz sichtlich dahin. Die Zahl der Typhusfälle und der Ruhrerkrankungen unter den Soldaten nahm rapide zu; immer mehr Lazaretteinweisungen erfolgten. Anfang Juni betrug der Krankenstand bereits 10 Prozent der Gefechtsstärke der Abteilung. Außer durch Personalausfälle infolge von Krankheiten und Gefechtsverlusten sank die Kampfstärke der Abteilung noch weiter durch die Abstellung von immer mehr Soldaten für Nachschub und Bedeckung, da wegen der immer größer werdenden Entfernung zum Nachschubdepot eine ständig steigende Zahl von Nachschubkolonnen losgeschickt werden mußte, die immer länger unterwegs waren. Pferde blieben verendend am Wegesrand liegen, auch die Zugochsen wurden durch die ungewöhnlichen Anstrengungen zunehmend schlapper, viele brachen zusammen. Hauptmann Bayer schreibt: »Unser ganzer Weg von Okahandja bis hierher in das Sandfeld ist mit Tierkadavern gezeichnet.«

In Okamantagara verweilte die Ostabteilung vier Tage. Am 27. Mai war bereits die 2. Kompanie mit der Basterabteilung nach dem 39 km weiter nördlich gelegenen Okosondusu abgesandt worden. Von dort wurden Patrouillen abgesandt, um die Gegend weiter nördlich zum Omuramba-Omatako-Rivier zu erkunden. In der Richtung wurde eine breite, von vielen Tausenden von Rindern getretene Spur festgestellt, die zum Rivier führte und wahrscheinlich vom Tjetjostamm herrührte. Nirgends wurde Wasser gefunden und das Rivier selbst daher nicht erreicht. Auch auf den Gegner war man nirgends gestoßen.

Inzwischen waren in Okamantagara noch weitere Feindinformationen eingetroffen: Aus dem Lager der Herero am Waterberg meldete sich in der Nacht zum 29. Mai ein Herero namens Arastus, früher »Hilfssoldat« in der Schutztruppe, bei der Abteilung. Er war einer der beiden Boten, die Major von Estorff Ende April zur Übermittlung eines Schreibens an Samuel Maharero abgesandt hatte. In diesem Schreiben hatte der Major Bezug genommen auf Leichenfleddereien und Leichenverstümmelungen, die Herero an deutschen Gefallenen bei Ongandjira begangen hatten, und Samuel Vergeltungsmaßnahmen im Wiederholungsfall angedroht, gleichzeitig hatte er diesen unter Angabe von Bedingungen zum Niederlegen der Waffen aufgefordert. Arastus erzählte, er habe den Brief am 28. April den Hererohäuptlingen bei Otjikuoko übergeben. Nach Arastus' Angaben soll sich Samuel, nachdem er den Brief des Majors von Estorff gelesen hatte, in Gegenwart seiner Häuptlinge bereit erklärt haben, auf von Estorffs Bedingungen einzugehen. Dies aber habe einen Entrüstungssturm unter den Kapitänen hervorgerufen. Eingeschüchtert von Drohungen, habe sich Maharero dann zur Fortsetzung des Aufstands bereiterklärt. Wie Arastus weiter berichtete, sei anschließend sein Begleiter von den Herero getötet, er selbst aber gezwungen worden, mit den Aufständischen nach Norden zum Omuramba zu ziehen. Dort sei es ihm gelungen, zu entkommen. Samuel halte sich jetzt im dichten Busch zwischen Okosongoho und Okahitua auf (am Omuramba); dort habe er sich mit seinen Kriegern verschanzt, auch die anderen Häuptlinge, Tjetjo und sein Sohn Traugott, Zacharias Zeraua (Otjimbingwe-Stamm), Mambo, Daniel Kariko, Kajata und Paul hielten sich am Waterberg auf. Samuel, der offenbar wieder an Munitionsmangel leide, habe eine Wagenkolonne in das Ovamboland entsandt, um Munition heranzuholen. Die Frauen und Kinder samt dem Vieh befänden sich in einem riesigen Kraal westlich von Okosongoho. Michaels und Quandjas Krieger ständen bei Omuveroume und hielten den dortigen Paß zur Abwehr etwaiger von Westen her vorrückender deutscher Kräfte besetzt. Samuel wolle dem Angriff der Deutschen am Omuramba-Omatako entgegentreten. Seine Krieger habe er – wie in Ongandjira – in Hufeisenform aufgestellt mit der Absicht, den Angreifer zu überflügeln und zu erdrücken. Arastus machte genaue Angaben über die Stellungen des Gegners »und malte sehr geschickt das Ganze im Sande«. Die meisten Häuptlinge wünschten die Fortsetzung des Krieges, Samuel, Zacharias, Michael und Paul seien zum Frieden geneigt. Diese Meldungen waren äußerst aufschlußreich (Bayer: »Der Mann war Gold wert!«). Jetzt stand eindeutig fest, daß die Herero ihre Positionen im Bereich des Waterberg halten wollten, um dort den Entscheidungskampf zu suchen.

Estorff erhielt in Okamantagara erneut Anweisung vom Hauptquartier, den Kontakt mit dem von Norden, von der Wasserstelle Coblenz, her aufklärenden Oberleutnant Volkmann zu suchen. Er beschloß daher, nach Norden Richtung Okosondusu abzubiegen, wohin die 2. Kompanie bereits vorausgesandt worden war. Die Abteilung brach am 29. Mai morgens auf und erreichte ohne besondere Vorkommnisse noch am gleichen Abend Okosondusu, eine Kalkpfanne mit reichlich Wasser. Hier richtete man sich auf einen längeren Aufenthalt ein; es wurden Dornverhaue und Laubhütten angelegt und ein Erdhaufen aufgeschichtet, auf dem ein Heliograph aufgestellt wurde. Diese Signalstation erhielt nach dem Erbauer, Hauptmann Bayer, den Namen »Bayerturm«. Über diesen Turm gelang es, Anfang Juni endlich die Heliographenverbindung mit dem Signalposten auf dem Otjosonduberg und über diesen damit auch wieder mit dem Hauptquartier in Okahandja herzustellen.

Die Ostabteilung verblieb mehrere Wochen im Lager von Okosondusu. Laufend wurden von hier Patrouillen entsandt, um den sich im Bereich Waterberg – Omuramba-Omatako-Rivier still verhaltenden Gegner unter Beobachtung zu halten. Kontakt mit der Gruppe Volkmann konnte nicht hergestellt werden.

Am 13. Juni traf die von Leutnant Müller von Berneck geführte Witbooi-Abteilung im Lager ein. Sie war von der in Okahandja in Aufstellung befindlichen neuen Hauptabteilung zur Aufklärung detachiert worden, hatte die gesamte Gegend von Okahandja bis hin zum Omuramba-Omatako-Rivier gewissermaßen vor den Augen von Samuels Vorposten durchstreift und feindfrei vorgefunden; zwei bei diesem Unternehmen gefangengenommene Hererofrauen bestätigten die Angaben des Herero-Hilfssoldaten Arastus, daß sich das Hauptlager der Aufständischen bei Okosongoho befände.

Am 16. Juni erreichte von Estorff aus dem Hauptquartier in Okahandja ein Heliogramm mit folgendem Inhalt: Seine Majestät der Kaiser habe den Befehl gegeben, daß Angriffe auf die Herero erst mit Eintreffen weiterer Verstärkungen und Beendigung des Aufmarsches wieder aufgenommen werden sollten. Damit war von Estorff bis auf weiteres zur Untätigkeit gezwungen.

Während die Ostabteilung dem zum Waterberg zurückweichenden Gegner folgte, traf Gouverneur Leutwein seine Vorbereitungen für einen erneuten Vormarsch. Er verwarf weiterhin jeden Gedanken an einen Vernichtungs- oder Ausweisungskrieg gegen die Herero. Jedes unnütze Blutvergießen wollte er vermeiden, nicht nur aus humanitären Erwägungen, sondern auch um die Herero mit ihren Viehherden als Wirtschaftskapital und als Arbeitskräfte zu erhalten. Sein Plan war, sie in einer entscheidenden Schlacht zu besiegen, ihnen dann jedoch die Friedenshand entgegenzustrecken. Vorher aber wollte er noch einen letzten Versuch zur friedlichen Beilegung des Konfliktes unternehmen. Er verfaßte daher am 30. Mai eine Proklamation an das Volk der Herero:

»Hereros! Nachdem Ihr Euch gegen Euren Schutzherrn, den deutschen Kaiser, empört und auf seine Soldaten geschossen habt, so wißt Ihr, daß Ihr nichts anderes zu erwarten habt als den Kampf bis zum Tode. Vorher kann ich mit dem Kriege nicht aufhören. Aber Ihr könnt vorher aufhören, indem Ihr zu mir herüberkommt, Gewehre und Munition abgebt und die über Euch verhängte Strafe erwartet.

Mir ist aber wohlbekannt, daß viele von Euch an allen den bösen Sachen, die geschehen sind, keine Schuld tragen. Und diese können ruhig zu mir kommen; ihnen wird das Leben geschenkt. Keine Gnade aber kann ich denjenigen geben, welche weiße Leute ermordet und deren Wohnsitze ausgeraubt haben. Diese werden vor Gericht gestellt und müssen empfangen, was ihre Schuld wert ist. Ihr anderen aber, die Ihr solche Schuld nicht auf Euch geladen habt, seid klug und verbindet Euer Schicksal nicht weiter mit den Schuldigen. Verlaßt sie und rettet Euer Leben! Das sage ich Euch als Vertreter Eures obersten Herrn, des deutschen Kaisers.

Okahandja, 30. Mai 1904
(gez. Leutwein)«

Dieser Aufruf wurde in die Hererosprache übertragen und in 100 Exemplaren mittels Boten an die Aufständischen gesandt. Ein Exemplar der Proklamation schickte Leutwein an die Kolonialabteilung des Auswärtigen Amtes in Berlin. In einem Begleitschreiben rechtfertigte er dabei seine Handlungsweise mit dem Hinweis, daß es unmöglich sei, sämtliche Herero am Waterberg einzuschließen und zur Übergabe zu zwingen; ein Teil würde mit Sicherheit entweichen und den Krieg dann fortsetzen; dieser Gefahr wollte er mit dem Übergabeangebot zuvorkommen[6].

Mit dem Eintreffen der Aprilverstärkungen mußte die Schutztruppe neu gegliedert werden. Es wurden neu aufgestellt: die 7. bis 12. Feldkompanie, die 4. bis 6. Feldbatterie, eine Maschinengewehrabteilung sowie eine Funkentelegraphieabteilung. Diese Truppen sammelten sich mit Ausnahme der 8. und der 12. Feldkompanie zur Bildung der neuen Hauptabteilung im Bereich Okahandja – Otjosasu. Die 8. Feldkompanie wurde, wie bereits erwähnt, nach dem Norden detachiert. Die 12. Feldkompanie, die dem immer noch malariakranken und daher felddienstuntauglichen Hauptmann Franke anvertraut wurde, rückte nach Omaruru ab. In dem dortigen, von der 3. Marineinfanteriekompanie gesicherten Distrikt hatten sich die Überfälle Aufständischer auf Heliographen- und Viehposten gemehrt, so daß der Verdacht aufkam, ein Teil der Omaruru-Herero sei im Begriff, sich in der angestammten Heimat wieder festzusetzen. Franke sollte nun dort, in seinem alten Distrikt, die Geschäfte als Distriktchef wieder aufnehmen und Ruhe und Ordnung wiederherstellen. Dies gelang ihm auch in kürzester Zeit.

Zum Kommandeur des Etappenwesens wurde Major von Glasenapp, der Führer der glücklosen (alten) Ostabteilung, ernannt. Die Trümmer dieser Abteilung befanden sich immer noch in Otjihaenena in Quarantäne. Die restlichen Einheiten der Marineinfanterie waren sämtlich aus der Feldtruppe ausgegliedert worden und wurden nur noch im Etappen- und Sicherungsdienst verwendet.

Die Masse der neuen Hauptabteilung brach am 4. Juni von Okahandja auf; ein Teil war bereits vorher in Marsch gesetzt worden. Die Marschroute verlief über Otjosasu – Otjikuoko nach Owikokorero. Von dort sollte bis Otjire nahe

6 Anm. d. Verfassers: Aus den vorhandenen Quellen ließ sich nicht ermitteln, wie die Reaktion der Herero auf diese Proklamation war, möglicherweise ist sie nur in die Hände weniger Herero gelangt.

dem Omuramba-Omatako-Rivier vorgerückt werden. Vom Omuramba aus wollte Leutwein dann im Zusammenwirken mit der Abteilung von Estorff, die Aufstellung weiter nördlich ebenfalls nahe diesem Rivier nehmen sollte, und der von Norden heranrückenden Abteilung Volkmann am 11. Juni zum entscheidenden Schlag gegen die Herero am Waterberg ansetzen. Die Hauptabteilung, die von Major von Mühlenfels geführt wurde und der sich der Gouverneur angeschlossen hatte, war auf dem Wege zum Aufmarschgebiet gerade bis Owikokorero gelangt, als am 8. Juni ein Telegramm mit Datum 4. Juni vom Generalstab in Berlin eintraf:

»Alle Operationen einstellen, warten bis Exzellenz von Trotha mit dem 2. Regiment Deimling eintrifft.«

Gleichzeitig wurde Oberst Leutwein seines Kommandos als Befehlshaber der Schutztruppe entbunden; er sollte sich fortan nur noch seiner zivilen Tätigkeit als Gouverneur des Schutzgebietes widmen. Niedergeschlagen, auf keinen Gruß mehr antwortend, verließ Oberst Leutwein am gleichen Tage noch das Lager von Owikokorero und begab sich nach Windhuk; die Kommandoführung übernahm bis zum Eintreffen des Generalleutnants von Trotha der gerade im Schutzgebiet eingetroffene Oberstleutnant Müller.

14. Der Kommandowechsel

Einfluß des Generalstabs auf die Kriegführung in Südwest · Entscheidung über Wahl des Nachfolgers Leutweins · General von Trothas Werdegang, seine Vergangenheit · Die gegensätzlichen Ansichten über die weitere Kriegführung · Das Ablösungstelegramm des Reichskanzlers · Befehl zur Einstellung sämtlicher Operationen · Eintreffen von Trothas im Schutzgebiet · Sein Gespräch mit Leutwein · Die Verdienste Leutweins im Hererofeldzug · Aufstellung des 2. Feldregiments · Ausrüstungsmängel

Obwohl von Umfang und Auswirkung her der andere große Eingeborenenaufstand in der kurzen deutschen Kolonialgeschichte, der Maji-Maji-Aufstand im damaligen Deutsch-Ostafrika, dem heutigen Tansania, in den Jahren 1905/1906, durchaus vergleichbar ist mit dem hier behandelten Aufstand, so erhielt doch die Erhebung der Herero in Südwestafrika in der deutschen Öffentlichkeit einen viel größeren Stellenwert. Während in Deutsch-Ostfarika nur einige wenige Weiße den Aufständischen zum Opfer fielen, da das Land als Siedlungskolonie für Europäer nicht geeignet war und infolgedessen Weiße nur in relativ geringer Zahl dort lebten, waren in Südwestafrika, einer weißen Siedlungskolonie, »Landsleute in großer Zahl von barbarischen Wilden abgeschlachtet worden«. »Das Blut dieser Ermordeten verlangte nun nach Rache.« Rasch hob sich damit der Hereroaufstand aus dem Rahmen eines gewöhnlichen Eingeborenenaufstands heraus und nahm den Charakter eines regelrechten Krieges an. Da sich auch die Machtmittel des Gouverneurs für die Aufstandsbekämpfung als nicht ausreichend erwiesen und Verstärkungen von der Marine und der Armee angefordert werden mußten, begannen Reichsmarineamt, Kriegsministerium und Generalstab bald zunehmenden Einfluß auf die Kriegführung in Südwestafrika auszuüben. Ansätze hierzu zeigten sich bereits bei der Entsendung des Marine-Expeditionskorps, für dessen Einsatz sich der Große Generalstab in Berlin die Oberleitung vorbehielt. Äußerlich wurde dieses Vorbehaltsrecht dadurch dokumentiert, daß der Generalstab gewissermaßen als seinen »verlängerten Arm« zwei Generalstabsoffiziere der Armee, die Hauptleute Bayer und Salzer, zum Korps abstellte, ein Kuriosum, wenn man bedenkt, daß Gouverneur Leutwein als Kommandeur der Schutztruppe selbst nur über einen einzigen Adjutanten, Oberleutnant Techow, verfügte.

Zunächst wirkte sich dieser Vorbehaltsanspruch des Generalstabs noch nicht auf die Kriegführung in Südwest aus, da der Gouverneur, der Not gehorchend, die Seesoldaten überall, wo es nötig war, einsetzen mußte. Auch die beiden als »Aufpasser« abgesandten Generalstabsoffiziere stellten sich voll hinter die Kriegführung Leutweins. So soll Salzer den Gouverneur selbst veranlaßt haben, nach der Schlappe von Oviumbo einen erneuten Feldzug gegen die Herero, diesmal jedoch mit doppelt soviel Soldaten zu beginnen, um die fortgetreckten Herero am Waterberg zum Kampf zu stellen und zur Übergabe zu zwingen. Doch über das Anfangsstadium sollte dieser Feldzug nicht mehr hinausgelangen.

Inzwischen ging nämlich die systematische Unterminierung der Position des Gouverneurs in der öffentlichen Meinung im Reich weiter. Geschickte Presseagitatoren nutzten die Unzufriedenheit der Ansiedler in Südwest über das »System Leutwein« aus, um Leutweins Eingeborenenpolitik und seine jetzige Kriegführung anzuprangern. Von einem »System der halben Maßnahmen«, von »unzeitiger Schwäche«, von einem Mangel an militärischem Können und strategischem Scharfsinn und von einer bewußten Begünstigung der Eingeborenen war da die Rede.

Mit dem Rückzug von Oviumbo war dann Leutweins militärisches Schicksal endgültig besiegelt. Oviumbo ließ den Generalstab zu der Überzeugung gelangen, daß Leutwein abgelöst werden müßte. Nur das Tauziehen um einen geeigneten Nachfolger zwischen Generalstab und Militärkabinett zögerte die Entscheidung noch hinaus. Letzteres setzte sich für den Generalleutnant von Trotha ein, während ersterer den General der Infanterie von Gayl vorschlug. Die Oberhand gewann schließlich General von Hülsen-Haeseler, Chef des Militärkabinetts, dem die Stellenbesetzung in der Armee oblag. »Das war auch kein Wunder«, schreibt der spätere Kolonialschriftsteller Paul Leutwein, »ging doch durch seine (Hülsen-Haeselers) Hände alles, was bis zum Kaiser kam. Was ihm nicht paßte, wehrte er ab«. Die Entscheidung fiel schließlich Anfang Mai in einem gemeinsamen Vortrag der rivalisierenden Ressortchefs vor Kaiser Wilhelm II. Kolonialdirektor Stübel machte hier noch einen letzten, allerdings vergeblichen Versuch, Leutwein den militärischen Oberbefehl zu belassen, da er glaubte, daß unter diesem es noch am ehesten zu einem friedlichen Einvernehmen mit den Herero kommen könnte und damit der Kolonie völliger Ruin erspart bleiben würde. Er fand aber mit seiner Ansicht nirgends Unterstützung. Die Wahl fiel, wie zu erwarten, zu Gunsten des Generalleutnants Lothar von Trotha aus, des derzeitigen Kommandeurs der 16. Division in Trier. Trotha war in der Kolonialkriegführung kein unbeschriebenes Blatt: Er hatte in der Zeit von 1896–1897 das Kommando über die Schutztruppe von Deutsch-Ostafrika innegehabt. Unter seiner Führung war es seinerzeit gelungen, den kriegerischen Stamm der Wahehe, die sich von Anfang an der deutschen Herrschaft widersetzt und der Truppe mehrere empfindliche Niederlagen beigebracht hatten, endgültig zu unterwerfen. Schon hier wurden von Trotha brutale Methoden in der Kriegführung nachgesagt, weswegen er, wie Paul Leutwein schreibt, Schwierigkeiten mit dem damals amtierenden Gouverneur von Wissmann gehabt haben soll. In den Jahren 1900–1901 nahm er als Brigadekommandeur am Boxeraufstand in China teil.

Auch charakterlich ging von Trotha kein guter Ruf voraus. Major von Estorff beschreibt ihn wie folgt:

»Er war ein schlechter Staatsmann, wie er als Führer im Kriege nicht ausreichte und dazu ein unedler, selbstsüchtiger und kaltherziger Mensch. Wissmann, der ihn von Ostafrika her kannte, hatte sich seiner Ernennung widersetzt, aber er ward nicht gehört. Er hatte das vernichtende Urteil über ihn: ein schlechter Führer, ein schlechter Afrikaner und ein schlechter Kamerad! General von Trotha war aber eine schöne, stattliche Soldatenerscheinung und machte durch sein selbstbewußtes Auftreten den Eindruck, daß er viel könne. Er war jedoch ein Mensch der Oberflächlichkeit und des Scheins.«

Mit der Ablösung des Gouverneurs Leutwein als Kommandeur der Schutztruppe durch General von Trotha sollte ein grundlegender Wandel in der Frage der Weiterführung des Krieges und der Behandlung der Aufständischen eintreten. Beide stimmten zwar in dem Grundziel überein, die Erhebung so rasch wie möglich zu unterdrücken, doch waren ihre Wege zur Erreichung dieses Ziels grundverschieden. Leutweins Hauptanliegen war, unnötiges Blutvergießen auf beiden Seiten zu vermeiden, die Herero in eine militärisch ausweglose Lage zu bringen und sie dann durch Verhandlungen zur Kapitulation zu bewegen. Ihr Existenzrecht in der Kolonie sollte, wenn auch mit starken Einschränkungen, gewahrt bleiben. Leutwein hatte hierbei stets die Wiederherstellung der Wirtschaftskraft des Landes im Auge, wozu die Erhaltung der Herero mit ihren Viehherden eine Grundvoraussetzung bildete. Für von Trotha hatten militärische Aspekte absolute Priorität, politische, wirtschaftliche und humanitäre waren dagegen sekundär, er galt als der Prototyp eines reinen Militärs und war von einer nahezu sturen militärischen Einseitigkeit. Dies kommt in einem späteren Brief, den er am 5. November 1904 an Gouverneur Leutwein schrieb, zum Ausdruck: Hierin schreibt er, daß er keinerlei Instruktionen oder Direktiven bei seiner Ernennung zum Kommandeur in Südwestafrika erhalten habe. Der Kaiser habe ihm nur gesagt, er erwarte von ihm, daß er den Aufstand mit allen Mitteln niederschlage und ihn später über die Ursachen des Aufstands aufkläre. Eine friedliche Beendigung des Konflikts sah er nur in einer bedingungslosen Kapitulation der Herero mit anschließender Aburteilung und Hinrichtung der Mörder und Anführer und Konfiszierung aller Gewehre und des gesamten Viehs. Unter diesen Voraussetzungen allein wäre es den übrigen Angehörigen des Stammes möglich, »wieder unter den Strahl der Allerhöchsten Gnade des Kaisers zu gelangen«.

Trotha war Schüler und Anhänger von Schlieffens, des Chefs des Großen Generalstabs und Schöpfers des berühmten Schlieffen-Plans, der 1914 gegen die französischen Armeen zur Anwendung kommen sollte. Dieser Plan sah die Einschließung und militärische Vernichtung der französischen Truppen nach dem Vorbild der Schlacht bei Sedan im deutsch-französischen Krieg 1870/1871 vor, an der von Trotha teilgenommen hatte. Eben diese Vernichtungsstrategie wollte von Trotha gegenüber den Herero am Waterberg anwenden[1].

1 Der in diesem Werk mehrfach erwähnte Hauptmann Bayer interpretiert den Begriff »militärische Vernichtung« dahingehend, »daß nicht alles niedergemacht werden soll, sondern nur, daß die Widerstandskraft des Feindes derartig gebrochen werden muß, daß er sich nicht mehr zu neuem Kampf aufraffen kann«. Dafür, daß von Trotha tatsächlich anfänglich nur die »militärische Vernichtung« des Gegners ins Auge gefaßt hatte, spricht auch ein riesiger, für 8000

In dem bereits erwähnten entscheidenden Gespräch der Ressortchefs mit dem Kaiser wegen der Ablösung Leutweins und der Ernennung eines Nachfolgers als Truppenkommandeur versuchte der Kolonialdirektor Stübel, der die Folgen einer Ablösung Leutweins durch den »Nur-Militär« von Trotha für die Kolonie vorausahnte, wenigstens die Kommandobefugnisse von Trothas für die Gesamtkriegführung im Aufstandsgebiet durch ein Einspruchsrecht des Zivilgouverneurs – dieses Amt sollte Leutwein vorerst noch weiter ausüben – einzuschränken. General von Trotha aber forderte, daß Gouverneur und Kolonialabteilung keinerlei Einfluß und keinerlei Interventionsrecht auf die Kriegführung zugestanden werden dürfte. Dieser Forderung kam der Kaiser am 19. Mai 1904 in einer »Allerhöchsten Kabinettsorder« nach, in der er verfügte, daß von Trotha ihm direkt unterstellt sei und seine Weisungen für die Kriegführung ausschließlich vom Chef des Großen Generalstabs der Armee, also General von Schlieffen, erhalte. Damit war die Bemühung, doch noch die Berücksichtigung der Belange der Kolonie und damit der Eingeborenen in der weiteren Kriegführung gegen die Aufständischen durchzusetzen, fehlgeschlagen. Von nun an bekamen strategisch-militärische Gesichtspunkte den absoluten Vorrang in der Kriegführung.

Für die Öffentlichkeit in Deutschland wurden die wahren Gründe für den Kommandowechsel in Südwest mit dem Hinweis vertuscht, daß wegen der von Oberst Leutwein selbst geforderten Verstärkungen Truppen in erheblicher Menge und damit eine größere Anzahl von Stabsoffizieren in die Kolonie geschickt werden müßten, weswegen als Kommandeur nur ein Offizier im Generalsrang in Frage käme. Die Zivilverwaltung aber sollte weiterhin in der Hand Leutweins verbleiben, da General von Trotha sonst überfordert wäre.

Oberst Leutwein hatte die neue Ostabteilung unter Major von Estorff gerade nach Norden zur Beobachtung der zurückweichenden Herero in Marsch gesetzt[2], als er am 5. Mai morgens folgendes Telegramm von Reichskanzler von Bülow erhielt:

Berlin, den 4. Mai 1904, abends 8 Uhr

»Gouverneur, Hauptquartier!
Seine Majestät der Kaiser und König haben auf Ihren an den Chef des Generalstabes gerichteten Antrag[3] im Hinblick auf die beschlossene weitere Verstärkung und die hiermit im Zusammenhang stehende Kommandierung älterer Stabsoffiziere den Generalleutnant von Trotha, Kommandeur der 16. Di-

Kriegsgefangene dimensionierter Kraal aus Dornbusch und Stacheldraht, der auf Geheiß des Generals im Mai/Juni 1904 in Okahandja für die Aufnahme des in dem »Kesseltreiben am Waterberg« erwarteten Anfalls an Herero-Gefangenen angelegt worden war. Dieses Gefangenenlager wurde von Rohrbach, dem von der Reichsregierung in die Kolonie entsandten Kommissar für Fragen der Entschädigung der deutschen Ansiedler, persönlich inspiziert.

2 Siehe Seite 190.

3 Siehe Seite 182.

vision, zum Führer der sich in Südwestafrika versammelnden Truppen-Abteilungen in Aussicht zu nehmen geruht. Indem Seine Majestät Ev. Hochwohlgeboren für die Dauer der Anwesenheit des Herrn von Trotha im Schutzgebiet von dem Kommando der Schutztruppe entbinden wollen, im übrigen aber mit Ihrer Weiterführung der Geschäfte als Gouverneur des Schutzgebietes sein volles Einverständnis erklärt haben, erwarten Allerhöchst dieselben, daß Ew. Hochwohlgeboren nicht nur bis zur Ankunft des Generals von Trotha die Oberleitung der militärischen Operationen beibehalten, sondern Sie auf Grund ihrer vorzüglichen Kenntnisse von Land und Leuten dem neuen Truppenführer in der Erledigung der ihm übertragenen schweren Aufgabe mit Rat und Tat zur Seite stehen werden. Bülow.«

Am gleichen Tage noch gab Leutwein das Telegramm mit dem Zusatz: »Der Tag des Kommandowechsels wird (der Truppe) noch befohlen werden«, der Truppe bekannt.

Leutwein, der diese Entscheidung schon lange auf sich hatte zukommen sehen, glaubte nach seinen eigenen Angaben »Veranlassung zu haben, in dem Kommandowechsel eine gewisse Erleichterung zu finden«, da er erkennen mußte, daß sein System einer Beendigung des Krieges ohne großes Blutvergießen immer mehr in Konflikt mit der durch die Untaten der Herero aufgerüttelten öffentlichen Meinung in der Heimat und mit den Ansichten der Militärs geraten war. »Ihm«, so schrieb er, »sei es nur recht, wenn nun ein anderer es mit einem anderen System versuche.« Da er jedoch bis zum Eintreffen des neuen Kommandeurs die Oberleitung der militärischen Operationen behalten sollte, wollte er vor dessen Ankunft noch einen letzten Versuch unternehmen, unter Beweis zu stellen, daß mit seinem System der Krieg zu einem erfolgreichen Abschluß gebracht werden könnte. Dieser Absicht mag auch der Gedanke zugrundegelegen haben, den Mißerfolg von Oviumbo, der Leutwein so sehr in Mißkredit gebracht hatte, wettzumachen.

Der Anstoß zu diesem Entschluß kam, wie schon erwähnt[4], von Seiten eines der beiden Generalstabsoffiziere, des Hauptmanns Salzer. »Von einem gesunden Ehrgeiz erfüllt«, glaubte dieser, gemeinsam mit dem Gouverneur vor Ankunft des Generals von Trotha die Herero in einem Entscheidungskampf am Waterberg zur Überzeugung zu bringen, daß weiterer Widerstand sinnlos sei.

Die Vorbereitungen für die beabsichtigten Operationen waren bereits in vollem Gange, die neue Ostabteilung hatte sich schon auf den Weg gemacht, da erschien ein neuer Generalstabsoffizier, Major von Quade, auf dem Kriegsschauplatz: Dem Großen Generalstab war nämlich hintertragen worden, daß Oberst Leutwein die Entscheidung im Kriegsgebiet noch vor Eintreffen von Trothas herbeiführen wollte, und nun sollte Quade, dem als neuem Ersten Generalstabsoffizier (Ia) Hauptmann Salzer und Hauptmann Bayer unterstellt

4 Siehe Seite 200.

wurden, »den kriegerischen Gouverneur von allen selbständigen Maßnahmen abhalten«. Quade entledigte sich seines Auftrages mit großer Klugheit und viel Takt; er gab sich nach außen hin den Anschein, als ob er, Quade, voll und ganz hinter dem Wunsch des Gouverneurs stände, den Feldzug erneut zu beginnen. Tatsächlich aber hielt er den Großen Generalstab über alle kriegerischen Absichten Leutweins auf dem Laufenden. In Berlin war man auf der Hut.

Als Generalleutnant von Trotha sich am 20. Mai in Hamburg zur Fahrt nach Südwestafrika im Gefolge seines Stabes und einer erneuten Truppenverstärkung von über 550 Mann einschiffte, war er bereits über Leutweins Pläne vorgewarnt. Das Schiff machte gerade Zwischenstation in Las Palmas, da erhielt der General ein Telegramm von Major von Estorff, dem Führer der neuen Ostabteilung: »Erbitte Erlaubnis, Angriff beschleunigen zu dürfen, da befürchtet werden muß, daß meine schwer unter Typhus leidende Truppe bei längerem Zögern an Widerstandsfähigkeit Einbuße erleiden kann.« Trotha wurde hellwach. Er fand seinen Argwohn bestätigt, daß die »alten Afrikaner« nun zum entscheidenden Schlag gegen die Herero ansetzen wollten, so daß er, von Trotha, bei seinem Eintreffen in Südwest dann vollendeten Tatsachen gegenüberstände. Er informierte unverzüglich den Großen Generalstab. Dieser reagierte prompt: In einem am 8. Juni abgesandten Telegramm[5] wurde Leutwein kategorisch angewiesen, sämtliche Operationen bis auf weiteres einzustellen. Damit war ein letzter Versuch gescheitert, die Herero in eine für sie ausweglose Lage zu bringen und dann durch Anbieten akzeptabler Bedingungen zur Kapitulation zu bewegen. Nach den Angaben seines Sohnes Paul Leutwein wollte der Gouverneur dieser ausdrücklichen Weisung zum Trotz den begonnenen Feldzug dennoch fortsetzen, doch verweigerte Major Quade ihm zu diesem entscheidenden Zeitpunkt die Gefolgschaft, indem er Leutwein erklärte, er könnte nunmehr die weitere Mitverantwortung für dessen Feldzug nicht übernehmen und würde notfalls zurücktreten. Um nicht Gefahr zu laufen, wegen Befehlsverweigerung vor ein Kriegsgericht gestellt zu werden, mußte Leutwein nun »schweren Herzens« den Befehl zur Einstellung aller Operationen geben.

Auf der Grundlage der schon erwähnten Allerhöchsten Kabinettsorder vom 19. Mai 1904 ließ von Trotha gleichzeitig den Kriegszustand für das gesamte Schutzgebiet erklären. Damit erhielt das Militär nach Art. 68 der Reichsverfassung absolute Vollzugsgewalt in der Kolonie. Jeder Offizier hatte nun das Recht, ohne ordentliches Gerichtsverfahren jeden bei verräterischen Handlungen gegen deutsche Truppen auf frischer Tat angetroffenen und unter Waffen stehenden Farbigen nach dem Kriegsrecht erschießen oder erhängen zu lassen. Da der Begriff »verräterische Handlungen« vielfache Deutungsmöglichkeiten zuließ, waren Willkürmaßnahmen Tür und Tor geöffnet. Praktisch

5 Siehe Seite 199.

bedeutete die Erklärung des Kriegszustands die Errichtung einer Militärdiktatur in Südwestafrika.

Um die Einflußnahme des Großen Generalstabs auf den weiteren Verlauf des Kriegsgeschehens im Schutzgebiet zu gewährleisten, wurde zum Chef des Generalstabs der Schutztruppe ein Abteilungsleiter des eigenen Hauses, der Leiter der Zentralabteilung, Oberstleutnant von Beaulieu, ernannt.

General von Trotha traf am 11. Juni in Swakopmund ein und übernahm sofort den Oberbefehl über die Truppe. Major von Glasenapp, jetzt Kommandeur des Etappenwesens, war ihm hierher entgegengereist und wies ihn in die Lage ein. Der General erfuhr aus Glasenapps Mund, daß Oberst Leutwein sich noch im Feldlager in Owikokorero aufhalte. Trotha wies ihn erneut eindringlich an, dort »Gewehr bei Fuß« zu bleiben und bat ihn für den 16. Juni nach Okahandja. Der General faßte dann seine ersten Eindrücke in einem Telegramm an den Großen Generalstab zusammen:

»Am 11. Juni Swakopmund eingetroffen, Leutwein mit allen Kräften im Vormarsch auf Waterberg vorgefunden. Habe befohlen, daß entscheidendes Gefecht ungezwungen nicht gesucht wird. Etappen und Bahn nicht ausreichend gesichert, Aufklärung im Khomashochland, bei Outjo und Onjatibergen ungenügend. Nach Meldung Glasenapps, der in Swakopmund ist, soll der südlich des Waterberges am Omuramba-u-Omatako vereinigte Feind vielleicht 6000 Gewehre stark sein. Weitere Verstärkungen für uns voraussichtlich erforderlich. Ich melde darüber in den nächsten Tagen, bin am 13. mittags Okahandja.«

Am 13. Juni richtete sich von Trotha mit seinem Stab im Bahnhofsgebäude von Okahandja ein, das nun als vorläufiges Hauptquartier diente. Hier fand am 16. Juni die Aussprache zwischen Gouverneur Leutwein und Generalleutnant von Trotha statt. Leutweins Hauptbestreben in diesem Gespräch war, den General doch noch dazu zu bewegen, die Belange der Kolonie und der Eingeborenen in der Kriegführung zu berücksichtigen und den Feldzug so durchzuführen, daß das Volk der Herero als solches erhalten bleibe. Er überreichte dem General auch die am 30. Mai von ihm abgefaßte Proklamation an das Volk der Herero[6]. Trotha hörte sich, wie Leutweins Sohn schreibt, die Ausführungen Leutweins zunächst ruhig an, entgegnete dann jedoch: »Ihre Darlegungen haben mich sehr interessiert, aber Sie müssen schon gestatten, daß ich den Feldzug nach eigenem Ermessen führe.« In einem späteren Bericht an den Reichskanzler schreibt von Trotha über diese Begegnung: »Als ich das Kommando übernahm, übergab mir der Gouverneur Leutwein eine fertige ungedruckte Proklamation an die Herero, worin diesen mit beweglichen Worten ihr Verhalten vor Augen geführt, ihnen aber, wenn sie ihr Unrecht einsahen und reumütig zurückkehrten, gnadenvolle Behandlung angeboten wurde. Ich erklärte sofort, daß ich im Prinzip gegen eine solche Behandlung der Aufstandsfrage sei,

6 Siehe Seite 197f.

ich auch der Überzeugung sei, daß ein solches Verhalten den Intentionen Seiner Majestät des Kaisers zuwiderlaufe...« Trotha lehnte daher den Inhalt der Proklamation strikt ab. Leutwein erkannte, daß »in diesem Würfelspiel um das Schicksal des Hererovolkes« weitere Gespräche zur Sache sinnlos seien: »Die Würfel waren gegen die Hereros gefallen.« Am Schluß der Unterredung wurden noch einige Komplimente und Höflichkeitsfloskeln ausgetauscht, dann trennten sich beide. Leutwein ging verbittert nach Windhuk zurück, um sich dort wieder seinen Amtsgeschäften, jetzt nur noch als Zivilgouverneur, zu widmen.

Den Befehl über die im Süden des Schutzgebietes stationierten Einheiten der Truppe behielt er im Einvernehmen mit General von Trotha noch eine Weile inne. Aber auch dieses Kommando gab er schließlich ab, als im Oktober 1904 Hendrik Witbooi, der Oberhäuptling der Nama, an dessen Treue Leutwein bis zuletzt geglaubt hatte, ebenfalls von der deutschen Sache abfiel und sein Volk zum Kampf gegen die deutsche Herrschaft aufrief. Damit hatte der Gouverneur auch seinen letzten Halt verloren. Die Kritik in der Presse und in der Öffentlichkeit im Reich und unter den Ansiedlern in der Kolonie nahm indessen immer heftigere Formen an, immer lauter wurde nun auch der Ruf nach Ablösung Leutweins auch als Gouverneur. Schließlich resignierte er im November 1904 und beantragte seine Beurlaubung beim Kolonialdirektor. Dem Antrag wurde stattgegeben, und am 1. Dezember verließ Leutwein die Kolonie, die er nie wieder betreten sollte. Den Posten als Zivilgouverneur übernahm kommissarisch ebenfalls General von Trotha. Dieser wurde dann schließlich im November 1905 durch den offiziellen Nachfolger Leutweins, den früheren Generalkonsul von Kapstadt, von Lindequist, abgelöst.

Leutweins Anteil an der Unterdrückung des Hereroaufstands war nicht unbedeutend. Seine so umstrittene Kriegführung hatte die Waagschale eindeutig zu Gunsten der Deutschen gewendet. In 4 1/2 Monaten war es ihm gelungen, sämtliche von den Herero belagerten Ortschaften zu befreien, die Mitte des Schutzgebietes von den Aufständischen zu säubern und diese zum Rückzug in die »Mausefalle« am Waterberg zu zwingen. Die Tragik des Schicksals aber wollte es, daß ausgerechnet jetzt, da sich unter den Herero bereits eine gewisse Bereitschaft zum Einlenken und zum Verhandeln und Anzeichen von Kriegsmüdigkeit bemerkbar machten und somit gute Aussichten für eine doch noch gütliche Beilegung des Konflikts – ähnlich wie 1894 im Kriege gegen Hendrik Witbooi – gegeben zu sein schienen, sich die Wende mit der Abberufung Leutweins von seinem Posten als Kommandeur der Schutztruppe vollzog. Der Dank für diese Verdienste blieb Leutwein versagt. Enttäuscht und verbittert kehrte er für immer nach Deutschland zurück.

Eine der Hauptforderungen von Trothas nach seiner Ernennung zum Kommandeur der Schutztruppe war eine erhebliche Vermehrung der Truppe über die bereits unterwegs befindlichen Verstärkungen hinaus. Er begründete dies damit, daß, wie die Erfahrungen gezeigt hätten, mit den bisherigen Machtmitteln der Gegner nicht niederzuwerfen sei, zumal da sich nach dessen Rückzug zum Waterbergmassiv die Nachschubwege der Truppe gewaltig verlängert hätten. Der Nachschub mußte nun von den Ortschaften und der Bahnlinie aus mehr als 300 km quer durch den zum Teil wegelosen Busch in das Operationsgebiet am Waterberg herangeführt werden. Der Militärschriftsteller Leutnant von Engelbrechten schrieb damals im »Militärwochenblatt« in diesem Zusammenhang, daß ein Aufgebot von etwa 10000 Soldaten erforderlich gewesen sei, um ungefähr 1500 Gewehre an den Feind, d.h. die Herero am Waterberg, zu bringen. Trotha verwies ferner darauf, daß auch im Hinblick auf die Unruheherde Ovamboland und Namaland, wo es jetzt gärte, eine beträchtliche Verstärkung der Truppe dringend geboten sei.

General von Trothas Forderung wurde vom Generalstab sofort entsprochen. Es wurde bestimmt, daß ein neues geschlossenes, berittenes Feldregiment aus drei Bataillonen zu je drei Kompanien sowie zusätzlich Etappenformationen aufgestellt werden sollten. Dieses Regiment sollte das 2. Feldregiment bilden, während die bereits im Lande stehenden Truppeneinheiten zum 1. Feldregiment zusammengefaßt wurden. Die Verantwortung für diese Neuaufstellungen wurde von dem Oberkommando der Schutztruppen zum Preußischen Kriegsministerium verlagert, das gleichzeitig eine Art Koordinatorfunktion übernahm, da ersteres, das nur wenige Leute umfaßte, dieser Aufgabe nicht mehr gewachsen war. Trotzdem blieben Hemmungen und Verzögerungen nicht aus, da durch die Mitbeteiligung von vier weiteren Behörden ein Wirrwarr von Kompetenzen entstand. So oblag weiterhin dem Oberkommando der Schutztruppen die Einkleidung, die Ausrüstung und der Abtransport der Verstärkungen, während dem Reichsmarineamt das Marine-Expeditionskorps administrativ und disziplinarisch unterstellt blieb und dem Chef des Generalstabs der Preussischen Armee die operative Leitung der Truppe verblieb. Für sämtliche Kosten der Kriegführung war die Kolonialabteilung des Auswärtigen Amtes als Verrechnungsstelle zuständig. Die benötigten Haushaltsmittel mußten erst in langwierigen Verhandlungen mit den Finanzverwaltungen mit anschließender Einholung der Genehmigung durch Reichstag und Reichskanzlei lockergemacht werden. Dieser umständliche Instanzenweg wirkte sich vor allem in der Pferdebeschaffung hemmend aus. Das Pferdematerial wurde oft so spät angekauft, daß die Front mittlerweile die sofortige Verwendung der eben an Land gekommenen Tiere verlangte und diese, da nicht im geringsten akklimatisiert, alsbald unbrauchbar wurden. Die Absicht der Finanzverwaltung, zu sparen, erzielte das vollständige Gegenteil. Die Beschaffung der Bekleidung für die Soldaten verblieb in den Händen der Firma Tippelskirch, die es inzwischen verstanden hatte, sich eine Art von Monopolstellung in der Ausrüstung der Schutztruppe zu verschaffen. Die Lieferungen erfolgten zu überhöhten Preisen, das Material war schlecht: Uniformteile zu kurz, Röcke bauschten auf; statt der viel zweckmäßigeren Schnürstiefel mit Gamaschen wurden weiterhin Kommisstiefel (Knobelbecher) geliefert, die das Marschieren auf dem sandigen Boden in Südwestafrika zur Qual werden ließen; nach kurzer Zeit lösten sich die Hacken, die Sohlen gingen entzwei.

Im Gegensatz zur vorherigen Praxis wurde das 2. Feldregiment schon in der Heimat – in Munsterlager – als taktischer Verband formiert; in Munsterlager erfolgte auch bereits die erste Einweisung der Soldaten in die Eigentümlichkeiten der afrikanischen Kriegführung und vor allem die Reitausbildung, da viele der Freiwilligen von der Infanterie stammten und daher des Reitens unkundig waren. 14 Tage waren für diese Einweisung angesetzt, ein Zeitraum, der natürlich völlig unzureichend war. So blieb es nicht aus, daß ganze Truppenteile »des Kittes und des inneren Gehaltes entbehrten« und im unfertigen Zustand an den Feind gebracht werden mußten. – Zum Kommandeur des Regiments wurde Oberst Deimling ernannt, vorher Regimentskommandeur in Mülhausen/Elsaß. Er hatte »seit dreißig Jahren seine Pflicht auf Kasernenhöfen und Exerzierplätzen getan und alle Möglichkeiten des Krieges in der ›Großen Bude‹[7] auf dem Papier durchdacht«, wie Deimling in seinen Erinnerungen schreibt, »und als ich die Nachricht vom Aufstand in Südwestafrika erhielt, ist mein Soldatenblut unruhig geworden«. Hier bot sich für ihn die Gelegenheit, die erworbenen Kenntnisse und Fähigkeiten in der Praxis zu erproben. Wie viele Offiziere, die des öden Garnisondienstes und der langen Friedensperiode überdrüssig geworden waren, drängte es ihn zu einem der seltenen Frontkommandos, die sich dem deutschen Soldaten seit dem deutsch/französischen Krieg 1870/1871 boten, denn »die letzte Folgerung des Soldatenberufes sei doch, sich vor dem Feind zu bewähren«.

Im Offizierskorps mangelte es nicht an Freiwilligen für den Dienst in Südwestafrika, allerdings waren unter diesen auch nicht wenige, die wegen irgendwelcher Dienstvergehen «ihren Degen verloren hatten«, d. h. degradiert worden waren, die Armee hatten verlassen müssen und nun hofften, durch Bewährung am Feind wieder den früheren Status erlangen zu können. Schlechter stand es mit dem Freiwilligenaufkommen unter den Unteroffizieren und Mannschaften. Hier mußten inzwischen wegen Mangels an Meldungen aus der aktiven Truppe die Anforderungen gesenkt und zum Teil auf Reservisten zurückgegriffen werden. So suchten z. B. die vier Berliner Wehrbezirkskommandos Reservisten für den Dienst in der Schutztruppe von Südwest bei einjähriger Verpflichtungszeit mittels Anschlägen an Lithfaßsäulen. Manche Soldaten meldeten sich aus Romantik oder Abenteuerlust, einige aus bloßer Langeweile, andere waren im Zivilberuf gescheitert, wieder andere meldeten sich, um der ewig nörgelnden Ehefrau, dem »heimischen Hausdrachen«, für eine Weile zu entkommen.

Nach der Kurzausbildung in Munsterlager wurde das 2. Feldregiment mitsamt den Stäben, Depot-, Nachschub- und Nachrichteneinheiten staffelweise in Marsch gesetzt und in der Zeit zwischen dem 20. Mai und dem 17. Juni über Hamburg in fünf Schiffstransporten nach Swakopmund geschafft.

7 So nannte man scherzhaft das Gebäude des Großen Generalstabs in Berlin.

15. Das Kesseltreiben zum Waterberg

Feindlage Mitte Juni und erste Truppendispositionen Trothas · Ersuchen Samuel Mahareros an den Magistrat in Walvis Bay · Schleppender Anmarsch des 2. Feldregiments · Spekulationen über die gegnerischen Absichten · Der Durstmarsch der neuen Ostabteilung · Der Gegner räumt den Bereich des Omuramba-Omatako · Die Patrouille Salzmann · Beschreibung des Waterbergmassivs · Neue Dispositionen des Generals · Die Fernmeldemittel · Ansatz der Abteilung Deimling · Frankes Eindrücke beim Stab Deimling · Die Pferdemisere · Das Gefecht bei Okateitei · Verteilung der deutschen Kräfte Anfang August · Die Patrouillenunternehmen, Patrouille von Bodenhausen · Salatiels Kapitulationsangebot · Feindlage Anfang August · Stellungnahme des Hauptmanns von Lettow-Vorbeck zu General von Trothas Dispositionen · Die Angriffsdirektiven Trothas · Schwachpunkte im Ansatz der deutschen Streitkräfte · Leutnant Auers Expedition auf den Waterberg

Als General von Trotha am 11. Juni in der Kolonie eintraf, war die Feindlage im wesentlichen die gleiche, wie sie sich Ende Mai aufgrund der Informationen des Hererosoldaten Arastus[1] bot: Nach wie vor saß der Gegner mit seiner Masse am Omuramba-Omatako-Rivier südöstlich des Waterbergs in Erwartung des Entscheidungskampfes.

Nach seiner Ankunft im Hauptquartier in Okahandja ließ von Trotha noch ergänzende Aufklärung im mittleren Teil des Schutzgebietes durchführen und gab dann am 18. Juni folgendes »Lagetelegramm« nach Berlin:

»Die Herero sind, wie ich die Lage auf Grund vieler sich teilweise widersprechender Angaben auffasse, noch am Omuramba-Flusse im Süden des Waterbergs in großen Massen vereinigt. Als das zur Durchführung des Krieges treibende Element gilt der überwiegende Einfluß Assa's. Dagegen soll Samuel, der in Okahitua sitzt, nicht mehr kriegslustig sein und Michael und Tjetjo sollen sich von Samuel getrennt haben[2]. Tatsache ist, daß Banden Michaels nach ihrer Heimat abgezogen sind, während die Nachrichten über Tjetjos Verschwinden widersprechend lauten. Banden sitzen in den Paresis-Bergen, und vermutet wird, daß sich auch in den Komasbergen Räuber aufhalten. Die Onjatiberge habe ich aufklären lassen, ohne daß vom Feinde seither etwas entdeckt worden wäre…«

Durch die Konzentration der Herero in dem ausgedehnten dichten Buschgelände südlich des Waterbergs »bot sich nun«, wie Lettow-Vorbeck schreibt, »die im Kleinkrieg seltene Aussicht für die deutsche Führung, dem Gegner mit

1 Siehe Seite 195f.

2 Die Nachrichten über ein angebliches Verschwinden Tjetjos und Michaels trafen nicht zu: Beide nahmen an dem Entscheidungskampf am Waterberg teil. Am 23. Juni schrieb Michael, Nachname: Tjijesata, noch am Waterberg einen Brief an Mr. Cleverly, den britischen Magistrat in Walvis Bay, mit der dringenden Bitte Samuels um Übersendung von Munition und Gewehren, die von diesem jedoch abgelehnt wurde (Schreiben des Kdt. H. M. S. »Partridge« an CIC H. M. Ships & Vessels, Cape Station (Simonstown) v. 20. Juli 1904, P. R. O. Kew, C. O. 48, 1904, Vol III, Piece 577).

einer Operation im Großen beizukommen«. Die Möglichkeit eines geordneten Entweichens der Herero mit ihren großen Viehherden nach Südosten hielt Lettow-Vorbeck wegen des Durstgebietes der Omaheke für ausgeschlossen, für wenig wahrscheinlich auch einen Abzug der Herero nach Nordosten am Omuramba entlang wegen der durch das Ausbleiben der Regenfälle bedingten Austrocknung des Riviers. Als einzige Fluchtrichtung blieb nach Lettow-Vorbecks Ansicht mithin der Weg nach Norden und Nordwesten zum Kaokofeld oder Ovamboland hin. Auf diesen Wegen waren die Wasserverhältnisse wegen der dortigen Regenfälle der letzten Zeit relativ günstig. Deswegen »wäre ein baldiges Zupacken der deutschen Truppen geboten«. Hier jedoch ergaben sich Schwierigkeiten. Die geringen Kräfte des 1. Feldregiments reichten nicht einmal für eine großräumige Einkreisung des Gegners aus, Trotha mußte also zunächst das Eintreffen des 2. Feldregiments abwarten, ehe er an diese Aufgabe herangehen konnte. Das Regiment Deimling traf allerdings nur staffelweise im Schutzgebiet ein. Dort angekommen, gab es dann weitere Verzögerungen. Die fingen bereits in Swakopmund an, wo die schon geschilderten desolaten Landungsverhältnisse an der Mole durch immer stärkere Versandung noch schlimmer geworden waren. Auch der Vormarsch in das Landesinnere gestaltete sich nur sehr schleppend, da der gesamte Nachschub wegen des noch bestehenden Mangels an Depots von der Truppe mitgeführt werden mußte. Weil die Bahn den Transportanforderungen nicht gewachsen war, mußte der Nachschub schon von Swakopmund an im Ochsentreck vor sich gehen. Hierzu waren bis zu 72 Ochsen pro Wagen erforderlich, um diese über die Dünen der Küstenwüste hinwegzubekommen. Die Folge war, daß die Vorauseinheiten der Teile des 2. Feldregiments, die für die noch zu formierende Abteilung Deimling vorgesehen waren, erst am 25. Juli in Karibib eintrafen.

Trotha sah daher seine Hauptaufgabe zunächst darin, alle jetzt zur Verfügung stehenden Kräfte einzusetzen, um den Gegner am Waterberg weiträumig zu umstellen und so dessen eventuellen Abzug unter allen Umständen zu verhindern. Sollte es den Herero nämlich gelingen, sich dem Zugriff der Deutschen am Waterberg zu entziehen und nach Norden oder Nordwesten auszubrechen, so würde sich wegen der dann noch größeren Wasser- und Versorgungsprobleme für die Truppe vielleicht überhaupt keine Möglichkeit mehr bieten, den Gegner zu stellen. Eine weitere und noch größere Gefahr würde sich dann für das Schutzgebiet abzeichnen: Eine Vereinigung der Herero mit den noch kriegerischeren und volkreicheren Ovambo.

Nach den Vorstellungen des Generals sollten alle Abteilungen gleichzeitig und konzentrisch näher an den Feind heranrücken, sobald das 2. Feldregiment (Abteilung Deimling) voll herangeschlossen war, und diesen in einer Entscheidungsschlacht am Waterberg vernichten. Eine vollständige und enge Einschließung der Herero würde, so wird im Generalstabswerk betont, angesichts des riesigen Gefechtsraums und der – auch nach der Zuführung des 2. Feldregiments – geringen Kräfte für unmöglich gehalten. Es könne nur gehofft werden, daß der Gegner standhalten und den Kampf aufnehmen würde, sein Ent-

weichen an einer Schwachstelle in der Einschließung müsse sowieso in Rechnung gestellt werden.
Im einzelnen verfügte General von Trotha am 18. Juni 1904 folgendes:

Die dem Feind am nächsten stehende Abteilung, d. h. die jetzt bei Okosondusu weitere Befehle abwartende neue Ostabteilung (von Estorff) sollte in Richtung Osondema weiter an den Feind herangehen, aber nur so weit, daß Fühlung mit diesem gehalten werden konnte. Aufgabe dieser Abteilung sollte es sein, den Fluchtweg nach Nordosten zu versperren und den Gegner weiter an den Waterberg heranzudrücken. Die Abteilung sollte nur dann in Aktion treten, wenn der Gegner »mit Sack und Pack abziehen« sollte. Der Hauptabteilung und der Ostabteilung wurden Kräfte entnommen und aus diesen eine neue Abteilung unter Führung des Majors von der Heyde gebildet (5., 6. und 7. Feldkompanie sowie 2. und 4. Feldbatterie). Diese neue Abteilung sollte zunächst bei Okosondusu Aufstellung nehmen und die Verbindung zu der dann weiter vorn stehenden Abteilung von Estorff (Ostabteilung) aufrechterhalten und für deren Nachschub sorgen.

Die bei Owikokorero Gewehr bei Fuß stehende Hauptabteilung, jetzt geführt von Major von Glasenapp, sollte die nach Süden führenden Wege absperren und langsam über Otjire gegen den Omuramba vorgehen. Mit der Masse des 2. Feldregiments wollte der General den Gegner von Norden und Westen her umstellen. Hier waren bis jetzt nur schwache Kräfte, nämlich die Abteilung Volkmann, die noch bei Otavi und Outjo stand, und die Abteilung Franke im Bereich von Omaruru. Diese beiden schwachen Abteilungen sollten vorerst nur Spähtrupps aussenden und den Gegner unter Beobachtung halten.

Da die Herero über ein gutes, schon im Frühjahr bei Okahandja bewährtes Nachrichtensystem verfügten, mußten ihre Führer genau über das auf ihr Volk zukommende Unheil im Bilde sein: Die laufenden Truppenverstärkungen und deren Massierung bei Okahandja und Karibib sowie das konzentrische Vorfühlen der deutschen Vorhuten in Richtung Waterberg konnten bei den Hererokapitänen keinen Zweifel darüber aufkommen lassen, was die deutsche Führung im Sinn hatte. Trotzdem verharrte das Volk nahe dem Waterberg und machte keinerlei Anstalten zum Entweichen, obwohl nach Norden und Nordwesten jetzt noch günstige Fluchtmöglichkeiten bestanden. Samuel Maharero unternahm nicht einmal Anstrengungen, um durch Aussenden von Patrouillen günstige Fluchtrichtungen zu sondieren und Schwachpunkte in der deutschen Absperrung ausfindig zu machen. Sollte er wirklich auf einen für ihn günstigen Ausgang des mit Sicherheit zu erwartenden Entscheidungskampfes setzen? Glaubte er, mit seinen etwa 6000 Kriegern im Kampf gegen die zwar numerisch unterlegenen, waffentechnisch aber weit überlegenen Deutschen bestehen oder diese gar schlagen zu können? Setzte er vielleicht seine Hoffnung auf die Unerfahrenheit der frisch ins Land gekommenen Truppen, auf ihre Erschöpfung auf den langen Anmarschwegen nach Norden, auf die für diese so menschenfeindliche Natur des Landes? Er und die anderen Anführer der Herero haben keine Aufzeichnungen, keine Erinnerungen hinterlassen, so

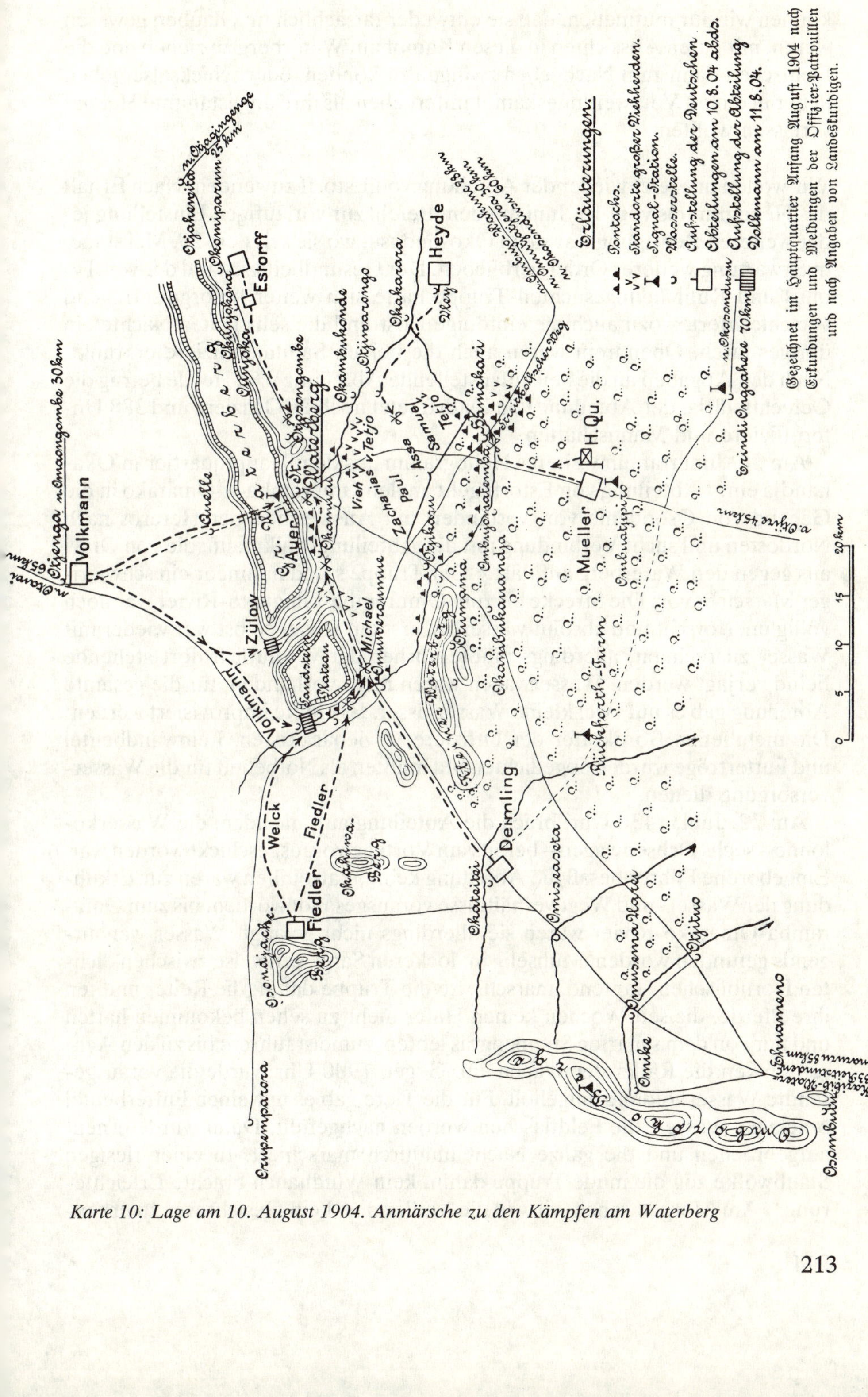

Karte 10: Lage am 10. August 1904. Anmärsche zu den Kämpfen am Waterberg

können wir nur mutmaßen, daß sie entweder tatsächlich im Glauben gewesen waren, mit guten Aussichten in diesen Kampf am Waterberg zu ziehen und die Deutschen dann zum Nachgeben zwingen zu können, oder schicksalsergeben lieber in einem Verzweiflungskampf untergehen als ihre angestammte Heimat verlassen wollten.

Wir wollen uns jetzt wieder der Abteilung von Estorff zuwenden. Nach Erhalt des Heliogramms vom 16. Juni mit dem Befehl zur vorläufigen Einstellung jeder weiteren Bewegung war sie in Okosondusu, wo sie seit dem 29. Mai stand, in Erwartung weiterer Order verblieben. Der Gesundheitszustand der von Typhus und Ruhr heimgesuchten Truppe hatte sich weiter besorgniserregend verschlechtert, wozu auch die eintönige Kost und die sehr kalten Nächte ein übriges taten. Obendrein waren auch die beiden Sanitätsoffiziere erkrankt. Nach den Abgaben an die neu aufzustellende Abteilung v. d. Heyde betrug die Gefechtsstärke der Abteilung von Estorff jetzt noch 26 Offiziere und 388 Unteroffiziere und Mannschaften.

Am 20. Juni traf ein weiteres Heliogramm aus dem Hauptquartier in Okahandja ein: »Abteilung von Estorff geht an den Omuramba-u-Omatako in die Gegend von Osondema vor, verhindert ein Ausweichen der Hereros nach Nordosten und sucht Verbindung mit der Abteilung Volkmann, die von Otavi aus gegen den Waterberg aufklärt.« Der Truppe stand nunmehr ein schwieriger Marsch bevor: Die Strecke bis zum Omuramba-Omatako-Rivier war noch völlig unerforscht und absolut wasserlos, erst am Rivier selbst war wieder mit Wasser zu rechnen, allerdings müßte vorher der vermutlich dort stehende Feind verjagt werden. Wasserwagen waren nicht vorhanden, für die gesamte Abteilung gab es nur zwei kleine Wasserfässer. Es mußte improvisiert werden: Die metallenen Bordkoffer der Offiziere, Zwiebackkisten, Leinwandbeutel und Futtertröge wurden abgedichtet und mußten als Notbehelf für die Wasserversorgung dienen.

Am 22. Juni, 1430 Uhr, brach die Abteilung auf, nachdem die Wasserkolonne – sechs Ochsenwagen – bereits am Vortage vorausgeschickt worden war. Eingeborene Führer besaß die Abteilung keine. Patrouillen waren zur Erkundung der Wasser- und Wegeverhältnisse vorausgesandt worden; bis zum Omuramba-Omatako-Rivier waren sie allerdings nicht gelangt. Wasser war nirgends gefunden worden. Mühselig im lockeren Sand, zeitweise zwischen dichten Dornbüschen stapfend, marschierte die Truppe dahin; die Reiter mußten ihre Pferde, die seit Wochen keinen Hafer mehr zu sehen bekommen hatten und nur von dem scharfen Steppengras lebten, zumeist führen; bis zu den Achsen sanken die Räder der Wagen ein. Gegen 1900 Uhr wurde die vorausgesandte Wasserkolonne eingeholt. Für die Tiere gab es nur einen Futterbeutel brackiges Wasser; die Feldflaschen wurden nachgefüllt. Dann wurde erneut aufgebrochen und die ganze Nacht hindurch marschiert. In einer riesigen Staubwolke zog die müde Truppe dahin, kein Windhauch brachte Erleichterung. »Am Morgen sahen wir wie die Müller aus, kein Gesicht war zu erkennen, als der Morgen graute«, erinnert sich Major von Estorff. Nun machte sich nach der Kälte der Nacht wieder die brennende Sonnenglut bemerkbar.

Hauptmann Bayer beschreibt die anschließende Phase dieses Durstmarsches:

»Seit 30 Stunden hatten die Pferde im tiefen Sand bis zum Knöchel gewatet; eine dichte Staubwolke hüllte die Abteilung ein, füllte stickend die Nüstern der armen Tiere, raubte den Leuten den Atem und steigerte ihren Durst zur unerträglichen Qual. Und kein Ende des Marsches war abzusehen! Die vorausgeschickten Aufklärer hatten weder ein Wasserloch, noch das steinige Bett eines Flusses gefunden!

Jede zurückkehrende Patrouille wurde von der Kolonne mit freudiger Hoffnung erwartet und brachte dann nur neue, tiefe Enttäuschung.

Schwer lastete die Verantwortung auf dem Führer! Verirrt mit allen seinen Leuten im erbarmungslosen Sandfeld, hinter sich eine weite Strecke, die wohl nur ein kleiner Teil lebend nochmals zurücklegen konnte, rechts die dürre Wüste, links die öde Steppe, dahinter die Massen des feindlichen Volkes, vor sich vielleicht ebenfalls den Orlog der Hereros, aber auch die einzige Hoffnung auf rettendes Wasser!«

Schließlich – gegen Mittag (23. Juni) – wurde der Marsch eingestellt, da jede Orientierung verlorengegangen war. Estorff wollte sich durch weitere Erkundungstrupps erst Klarheit verschaffen, in welcher Richtung Wasser zu finden sei. Inzwischen waren die mitgeführten Wasservorräte fast zur Neige gegangen. Eine Patrouille nach der anderen kehrte ergebnislos zurück. Um 1600 Uhr endlich traf die letzte noch ausstehende Patrouille wieder ein. Ihr Führer, Leutnant von Massow, meldete, er habe nur ein kleines, ausgetrocknetes Flußbett, aber kein Wasser gefunden. Diese neuerliche Botschaft ließ »vor die Seele des Führers den fürchterlichen Gedanken, in dieser afrikanischen Wüste mit Mann und Vieh elendiglich verdürsten zu müssen, immer drohender treten«. In dieser Stunde der größten Not erbot sich ein mitgeführter gefangener Herero, die Kolonne zu einer Wasserstelle zu führen; man sei nicht weit von einem ausgetrockneten Nebenrivier des Omuramba entfernt; bei schnellem Marsch könnte man in der Nacht noch zu einer Wasserstelle gelangen. Das Mißtrauen der Soldaten war groß. Würde der Herero sie zur Wasserstelle führen oder in die Irre leiten, dem Gegner in die Hände? Estorff aber hatte keine andere Wahl. Die Abteilung brach noch abends (23. Juni) auf, geführt von dem Gefangenen. Zur Marscherleichterung wurden Munition und Geschütze vergraben zurückgelassen. Tatsächlich wurde nach einer Weile der Boden fester, der dichte Busch wich zurück; es ließ sich leichter marschieren. Die Truppe folgte jetzt einem nach Westen verlaufenden Trockenrivier. Schließlich wurde gegen 2230 Uhr eine Vley erreicht, die nur breiiges, lehmiges Wasser enthielt. Großer Jubel unter den Soldaten. Die Tiere, schon den dritten Tag dürstend, gebärdeten sich wie wild, trotz Schreiens und Schlagens konnten die Eingeborenen sie nicht mehr halten. »Wie wild rennen sie in die flache Pfütze und rühren sie zu einem dicken Lehmbrei auf; mit dem Tränken ist es vorbei.« An der Vley wurde die letzte Nacht verbracht.

Am nächsten Morgen (24. Juni) – dem dritten – wurde in aller Frühe wieder aufgebrochen. Voller Mißtrauen folgte die Truppe dem Hereroführer; wieder ging es durch das ausgetrocknete Flußbett. Die Landschaft nahm allmählich einen freundlicheren Eindruck an: Sie wurde parkähnlich, ein Anzeichen, daß der große Omuramba und damit Wasser nicht mehr fern waren. Tatsächlich ging der Trockenfluß nach zwei Stunden Marschzeit in ein breites, in Nord-Süd-Richtung verlaufendes Flußbett über: Der Omuramba-u-Omatako war erreicht! Der Hereroführer bog nach Norden ab. Endlich gegen 0900 Uhr stieß man auf eine schöne, gute und reichliche Wasserstelle. Der Führer nannte sie Karupuka. Die Truppe war gerettet – dank der Findigkeit des Herero. »Er hatte die Abteilung richtig geführt und sich zuverlässiger erwiesen als sein Ruf. Zur Belohnung durfte er so viel Reis essen und Kaffee trinken, wie er wollte, und es wurde ihm eine Kuh versprochen, wenn der Feldzug beendet ist«, heißt es im Generalstabswerk.

Nachdem sich die Abteilung erholt hatte, wurde die Umgebung aufgeklärt: Zur allgemeinen Verwunderung zeigte sich im Umkreis von 20 km nirgends eine Spur von Herero. Sollten sie sich vom Omuramba zurückgezogen haben und, wenn ja, wohin?

In der Tat zeichnete sich zu diesem Zeitpunkt eine Änderung in der Feindlage ab, die jedoch von der deutschen Führung erst Anfang Juli als solche erkannt wurde: Es war Bewegung in die Hereromassen gekommen. Patrouillen meldeten: Der Gegner ist überall am Omuramba verschwunden! Am 5. Juli stand endgültig fest: Die Feindstellungen waren geräumt, die gesamte Gegend zwischen Okosongoho und Okahitua, wo die Masse des Gegners konzentriert war, war jetzt vollkommen feindfrei. Was hatte der Gegner im Sinn? Sollte er sich plötzlich doch noch zur Flucht durch den Omuveroume-Paß nach Nordwesten oder Norden entschlossen haben, wo immer noch wenig deutsche Truppen standen und ein Entkommen aus der deutschen Umklammerung gute Erfolgsaussichten bot? Noch stand das 2. Feldregiment weit im Süden; es würde auf jeden Fall zu spät eintreffen, um einen Durchbruch der Herero zu verhindern. General von Trotha wollte unbedingt Klarheit über die gegnerischen Absichten haben. Er ließ deswegen zunächst soeben eingebrachte Gefangene befragen. Diese sagten aus, die Herero hätten sich vom Omuramba abgesetzt, weil das Wasser dort wegen der anhaltenden Dürre für das Vieh trotz ununterbrochenen Schöpfens nicht mehr ausreichte und wegen der totalen Überweidung der Uferstreifen auch nicht mehr genug Futter vorhanden wäre. Schon vor Wochen habe man systematisch mit dem Abtrecken des Viehs vom Omuramba begonnen. Das gesamte Volk mit den gewaltigen Viehherden sammle sich nun am Waterberg. Samuel befände sich bereits in Otjahewita am Nordostrand des Großen Waterberg, die Hauptmasse des Viehs stände jetzt nördlich dieses Berges. Doch von Trotha traute diesen Aussagen nicht. Er wollte vor allem in Erfahrung bringen, ob sich die Aufständischen an dem Gebirgsmassiv nur zum Antritt der Flucht sammeln oder ob sie dort zu bleiben gedächten. Er wies daher die einzelnen Abteilungen an, Offizierspatrouillen zum Waterberg hin abzusenden.

Das Verdienst, die Bestätigung gebracht zu haben, daß der Gegner keine Anstalten zum Verlassen der Waterbergregion unternahm, gebührt der Patrouille des Oberleutnants Salzmann. Sie verließ am 17. Juli frühmorgens die in Otjurutjondou stehende Hauptabteilung mit dem Auftrag, zum Waterberg hin aufzuklären und dabei den Gegner von Westen her zu umfassen. Marschziel sollte der von der Abteilung Fiedler besetzte Osondjacheberg sein, der westlich vom Kleinen Waterberg liegt. Unterwegs stieß die Gruppe immer wieder auf verlassene Hererowerften, in deren Umgebung die Erde auf der Suche nach »Feldkost« überall durchwühlt worden war, ein Zeichen dafür, daß die Aufständischen Hunger litten. Die Patrouille suchte sich ihren Weg dicht am Fuße des Osthangs des Großen Waterberg und des Sandsteinplateaus entlang. Marschrichtung war Südwest. Gegen 2300 Uhr wurde die östlich am Waterbergmassiv vorbei nach Südwesten in Richtung Okateitei – Omaruru führende Straße überquert. Im Schein von Streichhölzern stellten Salzmann und der zweite Offizier der Patrouille, Leutnant Graf von Arnim fest, daß die Straße stark von Vieh und Menschen begangen worden war. In der Ferne war der Widerschein zahlreicher Lagerfeuer zu erkennen. Mit größter Vorsicht und völlig lautlos wurde im Stockfinstern weitergeritten. Gegen Mitternacht erreichte die Gruppe das Südende des Sandsteinplateaus. Hier, zwischen diesem Plateau und dem Kleinen Waterberg, durch den Omuveroume-Paß hindurch, wollte sich die Patrouille ihren Weg nach Westen suchen. Je weiter sie in den Paß eindrang, um so näher kam der Schein der Lagerfeuer, das Brüllen vieler Rinder. Hier mußte sich Werft an Werft reihen. Der Morgen dämmerte, der Paß verengte sich immer mehr, rechts und links ragten die Wände des Sandsteinplateaus und des Kleinen Waterberg steil und unheimlich empor. Der mitreitende Landeskundige wurde unruhig. Er mahnte zur Umkehr. Auch Oberleutnant Salzmann war unbehaglich zu Mute. Er hatte das Gefühl, daß die Gruppe in einen Trichter ritt, »aus dem es bei der bekannten Gewandtheit des Feindes im Umzingeln beim Angriff kein Entrinnen mehr möglich ist«. Die Patrouille kehrte kurz vor der schmalsten Stelle im Paß um und wandte sich nach Südwesten. Salzmann erkletterte mit Graf von Arnim und dem Landeskundigen einen flachen Berggipfel zwischen Sandsteinplateau und Kleinem Waterberg. Der Tag war angebrochen, so daß die drei einen weiten Fernblick in das Omuveroume-Tal hatten: Drüben in die Werft am Westhang des Sandsteinplateaus kam Leben, große Herden wurden durch den Paß zur Weide getrieben. In den senkrecht aufsteigenden Felswänden aber erkannte Salzmann einzelne Späherposten. Wegen der scharfen Augen dieser Beobachter war große Vorsicht am Platz: »Sie erkennen jede noch so kleine Bewegung eines einzelnen Reiters.« – Salzmann resümierte seine Beobachtungen: »Die gesamte Hererogesellschaft sitzt noch fest und denkt gar nicht an Abzug. Keinerlei große Bewegung ist zu erkennen, das einzige sind die Staubwolken der auf die Weide gehenden Rinderherden.«

Die Patrouille zog sich rasch zurück; schon waren einzelne Stimmen zu vernehmen, die rasch näher kamen. War die Patrouille bereits erkannt worden? Plötzlich tauchte wie aus dem Nichts eine Hererofrau auf; sie wurde zum Verhör mitgenommen. Unterwegs machte sie eine Menge Angaben: die Herero hätten zwar genug Gewehre, aber nur wenig Patronen: von Ongandjira und Oviumbo her hätten sie zahlreiche Verwundete, es gäbe auch viele Kranke. Das Gros des Stammes säße am Waterberg, Saul stände mit viel Leuten und Vieh bei Otjenga (nordwestlich des Waterbergmassivs), bei Okateitei ständen Viehposten Michaels, Samuels und Tjetjos. Das Essen sei sehr schlecht.

Die Patrouille verließ schließlich den Bereich des Waterberg und ritt nach Südosten dem Omuramba entgegen. Der Busch wurde lichter, als plötzlich von links her Herero im Vorgehen erblickt wurden. Offenbar hatte man die Spur der Patrouille entdeckt und wollte ihr jetzt den Weg abschneiden. Die Marschrichtung wurde geändert und das Tempo erhöht. Die Herero blieben schließlich zurück. Es war fast Mitternacht, als die Gruppe todmüde zum Lager am Omuramba zurückkehrte. Das höchstwichtige Erkundungsergebnis aber wurde sofort an das HQ telegraphiert.

Somit stand mit ziemlicher Sicherheit fest, daß die Herero vorerst am Waterberg zu verbleiben gedachten. Dies mag seinen Grund darin haben, daß hier die Lebensbedingungen für Mensch und Tier gut waren, möglicherweise wußte die Hereroführung aber nicht mehr recht, in welcher Richtung sie noch weiter fliehen könnten, nachdem ihr nun auch der Fluchtweg nach Norden und Nordwesten durch die verstärkte Abteilung Volkmann und die neugebildete Abteilung Fiedler, auf die gleich noch eingegangen wird, verwehrt wurde.

Tatsächlich konnten sich die Herero unter den gegebenen Umständen als Zufluchtsort keine bessere Gegend als das Waterberggebiet aussuchen. Es war wie geschaffen für einen längeren Aufenthalt größerer Massen von Menschen und Tieren, denn Wasser und Weidegründe waren in genügender Menge im Umkreis des Massivs vorhanden. Bei vollständigem Rückzug auf das wie eine uneinnehmbare Festung anmutende großräumige Plateau selbst boten sich sogar hervorragende Verteidigungsmöglichkeiten gegen die deutschen Truppen, allerdings müßten in einem solchen Fall die Herero auf ihre Viehherden verzichten, da das Plateau selbst für Vieh nur schwer erreichbar und Wasser- und Weideverhältnisse hier oben für solche Massen von Tieren unzureichend waren.

Das Bergmassiv besteht aus drei Teilen: dem eigentlichen oder Großen Waterberg, dem sich westlich daran anschließenden, mit dem Großen Waterberg durch eine Einsattelung verbundenen Sandsteinplateau, die beide zusammen das Waterbergmassiv bilden, und dem Kleinen Waterberg, südlich vom Massiv gelegen und durch einen begehbaren Paß, den bereits mehrfach erwähnten Omuveroume-Paß, vom Sandsteinplateau getrennt. Der Große Waterberg, der in Südwest-Nordost-Richtung verläuft, ist – wie das Sandsteinplateau –

oben völlig flach. Die Hochfläche des Großen Waterberg bildet die höchste Erhebung im Massiv (1857 m) und ist über 65 km lang und etwa 25 km breit. Der Große Waterberg fällt nach allen Seiten mauerartig und steil in die Steppe ab; der obere Steilrand ist kranzartig und völlig zerklüftet. Der untere Steilrand weist eine größere Anzahl von Quellen auf. Diese Quellen versiegen nie, so daß also die Herero am Waterberg in ihrer Wasserversorgung nicht von Niederschlägen abhängig waren. Das Plateau ist dauernd von kräftigen grünen Grasnarben bedeckt; heute befinden sich dort mehrere Farmen und ein großer Wildpark, in dem seltene Tiere ausgesetzt sind. Die steilen Hänge des Zentralmassivs und die Ebene zu Füßen des Massivs weisen dichten Dornbusch auf.

Nachdem sich herausgestellt hatte, daß die Herero zur Zeit offensichtlich nicht an Flucht dachten, befahl General von Trotha, den jetzt noch lockeren Ring um den Waterberg enger zu ziehen. Ein Angriff sollte allerdings erst in dem Fall erfolgen, daß der Gegner Anstalten machte, den Ring zu durchbrechen. Wenn irgend möglich, wollte der General mit dem entscheidenden Schlag so lange warten, bis das 2. Feldregiment herangerückt war. Die Hauptabteilung, die am 3. Juli von Owikokorero in Richtung Otjire abmarschiert war, rückte nun weiter nach Otjurutjondou am Omuramba vor, wo sie vom 11. bis zum 19. Juli verblieb. Am 19. Juli rückte sie weiter über den Omuramba hinweg bis zur Vley Erindi-Ongoahere vor. Major von Estorffs Abteilung, die seit dem 24. Juni bei der Wasserstelle Karupuka am Omuramba nordöstlich des Waterberg gelagert hatte, war am 6. Juli von dort aufgebrochen und, dem linken Arm des Omuramba folgend, in Richtung auf Otjahewita vorgerückt. Seit dem 8. Juli stand sie in Otjatjingenge, einer Vley mitten im Busch. Der Gesundheitszustand der Estorffschen Truppe hatte sich durch weitere Typhuskranke noch mehr verschlimmert: Allein durch Typhus hatte die Abteilung nunmehr bereits 50 Ausfälle. Zwischen die Hauptabteilung und die Abteilung von Estorff wurde eine dritte Abteilung eingeschoben, die schon erwähnte Abteilung des Majors von der Heyde. Diese war am 9. Juli in Richtung auf Okaundja abgerückt. Die oben im Norden stehende Abteilung Volkmann (3. Kompanie des 1. Feldregiments, 1 MG-Abteilung und 1 Halbbatterie) sollte weiter von Otavi aus die Aufklärung in Richtung Waterberg betreiben. Um näher an der Truppe zu sein, hatte von Trotha mit einem Teil des Hauptquartiers Okahandja am 9. Juli in Richtung Owikokorero verlassen; der Rest des Stabes folgte einige Tage später nach. Am 30. Juli schloß sich der General dann mit seinem Stab der Hauptabteilung in Erindi-Ongoahere an.

Alle drei von Osten und Südosten her vorrückenden Abteilungen (von Estorff, von der Heyde und Hauptabteilung) standen untereinander in heliographischer oder in Funkverbindung. Das Signalnetz wurde im Laufe der kommenden Wochen noch weiter ergänzt, die Hauptabteilung mit dem Stab des Generals stand später sogar in Telegraphieverbindung mit Okahandja und somit über Windhuk und Swakopmund auch in Kontakt mit Deutschland. Das gebräuchlichste Signalmittel, der Heliograph, war jedoch oft nicht einsetzbar, da er wegen seiner geringen Reichweite nur von Erhöhungen im Gelände aus arbeiten konnte, die aber in der vollkommen ebenen Dornbuschsteppe nur sehr spärlich waren. War Zeit vorhanden, behalf man sich mit dem Bau künstlicher Hügel oder turmartiger Gerüste oder verwendete die Kronen der – allerdings auch nicht gerade hohen – Kameldornbäume. – Die neuartigen »Funkenstationen« erwiesen sich als höchst wertvolle Ergänzung des Heliographen, da ihre Reichweite (bis zu 150 km) wesentlich größer war, sie hatten aber auch ihre Mängel: Störungen durch Luft- und sonstige Einflüsse, die die Signale unverständlich machten. Die als »Aufhängemittel« für die Antennen benutzten Ballons wurden durch die launischen Luftströmungen, vor allem die häufigen Windhosen, unruhig, schwankten hin und her oder wurden nach unten gegen die Dornen der Büsche gedrückt und so beschädigt.

Am weitesten zurück von allen Abteilungen befand sich immer noch der an Zahl der Kombattanten alle anderen Abteilungen übertreffende Truppenverband des Obersten Deimling, das 2. Feldregiment. Aus diesem Verband wurde im Laufe des Juli – nach einigen Abgaben – die Abteilung Deimling gebildet. Von diesem Regiment stand die 1. Kompanie des I. Bataillons am weitesten vorn – sie befand sich bereits am 15. Juni in Okawakuatjiwi im Bezirk Omaruru. Die anderen Teile des 2. Feldregiments waren zu dem Zeitpunkt noch weit im Süden oder noch gar nicht im Schutzgebiet eingetroffen. Das zur späteren Abteilung Deimling gehörende II. Bataillon stand, wie bereits erwähnt, erst am 25. Juli in Karibib zum Abmarsch in das Operationsgebiet bereit.

Wegen der angeblichen Aufbruchstimmung unter den Herero am Waterberg war zunächst beabsichtigt gewesen, das 2. Feldregiment von Nordwesten her gegen den Waterberg vorzuführen, da ein Durchbruch der Aufständischen durch den Omuveroume-Paß in Richtung Ovamboland oder Kaokofeld befürchtet wurde. Als erste Maßnahme wurde zu diesem Zweck die zur Abteilung Franke gehörende und den Bezirk Omaruru sichernde 8. Feldkompanie des 1. Feldregiments mit der 1. Kompanie des 2. Feldregiments sowie einer Halbbatterie zu einer neuen Abteilung unter Hauptmann von Fiedler zusammengefaßt, Diese wurde in Richtung Otjiwarongo[3] vorgeschoben, um dem Gegner die genannte Fluchtrichtung zu verwehren. Die Abteilung Franke, deren Aufgabe in der Säuberung und der Sicherung des Bezirks Omaruru bestanden hatte, wurde aufgelöst. Hauptmann Franke selbst, immer noch von Malariafieber geschüttelt, wurde zum Stab des Obersten Deimling als Berater und Landeskundiger kommandiert.

Nur widerwillig rang sich Franke dazu durch, den neuen Posten anzutreten. Er fühlte sich seit seiner Kommandierung in die »Etappe Omaruru« diskriminiert und »als dummen Jungen behandelt«. Er kam sich nun in dem nur aus Neulingen bestehenden Stab des Obersten Deimling wie ein Fremdling und

3 Anm. Verf. Dies ist das heutige Otjiwarongo westlich des Waterbergmassivs – nicht die Wasserstelle Otjiwarongo südlich des Massivs.

»lästiger Begleitmann« vor, dessen Ratschläge man zwar höflich zur Kenntnis nahm, aber kaum befolgte. Hauptmann Franke dürfte nicht der einzige unter den altgedienten Schutztruppenoffizieren gewesen sein, die sich in der Truppe zurückgesetzt fühlten. Waren am Anfang des Aufstands noch mit den Verstärkungen Offiziere ins Land gekommen, die mit Südwestafrika und seinen Problemen vertraut waren, z. B. von Estorff, Eggers, von Heydebreck, und dessen Belange in der Kriegführung berücksichtigten, so änderte sich dies zusehendst, je mehr Landesfremde zum Offizierkorps der Schutztruppe stießen, vor allem seit von Trotha das Kommando innehatte. Es kam schließlich zu einer regelrechten Entfremdung zwischen den »alten Afrikanern« und den Neuankömmlingen. Letztere empfanden das Ansinnen der »alten Afrikaner«, der Erbeutung von Vieh Vorrang vor der Ausschaltung des Gegners einzuräumen, als lächerlich, ja sogar als eine Zumutung. Im Gegenteil glaubten sie, daß man gerade dadurch, daß der Erbeutung des Viehs mehr Aufmerksamkeit gewidmet worden war als der Bekämpfung des Gegners selbst, Schlappen eingesteckt und Rückschläge erlitten habe und sich dadurch der Krieg festgefahren habe. Ihr Grundsatz war: »Man sei nicht hier, um wegen Ochsen Krieg zu führen. Man wolle deutsches Land verteidigen.« Deimling selbst ging in seinem Mißtrauen gegenüber den »alten« Schutztruppenoffizieren so weit, daß er in einem Erfahrungsbericht[4] in einer Marginalie anführte, »die Truppe dürfte nicht aus lauter alten Afrikanern bestehen, da sonst die Gefahr bestände, daß sie durch Inzucht degeneriere«.

Rohrbach beklagte, daß die neuen Offiziere auch nicht bemüht waren, Kontakte zu den als Reservisten in der Truppe dienenden Ansiedlern aufzunehmen. Ihre Erfahrung und Meinung wurden nicht gehört. Als Landesführer wie auch als Frachtfahrer in den Nachschubkolonnen wurden statt ihrer zunehmend Buren aus der Kapkolonie angeworben.

Trotz der ständigen Mahnungen des Generals von Trotha, das Vormarschtempo wegen der ungeklärten Feindlage zu beschleunigen, gelang es Deimling nicht, seine Truppe rascher zum Operationsgebiet vorzuführen. Dies lag nicht nur daran, daß wegen der Unergiebigkeit der Wasserstellen zwischen den Kolonnen große Abstände eingehalten werden mußten, sondern vor allem an dem unsachgemäßen Umgang mit den Pferden und den Treckochsen. Wie Hauptmann Franke feststellte, führte jede Kompanie in der Abteilung Deimling 80 Reservepferde mit, aber auch diese reichten nicht zum Auffüllen der entstandenen Lücken aus. Durch die Unerfahrenheit im Umgang mit den Pferden und das Desinteresse und die Gleichgültigkeit der Soldaten, ja sogar mancher Offiziere, die »keinen Rat von den alten Afrikanern annehmen wollten« gingen die Pferde »wie die Taschentücher verloren«. Mit Verbitterung stellte Franke auf dem Vormarsch zum Waterberg fest, daß die Pferde »am Verhungern seien«. »Täglich fallen die Tiere zu Dutzenden entweder dem

4 MA, RW 51/18 – siehe Quellen- und Literaturverzeichnis.

Hunger oder dem Rotz, der miserablen Behandlung oder der Überanstrengung zum Opfer«. Nur im Schritt seien die Tiere vorwärtszubringen. Hafer konnte den an Weidegang nicht gewöhnten, anspruchsvollen deutschen Pferden überhaupt nicht mehr gereicht werden, »die trockenen, scharfen Gräser aber füllen den Pferden nur den Magen, sie setzen einen Heubauch an und werden immer schlapper«, heißt es in einem anderen Bericht. Obendrein bekämen die Tiere durch die scharfen Gräser Wunden am Maul und könnten nicht mehr ordentlich fressen und saufen. Hinzu kam noch, daß die ohnehin spärlichen Weiden an den Wasserstellen vom abrückenden Gegner häufig abgebrannt worden waren und den Tieren von der eigenen Führung der freie Weidegang oft verwehrt wurde, weil man befürchtete, sie könnten vom Feinde abgetrieben werden oder vor Hunger ausbrechen. So kam es, daß der Vormarschweg der Truppe von Pferdekadavern und zusammengebrochenen Pferden gesäumt war.

Auch mit der Wasserversorgung der Tiere haperte es auf dem Vormarsch, wie Franke in seinem Tagebuch bemängelt: Kommt die Truppe schließlich einmal an einen Platz mit ergiebigem Wasser, so wird nichts getan, um die vorhandenen Wasserlöcher so zu erweitern, daß auch für alle Tiere genug zum Saufen vorhanden ist. Erbittert notiert Franke: »Die Pferde werden oft halb, häufig gar nicht getränkt. Diese Offiziere sind mir unbegreiflich, da laufen ›Monokel-Helden‹ herum, die sich durch unbewußte Roheit in der Behandlung ihrer Tiere auszeichnen ... Als ich mich anbiete, eine Tränke vorzubereiten, habe ich Mühe, einen Lappen Leinwand zu diesem Zweck zu bekommen, weil ja doch die Leute etwas haben müssen. Dieser große Stratege[5] begreift wenige Tage vor dem Angriff immer noch nicht, daß vielleicht von der Wasserfrage der Sieg abhängt! Schließlich findet sich dann ein Offizier ein, der außer seinem Monokel fünf Spaten und einige Leute mitbringt, um die Wasserarbeiten zu erledigen. Natürlich wird die Geschichte derart schlapp betrieben, daß am Abend von der Arbeit kaum etwas zu sehen ist.«

Die Frage der Versorgung der Tiere sollte zu einem ständigen Zankapfel zwischen Oberst Deimling und Hauptmann Franke werden. Wie die meisten der neu ins Land gekommenen Offiziere, wollte auch Deimling offenbar nicht die Bedeutung erkennen, die dem Pferde als Fortbewegungsmittel in der afrikanischen Kriegführung angesichts der riesigen Entfernung, der Hitze und des Durstes zukam, er konnte deswegen nicht das rechte Verständnis für dessen Pflege und für die Wasser- und Futterversorgung aufbringen. Dies sollte sich später bei der Verfolgung des Gegners in das Sandfeld der Omaheke bitter rächen.

Nachdem die neugebildete Abteilung Fiedler vom Westen her gegen den Omuveroume-Paß angesetzt worden war, um ein mögliches Entweichen des Gegners nach Nordwesten zu vereiteln, jetzt aber diese Gefahr vorerst gebannt schien, beschloß von Trotha, die Masse des 2. Feldregiments, d. h. die

5 Franke spielt hier offenbar auf Oberst Deimling an.

Abteilung Deimling, statt, wie ursprünglich geplant, von Nordwesten her über Outjo nunmehr von Südwesten her an den Waterberg heranzuführen, d. h. von Omaruru aus über Osombuto nach Okateitei. Die getrennt marschierenden einzelnen Abteilungen sollten nun enger zusammenschließen, um so den Herero einen Durchschlupf durch den Einkreisungsring zu erschweren.

Die Abteilung Deimling brach daraufhin Ende Juli in zwei Kolonnen von Omaruru auf und rückte über Osombuto und Omusema – Uarei nach Nordosten vor. Die Erste Kolonne (2. und 3. Kompanie des 2. Feldregiments) unter Führung des Majors von Wahlen-Jürgass erreichte am 2. August mit der vorgeschobenen 2. Kompanie (Hauptmann Manger) Okateitei. Hier wurde morgens 0900 Uhr eine vorausreitende Witbooi-Patrouille von einem starken im Hinterhalt liegenden Hererotrupp überfallen, wobei zwei Witbooi fielen. Die nachfolgende Kompanie wurde sofort alarmiert und warf den Gegner, der sich daraufhin unter schweren Verlusten (50 Gefallene) in verschiedene Gruppen teilte und im Busch verschwand. Die deutsche Truppe hatte außer den gefallenen Witbooi nur einen Schwerverwundeten zu beklagen.

Die Kolonne Wahlen-Jürgass sammelte sich nun in Okateitei und legte an der Wasserstelle ein befestigtes Lager an. Hier sollte die Ankunft der nachfolgenden Kolonne abgewartet werden. Sobald die Abteilung Deimling an diesem Sammelpunkt aufgeschlossen war, sollte im Verein mit den anderen Abteilungen der entscheidende Schlag gegen die Aufständischen ausgeführt werden.

Die Verteilung der deutschen Kräfte Anfang August 1904 war wie folgt:

Abteilung von Estorff, von Otjatjingenge weiter vorrückend, hatte ihre Ausgangsposition Otjahewita am Nordrande des Waterberg erreicht. Abteilung von der Heyde war von Okaundja den Omuramba aufwärts über Ombujo-Ratanga bis Omutjatjewa vorgerückt. Die Hauptabteilung, ab 16. Juli von Oberstleutnant Müller befehligt, nachdem Major von Glasenapp in den Süden der Kolonie versetzt worden war, stand noch bei Erindi-Ongoahere. Abteilung Fiedler stand jetzt bei Orupemparora mit Generalrichtung Omuveroume-Paß. Abteilung Volkmann, von Otavi aus vorrückend, stand bei Otjenga.

Wie die genauen Positionen der Herero waren, wie und wo sie ihre Kräfte am Waterberg verteilt hatten, mußte erst durch intensive Patrouillenunternehmungen festgestellt werden. Gewitzt durch die negativen Erfahrungen aus dem Gefecht bei Owikokorero benutzte man hierzu nun statt starker Erkundungsabteilungen kleine, von Offizieren geführte Patrouillen. Eine entsprechende Weisung zur Durchführung dieser Unternehmungen erging deswegen am 21. Juli an die verschiedenen Abteilungsführer.

So wurden von der Abteilung von der Heyde, als diese am Omuramba bei Ombujo-Ratanga stand, verschiedene waghalsige Erkundungsunternehmen durchgeführt. Leutnant von Lekow unternahm beispielsweise mit einer Patrouille einen Aufklärungsritt bis Otjosongombe am Fuße des Waterberg und zurück. Ein anderer Trupp unter Leutnant von Frankenberg erkundete die

Umgebung von Okakarara. Eine dritte Patrouille, geführt von Oberleutnant von Steinhausen, wagte sich bis in die Stellungen der Herero bei der wichtigen Wasserstelle Hamakari vor. Die Erkundungen ergaben, daß der Feind in dem Dreieck, das durch die Eckpunkte Omuveroume-Paß – Otjozondjupa (Station Waterberg) mit dem von den Herero stark befestigten Polizeiposten Waterberg und der gleichnamigen Missionsstation – Wasserstelle Hamakari gebildet wurde, konzentriert war, wobei die Schlüsselstellung Hamakari zu sein schien.

Nicht immer kamen die Patrouillen ungeschoren davon: In der Nacht zum 6. August war von der bei der Wasserstelle Osondjache westlich des Waterberg stehenden Abteilung Fiedler eine Patrouille von 15 Mann unter Führung des Leutnants Freiherr von Bodenhausen in Richtung Omuveroume-Paß mit der Aufgabe der Aufklärung am Westrand des Waterberg losgeschickt worden. Bodenhausen hatte seine Aufgabe bereits gut gelöst und befand sich auf dem Rückmarsch zum Lager bei Osondjache, als eines der Pferde zu lahmen begann. Der Leutnant befahl daraufhin trotz der Nähe des Feindes, die Pferde zu führen. Nach einiger Zeit stieß die Patrouille in einer Lichtung im Busch auf eine Wasserstelle. Dort gab von Bodenhausen nach dem Tränken leichtsinnigerweise die Anweisung, die müden Tiere abzuhalftern und weiden zu lassen. Während die Soldaten und Pferde sich ausruhten, erfolgte völlig überraschend ein Feuerüberfall durch eine Gruppe Herero, die der deutschen Patrouille gefolgt war. Mit Ausnahme von zwei Soldaten, denen die Flucht gelang, wurde die gesamte Patrouille mit zwei Salven niedergestreckt. Die Toten wurden anschließend grauenvoll verstümmelt. Aus den Aussagen später gefangengenommener Herero ging hervor, daß der Überfall trotz strengen Befehls Samuels, »die Patrouille ruhig weiden zu lassen, da sie doch nur unreife Soldaten des deutschen Kaisers seien, mit denen er zuletzt abrechnen wollte«, durchgeführt worden und daß die Verstümmelungen durch Hererofrauen geschehen seien. Die Nachricht von dem grauenvollen Geschehen vom 6. August machte blitzschnell die Runde in allen deutschen Abteilungen und löste Erbitterung und Wut bei der Truppe aus. Mit noch größerer Härte und Gnadenlosigkeit wurde jetzt gegen die Aufständischen vorgegangen.

Am 6. Juli wurde von einer Patrouille der Abteilung von Estorff ein Herero eingebracht, der eine aufsehenerregende Mitteilung machte: Salatiel, Häuptling der Waterberg-Herero und Sohn des verstorbenen Kambazembi, – er hatte sich bereits am Anfang des Aufstands als »Zauderer und unsicherer Kantonist« unter den Hererohäuptlingen gezeigt – habe sich geweigert, weiterhin am Krieg teilzunehmen, er habe Samuel den Gehorsam aufgekündigt und die Absicht, in Friedensverhandlungen mit den Deutschen einzutreten. Estorff erkannte sogleich die Bedeutung dieser Mitteilung: Hier bestand die vielleicht einzige Möglichkeit, die Einheit der Herero aufzubrechen; gelänge es, Salatiel zum Abfall zu bewegen, so wäre es vielleicht nicht schwer, auch eine Anzahl anderer Kapitäne, z. B. den alten Zacharias von Otjimbingwe, der sich auch nur widerwillig dem Aufstand angeschlossen hatte, zu überreden, ein Gleiches zu tun; auch Saul von Otjenga ließe sich vielleicht umstimmen. Hier ergab sich also eine reale Chance, den Krieg doch noch ohne weiteres Blutvergießen zu beenden und so das Volk der Herero vor dem Untergang zu retten. Den genannten Kapitänen konnte unbedenklich verziehen werden, sie hatten keinerlei Verbrechen begangen, ebensowenig wie ein Großteil des Volkes, das nichts anderes getan hatte, als ihren Kriegshäuptlingen zu folgen.

Major von Estorff ließ deshalb am 12. Juli Boten mit Einladung zu Unterhandlungen an Salatiel abgehen. Als dieser die Mitteilung erhalten hatte, zögerte er jedoch und erbat sich einige Tage Bedenkzeit. Am 25. Juli ließ Salatiel dann von Estorff über seinen Entschluß Bescheid geben: Er sei zu Unterhandlungen bereit. Doch es war bereits zu spät: Am 19. Juli wies General von Trotha aus seinem Hauptquartier in Owikokorero seine Truppenführer an, »etwaige Versuche des Feindes, Verhandlungen einzuleiten, durchaus abzuweisen«. Für den General waren die Hererofuhrer als »Haupträdelsführer und Hauptverantwortliche des Aufstands keine Verhandlungspartner«, für ihn kam die Kapitulation geschlossener Gruppen nicht in Frage.

Die letzten Aufklärungsergebnisse Anfang August ergaben folgende zusätzliche Feindinformationen: Der Feind wollte offenbar die große Wasserstelle Hamakari, wo auch die Masse seines Viehs stand, mit allen Mitteln verteidigen; dort hatte er seine Kräfte konzentriert, deren Gesamtzahl auf etwa 5000–6000 Krieger geschätzt wurde; Viehposten waren bis zur Linie Otjiwarongo – Okakarara – außerhalb des genannten Dreiecks – vorgeschoben. Das zu verteidigende Gelände vor dem Waterberg, alles dichter Dornbusch, war für diesen Zweck hervorragend geeignet. Die Herero waren in der Ebene vor dem Waterberg verblieben, da sie, von Alters her gewohnt, ihre Verteidigungsanstrengungen um ihr Vieh herum konzentrieren mußten, das wegen der schon erwähnten Unzugänglichkeit des Waterbergplateaus unten verbleiben mußte. Unverständlicherweise hatte es die Hereroführung versäumt, das Plateau selbst mit Kriegern zu besetzen; es waren nicht einmal Sicherungsposten an den Rändern der Hochfläche aufgestellt worden.

Anfang August war der Aufmarsch der Truppen rund um den Waterberg fast abgeschlossen. Es standen jetzt nahezu 4000 Mann, gegliedert in 20 Kompanien, acht Batterien mit 36 Geschützen, ferner drei Maschinengewehr-Abteilungen mit insgesamt 14 MGs neben Fernmeldeeinheiten und Versorgungstruppen, in einem weiten Ring um das Massiv. Die Kräfte in diesem Einschließungsring waren allerdings ungleich verteilt: Infolge ihres schleppenden Anmarsches war die weitaus stärkste Abteilung, die Abteilung Deimling, mit dem Gros erst bei Okateitei, ca. 20 km südwestlich von Omuveroume. General von Trotha stand nun vor der Entscheidung, entweder jetzt bereits zum Schlage auszuholen – unter Inkaufnahme einer ungleichen Verteilung der Kräfte im Einschließungsring und damit der größeren Wahrscheinlichkeit von Durchschlupflücken für den Gegner – oder den Angriffstermin zu verschieben, um so Zeit für eine gleichmäßigere Kräfteverteilung zu gewinnen, was wiederum die Gefahr eines zwischenzeitlichen Durchbruch des Gegners durch die noch schwache deutsche Front bot. Der General zögerte und bat seine Stabsoffiziere um Stellungnahme.

Einer der Stabsoffiziere, Hauptmann von Lettow-Vorbeck, der spätere Verteidiger von Deutsch-Ostafrika im Ersten Weltkrieg, hielt die Stellung der Truppen für sehr verzettelt und schlug eine Schwerpunktbildung bei Hamakari vor, dort sehe der Gegner seine neuralgische Stelle und habe deswegen an dieser Wasserstelle seine stärksten Kräfte gesammelt. Die dort stehenden deutschen Kräfte, d. h. die Hauptabteilung, seien zu schwach, um hier mit Erfolg angreifen zu können. Lettow-Vorbeck vertrat die Ansicht, man solle mit dem Angriff noch warten und die Abteilung Deimling näher heranziehen. Diese sollte einen Teil ihrer Kräfte an die Abteilung Müller (Hauptabteilung) abgeben. Müller sollte dann bei Hamakari den Hauptangriff durchführen, und gleichzeitig sollten die anderen Abteilungen angreifen. Wegen der Schwierigkeiten in der Fernmeldeverbindung zwischen den einzelnen Abteilungen und der dadurch bedingten Erschwerung einer koordinierten Leitung der Truppe sah Lettow-Vorbeck die Gefahr von Einzelvorstößen der Abteilungen voraus, »die dann an einer anderen Stelle eine Offensive einer überlegenen Streitmacht der Herero hervorrufen könnten«, eine Situation, wie sie dann tatsächlich später bei Hamakari eingetreten ist. Lettow-Vorbeck konnte jedoch im Stab seine Ansicht nicht durchsetzen; schließlich gab die Meinung des Chefs des Stabes, Oberstleutnant von Beaulieu, den Ausschlag für von Trothas Entscheidung: Beaulieu sprach sich für den gleichzeitigen Angriff »von Anfang an« aus, d. h. ein zeitgleiches Heranrücken von allen Seiten und keine gleichmäßige Kräfteverteilung vor dem entscheidenden Schlag.

Am 4. August gab General von Trotha in seinem Hauptquartier in Erindi-Ongoahere seine »Direktiven für den Angriff gegen die Hereros« bekannt, ohne jedoch bereits den Angriffstermin mitzuteilen, den er vom Zeitpunkt der vollständigen Versammlung der Abteilung Deimling bei Okateitei abhängig machen wollte.

Die wichtigsten dieser Direktiven, Nr. 1 bis Nr. 5, lauten wie folgt:

»H. Qu. Erindi-Ongoahere, den 4. August 1904

Direktiven für den Angriff gegen die Hereros.

1. Der Feind steht heute mit seinen vorgeschobenen Postierungen in der Linie Westrand des Sandsteinplateaus nordwestlich Omuweroumue – längs des Hamakari-Riviers von Omuweroumue bis Hamakari – Okambukonde und bei Station Waterberg; er hat sich im dichten Dornbusch verschanzt. Seine Hauptkräfte sollen bei Hamakari versammelt sein.

Es ist keineswegs ausgeschlossen, daß der Feind jeden Augenblick seine Aufstellung ändert oder Durchbruchsversuche macht; aufmerksamste, dauernde Beobachtung des Feindes durch alle am Feind befindlichen Abteilungen, regste Verbindung der Abteilungen untereinander und sofortige Meldung an mich vorkommendenfalls ist daher geboten.

2. Ich werde den Feind, sobald die Abteilung Deimling ohne 5. Kompanie versammelt ist, gleichzeitig mit allen Abteilungen angreifen, um ihn zu vernichten.

Den Tag des Angriffs selbst werde ich noch durch Funken oder Blitzen bestimmen.

3. Am Nachmittag des Tages vor dem Angriff haben alle Abteilungen bis auf einen kurzen Marsch an die feindliche Stellung heranzurücken, vorsichtig vortastend und ohne Beunruhigung des Feindes unter sorgsamster Sicherung gegen den Feind und unter fortgesetzter Erkundung seiner Stellung. Feuer anmachen ist untersagt.

Jede Abteilung sorgt für engste Verbindung mit der Nachbarabteilung und meldet ihre Aufstellung durch Blitz- oder Funkentelegraph oder Nachrichtenoffizier sofort an das Hauptquartier. Vgl. Nr. 16.

4. Am Tage des Angriffs marschieren sämtliche Abteilungen nachstehenden Angriffszielen entsprechend so vor, daß um 0600 Uhr morgens der Angriff beginnen kann, und zwar, wo angängig, zunächst mit der Artillerie.

5. Es greifen an:

Abteilung von Estorff: Station Waterberg unter starker Sicherung gegen Okambukonde. Sie hat danach zu streben, nach Inbesitznahme von Station Waterberg baldmöglichst in Richtung auf Okambukonde – Hamakari – je nach Umständen gegen Flanke und Rücken des Feindes vorzugehen. Station Waterberg muß besetzt bleiben.

Abteilung von der Heyde: Hamakari, nördlich des Streitwolfschen Weges bleibend.

Abteilung Müller: Hamakari, mit dem rechten Flügel den Anschluß an Abteilung von der Heyde suchend.

Abteilung Deimling: Omuweroumue im Streben, in das dortige Taldefilee einzudringen und, wenn die Umstände dies irgend gestatten, den Angriff auf Hamakari zu unterstützen.

Oberst Deimling verwendet *Abteilung von Fiedler* nach eigenem Ermessen zum Angriff auf den Westrand des Sandsteinplateaus und zur Verhinderung eines Ausbrechens der Hereros nach Nordwesten in enger Verbindung mit Abteilung Volkmann.

Abteilung Volkmann sperrt am Tage des Angriffs die Straßen von Waterberg und Omuveroume auf Omaongombe und Otjenga und verhindert ein Ausweichen der Hereros nach Norden…«

Die anschließenden Absätze (6.–16.) betreffen die Verhaltensweisen der einzelnen Abteilungen während des Gefechts, das Verbot der Verwendung eingeborener Soldaten in der vordersten Linie; unter Punkt 7. wird darauf hingewiesen, daß »an die Erbeutung von Vieh während des Gefechts nicht gedacht werden darf«, anschließend werden besondere Erkennungszeichen für die Abteilungen festgelegt, die Kontingentierung für Verpflegung und Munition bestimmt, die Verteilung der Feldlazarette auf die einzelnen Abteilungen geregelt, als Losungswort »Viktoria« festgelegt; zum Schluß weist von Trotha noch unter Punkt 16. darauf hin, daß er mit seinem Stab vorerst bei der Hauptabteilung verbleiben wolle und seinen Standort durch den Ballon der »Funkenabteilung« mit der Kommandoflagge besonders kenntlich machen werde.

Nach diesen Direktiven zu urteilen, hatte von Trotha als Schwerpunkt der Operationen die gegnerische Schlüsselstellung Hamakari gewählt, wo er nach Einnahme der Orte Waterberg und Omuveroume durch die Abteilung von Estorff bzw. Deimling vier seiner Abteilungen, das heißt nahezu sämtliche Kräfte, konzentrieren wollte. Das zunächst beabsichtigte direkte Heranziehen der stärksten Abteilung, der des Obersten Deimling, an Hamakari erwies sich wegen der Pad- und Wegelosigkeit des Geländes zwischen Okateitei und Hamakari als unmöglich; sie mußte daher den Umweg über Omuveroume, wo bereits die Abteilung Fiedler angesetzt war, nach Hamakari nehmen. Nach Osten hin sollte mit dem Ansatz der Abteilungen von der Heyde und von Estorff unter Besetzung der Station Waterberg »unter starker Sicherung gegen Okambukonde« eine Absperrlinie gebildet und der Feind im Rücken und in der Flanke gefaßt werden. Aus diesem Kräfteansatz kann geschlossen werden, daß von Trotha zunächst die Absicht gehabt hatte, den Gegner – durch Angriff gegen dessen rechte Flanke und dessen Rücken – vom Waterberg abzudrängen und auf Hamakari zuzutreiben, um ihn dort einzukreisen und zu vernichten, statt – wie es Oberst Leutwein beabsichtigte – den Waterberg als Sperriegel nach Norden zu benutzen, um so – kräftesparend – den Gegner im Halbkreis von Süden her zu umstellen, gegen das Massiv zu drücken und zur Kapitulation zu zwingen. Erst der Verlauf der Ereignisse veranlaßte von Trotha, von seiner Absicht abzuweichen und Leutweins Plan hastig wieder aufzugreifen.

Am 7. August war das 2. Feldregiment voll aufgeschlossen und einsatzbereit. Daraufhin befahl der General als Angriffstermin den 11. August, 0600 Uhr morgens. Die einzelnen Abteilungen nahmen dann bis zum Vortage ihre Ausgangsstellungen ein: Die Hauptabteilung in Ombuatjipiro, Abteilung von Estorff in Okomiparum, von der Heyde an einer Vley 15 km nordöstlich von Hamakari, Deimling in Okateitei, von Fiedler am Osondjacheberg und Volkmann bei Otjenga. Das Hauptquartier befand sich bei der Hauptabteilung in Ombuatjipiro.

Für die Abteilung Deimling war der Anmarschweg am längsten und am schwierigsten: Sie stand, wie bereits erwähnt, mit ihrer Masse bei Okateitei, ca. 20 km von der südlichsten gegnerischen Position, Omuveroume, entfernt. Für diese Abteilung mußte diese abgelegene Wasserstelle als Ausgangsbasis gewählt werden, da die Gegend nördlich hiervon bis zum Kleinen Waterberg sehr wasserarm war. Aus diesem Grunde mußte Oberst Deimling auch einen Großteil seines Trosses in Okateitei zurücklassen. Als später sehr folgenreich sollte sich der Umstand erweisen, daß die Wasserstelle Okateitei für ein Sattränken der vielen hier jetzt konzentrierten Tiere nicht ausreichte und daß es an geeigneten Tränkmitteln fehlte; die Treckochsen erhielten überhaupt kein Wasser. Franke notierte in seinem Tagebuch:

»Kein Truppenteil hat einen Trog zum Tränken, aus den Futterbeuteln (!) werden diese 1000 Tiere getränkt. Da kann man sich ein Bild von den verabreichten Portionen machen. Mit halbverdursteten Pferden muß die Abteilung in den Kampf ziehen!«

Wie von Hauptmann von Lettow-Vorbeck bereits bemängelt, war der Kräfteansatz dort, wo der Gegner seine Hauptmacht versammelt hatte, bei Hamakari, zu schwach. Hier standen die Abteilungen Müller und von der Heyde, von denen die letzte nicht einmal über Maschinengewehre verfügte. Auch Gouverneur Leutwein hatte diesen Schwachpunkt im Aufbau der Kräfte erkannt und von Trotha warnend darauf hingewiesen und einen Durchbruch der Herero an dieser Stelle vorausgesagt. Wie der Sohn des Gouverneurs schreibt, habe sein Vater dem General den Austausch der beiden Abteilungen von der Heyde und Deimling vorgeschlagen. Er sei jedoch bei von Trotha auf taube Ohren gestoßen. Wahrscheinlich konnte sich der General hierzu nicht durchringen, da dies eine erneute Herauszögerung des Entscheidungsschlages bedeutet hätte. Offenbar aber schätzte von Trotha auch die Möglichkeit eines Durchbruchs der Herero in Südost-Richtung, d. h. dorthin, wo die Abteilung von der Heyde stand, als sehr unwahrscheinlich, ja selbstmörderisch ein. Im Generalstabswerk heißt es hierzu:

»Für wenig wahrscheinlich wurde der Abzug der Hereros in südöstlicher Richtung gehalten, da eine derartige Bewegung sie in das Durstgebiet der Omaheke führen mußte. Auf dieser Seite brauchten deshalb nur schwächere Kräfte eingesetzt zu werden. Sollten die Hereros indessen doch versuchen, hier durchzubrechen, so mußte ein solcher Ausgang um so erwünschter sein, als der Feind dann freiwillig in sein Verderben rannte. Denn in dem wasserlosen Sandfeld mußte er verdursten.«

Aus diesen Einlassungen der Kriegshistorischen Abteilung des Großen Generalstabs kann gefolgert werden, daß von Trotha sich zwar die Abdrängung der Herero in das Sandfeld nicht als operatives Ziel gesetzt hatte, daß ihm aber im Grunde ein solcher Verlauf seines Unternehmens mit anschließendem Untergang des Gegners durch Verdursten in der Omaheke als Alternativergebnis genau so gut in das Konzept paßte. Sein Kriegsziel konnte er dann eben durch eine physische statt militärische Vernichtung des Gegners erreichen.

Um das von Lettow-Vorbeck befürchtete »Fehlen einer einheitlichen Leitung« auszuschließen, mußte das Hauptquartier jederzeit in direktem Fernmeldekontakt mit allen Abteilungen stehen, d. h. ohne zeitraubende Übermittlung der Meldungen über exponiert liegende Relaisposten. Dies setzte die Einrichtung eines Heliographenpostens in einer solchen Höhenlage voraus, daß keine Geländehindernisse die Übermittlung der Sprüche über große Strecken an die verschiedenen Abteilungen beeinträchtigen oder unmöglich machen konnten. Hierzu bot sich die Hochfläche des Waterberg auf geradezu ideale Weise an. Trotha gab deswegen an die Abteilung Volkmann in Otjenga den Auftrag, Leutnant Auer von Herrenkirchen mit einem Signaltrupp auf das Plateau des Großen Waterberg mit dem Auftrag zu entsenden, dort einen Signalposten einzurichten. Da von dort aus der Gegner hervorragend eingesehen werden konnte, sollte Auer außerdem laufend an das Hauptquartier die Bewegungen der Herero melden.

Folgen wir den Schilderungen Leutnant Auers über den Verlauf dieser Expedition:

»Um 4½ Uhr nachmittags am 9. August ritt ich an der Spitze von 15 Mann, nachdem Oberleutnant Volkmann, der Wichtigkeit des Auftrages entsprechend, eine kurze Ansprache gehalten hatte, nach dem Nordrand des Waterberges ab... Abends um 0900 Uhr war der nördliche Fuß des Berges erreicht, es wurde abgekocht und um 1000 Uhr begann der über alles Erwarten schwere und steile Aufstieg.« (Der Weg wurde jetzt ohne Tiere zurückgelegt.) »...Über scharfe Klippen und haltloses Geröll erklommen wir langsam und vorsichtig den Berg und zum Umfallen müde gewannen wir gegen ½1 Uhr nachts bei spärlichstem Mondschein das Hochplateau, das streckenweise mit dem üppigsten Laubwald bestanden war, ...« (Es folgte eine Ruhepause.) »...Dann suchte ich begleitet von sechs Leuten den Südrand des etwa 12 km breiten Plateaus zu gewinnen, während der Rest meiner Leute zur Besetzung des gewonnenen Höhe und als Wegweiser für den nachfolgenden Leutnant von Reibnitz zurückblieb. Von jetzt an war der Marsch nicht mehr so beschwerlich, da das Hochplateau nach 2 Stunden Marsch ziemlich eben war ... Je mehr wir uns unserem Ziel näherten, um so mehr Vorsicht war geboten. Denn es schien fast unbegreiflich, daß die Hereros die Höhen ganz unbesetzt, ohne jeden Posten gelassen hatten. Um 0600 Uhr vormittags etwa hatten wir den Südrand des Plateaus erreicht und besetzten eine der vorspringenden Klippen. Eine alte, steile Fußpad, die überall noch frische Spuren zeigte, führte ins Tal hinab. Auch sie war merkwürdigerweise vom Feinde frei. Nach einigem Suchen fand ich einen Platz, der für die Aufstellung des Apparats passend erschien. Die Aussicht vom Rande des Höhenzuges war außerordentlich gut, und wir entdeckten bald unten am Felsenhang zahlreiche Hererowerften, die hauptsächlich durch Weiber, Kinder und große Viehherden bevölkert waren.

Endlich nachmittags um 3½ Uhr traf Leutnant von Reibnitz mit dem Rest der Abteilung und der Lampe ein. Die letztere wurde sofort aufgestellt, nachdem ich nach Osten und Westen in einer Entfernung von je einem Kilometer Posten zu acht Gewehren aufgestellt und den Rand des Berges besetzt hatte. Die ganze Umgebung hatte ich, bis die Abteilung eingetroffen war, erkundet, fand aber alles vom Gegner frei, soweit es bei dem felsigen, unübersichtlichen Gelände mit den wenigen Leuten hatte festgestellt werden können. Um 6½ Uhr ungefähr war die Verbindung mit dem Hauptquartier, Otjosondu und Omutjatjewa tadellos in Betrieb. Kurz vorher hatte ich beim Gegner beobachtet, daß in der Richtung von Hamakari her zwei berittene Häuptlinge in das Hererolager kamen, die eine Besprechung mit ungefähr 15 Kriegern zu haben schienen. Gleich darauf sprengten nach allen Richtungen berittene Boten davon, die wohl den weiter vorgeschobenen Orlogleuten den Befehl brachten, sich nach Waterberg[6] heranzuziehen, denn bald kamen von Süden und Westen her immer größere Mengen Reiter, die sofort absattelten und ihre Tiere weiden ließen. Die Nacht verlief ruhig, aber es war eisig kalt, doch ließ uns die Aufregung und die Freude über unseren Erfolg, der für mich doppelt groß wurde, als von Exzellenz von Trotha folgendes Telegramm eintraf:

›Erfreut Ihnen gelungen Lampe auf Waterberg aufzustellen. Sehr wichtig morgen am Tage Bewegungen des Feindes zu beobachten und zu blitzen.

Trotha, 0736 nachm.‹

vollständig vergessen, daß wir zum Schutz gegen die Witterung kaum mit der dürftigsten Kleidung versehen waren. Außerdem war ja auch an Schlaf nicht zu denken, denn sobald die völlige Dunkelheit eingetreten war, löste ein Telegramm das andere ab. Von Stunde zu Stunde vermehrten sich unter uns die Biwakfeuer, ein Zeichen dafür, daß der Gegner sich mehr und mehr verstärkte.«

Offenbar ziemlich spät muß der Hereroführung die Einsicht gekommen sein, daß die Deutschen diesmal – im Gegensatz zu früheren Gefechten – nicht aus einer oder zwei Richtungen gegen sie vordrangen, sondern von allen Seiten, so daß es ein geordnetes Entrinnen vor einem vernichtenden Schlag der Deutschen nun nicht geben würde. Wie sonst sollte die Tatenlosigkeit erklärt werden, mit der die Aufständischen der Annäherung der deutschen Truppen zusahen? Jetzt war es zu spät; die Falle war zugeschnappt. Verzweifelt, beschwörend schrieb Samuel Maharero am 4. August in einem Brief[7] an einen seiner Waffenhändler, den Hererogroßmann Kasisi Kamupopo: »Sende jedes Gewehr und ohne Weigerung hierher!« Wie aus dem Bericht des Leutnants Auer hervorgeht, hat die Hereroführung erst kurz vor dem Gefecht, nämlich am Abend des 10. August, in einem Kriegsrat die Entscheidungen für die Abwehrvorbereitungen getroffen. Die endgültige Gewißheit aber, daß es diesmal um Leben oder Tod gehen würde, brachte Auers Heliograph oben am Rande des Waterberg-Plateaus: Fast unaufhörlich blitzte die Lampe in der Nacht zum 11. August ihre unheimlichen, Unheil verkündenden Signale über die Köpfe des tief im Busch sitzenden Volkes hinweg den von allen Seiten herannahenden deutschen Abteilungen entgegen.

6 Gemeint ist die von den Herero stark besetzte Polizeistation Waterberg.
7 Später von deutschen Soldaten in der Nähe von Hamakari aufgefunden.

16. Die Schlacht am Waterberg

Marsch der Hauptabteilung aus dem Bereitstellungsraum · Gefecht bei Hamakari · Kontaktversuche des Hauptquartiers mit den anderen Abteilungen · General von Trotha erläßt neue Direktiven · Die Stunden des Wartens bei der Hauptabteilung, der erneute Sturmangriff auf Hamakari · Abteilung von Estorff greift bei Otjosongombe an · Abteilung Deimling rückt zum Omuveroume-Paß vor · Deimling weicht von der Richtung Hamakari nach Waterberg ab · Das Gefecht an der Station Waterberg · Der Irrweg der Abteilung von der Heyde · Heyde im schweren Gefecht · Der Durchbruch der Herero · Die Bilanz der Schlacht

Der Tag der Entscheidung, der 11. August 1904, nahte heran. Am Abend vorher[1] oder im Laufe der Nacht – je nach Entfernung vom Gegner – brachen die deutschen Abteilungen von ihren Ausgangsstellungen auf. Lautlos und bei eisiger Kälte zogen sie dem Feind entgegen, der, wie Hauptmann Bayer schreibt, »in stumpfer Ergebenheit das drohende Unheil herankommen ließ«.

Wenden wir uns zuerst der Hauptabteilung unter Oberstleutnant Müller zu. Sie sollte von Südwesten her die gegnerische Schlüsselstellung Hamakari angreifen, während die Abteilung von der Heyde von Südosten her gegen die Wasserstelle vorgehen sollte. Die erstere umfaßte 20 Offiziere und 210 Mann und war mit acht Kanonen und sechs Maschinengewehren ausgerüstet. Sie brach am 11. August morgens um 0230 Uhr von ihrer Ausgangsbasis Ombuatjipiro aus auf, voran die von Leutnant Müller von Berneck geführte Aufklärungsgruppe der scharfäugigen Witbooi-Hottentotten als Pfadfinder, hinter ihr als Vorhut die 11. Feldkompanie unter Hauptmann Gansser, weiter rückwärts die Hauptgruppe mit der 9. und der 10. Feldkompanie sowie der 5. und der 6. Feldbatterie. Das Hauptquartier mit der Funkabteilung hatte sich der Hauptabteilung angeschlossen.

Der Mond ist bereits untergegangen, es herrscht völlige Dunkelheit. Langsam und mühsam tastet sich die Truppe in dem unergründlichen Busch vorwärts, die Soldaten zerreißen sich Hände und Bekleidung an den allgegenwärtigen Dornen, stolpern über Löcher im Boden. Da die Hauptabteilung mit der weiter nordöstlich stehenden Abteilung von der Heyde zusammenwirken soll, wird eine halbe Stunde nach Aufbruch der Abteilung eine Patrouille unter Leutnant von Arnim ausgesandt, um Verbindung mit Major von der Heyde aufzunehmen. Stunden vergehen ereignislos. Vom Rande des Großen Waterberg her blitzt es unaufhörlich in langen und kurzen Zeichen auf: Leutnant Auers Signalstation ist in voller Tätigkeit und meldet laufend Beobachtungen. – Allmählich weicht die Nacht, die ersten Streifen Sonnenlicht durchbrechen den hellgrauen Himmel. Fern im Osten, im Sandfeld, keimt das Morgenrot auf. In breiter Schützenlinie vorrückend, erreicht die Abteilung den dichten Busch am Ufer des Hamakari-Riviers. Sie biegt nach rechts ab und folgt dem Lauf des Trockenflusses in Richtung auf Hamakari.

1 Die Abteilung von der Heyde bereits am 9. August abends.

Die ersten vom Gegner geräumten Vorpostenstellungen werden überschritten, da gibt es ein Mißgeschick: Das Pferd des Abteilungsführers gerät mit den Hufen in ein Schakalloch und strauchelt; Oberstleutnant Müller wird aus dem Sattel geworfen, stürzt schwer und erleidet eine schwere Gehirnerschütterung. Daraufhin übernimmt Major von Mühlenfels das Kommando. Kurz darauf wird Kanonendonner aus östlicher Richtung, gleich danach auch aus nördlicher Richtung vernehmbar, der vermutlich von den anderen bereits in Gefechtsberührung gekommenen Abteilungen herüberschallt. Nun geht es an Hererowerften vorbei, die in aller Hast geräumt worden sind, wie an zurückgelassenen Hausratsgegenständen und noch glimmenden Herdfeuern zu erkennen ist. Unweit ist das Gebrüll zahlreicher Rinder zu hören; der Feind muß also in unmittelbarer Nähe stehen. In weit auseinandergezogenen Schützenlinien, den Pads beidseitig des Riviers folgend, nähert sich die Abteilung Hamakari. Dorthin hat sich der flüchtende Gegner abgesetzt, wie aus den Spuren geurteilt werden kann. Dort an der für ihn lebensnotwendigen Wasserstelle erwartet er die Abteilung. Im Osten, in der Omaheke, steigt in strahlender Pracht der Sonnenball empor, einen herrlichen, heißen Tag ankündigend. Im Westen beginnt sich der lange, graue Felsrücken des Großen Waterberg, bisher noch im Halbdunkel des anbrechenden Tages verborgen, abzuheben. Schon sind seine scharfen Zacken und Klippen zu erkennen. Die vorreitenden Witbooi rücken in einer alten Wagenspur mitten im Rivier vor. Auf der Südseite des Trockenflusses werden Rinderherden sichtbar; die Tiere stehen völlig ruhig da, einige Schwarze, offenbar die Hirten, verschwinden lautlos im Busch. Die Wasserstelle Hamakari muß jetzt direkt voraus sein.

Die Witbooi stoßen auf eine große, freie Fläche, auf der Vieh steht. Es ist 0845 Uhr. Leutnant Müller von Berneck betritt mit einigen Witbooi die Lichtung. Da knallt es vom jenseitigen Buschrand und gleich darauf dröhnt Salve auf Salve von drüben. Der Feind hat das Gefecht begonnen! Sofort greift die 11. Kompanie unter Hauptmann Gansser in das Gefecht ein. Major Mühlenfels setzt rechts von der 11. Kompanie die 10. Kompanie an. Der Feind selbst, gut versteckt im Dornbusch, ist nicht zu erkennen. Noch scheint er nicht sehr stark zu sein, und so beschließt Hauptmann Gansser einen Sturmangriff auf den jenseitigen Rand der Lichtung. Der Anlauf gelingt, der Gegner weicht, jedoch nur wenige Schritte. Dann setzt er sich erneut fest. Meter für Meter geht es in erbitterten Nahkämpfen vorwärts. Um jedes der zahlreichen Wasserlöcher wird hart gerungen. Die Herero wissen, was auf dem Spiel steht: Geht ihnen Hamakari mit seinen Wasserplätzen verloren, so würde die gesamte Wasserversorgung ihres Viehs in Frage gestellt werden. Von hinten führt nun der Gegner Verstärkungen heran, die sofort mit in die Kämpfe eingreifen. Inzwischen ist auch die 10. Feldkompanie in die Feuerlinie der Aufständischen geraten.

Vor der Front der 11. Kompanie ist der Feind übermächtig geworden; die Kompanie liegt festgenagelt im gegnerischen Feuer. Auch die nun herangeführten MGs können keine Luft schaffen. Hauptmann Gansser will die Entscheidung erzwingen und läßt die Seitengewehre zum Sturmangriff aufpflanzen. Im Feuerschutz der MGs springen die Reiter, die Offiziere voran, auf, im Kugelregen der Aufständischen laufen sie vor, dichter Hackiesdorn reißt die Uniformen auf, reißt Gesicht und Hände blutig. Die Reiter springen weiter vorwärts, die Büsche als Deckung benutzend, doch das heftige feindliche Feuer zwingt sie immer wieder nieder. 30 Schritt vor der feindlichen Stellung wirft sich die Kompanie hin und nimmt Deckung, so gut es geht. Auf nächste Entfernung beginnt jetzt der Schußwechsel; doch der Feind ist im Vorteil; er sitzt in sicherer Deckung. Ein Reiter nach dem anderen wird im Feuerhagel der Herero getroffen. Hauptmann Gansser fällt; Leutnant Streccius erhält einen schweren Schulterschuß.

Einen Augenblick läßt das gegnerische Feuer nach; es scheint, als ob der Gegner weichen will; die Soldaten, festgekrallt am Boden, vernehmen von drüben tadelnde Rufe und Schimpfen, dann das rhythmische Klatschen vieler Hände, das immer stärker anschwillt und von Kriegsgesang begleitet wird: die Hererofrauen feuern ihre Männer zur Fortsetzung des Kampfes auf. Und schon stürzen die Krieger mit lautem Geheul erneut nach vorn. Ein Augenzeuge, der Reiter Stranz, berichtet über diesen kritischen Augenblick:

»Sie kommen nicht in geschlossener Linie. Einzeln und in kleinen Gruppen springen sie von einer Deckung zur anderen, während von allen Seiten, vor allem von der linken Flanke und dem Rücken ein rasendes Schnellfeuer auf die Kompanie hereinbricht.

Leutnant Leplow fällt, durch beide Oberschenkel geschossen.

Von allen Seiten kommen die Kugeln. Überall schlagen sie um die Reiter ein. Die Erde spritzt, die Zweige knicken. Sowie einer den Kopf zum Anschlag hebt, pfeift es in allen Tonarten. Man weiß nicht, wie den Körper decken.

Die Schwarzen kommen von vorne und links immer näher. Mit großartigem Geschick arbeiten sie sich heran. Nur an den immer näher rückenden ganz feinen Rauchwölkchen, dem vor den Gewehrmündungen aufstiebenden Staub und Schmutz niedrig gefeuerter Schüsse und den höhnischen Rufen kann man es feststellen...

Über der heißen Erde lagert eine drückende Luft. Grauweiße Pulverschwaden unserer und des Feindes moderner Munition mischt sich darin zu einem eigenartigen Duft, den die einen lieben und der andere krank macht.

Der linke Flügel kann sich nicht mehr lange halten. Ab und zu feuernd kriechen die Leute zurück, um mit dem Flügel eine neue Front gegen den Angriff in der linken Flanke zu bilden.«

Mit Leutnant Leplow sind jetzt alle Offiziere der Kompanie außer Gefecht gesetzt. Die Kompanie ist im Kreuzfeuer der Herero und von diesen fast vollständig eingeschlossen. In schlimme Bedrängnis ist der linke Flügel geraten, wo zu allem Überdruß auch noch das dort eingesetzte Maschinengewehr durch Laufaufquellung ausfällt. In aller Hast versucht die Bedienung, mitten im Feuerhagel den Lauf zu wechseln. Die Aufständischen wollen diesen Moment der

Schwäche auf der deutschen Seite nutzen und drängen rasch heran. Überlassen wir dem Reiter Stranz erneut das Wort:

»Ein Hohngelächter und Freudengeheul klingt vom Feinde. Mit ›Hurrah‹ stürmen sie gegen das Kleingewehrfeuer und erschreckend schnell sind sie bis auf 60 m an das MG heran. In den nächsten Minuten ist der ganze Flügel überrannt…

Nur Sekunden sind es. Eine Ewigkeit scheint es zu sein.

50 m! Gleich haben sie das Gewehr. – ›Dütschmann, wir woll schnell helfen!‹ Ein baumlanger Kerl, allen anderen voran, schreit die Worte.

›Hurräh‹ Sie fassen den Kirri schon; nun kommt's! –

Da nehmen die drei Arbeitenden [Anm. Verf.: Die drei Bedienungsleute des MGs] plötzlich Deckung.

Ein Moment der Erwartung!

Rasselnd setzt das MG dann ein und auf 30 m hagelt ein niederschmetterndes Feuer gegen die Stürmenden… Die Schwarzen stocken im Lauf und nehmen Deckung.«

Die 11. Kompanie, nach Verlust der Offiziere zunächst von einem Sergeanten, nach dessen Ausfall von einem anderen Sergeanten und schließlich nach dessen Tod von einem Unteroffizier geführt, hat keine andere Wahl, als vor dem weit überlegenen Gegner langsam in ihre Ausgangsstellung zurückzugehen, wo die 10. Kompanie unter Hauptmann Wilhelmi bereits eine Auffanglinie gebildet hat. Hier macht die 11. Kompanie, mit dem rechten Flügel an die 10. Kompanie angelehnt, wieder Front gegen den Feind.

Es ist 0945 Uhr. Jetzt kann auch die Artillerie, die bisher in dem tiefen Busch keine rechten Ziele gefunden hat, mit in den Kampf eingreifen. Da beginnt der Gegner, aus einer Reihe von Pontoks zu schießen. Ein Zug der 10. Kompanie unter Leutnant Strödel dringt mit Feuerunterstützung der Artillerie gegen die die Pontoks umgebenden Kraale vor und versucht, diese zu nehmen. Doch der Feind erkennt die Gefahr und wirft Verstärkungen an diese Stelle. Er scheint hervorragend geführt zu werden. Leutnant Strödels Zug liegt bald im gegnerischen Feuer fest. Ein Zug Artillerie (zwei Geschütze) wird nun, nachdem er einen rechten Flankenangriff der Herero mit Erfolg abgewiesen hat, gegen die Werft vorgefahren. Auf 250 Schritt eröffnen die Geschütze das Feuer auf die Pontoks und die Kraale, die gleich darauf auseinanderbrechen und Feuer fangen. Leutnant Strödel nutzt den Augenblick und dringt mit seinen Leuten in die Werft ein. Diese wird genommen, der Gegner geworfen. Doch gleich hinter dem Dorf bilden die Aufständischen erneut eine Front, so daß kein Weiterkommen mehr möglich ist. Die ersten Wasserlöcher sind genommen, aber bis zu den letzten Wasserlöchern von Hamakari ist es noch fast ein Kilometer.

Es geht auf Mittag zu, das Feuer flaut ab. General von Trotha beginnt, sich Sorgen um den Verbleib der Abteilung von der Heyde zu machen, die von Südosten ebenfalls auf Hamakari vorgehen sollte. Sie hätte schon längst zur

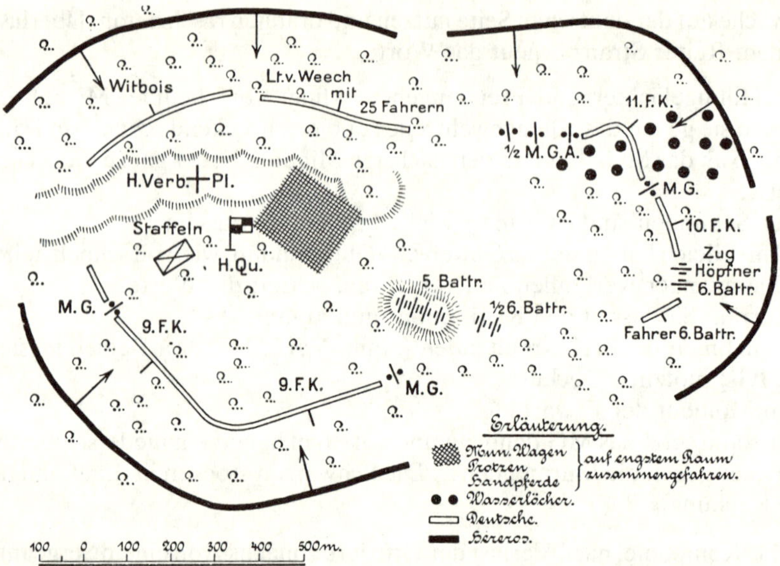

Karte 11: Das Gefecht bei Hamakari

Stelle sein müssen! Sollte die um 0300 Uhr früh zur Abteilung von der Heyde entsandte Patrouille des Leutnants von Arnim dort nicht eingetroffen sein[2]? Trotha entschließt sich, eine weitere Patrouille, geführt von Hauptmann Salzer und Leutnant von Stülpnagel, loszuschicken, um Kontakt mit der am Streitwolfschen Weg vermuteten Abteilung von der Heyde zu gewinnen. Die Patrouille wird jedoch unterwegs von starken Hererogruppen angefallen; nur wenigen Leuten, darunter Leutnant von Stülpnagel, gelingt es, sich wieder zur Hauptabteilung zurück durchzuschlagen, während Hauptmann Salzer nach einem Irrweg durch den Busch schließlich bis zum Lager der Abteilung von der Heyde gelangt, das diese jedoch bereits wieder verlassen hat[3]. Auch dieser Kontaktversuch mit der Abteilung von der Heyde ist also fehlgeschlagen.

Gegen 1200 Uhr trifft endlich eine Funkmeldung von Major von der Heyde ein: Er sei, auf dem Streitwolfschen Weg vorrückend, auf starke Feindgruppen gestoßen, die vor seinem Artilleriefeuer in Richtung Station Waterberg zurückwichen. In der Meinung, die Abteilung von der Heyde rücke nun, nachdem der Gegner ihr den Weg freigemacht habe, rasch auf Hamakari vor und müsse jeden Augenblick eintreffen, befiehlt der General der Hauptabteilung, das Gefecht nur hinhaltend zu führen und erst nach der Ankunft der Abteilung von der Heyde wieder offensiv zu werden. Doch kurz darauf bekommen die

2 Siehe Seite 232.
3 Siehe Seite 256.

optimistischen Erwartungen des Generals einen Dämpfer: Um 1230 Uhr geht erneut ein Funkspruch von Major von der Heyde ein, der die Vorgänge dort etwas klarer herausstellt: »Marschierte 0900 Uhr vormittags nach Hamakari ab. Durch sehr starken Kanonendonner wurde ich nach Norden abgelenkt, habe jetzt alte Marschrichtung. Ist mein Eingreifen dort erforderlich oder erwünscht?« Der General, konsterniert, vor allem über die seltsame Frage, wo doch die Operations-Direktive für die Abteilung von der Heyde ausdrücklich Hamakari als Marschziel nennt, reagiert höchst ungehalten und erteilt der Abteilung gegen 1245 Uhr den kategorischen Befehl: »Ungesäumtes Vorgehen auf Hamakari zum Anschluß an Müller.«

Gehorsam und prompt antwortet von der Heyde: »Rücke 0215 Uhr [Anm. Verf.: d. h. 1415 h] von Vley 15 km NÖ Hamakari ab.« Er fügt dem Funkspruch noch zu: »Lasse Funkwagen und Verpflegungswagen dort zurück, da Ochsen völlig erschöpft[4].«

Weil Major von der Heyde bei seinem Abmarsch von Omutjatjewa[5] auch seine Heliographen dort zurückgelassen hat, ist damit jeder Nachrichtenverkehr zwischen der Abteilung und dem Hauptquartier unterbrochen. So bleibt das Hauptquartier lange Zeit über die Lage bei dieser Abteilung im unklaren, was für diese fast katastrophale Folgen haben sollte. Gegen1210 Uhr meldet sich auch die Station Auer oben auf dem Waterberg; Von Omuveroume aus in Richtung Ost – also zur Station Waterberg hin – seien dichte Staubwolken zu beobachten, die offenbar von der Abteilung Deimling herrühren. Trotha, den diese Meldung überrascht, da die Abteilung Deimling laut Operations-Direktive nach Besetzung des Omuveroume-Passes ebenfalls nach Hamakari weiter vorgehen sollte, entsendet sofort eine Patrouille unter Leutnant von Watter, um diese Meldung an Ort und Stelle nachzuprüfen.

Kurz nach Eingang der Meldung Auers schweigt seine Station: Die Aufständischen haben anscheinend die Schlüsselrolle, die diese Nachrichtenstation für die Gefechtsführung der Deutschen spielt, erkannt und greifen sie jetzt mehrfach heftig an. Leutnant Auer aber kann alle Angriffe abwehren und meldet sich gegen 1430 Uhr erneut.

Unterdessen haben sich auch zwei der anderen Abteilungen über Funk gemeldet: Major von Estorff funkt an das Hauptquartier: »Otjosongombe 8 km östlich der Station Waterberg genommen, will 0400 Uhr [Anm. Verf.: d. h. 1600 Uhr] gegen Waterberg; Feind weicht in allgemeiner Richtung Südwest, Teil auch Südost zurück.« Oberst Deimling meldet die Bezwingung des Omuveroume-Passes durch seine Abteilung und seine Absicht, weiter zur Station Waterberg vorzustoßen. Damit bestätigt sich die Vermutung Auers, daß die beobachteten Staubwolken von dieser Abteilung herrührten.

Kurz bevor Auer seine Heliographensignale wieder vom Südrand des Großen Waterbergs an das Hauptquartier ausstrahlen kann, ist dieses selbst in eine

4 Siehe Seite 250.
5 Siehe Seite 248.

kritische Gefechtssituation geraten: Gegen 13 Uhr ist es den Herero gelungen, die Hauptabteilung – und damit auch das Hauptquartier – nahezu vollständig einzuschließen. *Der Gegner hat den Standort des Stabes an der Kommandoflagge und den Antennenballons erkannt* und versucht nun, aus Baumkronen heraus schießend, diesen in Bedrängnis zu bringen. Das gesamte verfügbare Stabspersonal, auch die Stabsoffiziere und der General, sogar Verwundete und Ärzte, greifen zum Gewehr, um den Feind abzuwehren, der mit wildem Schlachtruf Hauptquartier, Verbandplatz und Wagenpark angreift. Welle auf Welle brandet gegen die Abwehrfront an. Schließlich gibt der Gegner auf.

Inzwischen ist eine Änderung in der Gesamtlage eingetreten: Die im Laufe des Morgens von der Station Auer und den Abteilungen von Estorff und Deimling eingegangenen Heliographie- und Funksprüche deuten auf eine weitere Schwerpunktbildung beim Gegner hin: Die vor den Abteilungen von Estorff und Deimling zurückweichenden Herero fliehen – statt, wie erhofft, nach Hamakari – größtenteils in Richtung auf die Station Waterberg. Damit wird von Trothas Plan, die Aufständischen von allen Seiten auf die Wasserstelle Hamakari zu drücken, um sie dort einzuschließen und zu vernichten, in Frage gestellt. Da greift der General den alten Plan des Obersten Leutwein auf, alle gegnerischen Kräfte nach Norden gegen die Steilwand des Großen Waterberg zu drücken, um sie dort auf engstem Raum zusammenzudrängen und zu vernichten. Hierzu müssen zwei Voraussetzungen erfüllt sein: Erstens müßten auch die noch bei Hamakari stehenden gegnerischen Kräftegruppen zum Großen Waterberg hin abgedrängt und die Wasserstelle erobert werden. Nach dem Stand des Gefechts bei Hamakari ist damit jedoch am 11. August nicht mehr zu rechnen. Zweitens muß unbedingt verhindert werden, daß die auf die Station Waterberg zurückflutenden Feindmassen in ihrer Bewegung gestört oder gar aus dieser Fluchtrichtung abgedrängt werden. Major von Estorff und Deimling dürfen also auf keinen Fall weiter vorstoßen.

General von Trotha ändert deswegen die Einsatzdirektiven und gibt gegen 1400 Uhr über Funk bzw. Heliographen folgende Weisungen an die Abteilungen von Estorff und Deimling: »Abteilung Mühlenfels verbleibt heute an der Wasserstelle Hamakari, wohin Abteilung Heyde gleichfalls herangezogen wird. Dortseits beabsichtigter Angriff auf Waterberg heute nicht mehr vornehmen. Für morgen gemeinsames Vorgehen aller Abteilungen auf Waterberg beabsichtigt. Befehl hierüber folgt. Hauptquartier verbleibt heute Hamakari.«

Indes sollten die Dinge einen ganz anderen Verlauf nehmen, als der General erwartet hat: Zwar stellt von Estorff nach Erhalt der neuen Weisung sofort seinen weiteren Vormarsch in Richtung Station Waterberg ein, Deimling jedoch rückt weiter vor, da die neue Weisung ihn erst gegen 1700 Uhr erreicht[6], also zu einem Zeitpunkt, als er bereits die Station Waterberg erobert hat. Ursache

6 Siehe Seite 247.

dieser Übermittlungspanne ist zum einen die völlige Überlastung der Signalstation Auer, die mit nur einer verfügbaren Signallampe die eigenen Beobachtungen an das Hauptquartier blitzen und dessen Heliogramme entgegennehmen muß und sie an die verschiedenen Abteilungen weitergeben soll, sich dabei aber auch noch der eigenen Haut gegenüber Angriffen der Herero erwehren muß. Zum anderen ist die Weitergabe der Meldungen aus dem Hauptquartier an die Abteilungen durch diese zum Teil selbst unmöglich gemacht worden: Die Abteilung von der Heyde hat ihr Signalgerät, wie schon erwähnt, in Omutjatjewa zurückgelassen, während die Abteilung Deimling ihr Gerät überhaupt nicht aufgebaut hat. Daß die Weisung des Generals, wenn auch mit Verspätung, doch noch Deimling erreicht, liegt daran, daß kurzzeitig direkter persönlicher Kontakt zwischen der Abteilung und der Signalstation besteht[7]. Auch gestaltet sich der Funkverkehr selbst sehr schleppend; es treten immer wieder Unterbrechungen auf, da die Antennenballons mehrfach von den Herero abgeschossen werden oder durch Blitzschlag in Brand geraten. Auch ersatzweise mitgeführte »Antennendrachen« versagen, da sie zum Start einen langen Anlauf benötigen, der aber in dem dichten Busch nicht möglich ist.

Die Stunden rinnen dahin, und immer noch wartet man im Hauptquartier bei Hamakari auf Nachrichten von den Abteilungen Deimling und von der Heyde. Die Abteilung Mühlenfels ist am Ende ihrer Kräfte. Festgenagelt direkt vor den Wasserlöchern von Hamakari liegend, werden die Soldaten von einem immer stärker werdenden Durst gequält. Unteroffizier Peter Moor alias Michaelsen erlebt diese qualvollen Stunden mit; er schreibt:

»... Dann lief ich wieder nach vorne in die Schützenlinie an meinen Platz. Nun, da ich wieder lag, fühlte ich, wie sehr ich ausgedörrt war. Ein Bitten und Klagen und Quälen um Wasser ging durch die Reihe. Von hinten her klang das heisere Brüllen der verdurstenden Tiere. Ich glaube, es war um diese Zeit, nachmitags vier Uhr, kein Tropfen Wasser mehr im ganzen Lager, außer für die Verwundeten.«

Gegen 1500 Uhr kehrt die Patrouille des Leutnants Watter[8] mit der Meldung zurück, daß die Abteilung Deimling tatsächlich im Vormarsch auf Waterberg statt auf Hamakari sei. Wie zur Bestätigung der Angaben Watters meldet sich bald darauf auch Auer wieder: Abteilung Deimling befände sich bereits bei der Station Waterberg. Damit hat Deimling genau das getan, was von Trotha unter allen Umständen verhindert wissen will: dem Gegner in seine Massierung am Großen Waterberg hineinzustoßen. Droht auch der neuerliche Plan des Generals zu scheitern? Bis zuletzt hat von Trotha gehofft, daß Deimling zur Unterstützung der Hauptabteilung noch rechtzeitig am 11. nach Hamakari abdrehen würde. Da hiermit aber heute nicht mehr zu rechnen ist und er auch auf die Ankunft der Abteilung von der Heyde nicht länger warten kann, gibt der Ge-

7 Siehe Seite 247.
8 Siehe Seite 237.

neral schließlich gegen Abend Major Mühlenfels den Befehl, zum Sturm auf Hamakari anzusetzen:

Der Major trifft sofort seine Angriffsdispositionen: Er befiehlt der Artillerie, bis dicht hinter die Schützenlinie vorzufahren. Dann läßt er 15 Minuten lang mit allen Waffen – Geschützen, MGs und Gewehren – auf die gegnerischen Stellungen ein rasendes Schnellfeuer eröffnen. Bis zur Station Auer hin erschallt der Gefechtslärm. Dann wird der Angriff mit der 10. und der 11. Feldkompanie vorgetragen. Peter Moor fährt fort:

»Mit wildem Schreien, mit verzerrten Gesichtern, mit trockenen, brennenden Augen sprangen wir auf und stürmten vorwärts. Die Feinde sprangen, schossen und stoben mit lautem Schreien zurück. Wir liefen ohne Unterbrechung schreiend, fluchend, schießend bis zu der ziemlich großen Lichtung, auf der die heißbegehrten Wasserlöcher lagen, und gleich darüber weg, bis an ihren jenseitigen Rand, wo der Busch wieder anfing.«

Der rechte Flügel der Herero ist gewichen. Die Geschütze werden sofort im Mannschaftstransport weiter vorgeführt. Nur auf der linken Flanke will der Gegner nicht weichen. Mühlenfels dirigiert die gesamte Artillerie und die MGs dorthin. Im energischen Anlauf gelingt es schließlich, auch die Wasserstellen dort zu nehmen. Es ist sieben Uhr abends, als endlich sämtliche Wasserlöcher in deutscher Hand sind. Doch damit ist das Gefecht von Hamakari noch nicht zu Ende. Der Gegner sammelt sich im Busch und geht zum Gegenstoß über. Er weiß, was mit dem Verlust der Wasserstelle für ihn auf dem Spiel steht. Es erfolgt ein wütender Anfall gegen die deutsche linke Flanke, so daß jeder verfügbare Mann, auch das Stabspersonal, zur Waffe greifen muß. Die hier postierte 5. Batterie gerät sogar in Gefahr, ihre Geschütze zu verlieren. Im direkten Beschuß wird in die anstürmenden Reihen der Schwarzen gefeuert, so daß schließlich die Gefahr abgewendet werden kann. Als sich hier ihre Angriffswellen gebrochen haben, unternehmen die Herero einen letzten Versuch: Sie greifen die Treckwagenabteilung und das Lazarett in der Hoffnung an, dort einen Schwachpunkt in der deutschen Abwehr zu finden: »Bald hier, bald da brechen sie in wilden Haufen mit lautem Schreien durch den dichten Busch heran.« Doch die hier sichernde 9. Kompanie weist alle Angriffe der Herero ab. Nach Einbruch der Dunkelheit erfolgt noch ein letzter verzweifelter Sturmangriff auf die Wasserstelle. Doch trotz rücksichtsloser Kühnheit gelingt es den Aufständischen nicht, die Wasserlöcher zurückzuerobern.

Nun läßt das gegnerische Feuer nach, und Mensch und Tier haben endlich etwas Zeit, den ärgsten Durst zu löschen. Unteroffizier Michaelsen alias Peter Moor schreibt:

»Und nun kletterten sie hinter uns mit Feldkesseln in die zehn Meter tiefen Wasserlöcher und füllten die Eimer, die an zusammengebundenen Zügeln herabgelassen wurden, und fingen an, Mensch und Tiere zu tränken. Wenn je zehn Tiere ein wenig bekommen hatten, war das Wasserloch leer. Es waren wohl zehn oder zwölf Löcher an dieser Stelle.

Die Sonne ging unter. Einige von uns schlichen hoch und hieben mit ihren Seitengewehren Buschwerk ab und machten einen Kraal vor uns. Die Artilleristen stellten hinter uns die Maschinengewehre und Geschütze auf und knieten daneben. Abgesandte Kameraden krochen von Mann zu Mann und gaben uns ein wenig Wasser. Hinter uns im Lager tränkten sie im Dunklen die unruhig drängenden Haufen der Tiere; an den Lazarettwagen gingen die Pfleger mit Laternen in der Hand und beugten sich über jeden. Dazwischen feuerten die Feinde noch immer. Rund ums Lager blitzte es auf im dunklen Busch.

Erst gegen Mitternacht wurde es stiller. Wir reichten uns von Hand zu Hand ein wenig Zwieback. Dann kam die völlige Dunkelheit und das Schießen hörte auf. Was hatte der Feind vor? Hier lagen wir, vierhundert Mann, in dunkler Nacht, übermüdet, halb verdurstet, und vor uns und um uns ein wildes, rasendes Volk von sechzigtausend.«

Die Abteilung igelte sich ein und verblieb die Nacht über, total erschöpft, Gewehr im Arm, an der eroberten Wasserstelle. Ihre Gefechtsverluste waren beträchtlich: zwölf Gefallene und 33 Verwundete; auch der Gegner hatte schwere Verluste zu beklagen: allein 42 Tote hatte er – gegen seine Gewohnheit – auf dem Gefechtsfeld zurückgelassen.

Nach mehrstündiger Unterbrechung gelangten wieder Informationen über die Ereignisse bei den anderen Abteilungen zum Hauptquartier: Die erste gegen 1700 Uhr beim Stab eintreffende Meldung gab Aufschluß über das Schicksal der Abteilung von der Heyde. Der Gefreite Döhler von der 10. Feldkompanie berichtet:

»Um 0500 Uhr schickte mich der Hauptmann mit einer Meldung zur Führung. Trotha fand ich im ernsthaften Gespräch mit seinem Stab, selber einen Karabiner in der Hand haltend. Ehe ich meine Meldung machen konnte, kam blutüberströmt, splitterfasernackt ein weißer Mann aus dem Busch auf den Stab zugerannt, vollkommen verstört, dauernd um und hinter sich blickend und unzusammenhängende Worte ausstoßend. Dieser Mann war der einzige Überlebende der Patrouille Graf Arnim, den die Herero glaubten, totgeschlagen zu haben, der aber wieder zur Besinnung gekommen und dem Kanonendonner zugelaufen war, um die Meldung von der völligen Vernichtung der Patrouille zu bringen[9]. Ich hörte, wie von Trotha einem seiner Offiziere sagte: ›Geben Sie dem Mann doch einen Mantel!‹ Der Mann beruhigte sich langsam wieder und konnte dann melden, daß die Abteilung von der Heyde in einzelnen Gruppen im dichten Busch umzingelt war und sich verzweifelt ihrer Haut wehrte. Hilfe konnte Trotha nicht schicken, denn wir waren selber in kaum besserer Lage. Wenn doch nur das 2. Regiment da gewesen wäre!«

Wesentlich günstigere Nachrichten trafen von der Abteilung von Estorff (Ostabteilung) ein: Diese hatte gegen 17 Uhr ihre Heliographenapparate end-

9 Die Angabe stimmt nicht: der Patrouille gelang es, sich zur Abteilung von der Heyde durchzuschlagen. Vergleiche Seite 249.

lich aufstellen, über den Signalposten Auer Verbindung mit dem Hauptquartier aufnehmen und einen ausführlichen Lagebericht übermitteln können, aus dem der General ersehen konnte, daß Major von Estorff den ihm erteilten Auftrag präzis ausgeführt hatte. Wir wollen jetzt im einzelnen auf die Ereignisse der letzten 24 Stunden bei dieser Abteilung eingehen:

Die 26 Offiziere, 247 Mann, vier Kanonen und vier MGs umfassende Abteilung, gegliedert in die 1., 2. und 4. Feldkompanie und das Baster-Aufklärungsdetachement unter Oberleutnant Böttlin sowie die MG-Abteilung Graf Saurma, war am 11. August um 0500 Uhr morgens von ihrer spät am Vorabend erreichten Ausgangsstellung Ounjoka aufgebrochen; sie rückte auf der am Südhang des Großen Waterberg entlangführenden Straße in Richtung auf die Station Waterberg vor. Vorausgeschickt worden war am Vorabend eine Patrouille unter Leutnant Runkel auf die ca. 6 km östlich der Station Waterberg gelegenen Wasserstelle Otjosongombe. Diese hatte beobachtet, daß der Gegner dort offenbar in Erwartung der Abteilung seine Kräfte verstärkte, wie aus der zunehmenden Zahl der Lagerfeuer nahe der Wasserstelle geschlossen werden konnte.

Die Abteilung rückt auf Otjosongombe vor; die 1. Feldkompanie unter Hauptmann Graf Solms bildet die Vorhut, ganz an der Spitze reitet Leutnant Runkel mit mehreren Leuten zur Wegerkundung. Gegen 0630 Uhr stößt Runkel auf die ersten Herero, die sofort im Busch verschwinden. Viehgebrüll kündigt die Nähe des Kraals und der Werft Otjosongombe an. Die 1. Feldkompanie sitzt sofort ab und schwärmt gegen die stark besetzte Werft zum Gefecht aus; sie erhält gleich darauf heftiges Feuer durch den im Buschgewirr nicht zu erkennenden Feind, besonders an ihrer linken Flanke. Die 4. Feldkompanie unter Hauptmann Epp, zunächst noch zurückgehalten, wird sofort zur linken Flanke der 1. Kompanie vorgezogen und erhält – noch aufgesessen – ebenfalls Feuer von den Aufständischen. Die Kompanie sitzt sofort ab, wirft mit zwei Zügen den Gegner im tiefen Busch und rückt dann langsam vor.

Zur Erhöhung der Feuerkraft wird links die MG-Abteilung des Oberleutnants Graf Saurma in die Gefechtslinie eingeschoben, während rechts von der 1. Kompanie die 2. Kompanie angesetzt wird. Kaum haben die Einheiten ihre befohlenen Positionen eingenommen, als der Gegner – gegen 0800 Uhr – in starken Massen zum Gegenangriff auf dem linken deutschen Flügel übergeht. Er stößt hier jedoch unerwartet auf die starke Feuerkraft der MGs, an der sein Angriff zerschellt. Sofort gehen die 1. und 4. Feldkompanie im Gegenstoß in Richtung Otjosongombe-Bach vor, der vom Waterberg aus in Nord-Süd-Richtung verläuft und wie ein Querriegel wirkt. Hier verschanzt sich der Gegner in dem schützengrabenartigen, tief eingeschnittenen Trockenbett des Baches und leistet den weiter vordringenden beiden Kompanien zähen Widerstand. Leutnant Seebeck von der 4. Kompanie fällt. Der Kampf wogt hin und her. Immer wieder gehen die Herero zum Gegenangriff über, fortwährend durch Rufen und Schreien ihrer Führer und Frauen angefeuert. Eine kritische

Lage entsteht, als der Gegner eine Umgehung des linken Flügels der 4. Kompanie versucht. Ein weiterer MG-Trupp unter Leutnant Fürnrohr muß eingeschoben werden. Mit seiner Feuerkraft und einem im Galopp vorgetragenen Angriff der 2. Kompanie gelingt es, die Herero auf dem linken Flügel zurückzuschlagen. Gegen 0900 Uhr sind die Deutschen bis an den Otjosongombe-Bach herangekommen, da versuchen die Aufständischen um 0930 Uhr einen Angriff auf dem durch den Flankenangriff der 2. Kompanie entblößten rechten Flügel, werden aber hier von der inzwischen aufgefahrenen Feldbatterie und der rasch wieder in ihre ursprüngliche Stellung zurückgeeilten 2. Kompanie geworfen. Gegen 1130 Uhr wird das Rivier an einer Stelle von der 2. Kompanie überschritten, nachdem die jenseits des Baches gelegenen, dicht von Herero besetzten felsenreichen Höhenzüge gründlich unter Feuer genommen und vom Gegner schließlich geräumt worden sind.

Diese Höhenzüge werden nun von der Kompanie besetzt und der noch am Otjosongombe-Bach sitzende Gegner von dort aus – also von hinten – mit zwei MGs unter Feuer genommen. Von vorn und von hinten beschossen, weichen die Herero und gehen schließlich – gegen 1330 Uhr – in regellose Flucht über. Ihre Fluchtrichtung ist die Station Waterberg. Damit ist der dem Major von Estorff erteilte Befehl, den Gegner auf Waterberg zurückzudrängen, erfüllt. Die angesetzte Verfolgung des Feindes wird gegen 1500 Uhr eingestellt, als von Estorff vom Hauptquartier den Funkspruch erhält, heute nicht weiter vorzurücken. Die deutschen Verluste hier waren erstaunlich gering: ein Offizier gefallen, fünf Soldaten verwundet. Die Herero – sie standen unter der Führung der Häuptlinge Kamande, Salatiel und David (Waterberg-Stamm) – hatten 20 Tote auf dem Gefechtsfeld zurückgelassen.

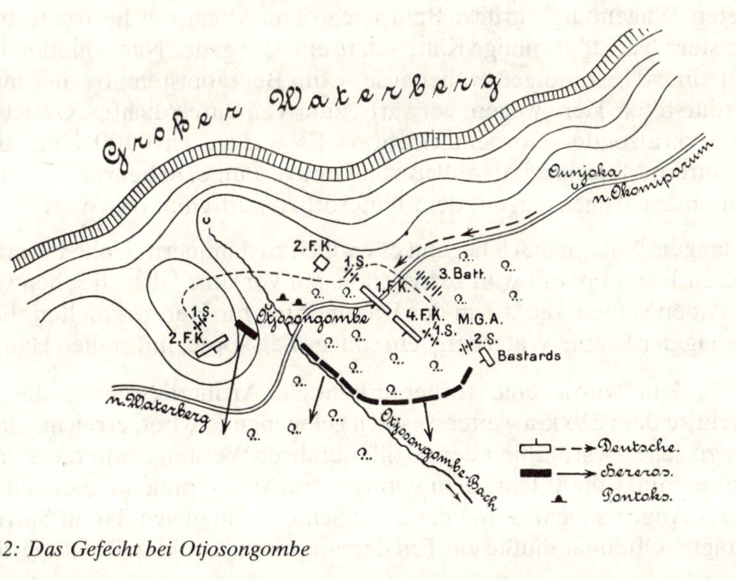

Karte 12: Das Gefecht bei Otjosongombe

Der Gesamtverlauf des Kampfes am Waterberg wurde entscheidend durch die Bewegungen der stärksten deutschen Abteilung, der Abteilung Deimling, beeinflußt. Wenden wir uns deswegen nun dieser zu.

Die unter Führung des Obersten Deimling stehende Abteilung, 20 Offiziere und 478 Mann stark, gegliedert in vier Kompanien und eine Batterie, hatte sich, wie bereits berichtet, in ihrer befohlenen Ausgangsstellung in Okateitei, ca. 25 km südwestlich des Sandsteinplateaus, vollständig versammelt. Erstes Angriffsziel war der Paß von Omuveroume. Er sollte im Zusammenwirken mit der dem Obersten Deimling ebenfalls unterstellten, von Westen her vorstoßenden Abteilung Fiedler genommen werden, die längs des Südrands des Sandsteinplateaus vordringen sollte. Die zur Abteilung Fiedler gehörende 8. Kompanie des Hauptmanns Welck sollte gleichzeitig im Zusammenwirken mit der von Otjenga kommenden Abteilung Volkmann in einer mehr nördlichen Richtung zum Nordrand des Sandsteinplateaus vorstoßen, um einen eventuellen Ausbruch der Herero durch den Omuveroume-Paß hindurch nach Nordwesten zu vereiteln. Die Absicherung des Durchgangs zwischen dem Großen Waterberg und dem Sandsteinplateau sollte die zur Abteilung Volkmann gehörende Kompanie des Oberleutnants Zülow übernehmen. Nach Eroberung des Passes sollte Deimling, wie in den Direktiven vorgesehen, auf Hamakari zur Unterstützung der Hauptabteilung vorrücken, hatte jedoch durch den Zusatz »wenn die Umstände dies irgend gestatten« einen Ermessensspielraum erhalten.

Es war am 10. August gegen 1800 Uhr; »die Sonne sank blutigrot im Westen und warf einen langen Schatten über Busch und Steppe, als die Abteilung Deimling in langen Reihen den Vormarsch antrat«. Der größte Teil der Wagenkolonne blieb wegen des chronischen Wassermangels in einer in Okateitei gebildeten Wagenburg zurück. Bald nach dem Abmarsch herrschte bereits stockfinstere Nacht; grimmige Kälte setzte ein. Die ganze Nacht hindurch ging es – mit einer 1½stündigen Ruhepause – »im Begräbnistempo«, der müden, halbverdursteten Tiere wegen, vorwärts, zum Teil durch dichtes, Gesicht und Hände zerkratzendes Dornendickicht. – Es war gegen 0400 Uhr, als die Truppe ihrem Marschziel, dem Paß von Omuveroume, nahe war. Überlassen wir nun einem Augenzeugen, dem Unteroffizier Jitschin, das Wort:

»Nach langem Nachtmarsch begann es endlich zu dämmern. Hohe Felswände, am oberen Rand überall wild zerrissen, lagen vor uns. Überall sahen wir im Geröll Aloen stehen, die wir in der Dämmerung für Hereros hielten. Rechts von uns lag der Kleine Waterberg, ein spitzes Felskopje, mit steilen Hängen.«

Um 0520 Uhr wurde eine vorher erkundete Artilleriestellung, die freies Schußfeld zu dem 2½ km weiter westlich gelegenen Paß bot, erreicht. Da kein Gegner zu sehen war, erhielt der Artillerieführer Weisung, »auf die Sonne zu schießen«. Punkt 0600 Uhr, dem von General von Trotha angesetzten Zeitpunkt des Angriffsbeginns, fiel der erste Schuß, dem gleich darauf Salve und Salve folgte. Offenbar mußte ein Teil der aufs Geradewohl in Richtung auf die vermutete Lage der Werften am Paß abgefeuerten Granaten sein Ziel gefunden haben; denn gleich darauf ertönte lautes Geschrei aus der Richtung des Passes, danach zeigten sich auch Staubwolken östlich des Passes, ein Zeichen, daß der Gegner mit dem Abtrecken seines Viehs begonnen hatte. Er hatte offenbar erkannt, daß er dieser starken Abteilung nicht gewachsen war und räumte daher den Paß; nur seine Nachhuten ließ er zurück, die dann hinhaltenden Widerstand leisten sollten, um den Abzug der Werften zu sichern. Nach einem halbstündigem Wirkungsfeuer, das eine weitere Vergrößerung der Staubwolken bei und hinter Omuveroume hervorrief, gab Oberst Deimling den Befehl zum allgemeinen Angriff auf den Paß.

Unteroffizier Jitschin berichtet über den Gefechtsverlauf:

»Ich ging mit dem 1. Zug vor. Nachdem wir etwa 300 Meter in den Busch eingedrungen waren, erhielten wir auf etwa fünfzig Schritt zum ersten Mal Feuer. Alle Kaliber waren anscheinend vertreten, auch sogenannte Paviansbüchsen. Es waren Vorderlader und wurden mit zerschlagenen Kochtopfteilen, Steinen usw. geladen. Diese Geschoßmassen wirkten moralisch viel schlimmer als jedes andere Geschoß.

Wir konnten nur langsam vorgehen, damit wir die Verbindung nicht verloren. Diese aufrechtzuerhalten, war in dem dichten Busch beinahe unmöglich, und doch hing fast alles davon ab. Oft sah man seinen Nachbar nicht, der kaum drei Schritt entfernt war. Mit dem starken Pionierseitengewehr mußten wir uns stellenweise den Weg schrittweise vorwärtsbahnen. Dazu kam, daß der Feind andauernd schoß, selbst aber nicht sichtbar war. Von unserer Seite fielen deshalb wenig Schüsse. Wir schossen nur, wenn wir ein sicheres Ziel hatten.

Der Gegner war schwach und wich. Ganz offenbar waren es nur Vorposten oder Nachhuten.

Bald stießen wir auf große Werften, die augenscheinlich in wilder Flucht verlassen worden waren. An den Bäumen hing noch frischgeschlachtetes Vieh. Hausgerät, Sattelzeuge und aller möglicher Kram lag wild durcheinander. Da und dort saßen teilnahmslos alte Männer und Frauen in den Pontoks. Sie konnten nicht mehr mit und sahen mit Ruhe ihrem Schicksal entgegen.

Etwa eineinhalb Kilometer drangen wir so im Busch vorwärts, immerwährend beschossen, Verluste hatten wir nicht.

Da ertönte ›Das Ganze halt!‹ Wir hatten die Wasserstellen am Omuveroumepaß bereits hinter uns und blieben liegen, das Tränken der Pferde sichernd.

Die Wasserstellen waren tief und sandig und fast sämtlich zugetrampelt. Also mußten wir erst mit dem Spaten heran. Leider gelang es nur für einen kleinen Teil der Pferde, Wasser zu bekommen.«

Die Abteilung verblieb zunächst hier, um auf die Ankunft der von Osondjache aus in Richtung Ost heranmarschierenden Abteilung Fiedler zu warten. – Diese erreichte, ohne auf Widerstand zu stoßen, gegen 0845 Uhr genau westlich des Omuveroume-Passes eine geeignete Feuerstellung für die Geschütze. Punkt 0600 Uhr wurde östlich des Passes der Antennenballon des Hauptquartiers sichtbar, das verabredete Zeichen für den Angriffsbeginn. Daraufhin wurde das Feuer auf die Felsen an der Südspitze des Sandsteinplateaus eröffnet. Auf der Feindseite regte sich nichts. Die abgesessenen Reiter gingen nun langsam vor, die geladenen Geschütze mitführend. Die Abteilung stieß bis zum ausgetrockneten Flußbett des durch den Paß führenden Hamakari-Riviers vor. Erst hier wurde ihr heftiger Widerstand von der vor den beiden überlegenen deutschen Abteilungen zurückweichenden Nachhut des hier befehligenden Häuptlings Michael (Omaruru-Stamm) geleistet. Der Widerstand wurde rasch gebrochen, und gegen 0930 Uhr vereinigten sich die beiden Abteilungen.

Befehlsgemäß traten diese dann um 1000 Uhr gemeinsam den Vormarsch in Richtung Hamakari an, vor sich die Herero, die nach Osten hin auswichen. Gegen 2100 Uhr schien jedoch der Gegner seine Absetzrichtung geändert zu haben: Große Staubwolken wurden auf der linken Flanke der vorrückenden Truppe sichtbar, ein Zeichen, daß der Gegner nunmehr in Richtung Nordosten zur Station Waterberg hin sein Vieh abzutrecken begann. Deimling reagierte sofort und drehte in diese Richtung ab, um dem Gegner auf den Fersen zu bleiben. Der Oberst wollte dem Gegner, indem er ihn von Norden her mit seinen aus Leuten der 4. Feldkompanie gebildeten schnellen Reitern umfaßte, den Weg zur Station Waterberg abschneiden. Während die Masse der Abteilung Deimling von hinten nachdrückte, gelang es der schnellen Reitergruppe unter Führung des Hauptmanns Richard und des Oberleutnants Cramer, sich dem fliehenden Feind vorzulegen. Im laufenden Feuergefecht mit diesem erreichten schließlich Hauptmann Richard und seine Leute gegen 1400 Uhr den Bereich der Station Waterberg. Dort igelten sie sich in dem klippenreichen Gelände ein und gingen in Erwartung des nachfolgenden Teils der Abteilung zur Selbstverteidigung über. Hierbei fiel der Vizefeldwebel Zander.

Oben von der Signalstation Auer aus, am Rande des Waterbergplateaus, beobachteten die deutschen Heliographisten um diese Zeit etwa, wie Bewegung in die Massen der Herero im Bereich der Missionsstation kam. Ein Augenzeuge berichtet:

»Immer hastiger, unsteter liefen Frauen und Kinder durcheinander. Dann begann ein eiliges Zusammentragen aller möglichen Habseligkeiten, die schleunigst auf Karren und Ochsenwagen geladen wurden. Kaum fertig damit, wurde beim Abfahren unbarmherzig auf die schwerfälligen Tiere so lange eingehauen, bis sie sich in vollen Trab setzten. Andere Frauen, die ihr Eigentum bereits in Bündel zusammengerafft hatten, warfen schließlich alles wieder von sich und liefen mit ihren schreienden Kindern den Wagen nach.«

Gegen 1430 Uhr gelangte auch die 6. Feldkompanie der Abteilung Deimling zur Station Waterberg und griff mit in das Kampfgeschehen ein. Der Gegner wich an der Station zurück und besetzte die Klippen und die bereits früher angelegten Verschanzungen in der Höhe des Missionshauses von Waterberg. Gegen 1500 Uhr erreichte schließlich auch das Gros der Abteilung Deimling

Waterberg, nachdem es sich auf dem Marsch dorthin immer wieder gegen Feuerüberfälle aus dem Busch nach beiden Seiten hatte zur Wehr setzen müssen.

In den Klippen und Schanzen oberhalb der Missionsstation leisteten die Herero erbitterten Widerstand und gaben so der Masse des Volkes Gelegenheit zum Abtrecken mit dem gesamten Vieh. Deimling setzte um 1600 Uhr seine Artillerie ein, um den in den Klippen und Schanzen sitzenden Gegner zu vertreiben. Leutnant Auer, der das Kampfgeschehen oben von seinem Signalposten aus beobachtet hatte, griff mit seinem Signalpersonal in das Gefecht ein, kam dabei aber vom Regen in die Traufe, als er in das Kreuzfeuer der Abteilung Deimling geriet, die ihn für Gegner hielt. Auer mußte sich daraufhin wieder nach oben zur Signalstation zurückziehen. Kurz nach Eingreifen der Artillerie verließen die Herero ihre Stellungen bei Waterberg und schlossen sich der allgemeinen Fluchtbewegung ihres Volkes an.

Erst nach Abschluß des Kampfes hier – gegen 1700 Uhr – gelangte der Befehl General von Trothas an die Abteilung Deimling, nicht zur Station Waterberg vorzurücken[10], über Leutnant Auer, der sich zur Überbringung dieser Befehlsmeldung erneut nach unten zur Abteilung Deimling gewagt hatte, in die Hände des Obersten. Der Grund dieser viel zu späten Überbringung lag darin, daß Deimling während seines ungestümen Vormarsches – zuerst in Richtung Hamakari, dann in Richtung Station Waterberg – keine Zeit gehabt hatte, seine Heliographen aufzustellen. Leutnant Auer übergab dem Obersten noch ein weiteres, erst nach 1600 Uhr aufgegebenes Heliogramm des Generals, aus dem hervorging, daß Hamakari inzwischen von der Abteilung Mühlenfels erobert worden sei[11]. Aus dem Heliogramm schloß Deimling, daß die Anwesenheit seiner Abteilung in Hamakari nun nicht mehr so dringend sei. Da außerdem die Pferde und Treckochsen der Abteilung seit Tagen ohne rechtes Futter waren und Durst litten, beschloß der Oberst, die Nacht über bei Waterberg zu biwakieren und erst am nächsten Tag nach Hamakari vorzurücken. Deimling ahnte nicht, daß gerade jetzt seine Anwesenheit dort dringend geboten war: Im Laufe der Nacht und am nächsten Morgen sollte sich nämlich dort, unweit Hamakari, der Ausgang des Kampfes am Waterberg entscheiden.

Welche Richtung nun die vor der Abteilung Deimling zurückflutenden Hererohaufen eingeschlagen hatten, wurde der deutschen Führung bald klar: Die riesigen, von Tausenden Stück Großvieh aufgewirbelten, den Himmel verdunkelnden Staubwolken wiesen den Weg: Sie zeigten nach Südosten, das heißt genau dorthin, wo das schwächste Glied im Einschließungsring war, zur Abteilung von der Heyde!

Die Abteilung von der Heyde, die 22 Offiziere und 164 Mann mit sieben Geschützen, gegliedert in drei Kompanien (5., 6. und 7. Feldkompanie) und zwei

10 Siehe Seite 238.

11 Dieses Heliogramm griff den Ereignissen vor; tatsächlich war die Wasserstelle Hamakari erst gegen 1900 Uhr vollständig in deutscher Hand (vergleiche Seite 240.).

Batterien (2. und 4.), umfaßte, war die kleinste und schwächste im Einschließungsring, nicht nur von der Personalstärke her, sondern auch in ihrer Waffenausstattung: Sie besaß nicht einmal Maschinengewehre. Der Kampfauftrag für Major von der Heyde lautete, zunächst nördlich des Streitwolfschen Weges vorzurücken und dann von Südosten her vorzustoßen, um sich in einer gemeinsamen Zangenbewegung mit der von Süden her vorrückenden Hauptabteilung in den Besitz der Wasserstelle Hamakari zu setzen. Die Abteilung war am 9. August 1800 Uhr – unter Zurücklassung ihrer Heliographen – von ihrer Ausgangsbasis Omutjatjewa aufgebrochen und marschierte anfänglich mehrere Stunden lang dem direkt nach Hamakari führenden Streitwolfschen Weg entlang und bog dann nach Norden in den Busch ab. Major von der Heydes Angriffsplan sah vor, die etwa 4 km östlich der Wasserstelle Hamakari gelegene äußerste Werft des Gegners anzugreifen, um so diesem in seine rechte Flanke zu stoßen, während die gegnerische linke Flanke durch die Artillerie der Abteilung niedergehalten werden sollte.

Nach Verlassen des Streitwolfschen Weges mußte sich die Truppe bei völliger Dunkelheit durch den Hackiesdorndschungel quälen, der sich wie zwei graue Wände rechts und links der schmalen Sandpad dahinzog. Über den Soldaten wölbten sich die Kronen der Dornbüsche, die tunnelartig ineinander verschlungen waren. Die Uniformen hingen den Soldaten bald in Fetzen vom Körper, Hände und Beine waren von Dornen zerkratzt. Die Abteilung zog sich weit auseinander. Leutnant von Lekow, der das Angriffsziel der Abteilung erkundet hatte, führte die Spitze. Er sollte die Abteilung bis auf eine Marschstunde an das Angriffsobjekt, die Werft östlich von Hamakari, heranführen.

Der Vormarsch gestaltete sich fortwährend schwieriger, und bald mußte von der Heyde erkennen, daß er in diesem Tempo die Werft zum befohlenen Zeitpunkt des allgemeinen Angriffs, 0600 Uhr am 11. August, wohl nicht erreichen würde. Am Abend des 20., sechs Stunden später als im Marschplan vorgesehen, gelangte die Kolonne schließlich zu einer Vley. Hier wurde eine Pause eingelegt.

Um 2200 Uhr (10. August) wurde der Vormarsch fortgesetzt. In mondloser Nacht ging es quer durch den Busch in einem langsamen, zermürbenden Tempo. Es gab keinerlei Orientierungsmöglichkeiten in diesem undurchdringlichen Dornbuschgewirr; nur in der Ferne in Richtung des Großen Waterberg war der Himmel vom Widerschein der zahllosen Lagerfeuer der Herero heller. Um 0100 Uhr morgens mußte von Lekow erkennen, daß er die Abteilung in die Irre geführt hatte: Sie war zu weit nach Nordosten, also von Hamakari fort, abgekommen. Nach seinen Schätzungen war man noch drei Marschstunden vom Angriffsziel entfernt. Die Vormarschrichtung wurde auf Südwest geändert. Nach kurzer Pause ging es um 0300 Uhr morgens weiter.

Die erste Feindberührung erfolgte gegen 0600 Uhr morgens, als die Abteilung auf Hereroposten stieß, die die vor der Hauptabteilung (Abteilung Mühlenfels) zurückweichenden Hererohaufen sichern sollten und, in Kraalen versteckt, von der Heydes Vorhuten unter Feuer nahmen. Um diese Zeit stellte von der Heyde auch Rückzugsbewegungen weiter nach Westen, zur Station Waterberg hin, fest, wo mächtige Staubwolken aufstiegen. Auf die Sicherungsposten und auf diese Rückzugsbewegungen eröffnete die Artillerie kurz das Feuer. Die Posten verschwanden im Busch und gleich darauf wurde weitermarschiert. Bald danach traf die von der Hauptabteilung abgesandte Patrouille des Oberleutnants von Arnim bei der Abteilung ein[12]; sie schloß sich der Vorhut unter Leutnant von Lekow an.

Leutnant von Lekow wurde erneut unruhig: Man war immer noch nicht auf die als Angriffsziel gewählte Werft östlich von Hamakari gestoßen. Bald darauf mußte er sich eingestehen, daß die Marschrichtung auf die Werft auch jetzt noch nicht stimmte und die Abteilung nun viel zu weit nach Westen, bis nahe Okakarara, abgekommen war, also immer noch weit nordöstlich von Hamakari stand. Mittlerweile war es 0700 Uhr morgens geworden. Die Funkgeräte wurden in Betrieb genommen, um das Hauptquartier auf die mißliche Lage der Abteilung hinzuweisen. Doch eine Verbindung kam nicht zustande. Bitter wurde nun das Fehlen der Heliographen empfunden: Mit diesen Geräten hätte über die zu der Zeit bereits einwandfrei arbeitende Station Auer ohne Schwierigkeit Kontakt mit dem Hauptquartier und der Hauptabteilung aufgenommen werden können.

Die Truppe setzte kurz nach 0700 Uhr den Marsch fort, zunächst in Südwestrichtung direkt auf Hamakari zu. Da immer noch kein Gefechtslärm von dorther herüberschallte – nach dem Operationsbefehl sollte dort mit dem Angriff um 0600 Uhr, 11. August, begonnen werden –, gelangte Major von der Heyde zu der Auffassung, daß die Herero dort den Kampf nicht aufgenommen hatten und sich zum Waterberg hin absetzten. Nun stiegen Zweifel in ihm auf, ob er die befohlene Richtung beibehalten sollte. Wie zur Bestätigung seiner Zweifel war plötzlich – gegen 0900 Uhr – Kanonendonner aus nördlicher Richtung zu hören: Estorff hatte mit seiner Abteilung den Kampf um Otjosongombe begonnen! Da glaubte von der Heyde, daß es nun wohl doch nicht mehr zu einem Kampf um die Wasserstelle Hamakari kommen oder, falls wider Erwarten doch, er sicherlich nicht mehr rechtzeitig dort eintreffen würde. Er beschloß daher, von dem ihm erteilten Befehl abzuweichen und statt nach Hamakari nach Nordwesten zum Kanonendonner hin zu marschieren, um dort unterstützend einzugreifen. Bald nach Änderung der Marschrichtung wurde der von Nordwesten, von Otjosongombe, herüberschallende Gefechtslärm schwächer, dagegen ertönte nun aber von Hamakari her Gefechtslärm herüber: von Mühlenfels hatte den Kampf um die Wasserstelle wider Erwarten doch noch aufgenommen! Nun war der Major vollends uneins mit sich: Hatte er richtig gehandelt? Hätte er nicht doch besser der Weisung des Generals Folge leisten und nach Hamakari und nicht in Richtung Otjosongombe marschieren sollen? Nach einigem Überlegen entschied er, die alte Marschrichtung, also auf die Werft bei Hamakari zu, wieder aufzunehmen. Doch Truppe

12 Siehe Seite 232.

und Tier waren durch den strapaziösen Irrmarsch quer durch den Busch völlig ausgepumpt. So mußte eine Rast eingelegt werden. Es war 1145 Uhr, als die Truppe bei einer Vley ca. 5 km südwestlich von Otjiwarongo[13] hielt, um zu verschnaufen.

Major von der Heyde ließ nun sogleich den Antennenballon aufsteigen und nahm Funkverbindung mit dem schon voll Unruhe auf Nachricht wartenden Hauptquartier auf. Es kam nun zu dem bereits auf Seite 236f. geschilderten Spruchaustausch. In diesem tat der Major zunächst seine Absicht kund, jetzt auf Hamakari marschieren zu wollen. Als er sich dann aber der starken Ermattung seiner Truppe bewußt geworden war, mußte er sich in einem zweiten Spruch zu dem Eingeständnis seiner mehrmaligen, befehlswidrigen Marschänderung durchringen und fragte vorsichtig beim General an, ob denn seine Abteilung noch in Hamakari benötigt würde. Die Antwort des Generals war eindeutig und ließ keinen Widerspruch zu. Trotz völliger Erschöpfung mußte die Abteilung sofort wieder aufbrechen und erneut auf Hamakari und damit genau in Richtung auf den Fluchtweg marschieren, den die vor der mächtigen Abteilung Deimling zurückflutenden Hereromassen eingeschlagen hatten!

Die Marschordnung war folgende: Als Vorhut die 5. Kompanie unter Hauptmann Puder, ihr folgten die 6. und 7. Kompanie, dazwischen die Artillerie. Es war eine geschwächte Truppe, die jetzt aufbrach, da von der Heyde sämtliche Fußkranken an der Vley zurückgelassen hatte. Sie sollten als Bedekkung für die ebenfalls hier zurückgelassene Wagenstaffel, Funkstation und die Hälfte der 4. Batterie dienen. Man wollte auf diese Weise rascher vorankommen, entblößte sich jedoch damit – nach Zurücklassung der Heliographen in Omutjatjewa – auch noch des letzten Nachrichtenmittels, des Funkwagens, ein Nachteil, der sich in den folgenden Stunden sehr unangenehm bemerkbar machen sollte.

Während die Abteilung vorrückte, nahm der Gefechtslärm aus Richtung Hamakari an Heftigkeit zu. Major von der Heyde befürchtete, nun nicht mehr rechtzeitig in den Kampf dort eingreifen zu können, und befahl um 1415 Uhr für die 5. und 7. Kompanie »Antraben«. Leutnant Lekow ritt mit seiner Vorhut 100 m voraus. Der 6. Kompanie (Hauptmann von Brentano) befahl der Major, mit der von Major Osterhaus befehligten Artillerie, deren Gespanne durch die Anstrengungen der vorausgegangenen Märsche völlig erschöpft waren, nachzufolgen.

Der Weg führte an gerade verlassenen Hereropontoks vorbei, vor denen noch Lagerfeuer glimmten. Der Feind mußte also in unmittelbarer Nähe sein! Kurz darauf, gegen 1445 Uhr, fielen rasch hintereinander sechs bis acht Schüsse, dem Klang nach von Henry-Martini-Gewehren stammend: Die Spitze unter Leutnant von Lekow war in einen feindlichen Hinterhalt geraten. Ein ra-

13 Nicht zu verwechseln mit dem heutigen Ort Otjiwarongo, der westlich des Waterberg liegt. Die obige Wasserstelle ist identisch mit der, die von der Heyde in seinem Funkspruch an das Hauptquartier gegen 12.45 h (vgl. S. 237) angeführt hat.

sendes Schnellfeuer aus der Tiefe des Busches heraus schlug der Gruppe entgegen, ohne daß sich auch nur ein einziger Feind blicken ließ. Die Soldaten wendeten ihre Pferde und versuchten, sich zur 5. Feldkompanie durchzuschlagen. Doch zu spät; sie waren bereits eingekreist und mußten stehenbleiben, um sich gegen die von allen Seiten aus dem Busch auftauchenden, Kirri schwingenden Herero zur Wehr zu setzen. Da aber kam Hilfe: Hauptmann Puder, der Chef der 5. Kompanie, hatte gleich zu Beginn des Gewehrfeuers seine Leute absitzen und zur Spitze hin ausschwärmen lassen, um dieser zu helfen. Doch die im Busch kaum sichtbaren Herero bildeten rasch eine neue Front gegen die vorgehende Kompanie. Dieser blieb nichts anderes übrig, als 200 m hinter der Spitze das Gefecht anzunehmen. Doch war es noch einem kleinen Teil der Kompanie unter Hauptmann Puder selbst gelungen, bis Leutnant von Lekow vorzudringen. Auf diese Weise wurde die Spitze auf 16 Mann verstärkt. Aber auch die Verstärkung reichte nicht aus, um den Ansturm der Aufständischen abzuwehren. Hauptmann Puder befahl daher den Reitern, langsam zurückzuweichen, um Anschluß nach rückwärts zu bekommen. »Im Kampf Mann gegen Mann, auf drei bis vier Schritt auf die Herero schießend und mit dem Kolben dreinschlagend«, wichen die Reiter langsam zurück und gewannen schließlich einzeln den Anschluß an die 5. und 7. Kompanie. Kurz vor dem Zurückgehen wurde der Wachtmeister der Kompanie Puder, Feldwebel Jendis, tödlich verwundet. Auch Leutnant von Lekow fiel bald darauf, mitten durch die Stirn getroffen.

Während die Spitze verzweifelt bemüht war, sich nach hinten durchzukämpfen, hatte die links von der 5. Feldkompanie marschierende 7. Feldkompanie unter Hauptmann von Brentano rasch eine Gefechtslinie zur Sicherung der linken Flanke gebildet, indem sie den dichten Busch etwa 30 m südlich der Pad besetzte. Rechts von der 5. Kompanie hatte sich ein Zug der 6. Kompanie unter Leutnant von Frankenberg eingeschoben, um den rechten Flügel der 5. Kompanie zu schützen. Dieser an der Spitze der Artillerie reitende Zug hatte sich zusammen mit Major von der Heyde zu Beginn des Feuergefechts nach vorn begeben. Die Artillerie mit dem Rest der 6. Kompanie war mit dem Artillerieführer, Major Osterhaus, mit der Weisung zurückgeblieben, so rasch wie möglich aufzuschließen und dann vorn bei der Infanterie die Geschütze in Stellung zu bringen.

Nach Vereinigung der Überlebenden der Spitze mit der 5. Feldkompanie bildeten beide Kompanien, die 5. und 7., eine halbkreisförmige Abwehrstellung; der Kreis war nach hinten offengelassen worden, da von dort her die nachrückende Artillerie mit der 6. Kompanie erwartet wurde.

Kaum hatte die Truppe ihre neue Position eingenommen, da begannen auch bereits die Aufständischen mit einem erneuten, heftigen Sturmangriff. Hauptmann von Brentano berichtet:

»Hauptmann Puder, als letzter vorn in die Front der neuen Stellung zurückeilend, hatte sich eben hingeworfen, da hörte man im dichten, auf nicht sechs

Meter zu durchblickenden Busch ein Geräusch, wie wenn eine Fußtruppe auf hartem Boden einen Anlauf ausführt. Ein anderer Vergleich ist schwer zu finden für die zu Hunderten laufende, heranhuschende, kriechende Masse, von der man größtenteils nur für Sekunden gute Ziele sah. Der Angriff erfolgte wellenartig von links, um die Flügel herumgreifend. So sah man so gut wie nichts, um so mehr hörte man. Weithin erschollen Rufe wie: ›Hurry, hurry, Duitchmen!‹ ›Trululu!‹ ›Whumwhum‹ – ›Owirombi!‹ – Alles übertönt von hundertstimmigem Orlogsfeldschrei: ›Assa-Kajaeta!‹ und dem deutlich hörbaren Geräusch fallender Schambokhiebe. Das Feldgeschrei aber bewies uns, daß wir den besten Orlog vom Damaraland, Swakop- und Nossob-Leute unter ihren alten Führern[14], die mit der Schutztruppe manchen Feldzug Schulter an Schulter gegen eigene Landsleute und Hottentotten gefochten, gegenüber hatten. Offenbar hatten die Hereros den Glauben, vor sich nur ein kleines Häuflein zu haben, mit dem leichte Arbeit sei. Sie gingen mit außerordentlichem Tatendrang vor. Während die vorn befindlichen Gewehrträger, von Baum zu Baum, von Busch zu Busch huschend, im Zickzack laufend und springend, schossen, folgten weiter rückwärts die Kirriträger in Trupps, aber jede, auch die geringste Deckung benutzend. Dieser erste Ansturm, vom Schnellfeuer der Schützen gebrochen, erlahmte stellenweise erst auf 25 bis 30 Meter vor der Linie. Der dichte Buschbestand ermöglichte ein so nahes Herankommen; ein heftiges Schießen von allen Seiten, auch von Bäumen herab, begann. Nach ungefähr 15 Minuten erfolgte ein zweiter Angriff, mit viel weniger Geschrei, durch gutgezieltes Feuer eingeleitet. Auch er wurde abgeschlagen.«

Nach rückwärts brauchte zunächst keine Front gebildet zu werden, da der Gegner hier offenbar der weiter hinten stehenden Artillerieabteilung seine Aufmerksamkeit zugewandt hatte. Dies sollte sich allerdings im Verlaufe des Gefechts ändern; denn die Herero erkannten nach einer Weile die Lücke in der deutschen Abwehr und versuchten nun, in diese einzudringen, um die deutsche Front von rückwärts aufzurollen. Leutnant von Arnim bemerkte diese Gefahr und zog rasch Leute aus der Gefechtslinie heraus, um mit diesen eine rückwärtige Front zu bilden. Bald danach wurde er jedoch schwer getroffen, als er versuchte, einem Schwerverwundeten zu Hilfe zu kommen, und sich dabei zu seiner vollen Größe erhob. Hinter einem Termitenhügel unmittelbar vor der Gefechtslinie in Deckung gegangen, verblutete er, weil niemand ihm Hilfe bringen konnte. Nach dem zweiten Ansturm verschwanden die Herero im Busch, und gleich darauf verstummte das Feuer mit einem Schlage.

Major von der Heyde war sich im klaren, daß die jetzt eingetretene Feuerpause noch nicht das Ende des Kampfes bedeutete, sondern daß vielmehr jeden Augenblick mit einem erneuten Angriff der Herero zu rechnen war. Vergeblich hatte er bisher auf das Eingreifen der Artillerie gewartet, obwohl diese die strikte Weisung zum sofortigen Nachrücken gleich zu Beginn des Kampfes erhalten hatte. Dem Major war es unverständlich, daß die Artillerie ausblieb,

14 Gemeint sind Assa Riarua und Kajata.

hatte doch zu Gefechtsbeginn nur ein Zwischenraum von etwa 600 m zwischen ihr und der Infanterie bestanden. Heyde hatte im Laufe des Gefechts drei Versuche unternommen, die Artillerie nach vorn zu bekommen: Gleich zu Beginn des Kampfes hatte er Leutnant Wagner nach hinten zur Artillerie entsandt. Da sich hierauf nichts getan hatte, war ein zweiter Offizier, Oberleutnant von Steinhausen, der frühere Distriktchef von Gobabis, zu Major Osterhaus mit dem gleichen Auftrag losgeschickt worden. Obwohl die Herero, Kajata-Leute aus dem Distrikt Gobabis, von Steinhausen erkannten, als dieser nach hinten ritt, und förmlich Jagd auf ihn machten, konnte dieser sich zu Major Osterhaus durchschlagen und seine Meldung abgeben. Schließlich erbot sich noch der Gefreite Schröter, 7. Kompanie, sich zur Artillerie durchzuschlagen. Er wurde unterwegs ebenfalls von Hereros angefallen und angeschossen. Nur dadurch, daß er sich totstellte, kam er mit dem Leben davon. Er wurde von den Aufständischen seiner Kleidung beraubt und liegengelassen. Später gewann er wieder Anschluß an seine Kompanie, »splitternackt und über und über mit Dornen gespickt«.

Inzwischen waren Major Osterhaus Zweifel an der Zweckmäßigkeit der mehrfachen Weisung des Abteilungsführers, mit der Artillerie sofort zur Infanterie aufzuschließen, gekommen. Er glaubte, seine Waffe könnte vorn in dem dichten Busch nicht recht zur Wirkung kommen. Auch meinte er, »die Sache vorn bei der Infanterie stände ungünstig«, denn jetzt kamen in Scharen die durch das Feuer wild gewordenen Handpferde der 5. und 7. Kompanie der Artillerie entgegen. So zauderte der Artillerieführer nicht lange und ließ trotz der strikten Weisung des Abteilungsführers die Artillerie samt Bedeckung kehrtmachen, um eine etwa 2 km rückwärts gelegene Lichtung im Busch zu gewinnen. Von dort wollte er dann mit seinen Geschützen der Infanterie Luft verschaffen. Freiherr von Wangenheim, Chef der zur Bedeckung dienenden 6. Feldkompanie, widersprach: Jetzt, da die Infanterie in große Bedrängnis geraten sei, müßte erst recht die Artillerie weiter vorrücken. Als er merkte, daß er mit seiner Ansicht beim Major nicht durchkam, schwang er sich aufs Pferd und machte sich auf den gefahrvollen Weg nach vorn, um einen schriftlichen Befehl zum weiteren Vorrücken der Artillerie von Major von der Heyde zu bekommen.

Dem Befehl Osterhaus' Folge leistend, wendete die Artillerie auf der schmalen Pad inmitten des Buschdickichts, um zurückzugehen. Dies war jedoch ein schwieriges Unterfangen, zumal die Tiere durch den argen Beschuß wild geworden waren. Ein Knäuel von Gespannen entstand. Die Herero nutzten diesen Augenblick der Verwirrung, stürmten beidseitig aus dem Busch und auf der Pad gegen die auseinandergezogene Artillerieabteilung vor und schoben sich zwischen die weiter hinten stehenden Handpferde mit den Pferdehaltern und die Artillerie. So wurde Osterhaus' Kolonne in zwei eng von den Aufständischen umklammerte Gruppen aufgespalten. Damit war jetzt von der Heydes Abteilung in drei Gruppen aufgesplittert, die sich nach allen Seiten zur Wehr setzen mußten. Major Osterhaus, der sich bei der mittleren Gruppe, der

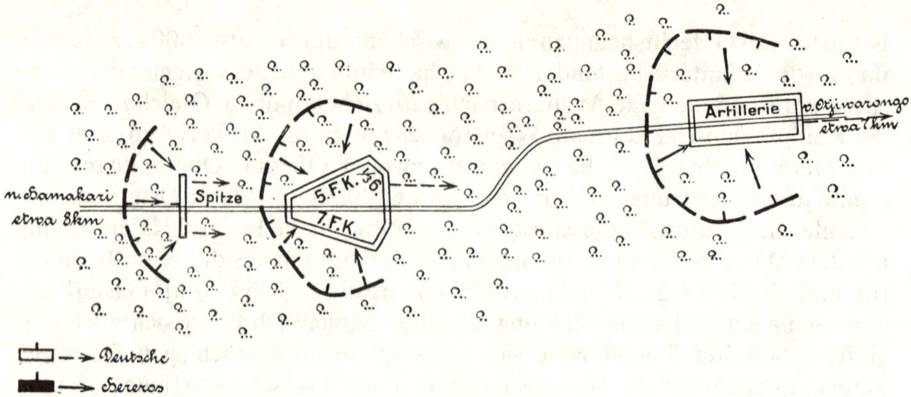

Karte 13: Gefecht der Abteilung von der Heyde

Artillerie, aufhielt, ließ diese ein Karree bilden, aus dem heraus die Geschütze durch Kartätschenfeuer die heranstürmenden Herero abwehrten. Im Verein mit dem Gewehrfeuer des hinten gebliebenen Teils der 6. Kompanie gelang es, die Herero auf Distanz zu halten.

Inzwischen hatte sich Freiherr von Wangenheim durch den Einschließungsring der Herero nach vorn zur Infanterie durchschlagen können. Ein Soldat der Abteilung von der Heyde berichtet:

»Plötzlich brach ein Reiter durch die Dornen. Vor dem Major sprang er ab; es war Hauptmann von Wangenheim, der Führer der 6. Kompanie, die zur Bedeckung der Geschütze zurückgeblieben war. Er blutete aus zahllosen Kratzwunden, seine Augen flammten, seine Brust keuchte. Mit Mühe dämpfte er seine Stimme, aber Heinz [Anm. Verf.: Heinz Siegert, ein Reiter der Abteilung] konnte ihn deutlich verstehen, spürte auch den Unmut und Grimm, der aus den Worten sprach. Neues Unheil! Der Artilleriemajor hatte in der Überzeugung, daß Puders Kompanie doch vernichtet sei, kehrtgemacht und war in ziemlicher Unordnung, die bei den ständigen Angriffen nicht zu vermeiden war, mehrere Kilometer zurückgegangen!

›Geben Sie mir einen schriftlichen Befehl!‹ drängte der erregte Hauptmann, ›sonst hört er nicht auf mich!‹

Heyde kritzelte rasch mit dem Bleistift, dazwischen fragte er: ›Wollen Sie es noch einmal wagen?‹

›Selbstverständlich! Durch den Busch abseits der Pad komme ich schon, wenn ich nur etwas Glück habe.‹«

Tatsächlich gelang es ihm, wenn auch von zahlreichen Herero verfolgt und unter Verlust seines Pferdes, sich wieder zur Artillerie durchzuschlagen, wo er Major Osterhaus den schriftlichen Befehl des Abteilungsführers überbrachte.

Die Geschütze wurden nun wieder aufgeprotzt, und – unter Vorschieben von Sicherungen in den Busch hinein – ging es auf der Pad zurück in Richtung auf die Infanterie. Von beiden Seiten wurde Osterhaus' Kolonne durch die im Dorndickicht sitzenden Herero unter Schnellfeuer genommen. Dabei wurde Major Osterhaus schwer verwundet, woraufhin Hauptmann von Wangenheim das Kommando übernahm. Nach knapp 600 m Vorwärtsbewegung erfolgte von den Flanken her ein erneuter Anfall der Herero; auch dieser wurde abgewehrt. Doch nun waren die Geschütze wegen Ausfalls zahlreicher Trecktiere kaum noch von der Stelle zu bewegen. Notgedrungen befahl von Wangenheim, die Geschütze wieder abzuprotzen. Aufs Geradewohl wurden nun einige Schrapnells nach vorn in den Busch gefeuert, um die Infanterie vorn zu entlasten. Doch die Schrapnells schlugen in bedenklicher Nähe der vorderen Gefechtslinie von der Heydes ein. Darauf wurde diese auf Befehl des Hauptmanns Puder um 80 bis 100 m zurückverlegt, nachdem das gegnerische Feuer durch die Wirkung der Schrapnells nachgelassen hatte. Der Gegner folgte nur zögernd nach.

Mit der Rückverlegung der Front wurde allerdings eine Verbindung mit der Artillerie immer noch nicht hergestellt; weiterhin mußte aufgesplittert nach allen Seiten hin gekämpft werden. Doch gelang es Major von der Heyde, sich mit wenigen Leuten zur Artillerie hin durchzuschlagen.

Der Angriffsschwung der Herero schien nachgelassen zu haben; vergeblich versuchten die Großleute, ihre Krieger mit Tschambokhieben wieder vorwärtszutreiben. Als dies mißlang, wandten sie eine List an: Vor der deutschen Front erschienen in der Dämmerung Leute in Schutztruppen-Cordanzügen und riefen: »Nicht schießen, wir sind es!« und auf Anruf das Losungswort: »Viktoria!« Schon glaubten die deutschen Offiziere, man habe Soldaten der Hauptabteilung oder der eigenen Artillerie vor sich, da erkannten sie im letzten Augenblick die schwarzen Gesichter unter den Schutztruppenhüten und nahmen die eigentümliche Aussprache der Gestalten wahr. Unverzüglich wurde Feuer gegeben, und der Gegner verschwand im Busch. – Dann trat Stille ein; nichts regte sich mehr im Busch. In der Ferne hörten die Soldaten Ochsenhörner blasen: die Hererokapitäne schienen ihre Krieger zum Abmarsch zu sammeln.

Major von der Heyde war es derweilen gelungen, zur Artillerie durchzukommen. Da vorn das Infanteriefeuer erloschen war und sich bereits Munitionsmangel bei der Artillerie bemerkbar machte, befahl der Major dieser, zu dem letzten Lager 5 km südwestlich von Otjiwarongo zurückzukehren. Dies geschah nach Einbruch der Dunkelheit, unbehelligt vom Gegner. Major von der Heyde selbst zusammen mit Hauptmann von Wangenheim und etwa einem Dutzend Soldaten machte sich dann auf den Weg nach vorn zurück zur Infanterie, verfehlte diese jedoch im Buschlabyrinth. Daraufhin schlug die Gruppe ebenfalls die Richtung zum Lager ein, wo sic schließlich nach einstündigem Umherirren gegen 2130 Uhr eintraf. Eine halbe Stunde später erreichte auch die Infanterie, geführt von den Hauptleuten Puder und von Brentano, glücklich wieder das Lager. Diese hatte sich nach Abzug des Gegners ebenfalls auf den Rückmarsch begeben; unterwegs hatte sie noch die dritte Gruppe, die

Pferdehalter mit den Handpferden, aufgenommen, die die ganze Zeit über im Busch ausgeharrt hatte.

Da die Truppe völlig erschöpft war, konnte an einen Weitermarsch nach Hamakari noch am gleichen Abend nicht mehr gedacht werden. Die Abteilung verschanzte sich deswegen die Nacht über in dem Lager bei Otjiwarongo. Von den Herero nicht mehr behelligt, konnte sie sich hier von den Strapazen des tagelangen Umherirrens und Kämpfens im Busch erholen.

Von allen im Kampf am Waterberg eingesetzten Abteilungen hatte die des Majors von der Heyde, prozentual zur Mannschaftsstärke, die schwersten Verluste erlitten: elf Gefallene und 14 Verwundete bei einem Gesamtverlust aller Abteilungen von 26 Gefallenen und 60 Verwundeten. Sie war nur knapp einer Katastrophe entgangen. Ihr gegenüber hatte eine erdrückende Übermacht der Aufständischen gestanden: Sämtliche vom Strudel der Flucht vor der übermächtigen Abteilung Deimling mitgerissenen Orlogs der Herero hatten sich auf die schwache, ihrer Fluchtbewegung im Wege stehenden Abteilung von der Heyde gestürzt, nämlich die der beiden Kriegshäuptlinge Assa Riarua und Kajata, die militärische Erfahrungen im Dienste der deutschen Schutztruppe gesammelt hatten, sowie die der Häuptlinge Traugott, Tjetjo und Salatiel. Die Abteilung von der Heyde wäre wahrscheinlich nie in diese kritische Lage geraten, hätte sie nicht zweimal im Busch die Orientierung verloren und hätte nicht von der Heyde – gegen die strikte Weisung des Generals direkt nach Hamakari zu marschieren – seine Abteilung erst eine Zeitlang in Gegenrichtung, d. h. zur Abteilung von Estorff hin, geführt, um sie dann wieder in Richtung Hamakari marschieren zu lassen – mitten hinein in die Ausbruchsrichtung der Herero.

Nach Rückkehr in das Lager konnte der Major mit den dort zurückgelassenen Funkgeräten den Fernmeldeverkehr wieder aufnehmen: Um 2330 Uhr meldete er dem Hauptquartier: »Auf Marsch nach Hamakari im dichten Busch angegriffen, bin ich bei Einbruch der Dunkelheit zurückgegangen.«

Im Hauptquartier hatte man sich bereits seit langem um das Schicksal der Abteilung Deimling und von der Heyde Sorgen gemacht, da von diesen seit den Mittagsstunden keine Nachrichten mehr eingegangen waren; man befürchtete bereits, daß auch morgen noch nicht der geplante entscheidende Schlag gegen die Herero am Waterberg ausgeführt werden könnte. Das einzige, was man wußte, war, daß von der Heyde am Nachmittag in einem schweren Gefecht gestanden hatte. Diese Nachricht stammte von einem Soldaten der Patrouille des Grafen Arnim[15] und wurde später von dem zum Hauptquartier gehörenden Hauptmann Salzer bestätigt, der sich mit wenigen Reitern am Nachmittag auf der vergeblichen Suche nach der Abteilung von der Heyde zu dem Lager an der Vley 5 km südwestlich von Otjiwarongo durchgeschlagen hatte und dann mit dem dort befindlichen Funkgerät Meldung an das Hauptquartier hatte abgeben können[16].

15 Siehe Seite 241 und 249.
16 Vergleiche Seite 236.

Der um 2330 Uhr eingetroffene Funkspruch des Majors von der Heyde brachte außer der Bestätigung der Information Salzers und des erfolgten Rückmarsches der Abteilung in das Lager bei Otjiwarongo auch keine Klarheit. Eine gleich danach an den Major über Funk gerichtete Anfrage ergab dann jedoch, daß dessen Abteilung bewegungsunfähig war und am nächsten Tag für die beabsichtigte Entscheidungsschlacht nicht zur Verfügung stehen würde. Nun richteten sich alle Hoffnungen auf die Abteilung Deimling. Um 0200 Uhr nachts atmete man im Hauptquartier auf: Leutnant Auer meldete, daß die Abteilung Deimling die Station Waterberg genommen habe und am 12. früh nach Hamakari marschieren würde. Damit bestand für General von Trotha wieder Hoffnung, die immer noch nahe Hamakari vermuteten Hauptkräfte der Herero – im Verein mit der starken Abteilung Deimling – am nächsten Tag zu schlagen und zum Endkampf gegen den Waterberg zu drücken.

Wider Erwarten verstrich bei der Abteilung Mühlenfels (Hauptabteilung) die Nacht völlig ruhig; nicht ein einziger Schuß fiel. In Gefechtsbereitschaft harrte die Abteilung die Nacht über aus; spähende Augenpaare suchten angestrengt die Büsche ringsum ab; nirgends aber waren schleichende Hereroschützen wahrzunehmen. Von der Farm und der Missionsstation Hamakari, die 3 km östlich von der Werft und den Wasserstellen lagen, wo sich die Hauptabteilung und das Hauptquartier befanden, trug der Wind Laute wie von tanzenden und singenden Menschen herüber, weit im Osten aber schallte undeutlich ein Gebrüll wie von Tausenden von Rindern herüber. Sollten die Massen des Gegners vielleicht schon östlich des Einschließungsrings stehen, war der Feind gar im Abzug nach Osten oder Südosten, sollten sich also die Warnungen des Gouverneurs und anderer bewahrheiten, die auf die Unmöglichkeit einer totalen Einschließung des Gegners mit den geringen Kräften und mit der ungünstigen deutschen Kräftekonstellation immer wieder hingewiesen hatten?

Doch bei Tagesanbruch – gegen 0600 Uhr – setzte der der Abteilung Mühlenfels gegenüberstehende Gegner das Feuergefecht fort. Wie sich später herausstellte, hatte er nur einen Teil seiner Kräfte bei Hamakari abgezogen, ein anderer Teil verblieb dicht bei den von den Deutschen besetzten Wasserstellen und in einem nur 1 km von der deutschen Linie entfernten Biwak. Das gegnerische Feuer war jedoch nur schwach und flaute bald wieder ab; der Feind schien sich nun endgültig von der Abteilung Mühlenfels zu lösen. Noch eine weitere, beunruhigende Feststellung wurde gemacht: Je heller es wurde, um so deutlicher hoben sich im Osten und Südosten riesige Staubwolken am Horizont ab: Die Befürchtungen schienen sich zu bewahrheiten, daß der Feind durchgebrochen und im Abzug begriffen war! Bald darauf traf ein Funkspruch von Major von Estorff ein: Seine oben auf dem Rand des Waterbergs postierten Späher hätten ihm gemeldet, starke Feindgruppen seien im Abzug nach Südosten; eine weitere Feindgruppe, die zunächst aus der allgemeinen Richtung Hamakari in Richtung Station Waterberg zurückgegangen sei, habe jetzt gewendet und marschiere nunmehr ebenfalls in südöstlicher Richtung. Was war geschehen? Mangels Aussagen von der Hereroseite läßt sich die Frage nur mit Vermutungen beantworten: Offenbar waren die vor der Abteilung Deimling im Laufe des Nachmittags des 11. August zurückweichenden Herero am Abend auf die bei Hamakari stehenden, von Samuel Maharero persönlich geführten Kräfte, die der Abteilung Mühlenfels gegenüberstanden, gestoßen. Hier muß wieder Ordnung in die Fluchtbewegung gekommen sein. Da die Abteilung Mühlenfels sich ruhig verhielt und die Abteilung von der Heyde zum Rückmarsch auf Otjiwarongo gezwungen war, konnte nun die Masse des Hererovolkes mitsamt den gewaltigen Viehherden durch die nun zwischen den beiden deutschen Abteilungen klaffende große Lücke durchgeschleust werden. Die Hererokräfte, die der Abteilung von der Heyde gegenübergestanden hatten, verbrachten die Nacht über, total erschöpft vom Kampf, nahe dieser Abteilung, also unweit Otjiwarongo, nichtsahnend, daß die Masse der Herero sich bereits aus dem Einschließungsring abzusetzen begann. Am nächsten Morgen brach diese gegnerische Kräftegruppe dann, mit allen Familienangehörigen und dem Vieh, auf, schlug jedoch – vielleicht aus Ratlosigkeit oder Unkenntnis der Lage, vielleicht auch in der Hoffnung, am Waterberg noch einen Durchschlupf nach Westen oder Nordwesten zu finden, – die Richtung zum Waterbergmassiv ein. Von dieser Kräftegruppe dürften auch die von den Spähern Estorffs beobachteten, in Richtung Waterberg sich bewegenden Staubwolken hergerührt haben. Auf dem Wege dorthin stieß die Gruppe dann auf die nach Hamakari marschierende Abteilung Deimling. Es kam zur Panik unter den Kriegern: Unter Zurücklassung ihrer Frauen und Kinder und ihres gesamten Viehs fluteten sie kopflos nach Osten zurück und schlossen sich bald der allgemeinen Rückzugsbewegung ihres Volkes nach Südosten an.

Damit stand fest, daß dem Gegner der Durchbruch gelungen und seine Einkesselung fehlgeschlagen war; der für den 12. August beabsichtigte Entscheidungsschlag würde mithin ein Schlag ins Leere bedeuten.

Die Abteilung Deimling traf gegen 0930 Uhr im Lager Hamakari ein, zu spät, um am Ausgang des Kampfes noch etwas ändern zu können: Vom Feind war ringsum keine Spur mehr zu sehen. Er stand bereits viel weiter südöstlich und strebte dem Omuramba-Omatako-Rivier abwärts dem Süden zu.

Mit diesem Fehlschlag des Unternehmens am Waterberg hatten sich die Voraussagungen des Gouverneurs Leutwein und des Majors von Estorff bewahrheitet: Der Gegner hatte die Einschließung an der schwächsten deutschen Stelle, bei der Abteilung von der Heyde, durchbrochen. Hatte schon die Gesamtzahl des Gegners in dem gewaltigen, unübersichtlichen Areal des Waterberg bei weitem nicht ausgereicht, so hatte der ungünstige Ansatz der mageren deutschen Kräfte ein übriges getan: Vor der von Südwesten auf die Station Waterberg heranrückenden, übermächtigen Abteilung Deimling zurückgetrieben, im Osten von der Abteilung von Estorff gestoppt, im Norden das mit den Vieh- und Menschenmassen unübersteigbare Massiv des Großen Waterberg vor sich, dessen Durchgänge ebenfalls von den Deutschen besetzt waren[17], blieb den Herero kein anderer Ausweg als nach Südosten, wo sie sich ungehindert über die Lücke nördlich Hamakari den Weg aus der deutschen Umklammerung bahnen konnten, während die beiden vom vorausgegangenen Kampf völlig ermatteten Abteilungen Mühlenfels und von der Heyde dem Geschehen ohnmächtig zuschauen mußten. Die stärkste Abteilung aber, die des Obersten Deimling, stand zum kritischen Zeitpunkt, d. h. in der Nacht zum 12., noch weitab von Hamakari bei der Station Waterberg, Gewehr bei Fuß, und als sie schließlich im Laufe des nächsten Morgens endlich in Hamakari eintraf, wo sie bereits am Abend des 11. hätte sein sollen, war die Entscheidung schon gefallen, der Durchbruch der Herero vollzogen.

General von Trotha aber, der einen solchen Ausgang des Kampfes am Waterberg als unwahrscheinlich bezeichnet und daher nicht in seinem taktischen Konzept berücksichtigt hatte, sah sich nun der drohenden Gefahr eines sich lang hinziehenden Guerillakrieges gegenüber mit unabsehbaren Auswirkungen auch auf das Verhalten der anderen Eingeborenenstämme, namentlich der Nama. Sein ganzes Bestreben richtete sich daher nun darauf, alle Kräfte zur Verfolgung des Gegners anzusetzen, um diesen noch zu stellen, ehe er sich in viele Gruppen aufsplitterte, und so die Gefahr eines Guerillakrieges abzuwenden.

17 Tatsächlich blieb einer der Durchgänge, der Omuveroume-Paß, – den Tagebuchaufzeichnungen des Hauptmanns Franke vom 20. September 1904 und des Oberleutnants Epp vom 2. November 1904 zufolge – fast 24 Stunden unbesetzt: Am 11. August gegen 1000 Uhr verließen die vereinigten Abteilungen Deimling/Fiedler den Omuveroume-Paß in Richtung Hamakari, später Station Waterberg (vergleiche Seite 246), und erst am 12. August um 0500 Uhr morgens wurde die Abteilung Fiedler von der Station Waterberg aus wieder zur Besetzung des Passes zurückgeschickt. In dieser Zwischenzeit, aber auch bereits während des Durchmarsches der Abteilung Deimling durch den Paß, da keine Seitenpatrouillen ausgeschwärmt waren, war es Michael-Leuten gelungen, durch den Paß hindurch nach Westen zu entkommen.

17. Die Verfolgungsoperationen

Die Siegesmeldung vom Gefecht am Waterberg · Auf dem Fluchtweg der Herero · General von Trotha disponiert um · Abteilung Fiedler rückt nach Hamakari vor · Der Durstmarsch der Abteilungen Mühlenfels/Deimling vom 13. – 17. August 1904 · Major von Estorff schneidet den Herero den Weg Omuramba-abwärts ab, das Gefecht bei Omusema · Deimlings Operationen in zwei Kolonnen nach Owikokorero · Neue Weisungen aus dem Hauptquartier treffen ein · Vorstoß der Kolonnen Meister/Wahlen nach Opakarane · Estorff, Volkmann und von der Heyde marschieren nach Otjimbinde · Das Gefecht bei Okowindembe · Vorstoß der Abteilung Deimling nach Epukiro und Otjimanangombe/Ganas · Die Bewegungen der Abteilung von Heydebreck · Abteilung Mühlenfels rückt von Hamakari nach Otjimbinde vor · Die Bewegungen der Abteilung von Estorff von Okosondusu über Owinaua-Naua nach Sturmfeld und zurück nach Owinaua-Naua · Die Verpflegung bleibt aus · Der Vorstoß nach Epata/Osombo-Windembe · Überlegungen Trothas Ende September/Anfang Oktober · General von Trothas Proklamation vom 2. Oktober 1904 an das Volk der Herero · Die Reaktionen

Das von General von Trotha angestrebte Kriegsziel, den Gegner am Waterberg durch Einkreisung zu schlagen und militärisch zu vernichten, um so den Aufstand zu beenden, war nicht erreicht worden: »Johlend und singend« war das Volk der Herero an der Abteilung von der Heyde vorbeigezogen, überzeugt, einen großen Erfolg errungen zu haben. Trotha aber mußte diesem Massenausbruch ohnmächtig zusehen. Hier – im entscheidenden Augenblick – fehlte ihm »das letzte Bataillon«. Auch für eine sofortige Verfolgung des Gegners fehlten ihm die Reserven. Trotzdem versuchte er, in einem Telegramm an den Kaiser vom 12. August 1904 den fehlgeschlagenen Kampf am Waterberg noch in einen Erfolg für sich umzumünzen, indem er im Anschluß an eine Beschreibung des Gefechtsverlaufs meldete:

»...Der Feind, der mit außerordentlicher Zähigkeit kämpfte, erlitt, trotz sehr gewandter Aufstellung im dichtesten Dornbusch, schwere Verluste. Tausende von Vieh erbeutet. Zersprengt und im Rückmarsch nach allen Seiten begriffen, bewegt sich die Hauptmacht des Feindes nach Osten... (folgen die weiteren operativen Absichten des Generals).

gez. von Trotha«

Der Kaiser antwortete:

»Wilhelmshöhe, 16. August 1904. – Mit Dank gegen Gott und hoher Freude habe ich Ihre Meldung aus Hamakari über den erfolgreichen Angriff des 11. August auf die Hauptmacht der Herero empfangen. Wenn bei dem zähen Widerstand des Feindes auch schmerzliche Verluste zu beklagen sind, so hat die höchste Bravour, welche die Truppen unter größten Anstrengungen und Entbehrungen nach ihrem Zeugnis bewiesen, Mich mit Stolz erfüllt, und spreche ich Ihnen, Offizieren und Mannschaften Meinen Kaiserlichen Dank und Meine vollste Anerkennung aus.

Wilhelm.«

Die anerkennenden Worte des Kaisers täuschten jedoch über die Tatsache hinweg, daß der Kampf am Waterberg strategisch einer Niederlage gleichkam: Dem Feind, dessen Gefechtsverluste am Waterberg nachweislich nur ca. 120–150 Gefallene betrugen, war es gelungen, dem von General von Trotha beabsichtigten »Vernichtungsschlag à la Sedan oder Cannae«, wenn auch unter Verlust eines Großteils seiner Habe und seines Viehs, zu entkommen; zurückgeblieben waren nur Schwache, Alte und ein Teil der Kinder und Frauen. Der Abzug der Herero vollzog sich allerdings fluchtartig. Der Chef des Generalstabs der Schutztruppe, Oberstleutnant von Beaulieu, beschreibt das Chaos, das die Herero auf ihrem Fluchtweg hinterlassen hatten:

»...Mehrere Kilometer weit längs des Hamakari-Riviers befindet sich Werft an Werft, die vielen Tausenden von Menschen und zahllosem Vieh als Wohnstätte gedient hatten. Soweit unsere Geschosse gereicht hatten, waren sie in eine Trümmerstätte verwandelt und überall anscheinend in wilder, kopfloser Flucht verlassen worden. In den Pontocks hockten alte Weiber, Männer und kleine Kinder, die man nicht hatte mitnehmen können. Verwundete, Kranke und Sterbende erwarteten irgendwo in einer Ecke eines Kraals ihr Schicksal, überall stand zahlreiches in der Eile zurückgelassenes Vieh, das Heiligtum der Herero, als Wahrzeichen dafür, mit welch wahnsinniger, kopfloser Eile der Feind geflohen war. Ganze Ochsenwagen, gefüllt mit Stoffen, Pelzen und Hausrat, zur Flucht anscheinend schon vorbereitet, waren in der Not stehen gelassen, zahlreiche Felle, Decken, Weiberschmuck, ganze Kisten voll Straußenfedern sah ich herumliegen. Einen eigenen Anblick in dieser Wüstenei gewährte ein umhergestreuter Vorrat von Schreibheften, Schiefertafeln und Griffeln, wohl das Eigentum eines schwarzen Schulmeisters.«

Wie groß die Zahl der am Waterberg eingeschlossen gewesenen Herero tatsächlich war, läßt sich nur schwer sagen. Nach Schätzung des bereits erwähnten Regierungsbeauftragten für die Entschädigung der Ansiedler, Dr. Rohrbach, betrug sie 40000, die Zahl der Rinder etwa 60000. Dem Einschließungsring entkommen sein sollen nach den Angaben Sudholts[1] weniger als 30000 Herero.

An eine sofortige Verfolgung des Gegners war wegen Ermattung der Soldaten und Tiere nicht zu denken. Der 12. August mußte daher als Ruhetag benutzt werden. Die Tiere waren durch die tagelangen Strapazen, den Hunger und den Durst völlig entkräftet und konnten auch jetzt nur ganz dürftig verpflegt werden. Hauptmann Bayer schreibt:

»Im weiten Umkreis war jeder Grashalm abgefressen, hier hatten die Rinder des Feindes lange geweidet... Das hungrige Vieh hatte sogar die dürftigen Blättchen und Zweigspitzen der stachligen Hackiesbüsche sowie die trockene, spröde Rinde von den verkrüppelten Bäumen genagt. Unsere Pferde und Maultiere fanden nichts – buchstäblich nichts mehr vor. Schon seit Wochen

1 Sudholt, Seite 185.

war ihre Nahrung dürftig gewesen, sie sahen zum Teil bedauernswert abgemagert aus, jede Rippe zeichnete sich deutlich ab.«

Trotz der totalen Unterernährung der Tiere sollte nun nach dem Willen des Generals am folgenden Tage, den 13. August, die Verfolgung des Gegners doch schon aufgenommen werden. Man nahm an, daß seine Kraft noch nicht gebrochen sei und er sich vielleicht am Omuramba wieder setzen und sich dort zum erneuten Kampf stellen würde. General von Trotha, der sich angesichts der Erschöpfung von Truppe und Tieren der Gefahren bewußt war, die sich bei einer längeren Verfolgung des Gegners in die Einöde der Omaheke hinein ergeben würden, unternahm vorher noch einen letzten Versuch, die Herero zur Übergabe zu bewegen: Um ihnen den Entschluß zu erleichtern, schickte er ihnen Gefangene und Buschleute nach. Diese sollten an sichtbaren Stellen bei den Wasserlöchern, die von den Herero auf ihrer Flucht passiert würden, Plakate mit der Aufforderung zur Übergabe aufstellen. Diese Bemühungen blieben jedoch erfolglos.

Daraufhin beschloß von Trotha, am Morgen des 13. August die Verfolgung aufzunehmen; er wollte auf jeden Fall verhindern, daß der Feind sich wieder sammle und organisiere.

In welcher Richtung sollte nun aber die Verfolgung aufgenommen werden? Die Spuren des flüchtenden Volkes führten auf dem Bett des Hamakari-Riviers und dem Streitwolfschen Weg entlang, den einzigen Wegen, auf denen es sein Vieh in dem dichten Buschterrain treiben konnte. Die Spuren wiesen also nach Südosten, dem jetzt fast wasserlosen Sandfeld der Omaheke entgegen. Behielten die Herero diese Fluchtrichtung über den Omuramba hinweg bei, so würden sie in ihr Verderben laufen und einen großen Teil ihres ihnen jetzt noch verbliebenen Viehs und viele Menschen durch Dursttod verlieren. Wahrscheinlich war daher, daß der Gegner zunächst nur bis zu dem noch einige Wasserstellen aufweisenden Omuramba-Omatako-Rivier flüchten würde, um sich dort wieder zu sammeln und Mensch und Tier Gelegenheit zum Trinken zu bieten. Von dort wäre für ihn die günstigste weitere Fluchtrichtung die nach Nordosten, dem Omuramba abwärts und danach in einem weiten Bogen nach Norden um das Sandfeld herum nach Britisch-Betschuanaland. Die Gegend dort war weniger wasserarm. Dort befand sich auch als mögliche Fluchtetappe das oasenartige Kaukaufeld.

Diesen Überlegungen folgend, erteilte der General am 12. August nachmittags der Abteilung von Estorff den Befehl, sich mit der noch bei Otjiwarongo stehenden Abteilung von der Heyde zu vereinigen, um anschließend von dort nach Nordosten zu marschieren und so den Herero die Flucht in dieser Richtung zu verwehren. Noch am 12. August gegen 1700 Uhr standen beide Abteilungen abmarschbereit bei Otjiwarongo 15 km nordöstlich von Hamakari. Die beiden Abteilungen Mühlenfels und Deimling unter Führung des Obersten Deimling sollten dem Feind unmittelbar auf der Spur bleiben und, auf dem Streitwolfschen Weg vorrückend, in östlicher Richtung nach Omutjatjewa marschieren. Die Abteilung Fiedler hatte, wie bereits erwähnt[2], den Auftrag erhalten, nach Omuveroume zurückzumarschieren, um eine Flucht der Herero nach Westen hin zu verhindern. Auf dem Wege zum Paß sollte sie das Gebiet östlich des Großen Waterberg vom Feinde säubern und das überall im Busch zurückgelassene gegnerische Vieh eintreiben und in Sicherheit bringen.

Wir wollen uns zunächst den Ereignissen bei der Abteilung Fiedler zuwenden: Diese brach noch am 12. auf, stieß auf dem Marsch zur Station Waterberg auf eine größere dem Omuveroume-Paß zustrebende Hererogruppe. Diese wurde zersprengt. Auf ihrem weiteren Vormarsch kam die Truppe an zerstörten Werften vorbei: Überall das gleiche Bild: Die Pontoks waren zum größten Teil zerschossen, in den Trümmern lagen noch Verwundete und Kranke. Immer wieder versuchten Hererotrupps, Widerstand zu leisten und wagten Feuerüberfälle, doch ihre Kampfkraft war nur noch schwach, und so wurden sie schnell zersprengt.

Große Viehherden, die vor Hunger und Durst brüllten, schlossen sich der Abteilung an. Gegen 0600 Uhr erreichte die Truppe das Omuveroume-Rivier. Rasch wurde ein Lager errichtet und dann damit begonnen, Wasserlöcher auszuwerfen und eine Viehtränke herzustellen. Die Tiere mußten ziemlich weit auf die Weide getrieben werden, da in der Nähe die riesigen Herden der Herero das Gras restlos abgeweidet hatten. Während dieser Arbeiten strömten immer neue Rinderherden herbei, so daß noch weitere Wasserlöcher gegraben werden mußten.

Am nächsten Morgen gelang es der Abteilung, oben auf dem Plateau des Waterberg bei Okamaru südwestlich der Station Waterberg eine mehrere hundert Mann starke gegnerische Gruppe zu zerschlagen. Etwa 100 Herero streckten die Waffen. Inzwischen waren weitere Viehmassen der Herero im Lager der Abteilung am Omuveroume-Paß zusammengeströmt. Insgesamt erbeutete die Abteilung Fiedler im Zeitraum 12. bis 13. August etwa 18000 Rinder und eine riesige Menge Kleinvieh. – Da es unmöglich war, diese gewaltigen Viehmassen an Ort und Stelle zu tränken, räumte die Abteilung am 14. das Lager und zog zunächst zu dem wesentlich ergiebigeren Wasserplatz Hamakari weiter, dessen Wasserlöcher jedoch bis zum Rande mit toten Hererorindern angefüllt und daher völlig verseucht waren. Daraufhin begab sich die Abteilung mit ihren Viehherden zur Station Waterberg zurück, wo sie am 15. abends eintraf. Hier wurden gute Weide und frisches Wasser angetroffen.

Die beiden Abteilungen Deimling und Mühlenfels traten, wegen des zu erwartenden Wassermangels auf dem Vormarschweg zeitlich gestaffelt, am 13. August trotz der desolaten Verfassung der Tiere und trotz der Warnungen der Landeskundigen die Verfolgung in östlicher Richtung auf Omutjatjewa an. Die Pad, auf der der Vormarsch vor sich ging, bestand aus weichem, pulverartigem Sand, in dem die abgemagerten Pferde knöcheltief einsackten. Tiefe

2 Siehe Fußnote, Seite 259.

Furchen zogen die Räder der von den müden Zugtieren geschleppten Geschütze und Wagen. Gleich einer festgetretenen Diehle zog sich in über 100 m Breite der Fluchtweg des geschlagenen Hererovolkes dahin. Überall sahen die Soldaten die Beweise einer überhasteten Flucht: Verstreut auf der Pad lagen Felle, Gerätschaften, Kleidungsstücke, viele bleierne Ringe, die die Hererofrauen als Schmuck um ihre Fußknöchel zu tragen pflegten und von denen sie sich nun wegen deren Schwere getrennt hatten. Rechts und links von der Pad und im Dornbusch standen zu Hunderten, ja Tausenden verlassene Hererorinder herum, von Durst und Hunger gepeinigt. Die Weiden auf dem Vormarschweg waren abgegrast oder von den Herero zur Unbrauchbarmachung in Brand gesteckt worden. Erschüttert von diesen Bildern schreibt Hauptmann Franke in seinem Tagebuch:

»Kurz nach 0600 Uhr vormittags rücken wir ab in östlicher Richtung auf der Spur des abgezogenen Feindes. Das Feld gleicht naturgemäß einer Wüste, das massenhaft herumlungernde und stehende Vieh sieht entsetzlich aus, mir krampft sich das Herz zusammen... Wir ruinieren das halbruinierte Material[3] gänzlich, ohne den Schimmer von Aussicht auf Erfolg.«

Das Gelände am Westrand der Omaheke, das die beiden Abteilungen jetzt betraten, war noch völlig unerforscht, Kartenmaterial daher nicht vorhanden. Zur Aufklärung und Wassersuche wurden die Witbooi-Aufklärungsgruppe und ein Zug Pioniere vorausgeschickt. Von der Wasserversorgung hing der Erfolg des ganzen Unternehmens ab, trotzdem verzichtete, wie Hauptmann Franke verbittert feststellte, der General auf den Rat landeskundiger Leute und verließ sich lieber auf die Auskünfte junger als Kolonnenfahrer dienender Ansiedler. Die Folgen traten rasch ein; Franke notiert in seinem Tagebuch:

»Elende Vley-Löcher werden von den stolzen Truppenfahrern für ergiebige Wasserstellen gehalten. Es wird nach Wasser gegraben, wo keines ist. Stieß man tatsächlich auf scheinbar ergiebige Wasserstellen, so erwiesen sie sich bald als völlig verseucht... Und überall an den Vleys verreckendes, verschmachtendes Vieh. Ich kann es kaum noch ansehen...«

Während die beiden Abteilungen weiter in Richtung Omutjatjewa im Schritttempo vorrücken, stoßen sie immer wieder auf zurückgebliebene alte Männer, Frauen und Kinder. Beim Verhör sagen einige von ihnen aus, ihre Häuptlinge hätten die Absicht, nach Epukiro, also nach Südosten, zu gehen, wahrscheinlich, um von dort dann, dem Epukiro-Rivier entlang, der britischen Grenze bei Quagganei/Rietfontein zuzustreben. Hauptmann Bayer bemerkt hierzu:

»Sollten diese Angaben zutreffen und der Gegner schon weit in dieser Richtung vorgerückt sein, so werden die Aussichten immer geringer werden, ihn noch rechtzeitig zu fassen und zum Kampf zu stellen. – Je mehr die Truppe

3 Anm. Verf.: Franke meint das Pferdematerial.

voranlam, um so breiter und unregelmäßiger wurde der Fluchtweg. Überall lag verendetes und sterbendes Vieh, das einen entsetzlichen Geruch ausströmte, der die heiße, flimmernde Luft verpestete. Vielen Tieren war die Gurgel durchschnitten und die Eingeweide herausgerissen worden: Von Wassernot gepeinigt, hatten die flüchtenden Herero ›mit der Feuchtigkeit aus den Tierleibern ihre vertrockneten Gaumen beschwichtigt‹.«

Aber auch die Not der Truppe nahm von Stunde zu Stunde zu: Eingehüllt in eine dichte Wolke aus Staub und Sand, die in Nase, Ohren und Mund eindrangen, stapften die Soldaten dahin. Die Tiere waren am Ende ihrer Kräfte, eins nach dem anderen brach zusammen.

An den Wasserstellen immer wieder das gleiche Bild: Völlig verseuchtes und unbrauchbares Wasser, in dem Großvieh und Kleinvieh lag, das, wahnsinnig vor Durst und gedrängt von nachschiebenden, ebenso gepeinigten Tieren, in die Wasserlöcher gestoßen worden war.

Bei Einbruch der Dunkelheit, gegen 1700 Uhr, gelangten die beiden Abteilungen nach einer Tagesleistung von etwa 50 km nach Ombujo-Wakune am Streitwolfschen Weg. Dort waren kurz vorher die vorausreitenden Witbooi-Späher auf eine Nachzüglergruppe Herero gestoßen, die nach einem kurzen Feuergefecht zerstreut wurde. Auch diese Wasserstelle war durch aufgedunsene Viehkadaver in den Wasserlöchern verseucht. Wieder begann das mühselige Freimachen und Aufgraben. An achtzehn verseuchten und versiegten Wasserlöchern wurde gearbeitet. Feldwebel Zitschin berichtet:

»Endlich fand sich in zwei Löchern etwas Nasses. Wasser konnte man diese stinkende Tunke nicht nennen. Trotzdem wurde von diesem ›kostbaren Naß‹ getrunken. Posten mit aufgepflanztem Seitengewehr sorgten dafür, daß niemand unberechtigt von diesem ›Naß‹ nahm...«

Die Wasserstelle Ombujo-Wakune erwies sich als so unergiebig, daß auf jede Korporalschaft nur ein Kochgeschirr voll Wasser kam. An ein Tränken der Tiere war bei dieser Wassernot nicht zu denken. Zitschin fährt fort:

»Jetzt erkannten wir unsere schreckliche Lage ... Wir wußten, daß wir unsere Pferde nicht mehr zurückbringen konnten, wir hofften nur noch schwach, daß wir selbst wieder dahin kommen könnten, wo es wirklich Wasser gab.«

Patrouillen wurden vorausgesandt, um den gegnerischen Spuren zu folgen und die Wasserverhältnisse in der weiteren Vormarschrichtung zu untersuchen. Sie meldeten, bei Omutjatjewa habe sich die immer weiter auseinanderstrebende Spur der Flüchtlinge in zwei Richtungen geteilt: die eine Spur führe ziemlich genau nach Südosten, die andere weiter südlich. Im übrigen habe man nur leere Wasserlöcher und abgegraste Weide gefunden. Unter diesen Umständen war eine weitere Verfolgung des Gegners aussichtslos geworden; auch die noch verbliebenen Pferde wären dabei zusammengebrochen, so daß die Truppe durch wasserloses Gebiet hätte weitermarschieren müssen. Nicht nur wäre ein Einholen des flüchtenden Feindes unter diesen Bedingungen völlig ohne Erfolgsaussichten gewesen, es hätte auch die große Gefahr bestanden, daß das Unternehmen für die beiden Abteilungen in einer Katastrophe enden würde.

Der Not gehorchend, befahl Oberst Deimling daher am 13. August für die Abteilung Mühlenfels und seine Abteilung den sofortigen Rückzug nach Hamakari, dem Ausgangspunkt dieser glücklosen Expedition. Um 0200 Uhr morgens, die Kühle der Nacht ausnutzend, brach die Abteilung Deimling von Ombujo-Wakune auf. Die Abteilung Mühlenfels, die nur teilweise beritten war, rückte am Morgen des 14. ebenfalls in Richtung Hamakari ab. Hauptmann Bayer erinnert sich:

»Dieser Nachtmarsch wird allen, die ihn mitgemacht haben, unvergeßlich bleiben. Die Leute waren müde, hungrig und verdurstet, sie mußten im tiefen Sand sich und ihre Tiere schleppen. Immerfort stürzten die Tiere hin und wurden mit Schlägen auf- und weitergetrieben. Die Äste der Dornbüsche rissen uns die Hände und Gesicht blutig, die Luft war von Kadavergeruch erfüllt, denn der Weg war mit verendeten Tieren besät. Wir stiegen über viele tote Rinder hinweg, deren Bäuche von Verwesungsgasen dick aufgebläht waren.

In den Büschen blökte und brüllte sterbendes Vieh. Aus weiter Umgebung schienen alle Schakale und Hyänen von dem durchdringenden, eklen Leichengeruch angezogen worden zu sein, ihr Heulen und Winseln scholl schauerlich in die Nacht hinaus. Scharen von Aasgeiern flogen bei unserem Näherkommen auf und stießen wieder auf ihre Opfer nieder, wenn wir vorbeigezogen waren.

Einzelne Reiter konnten nicht mehr vorwärts, Kameraden stützten sie und schleppten sie mit sich, denn wer zurückblieb, war verloren...

Als es Morgen wurde, erreichten wir eine Lichtung, in der eine verlassene, halb zerstörte Farm stand. Wir rasteten kurze Zeit in völliger Erschöpfung; dann zogen wir weiter, denn wieder begann die Sonne brennende Glut über das Land zu gießen. Noch so sehr mochte man versuchen, die Gedanken auf andere Dinge zu lenken, sie kehrten immer wieder zu der einen Frage zurück, wann wir endlich zum Wasser gelangen und den Durst stillen könnten – und zu der einen Sorge, ob es wohl gelingen werde, das müde Pferd bis zur Wasserstelle zu bringen...

Endlich, um 0100 Uhr nachmittags, erreichten wir die Wasserlöcher von Hamakari! – Nun wurde getrunken und den Tieren so lange Wasser gereicht, bis alle satt waren.«

Während des Rückmarsches wurde eine große Zahl der von den Herero zurückgelassenen Tiere gesammelt und nach Hamakari getrieben. Auf diese Weise konnten ohne große Mühe etwa 2000 Rinder und zahlloses Kleinvieh erbeutet werden.

Die mit der Abteilung von der Heyde vereinigte Abteilung von Estorff, die ein eventuelles Ausweichen des fliehenden Gegners nach Nordosten dem Omuramba abwärts, vereiteln sollte, hatte mehr Glück. Die vereinigte Abteilung war am 13. August nachmittags von Otjiwarongo in Richtung Otjatjingenge, am Omuramba gelegen, aufgebrochen, um sich dort den Herero, sollten sie sich für diesen Fluchtweg entscheiden, vorzulegen. Im Eilmarsch rückte die Abteilung von der Heyde/Estorff vor, ein Teil der Mannschaften zu Fuß, und traf noch in der Nacht zum 14. am Bestimmungsort Otjatjingenge ein. Da der Platz noch feindfrei angetroffen wurde, schickte von Estorff seine schnellste Kompanie, die 1., dem Omuramba aufwärts nach der Vley Omatupa, d. h. nach Südwesten. Die Kompanie erreichte die Wasserstelle noch am gleichen Tage und fand auch sie feindfrei vor. Am folgenden Tage morgens trafen auch die restlichen Einheiten der Abteilung von der Heyde/Estorff in Omatupa ein. Da die Vley reichliches und gutes Wasser bot, wurde hier eine Ruhepause eingelegt. Am Nachmittag befahl von Estorff den Weitermarsch nach Okowingo.

Die 1. und 4. Kompanie waren bereits im Aufsatteln begriffen, während die 5. und 2. Kompanie noch ruhten, da erfolgte – es war gegen 1500 Uhr – unvermittelt ein Angriff durch eine große Schar Herero, Angehörige fast aller Stämme, die, auf der verzweifelten Suche nach Wasser für ihr verdurstendes Vieh, die Vley im Sturm nehmen wollten. Der energisch vorgetragene Angriffsstoß traf die 5. und 2. Kompanie. Diese wurden völlig überrascht und erlitten sogleich Verluste. Die 1. und 4. Kompanie reagierten sofort und rückten gegen die angreifenden Herero vor. Die Artillerie griff ebenfalls in das Gefecht ein und feuerte über die Vley hinweg auf die Angreifer. Erbittert wurde um den Besitz der Wasserstelle gerungen. Nach etwa zwei Stunden war die Entscheidung gefallen: Die Herero brachen den verzweifelten Kampf um das Wasser unter schweren Verlusten ab und zogen sich in südwestlicher Richtung zurück. Die Verluste auf deutscher Seite betrugen fünf Gefallene und sieben Verwundete. Etwa 1200 Stück Vieh wurde erbeutet und unter Bedeckung über Coblenz nach Grootfontein in Sicherheit gebracht.

Am 16. August brach die Abteilung wieder auf. Den Spuren der Herero folgend, marschierte sie über Okuwingo nach Ombujo-Ratanga. An dieser ebenfalls am Omuramba-Omatako gelegenen Wasserstelle verblieb die Abteilung bis zum 28. August.

Mit ihrer Niederlage bei Omatupa war den Herero – mit Ausnahme kleiner, schon weit nach Nordosten vorausgeeilter Gruppen – die günstigste Fluchtrichtung in das Betschuanaland, die nach Nordosten am Omuramba-Omatako entlang, verwehrt worden. Wollten sie auch jetzt noch an ihrer Absicht, sich in das östliche Nachbarland abzusetzen, festhalten, so blieb ihnen nur noch der Versuch, am Eiseb oder Epukiro entlang zu entweichen, um so die schlimmsten Durststrecken durch die gefürchtete Omaheke zu umgehen. Eine weitere Möglichkeit war die, daß die Herero nun versuchen würden, eine südliche Richtung einzuschlagen, um so wieder zu ihren alten Schlupfwinkeln in den Onjatibergen und im Khomas-Hochland zu gelangen. Hier taten sich erneut Gefahren für die von Weißen besiedelten Gebiete der Kolonie auf.

Am 16. August gibt General von Trotha weitere Anweisungen für die Verfolgung heraus. Danach soll Oberst Deimling mit seiner Truppe, in einem weiten Bogen nach Südwesten vorstoßend, sich den nach Südosten und Süden fliehenden Teilen der Herero vorlegen und sie in die Omaheke abdrängen. Eine in Windhuk neu formierte Abteilung unter Hauptmann von Heydebreck wird beauftragt, einen Sperriegel nach Osten zwischen Epukiro und Gobabis zu bilden. Die Abteilungen Mühlenfels, von Estorff und Volkmann sollen den Feind von Norden und Westen her gegen die Omaheke drängen.

Wenden wir uns jetzt wieder der Abteilung Deimling zu.

Um ein möglichst großes Gebiet auf der Verfolgung abzudecken, beschließt Oberst Deimling, seine Truppe in zwei separate Kolonnen aufzuteilen, die erste Kolonne, bestehend aus dem von Major von Wahlen-Jürgass geführten I. Bataillon des 2. Feldregiments, die zweite Kolonne aus dem von Major Meister geführten II. Bataillon des 2. Feldregiments. Die Versorgungslage der Abteilung ist weiterhin angespannt, da der Troß gegen den Rat des Hauptmanns Franke in Okateitei zurückgelassen worden ist. Franke vermerkt in seinem Tagebuch unter dem 16. August: »Die Truppe ist ohne Verpflegung, die Pferde ohne ein Korn Hafer … Die Pferde fallen wie die Fliegen … Der ganze Platz[4] ist vergiftet von sterbendem Aas.« – Die Krankenquote ist hoch: Viele Soldaten leiden an Typhus oder Ruhr. Der Oberst hat einen seiner Offiziere, den Oberleutnant von Kummer, der Bagage am 15. August entgegengeschickt. Als auch am 17. diese noch nicht eingetroffen ist, befiehlt Deimling den Abmarsch.

Um 0200 Uhr mittags bricht die Truppe – zunächst beide Kolonnen gemeinsam – erneut von Hamakari auf, der Oberst mit seinem Stab bei der Kolonne von Wahlen-Jürgass. Wegen der Schwäche der Tiere müssen die meisten Soldaten zu Fuß laufen, die Pferde am Zügel führend. Über Ombuatjipiro marschieren beide Kolonnen bis Erindi-Ongoahere, einer sauberen Wasserstelle, wo sich die Truppe endlich einmal sattrinken kann. Ab hier setzen die Kolonnen den Marsch getrennt fort. Die Kolonne Meister bricht noch am 18. August von Erindi-Ongoahere auf und rückt in südlicher Richtung bis nach Owikokorero vor. – Die Kolonne von Wahlen-Jürgass verläßt Erindi-Ongoahere erst am 20. August. Sie marschiert zunächst, einen weiten, nach Westen gerichteten Bogen beschreibend, dem Omuramba-Omatako entlang über Osire – Otjikururume, verläßt dort das Rivier und schwenkt dann nach Süden ab, erreicht das Swakop-Rivier und gelangt schließlich ebenfalls nach Owikokorero. Hier treffen sich die beiden Kolonnen wieder.

Nirgends war die Abteilung Deimling bisher auf den Gegner gestoßen. Wo steckte er jetzt? Stand er vielleicht irgendwo am Westrand des Sandfeldes, unschlüssig, welchen Fluchtweg er nun einschlagen sollte? Oder strebte er bereits dem Eiseb- oder Epukiro-Rivier zu? Da von Trotha dies für wahrscheinlicher hielt, beschloß er, seine Anstrengungen auf diese Riviere zu konzentrieren. Am 26. August gab er deswegen in Hamakari neue Operationsanweisungen heraus:

4 Anm. Verf.: Gemeint ist Hamakari.

Die Abteilung Deimling erhielt den Befehl, von Owikokorero aus mit der Kolonne Meister über Otjosondu nach Osten in Richtung auf Okatjekonde und mit der Kolonne von Wahlen-Jürgass ebenfalls in östlicher Richtung über Otjikuara – Okajeinja – Karidona nach Opakarane vorzustoßen. Auf diese Weise sollte ein breiter Suchstreifen gebildet werden, um den Gegner zu fassen, sollte er versuchen, nach Süden zum Epukiro-Rivier durchzubrechen.

Der Auftrag für die neue Abteilung unter Hauptmann von Heydebreck blieb unverändert: Bildung einer Auffanglinie zwischen Gobabis und Epukiro, um den Herero, sollten sie bereits am Epukiro-Rivier stehen, den Weg in das Nachbarland zu verwehren und sie zum Kampf zu stellen.

Die bei Ombujo-Ratanga lagernde Abteilung von Estorff/von der Heyde, verstärkt durch die noch bei Osondema stehende Abteilung Volkmann, erhielt die Aufgabe, von Nordwesten her die Verfolgung über Okosondusu – Otjomaso – Okamea-Pehi – Okowindombo und über die letztgenannte Wasserstelle hinaus fortzusetzen und weiterhin ein Entweichen des Gegners nach Norden in Richtung auf die Bezirke Grootfontein und Otavi zu verhindern. Ein Teil der Truppe sollte bei Erreichen des Eiseb-Riviers nach Nordosten, diesem Rivier folgend, abgedreht werden, um in dieser Richtung aufzuklären.

Der Abteilung Mühlenfels wurde befohlen, von Okosongoho am Omuramba-Omatako aus nach Südosten über Orutjiwa – Otjekongo auf Okahandja-Nord, wo das Eiseb-Rivier ausläuft, vorzustoßen.

In Übereinstimmung mit den neuen Befehlen setzen die Abteilungen nun ihre Bewegungen fort: Die zur Abteilung Deimling gehörende Kolonne Meister marschiert von Owikokorero aus in Richtung Opakarane am Eiseb. Die Kolonne von Wahlen-Jürgass bricht am 28. August ebenfalls von Owikokorero wieder auf und rückt auf Onjatu vor. Von dort aus marschiert sie befehlsgemäß weiter über Onjainja (Okajainja), Engarawau und Karidona nach Opakarane. Hinter Karidona am Eiseb treffen sich beide Kolonnen wieder und marschieren nun vereint die letzte Wegstrecke bis Opakarane. Auch auf diesem Marsch waren die beiden Kolonnen nirgends auf den Feind gestoßen.

Die Abteilung von Estorff setzt nach Erhalt der neuen Weisungen vom 26. August ihren Vormarsch am 28. August von Ombujo-Ratanga aus fort und rückt in südöstlicher Richtung nach Okosondusu ab. Auf dem Wege dorthin hat die Abteilung mehrere Zusammenstöße mit vom Gros des flüchtenden Volkes abgespaltenen, demoralisierten Hererotrupps, die für diese mit Verlusten an Menschen und Tieren enden, ohne daß auf deutscher Seite Ausfälle entstehen. Am 1. September trifft von Estorff mit seiner Truppe in Okosondusu ein.

Die Abteilung Volkmann bricht am 3. September von Osondema ebenfalls mit Marschziel Okosondusu auf und folgt den Spuren der Abteilung von Estorff nach Erreichen von Okosondusu. Unterwegs stößt sie mehrfach auf isolierte Hererogruppen, die gefangengenommen oder zersprengt werden. Organisierter Widerstand wurde den deutschen Abteilungen nirgends mehr geleistet. Offenbar hatte der Gegner unter dem Eindruck der Niederlage bei

Omusema jeden Gedanken an eine Flucht dem Omuramba-Omatako abwärts nach Nordosten aufgegeben und schien sich nunmehr mit seiner Masse in südöstlicher Richtung abzusetzen.

Von der Reiterabteilung von Winkler, die von Okosondusu aus in südlicher Richtung aufklärte, war inzwischen Nachricht eingetroffen, daß sie bei Otjekongo, etwa 70 km südöstlich Hamakari gelegen, auf die zurückflutenden Feindmassen gestoßen sei und jetzt Otjosondu besetzt halte, um ein Entweichen des Gegners nach Südwesten zu verhindern. Es hatte nun den Anschein, als ob der Gegner, durch die Bewegung der Abteilung von Winkler veranlaßt, sich jetzt weiter nach Osten absetzte. Dies wurde durch die von der Abteilung von Estorff gerade eingebrachten Gefangenen bestätigt, aus deren Aussagen hervorging, daß die Herero nunmehr den östlich von Otjekongo am Westrand der Omaheke gelegenen Wasserstellen Okowindombo und Otjimbinde zustrebe. Zur Stimmung im Feindlager äußerten die Gefangenen, es herrsche allgemeine Kopflosigkeit und Uneinigkeit bei der Hereroführung. Es gäbe keinen klaren Plan, nach welcher Richtung nun eigentlich die Flucht fortgesetzt werden sollte. Die Meldungen von der Abteilung von Winkler veranlaßten die vereinigten Abteilungen von Estorff/von der Heyde, ihren Vormarsch am 4. September in Richtung auf die Wasserstelle Otjimbinde von Okosondusu aus fortzusetzen. Bei Ankunft in Otjimbinde noch am gleichen Tage stellte sich jedoch heraus, daß die Wasserstelle bereits vom Gegner geräumt war. Dieser hatte sich am Tage zuvor auf die Nachricht vom Heranrücken der Abteilung Deimling weiter nach Osten abgesetzt.

Nach seinem Eintreffen in Opakarane erhielt Oberst Deimling von Major von Estorff die Nachricht, daß der Feind sich auf seiner Flucht nach Südosten in der Gegend Okowindombo/Otjimbinde wieder gesetzt habe. Um einem etwaigen Durchbruch der Herero zum Epukiro-Rivier, wo die Wasserverhältnisse günstiger sind, zuvorzukommen, setzt daraufhin Deimling am 5. September die Kolonne von Wahlen-Jürgass gegen den vermuteten Gegner bei Okowindombo/Otjimbinde an. Die Kolonne bricht am gleichen Morgen 0600 Uhr auf, um – mit einem großen Umweg – über Okahandja-Nord auf Okowindombo zuzumarschieren. Der zum Stab des Generals gehörende Feldgeistliche Schmidt schließt sich der Kolonne an. Er berichtet:

»6. Vorm. Abmarsch. Die berittene Infanterie als erste Staffel, dann Fußtruppen, Artillerie, Fußtruppen. Die Kompanien sind leider nicht mehr völlig beritten. Der Regimentsstab marschiert beim Vortrupp zwischen der ersten und der dritten Kompanie. Von einer freien Hochfläche aus soll die Artillerie die Wasserstelle beschießen können; so ist erkundet worden. Doch während des Vormarsches kommt die Meldung, die Herero seien im Abzuge von der Wasserstelle begriffen. Schnell traben die Berittenen der 1. Komp. vor. Der Haupttrupp folgt schleunigst. Schon fallen die ersten Schüsse. Gefallene Herero liegen am Wege. Einer ist mit Cordhose, Khakirock und Truppenmütze bekleidet; er ist durch einen Kopfschuß niedergestreckt, seine Hände sind zusammengekrallt. Der große Schwarze neben ihm ist durch einen Brustschuß getötet. Neben ihnen eine beladene Karre, der die Zugtiere genommen sind.

Eiligst weiter. Große Trupps Abziehender werden festgestellt.

Die erste Kompanie hat eine kleine Herde von 100 Stück Großvieh erbeutet. Schon sind wir an der Wasserstelle. Leutnant v. G. jagt mit der Meldung heran, die erste Kompanie sei im Gefecht mit überlegenen Kräften, die sie umgehen wollen, und erbitte Unterstützung. Diese kommt, aber das Gefecht erstirbt bald. Die feindliche Nachhut hat nur die Flucht der Hauptmasse gedeckt.

Noch weiteres Beutevieh wird an die Wasserstelle getrieben. Dort hockt auch eine Anzahl Gefangener: einige Männer, mehrere Weiber und Kinder. Die Weiber tragen Kleidungsstücke, die offensichtlich den bestohlenen Läden oder Schränken geplünderter Farmen entstammen...«

Nach Wiedervereinigung seiner beiden Kolonnen in Opakarane marschierte Oberst Deimling mit seiner gesamten Abteilung in Richtung Epukiro, um die nach Osten zurückflutenden Herero von Süden her zu fassen und ihnen nach Möglichkeit den Weg am Epukiro-Rivier entlang nach Osten abzuschneiden. Die Truppe nahm den Weg über Eware, Okawarumende und Kanduwe. Der Vormarschweg der Abteilung kreuzte die Rückzugswege des Gegners, ein Anzeichen dafür, daß dieser schon weit voraus war. Hier boten sich der Truppe wieder Bilder der völligen Auflösung: Überall herumstreunendes, vor Durst brüllendes, zurückgelassenes Vieh, herumliegende Haushaltsgegenstände, völlig erschöpfte alte Leute, Frauen und Kinder an der Pad. Der Gegner schien nur noch vom Drang beseelt, den deutschen Truppen zu entkommen und lief dabei einem anderen Feind, der Gefahr des Verdurstens im Sandfeld, in die Arme.

Am 12. September traf die Abteilung Deimling im Ort Epukiro ein. Dort erfuhr der Oberst von einem den Herero entlaufenen Buschmann, daß gut bewaffnete Hererogruppen bereits weit vor der Abteilung an den etwa 85 km östlich von Epukiro gelegenen Wasserstellen von Ganas und Otjimanangombe ständen. Daraufhin setzte Deimling am 23. September eine Patrouille unter Oberleutnant von Diezelsky gegen diese Herero an. Wegen der völligen Wasserlosigkeit des Weges zu den beiden Wasserstellen erreichte die Patrouille erst beim zweiten Versuch Otjimanangombe, wo die Richtigkeit der Angaben des Buschmanns festgestellt wurde. Deimling brach daraufhin am 30. September mit drei Kompanien und einer Batterie von Kalkfontein aus, wohin er inzwischen weiter vorgerückt war, in Richtung Otjimanangombe auf. Größtenteils im Fußmarsch – die meisten der Pferde der Abteilung waren in der Zwischenzeit ausgefallen – wurde die Durststrecke in drei Tagen durchquert, doch die Mühe war vergebens: Beim Herannahen der Truppe war der Gegner unter Zurücklassung von Vieh weiter in Richtung Osten gezogen.

Von Otjimanangombe aus entsandte der Oberst mehrere Patrouillen den Omuramba-Ganas aufwärts nach Westen und den Epukiro abwärts nach Osten, um nach dem Verbleib des Gegners zu forschen. Die Aufklärung ergab, daß noch größere Feindkräfte etwa 45 km östlich von Ganas am Epukiro in mehreren großen Werften saßen. Hierhin brach Deimling mit einem Teil seiner Kräfte am 8. Oktober auf. Nach Erreichen der Werften kam es am 9. morgens zu einem Feuergefecht mit dem Gegner. Dieser brach aber rasch das Gefecht ab und wich unter Zurücklassung seines gesamten Viehs weiter nach Osten aus. Eine Fortsetzung der Verfolgung erwies sich wegen der wenigen noch vorhandenen, obendrein noch schlappen Pferde als unmöglich. Nach Feststellung einer ausgesandten Patrouille soll es sich beim Gegner um Leute unter Führung von Tjetjo gehandelt haben. Dieser Platz war der letzte Punkt, wo der Gegner am Epukiro noch Widerstand geleistet hatte. Die Soldaten Deimlings gaben ihm daher den Namen »Orlogsende«. Am 11. Oktober trat Oberst Deimling den Rückmarsch nach Epukiro an. In Otjimanangombe blieb als Besatzung eine Kompanie (1., vom 2. Feldregiment) und eine Batterie (7., 2. Feldregiment) unter Hauptmann Klein zurück.

Wir wollen jetzt kurz auf die Ereignisse bei den anderen Abteilungen, den Abteilungen Mühlenfels und von Heydebreck, nach Erhalt der neuen Operationsbefehle vom 26. August, eingehen.

Hauptmann von Heydebrecks Abteilung war weisungsgemäß von Windhuk aus in Richtung auf Epukiro aufgebrochen. Den Weg über Seeis, Otjihaenena, Okazeva, Kehoro und Kanduwe nehmend, erreichte die Abteilung fast gleichzeitig mit Deimlings Truppe den Ort Epukiro. In der Hoffnung, den aus dem Bereich Otjimbinde – Okowindombo vor Estorffs und Deimlings Truppen nach Osten zurückweichenden Herero noch den Weg verlegen zu können, rückte die Abteilung von Epukiro aus, zunächst über Kanduwe nach Westen zurückmarschierend, über Sturmfeld nach Nordosten am Omuramba Ganas bis nach der Wasserstelle Ombakaha vor, die Ende September erreicht wurde. Nirgends war jedoch die Truppe unterwegs auf den Gegner gestoßen. Dieser hatte sich offenbar, wie auch aus den Schilderungen des Buschmanns[5] hervorging, den deutschen Vorlegungsversuchen entzogen und stand nun in seiner Masse bereits viel weiter im Osten. Von Ombakaha aus marschierte die Abteilung im Zusammenwirken mit der Abteilung Deimling weiter Omuramba-Ganas abwärts nach Osten. 50 km östlich von Ombakaha stieß man auf einige besetzte Hererowerften. Hier kam es zu einer letzten Berührung mit dem Gegner, der jedoch nach kurzer Zeit das Gefechtsfeld räumte und die Flucht nach Osten fortsetzte. Eine Verfolgung schied wegen Austrocknung der Wasserstellen aus.

Die Abteilung Mühlenfels brach am 18. August erneut von Hamakari auf und marschierte zunächst in südlicher Richtung nach Erindi-Endeka, von wo aus sie den nach Süden ausgewichenen Feind nach Osten hin abdrängen sollte. Gefreiter Christian Döhler, der dieser Abteilung angehörte, berichtet:

5 Siehe Seite 271.

»Wir marschierten bei Sonnenuntergang los, ohne Pause bis 1200 Uhr nachts. Endlich hieß es ›Halt‹. Wer nicht auf Wache eingeteilt war, lag rechts und links sofort in tiefem Schlaf. Nach einer Stunde hieß es ›Fertig machen!‹. Oh, Du Allmächtiger, sagten wir uns, was soll das noch werden? Da wir schon häufig schlechtes Wasser hatten trinken müssen, litt ein großer Teil von uns an Durchfall. Es wurde aber marschiert, marschiert, marschiert. Anhalten gab's nicht, warten auf Ausgetretene erst recht nicht. Also, schnell. Außerdem ließ der Durchfall auch nicht viel Zeit. Doch der Soldat ist erfinderisch. Wir schnitten die Mittelnaht unserer Hosen auf und im Nu war das Geschäft, wenn's sein mußte, erledigt.

Allmählich wurde es Tag, wir aber marschierten, marschierten. Gegen 1000 Uhr passierten wir ein Wasserloch, das voll von verrecktem Vieh lag. Unser Major stand mit der Browning in der Hand daneben und hätte bestimmt jeden über den Haufen geschossen, der es gewagt hätte, von dem verseuchten Wasser zu trinken. Was das bedeutet nach so einem Marsch in fürchterlichem Staub an Wasser vorbeiziehen zu müssen, ohne trinken zu dürfen, kann nur der ermessen, der sowas mitgemacht hat! Mühlenfels aber wußte aus seiner Chinaerfahrung, was Typhus für eine Truppe bedeutet. Er konnte ihn später trotzdem nicht aufhalten. Er selbst, ein älterer Mann mit ergrautem Haar, ging zu Fuß und hatte sein Pferd für alle äußersten Notfälle mit Wassersäcken behängen lassen, doch wurden ihm diese von Soldaten, die sich nicht beherrschen konnten, ausgesoffen. Beim nächsten Halt hielt er uns eine Ansprache über Kameradschaft, die uns tief zu Gemüte ging. Gegen 0400 Uhr erreichten wir endlich eine große Pfanne mit Wasser, Erindi-Endeka. Beim ersten Hinsehen dachten wir, daß die Termiten hier sogar im Wasser ihre Hügel gebaut hätten, es stellte sich aber heraus, daß es lauter aufgedunsenes Vieh war. Wir stürzten auf das Wasser zu, warfen uns auf den Bauch, bliesen ins Wasser, damit der Fettschaum, mit Haaren vermischt, einen kleinen Raum freigab und tranken unaufhörlich. Der Magen nahm das Wasser gar nicht erst an, sondern stieß es in hohem Bogen wieder heraus, aber es war wenigstens eine Erfrischung. Die Offiziere waren machtlos bei dem Versuch, uns vom Trinken abzuhalten, sie hätten bei Gewaltanwendung die ganze Abteilung über den Haufen schießen müssen. Ihr Ruf, doch Filtrierlöcher zu graben, wurde nicht mehr beachtet, wir hatten den Typhus in uns aufgenommen.

Es wurde ein Lager bezogen und sofort unter der persönlichen Aufsicht des Majors Latrinengruben und Löcher für den Abfall gegraben. Als wir noch bei dieser Arbeit waren, kamen die Leute, die schlapp gemacht hatten und erschöpft auf der Pad liegen geblieben waren, nach und nach an, sie hatten ihre letzte Kraft eingesetzt, um nachzukommen. Es gab ein kurzes Verhör und der Erfolg waren drei Tage Mittelarrest.

Hier blieben wir fünf Tage liegen. Täglich meldeten sich jetzt fünf bis sechs Leute krank, so daß die Ärzte zu ihrem Schrecken feststellen mußten, daß der Typhus in erschreckender Weise um sich griff. Durch eine ausgesandte Patrouille wurde festgestellt, daß die nächste Wasserstelle Okosongoho aus

Sandwasserlöchern bestand und noch frei von verrecktem Vieh war. Dorthin marschierten wir nun[6] und das erste große Typhuslazarett mit Verteidigungsgräben und Dornbuschverhauen wurde aufgebaut. Bei der Bestellung für das Lazarettinventar beantragt Oberstabsarzt Schian auch zwei fahrbare Filtrierapparate. Diese haben genau drei Tage gearbeitet, dann waren sie verschlammt, dieser Jauche waren sie nicht gewachsen.«

In Okosongoho erhält die Abteilung die neuen Weisungen des Hauptquartiers vom 26. August und bricht daraufhin wieder auf. Der Marsch geht jetzt über Orutjiwa nach Otjekongo, das Anfang September erreicht wird. Wegen der im Bereich Okowindombo – Otjimbinde in Versammlung gemeldeten Hererohaufen[7] eilt die Abteilung von Otjekongo weiter auf Okahandja-Nord – Otjimbinde zu. Dort kommt es jedoch zu keiner Gefechtsberührung mit dem Gegner; wie bereits geschildert, hatte dieser hier nach kurzem Gefecht mit der Kolonne von Wahlen-Jürgass sich weiter nach Osten abgesetzt[8].

Auch die Abteilung von Estorff, die am 4. September von Okosondusu aus – ebenfalls auf die Nachricht von der Ansammlung gegnerischer Kräfte bei Okowindombo – Otjimbinde – in Richtung auf diese Wasserstellen in Eilmärschen vorgerückt war, stieß ins Leere. Es gelang ihr jedoch, in zügiger Verfolgung über Otjimbinde vorstoßend, die fliehenden Herero am 9. September bei Owinaua-Naua, einer Kalkpfanne am oberen Eiseb, doch noch in ein Gefecht zu verwickeln. Es waren Nachhuten der Samuel- und Quandja-Leute, die sich hier noch einmal zum Kampf stellten, um den Abzug der Herden, deren Tränkung wegen Annäherung der Deutschen abgebrochen werden mußte, den Eiseb abwärts zu sichern. Oberleutnant von Epp beschreibt das Gefecht in seinem Tagebuch:

»Die Artillerie streut den Busch ab, großer Radau jenseits (der Kalkpfanne) Wasserstelle wird mit einigen Schüssen genommen. Die Kompanien klären danach in verschiedenen Richtungen auf ... nach kurzer Zeit räumt der Gegner das Feld. Allgemeines Vorgehen der Abteilungen durch den Busch. Verfolgungsfeuer der Artillerie auf den wieder sichtbar werdenden Feind, auf die Staubwolke des abtreckenden Viehs.«

Die Herero setzten sich unter Verlust von hundert Toten und unter Zurücklassung zahlreicher Gegenstände ab. Östlich von Owinaua-Naua teilten sie sich: Ein Teil, darunter Samuels und Quandjas Leute, wichen in Richtung Epata Eiseb abwärts aus, während der andere Teil nach Südosten in Richtung Sturmfeld zurückflutete. Um eine Verfolgung zu erschweren, wurde das Gras auf dem Rückzugsweg in Brand gesteckt.

In der Meinung, die Masse des Gegners wiche nach Südosten aus, rückte die Abteilung von Estorff in Eilmärschen bis nach Sturmfeld am Omuramba-Ga-

6 Anm. Verf.: Am 22. August.
7 und 8 Siehe Seite 270f.

nas vor: Mit dieser Richtungsänderung seiner Abteilung wollte Major von Estorff verhindern, daß der Gegner nach Süden in den wasserreichen Epukiro-Bereich entwich. Offenbar war ihm nicht bekannt, daß bereits die Abteilung Deimling in der gleichen Absicht weiter südlich auf den Ort Epukiro hin operierte[9]. Durch das Vorgehen der beiden Abteilungen wurde der Gegner veranlaßt, nach Nordosten zum Ganas-Omuramba auszuweichen. Am 11. September morgens erreichte von Estorff die Wasserstelle Sturmfeld. Am gleichen Tage mittags traf Oberst Deimling, dessen Truppe nicht weit südlich lagerte, im Lager der Estorffschen Abteilung ein. In der Lagebesprechung zwischen den beiden Offizieren, an der auch die Kompaniechefs teilnahmen, gelangte Oberleutnant Epp zu der Feststellung, daß dem Hauptquartier nun wohl jede Führung aus den Händen geglitten sei, daß von einer einheitlichen Befehlsführung nicht mehr die Rede sein könnte, denn jede Abteilung »wurstle für sich« – völlig im unklaren über das, was die anderen Abteilungen machten. Was Oberleutnant Epp sonst noch aus den Gesprächen der beiden Abteilungsführer heraushörte, vertraute er seinem Tagebuch am 11. September 1904 an: Es soll zu schweren Zerwürfnissen zwischen General von Trotha und seinem Chef des Stabes, Oberstleutnant Chales de Beaulieu, wegen der Art der Kriegführung gekommen sein. Letzterer habe sich daraufhin krank gemeldet und sei zur Einschiffung nach Deutschland auf dem Wege nach Swakopmund. Die Ratschläge der landeserfahrenen Offiziere würden grundsätzlich ignoriert und diese bespöttelt.

Selbstständig beschließen Deimling und von Estorff Aufgabenteilung: Deimling soll dem Gegner im Epukiro-Bereich nachsetzen, während von Estorff zum Eiseb zurückkehren und den dortigen Gegner verfolgen soll. Hauptziel soll sein, den Gegner mit diesen beiden Operationen in die Zange zu nehmen und aus der wasserreichen Region der beiden Riviere wieder in die Omaheke abzudrängen.

Nach diesem Gespräch läßt Major von Estorff das Lager wieder abbrechen und marschiert mit seiner Abteilung über Okawarumende – Okatjekuri – Eware nach Owinaua-Naua zurück, wo er am 18. September wieder eintrifft.

Inzwischen hat sich die Verpflegungslage der Abteilungen weiter verschärft. Nur noch in großen Zeitabständen treffen die Ochsentrecks mit dem Proviant ein; infolge der verseuchten und durch zu starke Benutzung fast versiegten Wasserstellen und der von den abrückenden Herero abgeweideten oder in Brand gesteckten Grasflächen sind die Treckochsen und Pferde immer schlapper geworden und viele zusammengebrochen. Notgedrungen müssen die noch etwas reichlicher mit Proviant ausgestatteten Abteilungen den notleidenden anderen Abteilungen aushelfen. Schon ist abzusehen, wann das Verpflegungswesen endgültig zusammenbrechen wird.

Am 23. September trifft General von Trotha mit seinem Stab ebenfalls in Owinaua-Naua ein. General von Trotha erkennt, daß die Zeit drängt und die

9 Vergleiche Seite 271.

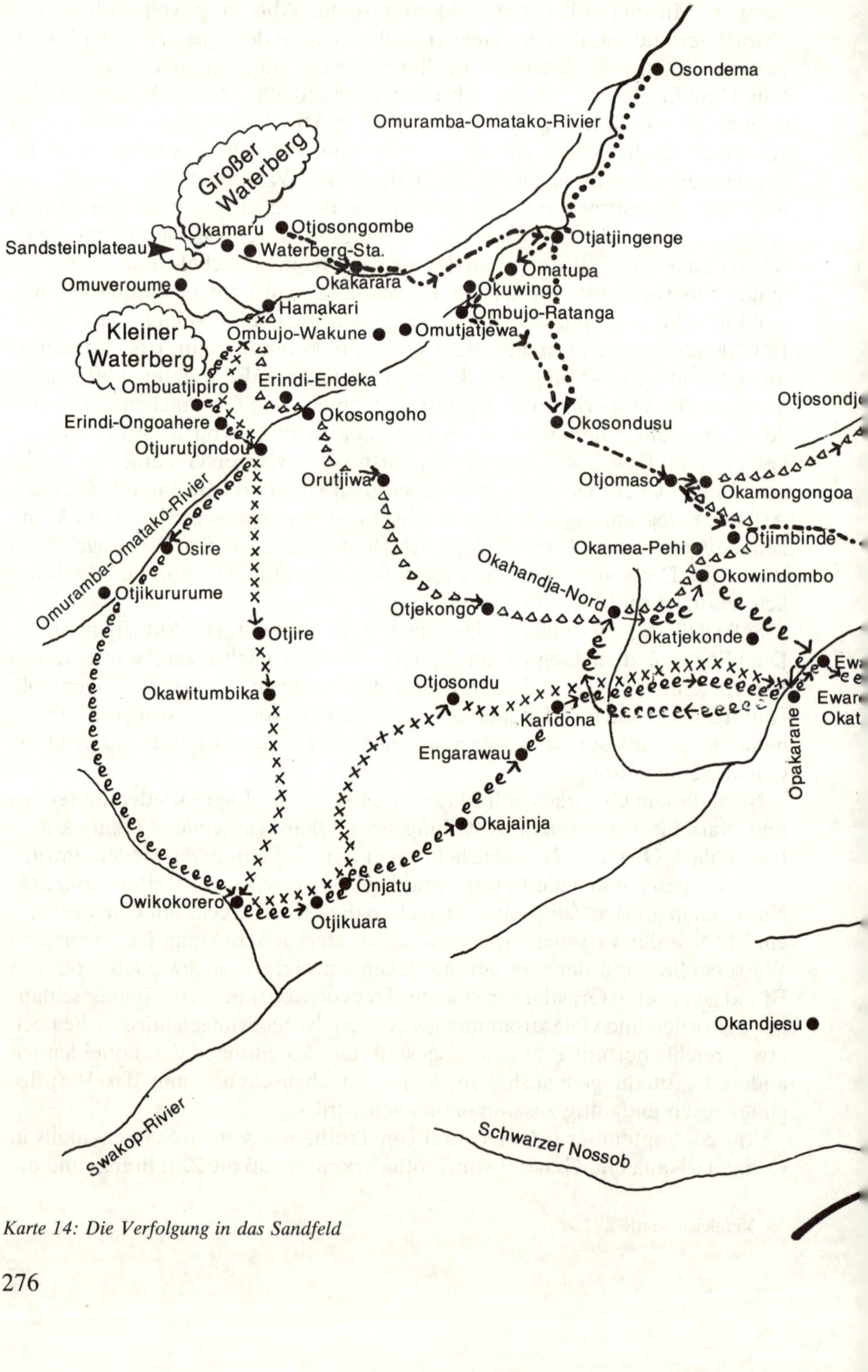

Karte 14: Die Verfolgung in das Sandfeld

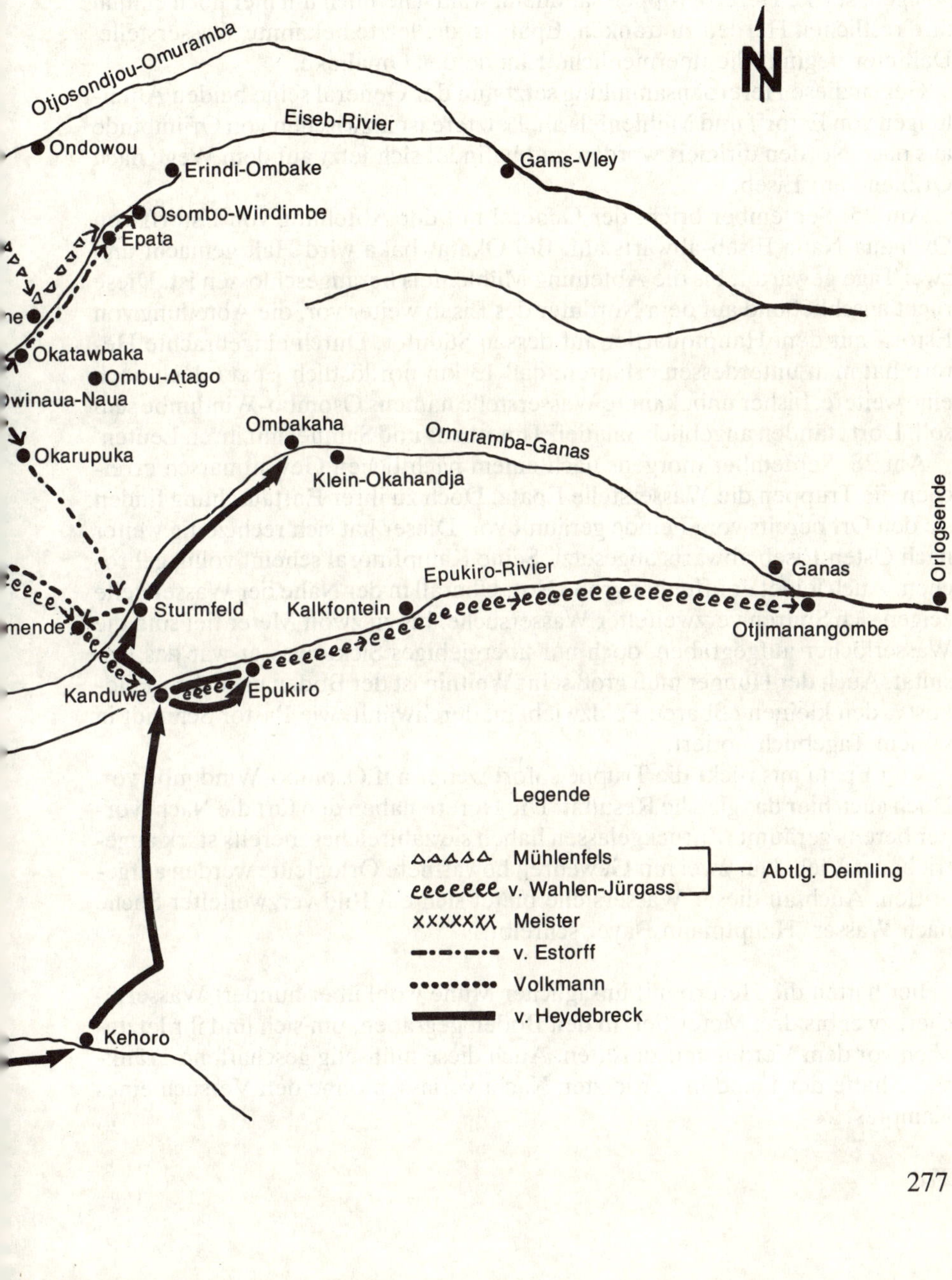
Otjosondjou-Omuramba
Eiseb-Rivier
Ondowou
Erindi-Ombake
Gams-Vley
Osombo-Windimbe
Epata
Okatawbaka
Ombu-Atago
Okarupuka
Ombakaha
Omuramba-Ganas
Klein-Okahandja
Orlogsende
Ganas
Epukiro-Rivier
Sturmfeld
Kalkfontein
Otjimanangombe
Kanduwe
Epukiro
Kehoro
Legende
Mühlenfels
v. Wahlen-Jürgass
Abtlg. Deimling
Meister
v. Estorff
Volkmann
v. Heydebreck

desolate Versorgungslage seiner Truppe längere und weiträumige Operationen nicht mehr zuläßt. Er will einen letzten Versuch starten, um die Herero doch noch zum Kampf zu zwingen und durch eine Entscheidungsschlacht dem Orlog endlich ein Ende zu setzen.

Major von Estorff hat derweilen die Zeit in Owinaua-Naua zu Aufklärungsvorstößen längs dem Eiseb-Rivier genutzt. Die Vorstöße haben ergeben, daß sich bei Epata, ca. 35 km nordöstlich Owinaua-Naua und ebenfalls am Eiseb gelegen, starke Hererogruppen sammeln, wahrscheinlich um hier noch einmal ihre restlichen Herden zu tränken. Epata ist die letzte bekannte Wasserstelle. Dahinter beginnt die unermeßliche Einöde der Omaheke.

Gegen diese Hereroansammlung setzt nun der General seine beiden Abteilungen von Estorff und Mühlenfels an. Letztere ist inzwischen von Otjimbinde aus nach Norden dirigiert worden und befindet sich jetzt auf dem Wege nach Otjinene am Eiseb.

Am 25. September bricht der General mit der Abteilung von Estorff von Owinaua-Naua Eiseb-abwärts auf. Bei Okatawbaka wird Halt gemacht und zwei Tage gewartet, bis die Abteilung Mühlenfels herangeschlossen ist. Diese rückt anschließend auf dem Nordufer des Eiseb weiter vor, die Abteilung von Estorff mit dem Hauptquartier auf dessen Südufer. Durch eingebrachte Herero hat man unterdessen erfahren, daß 13 km nordöstlich Epata doch noch eine weitere, bisher unbekannte Wasserstelle namens Osombo-Windimbe sein soll. Dort ständen angeblich Salatiel, Timotheus und Samuel mit ihren Leuten.

Am 28. September morgens nach einem nächtlichen Gewaltmarsch erreichen die Truppen die Wasserstelle Epata. Doch zu ihrer Enttäuschung finden sie den Ort bereits vom Feinde geräumt vor. Dieser hat sich rechtzeitig weiter nach Osten Eiseb abwärts abgesetzt. Seine Kampfmoral scheint völlig gebrochen. Auch leidet er offenbar große Not. Überall in der Nähe der Wasserstelle zeigen sich Spuren verzweifelter Wassersuche: bis zu zwölf Meter tief sind die Wasserlöcher aufgegraben, doch nur unergiebiges Sickerwasser war das Resultat. Auch der Hunger muß groß sein: Weithin ist der Boden nach der »Feldkost«, den kleinen eßbaren Feldzwiebeln, durchwühlt, wie Pastor Schmidt in seinem Tagebuch notiert.

Von Epata aus rückt die Truppe sofort weiter auf Osombo-Windimbe vor. Doch auch hier das gleiche Resultat: Die Herero haben den Ort die Nacht vorher bereits geräumt. Zurückgelassen haben sie zahlreiches, bereits stark abgetriebenes Vieh. Nur zwei mit Gewehren bewaffnete Orlogleute werden aufgegriffen. Auch an dieser Wasserstelle bietet sich ein Bild verzweifelter Suche nach Wasser. Hauptmann Bayer schreibt:

»Hier hatten die Herero mit unsäglicher Mühe wohl über hundert Wasserlöcher, zwei bis drei Meter tief, in den Boden gegraben, um sich und ihr letztes Vieh vor dem Verdursten zu retten. Auch diese mühselig geschaffene Tränkstelle hatte der Feind in der letzten Nacht verlassen ohne den Versuch eines Kampfes...«

Auf die Nachricht, noch weiter östlich, bei einer ebenfalls bisher unbekannten Wasserstelle Erindi-Ombake am Eiseb habe der Feind sich erneut gesetzt, bricht die Truppe in der Nacht zum 30. September erneut auf. Morgens früh wird die Wasserstelle erreicht, doch auch sie erweist sich als feindfrei. Auf einer beherrschenden Anhöhe in der Nähe bietet sich ein Ausblick bis weit in die Ferne: Ganz hinten am Horizont zeigen sich zwei gewaltige Staubwolken, die eilig nach Osten und Nordosten ziehen: das geschlagene Volk der Herero, das hier dem Dursttod entgegenzieht. Der General befiehlt, berittene Patrouillen hinter dem fliehenden Volk herzuschicken. An einer dieser Patrouillen nimmt der frisch zum Unteroffizier beförderte Peter Moor alias Michaelsen teil. Die Patrouille folgt der Rückzugsstraße der Herero. Schaurige Szenen bieten sich den Reitern. Michaelsen berichtet:

»Nach einer halben Stunde machten wir uns auf. Das Führen der Pferde gaben wir auf; wir blieben im Sattel. Nach einer Weile kamen uns drei Kühe entgegen; sie waren entsetzlich mager und brüllten kläglich; dem einen Tier war mit einem Messerschnitt die Seite aufgeschnitten, wohl um das hervorquellende Blut zu trinken. Wir ritten eine Weile weiter; da lag eine Ziege am Weg und neben ihr ein Knabe mit magern, merkwürdig langen Gliedern, als hätten sie sich im Sterben gereckt. Wir bogen kaum aus mit unseren Pferden, daß sie ihn nicht traten; es ist merkwürdig, wie gleichgültig ein Mensch und Menschenleben ist, wenn es von anderer Rasse ist. Nach einer halben Stunde oder mehr näherten wir uns der Höhe; der Schutztruppler ritt voran, das Gewehr zur Hand; der Oberleutnant und ich hinterher. Es ging sehr langsam. Da spähte ich von ungefähr nach einigen Büschen hinüber, die, in einer Entfernung von ungefähr fünfzig Metern, dichter beieinander standen als die andern, und sah zwischen und unter den Büschen, Schulter dicht an Schulter, Menschen sitzen in Klumpen, ganz unbeweglich. Einige hatten die Köpfe ganz tief auf der Brust, die Arme lang herabhängend, als wenn sie schliefen; andre saßen an Busch oder Nachbar angelehnt mit offenem Mund, rasch und trocken atmend und sahen uns mit blöden Augen an; einige, Frauen und Kinder, hatten sich schräg zur Seite auf die Beine und den Schoß der Sitzenden gelehnt. Ich hatte den beiden andern leise gesagt, was ich sah; sie warfen einen langen Blick hinüber, sagten aber nichts. Wir ritten weiter. Der Schutztruppler zeigte noch zwei- oder dreimal in die Büsche; ich sah darüber hin. So erreichten wir die Höhe und spähten über die Steppe, die wie ein gelblich graues Meer in unendlicher Weite und lautloser Stille zu unseren Füßen lag.«

Eine weitere Verfolgung des geschlagenen Volkes erwies sich als sinnlos; sein Vorsprung war zu groß; es mußte schon über die 70 km östlich Erindi-Ombake gelegene Wasserstelle Gams-Vley hinaus sein. Auch verboten die Verpflegungsmisere und der Verlust zahlreicher Pferde einen weiteren Vorstoß in das Sandfeld. Oberleutnant Epp berichtet in diesem Zusammenhang in seinem Tagebuch unter dem 30. September:

»Am 23. September erhält die Truppe Verpflegung für 3½ Tage. Dekret: die Verpflegung muß mindestens bis 30. reichen. Gut: am 29. abends Dekret des Hauptquartiers: bis 4. Oktober auskommen.« – Auch die Wassernot hört nicht auf. Filter nutzen nichts, der Lehm und das Sandwasser machen sie in kürzester Zeit unbrauchbar. Wasserwagen führt die Truppe keine mit, so daß diese weiterhin auf das verseuchte Wasser der Wasserstellen angewiesen ist.

Wie Hauptmann Bayer anführt, wird am Morgen des 29. September eine wichtige Gefangene von einer Patrouille eingebracht: Amanda, die Tochter des Häuptlings Zacharias Zeraua von Otjimbingwe. Sie gibt in fließendem Deutsch aufschlußreiche Auskünfte über die Notlage ihres Volkes: ›Sie seien‹, so berichtet sie Hauptmann Bayer, ›bettelarm geworden, Krankheiten und Hungersnot und Durst forderten zahlreiche Opfer. Verzweiflung habe die meisten gepackt, die Häuptlinge versuchten, sich alleine zu retten, nur einzelne, wie ihr Vater, seien bei dem Rest des Stammes geblieben. Die Krieger könnten nicht mehr kämpfen, denn es fehle an jeder Leitung und keiner habe dazu noch den Mut. Jedermann sei nur noch bestrebt, das nackte Leben zu retten. Das Volk sei in Auflösung begriffen und ginge nun dem Durstتod in dem Sandfeld entgegen. Der Krieg sei zu Ende‹.«

Amandas Aussagen bestätigten, was die Truppe in der letzten Zeit immer wieder feststellen konnte: der Feind nahm den Kampf nicht mehr an, seine Widerstandskraft war gebrochen. Viele Herero sahen nun offenbar keinen anderen Ausweg, als doch durch das gefürchtete Sandfeld hindurch die Flucht nach Osten in britisches Gebiet zu wagen. Wegen der Wasserarmut der Omaheke – Wasserstellen gibt es hier nur wenige, nur den hier wohnenden Buschmännern bekannte – würden einem solchen Wagnis sicherlich viele Herero und fast das gesamte dem Volk noch verbliebene Vieh zum Opfer fallen.

Dennoch ist General von Trotha mit dem Verlauf der Dinge unzufrieden: Einem Teil des Volkes würde bestimmt die Flucht in das Nachbarland glücken. Wäre dann die Gewähr gegeben, daß es der schwachen britischen Polizei in dem riesigen, menschenarmen Betschuanaland gelingt, aller dieser Flüchtlinge habhaft zu werden und sie zu entwaffnen? Besteht hier nicht die Gefahr, daß durch bewaffnete Vorstöße der den deutschen und britischen Nachstellungen entkommenen Herero vom Nachbarland aus die Kriegsfackel wieder in das Schutzgebiet getragen wird? Und wie werden sich die durch die deutschen Linien am Waterberg und später bei der Verfolgung durchgesickerten Hererohaufen verhalten? Wo sind sie überhaupt geblieben? Haben sie ihre alten Stammesgebiete wieder aufgesucht, treiben sie sich jetzt dort in abgelegenen Gebieten herum? Wie wenn diese, ihrer Viehherden ledig und daher ohne Ballast, nun einen endlosen Kleinkrieg im Schutzgebiet beginnen? Vielleicht haben sich diese Hererogruppen gar den anderen »unsicheren Kantonisten« unter den Stämmen im Lande, den Ovambo oder den Nama, angeschlossen und wiegeln diese jetzt gegen die Deutschen auf? Schon sind bedrohlich klingende Nachrichten über Gärungen im Namaland dem General zu Ohren gekommen.

Angesichts dieser möglichen Gefahren erhebt sich nun für den General die Frage, wie er den Feldzug doch noch zu einem raschen, für ihn erfolgreichen und damit dem Großen Generalstab in der Heimat befriedigenden Abschluß bringen könnte. Die Zeit drängt. Schon wächst nämlich in Berlin die Ungeduld; nach seiner an den Generalstab gedrahteten Siegesmeldung vom Waterberg hat man dort geglaubt, mit einem baldigen Abschluß der Kämpfe rechnen zu können. Stattdessen aber kommen vom Kriegsschauplatz nur enttäuschende Meldungen von weiteren, zermürbenden Verfolgungskämpfen. Besonnene Stimmen, vor allem Gouverneur Leutwein, die landeserfahrenen Offiziere, an ihrer Spitze Major von Estorff und Hauptmann Franke, und die Rheinische Mission, mahnen: Die Herero seien jetzt genug bestraft für ihre Missetaten, man brauche ihre viehzüchterischen Fähigkeiten und ihre Arbeitskraft für den Wiederaufbau der Wirtschaft des Landes, man solle nun endlich in Kapitulationsverhandlungen mit dem unglücklichen Volk eintreten, schon habe einer seiner Häuptlinge, Salatiel, Kontakte mit Major von Estorff wegen Unterwerfung aufzunehmen versucht.

Doch der General wollte sich diesen Ansichten nicht anschließen; Beschritte er jetzt den Weg der Verhandlungen mit den Herero, bestände dann nicht die Gefahr, daß doch eines Tages die alte Stammesorganisation der Herero wieder aufgebaut und damit erneut Konflikte mit den weißen Siedlern mit unabsehbaren Folgen auftreten könnten? Könnte dann nicht ein neuerlicher, womöglich noch blutigerer Aufstand, vielleicht unter Beteiligung der anderen Stämme in Südwestafrika, ausbrechen? Nein, diese Aufstandsbewegung muß ein für alle Mal, auch als warnendes Beispiel für andere Stämme im Lande »mit Stumpf und Stiel ausgebrannt werden«. – Einkreisung und Verfolgung des Gegners mit dem Plan einer anschließenden militärischen Vernichtung haben sich als fruchtlos erwiesen. Dem Gegner ist es immer wieder geglückt, dem Zugriff der Truppe zu entkommen. Ihm nun in das Sandfeld zu folgen, um ihn dort zu vernichten, verbiete sich schon wegen der Versorgungslage der Truppe. Eine solche Aktion würde auch zu keinem anderen Ergebnis als bisher führen. Doch warum sollte er diese fruchtlose Taktik noch fortsetzen? Die Vernichtung der Herero könnte ihm jetzt doch die erbarmungslose Omaheke abnehmen! Er braucht jetzt lediglich noch dafür zu sorgen, daß kein Herero aus dieser Falle, in die sie gelaufen sind, wieder herausgelangen kann. So beschließt Generalleutnant von Trotha, die Kriegführung nunmehr auf eine völlig andere Grundlage zu stellen: Mit Ausnahme der Entsendung von Patrouillen in die Omaheke und systematischer Säuberungsaktionen im Hereroland soll jeder Bewegungskrieg eingestellt werden. Stattdessen sollen der Westrand und der Südrand des Sandfeldes hermetisch abgeriegelt und sämtliche Wasserstellen dort besetzt werden. Auf diese Weise hofft der General, den Aufstand nun doch noch ohne viel Aufwand an Mühe, Kosten und Zeit siegreich beenden zu können. In diesem Sinne drahtet er Anfang Oktober in die Heimat:

»Alle Zusammenstöße mit dem Feinde seit dem Gefecht am Waterberg haben gezeigt, daß den Herero jede Einheit der Führung und der letzte Rest von Widerstandsfähigkeit abhanden gekommen ist. Diese halbverhungerten und verdursteten Banden, die ich noch bei Osombo-Windimbe im Sandfelde traf und mit denen Oberst Deimling östlich Ganas zu tun hatte, sind die letzten Trümmer einer Nation, die aufgehört hat, auf eine Rettung und Wiederherstellung zu hoffen.«

Und ergänzend zu dieser Meldung heißt es im Generalstabswerk:

»Die wasserlose Omaheke sollte vollenden, was die deutschen Waffen begonnen hatten: die Vernichtung des Hererovolkes.«

Wie sich General von Trotha die »Ausbrennung mit Stumpf und Stiel« vorstellte, sollte der Truppe und der deutschen Öffentlichkeit in der Heimat bald bekannt werden:

Nach Abbruch der Verfolgung des Gegners den Eiseb abwärts brachen die vereinigten Abteilungen von Estorff/Mühlenfels zusammen mit dem Hauptquartier am Nachmittag des 30. September von Erindi-Ombake zum Rückmarsch nach Osombo-Windimbe auf. Noch am gleichen Abend wurde der Ort wieder erreicht. Dort verblieb die Truppe die nächsten Tage über.

Unter dem 3. Oktober notiert Epp in Osombo-Windimbe im Tagebuch:

»0600 Uhr: Theatralische Erhängung von zwei gefangenen Herero. Verteilung eines ungedruckten Ukas an 30 gefangene alte Männer, Weiber und Kinder, daß für die Herero kein Platz mehr in deutschen Landen sei, Entsendung der 30 in alle Winde…«

Auf diesen »Ukas« muß näher eingegangen werden, verbirgt sich doch hinter diesem eine Proklamation des Generals von Trotha[10] an die Aufständischen, die später als sogenannter **»Vernichtungsbefehl«** in die deutsche Kolonialgeschichte eingegangen ist und dem internationalen Ansehen des Deutschen Reiches viel Abbruch getan hat.

Die Proklamation wurde den Offizieren der Truppe in Osombo-Windimbe am Nachmittag des 2. Oktober im Anschluß an einen Feldgottesdienst (!) durch den General persönlich verlesen. Sie lautete:

»Osombo-Windimbe, 2. Oktober 1904. Ich der große General der deutschen Soldaten sende diesen Brief an das Volk der Herero: Die Hereros sind nicht mehr deutsche Untertanen. Sie haben gemordet, gestohlen, haben verwundeten Soldaten Ohren und Nasen und andere Körperteile abgeschnitten[11], und wollen jetzt aus Feigheit nicht mehr kämpfen.

10 Das Original zu dieser Proklamation, Aktenzeichen O. K. 17290 Kommando der Schutztruppen, »Aufruf an das Volk der Herero« vom 2. Oktober 1904, existiert nicht mehr. Eine Abschrift hierzu befindet sich unter Signatur I H58 im Bundesarchiv, Militärarchiv Freiburg. Eine weitere Abschrift befindet sich unter Signatur ZBU. D.1 a3, Bd. 1, p. 165 im Archiv des Department of National Education, Windhoek 9000, S.W.A./Namibia.

11 Hier spielt der General auf den Zustand an, in dem man ermordete deutsche Soldaten angetroffen hatte, die verwundet oder unverwundet den Herero in die Hände gefallen waren. Siehe hierzu Seite 224.

Ich sage dem Volk: Jeder, der einen der Kapitäne an einer meiner Stationen als Gefangenen abliefert, erhält 1000 Mark, wer Samuel Maharero bringt, erhält 5000 Mark. Das Volk der Herero muß jedoch das Land verlassen. Wenn das Volk dies nicht tut, so werde ich es mit dem Groot-Rohr[12] dazu zwingen. Innerhalb der deutschen Grenzen wird jeder Herero mit und ohne Gewehr, mit oder ohne Vieh erschossen, ich nehme keine Weiber oder Kinder mehr auf, treibe sie zu ihrem Volk zurück, oder lasse auf sie schießen. Dies sind meine Worte an das Volk der Herero. Der große General des mächtigen Kaisers, von Trotha.«

Soweit der Erlaß. Ergänzend fügt der General in seiner Ansprache an die Offiziere hinzu:

»Dieser Erlaß ist bei den Appells der Truppe mitzuteilen, mit dem Hinzufügen, daß auch der Truppe, die einen Kapitän fängt, die entsprechende Belohnung zuteil wird, und das Schießen auf Weiber und Kinder so zu verstehen ist, daß über sie hinweggeschossen wird, um sie zum Laufen zu zwingen. Ich nehme mit Bestimmtheit an, daß dieser Erlaß dazu führen wird, keine männlichen Gefangenen mehr zu machen, aber nicht zu Greueltaten gegen Weiber und Kinder ausartet. Diese werden schon fortlaufen, wenn zweimal über sie hinweggeschossen wird. Die Truppe wird sich des guten Rufes der deutschen Soldaten bewußt bleiben.«

Die Proklamation wurde in die Hererosprache übersetzt und vervielfältigt. Am Morgen des 3. Oktober erfolgte dann die kriegsgerichtliche Verurteilung der zwei in Osombo-Windimbe am 28. September bewaffnet aufgegriffenen Orlogleute. Diese wurden anschließend in Anwesenheit von 30 zugelaufenen, nicht kampffähigen Herero, d. h. alten Männern, Frauen und Kindern, durch den Strang hingerichtet. Die 30 Herero erhielten dann die Exemplare des Aufrufs zur Verteilung an ihre Landsleute. Anschließend jagte man sie in die Omaheke zurück.

Mit der Bekanntgabe dieser Proklamation war dem heimatlos gewordenen Volk nun auch offiziell jede Tür zu Unterwerfungsverhandlungen verschlossen worden. Es war vogelfrei geworden. Wollten die Herero nicht zum Freiwild der deutschen Soldaten werden, so blieb ihnen nur noch der Durstmarsch durch die Omaheke.

Ein Exemplar seiner Proklamation schickte General von Trotha am 4. Oktober an den Chef des Generalstabs der Armee, General von Schlieffen. Der Proklamation fügte von Trotha einen erläuternden Bericht bei[13], in dem er sein Vorgehen rechtfertigte. Da in diesem seine wahren Absichten klar zutage treten und deutlich wird, weswegen von Trotha gegen jede Verhandlungsbereitschaft war, lohnt es sich, den Bericht zu zitieren:

12 Geschütz.

13 RKA Nr. 2089, Bl. 5/6, Trotha an Chef des Generalstabes der Armee, 4. Oktober 1904, entnommen Drechsler, S. 189f.

»Es fragt sich nun für mich nur, wie ist der Krieg mit den Herero zu beendigen. Die Ansichten darüber bei dem Gouverneur und einigen ›alten Afrikanern‹ einerseits und mir andererseits gehen gänzlich auseinander. Erstere wollten schon lange verhandeln und bezeichnen die Nation der Herero als notwendiges Arbeitsmaterial für die zukünftige Verwendung des Landes. Ich bin gänzlich anderer Ansicht. Ich glaube, daß die Nation als solche vernichtet werden muß, oder, wenn dies durch taktische Schläge nicht möglich war, operativ und durch weitere Detail-Behandlung aus dem Lande gewiesen wird. Es wird möglich sein, durch die erfolgte Besetzung der Wasserstellen von Grootfontein bis Gobabis und durch eine rege Beweglichkeit der Kolonnen die kleinen nach Westen zurückströmenden Teile des Volkes zu finden und sie allmählich aufzureiben. In das Sandfeld (Omaheke) hinein die Hauptabteilungen der Nation mit den Kapitänen zu verfolgen, zu fassen und zu vernichten, ist im Augenblick nicht möglich. Die Verpflegungsfrage ist schon über die Grenze der von mir zu verantwortenden Möglichkeiten hinübergegangen. Inwieweit es der in Osomo-Ovondimbe zurückgebliebenen Abteilung von Estorff möglich sein wird, sie (die Herero) immer wieder von evtl. dort vorgefundenen Wasserstellen zu verjagen und in das Betschuanaland zu drängen, muß die Zeit lehren. Wenn dies nicht möglich ist, wird es davon abhängen, ob die Herero vor Beginn der Regenperiode im Stande sind, sich im Sandfeld (Omaheke) zu behaupten, oder ob sie versuchen, über die englische Grenze zu gehen, oder ihre alten Weideplätze mit Gewalt oder völliger Unterwerfung wieder in Besitz zu nehmen. **Da ich mit den Leuten weder paktieren kann noch ohne ausdrückliche Weisung Seiner Majestät des Kaisers und Königs will, so ist eine gewisse rigorose Behandlung aller Teile der Nation unbedingt notwendig, eine Behandlung, die ich zunächst auf meine eigene Verantwortung übernommen und durchgeführt habe, von der ich auch, solange ich das Kommando habe, ohne direkte Weisung nicht abgehe. Meine genaue Kenntnis so vieler zentralafrikanischer Stämme, Bantu und anderer, hat mir überall die überzeugende Notwendigkeit vorgeführt, daß sich der Neger keinem Vertrag, sondern nur der rohen Gewalt beugt. Ich habe gestern, vor meinem Abmarsch, die in den letzten Tagen ergriffenen Orlogleute, kriegsgerichtlich verurteilt, aufhängen lassen, und habe alle zugelaufenen Weiber und Kinder wieder in das Sandfeld unter Mitgabe der in Othiherero abgefaßten Proklamation an das Volk zurückgejagt. Andererseits ist die Aufnahme der Weiber und Kinder, die beide zum größten Teil krank sind, eine eminente Gefahr für die Truppe, sie jedoch zu verpflegen eine Unmöglichkeit. Deshalb halte ich es für richtiger, daß die Nation in sich untergeht, und nicht noch unsere Soldaten infiziert und an Wasser und Nahrungsmitteln beeinträchtigt. Außerdem würde irgendeine Milde von meiner Seite von seiten der Herero nur als Schwäche aufgefaßt werden. Sie müssen jetzt im Sandfeld untergehen oder über die Betschuanagrenze zu gehen trachten. Dieser Aufstand ist und bleibt der Anfang eines Rassenkampfes, den ich schon 1897 in meinem Bericht an den Reichskanzler für Ostafrika vorausgesagt habe[14].«**

Gouverneur Leutwein, der sichere Kenntnis von erneuten Bemühungen Salatiels, in Kapitulationsverhandlungen mit den Deutschen zu treten, besaß, hatte bis zuletzt auf ein Einlenken von Trothas gehofft. Stattdessen erfuhr er nun von dieser Proklamation. Letzterer hatte von vornherein mit einer strikten Ablehnung dieser Proklamation seitens des Gouverneurs gerechnet und schrieb ihm am 27. Oktober 1904 einen Brief, um in Leutwein keinen Zweifel an der Ernsthaftigkeit seiner Absicht aufkommen zu lassen:

»Die Absperrung der Ostgrenze der Kolonie und die Ausübung des Terrorismus gegen jeden sich zeigenden Herero bleibt, solange ich im Lande bin, bestehen. Die Nation muß untergehen. Wenn es mir nicht gelang, sie durch die Geschütze zu vernichten, so muß es auf diese Weise geschehen«.

Gouverneur Leutwein war entsetzt und empört zugleich, daß über seinen Kopf hinweg eine solch furchtbare Entscheidung getroffen worden war. Gleich nach Erhalt des Schreibens, am 28. Oktober, telegraphierte er an die Kolonialabteilung des Auswärtigen Amtes in Berlin: »Nach sicheren Nachrichten haben Hereros Unterwerfungsanträge gemacht. Hierüber ist ohne Mitwirkung des Gouverneurs entschieden. Bitte daher um Feststellung, wieviel politische Macht und Verantwortlichkeit dem Gouverneur noch zusteht.«

Kaum hatte von Trotha Kenntnis von diesem Telegramm erhalten, da sprach er dem Gouverneur auch schon jedes Recht auf politische und militärische Mitentscheidung auf dem Kriegsschauplatz ab und schrieb ihm am 5. November 1904: »Ich kann unmöglich mit militärischen Mitteln eine Politik unterstützen, die ich perhorresziere, und ich kann auch keine Nebenregierung anerkennen, die über den Rahmen der reinen Verwaltung hinausgeht. In solchen Situationen wie den jetzigen gibt es kein Parlamentieren. Ich will mich gern Ihres Rates bedienen, aber eine Selbständigkeit in politischen Beschlüssen kann ich Ihnen, sofern mich Seine Majestät der Kaiser und König in meiner Stellung beläßt, bei der grundsätzlichen Verschiedenheit unserer Ansichten nicht lassen[15].«

Die Militärbehörden in der Heimat stellten sich voll und ganz hinter General von Trothas Vorgehen und übten entsprechend Druck auf das Auswärtige Amt aus. Dieses gab nach, und bald danach wurde Gouverneur Leutwein auf Heimaturlaub geschickt. Am 1. Dezember 1904 verließ er das Schutzgebiet, um nie wieder in dieses zurückzukehren. Anfang 1905 trat er in den Ruhestand. Seinen Posten als Zivilgouverneur übernahm gleich darauf kommissarisch ebenfalls General von Trotha.

Auch manche der alten Offiziere in der Schutztruppe versuchten, von Trotha von seinen unseligen Plänen, den Herero den Untergang zu bereiten, abzubringen. So schreibt Major von Estorff:

14 Zu der Zeit war von Trotha Befehlshaber der Schutztruppe in Deutsch-Ostafrika.

15 RKA Nr. 2089, Bl 100–102, zitiert in Drechsler, S. 191.

»Es war eine ebenso grausame wie törichte Politik, das Volk so zu zertrümmern, man hätte noch viel von ihm und ihrem Herdenreichtum retten können, wenn man sie jetzt schonte und wieder aufnahm, bestraft waren sie genug. Ich schlug dies dem General von Trotha vor, der aber wollte ihre gänzliche Vernichtung.«

Nachdem die verzweifelten Bemühungen, von Trotha, buchstäblich in letzter Minute, doch noch von seinem Vernichtungsplan abzubringen, vergebens gewesen waren, vollzog sich nun – mit der Billigung des Generalstabs in der Heimat – das beispiellose Drama des Todesmarsches eines ganzen Volkes durch das Durstfeld der Omaheke.

18. Das Martyrium im Sandfeld

Ausbruch des Namaaufstands, Neuverteilung der Truppen, Absperrung der Omaheke · Die Patrouille Klein in der Omaheke · Die Patrouille von Schweinitz auf den Spuren des Elendszuges der Herero · Die Fluchtrichtungen des Hererovolkes · Eintreffen Samuel Mahareros im britischen Betschuanaland · Das Schicksal der anderen Kapitäne · Der Zwischenfall bei Ombakaha

Unmittelbar nachdem die 30 Herero in Osombo-Windimbe mit der Proklamation des Generals wieder in die Omaheke zurückgeschickt worden waren, brach das Hauptquartier am 3. Oktober morgens zur Rückkehr nach Windhuk auf. Auf dem Rückmarsch erhielt von Trotha in Sturmfeld ein Heliogramm des Gouverneurs Leutwein: »Der Unterkapitän der Witbooi-Hottentotten, Samuel Isaak, hat dem Bezirksamtmann von Gibeon, Hauptmann von Burgsdorff, am 3. Oktober mitgeteilt, Hendrik Witbooi habe den Deutschen den Krieg erklärt.« Auf diese alarmierende Nachricht hin sah sich der General genötigt, mit dem Hauptquartier und einem großen Teil seiner Truppen auf dem schnellsten Wege in den Süden der Kolonie zu eilen. Er beorderte den größeren Teil des 2. Feldregiments unter Oberst Deimling in das Namaland und dirigierte alle neu eintreffenden Truppen ebenfalls dorthin. Major Mühlenfels beauftragte er, mit dem 1. Feldregiment und dem I. Bataillon des 2. Feldregiments die Absperrung der Omaheke durchzuführen. Er wies Mühlenfels an, sämtliche Wasserstellen am Rande des Sandfelds zu besetzen, damit dem Feind jede Hoffnung genommen würde, aus dem Wüstengebiet entweichen zu können. Größere Unternehmungen in die Omaheke hinein sollten erst nach Beginn der Regenzeit Anfang 1905 wieder riskiert werden; durch Patrouillentätigkeit sei die Fluchtbewegung der Herero unter Beobachtung zu halten.

Die für die Absperrung vorgesehenen Truppen wurden in einem weiten Sperrgürtel verteilt, der sich von Ombakaha am Omuramba-Ganas im Süden bis nach Epata am Eiseb im Norden erstreckte. Außerdem wurden zwei weitere Sperriegel gebildet, der eine entlang dem Mittellauf des Omuramba-u-Omatako, der andere hoch oben im Norden im Bezirk Grootfontein. Sämtliche Wasserstellen im Sperrgebiet wurden besetzt.

Ende Oktober machten sich die Auswirkungen der Trothaschen Proklamation bereits bemerkbar: Bis auf kümmerliche Reste befanden sich keine Herero mehr in erreichbarer Nähe der deutschen Truppen. Sie wußten: Nach dem schrecklichen Erlaß des Generals konnten sie von deutscher Seite nicht mehr auf Gnade hoffen. So verschwanden sie in der trostlosen Einöde der Omaheke. Wo waren sie abgeblieben? Welche Schreckensszenen hatten sich im Durstfeld dieser Wüste abgespielt? Augenzeugenberichte gibt es nicht. Doch die Berichte der in die Wüste entsandten deutschen und – im Osten – auch englischen Patrouillen lassen uns erahnen, welche apokalyptischen Bilder die erbarmungslose Omaheke gesehen hat!

Eine der ersten in die Omaheke eingedrungenen Patrouillen war die des Hauptmanns Klein. Er war mit einer Kompanie und einer Batterie von Oberst

Deimling in Otjimanangombe am Epukiro mit dem Auftrag zurückgelassen worden, ein Zurückweichen von Herero an diesem Rivier nach Westen hin zu verhindern[1]. – Am 20. Oktober erhält Hauptmann Klein durch eine in Richtung Rietfontein losgeschickte Patrouille die Meldung, daß sich bei Orlogsende, dem Ort des letzten Gefechts der Abteilung Deimling[2], wieder Hererotrupps aufhalten. Er bricht daraufhin mit einer kleinen, nur teilweise berittenen Truppe von 55 Mann am 26. Oktober morgens dorthin auf. Am nächsten Morgen wird der vom Gegner immer noch besetzte Ort erreicht und angegriffen. Nach einem kurzen Feuergefecht weicht dieser nach allen Seiten hin in das Sandfeld aus, ein Teil davon nach Oz-Ombu, einer etwa 7 km weiter Epukiroabwärts gelegenen Wasserstelle. Klein nimmt sofort die Verfolgung dorthin auf. Oz-Ombu wird feindfrei angetroffen, nur einige Frauen vom Tjetjo-Stamm werden aufgegriffen. Sie sagen aus, Tjetjo sei bereits mit dem größten Teil seines Stammes verdurstet.

Obwohl der von Otjimanangombe mitgeführte Wasservorrat bereits knapp wird und in Oz-Ombu wegen Wasserverseuchung nicht ergänzt werden kann, beschließt Hauptmann Klein, mit einem Teil seiner Leute, lauter Reiter, die Verfolgung in Richtung Rietfontein fortzusetzen. Am 27. nachmittags wird wieder aufgebrochen, Richtung Ost. Auf dem Marsch stößt die Patrouille auf die Spuren des Elendszuges der Herero, wie den Angaben im Generalstabswerk zu entnehmen ist: »Längs des Weges wurden noch viele verdurstete Hereros und überall verendetes, in Verwesung übergegangenes Vieh vorgefunden, wodurch die Luft ringsum auf das entsetzlichste verpestet war.« Nirgends stoßen die Soldaten noch auf Wasser. Von der »rastlosen Energie des Führers getrieben«, dringt die Patrouille dennoch weiter nach Osten vor. Nach 15 km brechen zwei Pferde vor Erschöpfung zusammen. Mit nur noch zwei Mann dringt Klein bei brütender Hitze weiter in die Omaheke ein. Nach 50 km ist der Wasservorrat aufgebraucht, aber unverdrossen folgt der Hauptmann mit den beiden Reitern den Spuren der Herero am Epukiro entlang. Überlassen wir hier dem Generalstab wieder das Wort:

»Die den Epukiro abwärts führenden Spuren verringerten sich, schließlich zeigten sich nur noch wenige Fußspuren, gefallenes Vieh wurde überhaupt nicht mehr aufgefunden. Nach weiteren 30 km erreichte Hauptmann Klein eine Stelle, an der der Epukiro eine scharfe Biegung nach Süden macht. Unweit dieser befand sich auf der linken Flußseite eine Anhöhe, die nach Osten und Süden weithin einen unbeschränkten Fernblick bot. Hauptmann Klein erstieg die Anhöhe und suchte mit dem Glase die ganze Umgebung ringsum ab, ohne auch nur die Spur eines lebenden Wesens zu entdecken. Tot und öde breitete sich das Sandfeld vor seinen Augen aus und redete in seiner gewaltigen Unendlichkeit, seiner erhabenen Stille und starren Einförmigkeit eine ergreifende Sprache zu den Herzen der spähenden Reiter: Das Strafgericht hatte seinen Lauf genommen.«

1 und 2 Siehe Seite 272.

Hier gibt der Hauptmann auf; Menschen und Pferde sind am Ende. Unter übermenschlichen Anstrengungen gelingt der Rückmarsch, unterwegs werden die zurückgebliebenen, halbverdursteten Kameraden aufgenommen. Am 1. November ist die Abteilung wieder vollzählig in Orlogsende. Alle sind dem Durstod entronnen, doch die grausame Omaheke hat die Patrouille noch nicht aus ihrem Todesgriff freigelassen und holt sich auch im Nachhinein noch ihre Opfer: Viele der Reiter, darunter auch Hauptmann Klein, fallen bald darauf dem Typhus zum Opfer, dessen Keim sie sich durch das Trinken des verseuchten Wassers im Durstfeld geholt hatten.

Der November und Dezember 1904 waren so trocken, daß keine Erkundungstrupps in die Omaheke entsandt werden konnten. Erst im Januar 1905, mit Beginn der Regenzeit, lebte die Patrouillentätigkeit wieder auf, und jetzt wagte man sich tiefer in das Sandfeld hinein. Am weitesten stieß die Patrouille des Oberleutnants Graf von Schweinitz vor; in ihren Berichten wird das wahre Ausmaß der Tragödie des Hererovolkes deutlich.

Die Patrouille war Anfang März 1905 von Otjimbinde mit dem Auftrag aufgebrochen, die Gebiete am Otjosondjou-Omuramba, rivierabwärts reitend, zu erkunden. Über den Zug des Grafen von Schweinitz berichtet das Militärwochenblatt Nr. 96, 1905 auf Seite 2215:

»Von der Wasserstelle Ondowou (20 km nordöstlich Otjosondjou) an fand er [Graf von Schweinitz – Anm. Verf.] auf der etwa 150 km langen Strecke, die er dem Otjosondjou-Omuramba folgte, einen ausgetretenen Fußpfad, der offenbar den Weg bezeichnete, den große Scharen flüchtender Herero im August oder September vorigen Jahres genommen hatten. Tausende gefallenen Viehs, namentlich Großvieh, zahlreiche Gerippe von Menschen und Pferden bleichten an der Sonne und bezeichneten mit entsetzlicher Deutlichkeit, daß der Zug des Todes diesen Weg gegangen war. Besonders in den dichteren Gebüschstellen am Wege, wo die durstenden Tiere Schutz vor den Sonnenstrahlen gesucht hatten, lagen die Kadaver zu Hunderten dicht neben- und übereinander. An vielen Stellen hatten die mit dem Dursttode Ringenden mit fiebernder Hand 15 bis 20 Meter tiefe Löcher aufgewühlt, um Wasser zu graben – vergeblich! Hilflos verfielen Mensch und Tier den entsetzlichen Qualen des Durstes. Wahrlich, es ist ein furchtbares Strafgericht, das hier das schuldige Volk der Herero betroffen hat. Durch keine noch so vollständige ›Einkesselung‹ wären die ermordeten Deutschen so furchtbar gerächt worden, wie durch diesen Todeszug durchs Sandfeld!«

Wievielen Herero ist nun nach der Schlacht am Waterberg die Flucht in britisches Gebiet geglückt, auf welchen Wegen gelangten sie dorthin, wie sind sie dort aufgenommen worden?

Schon während der Verfolgungskämpfe im August und September zeichneten sich zwei Hauptfluchtrichtungen ab, von denen sich später jedoch Trupps wieder abspalteten, um andere Richtungen einzuschlagen: Eine südliche über Ombakaha den Omuramba-Ganas abwärts, dann über Otjimanangombe, dem

Epukiro folgend, nach Rietfontein, von dort auf Schleichwegen über die Grenze nach Quagganei; eine nördliche über Epata am Eiseb und über Ondowou am Otjosondjou-Omuramba, von dort zunächst in östlicher Richtung am Eiseb entlang, dann hinter Gams-Vley nach Norden quer durch das wasserlose Sandfeld nach dem den Herero vom Viehhandel mit den Betschuanen bekannten Buschmannsdorf Onjeinje (auch Nye-Nye oder Neinei genannt) mit seinen nie versiegenden Wasserlöchern, anschließend weiter durch die Omaheke, jetzt wieder direkt nach Osten über die Grenze hinweg zum Okavango und an diesem entlang nach Süden, nach Tsau, einer Betschuanenstadt mit britischem Verwaltungssitz. Während der südliche Weg vom größten Teil der Flüchtlinge, vor allem den Ostherero, den Tjetjo-Leuten, eingeschlagen wurde, floh eine kleine Gruppe, darunter Samuel Maharero, auf dem nördlichen Weg in Richtung Betschuanaland. Eine Splittergruppe, der es offenbar geglückt war, sich noch vor dem Vorstoß der Abteilung von Estorff Mitte August dem Omuramba-Omatako abwärts nach Nordosten abzusetzen, war bereits Ende August/Anfang September 1904, zunächst den Weg am Omuramba-Omatako abwärts nehmend, von Otjituo bzw. Karakobis (Karakowise) nach Osten durch das wasserreiche Kaukaufeld hindurch – wo viele der Flüchtlinge den Giftpfeilen der dort lebenden Buschmänner zum Opfer fielen – über den Grenzplatz Tganywa in das Betschuanen-Reservat (Batawana-Reservat) nördlich von Tsau am Okavango gelangt. Noch im Februar 1905 sind laut Generalstabswerk Herero auf diesem Wege nach Osten vor den deutschen Patrouillen ausgewichen. Weiteren Gruppen, auf die wir gleich noch eingehen werden, gelang die Flucht über Olifantskloof in das Betschuanaland, noch einer weiteren in das Ovamboland, ein großer Teil entkam dem Zugriff der Deutschen durch die Flucht nach Westen, zurück zu den alten Wohnsitzen, nicht wenigen glückte die Flucht quer durch das Schutzgebiet in die britische Enklave Walvis Bay. Wir wollen uns zunächst mit der nördlichen Fluchtgruppe beschäftigen.

Genau wie die südliche Fluchtgruppe blieb sie auf dem Wege nach Osten nicht geschlossen, sondern löste sich in viele kleine Trupps auf, oft nur ein paar Leute umfassend. Am günstigsten waren die Trupps dran, die den anderen weit vorausgeeilt waren: Sie fanden noch am ehesten Wasser an den spärlichen Wasserquellen und brauchten es auf. Da es in der Trockenzeit oft Wochen dauerte, bis wieder genügend Wasser nachgesickert war, gingen die nachfolgenden Flüchtlingstrupps leer aus. Zu letzteren gehörte auch der wegen seiner Leibesfülle bekannte Kapitän Quandja aus Otjukururume (am Etanenoberg) mit vielen Leuten seines Stammes. Er hatte sich nur widerwillig dem Aufstand angeschlossen und wollte – genau wie Salatiel – nach dem Ausbruch am Waterberg, in der irrigen Hoffnung auf Gnade, in Kapitulationsverhandlungen mit General von Trotha treten. Er schickte deswegen einen entsprechenden Brief an diesen. Dieser Brief soll jedoch von Samuels Leuten abgefangen worden sein. So wartete Quandja vergeblich auf eine Antwort von den Deutschen. Inzwischen war Samuel mit seinem Anhang schon weit vorausgeeilt. Als statt des erwarteten Briefes die deutschen Truppen selbst auftauchten, flohen Quandja und seine Leute, von Panik erfaßt, im letzten Augenblick auf den Spuren der anderen Flüchtlinge. Doch diese hatten bereits mit ihrem Vieh alles Wasser an den Wasserlöchern aufgebraucht. Quandja und ein großer Teil seines Stammes mußten elendig verdursten.

Als einer der ersten Flüchtlinge erreichte Samuel Maharero britisches Gebiet. Britische Quellen[3] berichten hierüber: Am 30. Oktober 1904 trifft beim britischen Resident Magistrate in Tsau, Ngamiland District, Mr. Mervyn Williams, wichtiger Besuch ein: Sekgoma, der Kapitän des Batawana-Stammes (Betschuanenstamm). Dieser macht sich große Sorgen: Ihm ist gemeldet worden, Samuel Maharero sei in Mogopa (= Nyainyai), einer Wasserstelle an der Grenze zum deutschen Schutzgebiet, eingetroffen und bäte um Asyl. Sekgoma befürchtet, daß noch Tausende weiterer Herero jenseits der Grenze stehen, ebenfalls in der Absicht, nach Betschuanaland, in sein Reservat, überzuwechseln. Sekgomas Ängste sind verständlich: die Herero, ein halbnomadisches Hirten- und Herrenvolk, könnten zu einem Unruheherd in seinem Lande werden und sich überall mit ihrem Vieh an den Wasserstellen im Reservat breit machen. Mr. Williams, der die Befürchtungen des Kapitäns teilt, hat bereits mit dessen Besuch gerechnet: Er macht sich schon seit Monaten Sorgen wegen der ständigen Zunahme von Grenzüberschreitungen durch Herero. In den letzten Wochen haben diese, bedingt durch die Verfolgung seitens der deutschen Truppen, beängstigende Ausmaße angenommen. Die erste Gruppe Aufständischer, etwa 150 Leute einschließlich Familienangehöriger, waren mit ihrem Vieh im Juli im Ghansi-Distrikt erschienen. Sie hatten bei Rietfontein die Grenze überschritten, waren jedoch – nach kurzer Internierung in Quagganei – wieder auf deutsches Gebiet zurückgekehrt, um weiterzukämpfen. Ende August 1904 war dem Magistrat in Tsau das Auftreten einer weiteren Gruppe Herero, diesmal im Batawana-Reservat bei Dinokaning am Okavango, 50 Meilen nordwestlich von Tsau, gemeldet worden. Diese Gruppe soll, dem Lauf des Omuramba-Omatako-Rivier abwärts folgend, über Grootfontein – Karakobis – Tganya (Tganywa) die Grenze überschritten haben. Auf diese Nachricht hin hatte sich Williams nach Dinokaning begeben und dort festgestellt, daß sich große Gruppen Flüchtlinge in der Umgebung aufhielten und dort dem Fallenstellen, der Jagd und dem Sammeln von Feldfrüchten nachgingen. Er schätzte sie auf etwa 400 Leute.

Mr. Williams beruhigt Sekgoma und sagt ihm zu, dafür zu sorgen, daß diese Hererogruppen auf britischem Kronland, also außerhalb von Sekgomas Reservat, angesiedelt würden, um Reibereien zwischen den Stämmen zu vermeiden. – Kurz nach dem Weggang Sekgomas trifft die Bestätigung von dessen Mitteilung ein: Ein Bote Mahareros überbringt Mr. Williams ein Schreiben seines Häuptlings mit folgendem Inhalt:[4]

3 C. O. 417, Piece 393, P. R. O., Kew – siehe Quellen- und Literaturverzeichnis.

4 Übersetzung des in englischer Sprache abgefaßten Briefes, enthalten in C. O. 417, Piece 393 (Register C. O. 545), P. R. O. Kew.

»Nyainyai (Mogopa)

An den Magistrat:

Ich bin im Batawana-Land. Ich schreibe Ihnen, um Ihnen mitzuteilen, daß ich gegen die Deutschen in meinem Land gekämpft habe, die Deutschen waren meine Freunde, ich hatte so sehr unter ihren Drangsalierungen zu leiden, daß ich den Kampf gegen sie aufnahm. Die Schwierigkeiten hatten begonnen, als ich den Engländern einige Leute nach Johannesburg schickte[5], das ist der Grund, weswegen mich die Deutschen bekämpften. Ein Engländer namens Judas[6] weiß das, er war der Mann, der die Leute abholte. Ich habe jetzt acht Monate lang gekämpft und habe keine Munition mehr. Nachdem ich nun in Mogopa Ihr Land betreten habe, möchte ich Königin Viktoria um Hilfe bitten. In den alten Zeiten stand mein Vater mit der englischen Regierung auf freundschaftlichem Fuß, und deswegen wende ich mich an die englische Regierung um Unterstützung und um Erlaubnis, in Ihrem Lande zu leben. Ich bitte Sie nun, Gnade mit mir zu haben und mir in meiner großen Not zu helfen, bitte, antworten Sie mir. Dies ist meine dringende Bitte an Sie, damit ich den Angehörigen meines Volkes folgen kann, die bereits vor mir in Ihr Land gekommen sind. Wenn Sie es mir gestatten, werde ich sofort von hier aufbrechen; ich bitte Sie, mir baldmöglichst zu antworten.

Mit den besten Grüßen.

Ich bin der Häuptling der Herero
Samuel Maharero.«

In verschiedenen Berichten teilte der Resident Magistrate die Flüchtlingssituation in seinem Distrikt dem Government Resident Commissioner in Mafeking, Ralph Williams, mit. Dieser gibt die Berichte an den britischen High Commissioner in Johannesburg, Viscount Milner, weiter. Milner wiederum nimmt in dieser Angelegenheit Kontakt mit Mr. Lyttelton im Colonial Office in London auf. Von dort kommt durch Mr. Lyttelton die Weisung, trotz der Bedenken wegen möglicher Reibereien zwischen den Flüchtlingen und den Betschuanen erstere nach Möglichkeit über die Grenze in das Betschuanaland zu lassen, ihrem Asylbegehren stattzugeben und ihnen Gebiete außerhalb des Betschuanen-Reservats zu überlassen.

In dem Schriftwechsel zwischen den britischen Behörden, vor allem aber in den Berichten der an die Grenze entsandten britischen Polizisten werden die Not und das Elend der Flüchtlinge deutlich: So verweist Mr. Mervyn Williams in einem Schreiben vom 31. Oktober 1904[7] darauf, daß Hunderte von Hererofrauen und Kindern auf der Flucht verhungert und verdurstet seien, und der Resident Commissioner in Mafeking bittet in einem Schreiben an den High

5 Damit meint Samuel die Entsendung von Angehörigen seines Stammes in die Bergwerke bei Johannesburg; sie wurden von Mr. Hewitt angeworben; vergleiche Seite 157.

6 Vermutlich Hewitt gemeint. Siehe auch Seite 157.

7 C. O. 417, Piece 393 (Register C. O. 545), P. R. O. Kew.

Commissioner in Johannesburg vom 26. April 1905[8] dringend um Entsendung von Lebensmitteln: »It is imperatively necessary to provide food temporarily for destitute persons so as to prevent starvation.«

Die bei Quagganei über die Grenze gekommenen Herero wurden größtenteils im Ghansi-Distrikt angesiedelt; ihre Zahl betrug laut einem Bericht des Resident Officer in Mafeking an den deutschen Generalkonsul in Kapstadt vom 31. Mai 1905[9] etwa 200–300. Die über Tganywa und Nyainyai (Mogopa) ins Land gekommenen Flüchtlinge wurden im nördlichen Betschuanaland außerhalb des Sekgoma-Reservats auf britischem Kronland angesiedelt. Ihre Zahl betrug – ebenfalls laut Angaben in dem obigen Bericht – etwa 1500.

Über das Schicksal anderer wichtiger Herero-Häuptlinge ist in dem Schriftverkehr der britischen Behörden mit dem Kaiserlichen Generalkonsul in Kapstadt von Lindequist, und aus deutschen Quellen folgendes zu erfahren: Der Sohn Samuel Mahareros, Friedrich, und Mahareros Neffe, Wilhelm, sowie ein Sohn des alten Tjetjo[10], Traugott, waren zunächst mit dem Hauptzug nach Osten in Richtung Rietfontein gegangen, hatten sich dann aber mit einer kleinen Gruppe, darunter auch die Otjosasu-Leute unter ihrem Häuptling Zacharias, nach Süden abgesetzt und bis Anfang Februar 1905 an einer Wasserstelle südlich von Deutsch-Kalkfontein halten können, wurden jedoch von der Abteilung Mühlenfels am 2. Februar 1905 aufgespürt. Im Verlaufe der dann stattgefundenen Übergabeverhandlungen gelang es Traugott Tjetjo sowie Wilhelm und Friedrich Maharero, mit einem Teil ihrer Leute zu entkommen. Sie wurden von Mühlenfels' Soldaten bis Dabis und Korikas verfolgt. Zwei Tage später wurde diese Gruppe erneut durch Soldaten des Postens Oas gestellt; es kam zu einem Gefecht, in dessen Verlauf die Herero 67 Mann verloren. Dem Rest, darunter den Führern, glückte es, über Olifantskloof in das Betschuanaland zu entkommen. Dort wurden sie zunächst in Quagganei interniert[11]. Die Otjosasu-Leute unter ihrem Häuptling Zacharias[12] ergaben sich an der genannten Wasserstelle südlich Kalkfontein der Abteilung Mühlenfels.

Traugott Tjetjo sowie Friedrich und Wilhelms Maharero schlossen sich später Samuel Maharero im Tsau-Distrikt an. Samuel selbst wurde wie ein gewöhnlicher Flüchtling behandelt; er durfte keinerlei Häuptlingsrechte ausüben, nicht einmal gegenüber Leuten seines eigenen Stammes, jede Autorität wurde ihm aberkannt.

Salatiel, einer der beiden Kapitäne der Waterberg-Herero, gelangte mit wenigen Hundert seiner Leute, an der von den Deutschen inzwischen wiederbesetzten Station Namutoni am Ostzipfel der Etoschapfanne vorbeiziehend, wo es am 13. Januar 1905 zu einem kurzen Gefecht mit der dortigen Besatzung kam, zu Kapitän Nechale im Ovamboland. Dort fand Salatiel mit seinen Ge-

8 C. O. 417, Piece 408, Vol. II, S. 391ff. (Reg. C. O. 545), P. R. O. Kew.

9 C. O. 417, Piece 407, Vol. I, S. 181 (Reg. C. O. 545), P. R. O., Kew.

10 Tjetjo selbst ist auf der Flucht umgekommen (vgl. S. 288.).

11 C. O. 417, Piece 408, S. 244 und 247.

12 Nicht zu verwechseln mit Zacharias Zeraua, Kapitän des Otjimbingwe-Stammes.

treuen eine neue Heimstatt. Auch dem Kapitän Daniel Kariko gelang es, sich zu den Ovambo durchzuschlagen.

Der Häuptling der Omaruru-Herero, Michael, durchstand mit einem Teil seiner Stammesbrüder, später aufgesplittert in viele kleine Haufen, eine besondere Odyssee: Zunächst mit Samuel Maharero im Verband der nördlichen Fluchtgruppe, trennte er sich mit seinen Anhängern von dieser auf dem Wege über Epata nach Neinei (Onjeinje, Nye-Nye), abgeschreckt durch die vielen Dursttoten auf dieser Strecke[13], und kehrte wieder um[14]. Den Versuch, mit seinen Leuten auf einem anderen Weg in das Betschuanaland zu flüchten, gab Michael bald wieder auf. Er wandte sich dann dem deutschen Schutzgebiet wieder zu und »driftete« langsam, immer wieder an abgelegenen Wasserstellen eine Weile verbleibend, über ein Jahr lang quer durch das Schutzgebiet in Richtung Südwest, ohne von den Deutschen bemerkt zu werden. Unterwegs löste sich die Gruppe immer weiter in kleine Trupps auf, die dann schließlich nacheinander alle zur britischen Enklave Walvis Bay gelangten. Michael selbst mit seinem Bruder Hugo und acht weiteren Begleitern stellte sich im Dezember 1905 den britischen Behörden in Walvis Bay. Von dort wurden er und seine Leute in das Betschuanaland gebracht. Den gleichen Weg gingen die anderen seiner Leute, die sich auf dem langen Weg durch deutsches Gebiet von ihm getrennt hatten. Es waren insgesamt mehrere hundert Mann. Ein anderer Teil der Omaruru-Leute soll sich vom südlichen Hauptzug abgesondert und über Olifantskloof in das Betschuana-Protektorat begeben haben. Nach einem Schreiben des Generalkonsuls von Lindequist an den High Commissioner in Johannesburg vom 17. April 1905[15] soll sich diese Gruppe, 300 Mann stark, zum Zeitpunkt des Schreibens an zwei Wasserstellen westlich von Lehututu, Betschuanaland, befunden haben. Dies wurde vom Resident Commissioner in Mafeking an den High Commissioner von 26. April 1905[16] bestätigt.

Andere Trupps von Herero-Flüchtlingen, ebenfalls durch die deutsche Absperrung am Rande der Omaheke durchgesickert, schlossen sich den Nama an, die sich inzwischen ebenfalls gegen die deutsche Herrschaft empört hatten. Ein großer Teil der Herero aber, die der Verfolgung durch die Deutschen entkommen und trotz Durst und Hunger im Sandfeld überlebt hatten, wandten sich, im Angesicht der Schreckensbilder in der Omaheke am Gelingen einer Flucht in britisches Gebiet zweifelnd, wieder ihren angestammten Wohnsitzen im deutschen Gebiet zu. Ihnen glückte es, in kleinen Trupps nach und nach ebenfalls durch die deutsche Absperrung schlüpfend, in ihre Heimat zurückzukehren. Missionar Irle schreibt über sie:

13 Siehe Seite 279.

14 Nach einer anderen Version (RKA Nr. 2118, Bl. 179–182) soll Michael zunächst mit Samuel Maharero nach Tsau im Betschuanaland gelangt sein, von dort dann aber, da ihm die Verhältnisse im britischen Gebiet nicht zusagten, zum zweiten Mal die Omaheke durchquert und sich schließlich im Dezember 1905 den britischen Behörden in Walvis Bay gestellt haben.

15 C. O. 417, Piece 408, Vol. II, S. 247, P. R. O., Kew.

16 C. O. 417, Piece 408, S. 391ff.

»Ende des Jahres 1904 und in den ersten Monaten 1905 tauchten zahlreiche Herero mit einigem Vieh hinter dem Rücken der Trupps im Westen des Landes auf, teils Räuberbanden, die aus der Not eine Tugend machten, um ihren Hunger zu stillen, teils auch nur kleinere Werften von wehrlosen Frauen und Kindern, die von Milch und Feldfrüchten lebten. Es waren kriegsmüde Haufen, die fast von allem entblößt waren.«

Trotz ihres Elends und ihrer totalen Erschöpfung wagten die ziellos Umherirrenden zunächst jedoch nicht, sich den deutschen Truppen zu stellen: Allen war die berüchtigte Proklamation des Generals von Trotha vom 2. Oktober 1904 zu Ohren gekommen. Daß der General es tatsächlich ernst meinte mit seiner Proklamation, das sollte den Flüchtlingen recht bald durch einen Vorfall bewußt werden, der sich etwa einen Monat nach Verkündung des »Schreckenserlasses« zugetragen hatte: Da dieser Vorfall in zahlreichen zeitgenössischen Quellen angeführt wurde und Augenzeugen beider Seiten hierüber weitgehend übereinstimmend berichteten[17], läßt er sich ziemlich genau rekonstruieren. Demnach spielte er sich etwa wie folgt ab:

Am 29. Oktober 1904 war eine deutsche Patrouille, die von Oberleutnant von Beesten, dem Führer des Absperrpostens in Ombakaha am Ganas-Omuramba, losgeschickt worden war, auf einen Trupp Herero gestoßen, dem vier Kapitäne, darunter Saul von Otjenga und Kavizeri von Okahandja, angehörten. Die deutschen Soldaten teilten den Herero mit, sie möchten einen ihrer Führer nach Ombakaha entsenden, um in Friedensverhandlungen mit Oberleutnant von Beesten zu treten. Daraufhin schickten die Kapitäne den Schulmeister Traugott Tjongarero zu dem Oberleutnant, um sich von der Ernsthaftigkeit des deutschen Angebots zu überzeugen und zu erfragen, ob Friede geschlossen werden sollte und ob den Hererokapitänen freies Geleit und Schutz des Lebens garantiert würde, wenn sie sich nach Ombakaha begäben. Oberleutnant von Beesten, dem es offensichtlich nur darum ging, die Hererokapitäne lebend zu fangen, um die von General von Trotha hierfür ausgesetzte Kopfprämie zu erhalten, sicherte dem einige Tage später bei ihm erschienenen Schulmeister die Erfüllung dieser Bitten zu. Nach Rückkehr Traugotts machten sich daraufhin die beiden Kapitäne, begleitet von sieben Unterkapitänen und etwa 50 Kriegern, auf den Weg in das deutsche Lager. In der Zwischenzeit aber hatte von Beesten seinen Leuten eingeschärft, »alles zu vermeiden, was irgendwie Verdacht erregen könnte, und unter keinen Bedingungen auf die Leute zu schießen«. Am 2. November gegen Mittag trafen die Herero in der Nähe von Ombakaha ein. Vier Großleute, unter ihnen Joel, Kavizeri und Saul, begaben sich unter Zurücklassung ihrer Waffen in das deutsche Lager, die anderen

17 Unter den Augenzeugenberichten befindet sich auch ein Bericht des Führers des deutschen Kommandos, Oberleutnant von Beesten, an den deutschen Generalstab im Reichsarchiv Potsdam, RKA Nr. 2117, Bl. 112–116, zitiert aus Drechsler – siehe Quellen- und Literaturverzeichnis.

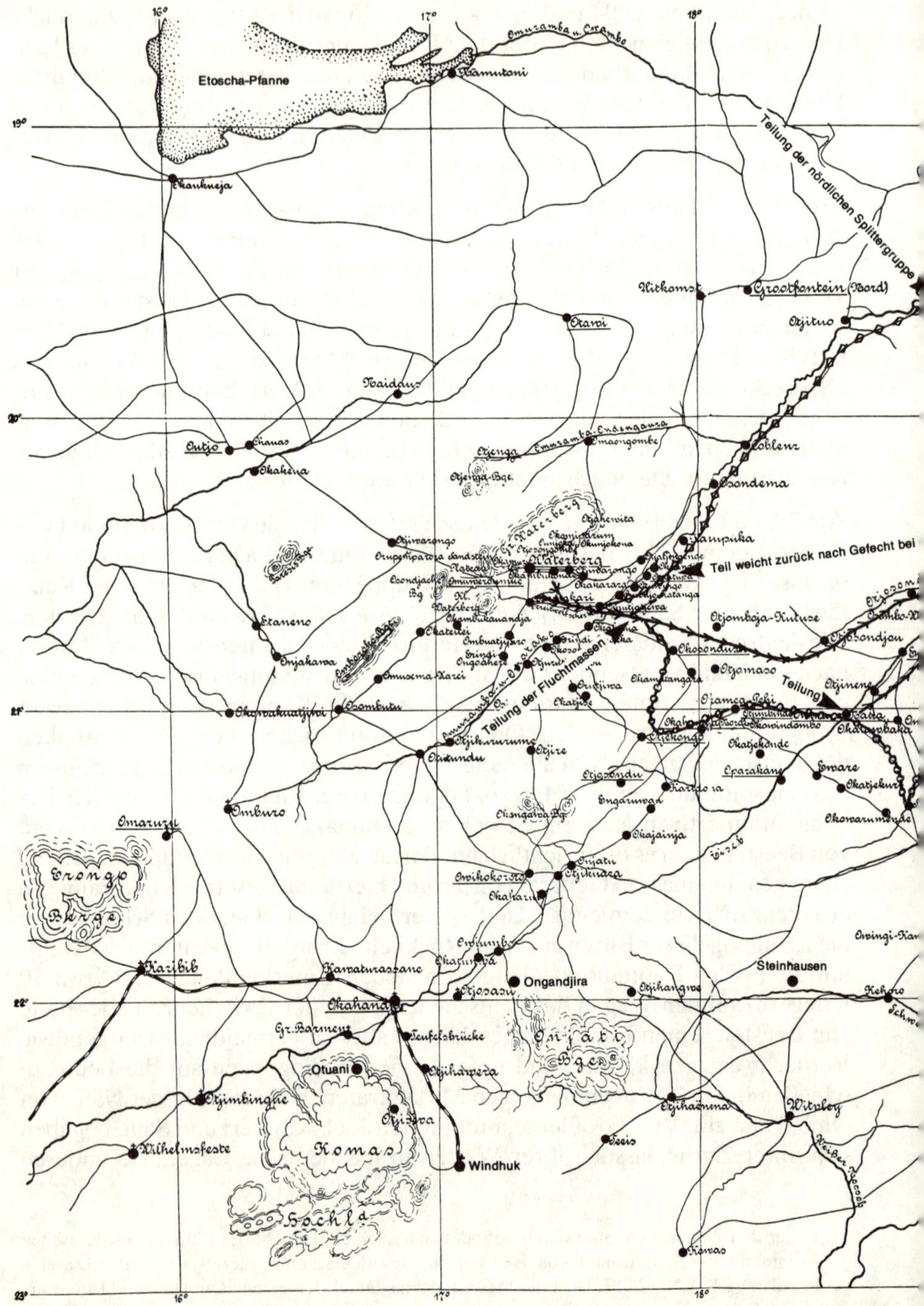

Etoscha-Pfanne
Namutoni
Teilung der nördlichen Splittergruppe
Grootfontein (Nord)
Otavi
Outjo
Waterberg
Teil weicht zurück nach Gefecht bei
Teilung der Fluchtmassen
Teilung
Omaruru
Erongo Berge
Karibib
Okahandja
Ongandjira
Steinhausen
Otuani
Komas Hochland
Windhuk
Witvley
Otjimbingue
Wilhelmsfeste
Teufelsbrücke

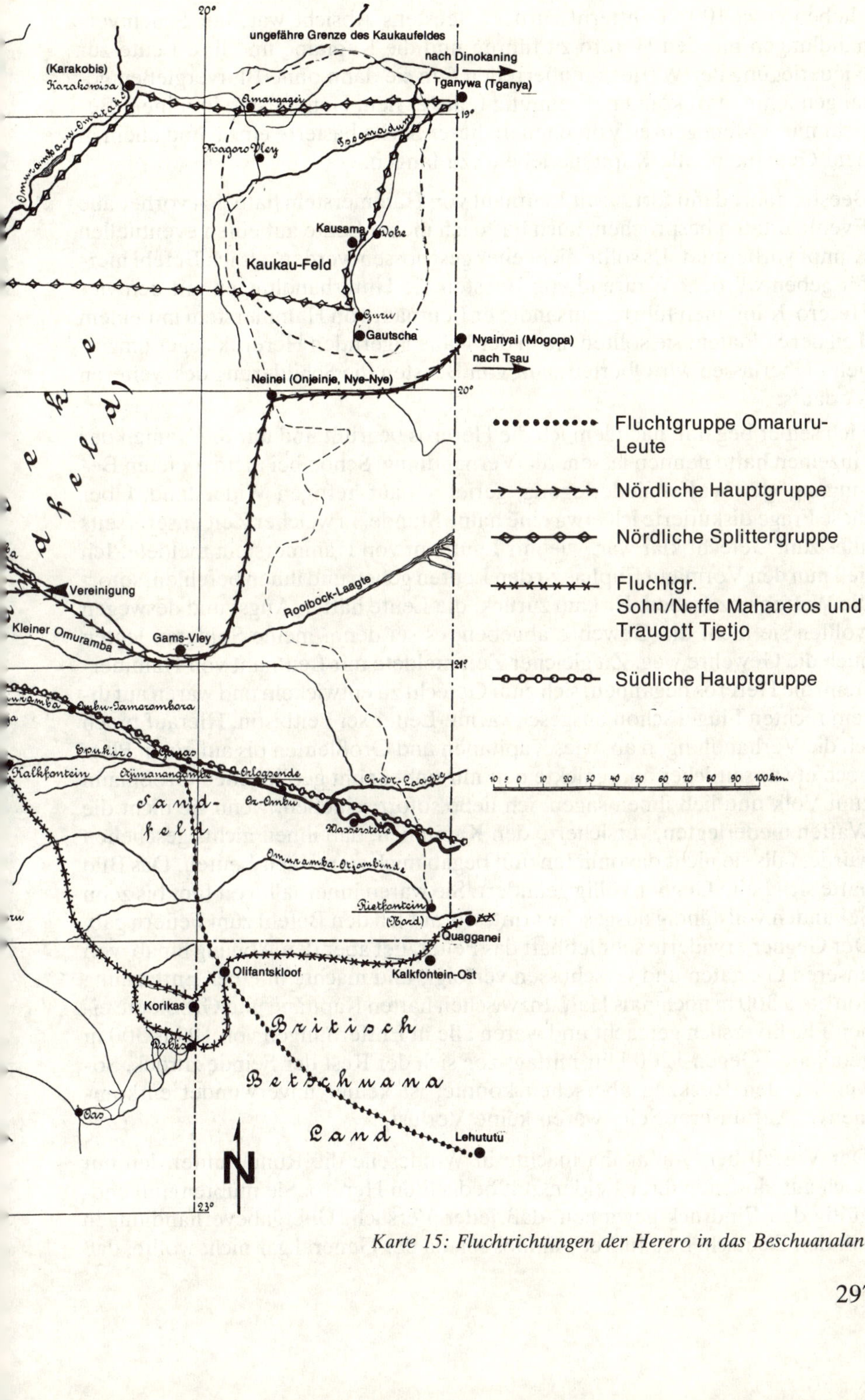

Karte 15: Fluchtrichtungen der Herero in das Beschuanaland

blieben etwa 100 m entfernt zurück. Beestens Absicht war, nur Scheinverhandlungen mit den Herero zu führen und die Kapitäne und ihre Leute zur Niederlegung der Waffen zu überreden, um sie dann ohne Blutvergießen gefangennehmen zu können. Freimütig teilte er dem Generalstab in seinem Bericht mit: »Mein ganzes Vorgehen in dieser Sache basierte einzig und allein in dem Gedanken, alle Kapitäne lebend zu fangen.«

Beesten fährt dann fort: »Mit Leutnant von Hammerstein hatte ich vorher alle Eventualitäten besprochen, auch hatte ich meine Leute auf einen eventuellen Kampf vorbereitet. Es sollte nicht eher geschossen werden, als ich Befehl hierfür geben würde.« Während von Beesten die Unterhandlungen mit den vier Herero-Kapitänen führte, entsandte er Leutnant von Hammerstein mit einem Teil der Soldaten: sie sollten die in der Nähe lagernden Hererokrieger umzingeln. Überlassen wir Oberleutnant von Beesten die Schilderung des weiteren Verlaufs:

»Ich selber begann, nachdem ich die Hereros begrüßt und mir die Namen der einzelnen hatte nennen lassen, die Verhandlung. Schon bei meiner ersten Bedingung, der Waffenniederlegung, geriet ich auf heftigen Widerstand. Über diese Frage diskutierte ich etwa eine halbe Stunde, in welcher Zeit unsererseits alles zum Gefecht klar war, wie mir Leutnant von Hammerstein meldete. Ich ließ nun den Vormann Eliphas zu den Leuten gehen und ihnen befehlen, sofort die Waffen abzugeben. Er kam zurück, die Leute hätten Angst und deswegen wollten sie nicht die Gewehre abgeben, es sei denn, meine Soldaten legten auch die Gewehre weg. Zu gleicher Zeit meldete mir Leutnant von Hammerstein, die Hereros begännen, sich zum Gefecht zu entwickeln und wären auf ihrem rechten Flügel schon ausgeschwärmt. Leiter sei Peitbison. Hierauf brach ich die Verhandlungen ab, wies Kapitänen und Großleuten bis auf einen Platz noch etwas seitlicher an, schickte den mir unbekannt gebliebenen Großmann zum Volk und ließ ihnen sagen, ich ließe sofort schießen, wenn sie nicht die Waffen niederlegten, versicherte den Kapitänen, daß ihnen nichts geschehen würde, falls sie nicht davonliefen und begab mich zu meinen Leuten. Das Bild hatte sich beim Gegner völlig geändert. Sie waren innerhalb von fünf bis zehn Sekunden vollständig ausgeschwärmt, worauf ich den Befehl zum Feuern gab. Der Gegner erwiderte sehr lebhaft das Feuer, lief aber den Abhang hinab, von unseren Granaten und Geschossen verfolgt, und machte in einer Entfernung von etwa 300 m nochmals Halt. Inzwischen hatten Kapitäne und Großleute einen Fluchtversuch gemacht und waren alle in Entfernungen von 10 bis 300 m gefallen... Gegen 1200 Uhr mittags zog sich der Rest der Feinde zurück. Soweit ich den Rückzug übersehen konnte, ist keiner unverwundet entkommen... Auf unserer Seite waren keine Verluste.«

Der Vorfall bei Ombakaha machte in Windeseile die Runde unter den nur noch auf ein Ende ihrer Leidenszeit bedachten Herero. Sie mußten nun endgültig den Eindruck gewinnen, daß jeder Versuch, Übergabeverhandlungen mit den Deutschen zu führen, sinnlos sei, da der General gar nicht wollte, daß sie sich ergäben. Rohrbach bemerkte in diesem Zusammenhang: »Dieser Vorfall … hat die allerunglücklichsten und schwerwiegendsten Folgen für alle späteren Friedensverhandlungen auch im Gebiet des Namaaufstands gehabt, denn jedesmal, wenn es sich um die Frage, ob die Aufständischen der Zusicherung, daß sie ihr Leben behalten würden, trauen dürften, kam von ihrer Seite der mißtrauische Einwand: ja aber Ombakaha!«

19. Die Wende in der deutschen Kriegführung

Reaktionen auf die Trothasche Proklamation · Versuche zur Lösung des Konflikts seitens der Rheinischen Mission und der Reichsregierung · Der Generalstab lenkt ein · Die ersten Erfolge der Mission in ihren Friedensbemühungen · Aufhebung der Absperrung des Sandfelds

»Als ich den Brief gelesen hatte, war ich eine Weile starr vor Entsetzen.« So beschreibt Dr. Förster, ein namhafter zeitgenössischer Verleger, der sich intensiv mit den Ereignissen in Südwestafrika beschäftigte, seine Empfindungen, als er von dem Erlaß des Generalleutnants von Trotha vom 2. Oktober 1904 erfuhr. Ähnlich waren auch die Reaktionen vom linken Flügel des Reichstags. So sagte der Reichstagsabgeordnete Bebel: »Einen derartigen Krieg wie Herr von Trotha kann jeder Metzgerknecht führen.« Auch die in Südwestafrika wirkende Rheinische (Barmer) Mission wandte sich heftig gegen die Proklamation des Generals. Ihr war es vor allem zu verdanken, daß die Auswirkungen der Proklamation in Grenzen gehalten wurden, der Erlaß schon bald wieder aufgehoben und die deutsche Kriegführung gegen die Herero im Dezember 1904 geändert und humaner gestaltet wurde.

Die ersten Versuche, eine friedliche Lösung des Konflikts herbeizuführen, hatte die Mission bereits am 11. August 1904, am Tage der Schlacht am Waterberg, unternommen: In einer Konferenz in Windhuk bot der Vorstand der Mission dem Gouverneur Leutwein die Dienste der Mission an, zwischen den Aufständischen und der deutschen Truppenführung zu vermitteln, um so die Kapitulation der Aufständischen zu erreichen und weiteres Blutvergießen zu vermeiden. Daraufhin sprach sich der Gouverneur in einem Schreiben an die Mission vom 17. August 1904 dafür aus, Missionare zu den Aufständischen zu entsenden, um sie zur Übergabe zu bewegen. Auch Dr. Rohrbach, der Regierungsbeauftragte für Fragen der Entschädigung der Ansiedler, stellte sich hinter die Ansichten der Mission und des Gouverneurs, indem er den Standpunkt vertrat, nicht nur aus humanitären, sondern auch aus praktischen, nämlich wirtschaftlichen Erwägungen müßte das Volk der Herero mit seinen riesigen Viehherden und seinem Arbeiterpotential unbedingt der Kolonie erhalten bleiben. Er sah auch nach dem Erlaß vom 2. Oktober noch eine Chance zur Rettung des Volkes. Entscheidend aber wäre, daß das Signal zur Friedensbereitschaft deutscherseits nicht von General von Trotha, der mit seinem Erlaß jedes Vertrauen bei den Herero eingebüßt hatte, sondern von Gouverneur Leutwein ausgehen müßte. Rohrbach war überzeugt, daß ein Großteil der Herero, vor allem die Omaruru-Leute, ein Teil der Waterberg-Leute und der Otjimbingwe-Stamm unter Zacharias Zeraua, jederzeit zur Kapitulation bereit wäre. Rohrbachs Bemühungen kommen in einem Schreiben zum Ausdruck, das er dem Missionar Eich von der Rheinischen Mission am 17. August 1904 zusandte; darin beschwor er diesen, Leutwein, solange dieser noch im Lande sei, als Vermittler zwischen Herero und Deutschen zu gewinnen. Doch es war schon zu spät. Nach seiner militärischen Entmachtung jeder Einflußnahme auf die Kriegführung entledigt, verließ Leutwein tief enttäuscht die Kolonie am 1. Dezember 1904. Damit war die Rheinische Mission ihres wichtigsten Fürsprechers beraubt.

Leutweins kommissarischer Nachfolger im Amt wurde, wie bereits erwähnt, Generalleutnant von Trotha selbst. Wie zu erwarten, kam er als Gesprächspartner für das Anliegen der Mission überhaupt nicht in Frage; er war nicht im mindesten zum Einlenken bereit und verharrte bei seiner Vernichtungsdoktrin. Da aber erhielt die Rheinische Mission Hilfe von einer ganz unerwarteten Seite: vom Generalstab. Hier war in den letzten Monaten die Front der Befürworter der Trothaschen Vernichtungsstrategie unter dem Druck der öffentlichen Meinung im In- und Ausland und starker Kreise im Reichstag abgebröckelt, und allmählich hatte sich die Erkenntnis durchgesetzt, daß die Trothasche Kriegführung in eine Sackgasse geraten war und in einem Fiasko zu enden drohte. Am 23. November signalisierte der Chef des Generalstabs, General von Schlieffen, in einem Schreiben an den Reichskanzler Fürst Bülow die Einlenkbereitschaft des Militärs gegenüber den Herero:

»Aller Wahrscheinlichkeit nach aber werden unsere Truppen, ob die Hereros sich in der Omaheke oder ob sie sich auf englischem Gebiet befinden, genötigt sein, durch einc ausgedehnte Aufstellung dem Gegner die Rückkehr nach Westen zu verwehren und den Krieg mit allen Schrecken des Typhus, der Malaria und der Herzschwäche zu einem dauernden zu machen. Es ist begreiflich, daß bei solchen Aussichten der Ruf nach einem baldigen Friedensschluß laut wird. Mit Aufständischen kann aber ein Friedensschluß nur in ihrer bedingungslosen Unterwerfung bestehen. Zu einer solchen scheint aber bis jetzt weder die ganze Nation noch ein so kleiner Teil entschlossen zu sein. Gefangene, welche der Major von Estorff gemacht hatte und nach guter Behandlung mit dem Auftrag entließ, Landsleute zum Übertritt unter deutschen Schutz zu gewinnen, sind nicht zurückgekehrt. Wenn die Hereros nicht freiwillig kommen, so müssen sie zur Übergabe aufgefordert und ermutigt werden. Verhandlungen zu diesem Zweck mit den Kapitänen anzuknüpfen ist ausgeschlossen. Sie haben ihr Leben verwirkt und müssen jedenfalls, um haltbare Zustände in dem Schutzgebiet herzustellen, beseitigt werden. Wenn der General von Trotha Preise auf die Köpfe der Kapitäne gesetzt hat, so mag er zu ihrer Beseitigung den geeigneten Weg eingeschlagen haben. Die ausgesetzten Summen sind aber offenbar zu niedrig gemessen und müßten den Gebräuchen des Landes entsprechend nicht in Münze, sondern in Stück Vieh ausgedrückt werden. Erst wenn der Einfluß der Kapitäne gebrochen ist, kann man auf eine Übergabe von Hereros in nennenswerter Zahl hoffen.

Einer solchen Entwicklung der Dinge stehen aber die Maßnahmen entgegen, welche der General von Trotha nach den beiden Anlagen[1] getroffen hat.

1 Auszug aus einem Bericht vom 4. Oktober und die Proklamation vom 2. Oktober 1904 – siehe Seite 282ff.

Daß er die ganze Nation vernichten oder aus dem Lande treiben will, darin kann man ihm beistimmen. Ein Zusammenleben der Schwarzen mit den Weißen wird nach dem, was vorgegangen ist, sehr schwierig sein, wenn nicht erstere dauernd in einem Zustand der Zwangsarbeit, also eine Art Sklaverei, erhalten werden. Der entbrannte Rassenkampf ist nur durch Vernichtung oder vollständige Knechtung der einen Partei abzuschließen. Das letztere Verfahren ist aber bei den jetzt gültigen Anschauungen auf die Dauer nicht durchzuführen. Die Absicht des Generals von Trotha kann daher gebilligt werden. Er hat nur nicht die Macht, sie durchzuführen. Er muß am Westrand der Omaheke stehen bleiben, und kann somit die Hereros nicht zwingen, diese zu verlassen. Wenn sie aber freiwillig das Land räumen sollten, so ist damit nicht viel gewonnen. Sie würden vom Betschuanaland aus eine beständige Bedrohung bilden, falls nicht die Kapregierung sie unschädlich machen sollte und könnte.

Es wird daher kaum etwas anderes übrig bleiben als zu versuchen, die Hereros zur Übergabe zu veranlassen. Das wird erschwert durch die Proklamation des Generals von Trotha, der jeden Herero erschießen lassen will. Wenn durch eine neue Proklamation den Hereros, welche sich unseren Truppen stellen, das Leben zugesagt wird, so werden sie der neuen Zusage kaum trauen wollen. Es muß indes versucht werden. Ich glaube daher, daß dem General von Trotha aufgegeben werden muß, 1. höhere Preise wie bisher auf die Köpfe der Kapitäne und Führer zu setzen und 2. durch eine neue Proklamation oder in einer anderen geeignet erscheinenden Weise denjenigen Hereros, welche sich unseren Truppen stellen, das Leben zuzusagen[2].«

Fast zeitgleich mit dem Eintreffen dieses Schreibens erhielt Fürst Bülow am 25. November 1904 den Besuch des Pastors Haussleiter von der Barmer (Rheinischen) Mission; dieser unterbreitete dem Kanzler das bereits am 11. August dem Gouverneur Leutwein vorgelegte Angebot der Mission: Entsendung von Missionaren zu den Aufständischen, um diese zur Übergabe zu bewegen. Darüber hinaus bot die Mission der Reichsregierung an, auf ihren Stationen die Versorgung der hilflosen Hererogefangenen, vor allem der Alten, Kranken, Frauen und Waisenkinder, zu übernehmen. Ferner schlug Haussleiter vor, Zufluchtsorte für diejenigen Herero einzurichten, die zwar am Aufstand, nicht aber an Mordtaten gegen Weiße beteiligt waren.

Am 8. Dezember antwortete Fürst Bülow auf das Angebot der Mission:

»...Bei der durch Gründe der Menschlichkeit und praktische Erwägung gebotenen Notwendigkeit, die völlige Vernichtung des Hererovolkes zu verhindern, erscheinen mir die von Ihrer Mission angebotenen Dienste besonders wertvoll...[3]«

2 RKA Nr. 2089, Bl. 3/4, Schlieffen an Bülow, vom 23. November 1904, entnommen aus Drechsler, S. 355.

3 Driessler: »Die Rheinische Mission in Südwestafrika«, S. 203/204 – siehe Quellen- und Literaturverzeichnis.

Mit dem Schreiben des Chefs des Generalstabs und dem Angebot der Rheinischen Mission wurde dem Reichskanzler der Handlungsweg gewiesen: Aufhebung der Proklamation und Einsatz der das Vertrauen der Eingeborenen genießenden Missionare, um die Herero zur Übergabe zu veranlassen.

Schon am 24. November 1904, einen Tag bevor ihm das Angebot der Mission unterbreitet wurde, wandte sich Fürst Bülow in einem Schreiben an Kaiser Wilhelm II., in dem er um Aufhebung der Proklamation vom 2. Oktober bat. Er nannte hierzu vier Gründe:

1. Eine Politik der totalen Vernichtung sei unchristlich
2. Die Trothaschen Maßnahmen seien undurchführbar
3. Die Vernichtungspolitik sei wirtschaftlich sinnlos
4. Die Proklamation würde dem deutschen Ansehen unter den zivilisierten Nationen Abbruch tun[4].

Der Kaiser zögerte etwa 14 Tage, bis er schließlich seine Zustimmung zur Aufhebung der Proklamation gab.

Auf ein entsprechendes Telegramm des Generalstabs mußte General von Trotha schließlich am 12. Dezember 1904 seine Proklamation vom 2. Oktober ausdrücklich zurücknehmen, eine für ihn sicherlich beschämende und demütigende Pflicht. Im einzelnen hieß es in diesem Telegramm, der deutsche Kaiser würde alle Herero, die sich ergeben, begnadigen mit Ausnahme der führenden Köpfe des Aufstands und derjenigen, die sich während des Aufstands Gewalttaten gegen Weiße haben zuschulden kommen lassen[5]. Für die Rheinische Mission war dies ein großer Erfolg in ihrem Bemühen, das Hererovolk vor dem völligen Untergang zu retten. Gleichzeitig wies nämlich der Generalstab in dem genannten Telegramm von Trotha an, er solle die »guten Dienste« der Mission in Anspruch nehmen, um die im Lande und in der Omaheke versprengten und umherirrenden Herero zur Übergabe zu überreden und zu sammeln.

Indes sollte es noch geraume Zeit dauern, bis die neuen Anweisungen sich auszuwirken begannen. Das lag vor allem daran, daß man sich über die Art und Weise, wie diese Anweisungen auszulegen und auszuführen seien, nicht einigen konnte. Die Mission stellte sich die Ausführung so vor, daß von ihr Briefe an die Kapitäne der Herero mit der Aufforderung zur Niederlegung der Waffen geschickt werden sollten; die sich ergebenden Aufständischen sollten dann »in ihre alten Jagdgründe und unter die schützende Hand der Kirche wieder zurückkehren«. Diese Vorstellungen waren von Trotha zuwider. Seine Überlegungen entwickelte er in einem Telegramm an den Reichskanzler vom 6. Januar 1905[6] wie folgt: Die die Waffen niederlegenden Herero sollen aufge-

4 RKA Nr. 2089, Bl. 8–11. Bülow and Wilhelm II, 24. November 1904, entnommen Drechsler, S. 356.

5 RKA Nr. 2089, Bl. 85, Generalstab an Trotha, 12. Dez. 1904, entnommen Drechsler, S. 356.

6 RKA Nr. 2089, Bl. 138/139, Trotha an Bülow, 6. Januar 1905, entnommen Drechsler, S. 356.

nommen und nach den Etappenorten zurücktransportiert werden. Dort werden sie an die Kette gelegt und zur Arbeit verwandt.

Nach seinen Vorstellungen sollten die Missionare die Truppe bei den Säuberungs- und Suchaktionen lediglich begleiten und gestellte Aufständische zur Übergabe überreden. **In dieser Auffassung wurde von Trotha durch den Reichskanzler unterstützt, indem dieser in einem Telegramm vom 11. Dezember 1904[7] die Anweisung gab, die gefangenen Herero nicht in Reservaten unterzubringen, sondern in Konzentrationslagern. In diesem Sinne ist dann in der Folge auch weitgehend verfahren worden. Daß diese Verfahrensweise nicht gerade dazu beitrug, die über die Aufrichtigkeit der deutschen Zusagen ohnehin durch den Vorfall bei Ombakaha mißtrauisch gewordenen Herero zur Übergabe zu animieren, ist verständlich. So geschah die Waffenstreckung nur sehr langsam und zog sich über Jahre hin.**

Den ersten Erfolg nach dem Umschwung in der Kriegführung erzielte Major von Estorff. Am 12. Dezember 1904 erhielt er vom Hauptquartier aufgrund des Gnadenbefehls des Kaisers die Anweisung, Übergabeverhandlungen mit den Herero anzubahnen. Er erließ am gleichen Tage noch in Owinaua-Naua einen Aufruf an das Hererovolk. Am 23. Dezember fanden sich dann 12 Großleute des Otjimbingwe-Häuptlings Zacharias Zeraua bei von Estorff ein mit der Mitteilung, Zacharias' Stamm und auch Samuels Leute wollten sich ergeben, wenn ihnen nur das Leben zugesichert würde. Estorff verbürgte sich persönlich für Zacharias, der sich nur widerwillig dem Aufstand angeschlossen hatte. Am 9. Januar 1905 ergab sich dann Zacharias Zeraua in Owinaua-Naua dem Major von Estorff. 133 Männer und 337 Frauen und Kinder, »entkräftet und zum Entsetzen abgemagerte Leute«, folgten seinem Beispiel.

Die deutschen Bemühungen, die Herero zur Kapitulation zu veranlassen, konzentrierten sich insbesondere auf deren frühere Wohngebiete. Dorthin war, wie bereits berichtet[8], ein großer Teil der überlebenden Herero zurückgekehrt. Sie fristeten hier ein erbarmungswürdiges Dasein, immer auf der Flucht vor den deutschen Patrouillen; ein Teil lebte von Viehdiebstählen und verunsicherte so die auf ihre Farmen zurückgekehrten deutschen Ansiedler. Da diese forderten, jetzt endlich dem Bandenunwesen ein Ende zu bereiten und »reinen Tisch zu machen«, wurden von Zeit zu Zeit Säuberungsaktionen von der Truppe durchgeführt. Die anfangs mit den Patrouillen mitziehenden Missionare, so Dannert im Omaruru-Distrikt und Eich und Willy Diehl in der Umgebung von Epukiro, hatten wenig Erfolg, die Herero zur Waffenstrekkung zu überreden. Zu tief saß das Mißtrauen der Herero vor den Deutschen. So entschied man sich für ein anderes Verfahren: Eingeborene Boten an die Aufständischen mit der Aufforderung zur Übergabe zu entsenden. Dieses Verfahren hatte größere Erfolge, so daß im Laufe der Zeit immer mehr Herero, zumeist in kleinen Gruppen, sich den deutschen Behörden und vor allem

7 RKA Nr. 2089, Bl. 54, Bülow an Trotha, 11. Dezember 1904, entnommen: Drechsler, S. 357.
8 Siehe Seite 294.

den Missionaren auf ihren Stationen stellten, beispielsweise im Januar 1905 33 Männer, 32 Frauen und 42 Kinder dem Missionar Kuhlmann in Otjimbingwe.

Schwieriger und unergiebiger war es, die vereinzelt sich in der Omaheke noch verborgen haltenden Hererotrupps aufzuspüren und zu entwaffnen. Stießen die Patrouillen auf Herero, so setzten sich diese in der Regel zur Wehr, so daß es zu Scharmützeln kam, die oft noch zahlreiche Opfer auf Seiten der Herero forderten.

Wegen des geringen Erfolgs dieser Suchaktionen glaubte man zunächst, ein Teil der Herero könnte sich in das wasser- und weidereiche, bisher den Weißen nahezu unbekannte Kaukaufeld zurückgezogen haben. Deswegen entsandte Major Mühlenfels am 15. März 1905 eine berittene Abteilung von 30 Mann unter Oberleutnant Gräff von Otjituo aus in Richtung Kaukaufeld. Diese stieß am 12. April bei Kausama auf eine Hererowerft. Ohne den Versuch zu machen, die Herero zur Übergabe aufzufordern, wurde die Werft im Überraschungsangriff genommen. Auf deutscher Seite fiel ein Reiter, die Herero ließen sieben Tote zurück. Kurz darauf klärte Hauptmann von Oertzen mit einer verstärkten Patrouille von Grootfontein bis zur britischen Grenze auf, ohne irgendwo noch auf Aufständische zu stoßen.

Da trotz des Absperriegels der deutschen Truppen zahlreichen Herero ein Entkommen aus der Omaheke in Richtung West geglückt war, hob General von Trotha im März 1905 die Absperrung des Sandfeldes auf. Ein Teil der Truppen wurde zum südlichen Kriegsschauplatz abgezogen, ein anderer Teil blieb zur Besetzung der Stationen im Hereroland zurück, um hier die Ruhe und Ordnung wiederherzustellen und damit die Wiederaufnahme eines geregelten Farmbetriebs zu gewährleisten.

Den Oberbefehl über die Besatzungstruppen im Hereroland übernahm Major von Mühlenfels. Als im Laufe des Sommers 1905 die Viehdiebstähle im Norden erheblich zugenommen hatten, ließ von Mühlenfels eine letzte große Säuberungsaktion durchführen. 40 Werften wurden überfallen; dabei fielen 260 Herero, 810 wurden gefangengenommen.

20. Die Herero in der Gefangenschaft

Einrichtung der Gefangenenlager · Der Leidensweg in die Gefangenschaft · Die Zustände in den Lagern, die Sterblichkeit · Einrichtung von Sammellagern der Rheinischen Mission · Lindequist wird Gouverneur, seine Maßnahmen zur Besserung der Gefangenenlage, seine Proklamation an die Herero · Einrichtung der Sammellager Omburo und Otjihaenena · Sammellager Otjosongombe · Sammellager Okomitombe

Anfang Januar 1905 wurde aufgrund einer Weisung des Reichskanzlers vom 6. Januar 1905 damit begonnen, die eingebrachten Herero in Kriegsgefangenenlager zu überführen. Ein Internierungslager war bereits im Mai 1904 in Okahandja eingerichtet worden. Dorthin hatte man die ersten im Laufe des Jahres 1904 gemachten Gefangenen geschafft. Mit der Zunahme der Gefangenenzahlen nach Aufhebung der Proklamation vom 2. Oktober 1904 reichte die Kapazität dieses Lagers schon bald nicht mehr aus. Daraufhin wies der Reichskanzler Fürst Bülow noch im Januar 1905 General von Trotha an, auch in anderen Ortschaften des Landes Kriegsgefangenen- und Internierungslager einzurichten, und zwar in Windhuk, Karibib, Omaruru, Swakopmund und Lüderitzbucht.

Die Überführung der Herero in diese Lager wurde systematisch und ohne Unterschied der Person betrieben. Gleichgültig, welcher Stammeszugehörigkeit, welchen Geschlechts, welchen Alters, welchen Gesundheitszustands, ob am Aufstand beteiligt gewesen oder nicht, alle Herero wurden zunächst in diese Lager gesperrt, teils als Kriegsgefangene, teils als Internierte, eine Rückkehr in die Reservate und Heimatgebiete wurde ausgeschlossen. Auch die Fürsprache der den Herero wohlwollenden Truppenführer nutzte hier nichts. So berichtet Major von Estorff, der sich persönlich für den Häuptling des Otjimbingwe-Stammes Zacharias Zeraua verbürgte[1], in diesem Zusammenhang:

»Ich wollte, daß er [Anm. Verf.: der Otjimbingwe-Stamm] zwar unter Aufsicht, aber doch wieder in seinem alten Gebiet angesiedelt würde. Das Vieh sollte Staatseigentum werden, aber unter seiner Aufsicht und Nutznießung. Diese Lösung hätte den Anschauungen des Volkes entsprochen, indem nur die Großen die Herdenbesitzer waren, das Volk aber Aufseher und Nutznießer. Es wäre ein gedeihliches Aufleben des Stammes möglich gewesen und so schlug ich auch vor, es mit den anderen Stämmen zu machen. Allein man verwarf dies. Ich war im Felde und konnte meine Ansicht nur schriftlich vertreten. Der General von Trotha verübelte mir sie sogar sehr. So pferchte man den Otjimbingwer Stamm mit den anderen Gefangenen in Windhuk zusammen.«

Bald begannen Krankheit und Tod unter den Gefangenen zu grassieren. Ursache hierfür war insbesondere der völlig entkräftete Zustand, in dem die Herero in den Gefangenenlagern eintrafen. Schon durch die lange Hungers- und Leidenszeit im Waterberggebiet und vor allem später im Durstfeld der Omaheke

1 Siehe Seite 304.

hatte ihr Gesundheitszustand erheblich gelitten, hinzu kam noch der lange und entbehrungsreiche Marsch in die Lager. Über einen solchen Marsch berichtet der Gefreite Paul Harrland:

»Am 29. Januar 1905 erreichten wir Otjimbinde, woselbst wir unseren Proviant abluden. Hier lag die 9. und 11. Kompanie vom 1. Regiment. Nachmittags platzte ein Regen los, der während des ganzen Marsches anhielt. Zu allem Überfluß haben wir auch noch zwölf Typhusrekonvaleszenten zum Rücktransport erhalten, außerdem zirka 150 Gefangene, welche vor Hunger und Ermattung fast nicht mehr können, zum Abtransport nach Okahandja ... In der Nacht überholte uns eine Patrouille der 9. Kompanie, welche auf das Gerücht, Zacharias, der gefangene Hererokapitän, wolle umkehren, abgeschickt ist. Auch von Otjosondu ist eine Patrouille hinterher. Ein sprechender Beweis unser mangelndes Vertrauen zu den Herero. Trotzdem ist es allemal eine Pein für uns, hoch zu Roß, mit dem Schambock (Peitsche) in der Hand, diese halbverhungerten Geschöpfe nachtreiben zu müssen. Hunger und abermals Hunger. Bedauert haben wir die Kinder, die für alles nichts können ... Unter allen erregte ein junges, bis zum Skelett abgemagertes Weib das Mitleid aller Kameraden. Mit kindlicher Liebe führte sie ihre alte, erblindete Mutter an einem Ochsenriemen nach ... Am 12. Februar 1905 kamen wir wieder in Okahandja an, nachdem wir den Swakop glücklich durchkreuzt hatten. Allerdings hatten wir von 150 Gefangenen nur 90 mitgebracht, da die übrigen vor Ermattung elendiglich umgekommen waren...[2]«

Eine weitere Ursache für die hohe Sterblichkeit und den hohen Krankenstand war die den Herero ungewohnte Gefangenenkost. Statt der gewohnten Milchnahrung gab man ihnen Reis, Mehl und Konservenverpflegung. Ein wesentlicher Faktor war auch der klimatisch ungünstige Standort vieler Lager: Um die Fluchtmöglichkeiten einzuschränken, wurde ein großer Teil der Gefangenen weitab von ihren Stammesgebieten in der wüstenhaften Küstenregion bei Swakopmund und Lüderitzbucht untergebracht, wo sie im Bahn- und Hafenbau beschäftigt wurden. So befanden sich allein in Swakopmund im August 1905 2000 Herero, darunter zahlreiche Frauen und Kinder. Da man nicht einmal für ausreichende Bekleidung und Unterbringung gesorgt hatte, starben innerhalb von sechs Monaten »trotz aller Verpflegung«, wie der Missionar Irle berichtet, 792 der 2000 gefangenen Herero, für die das feuchtkalte Küstenklima völlig ungewohnt war. In der Chronik der Rheinischen Mission wird näher auf die schweren Bedingungen, unter denen die Gefangenen zu leiden hatten, eingegangen: Sie seien in einem mit einer doppelten Dorndrahtumzäunung gesicherten und streng bewachten Lager untergebracht gewesen, sie hätten in Bretterbuden leben müssen, deren Wände mit Säcken abgedeckt gewesen seien. Die Hütten hätten wenig Schutz gegen die hier an der Küste vorherrschenden kalten Abendwinde geboten. 30–50 Leute, ungeachtet Geschlecht,

2 Aus: Dincklage-Campe »Deutsche Reiter in Südwest«, S. 288 ff.

Alter und Gesundheitszustand, seien jeweils in einem großen Raum zusammengepfercht gewesen. Die meisten Gefangenen hätten als Bekleidung lediglich einen Mehlsack mit Löchern für Kopf und Arme gehabt. Viele der ausgemergelten Gefangenen seien daher an Lungenentzündung gestorben.

Aber auch die Zustände in den Gefangenenlagern im Binnenlande waren alles andere als rosig. So führt Missionar Irle an, daß von seiner früheren Gemeinde Otjosasu, die 657 Getaufte vor dem Aufstand zählte, 173 lebend zurückgekommen seien. Von diesen starben in kurzer Zeit allein 35 in Okahandja, wo 1500 Gefangene in Dornkraalen zusammengepfercht gewesen seien.

Soweit einigermaßen bei Kräften, wurden die Gefangenen sogleich zum Arbeitseinsatz herangezogen. Sie mußten Instandsetzungsarbeiten an der Bahnstrecke Swakopmund – Windhuk und Gleisarbeiten an der neuen Otavibahn und der neuen Eisenbahnlinie Lüderitzbucht – Kubub durchführen, ein Teil wurde auch auf den Farmen der Weißen beschäftigt.

Im Laufe der Zeit gelang es dank der Bemühungen der Rheinischen Mission, der Amtsärzte des Schutzgebietes und der Proteste aus den Reihen der Reichstagsabgeordneten, eine Besserung der Lage der Hererogefangenen zu erreichen. Die Bemühungen richteten sich insbesondere darauf, die Gefangenenlager an der Küste aufzulösen und für die Gefangenen bessere Verpflegung, vor allem Einführung der ihnen gewohnten Milchkost, eine menschlichere Behandlung, bessere Kleidung und Unterkunft durchzusetzen und so die hohe Sterblichkeitsrate zu verringern. Für die noch im Feld und in den Bergen herumschweifenden Herero sollten Auffanglager der Rheinischen Mission eingerichtet werden. Von hier aus sollten dann Boten losgeschickt werden, um die Herero zur Übergabe zu überreden. Die zur Übergabe bereiten Herero sollten in diese Auffanglager gebracht und dort zunächst unter der Obhut der Missionare wieder zu Kräften gebracht und erst danach zum Arbeitseinsatz herangezogen werden.

Das Gouvernement, an der Spitze der von General von Trotha eingesetzte Regierungsrat von Tecklenburg, sah jedoch in den Drangsalen der Herero einen Erziehungseffekt und sträubte sich gegen diese Forderungen. Tecklenburgs Stellungnahme zu einem entsprechenden Antrag der Mission lautete u. a.:

»Je mehr das Hererovolk am eigenen Leibe nunmehr erst die Folgen des Aufstands empfindet, desto weniger wird ihm auf Generationen hinaus nach einer Wiederholung des Aufstands gelüsten. Unsere eigentlichen kriegerischen Erfolge haben geringeren Einfluß auf sie gemacht. Nachhaltigere Wirkung verspreche ich mir von der Leidenszeit, die sie jetzt durchmachen[3].«

An einer Besserung der Lage des Hererovolkes war so lange nicht zu denken, wie General von Trotha die vollziehende Gewalt im Schutzgebiet innehatte. Er

3 RKA, Nr. 2118, Bl. 153/154, Tecklenburg an KA, 3. Juli 1905, entnommen: Drechsler, S. 242f. – siehe Quellen- und Literaturverzeichnis.

war zu keinerlei Zugeständnissen bereit. Aber auch die weiße Kolonistenbevölkerung zeigte wenig Neigung, sich dem Wunsch der Rheinischen Mission nach menschlicherer Behandlung der Gefangenen anzuschließen. So schreibt Major von Estorff im Zusammenhang mit der Behandlung des Otjimbingwe-Stammes:

»Man nahm ihm das letzte Vieh und die gewohnte Milchnahrung, setzte ihn auf Reis und Konservenverpflegung, von der er Skorbut bekam, so daß Krankheit und Tod eine reichliche Ernte hielten. Solche Versündigung bestraft sich schwer. Sie entsprangen aus Unverstand und Lieblosigkeit, an denen fast die ganze Kolonistenbevölkerung teilhatte, und sie hat sich schwer an uns gerächt. Wir haben die Kolonie rasch im Großen Kriege verloren. Gottes Mühlen mahlen langsam, aber sicher.«

Der entscheidende Umschwung in der Behandlung der Herero setzte erst Ende 1905 mit der Einsetzung des früheren deutschen Generalkonsuls von Kapstadt, Dr. Friedrich von Lindequist, als Gouverneur des Schutzgebietes ein. Dieser Umschwung sollte dann dem leidgeprüften Hererovolk allmählich eine Besserung seiner Lage bringen.

Lindequist war mit den Verhältnissen in Südwestafrika, vor allem mit der Lage der Eingeborenen dort, gut vertraut, da er von 1894 bis 1899 als Richter im Schutzgebiet gewirkt hatte. Seine Einstellung zur Behandlung der Eingeborenenfrage deckte sich weitgehend mit der seines Vorgängers Leutwein. Was die Lösung des Hereroproblems anbetraf, vertrat er die Ansicht, daß dieses Volk jetzt hart genug bestraft worden sei und das Schutzgebiet wirtschaftlich völlig ruiniert würde, wenn man jetzt nicht alles unternehme, um die Reste des Volkes vor dem Untergang zu bewahren. Er erkannte, daß dies so lange nicht möglich sei, wie Generalleutnant von Trotha die vollziehende militärische Gewalt im Lande innehabe. Als von Lindequist im November 1905 vom Auswärtigen Amt die Nachricht seiner Ernennung zum Gouverneur von Südwestafrika erhielt, erklärte er sich daher zur Amtsübernahme nur unter der Bedingung bereit, daß General von Trotha auch als Truppenbefehlshaber im Schutzgebiet abgelöst werde und er, von Lindequist, den Oberbefehl über die Schutztruppe erhalte. Die Kolonialabteilung des Auswärtigen Amtes gab von Lindequists Forderung statt, und am 18. November 1905 verließ von Trotha über Lüderitzbucht das Schutzgebiet zur Rückkehr in die Heimat. Drei Tage später traf von Lindequist in Swakopmund ein und übernahm die Leitung des Gouvernements.

Am Tage nach seiner Ankunft, am 22. November 1905, besuchte er das Gefangenenlager von Swakopmund und versprach den gefangenen Herero die baldige Freiheit. Er nahm auch sofort Kontakt mit der Rheinischen Mission auf, um sich deren Hilfe beim Sammeln der noch im Lande herumstreifenden Herero zu sichern. Er versprach der Mission die Beseitigung der von ihr beanstandeten Mißstände in den Gefangenenlagern.

Den ersten Schritt zur Einleitung einer friedlicheren Epoche tat er bereits am 1. Dezember 1905, indem er einen Aufruf an die Herero erließ:

»Bekanntmachtung, Windhuk, den 1. Dezember 1905. Hereros!

Seine Majestät, der Kaiser von Deutschland, der hohe Schutzherr dieses Landes, hat die Gnade gehabt, mich zum Nachfolger des Gouverneurs Leutwein zu ernennen und als Gouverneur über dieses Land zu setzen, nachdem General von Trotha vor einigen Tagen nach Deutschland zurückgekehrt ist, der die deutschen Truppen gegen Euch geführt. Seine Abreise bedeutet, daß der Krieg jetzt aufhören soll.

Hereros! Ihr kennt mich! Fünf Jahre bin ich früher in diesem Lande gewesen als Kaiserlicher Richter und Stellvertreter des Gouverneurs Leutwein – als Assessor und Regierungsrat – zur Zeit, da Manasse von Omaruru und Kambazembi von Waterberg noch lebten, die mir stets treu gesinnt und ergeben waren. Es ist jetzt mein Wunsch, daß der Aufstand, den Eure Häuptlinge und Großleute und die Kinder, die ihnen gefolgt sind, in frevelhafter Weise begonnen haben und der das Land verwüstet hat, nunmehr sein Ende erreicht, auf daß wieder Ruhe und Ordnung herrscht. Ich rufe daher alle Hereros, die sich jetzt noch im Felde und in den Bergen herumtreiben und sich von ärmlicher Feldkost und Diebstählen nähren. Kommt und legt die Waffen nieder! Hereros! Tausende Euer Stammesgenossen haben sich bereits ergeben und werden von der Regierung ernährt und gekleidet. Es ist jede Vorsorge getroffen, daß sie gerecht behandelt werden. Dasselbe sichere ich Euch zu!

Es ist ferner angeordnet worden, daß vom 20. Dezember ab, also drei Wochen nach dem heutigen Tage, im Damaraland keine Hererowerften von Soldaten aufgesucht und aufgehoben werden sollen, da ich Euch Zeit geben will, selbst in Frieden zu mir zu kommen und Euch zu unterwerfen. Kommt nach Omburo und Otjihaenena! Dort werden Eure Missionare von mir hingeschickt werden. Sie werden auch Proviant mitnehmen, damit Ihr Euren ersten und großen Hunger stillen könnt. Es soll Euch auch etwas Kleinvieh von dem, was Ihr mitbringt, zur Unterhaltung Eurer Weiber und Kinder zur vorläufigen Benutzung gelassen werden. Diejenigen, welche kräftig sind und arbeiten können, sollen die Arbeit nicht umsonst tun, sondern dafür eine kleine Belohnung erhalten. Es werden in Omburo und Otjihaenena keine weißen Soldaten stationiert werden, damit Ihr nicht Angst habt und denkt, es soll noch weitergeschossen werden. Je schneller Ihr kommt und die Waffen niederlegt, desto eher kann daran gedacht werden, Euren Stammesgenossen, die jetzt gefangen sind, Erleichterungen in ihrer jetzigen Lage zu gewähren, und ihnen später die Freiheit wieder zu geben. Wem von Euch Omburo oder Otjihaenena zu weit ist, der kann seine Waffen auch bei irgend einer Militärstation abgeben und sich dort stellen. Auch die Soldaten, die auf diesen Stationen sind, werden nicht schießen. Ebenso sind die Soldaten, welche Wagentransporte begleiten und deshalb im Lande herumziehen, angewiesen, nicht auf Euch zu schießen, solange Ihr nichts Feindliches gegen sie unternehmt. Fürchtet Euch also nicht, wenn Ihr sie seht.

So kommt denn schnell, Hereros, ehe es zu spät ist. Auch im Namaland wird es bald wieder ruhig sein, denn Hendrik Witbooi ist durch eine deutsche Kugel getötet worden[4], und sein Unterhäuptling Samuel Isaak befindet sich in unseren Händen und hat sich freiwillig ergeben. Der Kaiserliche Gouverneur, gez. von Lindequist.«

Die Proklamation wurde in die Hererosprache übersetzt. Die Missionare entsandten überall in das Feld und in die Berge, wo die Herero noch umherstreiften, eingeborene Boten mit Abschriften der Proklamation.

Kernpunkt des Aufrufs war die Zusicherung des Gouverneurs, zwei Sammelpunkte für die Herero, in Otjihaenena, einer Missionsstation auf halbem Wege zwischen Seeis und Witvley etwa 70 km östlich von Windhuk, und in Omburo, einer Missionsstation etwa 20 km östlich von Omaruru, einzurichten. Die Einrichtung solcher Sammelpunkte war bereits früher von den Missionsinspektoren Hausleiter und Spiecker der Kolonialabteilung in Berlin vorgeschlagen worden.

Die Rheinische Mission reagierte sofort nach Verkündung der Proklamation von Lindequists: Sie beorderte Missionar Kuhlmann nach Omburo und Missionar Willy Diehl nach Otjihaenena. Von ihren Missionsstationen aus entsandten die beiden Missionare eingeborene Boten mit dem Aufruf des Gouverneurs, um die noch freien Herero in ihren Schlupfwinkeln aufzusuchen und zur Übergabe zu überreden. Die Erfolge dieser Bemühungen zeigten sich rasch: Bereits bis zum 9. Januar 1906 hatten sich 546 Herero in Omburo gestellt, in Otjihaenena waren es bis zum 13. Januar 630. Anfänglich versuchten die subalternen Behörden, vor allem die Bezirksämter, Einfluß auf die Sammeltätigkeit der Missionare zu nehmen, indem sie die Sammelstationen nicht ausreichend genug mit Lebensmitteln versorgten. Die Folge war, daß Diehl und Kuhlmann in den ersten Monaten nach Beginn der Aktion Hunderte von Gefangenen, darunter auch Kranke und Alte, nach Omaruru bzw. Windhuk abschieben mußten. Diese Gefangenen wurden dann zum Bahnbau nach Lüderitzbucht geschickt.

Die Mission sah ihre Aufgabe sabotiert; Missionar Eich von der Mission in Windhuk wandte sich an das Gouvernement, und ab 16. März wurde dieser Gefangenenabschub durch den Gouverneur unterbunden[5].

Lindequist sorgte jetzt auch für genügend Lebensmittelvorräte auf den beiden Sammelstationen, so daß die zumeist völlig ausgehungerten Herero auf beiden Stationen erst einmal wieder zu Kräften kommen konnten, ehe man sie zum Arbeitseinsatz schickte. Durch Kleidersammlungen in der Heimat wurde auch für eine bessere Bekleidung der Herero gesorgt.

4 Anm. Verf.: Am 29. Oktober 1905 bei Fahlgras.
5 Schr. Lindequist – Eich vom 19. März 1906, BA D IV. L3, S. 200.

Die Zahl der sich in Omburo und Otjihaenena stellenden Herero nahm allmählich ab. Die Boten der Missionare mußten immer größere Strecken zurücklegen, um die noch freien Herero aufzuspüren. Manche Familien hatten sich tief in den Busch zurückgezogen, so daß die Boten sie nur erreichen konnten, indem sie deren Fußspuren folgten. Oft kam es auch zum Schußwechsel zwischen den Boten und den Herero, da unter letzteren auch Leute waren, die an Mordtaten gegen Weiße beteiligt gewesen waren und daher nicht mit Gnade durch die deutschen Behörden rechnen konnten. Diese sich versteckt haltenden Leute waren zumeist völlig heruntergekommen, Vieh besaßen sie nicht mehr; sie mußten sich von Feldfrüchten, Beeren, Wurzeln, Zwiebeln und Wildfleisch ernähren. Nicht selten geschah es, daß Herero, die sich den Boten der Mission gestellt und mit diesen auf dem Wege zur Sammelstation waren, von anderen Herero terrorisiert und geschlagen, ja manchmal sogar mit Waffengewalt am Weitermarsch gehindert wurden. Erschwert wurden die Bemühungen der Missionare und ihrer eingeborenen Boten auch durch Gerüchte über grausame Behandlung kriegsgefangener Herero, wodurch das Mißtrauen der noch im Feld befindlichen Herero erneut erwachte. Dieser Zustand besserte sich erst, als dem weißen und schwarzen Wachpersonal in den Lagern das Tragen und Benutzen des Tschamboks streng untersagt wurde.

Als die Zahl der sich in Omburo und Otjihaenena stellenden Herero immer stärker abnahm, beschloß das Gouvernement, andere Sammelpunkte einzurichten, die näher der Omaheke lagen, um so die restlichen, zumeist noch im Sandfeld sitzenden Aufständischen zu erreichen. Als neue Sammelpunkte wurden daher Otjosongombe, am nördlichen Eiseb-Arm ca. 30 km südwestlich Opakarane gelegen, und Okomitombe, etwa 30 km nordöstlich von Gobabis, bestimmt. Omburo und Otjihaenena wurden am 1. September 1906 bzw. am 11. September 1906 aufgehoben. Das Ergebnis war beachtlich: Bis zum 2. August 1906 wurden 4400 Herero in Omburo gesammelt, in Otjihaenena waren es bis zum 1. Juli 4136 Gefangene. Sie wurden sämtlich nach einer mehrwöchigen Erholung und Kräftigung nach Omaruru bzw. Windhuk zum Arbeitseinsatz weitergeleitet.

Am 29. Juni nahm Missionar Olpp seine Arbeit in Otjosongombe auf. Er sah seine Hauptaufgabe darin, die Herero, die sich noch östlich des Omuramba-Omatako in der Omaheke aufhielten, aufzuspüren und zu sammeln. Diese Tätigkeit war wesentlich schwerer als die von den jetzt geschlossenen Sammelpunkten aus: Freiwillig ergaben sich die wenigsten der restlichen Aufständischen. In Gruppen von 20 Mann von Missionar Olpp ausgesandt, mußten die mit Gewehren ausgerüsteten Boten zum Teil gewaltsam die Herero zur Übergabe veranlassen. Die hier eingebrachten Gefangenen machten einen verwahrlosten Eindruck. Viele von ihnen waren »nur mit Haut überspannte Gerippe«, wie der Korrespondent des »Berliner Tageblattes«, Hauptmann a.D. Hutten, sich ausdrückte. In Otjosongombe wurden bis zum 7. Oktober 1906 1824 Gefangene eingebracht.

In Okomitombe nahm der vorher am Sammelplatz Otjihaenena tätig gewesene Missionar Willy Diehl am 14. September 1906 seine Arbeit auf. Von hier aus suchten seine Botengruppen den östlichen Teil des Schutzgebietes bis zur Grenze des Betschuanalandes nach Herero ab. Hier wurden bis zum 9. Februar 1907 924 Gefangene eingebracht.

Insgesamt wurden durch die Aktivitäten der Missionare der Rheinischen Mission bis zum 31. März 1907 12 500 Herero im Feld gesammelt und in die Sammellager überführt.

21. Bilanz und Ausblick

Die Bilanz des Aufstands auf der Hereroseite und auf der deutschen Seite · Die Maßnahmen der deutschen Behörden zur Enteignung der Herero · Folgen der Enteignung und Entrechtung des Hererovolkes · Aufhebung der Kriegsgefangenschaft · Aufblühen der Wirtschaft des Landes nach den schweren Aufständen · Die verzweifelte Stimmung in der Eingeborenenbevölkerung · Hauptmann Streitwolfs Bemühungen um Rückkehr der Hereroflüchtlinge · Vergleiche mit der Lage der Eingeborenen in Britisch-Südafrika · Die britische Mandatsherrschaft · Ausblick in die Zukunft

Mit dem Sammeln der noch in der Omaheke und in ihren früheren Wohngebieten umherschweifenden oder verborgene Überresten des Hererovolkes und deren Überführung in die Gefangenschaft konnte der Hereroaufstand als beendet angesehen werden. Mit Ausnahme der in britisches Gebiet, zu den Ovambo oder den Nama entwichenen Herero und weniger hundert Leute, die sich auch jetzt noch nicht den deutschen Behörden oder der Mission zu stellen wagten und ein kümmerliches und vogelfreies Leben vorzogen[1], befanden sich nun alle überlebenden Herero in deutscher Gefangenschaft.

Die Bilanz dieses Krieges ist für die Hereroseite erschreckend. Es gibt zwar keine Erhebungen über die genaue Zahl der Verluste des Hererovolkes, sondern nur Vermutungen auf der Basis sehr unterschiedlicher Schätzungen der Volksstärke der Herero vor dem Aufstand[2], doch selbst wenn man die sehr niedrig angesetzte Schätzung Sudholts[3] zugrundelegt, ist das Resultat erschütternd. Es sieht wie folgt aus:

Außer den 12500 Herero, die bis zum 31. März 1907 in den Sammellagern der Rheinischen Mission registriert worden waren, wurden genau 8889 Gefangene einschließlich Frauen und Kindern bis zum 11. Januar 1906 von deutschen Truppen eingebracht[4]. Das macht insgesamt etwa 21000 Herero. Diese wurden jedoch nicht alle als Kriegsgefangene geführt. So war beispielsweise in Okahandja ein Teil der Gefangenen, nämlich alte und schwache Leute sowie Kinder, in einem der Mission unterstehenden, unbewachten Lager, ein anderer Teil, alles kranke Leute, in einem »Hospitallager« untergebracht[5]. Die Zahl der kriegsgefangenen Herero betrug nach den Angaben des Kommandos der Schutztruppe etwa 15000. Etwa 800–1000 Herero sind während des Aufstands laut Angaben der Deutsch-Südwestafrikanischen Zeitung vom 3. April 1907 nach dem britischen Walvis Bay ausgewichen; 1175 Hereroflüchtlinge

1 Laut Seiner (siehe Quellen- und Literaturverzeichnis) fanden noch im Zeitraum von 1909/1910 größere Abwanderungen von »Feldherero« aus dem Sandfeld statt. Aus einer anderen Quelle (Müller: »Ein Erkundungsritt in das Kaukau-Veld«) verlautet, daß 1911 ein deutscher Erkundungstrupp unter Hauptmann Müller eine Gruppe von 18 bis 20 Herero zum Abzug in das englische Gebiet veranlaßte.

2 Vergleiche Seite 26.

3 Ebenda, Fußnote.

4 Militärarchiv Freiburg, D IV, L3, Bd. 2, S. 83, Märcker – Gouverneur, Windhuk, 21. Januar 1906.

5 Siehe »Berichte der Rheinischen Missionsgesellschaft«, 1906, S. 73–74.

wurden Ende 1906 im britischen Betschuanaland registriert. Salatiels Fluchtgruppe soll 400 Leute betragen haben[6]. Berücksichtigt man nun noch, daß einige hundert Aufständische zu den Nama entkommen sind und ebenfalls einige hundert noch im Sandfeld versteckt waren, so ergibt sich bei Zugrundelegung der Sudholtschen Schätzungen der Gesamtstärke des Volkes (40000 Herero), daß rund 23000–24000 Herero Krieg und Verfolgung überlebt hatten, davon wurden ca. 21000 von den Deutschen gefangengenommen. Die Differenz, also 16000–17000, dürften den Kriegseinwirkungen, den Krankheiten und Entbehrungen während des Aufstands, insbesondere aber dem Durst, dem Hunger und der Erschöpfung während der Flucht durch das Sandfeld zum Opfer gefallen sein. Die Schätzungen des Missionars Irle, der von 14000 in der Omaheke Verdursteten spricht[7], dürfte demnach ziemlich zutreffend sein. Indes müßte die errechnete Zahl der von den Deutschen gefangengenommenen und in Kriegs- und Internierungslagern befindlichen Überlebenden, also 21000, noch erheblich nach unten korrigiert werden, da nach dem eigenen Eingeständnis des Oberkommandos der Schutztruppen[8] fast die Hälfte der als Kriegsgefangene behandelten Herero in der Gefangenschaft gestorben sind. Das bedeutet, daß aus der Gesamtzahl der Gefangenen in deutschem Gewahrsam, etwa 21000, die ca. 15000 Kriegsgefangenen einen Aderlaß von rund 7000 Gestorbenen hatten. Berücksichtigt man nun die ca. 2000–3000 Herero, die den deutschen Nachstellungen durch Flucht in britisches Gebiet oder zu den Nachbarstämmen entkamen, so überlebten Aufstand und Gefangenschaft nur etwa 16000–17000 Herero, von denen 14000 in deutscher Gefangenschaft überlebten. Nach den Ergebnissen der offiziellen Volkszählung von 1911 lebten zu dem Zeitpunkt 15130 Herero im deutschen Schutzgebiet.

Diesen erschütternden Zahlen steht auf der deutschen Seite ein Verlust von 676 Gefallenen, 76 Vermißten und 689 durch Krankheiten Verstorbenen gegenüber. Dies ist die Gesamtziffer für den Hereroaufstand und den sich daran anschließenden Hottentottenaufstand (Namaaufstand), doch dürfte der weitaus größere Teil auf das Konto des Hereroaufstands entfallen. Beide Aufstände haben das Reich nahezu 600 Millionen Goldmark gekostet!

Mit der Beendigung des Aufstands wurden deutscherseits Überlegungen angestellt, wie der jetzige Zustand im Hereroland, der ja nicht immer fortdauern konnte, durch »Rückkehr zu geordneten Zuständen« abgelöst werden könnte und wie diese aussehen müßten. Man war sich schnell darin einig, daß die

6 Vergleiche Seite 293f.

7 Siehe Missionar J. Irle: »Was soll aus den Herero werden?«

8 In der Akte des RKA Nr. 2140, Bl. 161, »Abschrift der im Kommando der Schutztruppen gemachten Zusammenstellung über die Sterblichkeit in den Kriegsgefangenenlagern in Deutsch-Südwestafrika«, heißt es: »Nach den eingegangenen, den Zeitraum von Oktober 1904 bis März 1907 umfassenden Berichten sind insgesamt von den etwa 15000 Köpfe betragenden Herero und den etwa 2000 Köpfe starken Hottentotten 7682, also 45,2 Prozent der gesamten Gefangenen, gestorben«; zitiert aus: Drechsler, S. 252.

Herero mit ihrer Rebellion den mit dem Reich geschlossenen Schutzverträgen selbst ein Ende gesetzt hätten und eine Wiederinkraftsetzung der Verträge nicht in Frage käme. In einem von der Reichsregierung angeforderten Entwurf zu einer Verordnung[9] plädierte der stellvertretende Gouverneur von Tecklenburg dafür, die vor dem Aufstand geplante Einrichtung von Reservaten für die Eingeborenen aufzugeben. Statt dessen sollte man die Eingeborenen in sog. »Lokationen«, Werften nahe den Wohnplätzen der Weißen, unterbringen, so daß sie jederzeit den Weißen zur Arbeitsleistung zur Verfügung ständen. Durch Konfiszierung ihres Landes sollte ihnen jede Möglichkeit zur Großviehhaltung genommen werden. Jegliche Freizügigkeit für sie sollte aufhören, die Stammesorganisation aufgelöst, eine Paßpflicht für Eingeborene eingeführt, Werften außerhalb der Lokationen nicht geduldet werden.

Auf der Grundlage dieser Vorschläge wurde am 26. Dezember 1905 eine Kaiserliche Verordnung erlassen, die dem Gouverneur von Lindequist die gesetzliche Handhabe gab, nach eigenem Ermessen Eingeborenenland zu enteignen und zu Kronland zu erklären. Kraft dieser Verordnung wurde dann am 8. August 1906 der gesamte bewegliche und feste Stammesbesitz der Herero sowie der Swartbooi- und der Topnaar-Hottentotten konfisziert.

In weiteren gesetzgeberischen Maßnahmen durch den Gouverneur wurden am gleichen Tag auch die anderen Vorstellungen von Tecklenburgs verwirklicht: Amtliche Registrierung sämtlicher Eingeborener, Einführung einer Paßpflicht für diese ab Vollendung des 7. Lebensjahres; wer keinen Wohnsitz hatte oder nicht nachweisen konnte, womit er seinen Lebensunterhalt bestritt, konnte wegen Landstreicherei verhaftet werden. Ohne Zustimmung des Gouverneurs durfte kein Eingeborener Grund und Boden besitzen. Außerhalb der Dörfer durften nur Lokationen mit höchstens 19 Familien eingerichtet werden.

Mit dieser Verordnung wurde dem Volk der Herero und den anderen im Südwestafrika lebenden Eingeborenenstämmen, die sich gegen die deutsche Herrschaft aufgelehnt hatten, jede Möglichkeit genommen, ihre alten Stammesbindungen wieder herzustellen und ihre traditionelle Tätigkeit als Viehhirten und Viehzüchter wieder aufzunehmen. Der besitzlose und nahezu rechtlose Zustand, in dem sie sich seit der Gefangennahme befanden, blieb somit auch nach der am 6. Mai 1907 verkündeten und am 31. März 1907 in Kraft getretenen Aufhebung des Kriegszustands bestehen. Auch eine Entlassung aus der Kriegsgefangenschaft geschah noch nicht.

Erst unter dem Nachfolger von Lindequists, von Schuckmann, wurden die harten Bestimmungen nach und nach gelockert. So wurde den Herero ab 18. Januar 1908 in einer Weisung des Gouverneurs an die Bezirks- und Distriktämter wieder die Kleinviehhaltung und – im begrenzten Umfang – auch die Großviehhaltung gestattet und Kronland zur Nutzung zugewiesen. Sie konnten wieder in freien Dorfgemeinschaften wohnen, mußten jedoch in der Lage

9 RKA Nr. 1220, Bl. 28–35 vom 17. Juli 1905.

sein, ihren Lebensunterhalt selbst zu bestreiten. Am 18. Januar 1908 wurde endlich auch die Kriegsgefangenschaft für die Herero mit Wirkung vom 27. Januar 1908, Kaisers Geburtstag, aufgehoben.

Mit der Entlassung aus der Gefangenschaft wurde es den Herero mit gewissen Einschränkungen gestattet, wieder ihren Platz unter den Eingeborenenstämmen des Landes einzunehmen. Nur noch kümmerliche Überbleibsel eines einst so mächtigen und stolzen Volkes waren es, die nun nach 4¼ Jahren unermeßlichen Leidens und unsagbarer Entbehrungen in die Freiheit entlassen wurden, eine Freiheit, die nur eine scheinbare war, nämlich unter Aufsicht und zumeist im Dienste der Weißen: Nur den wenigsten der Überlebenden war es vergönnt, wieder – wenn auch unter den Augen der Weißen – ihrem traditionellen Gewerbe, der Viehzucht, nachzugehen; den meisten blieb als Besitzlosen nichts anderes übrig, als sich bei den Weißen als Lohnarbeiter zu verdingen, um sich ihren Lebensunterhalt zu verdienen. Die Hoffnung, wieder wie vor der Kolonialzeit frei und ungebunden in dem riesigen Land mit ihren Viehherden umherziehen zu können, war damit ausgeträumt. Ihre Führer waren tot, geflohen oder entmachtet, ihre Gesellschaftsordnung zerschlagen, ihre Stammessitten und -gesetze aufgehoben, sie selbst aus dem Verband oder der Sippschaft herausgerissen und somit entwurzelt worden und ohne Halt.

Die Wirtschaft der Kolonie, durch die Aufstände um Jahre zurückgeworfen, erholte sich in erstaunlich kurzer Zeit. Im Gegensatz zu der Zeit vor den großen Aufständen stand jetzt – dank der Konfiskationen von Eingeborenenland – preiswertes Kronland für Kolonisten reichlich zur Verfügung. Die angerichteten wirtschaftlichen Verluste und Schäden wurden fast vollständig aus Haushaltsmitteln des Reiches ausgeglichen; die riesigen Lücken in den Viehbeständen konnten durch Viehaufkäufe im Kapland geschlossen werden. So strömten nun in die von den Herero entblößten, verödeten Gebiete des Hererolandes Scharen weißer Neusiedler, um sich hier ihre Farmen und Heimstätten zu gründen. Sie wurden jetzt die alleinigen Herren im Hereroland. Weiße Kultur und weiße Zivilisation triumphierten: Sie hatten sich wieder einmal als die stärkeren erwiesen.

Betrug die weiße Bevölkerung Südwestafrikas im Jahre 1906 noch 3000, so schwoll sie bis zum Ausbruch des Ersten Weltkriegs auf 14 000 an. Eine gewaltige Zunahme an Wirtschaftskraft brachten der Kolonie die Diamantenfunde in der südlichen Namib bei Lüderitzbucht im Jahre 1908.

Nicht beteiligt an dieser wirtschaftlichen Aufwärtsentwicklung waren die Eingeborenen des Landes. Sie waren mehr denn je der Willkür der Weißen ausgesetzt und rechtlich in einem noch weniger gesicherten Zustand als vor dem Aufstand. Prügelstrafe und Übergriffe Weißer waren an der Tagesordnung. Hatten sich Weiße gegenüber Schwarzen etwas zuschulden kommen lassen, so wurden sie, wie früher, mit milden Strafen belegt, die Strafe oft ausgesetzt. Die Aussagen schwarzer Zeugen vor den deutschen Gerichten galten nichts. Die Ausschweifungen gegen Schwarze nahmen derart überhand, daß sich Dr. Seitz, der letzte deutsche Gouverneur von Südwestafrika, veranlaßt sah, am 31. Mai 1912 ein geheimes Rundschreiben an die Bezirksämter und Distriktchefs zu schicken, das folgenden Wortlaut hatte[10]:

»Kaiserlicher Gouverneur von Deutsch-Südwestafrika
J. Nr. 14200

Windhuk, den 31. Mai 1912

Geheim!

An den Herrn Kaiserlichen Bezirksamtmann, Distriktchef persönlich!

In den letzten Wochen sind mir von verschiedenen Seiten Nachrichten zugegangen, wonach unter den Eingeborenen in einzelnen Gegenden des Landes in der letzten Zeit eine verzweifelte Stimmung um sich greifen soll. Als Grund wird mir übereinstimmend die Tatsache bezeichnet, daß sich rohe Ausschreitungen Weißer gegen Eingeborene – es haben sich leider in einzelnen Fällen auch Polizeibeamte derartiger Vergehungen schuldig gemacht – bedenklich mehren und oft nicht die dem Rechtsgefühl der Eingeborenen entsprechende Sühne vor Gericht finden. Die Eingeborenen, die an der Unparteilichkeit unserer Rechtssprechung verzweifelten, würden dadurch in einen blinden Haß gegen alles, was weiß ist, und im Endresultat zur Selbsthilfe, d. h. zum Aufstand getrieben. Daß derartige Gefühle des Hasses unter den Eingeborenen, wenn nicht energisch Abhilfe geschaffen wird, über kurz oder lang zu einem erneuten verzweifelten Eingeborenen-Aufstande und damit zum wirtschaftlichen Ruin des Landes führen müssen, liegt auf der Hand. Es ist also im Interesse der gesamten weißen Bevölkerung, daß Elemente, die in wahnsinniger Roheit gegen Eingeborene wüten und ihre weiße Haut als Freibrief für brutales Verbrechen betrachten, auf jede Weise unschädlich gemacht werden. Denn ein Volk, das Anspruch darauf macht, als Herrenvolk betrachtet zu werden, muß vor allen Dingen seine eigenen Reihen reinhalten. Wenn die Verbrechen Weißer gegen Eingeborene keine oder keine genügende Sühne finden, ist es auf die Dauer nicht möglich, bei Verbrechen von Eingeborenen gegen Weiße mit derjenigen Strenge vorzugehen, die im allgemeinen Interesse geboten ist.

Es steht mir kein Einfluß auf die Rechtssprechung auf Weiße zu, ich werde aber im Wege der Verwaltung, soweit es mir möglich ist, dafür sorgen, daß den zweifellos vorhandenen Mißständen entgegengewirkt wird. Vor allen Dingen werde ich von Fall zu Fall anordnen, daß solchen Weißen, die sich fortgesetzter Brutalitäten gegen ihre Eingeborenen schuldig machen, keine Eingeborenen als Arbeiter überwiesen werden.

Eine wirksame Abhilfe aber wird nur dann möglich sein, wenn die weiße Bevölkerung selbst, die, wie ich weiß, derartige Brutalitäten roher Elemente auf das Schärfste verdammt, über ihre Stellungnahme solch gemeingefährlichen Individuen gegenüber keinen Zweifel läßt und tätig mitwirkt, um derartigen

10 Zitiert aus: »Report on the Natives of South-West Africa and Their Treatment by Germany«, S. 203.

Verbrechen vorzubeugen und dieselben, falls sie geschehen sind, zur Bestrafung bringen.

Da ich überzeugt bin, daß es den Bezirksräten möglich ist, in diesem Sinne auf ihre Mitbürger einzuwirken, ersuche ich Euer Hochwohlgeboren, dem Bezirksrat in der nächsten Sitzung den Inhalt dieses Schreibens streng vertraulich mitzuteilen. Ich hoffe, daß es möglich sein wird unter Mitwirkung der weißen Bevölkerung Zustände zu schaffen, die den Eingeborenen das Vertrauen zurückgeben, daß sie bei den Weißen Abhilfe gegen brutale Ausschreitungen Einzelner finden.

Den Empfang des Erlasses bitte ich, mir zu bestätigen[11].

(gez.) Seitz«

Daß bei diesen Zuständen in ihrer Heimat die nach Betschuanaland geflüchteten Herero wenig Neigung zeigten, nach Südwestafrika zurückzukehren, erscheint verständlich. So waren Versuche Oberleutnant Streitwolfs, der zusammen mit Missionar Meyer von der Rheinischen Mission im September 1907 von Gouverneur von Lindequist in das britische Ngamiland entsandt worden war, die dortigen Hereroflüchtlinge, darunter Traugott Tjetjo, zur Rückkehr in das Schutzgebiet zu bewegen, fehlgeschlagen. Nach den Angaben Streitwolfs gab Traugott auf dieses Ansinnen zur Antwort: »Was solle er in unserem Lande, wo er vor Furcht umkäme, wo jeder ihn niederschießen könne wie einen Klippbock. Er habe doch kein Gewehr mehr[12].«

Auch unter den einfachen Herero fand Streitwolf niemanden, der zur Rückkehr bereit gewesen wäre. Sie wiesen das Ansinnen, wie er schreibt, »unter Händeklatschen schroff von sich«.

Keiner der Flüchtlinge glaubte an eine Besserung der Lage seiner Stammesbrüder in der Heimat. Das Vertrauen zu den Deutschen war verlorengegangen. Die Flüchtlinge hatten inzwischen auch genügend Gelegenheit gehabt, Vergleiche zwischen der britischen Kolonialherrschaft und der deutschen anzustellen, und erkannten, daß die Engländer es besser verstanden, sich in die Denkungsweise der Eingeborenen hineinzuversetzen, und ihre Behandlungsmethoden und gesetzgeberischen Maßnahmen gegenüber Eingeborenen auf deren Mentalität abstimmten, ja die Eingeborenen in ihren Kolonien sogar zu vollwertigen Staatsbürgern gemacht hatten. In Briefen teilten die Flüchtlinge ihren Landsleuten in der Heimat ihre Beobachtungen mit. So zitiert Gouverneur Leutwein in seinen Erinnerungen[13] einen Brief, den ein für die Minenarbeit in Johannesburg angeworbener Herero aus Banksdrift (Transvaal) am 25. Januar 1904 an einen Stammesbruder in der Heimat geschrieben hatte:

11 Dieses Rundschreiben befindet sich im Archiv des Department of National Education, Windhoek, S. W. A., Zentralbüro-Akten WIII r Bd. 1.

12 RKA Nr. 1229, Bl. 8–14, Streitwolfs Bericht vom 2. Dezember 1907, zitiert aus Drechsler, S. 246f.

13 »Elf Jahre Gouverneur in Deutsch-Südwestafrika«, S. 543.

»Ich teile Dir mit, das Land der Engländer ist wahrlich ein gutes Land; da sind keine Mißhandlungen; Weißer und Schwarzer stehen auf gleicher Stufe, ... Und da ist viel Arbeit und viel Geld, und wenn auch Dein Vorgesetzter da ist, so schlägt er Dich nicht, aber wenn er Dich schlägt und hat das Gesetz übertreten, so wird er auch bestraft.«

Briefe dieser Art machten unter den ihrer Tiere und ihrer Weide beraubten, verzweifelten und erbitterten Afrikanern in Südwestafrika die Runde, ließen ihnen ihr Leid und ihre Not noch schlimmer erscheinen und stärkten in ihnen das Verlangen, endlich aus diesem Zustand der Rechtlosigkeit, der Willkür und der Zukunftslosigkeit herauszugelangen. Das britische Herrschaftsgebiet erschien ihnen nun das Land der Verheißung zu sein. Viele nahmen das Wagnis auf sich, heimlich dem deutschen Schutzgebiet den Rücken zu kehren und in das britische Kapland zu fliehen, um dort in den Bergwerken oder anderswo Arbeit anzunehmen.

Eher als erwartet, sollte für die Eingeborenen in Südwestafrika die Wende kommen. Im August 1914 brach der Erste Weltkrieg aus, und nach weniger als einem Jahr kapitulierte die deutsche Schutztruppe von Südwestafrika vor den siegreichen südafrikanischen Truppen. Nun wurde auch in diesem Land die britische Eingeborenengesetzgebung eingeführt.

Das Volk der Herero und die anderen afrikanischen Volksstämme in Südwest blickten wieder vertrauensvoller in die Zukunft. Die Zeiten der Recht- und Besitzlosigkeit schienen vorbei. Eine Zeit der Hoffnung folgte. Die alten Herren waren abgetreten und entmachtet, und die neuen Herren hielten die Zügel lockerer: Man durfte sich wieder frei umherbewegen im Lande, Vieh erwerben und der traditionellen Tätigkeit als Hirte und Viehzüchter nachkommen, die Wiederherstellung der alten Stammesstrukturen wurde versprochen. Doch kaum war der Erste Weltkrieg zu Ende, da machte die Hoffnung der Ernüchterung Platz:

Wieder setzte ein Zustrom weißer Siedler ein, diesmal aus Südafrika, und wieder wurden schwarze Arbeitskräfte und Land für weiße Farmen benötigt. Nun erkannte die südafrikanische Verwaltung die »Nützlichkeit und Zweckmäßigkeit« des Systems der alten deutschen Eingeborenenpolitik: Um dem drohenden Arbeitskräftemangel vorzubeugen, wurde die Freizügigkeit für Eingeborene wieder aufgehoben, die verhaßten Paßgesetze von früher wieder eingeführt, ebenso die Gesetze gegen Landstreicherei; jeder Schwarze mußte eine geordnete Erwerbstätigkeit nachweisen. Die Rückgabe der den Eingeborenen zwangsweise fortgenommenen Gebiete wurde abgelehnt. Man beschied ihnen, daß sie durch ihre Erhebung gegen die frühere deutsche Herrschaft für immer ihren Anspruch auf diese Gebiete verwirkt hätten. Was noch an guten Ländereien geblieben war, ging in den Besitz der neuen weißen Farmer über. Die Reservate der Eingeborenen wurden zwar erheblich erweitert, doch es waren die wasserärmsten und unfruchtbarsten Gebiete, die man ihnen zuwies. Da diese nur wenig Erwerbsmöglichkeiten boten, blieb den meisten Afrikanern nichts anderes übrig, als wieder bei den Weißen in Arbeit und Brot zu gehen, um ihren Lebensunterhalt zu bestreiten und nicht mit den Gesetzen der neuen Machthaber in Konflikt zu geraten. Erneut wuchsen Unruhe und Erbitterung unter den Stämmen im Lande. Und wieder brachen Aufstände aus: So 1922, als sich die Bondelzwart erneut gegen die weiße Macht empörten, diesmal, um sich gegen die Fortschreibung der alten deutschen Eingeborenenpolitik durch die südafrikanischen Behörden zu wehren. Wieder schlugen die Weißen zu, diesmal sogar mit Flugzeugen und Bomben.

So blieb das Ziel, dessentwegen sich die Vorväter der heutigen Afrikaner in Südwestafrika, dem heutigen Namibia, gegen das Deutsche Reich erhoben hatten, bis jetzt unerreicht: die Gleichstellung der Rassen im Lande und die Aufhebung der weißen Vorherrschaft. Und niemand weiß, wie weit, wie blutig und wie dornenreich der Weg dorthin noch sein wird.

22. Schlußbetrachtungen

Von ihrer ersten Berührung mit den Kolonisatoren an befanden sich die Kolonisierten diesen gegenüber in einem anfänglich vielleicht noch gar nicht empfundenen Dilemma:

Aufgesplittert in zahllose sprachlich und ethnologisch völlig verschiedenartige Gruppen unterschiedlicher Kulturstufen und ohne eine zentrale Autorität, nicht selten miteinander rivalisierend oder gar in Fehde lebend, mit oft archaischen Wirtschafts- und Sozialformen, standen sie, vielleicht zum ersten Mal überhaupt, dem weißen Mann gegenüber, von dessen Denk- und Lebensweise, vor allem aber seinen Absichten und dem hinter ihm stehenden Machtpotential sie sich nicht die geringste Vorstellung machen konnten, von dessen viel höherer Zivilisationsstufe, Findigkeit, Ausdauer und Kraft sie aber bald so beeindruckt waren, daß ihnen dessen Rat und materielle Versprechungen, vielleicht auch Hilfe und Freundschaft gegen Widersacher begehrenswert erschienen. Doch auch der weiße Kolonisator besaß keine Vorstellung, ja wollte sie vielfach auch gar nicht besitzen, von der Gedankenwelt, den Traditionen, den Sitten und Gebräuchen, den religiösen und gesellschaftlichen Zwängen, denen die von ihm »zu Kolonisierenden« verhaftet waren. Seine wahren Absichten verbarg er zunächst geschickt unter dem Mäntelchen verlockender Schutzverträge, die er klug vorzubringen verstand, indem er zum einen die Begehrlichkeit seiner Ansprechpartner, der eingeborenen Häuptlinge oder Potentaten, in Form von Geschenken, zum Beispiel Geld, Gewehren, Munition, Kleidern oder anderen Erzeugnissen der heimischen Zivilisation, weckte, zum anderen diesen versprach, ihnen Schutz gegen ihre Rivalen und Feinde zu garantieren.

Mit dieser Situation waren auch die Herero konfrontiert, als der erste Beauftragte des Deutschen Reiches, Dr. Göring, in das Hereroland kam, um Schutzverträge mit den Hererostämmen abzuschließen. Dr. Göring traf dort auf verworrene und kriegerische Verhältnisse: Schon seit Jahrzehnten tobte die blutige Fehde zwischen den Herero und den kriegerischen Nama, und schon wieder stand Hendrik Witbooi mit seinen Nama-Kriegern vor Okahandja, der Residenz Katjamuahas, des Oberhäuptlings der Herero, um es zu erobern. Seit vielen Jahren hatten sich die Herero nach Bundesgenossen umgesehen, um sich der dauernden Bedrängung durch die Nama besser widersetzen zu können. Die anderen Eingeborenenstämme im Lande schieden hierfür aus, sie waren zu schwach und bedeutungslos. Hilfe konnte nur von den Weißen kommen, d. h. von der britischen Kapregierung. Diese aber winkte nach einem kurzen Engagement ab. Da trat plötzlich, als die Not wieder einmal groß war, der Repräsentant einer anderen europäischen Macht, des Deutschen Reiches, in der Gestalt des Dr. Göring in Erscheinung. Die Deutschen waren den Herero nicht unbekannt, gehörten doch die Missionare der im Hereroland wirkenden Rheinischen Mission zu diesem Volk. Die Missionare standen bei den Herero in einem denkbar guten Ruf. So war es naheliegend, daß man den guten Eindruck, den man von den deutschen Missionaren gewonnen hatte, sich auch von den Sendboten des Deutschen Reiches erhoffte.

Dr. Göring, bestrebt, »deutsche Ordnung in das afrikanische Chaos zu bringen«, erkannte sofort die günstige Gelegenheit: Er traf in Okahandja ein, als die Herero dort mit den Nama in einem schweren Kampf lagen. Er bemühte sich, dem guten Ruf, den die Deutschen bei den Herero genossen, Ehre zu machen: Er und seine Helfer zeigten sich als gute Samariter, indem sie die im Kampf verwundeten Herero vom Schlachtfeld holten und pflegten. So gingen – nach einem für die Herero siegreichen Ausgang des Gefechts – die Verhandlungen um den Abschluß eines Schutzvertrages flott voran. Katjamuaha war froh, endlich einen weißen Verbündeten gefunden zu haben. Witbooi, im Kampf geschlagen und nun politisch isoliert, zog sich nach seiner Feste Hornkranz zurück. Die Herero wurden nun die Hauptstütze der deutschen Herrschaft. Doch zu einer gedeihlichen Partnerschaft zwischen Herero und Deutschen sollte es nicht kommen. Rasch erkannten die Herero nämlich, daß die deutsche Herrschaft auf tönernen Füßen stand:

Dr. Göring besaß weder Macht noch Mittel, den Vertragspartner zu unterstützen, denn die Deutsche Kolonialgesellschaft von Südwestafrika, die die Souveränität dort im Namen des Deutschen Reiches ausüben sollte, war bankrott. Katjamuaha sah, daß er einen »Papiertiger« zum Verbündeten hatte und jagte Dr. Göring tief enttäuscht außer Landes. Das Ansehen des Deutschen Reiches war mit diesem schmählichen Abgang seines Repräsentanten auf den Nullpunkt gesunken. Die britische Zeitung »Cape Times« meldete: »Das deutsche Schutzgebiet an der Südspitze Afrikas erweist sich langsam als eine traurige Farce.«

Doch rascher als gedacht sollte sich das Blatt wenden. Die Reichsregierung fühlte sich herausgefordert: Der entscheidende Schritt in Richtung auf eine aktive Kolonialpolitik war 1884 getan, nun sollte der einmal eingeschlagene Weg konsequent fortgesetzt werden. Reichskanzler von Caprivi, der Nachfolger Bismarcks, an sich Gegner aller kolonialen Ambitionen, verteidigte seine Kolonialpolitik in Südwestafrika mit folgenden Worten: »Wir haben Südwestafrika. Ich werde Überlegungen im Nachherein darüber, wie wir es erwarben und ob es eine gute Sache war oder nicht, vermeiden – wir haben es nun einmal. Es ist deutsches Land jetzt und muß deutsches Land bleiben.« Er erkannte jedoch, daß – wie in fast allen Kolonisationsunternehmen – der Kampf mit den Eingeborenen früher oder später unweigerlich kommen mußte, wenn man die wirtschaftliche Erschließung des Landes wollte. Dies aber bedeutete – nolens volens – den Einsatz militärischer Machtmittel: Die Geburtsstunde der Schutztruppe hatte geschlagen!

Für die Eingeborenen in Südwestafrika gab es ein böses Erwachen: Jetzt erkannten sie, daß man sich ein trojanisches Pferd ins Land geholt hatte: Die Absicht der Deutschen war, Südwestafrika zu einer deutschen Siedlungskolonie zu machen! 1892 kamen die ersten deutschen Ansiedler ins Land, ihnen aber folgten in zunehmender Zahl Beamte und – Soldaten! Der »Papiertiger« hatte Fleisch und Zähne bekommen! Den Herero und den Nama wurde es nun klar, daß ihre wahren Feinde die Deutschen waren! Da schlossen sie nach jahrzehntelangem Kampf Ende 1892 Frieden, um gemeinsam Front gegen den neuen Eindringling zu machen. Daß der »Papiertiger« Zähne bekommen hatte, sollte zuerst Hendrik Witbooi zu spüren bekommen, als er durch die Truppe des neuen Landeshauptmanns von François 1893 eine schwere Niederlage bei Hornkranz einstecken mußte. Da in diesem Kampf auch viele Nichtkombattanten – Namafrauen und -kinder – ums Leben gekommen waren und von François durch den linken Flügel im Reichstag eine grausame Kriegführung vorgeworfen wurde, erfolgte 1894 seine Ablösung durch Major Leutwein.

Leutwein leitete einen neuen Abschnitt in der Kolonialgeschichte des Landes ein, der gekennzeichnet war einerseits durch die Wiederherstellung der deutschen Autorität in Südwest, andererseits durch den Versuch, im Sinne der Forderungen v. Caprivis nach »einer friedlichen Kolonisation ohne Blutvergießen« sich mit den Eingeborenen zu arrangieren, ohne jedoch dabei das vorgegebene kolonialwirtschaftliche Ziel für Südwestafrika, die Schaffung einer deutschen Siedlungskolonie mit einer auf weißen Großfarmen basierenden Viehwirtschaft, aus den Augen zu lassen. Leutwein war sich völlig im klaren darüber, daß die Einführung eines solchen Wirtschaftssystems nicht ohne Abtretung von Land und Vieh der Eingeborenen an die Europäer und damit nicht ohne tiefe Eingriffe in deren Gesellschafts- und Wirtschaftsstruktur möglich sei. Von diesen Eingriffen sollten vornehmlich die viehreichen halbnomadischen Herero mit ihrem riesigen ertragverheißenden Land betroffen werden: Für diese bildete das Vieh die einzige Lebensgrundlage; auf der Zahl der Tiere beruhte ihre Sozialstruktur und ihre hierarchische Ordnung: Je größer die Herden, um so größer das Prestige und um so größer auch die politische Macht im Stamm. Das ganze Bestreben der Herero war deshalb auf die Akkumulierung ihrer Viehbestände gerichtet, eine Viehwirtschaft im europäischen Sinne mit einer Vermarktung der Tiere war ihnen unbekannt.

Leutweins Absicht war, dieses der ökonomischen Entwicklung der Kolonie im Wege stehende präkoloniale Wirtschaftssystem in einem langsamen, möglichst friedlichen Prozeß durch ein modernes, profitbringendes europäisches Wirtschaftssystem abzulösen, ohne es völlig zu beseitigen, mithin den Eingeborenen die Lebensrechte zwar zu beschneiden, sie ihnen jedoch nicht gänzlich zu nehmen. Da dann nur noch ein Teil der Eingeborenen ihrem tradierten Gewerbe, der Viehzucht, würde nachgehen können, erführen die zukünftigen deutschen Farmen den Vorteil, daß die dann »freigestellten« Herero auf ihren Farmen als Arbeiter Verwendung finden könnten. Auf diese Weise könnte ein

Arbeiterreservoir geschaffen werden. Der wirtschaftliche Umgestaltungsprozeß sollte in der Weise vor sich gehen, daß den Eingeborenen allmählich immer mehr Land und Vieh zugunsten der weißen Siedler durch Enteignung oder Abkauf fortgenommen werden sollte. Leutwein glaubte, daß die Herero angesichts ihrer riesigen Tierbestände und der Weite ihres Landes eine solche Einbuße verkraften könnten, ohne daß es zu Unruhen oder gar kriegerischen Entwicklungen kommen würde. Den Schaden, den ein solcher Prozeß der langsamen wirtschaftlichen Entmachtung der Eingeborenen zwangsläufig mit sich bringen mußte, versuchte Leutwein durch indirekte Einflußnahme auf das politische Leben der Eingeborenen zu begrenzen, indem er einen Häuptling gegen den anderen ausspielte und dabei eine Art schiedsrichterliche Funktion wahrnahm. Die Hauptwerkzeuge seiner Politik waren dabei diplomatische und militärische Mittel.

Seine ersten Erfolge in dieser divide-et-impera-Strategie erzielte Leutwein am 6. Oktober 1894, als er Samuel Maharero, den Oberhäuptling der Herero, in seiner in der Stammeshierarchie umstrittenen Position gegenüber seinem Rivalen Nikodemus bestätigte und ihn so für eine Kollaboration mit dem Deutschen Reich gewann. Leutwein verpflichtete zunächst Samuel zum Stillhalten gegen den erbitterten Gegner der deutschen Herrschaft in Südwestafrika, den Nama-Kapitän Hendrik Witbooi. Auf diese Weise schaffte Leutwein sich einen freien Rücken für den nun folgenden Unterwerfungsfeldzug gegen die Nama in den Jahren 1894/1895. Auch anderswo zeigte sich Samuel der deutschen Herrschaft gegen entsprechende Gegenleistungen durchaus willfährig: So schloß er am 6. Dezember 1894 leichtfertig und ohne Rücksicht auf sein Volk ein Grenzabkommen mit dem Deutschen Reich, in dem die Südgrenze des Hererolands von Swakopmund bis Gobabis festgelegt wurde, ohne daß dabei die Häuptlinge der betroffenen Hererostämme eingeschaltet wurden. Auf gleiche Weise wurde auch die Nordgrenze des Hererolandes festgelegt. Als Gegenleistung wurde Samuel vom Reich ein Jahressälar von 2000 Mark zugestanden. Die daraus erwachsende Gegnerschaft zu seinem Nebenbuhler Nikodemus wurde noch verschärft, als Maharero vertraglich den Deutschen seine Zustimmung gab, daß diese Hererovieh beschlagnahmen dürften, wenn dieses über die festgelegte Südgrenze des Hererolandes getrieben würde. An dem Erlös der Versteigerungen des beschlagnahmten Viehs sollte Samuel beteiligt werden.

Als es dann tatsächlich zu derartigen Beschlagnahmungen von Vieh der Ostherero kam, erhoben sich diese unter Führung von Nikodemus und Kahimema gegen die deutsche Herrschaft, da sie dies als Viehdiebstahl betrachteten und dieser in den Augen der Schwarzen als casus belli, als Kriegserklärung, galt. Dadurch, daß Samuel – ebenso wie Hendrik Witbooi, der sich inzwischen den Deutschen unterworfen hatte – den Deutschen Heeresfolge leistete und die Zustimmung zur standrechtlichen Erschießung von Nikodemus und dessen Mithäuptling Kahimema nach deren Besiegung im Jahre 1896 gab, war Samuel zu einem gefügigen Vasallen der Deutschen geworden. Leutwein aber konnte einen vollen Erfolg in seiner divide-et-impera-Politik verbuchen: Die Herero-Nation war nun völlig zerrissen, die Einheit des Volkes dahin, das moralische Recht zur weiteren Vieh- und Landnahme, da vom Oberhäuptling selbst sanktioniert, auf seiner Seite. Kriegerische Verwicklungen mit den Herero, so glaubte Leutwein, seien nunmehr ausgeschlossen. Befriedigt schreibt er an die Kolonialabteilung in Berlin: »... Daß zwischen mir und ihm (Samuel) je Feindseligkeit entstehen könnte, scheint mir völlig undenkbar ... Die Freundschaft wird immer dicker, einen geeigneteren Oberhäuptling könnten wir für uns nicht finden.«

Der Niedergang der Herero als Nation zeichnete sich ab: Die Einwanderung der Weißen nahm immer mehr zu, nicht zuletzt gefördert durch den Bau der Eisenbahn quer durch das Land. Im Jahre 1903 lebten bereits 4640 Weiße in Südwest. Diese spielten sich als die Herren im Lande auf und ließen die »Kolonisierten« spüren, daß diese wie alle anderen Naturvölker dem Fortschritt, den die weiße »Herrenrasse« ins Land brachte, weichen müßten. Das Gefühl der Rechtlosigkeit und Zukunftsangst beschlich die Eingeborenen. Das Hereroland schrumpfte durch Landverkäufe und -konfiskationen. Was von ihren riesigen Weidegründen übrig bleiben würde, wurde den Herero vollends klar, als die Reservate festgelegt wurden: Nach den Vorstellungen der Gouvernementsregierung sollten diese im wesentlichen in der Omaheke mit ihren spärlichen Wasserstellen und nur sporadischen Weideflächen liegen!

Die Schulden der Herero bei den deutschen Händlern wuchsen beängstigend; ihr Vieh wurde konfisziert oder mußte verkauft werden, um die Schuldenlast zu senken, die Rinderpest und die 1903 beschlossene Verjährung der Schulden der Eingeborenen taten ein übriges: Der Zeitpunkt der totalen Enteignung und Entmachtung der Nation war abzusehen.

Leutwein schien zwei Schwachpunkte in seiner ausgeklügelten Eingeborenenpolitik nicht erkannt zu haben:

Zum einen irrte er sich, wenn er glaubte, die Herero könnten den Aderlaß an Vieh verkraften. Er verkannte offenbar den inneren Zusammenhang zwischen Viehzahl und politischem und sozialem Prestige in der Gesellschaftsordnung der Herero. Zum anderen war er sich anscheinend nicht recht bewußt, daß er dadurch, daß er Samuel Maharero zur gefügigen Marionette der deutschen Herrschaft gemacht hatte, eine gefährliche Rivalität zwischen Samuel und dem größten Teil der anderen Häuptlinge und Großleute schürte, die immer weiter zu Haß und Erbitterung gegen die Förderer dieser Rivalität, die Deutschen, auswuchs. Es bildete sich eine starke Kriegspartei, angeführt von dem erbitterten Gegner Mahareros, Assa Riarua, hinter der sich ein großer Teil der von Verzweiflung und Zukunftsangst erfüllten Herero scharte. Sie konnten und wollten so nicht weiterleben und wollten lieber in einem Verzweiflungskampf untergehen als den Zustand der Rechtlosigkeit und Zukunftslosigkeit noch weiter zu ertragen. Ein Großteil des Volkszorns richtete sich gegen den eigenen Oberhäuptling und sein verräterisches Handeln. Man brauchte ihn aber als

Symbolfigur für die Einheit der Nation, um die Gewähr zu haben, daß alle Hererostämme sich erheben. Das Unglaubliche, für Leutwein Unfaßliche trat ein: Von seinen Großleuten und Kapitänen unter Druck gesetzt, stellte sich Samuel Maharero an die Spitze seines Volkes: Der Aufstand brach los! Damit war Leutweins so geschickte Strategie des vorsichtigen Taktierens zwischen den Eingeborenenstämmen zusammengebrochen: Sein getreuer Vasall Samuel Maharero war von ihm abgefallen. Noch im Süden des Landes zur Bekämpfung der Bondelzwart weilend, konnte Leutwein es nicht fassen, daß er hier einer solidarischen Einheitsfront des gesamten Hererovolkes gegenüberstand. Sein erster Gedanke war daher, sein Freund Maharero sei einem Ränkespiel seiner Rivalen zum Opfer gefallen und es würde ihm, Leutwein, nicht schwerfallen, Maharero wieder umzustimmen und so einen Keil in die Front der Herero treiben. Er wollte also sein altbewährtes Instrument, sein Verhandlungsgeschick, wieder ins Spiel bringen und meinte, allein und ohne Hilfe des Reiches die Krise meistern und mit den vorhandenen Machtmitteln auskommen zu können. Doch während er sich noch um Friedensverhandlungen mit den Bondelzwart bemühte, war die interimistische Truppenführung auf dem Herero-Kriegsschauplatz bereits zu einer realistischeren und pessimistischen Einschätzung der Lage gelangt und hatte Truppen aus Deutschland angefordert.

Nachdem sich der erste Schock über die Schreckensnachricht aus Südwestafrika gelegt hatte, mußte man in Berlin feststellen, daß man hier auf eine koloniale Krisensituation dieses Ausmaßes nicht eingestellt und organisatorisch in keiner Weise vorbereitet war. Man wußte zwar, daß es lokale Erhebungen bereits verschiedentlich in den Schutzgebieten gegeben hatte, regelrechte Kolonialkriege aber, so wie England sie schon mehrfach in seiner langen Kolonialgeschichte hatte führen müssen und gerade jetzt – in einer, wie man im Preußischen Generalstab schadenfroh und großspurig vermerkte, »reichlich stümperhaften Weise« – in Südafrika gegen die Buren geführt hatte, hielt man im eigenen Kolonialreich in maßloser Verkennung der dortigen Verhältnisse für ausgeschlossen.

Wie aber sollte man in kürzester Zeit die geforderten Truppenverstärkungen mitsamt dem erforderlichen Material aus dem Boden stampfen, und das angesichts einer obstruktiven, ja kolonialfeindlichen Mehrheit im Reichstag? Die organisatorischen Versäumnisse der Vergangenheit ließen sich nun nur noch durch Improvisationen wieder wettmachen. Das aber erforderte zum einen das Vorhandensein sachkundiger, d. h. kolonial- und kolonialkriegserfahrener Leute, die als Ratgeber dienen könnten und die man als solche natürlich auch akzeptieren müßte. Zum anderen müßten sämtliche Maßnahmen im Zusammenhang mit der Vermehrung der Schutztruppe in einer Hand liegen, ausschließlich von einer Behörde gesteuert werden, um einen reibungslosen Ablauf der Maßnahmen zu gewährleisten.

An beiden Voraussetzungen aber haperte es: Erfahrene Kolonialbeamte und Kolonialoffiziere standen in der Heimat nur wenige zur Verfügung. Wo sollten sie auch herkommen, Kolonialverwaltung und Schutztruppe bestanden ja erst knapp ein Jahrzehnt! Die wenigen, die es von diesen Fachleuten gab, saßen obendrein noch in nachgeordneten Positionen, ein Teil in der Kolonialabteilung, die anderen irgendwo bei der Truppe oder einer Behörde in Deutschland. Wegen ihrer relativ niedrigen Dienststellungen und Dienstgrade galten sie in der Ministerialbürokratie in Berlin als nicht hinreichend kompetent; sie wurden daher wenig gefragt. Nicht viel besser stand es mit der zweiten Forderung, der nach einer zentralen, alleinigen Instanz zur Durchführung sämtlicher Maßnahmen der Verstärkung der Schutztruppe. Diese Instanz gab es zwar in Gestalt der zivilgeführten Kolonialabteilung, doch dies war in der Ministerialhierarchie des Reiches eine subalterne Behörde, die obendrein noch von einem Beamten, dem Kolonialdirektor Dr. Stübel, geleitet wurde, der selbst weder über militärische noch über administrative Kolonialerfahrung verfügte und dessen Durchsetzungsvermögen, Überzeugungskraft und Eloquenz, Eigenschaften, wie sie gerade jetzt im Reichstag zur Durchsetzung der nötigen Haushaltsmittelbewilligungen für die Truppenvermehrung gefragt waren, auch nicht gerade überzeugten. Es gab auch eine militärische Zentralinstanz für die Kolonien, das »Oberkommando der Schutztruppen«, doch das war eine winzige, der Kolonialabteilung untergeordnete Institution von wenigen Stabsoffizieren, an dessen Spitze überdies noch ein Zivilist stand, der eben genannte Dr. Stübel. Nur dem hochtrabenden Namen nach wäre diese Institution in der Lage, eine so gewaltige Aufgabe wie die Vermehrung der Schutztruppe um Tausende von Mann, und das in kürzester Zeit, zu bewältigen! Schon das »Kompetenzgerangel« bei der Besprechung mit Kaiser Wilhelm II. am 18. Januar in Berlin zeigte die Unmöglichkeit, diese großen Aufgaben in eine Hand zu legen. Nun gelang es erstaunlicherweise zwar Dr. Stübel unter Hinweis auf die im Schutztruppengesetz verankerte ausschließliche Kompetenz seines »Oberkommandos« für Einkleidung, Ausrüstung und Personalergänzung der Schutztruppe, den Kaiser dazu zu bewegen, dem »Oberkommando der Schutztruppen« diese Kompetenz auch in diesem Fall zu einem erheblichen Teil zu belassen, doch zeigten sich bei dieser Beratung schon die Bemühungen der anderen Ressorts, vor allem des Kriegsministeriums und des Generalstabs, das Zepter an sich zu reißen, nicht zu Unrecht allerdings mit dem Hinweis, das »Oberkommando« sei schon von seiner Größe her nicht imstande, diese Aufgabe wahrzunehmen. Die Sitzung endete mit einem Kompromiß: Dem »Oberkommando« sollte die Zuständigkeit für die Anwerbung, die Einkleidung und den Abtransport der Freiwilligen und die Beschaffung der Ausrüstung außer Waffen und Pferden zugewiesen werden, während für die restlichen Beschaffungsmaßnahmen das Kriegsministerium zuständig sein sollte. In der Folge sollte sich dann, wie zu erwarten, zeigen, daß das »Oberkommando« mit dieser Aufgabenzuweisung völlig überfordert war.

Eine logische Konsequenz des Aufgabenzuwachses des »Oberkommandos« wäre eigentlich gewesen, diese kleine Dienststelle – wie mit Kommandobehörden und Einheiten der Armee im Kriegsfall üblich – personell und in ihren

Befugnissen und Vollmachten so zu erweitern, daß sie diesem Aufgabenzuwachs gerecht würde. Damit wäre der Sache gedient worden und alle zu treffenden Maßnahmen in einer Hand geblieben. Diesen Weg hat man, aus welchen Gründen auch immer, nicht beschritten und statt dessen das »Oberkommando« Zug um Zug aus den wichtigsten Verantwortungen herausgedrängt. Ab April 1904 lagen Personalersatz und Einsatz der Truppe ausschließlich in den Händen des Kriegsministeriums bzw. des Generalstabs der Preußischen Armee.

Die Auswirkungen dieser Entwicklung zeichneten sich schon bald ab: In den Auseinandersetzungen in Deutsch-Südwestafrika begannen nun außer der Kolonialabteilung mit ihrem »Oberkommando der Schutztruppen« auch der Generalstab, das Kriegsministerium, das Reichsmarineamt, das Auswärtige Amt, das Finanzressort, die Reichskanzlei und – als größter Hemmschuh – der Reichstag mitzumischen. Ein Wirrwarr einander überschneidender Kompetenzen, gegeneinander wirkender und einander hemmender Kräfte war die Folge. Somit gab nicht nur der gänzliche Mangel an Vorbereitungen für einen überseeischen Feldzug, sondern auch die Schwerfälligkeit der Bürokratie Anlaß dazu, daß die Maßnahmen zur Bekämpfung des Aufstands zu spät und zu träge anliefen, mit dem Ergebnis, daß der Krieg sich über lange Zeit hinzog und immer weitere Steuergelder verschlang.

Mittlerweile gelangten immer mehr Schreckensnachrichten aus dem Schutzgebiet an die deutsche Öffentlichkeit. Die Presse aller politischen Schattierungen nahm sich des Themas an: Während die linken Blätter die Herero in Schutz nahmen und die Schuld an der Erhebung vor allem im Verhalten der Regierung und der Siedlerschaft der Kolonie sahen, setzte von Seiten der rechten Presse eine wüste Greuelpropaganda gegen die Aufständischen und der Ruf nach Rache ein: Es gelte, deutsches Land zu verteidigen, »die Majestät des deutschen Namens sei beleidigt worden«, nur ein totaler Sieg in Südwestafrika könnte die von »halbwilden Barbaren befleckte Ehre des Vaterlandes wiederherstellen«.

Hier sah der Generalstab für sich die große Herausforderung und die Möglichkeit zur Profilierung nach Jahrzehnten untätigen Friedens. Die zahlreichen Privilegien, die die Eingeborenen unter dem »Leutwein-System« angeblich genossen, hätten bisher der Kolonie den Weg zu einer »wohlgeordneten und vielversprechenden deutschen Siedlungskolonie« verbaut. Die Erhebung der Herero bot nun willkommenen Anlaß, endlich »reinen Tisch zu machen«, das Land militärisch zu erobern und die Eingeborenen zu unterwerfen und damit der Leutweinschen Privilegienwirtschaft zugunsten der Eingeborenen, insbesondere den Schutzverträgen, ein Ende zu bereiten. »Einen Fuß in die Tür« zum Kriegsschauplatz Deutsch-Südwestafrika hatte der Generalstab bereits setzen können: In dem Gespräch des Kaisers mit seinen Ressortchefs am 18. Januar wurde dem Generalstab das Vorbehaltsrecht auf die Oberleitung des operativen Einsatzes des Marine-Expeditionskorps zuerkannt.

Dieser Verband stand als einziger für den sofortigen Einsatz in Südwestafrika zur Verfügung, da es gegen den Einsatz von Marinetruppen in Übersee keine verfassungsrechtlichen Restriktionen gab. Bedenklich aber waren die große Zahl der unausgebildeten Rekruten im Korps, dessen geringe Mobilität als Fußtruppe und die völlige Unerfahrenheit der Seesoldaten im afrikanischen Buschkrieg. Deswegen sollte die Truppe nach den Vorstellungen des Reichsmarineamtes zur Freikämpfung der Verbindungswege zwischen Küste und Zentrum der Kolonie, also im Bereich der Bahn und der großen Ortschaften, danach als Sicherungs- und Etappenverband verwendet werden, um so die Schutztruppe für die eigentlichen Einsatzaufgaben freizumachen. Die Freikämpfung der Verbindungswege war aber bereits abgeschlossen, als das Korps in Südwest eintraf. Streng genommen, hätte es nun wegen der ihm anhaftenden Mängel für die dann vorgesehenen Sicherungsaufgaben herangezogen werden müssen. Doch an der Front wurde jeder Gewehrträger gebraucht, da die Masse der Schutztruppe noch nicht aus dem Süden der Kolonie zurück war. Zwei Kampfaufgaben waren es, die dringend durchgeführt werden mußten: Die Freikämpfung von Omaruru und die Verhinderung des drohenden Abzugs der Tjetjoleute und ihrer gewaltigen Viehherden in das Betschuanaland. So mußte Leutwein notgedrungen auch auf das Marine-Expeditionskorps zurückgreifen. Da das Korps nur aus Fußsoldaten bestand, wäre es naheliegend gewesen, es mit der ersten Aufgabe, der Befreiung des nur 60 km von Karibib entfernt liegenden Omaruru, zu betrauen. Weswegen es statt dessen mit seiner Masse in Richtung auf die 350 km von Windhuk entfernt liegende Ostgrenze der Kolonie gegen die dorthin sich absetzenden Tjetjoleute in Marsch gesetzt wurde, bleibt eines der Rätsel dieses Feldzuges.

Es kam, wie nicht anders zu erwarten: Zunächst nach Felddienstordnung im Gleichschritt und in »Knobelbechern« auf der sandigen Pad vorrückend, das schwere Marschgepäck auf dem Rücken – den Ratschlägen der erfahrenen Schutztruppler nach Marscherleichterung zum Trotz –, jagte die Truppe einem Phantom nach: Die Tjetjoleute hatten sich eines anderen besonnen und gingen auf Gegenrichtung nach Westen statt nach Osten zur Grenze. Gegen den ausdrücklichen Befehl macht von Glasenapp nun ebenfalls kehrt und hastet mit seiner Truppe wieder nach Westen zurück, dem flüchtigen Gegner folgend. Kontaktaufnahme mit dem Hauptquartier ist mangels Heliographenverbindung nicht möglich, ebensowenig wie mit dem Troß der Ostabteilung, der nichtsahnend weiter nach Osten, auf Gobabis zu, marschiert. Die Truppe ist am Ende, völlig erschöpft, hungrig und durstig, da fast ohne Verpflegung und Wasser. Demoralisierung durch das scheinbar ziel- und planlose Hin- und Hermarschieren in der trostlosen Einöde und durch die zwei Desaster bei Okaharui und Owikokorero setzt ein. Der Typhus, verursacht durch Entkräftung und Genuß verseuchten Wassers, tut ein Übriges: Die Ostabteilung ist am Ende, geht in Quarantäne, muß aufgelöst werden. Sie hatte ihr Äußerstes getan und voll Hingabe und Opfermut gekämpft, war aber als unberittene Truppe mit größtenteils fast unausgebildetem, den Strapazen nicht gewachsenem Personal und dürftigem Ausrüstungsstand einfach überfordert worden.

Die leichtere Aufgabe, die Entlastung der Kompanie Franke und die Wiederherstellung der Ruhe und Ordnung in dem nur 60 km von der Bahnstation Karibib entfernten Omaruru fiel groteskerweise einer berittenen und wesentlich besser ausgerüsteten Truppe zu, die zumeist aus kriegserprobten Schutztrupplern bestand und von landeskundigen Offizieren geführt wurde: der Westabteilung.

Hier zeigte sich, was eine in der afrikanischen Kriegführung und mit der Fechtweise der Schwarzen vertraute mobile und gut ausgerüstete Truppe unter einer tüchtigen, entschlossenen Führung zu leisten imstande war! Mit ihrem Sieg bei Otjihanamaparero hatte diese Abteilung entscheidend zur Konzentration der Herero am Waterberg beigetragen und war so mitbeteiligt an der Schaffung der Voraussetzungen für den Entscheidungskampf dort.

Während die Ost- und die Westabteilung sich mit den Aufständischen herumschlugen, verblieb die in Okahandja sich formierende Hauptabteilung in Erwartung der Verstärkungen Gewehr bei Fuß: Nun konnte sich auch der Gouverneur nicht mehr der Erkenntnis verschließen, daß er diesmal das gesamte Hererovolk gegen sich hatte und damit der Aufstand die Dimensionen früherer Aufstände bei weitem überschritten hatte. Innerhalb weniger Tage waren zehn Jahre mühsamer Aufbauarbeit zunichte gemacht worden. Jetzt war auch ihm klar, daß er ohne Truppenverstärkungen aus der Heimat der Herero nicht würde Herr werden können. Doch bis zum Zulauf der ersten Verstärkungen würde eine Weile vergehen. Diese Zeit wollte Leutwein für die Anknüpfung von Verhandlungen mit den Aufrührern nutzen, um unnötiges Blutvergießen zu vermeiden und weiteren wirtschaftlichen Schaden von der Kolonie abzuwenden. **Er wollte alles versuchen, einen totalen Krieg gegen die Herero, deren Arbeitskraft und Viehherden für die Wirtschaft des Landes unentbehrlich waren, zu vermeiden. Ausgang eines solchen Krieges konnte nur der Exodus des Volkes in britisches Gebiet oder – noch schlimmer – dessen Untergang sein.**

Als Leutweins Absicht, Verhandlungen mit den Hereroführern einzuleiten, der deutschen Öffentlichkeit in der Heimat und in der Kolonie zugetragen wurde, gab es einen Sturm der Entrüstung: Schluß mit der schwächlichen Friedenspolitik des Gouverneurs, nur der Gewalt beugt sich der Schwarze! Eine schwere Demütigung ist dem Deutschen Reich durch einen »wilden und primitiven Barbarenstamm« widerfahren, ein schändliches Blutbad unter den deutschen Siedlern und ihren Familien angerichtet worden! Hier haben wir das Ergebnis der eingeborenenfreundlichen Politik des Gouverneurs und der Schwäche der Schutztruppe, um deren Vermehrung sich Leutwein aus falschen Sparsamkeitserwägungen und aus Angst vor Schwierigkeiten mit Reichsregierung und Reichstag nie bemüht hat! Jetzt hat das Schwert zu entscheiden, haben doch die Erfahrungen aus der Kolonialgeschichte der anderen europäischen Mächte immer wieder gezeigt, daß nur durch völlige Unterwerfung der Eingeborenen die kulturelle Erschließung der Kolonien möglich ist und nur die rücksichtslose Anwendung kriegerischer Machtmittel Eindruck auf wilde Völkerschaften macht. Gelingt es nicht, die Eingeborenen in die Knie zu zwingen, so ist es besser, man rottet sie aus! Dann hat man endlich die Unruheherde beseitigt und die Voraussetzungen für die Entwicklung des Landes zu einer rein weißen Siedlungskolonie geschaffen!

Reichsregierung und Generalstab reagierten prompt und verboten Leutwein – über den Kolonialdirektor Dr. Stübel – kategorisch jeden Verhandlungsversuch mit den Herero. Man erwarte von ihm unverzügliches militärisches Handeln. Leutweins Einwand, daß den Herero, wenn ihnen keine Hoffnung auf Verhandlungen geboten würde, keine andere Alternative bliebe, als auf Leben und Tod zu kämpfen, ließ Berlin ungerührt.

Widerwillig ging der Gouverneur Anfang April zur Offensive über, obwohl bisher weder ausreichend Personal noch Material und Waffen eingetroffen waren.

Die beiden nun folgenden Gefechte bei Ongandjira und Oviumbo, die mit dem beiderseitigen Rückzug der Gegner und damit im Endresultat unentschieden endeten, setzten dem weiteren Kampfgeschehen zunächst ein Ende und bewirkten ein Umdenken in der Kriegführung in beiden Lagern. Sowohl für die Deutschen wie auch für die Herero war der bisherige Kriegsverlauf unbefriedigend.

Für die Aufständischen hatte der Krieg scheinbar verheißungsvoll begonnen: Innerhalb kürzester Zeit war es ihnen durch den Überfall auf die kleineren Militär- und Polizeiposten und die Farmen gelungen, sich in den Besitz einer großen Menge moderner Handfeuerwaffen, Munition, Ausrüstung, Pferde, Vieh und Proviant zu setzen und damit günstige Voraussetzungen für ihre weitere Kriegführung in Hinblick auf Versorgung, Bewaffnung und Mobilität zu schaffen. Mit der Niederlage der Deutschen bei Owikokorero und ihrem verlustreichen Kampf bei Okaharui wurden Kampfmoral und Siegeszuversicht der Herero noch weiter gesteigert, die Angst vor der Allmacht der Weißen und der Glaube an deren Unbesiegbarkeit waren gewichen, die Hemmschwelle überschritten. Dennoch waren die Anfangserfolge der Aufständischen nur scheinbare; denn bereits hier wurden Führungsschwächen und ein Mangel an Planmäßigkeit im Handeln offenkundig. Die Kriegshäuptlinge hatten es nicht verstanden, ihre Kräfte koordiniert und zeitgleich zum überraschenden Schlag gegen die verhaßte deutsche Herrschaft anzusetzen! Die Überraschung gelang nur halbwegs; eine ganze Reihe von Farmern und Militär- und Polizeiposten konnten rechtzeitig gewarnt werden. Viel Zeit wurde mit der Plünderung der Farmen und dem Beutemachen vertan, die Zentren der deutschen Macht, die größeren Orte und Stationen, ließ man ungeschoren oder begnügte sich mit deren Einschließung, ohne einen Versuch der Eroberung zu machen. Auch die Bahnlinie und die Telegraphenleitungen wurden nicht nachhaltig genug zerstört. Diese Versäumnisse erleichterten den Gegenschlag der deutschen Schutztruppe. Die Folgeaktionen der Hereroführung nach dem nur halbwegs geglückten Überraschungsschlag waren von dem Bemühen gekennzeichnet, die Kräfte zu konzentrieren und zusammenzuhalten, namentlich um die riesigen Viehherden zu schützen.

Nach Aufnahme des Otjimbingwe-Stammes nördlich Okahandja, bei der sich das Gros der Aufständischen bis fast vor die Tore des Ortes getraut hatte, ermutigt durch die wegen der noch bestehenden materiellen und personellen Schwäche zur Untätigkeit verurteilten deutschen Hauptabteilung, ging die Hereroführung zu einer Taktik über, die man eigentlich nur noch als einen »langsamen Rückzug mittels hinhaltendem Widerstand« bezeichnen kann.

Die Gründe zu einem solchen Verhalten dürften – neben Munitionsmangel und Überweidung infolge Massierung der Viehherden auf engstem Raum im Bereich des oberen Swakop – vor allem darin zu erblicken sein, daß die Herero, die bisher im Glauben gewesen waren, die schwache Schutztruppe sei alles, was der Kaiser an Soldaten für die Kolonie aufbieten könnte, nun zu ihrer Enttäuschung und mit steigendem Entsetzen sahen, wie immer mehr Truppen aus dem Reich und immer mehr Ausrüstung und Waffen im deutschen Lager bei Okahandja eintrafen.

Nur einen einzigen Versuch unternahmen die Aufständischen, die Deutschen in einer offenen Feldschlacht zu schlagen: bei Ongandjira. Hier zeigte sich deutlich, daß die Herero keine »stumpfsinnigen und trägen Barbaren« waren, sondern sehr wohl eine Menge von Kriegstaktik, Befestigungsbau und Geländeausnutzung verstanden: Das Terrain, das sie hier für die Falle, die sie der Schutztruppe stellen wollten, ausgesucht hatten, war denkbar günstig: Ein von langgestreckten Höhenzügen eingefaßtes, sich hufeisenförmig erstreckendes Riviertal, in dessen Mitte sich ein einzeln stehender, hoch aufragender Berg, der Ongandjiraberg, erhob. Der größte Teil der Hererokrieger war an der Peripherie, d. h. auf dem das Tal nach Norden und Süden begrenzenden Bergrükken, aufgestellt. Eine weitere Massierung von Hererokriegern befand sich auf dem Ongandjiraberg, der durch Verschanzungen, Verhaue und dgl. stark befestigt war. Hinter diesem Berg, nördlich des Riviers, lag die Wasserstelle Ongandjira, die die Deutschen zur Tränkung ihrer Tiere unbedingt auf ihrem Vormarsch aufsuchen mußten. An Ongandjira führte für sie kein Weg vorbei! Nahe der Wasserstelle, auf dem nahegelegenen Leutweinberg, war eine dritte Massierung Hererokrieger. Sie sollten die Wasserstelle selbst den Deutschen streitig machen. – Auf ihrem Weg mußten die Deutschen zuerst auf den Ongandjiraberg stoßen; dann sollten von oben, vom Berg herab, die Jungkrieger den Angriff gegen die überraschten Deutschen einleiten. Während diese sich gegenüber diesem Anprall ihrer Haut zu erwehren hätten, sollten von den Randbergen aus mit der dort aufgestellten Veteranenschaft der Hererokrieger der deutschen Verteidigung in den Rücken gefallen und die Flanken aufgebrochen werden. Rückzugsversuche der Deutschen aus diesem Tal heraus sollten durch Vorrücken der Kajataleute von Okatumba her zunichte gemacht werden.

Der Plan schlug jedoch fehl, da Leutwein umsichtigerweise Seitenpatrouillen zu den flankierenden Bergen im Süden hatte ausschwärmen lassen, so daß die Falle rechtzeitig erkannt und die südliche Flankenaufstellung der Herero aufgerollt werden konnte.

In diesem Gefecht ist im Verhalten der Herero Verschiedenes bemerkenswert: Zunächst das disziplinierte und infanteristisch geschickte Vorgehen der Krieger, die jede Deckungsmöglichkeit im Gelände auszunutzen verstanden und sprungweise und in auseinandergezogenen, langen Schützenlinien statt in kompakter Masse vorrückten und erst ganz zuletzt zum Sturmangriff übergingen. Eine solche Gefechtsdisziplin konnten sie nur in einer intensiven und langen Ausbildung erlernt haben! Hier haben zweifellos Samuel Maharero, Kajata und andere Kriegshäuptlinge die Kenntnisse weitervermittelt, die sie sich vorher im Dienste der Schutztruppe durch genaue Beobachtung der deutschen Soldaten im Felde und in der Gefechtsausbildung erworben hatten. Sogar den organisatorischen Aufbau hatten sie der Truppe abgeschaut: Die Hererokrieger waren nach Kompanien und Zügen gegliedert worden, geführt von degentragenden »Offizieren«. Auch die Feuerdisziplin der Herero war ausgezeichnet: es wurde sparsam gefeuert und nur dann, wenn der Schütze sich seines Zieles sicher war. Besonderes Augenmerk wurde hierbei auf die deutschen Offiziere gerichtet, die an ihren glänzenden Uniformen, ihren Schulterstücken, ihrer Befehlssprache usw. gut zu erkennen waren. Dies war ein Grund dafür, weswegen besonders in der Anfangszeit des Krieges das deutsche Offizierkorps hohe Verluste erlitt. Dies änderte sich erst, als den Offizieren unauffälligere Kleidung und unauffälligeres Verhalten auf dem Gefechtsfeld befohlen wurde[1]. Taktisch bemerkenswert war auch der Versuch der Herero, unter Ausnutzung ihres numerischen Übergewichts, die schwachen deutschen Linien durch fortwährende Überflügelungsbestrebungen noch weiter »auszudünnen«, eine Praxis, die sie auch vorher bereits, z. B. bei Otjihanamaparero, mit Erfolg geprobt hatten.

Aus der Verhaltensweise der Aufständischen ist zu erkennen, daß hier nach einem ausgeklügelten, gut durchdachten taktischen Plan vorgegangen wurde! Mit einem unvergleichlichen Opfermut, ja mit Todesverachtung, angefeuert von ihren Frauen mit dem Schlachtruf: Wem gehört Hereroland? Uns gehört Hereroland!, griffen die Hererokrieger in immer neuen Wellen die deutschen Linien an und rannten dabei bis fast in die Rohrmündungen der Maschinengewehre und der direkt in die Frontlinien eingeschobenen Geschütze hinein. **Sie wußten, wofür sie kämpften, sie waren bereit, für das Überleben und die Freiheit ihrer Nation ihr Leben in die Waagschale zu werfen!**

1 Noch im Zweiten Weltkrieg bedurfte es erst der relativ hohen Offizierverluste im Polenfeldzug 1939, um dem Offizier das Ablegen des braunen Offizierkoppels (besonders des Schulterriemens), das ihn – neben den auffälligen Reithosen – weithin als Offizier erkennbar machte, zu befehlen!

Doch trotz aller Tapferkeit und zahlenmäßigen Überlegenheit, ihres bemerkenswerten taktischen Verhaltens konnten sie gegen die weit überlegene Feuerkraft der deutschen Waffentechnik nicht ankommen. Der Ausgang des Kampfes konnte nicht zweifelhaft sein. Von furchtbarer Wirkung erwies sich hier im freien Gelände das Schrapnell- und Kartätschenfeuer der deutschen Artillerie, besonders des 6-cm-Gebirgsgeschützes. Auch das Maschinengewehr (MGA I) räumte furchtbar unter den Aufständischen auf, insbesondere bei der Abwehr der Flankenangriffe der Herero am Nachmittag, als es galt, die Herero zurückzudrängen, und diese schließlich über das offene Talgelände zurückfluteten.

Die Kriegshäuptlinge zogen eine wichtige taktische Lehre aus dem Gefecht bei Ongandjira: Sie mieden fortan den Kampf im freien Feld, um nicht mehr dem verheerenden Feuer der Geschütze und Maschinengewehre ausgesetzt zu sein. Statt dessen zogen sie, wie schon bei Okaharui, den Kampf im dichten Busch vor, der ihnen ausgezeichnete Deckung bot, wo sie lautlos und ungehindert bis dicht an den Gegner herangelangen konnten und der den Deutschen die Feuerleitung fast unmöglich machte. Diese neue Taktik wandten sie bereits bei Oviumbo an. Hier erwiesen sich die Waffen der Deutschen als nahezu wirkungslos, vor allem die Geschütze, für die sich absolut kein Schußfeld und Ziel im Dornendickicht boten. Viele Granaten versagten beim Aufprall an den harten Dornzweigen der Büsche oder im weichen Boden, wie die hohe Zahl der Ausbläser bezeugte. Hinzu kam für die Deutschen noch der psychologische Faktor: Die fast völlige »Blindheit« im dichten Busch, der horror vacui, das Grauen vor dem Alleinsein, vor dem Abgeschlossensein im unheimlichen Dornengewirr, das den Blick nicht einmal zum nächsten Nachbarn zuließ, vor sich, vielleicht auch hinter sich, den »lebendigen«, undurchsichtigen Busch, wo vielleicht Hunderte von »blutdürstigen Wilden« lauerten. Deswegen auch der Versuch der Truppe bei Oviumbo, sich während des Gefechts als »wandernder Kessel« zu freierem Gelände durchzukämpfen und so dem psychischen Druck, der »Busch-Klaustrophobie«, zu entrinnen und die Waffen wieder zur Wirkung bringen zu können.

Spätestens seit Ongandjira und Oviumbo mußte den Kriegshäuptlingen klar geworden sein, daß sie im Grunde genommen nur einen Verzweiflungskampf gegen die Deutschen führten, an dessen Ende die bedingungslose Unterwerfung, der Untergang oder – im günstigsten Fall – die Aufgabe der Heimat und die Flucht in das britische Nachbarland stehen würden. Alle Versuche, Verbündete unter den anderen Volksstämmen des Landes zu gewinnen und so den Aufstand zu einem nationalen Krieg der Eingeborenen gegen die deutsche Kolonialherrschaft auszuweiten, waren fehlgeschlagen.

Versuche, durch Schonung der Engländer und Buren Sympathien für ihre Sache bei diesen zu erwecken, hatten auch nicht den erhofften Erfolg gebracht: Die Engländer verhielten sich in diesem Kolonialkrieg strikt neutral – von möglichen Waffenlieferungen vor Aufstandsbeginn abgesehen –, während die

Buren zum Teil sogar offen Partei für die Deutschen ergriffen, indem sie in den Reihen der deutschen Soldaten mitkämpften, z. B. in Grootfontein, oder sich als Treckfahrer bei den Deutschen verdingten. Dagegen sollte sich die Schonung der Missionare sowie der Frauen und Kinder der Deutschen in der Schlußphase des Krieges und danach als vorteilhaft, ja teilweise lebensrettend für die Aufständischen auswirken: Neben den sozialdemokratischen und den Zentrumsabgeordneten im Reichstag waren die Missionare die einzigen Fürsprecher der Herero in der deutschen Öffentlichkeit, wobei sie sich vieler schlimmer Verdächtigungen und Anschuldigungen aussetzen mußten. Ihr Einsatz zur Besserung des Loses der Hererogefangenen war beispiellos!

Mit Ongandjira und Oviumbo machte die Kampfeszuversicht der Resignation Platz. Apathie, ja teilweise sogar Verzweiflung und Verzagtheit griffen im Hererolager um sich, die Führung des Volkes schien eine Zeitlang zerstritten, unschlüssig, wie der Kampf weitergehen sollte. Ein Teil der Ostherero unter Führung Tjetjos und Kajatas wich zunächst sogar noch Osten aus: Hier waren die Fluchtmöglichkeiten – den Epukiro abwärts – in das Nachbarland noch günstig. Samuel und die Kriegspartei aber setzten sich durch: Der Kampf sollte weitergehen, notfalls bis zum bitteren Ende. Über eins aber schienen sich die Kriegshäuptlinge einig zu sein: Die saftigen und wasserreichen Weidegründe im mittleren Teil des Schutzgebietes – sie waren ohnehin schon durch die Viehmassen überweidet – mußten verlassen werden, um aus dem Bereich der weit überlegenen deutschen Waffen zu gelangen. Man mußte nun auf die Weite und Unerschlossenheit des Landes setzen in der Hoffnung, die Deutschen könnten mit ihrem riesigen und schwerfälligen Troß, ohne den sie diese Überlegenheit nicht zur Geltung bringen konnten, nur ganz langsam folgen. Die Herero setzten auf Zeit. Der Rückzug nach Norden, zum Waterberg, begann.

Inzwischen hatte die »Avantgarde« der Verstärkungstruppen, das Marine-Expeditionskorps, ihre ersten fast zwangsläufig mehr oder weniger in Fiaskos endende Feuerproben hinter sich gebracht und lag nun, dezimiert durch die vielen Gefechtsverluste und Krankenabgänge, einsatzunfähig in Quarantäne in Otjihaenena. Und nun wuchs langsam im Kriegsministerium und Generalstab in Berlin die Erkenntnis, wie dornenreich – im wahrsten Sinne des Wortes – diese Herausforderung war, auf die man sich eingelassen hatte!

Hier stand man vor einer völlig neuen Art von Kriegführung, dem Guerilla-Krieg oder Kleinkrieg, die nichts gemein hatte mit der Kriegführung, wie man sie in Europa kannte und auf welche man mit einer ausgefeilten Taktik eingestellt war. Noch nie hatte man an deutschen Kriegsschulen die Möglichkeit in Betracht gezogen, das deutsche Heer könnte einmal in Übersee eingesetzt und in einen Eingeborenenkrieg verstrickt werden. Verständlicherweise hatte man sich im Generalstab auch keine Vorstellung vom Ausmaß der Schwierigkeiten, die eine solche Kriegführung mit sich bringen würde, machen können, und

auch jetzt konnte man es noch nicht: Dieser Krieg spielte sich in einem riesigen, größtenteils unerschlossenen, über große Strecken völlig unbewohnten, teils vegetationslosen, teils von schier unendlichen und unergründlichen Dornensteppen überzogenen, straßen- und wegelosen, wasserarmen Gebiet ab, das für die Versorgung der Truppe so gut wie nichts bot und dessen trocken-heißes Klima selbst für den gesunden Soldaten eine hohe Belastung bildete. Er mußte gegen einen mit der Natur des Landes völlig vertrauten, in seiner Umwelt wendigen und allgegenwärtigen Gegner geführt werden, der, da waffentechnisch weit unterlegen, sich zumeist nur dann zum Kampf stellte, wenn es die Verteidigung und die Versorgung seiner riesigen, stets mit ihm ziehenden Viehherden galt, den offenen Kampf dagegen nach Möglichkeit mied und lieber aus dem Hinterhalt, aus der Tiefe des ihm heimischen Busches heraus zuschlug, wo immer sich eine Blöße bei seinem weißen Feind bot.

Diese seit dem Partisanenkrieg des Zweiten Weltkriegs im deutschen Heer durchaus geläufige Kampfesart stellte für die Kaiserliche Armee, die nur für den Krieg zwischen uniformierten und durchorganisierten Millionenheeren auf engem, in jeder Beziehung zivilisatorisch erschlossenem europäischem Raum konzipiert war, ein völliges Novum dar, auf das sie weder personell noch ausrüstungsmäßig eingestellt war. Vor 1914, als die Motorisierung noch in den Kinderschuhen steckte und man an geländegängige Fahrzeuge noch kaum dachte, waren die Heere mit ihrem gewaltigen Troß noch weitgehend abhängig von der Eisenbahn, um über große Distanzen hinweg zügig operieren und ihre hohe Feuerkraft zur Geltung bringen zu können. Je dichter das Eisenbahnnetz war, um so höher die Mobilität der Truppe und um so näher und rascher konnte sie an den Feind herangeführt werden. Abseits der Bahn mußte sie dann über den Rest der Wegstrecke im Fußmarsch, sofern nicht beritten oder bespannt, an die Front gebracht werden, was wieder zum schnellen Vorankommen das Vorhandensein fester Straßen voraussetze. Diese Abhängigkeit von der Eisenbahn und den festen Straßen bildete eine starke Einsatzbeschränkung für die fechtende Truppe, weil sie sonst nicht rechtzeitig in den Operationsraum gelangen konnte oder in diesem wegen Ausbleibens der schweren Waffen und des Nachschubs nicht aktionsfähig war.

Welche Bedingungen mußten nun erfüllt sein, um in einem Land wie Südwestafrika die zur Verfügung stehenden Einsatzmittel sicher und zum rechten Zeitpunkt an den Feind zu bringen?

Zunächst einmal mußte die **Truppe** selbst **mobil** sein. Da Straßen und Eisenbahn im Vormarschgebiet fehlten, kam nur die **Verwendung berittener Einheiten** in Frage. Fußtruppen, ohnehin schon schwerfällig genug, wurden durch den meist sandigen oder steinigen Boden und die unendliche Weite des Landes noch mehr in ihrem Tempo gebremst. Da der Einsatz von Reitern im dornbuschüberzogenen oder klippenreichen Terrain oft nicht möglich war, mußten diese beritteten Truppen auch abgesessen, also infanteristisch, verwendbar sein. Die ideale Truppe war der **gemischte Verband,** bestehend aus berittener

Infanterie, der zur Erhöhung der Feuerkraft Maschinengewehre und kleine, möglichst zerlegbare, leicht transportable Einzelgeschütze beigegeben waren[2] (etwa das 6-cm-Gebirgsgeschütz im Maultiertransport, das, in der Schützenlinie mit der Infanterie eingesetzt, dieser eine unschätzbare Hilfe war und ihr in schwerer Bedrängnis, z. B. bei Ongandjira, große Entlastung verschaffte).

Bei der Auswahl der Freiwilligen aus den Reihen des Heimatheeres mußte ein hoher Maßstab angelegt werden: Nicht nur auf **Tropentauglichkeit** sollte Wert gelegt werden, sondern auch auf hohe moralische und militärische Qualitäten: »Nur die Besten der Allerbesten können hier der Aufgabe gerecht werden«, schreibt Hauptmann Franke am 19. August 1904 in sein Tagebuch. Der **Typ des findigen, selbständigen Einzelkämpfers,** der isoliert im Buschkampf seinen Mann stand, auch in scheinbar ausweglosen Lagen nicht verzagte, einsatzfreudig war und die Fähigkeit besaß, sich in Dornbusch und Felsgelände zurechtzufinden, sich geschickt und unauffällig im Gelände zu bewegen verstand, Fährten zu lesen wußte, war hier gefragt. Denn im unübersichtlichen Gelände waren Befehlsgebung und Feuerleitung oft nicht möglich, so daß dann jeder sich selbst überlassen war und sich selbständig sein Ziel suchen mußte. Auch selbständiges Arbeiten war hier viel mehr gefragt als in der Heimat: Der Soldat mußte imstande sein, Kraale für die Tiere zu bauen, Wasser zu suchen, die Tiere auf die Weide zu treiben und zu tränken, Feuer zu machen, sich selbst Mahlzeiten zu bereiten – »Gulaschkanonen« gab es nicht im Busch! – usw.

Das einzige Mittel, die Truppe abseits von Bahn und Straßen beweglich zu machen, war das Pferd. Für den Erfolg der Operation war mithin die **Güte des Pferdematerials von großer Wichtigkeit.** Gefragt war ein widerstandsfähiges, an einfache und rauhe Lebensweise gewöhntes, rasch akklimatisierbares Tier. Doch alle guten Qualitäten der Tiere nützten nichts, wenn sie nicht einwandfrei betreut und behandelt, gut verpflegt und nicht über Gebühr belastet wurden. Verständnis und Liebe für das Pferd waren daher, wie Hauptmann Franke immer wieder betonte, unabdingbare Voraussetzung für die Gewährleistung der Einsatzfähigkeit der Truppe.

Um den Erfolg der Operation im Buschkrieg sicherzustellen, waren eine genaue, weitgestreckte **Feindaufklärung** und ständige **Marschsicherung** unbedingt erforderlich. Ein Beispiel für die Wichtigkeit der Aufklärung bot Oviumbo: Hier hätte die Hauptabteilung den Rückzug gar nicht anzutreten brauchen, wenn rechtzeitig durch entsprechende Aufklärung das Absetzen des

2 Hier zeichnete sich bereits im Kleinstmaße die Bildung sogenannter »Kampfgruppen« ab, deren Führer (meist aus der Ebene Unteroffizier oder subalterner Offizier/Reserveoffizier stammend) die Grundbegriffe eines Gefechts verbundener Waffen kennen mußten. Diese »Kampfgruppenführer« zeigten in ihrer großen Masse eine Lernfähigkeit, eine Entschlußfreudigkeit, kurzum eine Selbständigkeit, die Respekt erfordert: Sie alle kamen als »eingetretene Gruppen-, Zug- oder Kompanieführer« aus Heimatverhältnissen, deren Ausbildungs- und Erziehungsgrundsätze den Anforderungen eines Kolonialkrieges *nicht* entsprachen.

Gegners nach Norden erkannt worden wäre. Wie das Beispiel der Ostabteilung zeigt, können durch eine erfolgreiche Aufklärung weit »ins Leere hineinstoßende«, zermürbende Märsche bei der Suche nach dem Gegner und bei seiner Verfolgung vermieden werden. Für die Aufklärung kamen nur **landeskundige Leute,** vor allem Eingeborene wegen ihrer Fähigkeit im Spurenlesen, in Frage. Von großem Nutzen wären hier **Fesselballons** oder, noch besser, **Luftschiffe** gewesen, mit denen man weite Strecken dieses fast völlig ebenen Landes hätte überschauen können. Hier hätte die Chance bestanden, diese Aufklärungsmittel erstmalig kriegsmäßig einzusetzen!

Aufgabe der Erkundung war **die Suche** nach geeigneten Vormarschwegen und – besonders wichtig – **nach Wasserplätzen**.

Da die Truppe beim Marsch auf enger Pad im Buschgelände zumeist nur in Einzelkolonne und weit auseinandergezogen marschieren konnte, kam beweglicher Rundumsicherung, d. h. der Marschsicherung nach vorn, nach hinten (siehe Okaharui!) und – soweit im Busch möglich – nach den Seiten, eine besondere Bedeutung zu. Nur diese, zusammen mit einer raschen Gefechtsbereitschaft der marschierenden Truppe, bot Gewähr für die erfolgreiche Abwehr unvermittelter Überfälle des im Busch lauernden Gegners. Die Wichtigkeit auch der Seitensicherung wird deutlich, wenn man sich vergegenwärtigt, daß der Gegner im Buschkrieg immer wieder zur »Trichtertaktik« griff, d. h. er stellte seine Krieger trichter- oder hufeisenförmig auf und ließ die Deutschen in diese Falle hineinlaufen. Nur durch Seitenpatrouillen konnten solche Fallen rechtzeitig erkannt werden, wie das Beispiel Ongandjira zeigt.

Angesichts der **Weite des Landes**, des **Mangels an Straßen und Eisenbahnen** und der **Unmöglichkeit**, die für die Operationsfreiheit der Truppe unentbehrlichen **Hilfsmittel aus dem Lande selbst zu erhalten**, kam dem **Nachschub- und Etappenwesen** eine immens wichtige Rolle zu. Nur wenn dieses reibungslos funktionierte und in der Lage war, sich flexibel auf jede Änderung im Kriegsgeschehen einzustellen, war die Gewähr gegeben, daß der fechtenden Truppe rechtzeitig in ausreichenden Mengen **Verpflegung, Wasser** und **Munition** herangeführt wurden und sie nicht Gefahr lief, unterwegs wegen Entkräftung oder Munitionsmangels liegenzubleiben, das Gefecht abbrechen zu müssen oder gar – wegen Mangels an Wasser – in eine kritische, vielleicht tödliche Lage zu geraten, wie das Beispiel des Durstmarsches der Abteilung Estorff im Juni 1904 zeigt. Im Gegensatz zu Europa, wo bereits in Friedenszeiten aufgrund der Mobilmachungsvorbereitungen ein solcher Nachschub- und Etappenapparat als Kaderorganisation bestand und jederzeit auf Kriegsbedingungen erweitert werden konnte, mußte eine solche Organisation in Südwestafrika erst aufgestellt werden. Wegen der fehlenden Verkehrswege mußte der gesamte Nachschub außerhalb des Zentrums der Kolonie, ja – wegen mangelnder Kapazität der Bahn – z. T. sogar in diesem, mit den schwerfälligen, unendlich langsamen Ochsengespannen bewerkstelligt werden. Da es auch um die anderen erforderlichen Infrastruktureinrichtungen, Hafenanlagen, Lagermöglichkeiten usw., schlecht bestellt war, bildeten neben der Bereitstellung eines leistungsfähigen Fuhrparks und eines geübten und ausreichenden Treckpersonals der **Ausbau der Hafenanlagen** in Swakopmund und die **Einrichtung von Magazinen und Depots** in genügender Zahl die Voraussetzung für das Funktionieren des Nachschub- und Etappenwesens.

In einem Land wie Deutsch-Südwestafrika mit seinen hohen Lufttemperaturen und seiner minimalen Luftfeuchtigkeit ist der **Durst allgegenwärtig:** Der Atem ist völlig trocken, Zunge und Mund sind wie ausgedörrt, man möchte unaufhörlich trinken; glaubt man, sich sattgetrunken zu haben, so stellt sich binnen kurzem erneut der Durst ein. So ist der Drang nach dem erquickenden Wasser groß. Doch dieses Elixier ist rar in Südwest. An keiner Stelle im Land – wenn nicht gerade das Rivier »abkommt« – fließt ein Bach, sprudelt auch nur die kleinste Quelle, selbst an den befahrensten Treckrouten nicht. Wasser, oft brackig und schmutzig, gibt es bloß in den »Pützen«, armseligen Wasserlöchern, meist in den Sandboden irgendeines der Riviere gegraben – zum Teil so tief, daß 4, 5 oder gar 6 Leute übereinander darin stehen und den Schöpfeimer einander durch die Kette der Hände herauf und herunter zureichen müssen! So nimmt es nicht wunder, daß **der Kampf in Südwest sich nach der Anfangsphase des Aufstands fast ausschließlich um den Besitz und die Eroberung von Wasserstellen abspielte.** Die uns bei der Lektüre des Buches begegnenden Gefechtsorte mit ihren oft wohlklingenden Namen sind im Grunde zumeist nichts anderes als ein Wasserloch oder eine Ansammlung von Wasserlöchern mit einigen Hirtenpontoks. So reduzierte sich das Kampfgeschehen im Hererokrieg oft zu einem Ringen um das kostbare Naß, das Grundbedürfnis menschlicher und tierischer Existenz. Mit der Inbesitznahme, der Eroberung der dieses Lebenselixier spendenden Plätze sicherte man sich nicht nur die operative Freiheit, sondern oft auch das eigene, nackte Überleben, während man den Gegner damit möglicherweise dem Dursttod auslieferte.

Wenn man sich vorstellt, einen wie gewaltigen Wasservorrat eine Truppe von beinahe Divisionsstärke – so viele deutsche Soldaten standen schließlich während des Höhepunkts des Aufstands im Lande – mit ihrem aufwendigen Nachschubwesen unter derartigen Umweltbedingungen wie in dem wasserarmen Südwest benötigte, fragt man sich erstaunt, ob das karge Wasserreservoir des Landes für solche Menschen- und Tiermassen überhaupt ausreichte. Um so wichtiger war es daher, daß Führung und Truppe sich der enormen Bedeutung der Wasserversorung bewußt und auch imstande waren, die vorhandenen spärlichen Wasserressourcen des Landes maximal zu nutzen. Das setzte auch eine entsprechende materielle Vorsorge voraus: Vorhandensein von **Wassergefäßen,** Trögen, Gerät zum Aufgraben von Wasserlöchern und Wasserwagen zur Überwindung wasserloser Gebiete. Erforderlich war auch die **Bereitstellung von Filtriereinrichtungen,** da die Wasserstellen oft von Tierkadavern angefüllt und daher verseucht waren, was sich dadurch ergab, daß die Tiere, wenn zum Beispiel Eile geboten war, nicht getränkt werden konnten und sich so vor Durst gegenseitig in die tiefen Löcher stießen.

Schon die Operationen in der Anfangsphase des Krieges bewiesen, wie notwendig die Ausrüstung der Truppe mit leistungsfähigem **Fernmeldegerät** war. So hatte das Fehlschlagen der von Leutwein beabsichtigten Zangenbewegung der West- und der Ostabteilung nicht zuletzt seine Ursache darin, daß wegen des Mangels an Nachrichtenübertragungsmöglichkeiten zwischen diesen beiden Abteilungen und zur Hauptabteilung hin die Bewegungen nicht koordiniert werden konnten: die nötigen Fernmeldeeinrichtungen fehlten oder sie waren unzulänglich. Beide Abteilungen wußten daher nicht, wo sich gerade die andere befand; in einem Fall – die Ostabteilung war wieder einmal gerade in einer kritischen Lage – standen beide nur 20 km voneinander entfernt, ohne voneinander zu wissen. Das wichtigste Fernmeldemittel damals war der **Heliograph,** dessen Feldverwendungsfähigkeit jedoch wegen seiner Abhängigkeit von der Topographie des Geländes und von den Wetterbedingungen, wegen seiner geringen Übertragungsreichweite und eines aufwendigen, verwundbaren Relaisnetzes – »Austrocknung« von Relaisstationen durch den Gegner waren nicht selten – beschränkt war. Das **Funkgerät** steckte damals zwar noch in den Kinderschuhen, war aber bereits feldverwendungsfähig und hatte eine größere Reichweite – bis 150 km – als der Heliograph. Ein weiterer Vorteil des Funkgeräts war, daß die Nachrichtenübermittlung mit ihm rascher vor sich ging: Der Heliograph schaffte pro Minute zwei Worte. 30 Worte von Gibeon bis nach Windhuk brauchten fünf bis sechs Stunden, das Funkgerät schaffte dagegen fünf Worte pro Minute. Die dem Funkgerät anhaftenden Hauptprobleme waren die atmosphärischen Störungen und die Schwierigkeit des »Ausfahrens« der Antennen: Antennenmasten hatte man noch nicht, man benutzte statt dessen Ballons oder »Drachen« als Aufhängevorrichtungen für die Antennen. Heliographen besaßen zu Aufstandsbeginn nur die Westabteilung und die Hauptabteilung, während die Ostabteilung diese am Schluß, kurz bevor sie in Quarantäne ging, erhielt. Damit blieb für Major von Glasenapp zur Übermittlung von Nachrichten fast nur der zeitraubende und unzuverlässige Einsatz von Eingeborenenmeldern.

Mit zunehmendem Unbehagen wurden die Negativmeldungen vom südwestafrikanischen Kriegsschauplatz in Berlin aufgenommen. Das Unbehagen erreichte seinen Höhepunkt, als bekannt wurde, daß Oberst Leutwein bei Oviumbo »schmählich zum Rückzug geblasen hatte«, und das, obwohl die Herero ihrerseits den Rückzug angetreten hatten. Von den Begleitumständen der Fehlschläge und den Schwierigkeiten, denen sich Leutwein in seiner Kriegführung im Busch gegenübersah, machten sich die Theoretiker am grünen Tisch in Berlin, vor allem die im Generalstab, die nie über Europa hinausgekommen waren, keinen Begriff. Im Gegenteil, gerade aus der Distanz, so glaubten sie, könnte man die Dinge schärfer und objektiver sehen als die Leute »vor Ort«. Und so hielten sie ihre hochweisen Urteile für die einzig richtigen. Mit unberechtigten und voreiligen Vorwürfen an die Adresse des Gouverneurs wurde daher nicht gespart. Aber auch die anderen »alten Afrikaner« in der

Schutztruppe wurden zur Zielscheibe der Kritik des Generalstabs genommen. Ihnen lastete man in erster Linie die Schuld an den Desastern an. So warf man ihnen vor, auch sie hätten in der Kriegführung einem kolonialwirtschaftlichen Aspekt, nämlich der Erbeutung von Vieh, größere Priorität als der militärischen Zielsetzung, der Vernichtung des Gegners, eingeräumt. Dies habe sich besonders eklatant in dem unglücklichen Gefecht bei Owikokorero gezeigt, das nie stattgefunden hätte, wenn nicht die »alten Afrikaner« in der Ostabteilung für diesen Patrouillenritt plädiert und diese sich nicht bei Owikokorero mit der Erbeutung von Vieh befaßt hätten, statt ihre Aufmerksamkeit der drohenden Gefahr im Umkreis zu widmen. Auch seien es gerade die »alten Afrikaner« gewesen, die Leutwein zum Rückzug bei Oviumbo bewogen hätten.

Im gleichen Maße, wie man sich im Generalstab bemühte, die alte Schutztruppe in der Öffentlichkeit in Mißkredit zu bringen, versuchte man, das angeschlagene Image des Marine-Expeditionskorps wieder aufzurichten. So wurde der Sieg bei Otjihanamaparero im Gratulationstelegramm des Kaisers an Major von Estorff so hingestellt, als ob sich hier in erster Linie die Seesoldaten der Westabteilung mit Bravour geschlagen hätten, obwohl sie doch als Fußsoldaten gar nicht an dem Gefecht selbst beteiligt waren. Äußerlich bekundete Wilhelm II. dies durch die Verleihung des Fahnenbandes an das I. Seebataillon. Dies war ein deutlicher Affront für die Schutztruppe, der die Züge des Generalstabs trug. Die Absicht war unverkennbar: Mit der Heraushebung der – angeblichen – Leistung der Marineinfanterie bei Otjahanamaparero – ihr Offizierskorps rekrutierte sich fast ausschließlich aus Angehörigen der Armee – sollte die Schutztruppe herabgewertet, die Armee dagegen aufgewertet und in der Öffentlichkeit der Eindruck erweckt werden, eine neu ins Land gekommene Truppe könnte Leistungen wie die der Schutztruppe ohne weiteres auch vollbringen, es vielleicht sogar noch besser machen. Daß mit diesem Intrigenspiel auch Leutweins Politik selbst in Mißkredit gebracht werden sollte, war eindeutig.

Hier trat bereits in Ansätzen nicht nur im Generalstab in Berlin, sondern auch bei der Truppe in Südwest ein Ungeist in Erscheinung, der immer mehr an Boden gewann, je mehr Neulinge zur Schutztruppe stießen, und der sich in einer maßlosen Überheblichkeit, Selbstüberschätzung und Besserwisserei äußerte. Hauptmann Franke und Oberleutnant Epp wurden nicht müde, diesen Ungeist und die daraus resultierenden Mißstände in ihren Tagebüchern anzuprangern. Der Typ des arroganten und ignoranten »Büro-Strategen«, des »Monokelhelden« bildete sich heraus, der über den Gedanken an das eigene Arrivieren, »an die Ordensschnalle, an das eigene Portemonnaie« den Blick für das Nächstliegende, für die Wasserfrage, für die Tiere, wovon letztlich der Sieg abhing, vergaß. Im gleichen Maße trat der Typ des alten Troupiers, des alten »Afrika-Offiziers«, immer weiter in den Hintergrund, verdrängt von den forschen Neuankömmlingen, »die zu Herren über Situationen gemacht werden, die sie nicht begreifen wollen und nicht begreifen können, geschweige denn meistern können«. Die alten, sonnengegerbten Südwester Haudegen aber fühlten sich in die Ecke gedrückt. Sie kamen sich wie Fremdlinge in der Truppe vor, herumgestoßen und von keinem um Rat gefragt.

Am 4. Mai wurde der erste Schritt zur entscheidenden Wende vollzogen: Der Kaiser ernannte Generalleutnant von Trotha zum neuen Oberbefehlshaber der Schutztruppe von Südwestafrika. **Mit der Ablösung Leutweins durch von Trotha verlor dieser Krieg seine letzten menschlichen Züge und mündete ein in eine Kriegführung der Vernichtung und des Terrors.** Die Stimmen der Vernunft, der Besonnenheit und der Menschlichkeit verhallten ungehört, gingen unter im Säbelgerassel der Scharfmacher, die nun zur Radikallösung, zur Vernichtung oder Vertreibung der Aufständischen drängten. Die rechtsgerichtete Presse wurde zum Sprachrohr der Säbelrassler, die Hetze gegen das Leutweinsche System lief auf Hochtouren, Pogromstimmung gegen die Herero kam auf, erfaßte die jungen Soldaten, die zum Kampf in Südwest auszogen und bereitete sie so psychologisch zum Feldzug gegen die »Barbaren« vor.

Trotha galt als die Verkörperung des reinen Militärs, der sich nur an die Weisungen und Befehle seines Souveräns gebunden fühlte. Ausschließlich in militärischen Kategorien denkend, war er der Prototyp des damaligen preußisch-deutschen Offiziers, dem politische und wirtschaftspolitische Denkweise schon immer ferngelegen hatte. Getreu der ihm vom Kaiser gegebenen Weisung, den Aufstand mit allen Mitteln niederzuschlagen und ihn erst danach über dessen Ursachen zu informieren, konzentrierte von Trotha sein ganzes Trachten auf den militärischen Aspekt des Feldzugs. Er wußte aus seiner Zeit als Schutztruppenkommandeur in Deutsch-Ostafrika, mit welcher Härte, Grausamkeit und Gnadenlosigkeit die afrikanischen Völker sich untereinander bekriegten, und glaubte daher, daß eine Politik der Milde nur als Schwäche bei den Schwarzen aufgefaßt würde und sie nur mit einer Politik der nackten Gewalt zu beeindrucken seien. Wie er in einem Schreiben an Gouverneur Leutwein vom 5. November 1904[3] erklärte, wollte er diese Gewalt »mit krassem Terrorismus und Grausamkeit ausüben«, mit »Strömen von Blut« die Aufständischen bekämpfen.

Leutwein kannte den Charakter Trothas genau; er ahnte, was der Kolonie bevorstand, wenn seine Ablösung als Truppenkommandeur erst erfolgt sei. Seine Befürchtungen bezogen sich nicht nur auf das Schicksal der Herero, sondern auch auf das der anderen eingeborenen Stämme, insbesondere der Nama. »Die«, wie der Sohn des Gouverneurs schrieb, »unglückliche deutsche Eigenschaft, politische Dinge von höchster Tragweite ungescheut in die Öffentlichkeit zu tragen«, hatte bewirkt, daß auch die Nachricht der bevorstehenden Ablösung Leutweins durch von Trotha und auch dessen Pläne hinsichtlich der zukünftigen Behandlung der Eingeborenen der Kolonie, darunter deren totale Entwaffnung, bei den Eingeborenenstämmen bereits die Runde machte.

3 RKA Nr. 2089, Bl. 100–102, Drechsler, S. 180.

Furcht und Unruhe kamen auf, besonders unter den Nama, die sich nach Ablösung Leutweins ohnehin nicht mehr an den Schutzvertrag gebunden fühlen würden, da sie diesen als nicht etwa mit der Reichsregierung – abstrakte, unpersönliche Regierungsformen waren der Denkweise der Eingeborenen fremd –, sondern als mit der Person des Gouverneurs Leutwein geschlossen betrachteten. Als nun auch noch Teile der Truppenverstärkungen im Mai in den Süden der Kolonie umdirigiert wurden, wuchs die Unruhe unter den Nama bedrohlich an. Leutwein, bestärkt durch seine Generalstabsoffiziere, wollte jetzt alles auf eine Karte setzen und, da er nominell gemäß dem Telegramm des Kaisers vom 5. Mai 1904 noch bis zur Ankunft von Trothas in der Kolonie mit dem Oberbefehl auf dem Kriegsschauplatz betraut blieb, nun doch noch eine letzte Anstrengung unternehmen, um die Herero durch Herandrücken an den Waterberg zu besiegen und zur Übergabe zu bewegen, um sie so vor dem drohenden Vernichtungskrieg zu bewahren.

Zunächst verfaßte er am 30. Mai trotz des ihm von der Reichsregierung am 20. Februar erteilten strikten Verbots der Verhandlungen mit den Aufständischen einen Aufruf zum Niederlegen der Waffen an diese und setzte sich am 4. Juni mit seiner Hauptabteilung zur Verfolgung der Herero in Richtung Waterberg in Marsch. Die Proklamation schien bei den Herero ihre Wirkung nicht zu verfehlen: Am 6. Juli erreichte Major von Estorff, einem der wenigen einsichtigen und für die Belange der Eingeborenen verständnisvollen Offiziere, ein Kapitulationsangebot des Kapitäns Salatiel. Doch es kam zu spät, das Schicksal hatte bereits gegen die Herero entschieden: Am 8. Juni hatte der Generalstab Leutwein den kategorischen Befehl zur Einstellung sämtlicher Operationen erteilt, und am 19. Juli erging die strenge Weisung Trothas an die Truppe, jedes Verhandlungsangebot der Aufständischen zurückzuweisen.

Am 13. Juni übernahm General von Trotha in Okahandja offiziell den Oberbefehl über die Truppe. Schüler des Generals von Schlieffen, glaubte von Trotha, obwohl ihm von Deutsch-Ostafrika her die Weite und Leere des afrikanischen Raumes vertraut sein mußte, Schlieffens Gedanken (für Europa konzipiert) auch in den riesigen Einöden Südwestafrikas verwirklichen zu können. Verhaftet in einseitig-militärische Denkweise, begriffen er und seine aus afrikanischen Neulingen bestehenden Stabsoffiziere nicht, daß der Schlüssel zum Sieg über die Aufständischen in der Erbeutung ihrer Viehmassen lag, des einzigen Daseinselements der Herero, wie sich wohl am eindringlichsten bald danach im Kampf am Waterberg zeigte: Statt sich auf die Bastion Waterberg zurückzuziehen und sich dort zu verschanzen, verblieben die Herero lieber unten in der Ebene, wo sie nahezu schutz- und wehrlos der überlegenen deutschen Waffentechnik ausgesetzt waren, da sie sich nicht entschließen konnten, ihre Viehherden im Stich zu lassen, die sie nicht auf das Waterberg-Plateau hätten mitnehmen können. **Für General von Trotha aber, da bar jeder Vorstellung von praktischer Politik, galt in der Kriegführung nur das Primat der Vernichtung des Gegners. Welcher Zweck damit erreicht würde, ob hierbei vorhandene Wirtschaftswerte vernichtet werden, was nach dem Sieg kommen würde,**

das war für ihn nicht von Belang. Für ihn wie auch für die meisten der neu ins Land gekommenen Offiziere war es einfach unvorstellbar, ja lächerlich und unwürdig, der Erbeutung von Vieh den gleichen Stellenwert in der Kriegszielsetzung einzuräumen wie der Besiegung des Gegners. Grundtenor war: Wir sind nicht hier, um wegen Ochsen und Kühen Krieg zu führen!

Trothas erste Maßnahme war, weitere Truppen in erheblichem Umfang aus Deutschland anzufordern, da die gegenwärtig auf dem Kriegsschauplatz verfügbaren nicht einmal für eine weiträumige Einschließung der Herero ausreichten. Nun aber zeichnete sich in der Heimat ein Personal- und Materialengpaß sondersgleichen ab: Hatte man bisher noch genügend Resonanz im Heimatheer auf die Aufrufe zur Meldung für den Dienst in der Schutztruppe Südwestafrikas gefunden und ausreichend qualifiziertes Personal hierfür bekommen, so änderte sich dies jetzt drastisch zum Schlechteren: Immer weniger für den Dienst in der Kolonie geeignete aktive Soldaten waren bereit, für ein zweifelhaftes Unternehmen mit einem zweifelhaften Ausgang, wie es in der linksgerichteten Presse immer wieder zum Ausdruck kam, ihre vertraute heimatliche Umwelt gegen ein fragliches Abenteuer in einem wilden afrikanischen Land zu vertauschen und dort das Leben aufs Spiel zu setzen. So mußten die Anforderungen für den Dienst in der Schutztruppe gesenkt werden. Die Folgen blieben nicht aus: Man mußte auf weniger qualifizierte aktive Soldaten und sogar auf Reservisten zurückgreifen. Die negativen Auswirkungen sollten sich schon bei der Aufstellung des 2. Feldregiments zeigen: Es meldeten sich immer mehr undisziplinierte, unzufriedene, unmotivierte, ja zum Teil sogar zucht- und gewissenlose Soldaten, »denen der Kompaniechef wohl kaum eine Träne nachweinte«. Nicht selten waren es »verkrachte Existenzen«, Leute, denen aus diesem oder jenem Grunde der heimatliche Boden zu heiß geworden war, die sich vorher in allen möglichen Stellungen versucht und überall versagt hatten und »nun in der Ferne ihr Glück versuchen wollten«.

Eines der schwierigsten Kapitel in der deutschen Kriegführung in Südwestafrika war das **Pferde- und Treckochsenproblem** und die damit zusammenhängende **Wasserversorgung.** Dies zeigte sich besonders beim Aufmarsch der Truppe im Operationsgebiet Waterberg und bei der Verfolgung der Aufständischen in Richtung Sandfeld. Die Ursachen hierfür liegen in verschiedenen Bereichen:
Zunächst einmal entsprach das Pferdematerial von seiner Qualität her nicht den Anforderungen des Feldzugs. Das am besten geeignete Pferd, der zähe, kleine, an einfache Kost gewohnte Afrikaner ließ sich nicht in genügender Zahl beschaffen. So mußte vor allem das deutsche Armeepferd herhalten. Doch rasch zeigte sich, daß dieses an gute Pflege und gutes Fressen gewöhnte Tier den Strapazen des Feldzugs bei weitem nicht gewachsen war; ihre Kadaver säumten die Pads im Busch und im Sandfeld. Reminiszenzen an die Pferdemiseren in den Rußlandwintern des Zweiten Weltkriegs kommen auf: Für

glanzvolle Heerschauen war das verhätschelte deutsche Armeepferd hervorragend geeignet, doch, da im Manöver nie unter Extrembedingungen gefordert, versagte es kläglich, wenn doch einmal der Ernstfall eintrat und es unter extremen klimatischen und Geländebedingungen und unter Entbehrungen eingesetzt werden mußte! Nicht viel bessere Erfahrungen sammelte man mit dem ostpreußischen Klepper, der auch an Kraftfutter gewöhnt war. Auch der Argentinier, der, da ebenfalls aus der südlichen Hemisphäre stammend wie der Afrikaner, eine rasche Akklimatisation versprach, enttäuschte. Für die Akklimatisierung der Tiere hatte man ohnehin kaum Zeit: Da die für die Beschaffung der Pferde erforderlichen Steuermittel erst mühsam dem Reichstag »abgeknausert« werden mußten, die Tiere aber dringend an der Front benötigt wurden, blieb für die Eingewöhnung keine Zeit. Aber nicht allein dies bildete die Ursache für den enormen Pferdeverschleiß in Südwest:

Eines der größten Handicaps für die Einsatzbereitschaft der Truppe war der beklagenswerte **Ausbildungsstand der Soldaten,** was Reiten und Tierpflege anbelangte: Mangels genügender Freiwilligenmeldungen aus den Reihen der berittenen Truppen mußte in zunehmendem Maße auf Angehörige der anderen, nicht berittenen Waffengattungen zurückgegriffen werden, die dann zum Teil ohne auch nur die geringste Reitausbildung aufs Pferd gesetzt wurden. Beim Anblick dieser »Reiter« verschlug es Hauptmann Franke die Sprache: »Wie die Mehlsäcke hängen die Lümmels auf den Pferden!« – Viele Tiere gingen an Rotz, Koliken ein, da die Pferdepfleger so gut wie keine Ahnung in der Behandlung von Pferdekrankheiten hatten. Am schlimmsten aber waren Hunger und Durst. Weil die Wasserversorgung hoffnungslos daniederlag und nur wenige Soldaten Ahnung von Wassersuche hatten, reichte der Wasservorrat häufig gerade eben für die Menschen aus: Die Tiere mußten dürsten, die Treckochsen bekamen oft tagelang nichts zu saufen und brachen zusammen, so daß der Nachschub ausblieb und damit auch das Futter für die Pferde, die vor lauter Hunger bereits das Holz der Bäume fraßen. Ein Beispiel von Unverständnis, von der Lethargie und Gleichgültigkeit der Soldaten wie auch der Offiziere in der Wasserfrage offenbart uns wieder das Tagebuch Frankes: Er schreibt am 7. August 1904, als die Abteilung Deimling Okateitei erreicht hatte: »Der Platz hat sehr viel Wasser, allerdings liegt das Lager vom eigentlichen Wasser 4 km ab. An den wohl 50 vorhandenen Wasserlöchern ist so gut wie nichts gemacht, die Pferde werden kaum halb, häufig gar nicht getränkt.« Mit anderen Worten: Man war einfach zu bequem, das Wasser mühselig aus den tiefen Löchern mit Schöpfeimern nach oben zu holen! – Vernünftiges Gerät zum Aufgraben und Bohren von Wasserlöchern fehlte, an Wasserwagen hatte man überhaupt nicht gedacht, das vorhandene Wasserfiltriergerät versagte nach kurzer Zeit, da derartige Wasserverschmutzungsgrade wie hier bei der Konstruktion dieser Geräte nicht einkalkuliert worden waren. Sogar das selbstverständlichste Requisit, Wassertröge, hatte man vergessen.

Bei derartigen gravierenden personellen und materiellen Schwächen waren die nun auftretenden Folgen nicht verwunderlich: So mußte beispielsweise ein hoher Tribut für die Nichtbefolgung der Ratschläge und Warnungen der alten »Afrikaner«, für die Besserwisserei, Unerfahrenheit und unglaubliche Unvorsichtigkeit und Leichtsinnigkeit mancher Leutnants und Unteroffiziere bei den zahlreichen Erkundungsunternehmen im Operationsgebiet Waterberg bezahlt werden, wie unter anderem das Schicksal der Patrouille von Bodenhausen bezeugt. So manche spurlos verschwundene und vermutlich vom Gegner »abgetrocknete« Patrouille kam auf das Konto dieses Unverstands! – Sicherlich, Einsatzbereitschaft, Ehrgeiz und Wagemut waren diesen Leutnants und Unteroffizieren nicht abzusprechen, aber diese Tugenden allein reichten nicht aus, um auf dem afrikanischen Kriegsschauplatz, zumal als Menschenführer, bestehen zu können. Hier wurde mehr verlangt. Hier war der Unterführer nicht »Rädchen im Getriebe« eines Millionenheeres, gewohnt nach Anweisungen und Befehlen zu handeln. Hier wuchs er über die Rolle des Gruppenführers oder Zugführers, die er daheim in seiner Einheit spielte, hinaus. Als Patrouillenführer oder Leiter eines kleinen Außenpostens oder einer Heliographenstation im Busch oder im Sandfeld war er völlig auf sich allein gestellt und mußte nach eigenem Ermessen Entscheidungen fällen, von denen nicht nur der Erfolg des Auftrags der Truppe abhängen konnte, sondern sehr oft auch das eigene Leben und das der ihm anvertrauten Soldaten. Hier waren die Fähigkeit zum »Wägen und Wagen«, zum kühlen, nüchternen Abwägen des Risikos, das Gespür für die überall ringsum lauernden Gefahren gefragt, nicht das bloße Draufgängertum! Nicht selten wurden diese Eigenschaften vom Unterführer aber auch in der Gefechtslinie, beim Kampf im Buschlabyrinth – wie beispielsweise bei Oviumbo – oder im Felsengewirr – so beim Gefecht am Kaiser-Wilhelm-Berg – verlangt, wenn Gefechtsführung und Befehlsgebung durch den Abteilungs- oder Kompanieführer zur Unmöglichkeit und der Zug, manchmal sogar die Gruppe zur selbständig fechtenden Einheit wurde. Die Wichtigkeit dieser Unterführerrolle und der hierfür erforderlichen Eigenschaften – am Lehrbeispiel Südwestafrika – ist offenbar in der Armee verkannt oder nicht recht gewürdigt worden. Für dieses Versäumnis mußte später – im Ersten Weltkrieg – bitteres Lehrgeld bezahlt werden, denn auf dem osteuropäischen Kriegsschauplatz, in den Weiten Rußlands, wurde der Unterführer in dieser Rolle oft genug gefordert!

Ganz in europäischen Kategorien der Kriegführung verhaftet, glaubte von Trotha, die Herero im Sinne Schlieffens allseitig einschließen und vernichten zu können. Von den vier wesentlichen Voraussetzungen für die Verwirklichung – Raum, Straßen, Eisenbahnlinien und Fernmeldemitteln – war aber nur die erste gegeben: Die riesigen afrikanischen Weiten boten genügend Raum zu umfassenden Bewegungen für die Schutztruppe. Doch es haperte an den anderen drei Voraussetzungen: Die Mobilität war, eben wegen Fehlens der zweiten und der dritten Voraussetzung, Straßen und Eisenbahn, nicht gewährleistet, während die vierte Voraussetzung, die Fernmeldemittel, obwohl verfügbar, wegen Mangels an Transportmitteln – die Treckochsen brachen vor Durst zusammen – nur zum Teil genutzt werden konnten. Die Folge war, daß nicht alle Einschließungskräfte zum entscheidenden Zeitpunkt und am entscheidenden Ort, nämlich Hamakari, zur Stelle waren: Ausgeblieben waren die Abteilungen Deimling und von der Heyde.

Unklar erscheint, weswegen von Trotha mit seinen schwachen Kräften zunächst die Entscheidung – durch Einschließung und Vernichtung des Gegners – mitten in der Ebene, bei Hamakari, wo die Masse der Herero stand, suchte. Da die deutschen Kräfte ohnehin verzettelt waren – die Abteilungen standen am Angriffstag unterschiedlich weit von Hamakari ab – mußten so, durch allseitige Einschließung, die Lücken im Einschließungsring zwangsläufig noch größer werden. Warum nutzte er nicht, wie von Leutwein beabsichtigt, von vornherein das Waterbergmassiv als Sperrriegel nach Norden? So hätte er kräftesparend seine Truppen nur in drei Himmelsrichtungen anzusetzen brauchen und den Gegner durch Herandrängen an dieses Massiv zusammendrükken und vernichten, d.h. gefangennehmen, können.

General von Trothas Rechnung ging nicht auf: Die anderen Teile des Gegners setzten sich in Richtung Waterberg statt nach Hamakari hin ab. Und nun griff der General doch noch den einzigen, hier erfolgversprechenden Plan, den Leutweinschen, auf, d. h. nun wollte er den Gegner gegen den Waterberg drücken. Doch der circulus vitiosus der Unzulänglichkeiten riß nicht ab: Wieder traten Pannen ein. Zwar ergingen entsprechende Weisungen über die Änderung des Operationsbefehls an die Truppe. Doch die Weisungen erreichten nicht alle Abteilungen rechtzeitig: Die Abteilung Deimling hatte es versäumt, ihr Heliographengerät aufzustellen, während die Abteilung von der Heyde alles Nachrichtengerät hatte zurücklassen müssen, da die halbverdursteten Treckochsen schlapp gemacht hatten. Die Folgen blieben nicht aus: Nichtsahnend stieß die Abteilung Deimling weiter zur Station Waterberg vor, genau in den »Bienenschwarm« der dorthin zurückweichenden Herero hinein. Diese flohen völlig konfus nun wieder nach Südosten, stießen auf die orientierungslos herumirrende Abteilung von der Heyde, die, nicht einmal mit Maschinengewehren, der einzig wirksamen Schnellfeuerwaffe im Busch, ausgerüstet, knapp der Vernichtung entging, und brachen aus dem Einschließungsring aus, ihrem Verderben im Sandfeld entgegen.

Damit war der Versuch, den Herero ein Cannae oder ein Sedan zu bereiten, gescheitert! Sie entkamen der Umklammerung mit nur geringen Verlusten an Menschen, mußten jedoch einen Großteil ihrer Habe und ihres Viehs zurücklassen.

Alle Erkenntnisse sprechen dafür, daß von Trotha nicht die Absicht gehabt hatte, die Herero physisch am Waterberg zu vernichten, so wie es die Punier mit den Römern bei Cannae gemacht hatten, die bis auf geringe Reste buchstäblich niedergemetzelt worden waren. Trotha hatte sich den Sieg bei Waterberg etwa so wie den am 9. September 1870 bei Sedan vorgestellt, der mit der Gefangennahme der französischen Armee unter General MacMahon endete. Dafür sprechen der vorsorglich vorbereitete riesige Gefangenenkraal bei Okahandja und die Beschaffung von tausend Gefangenenketten. Doch dies alles wurde nun nicht benötigt, die Herero waren der Falle entronnen.

Der General war ratlos: Wie sollte er nun dem Kaiser den siegreichen Ausgang der Entscheidungsschlacht am Waterberg melden? Er entschließt sich zu einer modifizierten Form von Siegesmeldung: Zwar kann er dem Kaiser nicht mit der Vernichtung, dem totalen Sieg über den Gegner aufwarten, wohl aber mit dessen Rückzug vom Schlachtfeld: »...Zersprengt und im Rückmarsch nach allen Seiten begriffen, bewegt sich die Hauptmacht des Feindes nach Osten...« Indirekt, hinter den Zeilen versteckt, bedeutet diese »Siegesmeldung« aber für die Deutschen eine Vervielfachung der Probleme: Der Gegner hatte sich in zahlreiche, kampfesmüde Haufen aufgesplittert, deren Spuren sich in der Unendlichkeit des Sandfeldes verloren. Wie sollte die deutsche Schutztruppe mit ihrem riesigen und schwerfälligen Troß und angesichts der riesigen Versorgungsprobleme diese Flüchtlingshaufen verfolgen und einholen können, um sie erneut zum Kampf zu stellen? Die Unmöglichkeit eines solchen Vorhabens bewiesen die sich nun anschließenden Verfolgungsaktionen im August und September, die noch gar nicht einmal in das eigentliche Omaheke-Sandfeld hineinführten.

Diese Verfolgungsaktionen ließen aber auch klar erkennen, daß die Kampfmoral der Aufständischen gebrochen und diese zu einem organisierten Widerstand nicht mehr imstande waren, daß ihr einziges Bestreben dahin ging, der furchtbaren Wirkung der deutschen Waffen zu entkommen, auch wenn sie dabei dem Dursttod in der Omaheke ins Auge sehen mußten. Eine »höhere Einsicht« hätte von Trotha nun eigentlich sagen müssen, daß das Grundziel, die Vernichtung des Gegners im Sinne der Brechung seines Widerstandswillens, erreicht worden war und daß der einzig gangbare Weg nun der der Anknüpfung von Friedensverhandlungen mit dem am Boden liegenden Gegner sei, um unübersehbaren politischen und wirtschaftlichen Schaden für das Reich und die Kolonie abzuwenden. Doch zu dieser höheren Einsicht konnte sich der General auch jetzt nicht durchringen: Verhandlungen schieden für ihn nach wie vor aus: Er sah hier nur die Gefahr des Wiederauflebens der alten Stammesstrukturen und damit des Wiederauflebens von Aufstandsgelüsten. Sogar jetzt noch glaubte er, in dem in panischer Angst entfliehenden Hererovolk eine potentielle Gefahr erblicken zu können: Wäre es nicht vorstellbar, daß die Herero, solange sie noch im Besitz der Wasserstellen am Rande der Omaheke waren, wieder zu Kräften kommen und dann womöglich die Truppe in einen erneuten Kleinkrieg, diesmal in kleinsten Gruppen, der Bürde der Viehherden entledigt, verstricken könnten? Wie manche anderen vor eine ähnliche Situation gestellten, ratlosen Feldherren nach ihm oder vor ihm erkannte der General, daß er in einem solchen Kleinkrieg mit seiner überlegenen Waffentechnik und Truppenmacht nichts würde ausrichten können und daß nun der einzige in Frage kommende modus operandi der des totalen Terrors, der physischen Vernichtung des Gegners sei, um so diese Gefahr ein für allemal aus der Welt zu schaffen. Daß dabei nicht nur der bewaffnete Gegner, sondern auch dessen Frauen und Kinder in den Tod getrieben würden, ließ den General ungerührt: »Das Volk muß in seiner Gesamtheit untergehen!«

Nach Trothas Vorstellungen sollte jetzt durch Besetzen der Wasserstellen am West- und Südwestrand der Omaheke das Volk vollends in das Sandfeld abgedrängt werden. Der Wasserversorgung beraubt, würde es dann in seiner Masse im Sandfeld elendig verdursten, nur die Stärksten hätten vielleicht durch Rettung in das benachbarte Betschuanaland noch die Chance zum Überleben. Diesen unseligen, jeder Menschlichkeit hohnsprechenden Beschlüssen setzte von Trotha die Krone auf, als er seine Proklamation, den sogenannten **»Vernichtungsbefehl«**, am 2. Oktober 1904 verkündete.

Mit der Verkündung dieser Proklamation, die bezeichnenderweise im Generalstabswerk mit dem Tuch des Schweigens bedeckt wurde, hatte sich der General gegen jedes Völkerrecht und gegen jedes Gesetz der Menschlichkeit gestellt. Aus dem Text der Proklamation geht zwar nicht expressis verbis die Vernichtungsabsicht hervor, weswegen einige Apologeten Trothas die Proklamation auch gern als »Vertreibungsbefehl« hinzustellen versuchten, doch lassen von Trothas Erläuterungen der Proklamation wie auch der Tatbestand der Abdrängung des Hererovolkes in die nahezu wasserlose Omaheke – ohne die Möglichkeit der Gnade, da diese ihm durch den Tötungsbefehl in der Proklamation genommen war – keinen anderen Schluß zu, als daß die Absicht des Generals nun tatsächlich die physische Vernichtung des Hererovolkes und damit der Völkermord, Genozid, war.

In maßloser Verblendung begriff man nicht, daß mit dieser Proklamation mehr als »nur« ein kleines afrikanisches Volk dem Untergang preisgegeben, das Ansehen des deutschen Volkes als Kulturnation aufs Spiel gesetzt und die anderen Eingeborenenstämme in Südwest zum Aufstand getrieben wurden: Hier wurde den demagogischen Kräften in Deutschland in die Hand gearbeitet, die die Verkündung der Überlegenheit der weißen Rasse gegenüber andersfarbigen Rassen dem Volk einzureden versuchten und die von Anfang an den Rassen- und Vernichtungskampf gegen die Herero predigten und deren Vokabular Ausdrücke wie »Herrenrasse«, »Herrenmenschen«, »Untermenschen«, »Halbmenschen«, »barbarische Wilde« u. ä. umfaßte, Worte, die später zum allgemeinen Sprachgut der nationalsozialistischen Ideologie gehörten. Gerade diese Kräfte aber waren es, die im deutschen Volk die Saat der rassistisch-ideologischen Vergiftung legten, die drei Jahrzehnte später in so erschreckender und menschenverachtender Weise im Dritten Reich aufging!

Sicherlich, Völkervertreibungs- und Völkerausrottungskriege hat es immer schon in der Geschichte gegeben, beispielsweise den der Australier gegen die Tasmanen, den der US-Amerikaner gegen verschiedene Indianerstämme, den der Spanier gegen die Kariben, die Mayas und die Inkas in Mittel- bzw. Südamerika oder – in der jüngeren oder jüngsten Geschichte – den der Türken gegen die Griechen in Kleinasien und den der Haussa gegen die Ibos in Nigeria. Doch keiner dieser Kriege war Wegbereiter einer rassistischen Ideologie, die letztlich in einem totalitären, auf Herrenmenschentum und Rassenwahn beruhenden Regime wie dem der Nationalsozialisten in Deutschland endete.

Assoziationen mit unserer unseligen jüngsten Vergangenheit drängen sich einem beim Lesen der beiden letzten Kapitel des Buches auf: Man muß es zweimal lesen, aber es stimmt: Schon damals gab es deutsche Konzentrationslager! Die Bezeichnung **»Konzentrationslager«** wurde offiziell zum ersten Mal am 11. Dezember 1904 benutzt, nämlich von Reichskanzler Fürst Bülow in dem Schreiben, in dem er General von Trotha anwies, seinen Vernichtungsbefehl rückgängig zu machen und »Konzentrationslager für die einstweilige Unterbringung und Unterhaltung der Reste des Hererovolkes« einzurichten. Diese Lager sollten dann bald traurige Wirklichkeit in Südwest erlangen. Und es waren nicht etwa, wie die Apologeten von Trothas gern behaupteten, reine Internierungslager oder Kriegsgefangenenlager, in denen die gefangengenommenen Herero und später – nach Ausbruch der Hottentotten- oder Namaaufstände – Hottentotten untergebracht waren und in denen die Sterblichkeit nur deswegen so hoch gewesen sei, weil die Gefangenen total entkräftet durch die lange Leidenszeit während der Aufstände dort angelangt waren. Nein: Diese Lager lassen sich ohne weiteres als Vorläufer späterer Konzentrationslager einstufen. Hier gab es zwar keine systematische Menschenvernichtungsmaschinerie wie in Auschwitz oder Maidanek, doch herrschten ansonsten ähnliche Zustände und Bedingungen, wie sie in den KZs bestanden, die keine ausgesprochenen Vernichtungslager waren, z. B. Dachau: Mangel- und Fehlernährung, völlig unzureichende Kleidung – Leinensäcke zur Bedeckung der Blöße! –, primitive Massenunterkünfte unter oft ungünstigen klimatischen Bedingungen, schwere Fronarbeit als Kettengefangene ohne Rücksicht auf Alter, Geschlecht und Gesundheitszustand bei oft unmenschlicher und brutaler Behandlung – Auspeitschung mit dem Tschambok war an der Tagesordnung in manchen Lagern –.

Das britische Blaubuch »Report on the Natives of South West Africa and Their Treatment by Germany«, »eine, wie Vergleiche mit den Akten des Reichskolonialamtes im Staatsarchiv Potsdam zeigten, weitgehend zuverlässige Darstellung«[4], gibt ein realistisches Bild von den Zuständen in den deutschen Gefangenenlagern in Südwest, darunter denen bei Swakopmund und auf der Haifischinsel in der Lüderitzbucht, die für die Hottentotten/Nama und Herero zum Inbegriff des Schreckens wurden.

4 Entnommen: Drechsler, S. 20. Dieses britische Werk, 1918 verfaßt und von deutscher Seite als propagandistisches Machwerk der Engländer hingestellt, ließ man 1926 »mit einem Federstrich der südafrikanischen Administration in Windhoek in der Versenkung verschwinden« (zitiert ebenda).

Die Schicksalswende für das leidgeprüfte Hererovolk kam im Dezember 1904, als der Kaiser nach unablässigen Protesten und Vorstellungen der Rheinischen Mission beim Reichskanzler General von Trotha anwies, mit Hilfe der Mission die noch im Busch und in der Omaheke sich aufhaltenden Reste des Volkes zu sammeln und in die Gefangenschaft zu überführen. Dem beharrlichen Bemühen der Mission wie auch der sozialdemokratischen und Zentrumsabgeordneten des Reichstags war es auch zu verdanken, daß das Los der Gefangenen in den Lagern allmählich menschenwürdiger wurde, obwohl von Trotha aus Ärger über den Kurswechsel in Berlin noch mehrere Monate lang versuchte, die an ihn ergangenen Weisungen restriktiv auszulegen. So siegten praktisch im letzten Augenblick doch noch die Kräfte der Vernunft, und man fragt sich heute, was wohl aus den Überbleibseln des Volkes der Herero geworden wäre, wenn es nicht die Rheinische Mission und die Gegenspieler der Trothaschen Vernichtungspolitik im Parlament gegeben hätte. Vielleicht wäre von Trotha dann doch noch die Vollendung seines Vernichtungswerkes geglückt!

Heute, kaum zwei Generationen später, ist dieser Krieg aus dem Bewußtsein der Deutschen so gut wie verschwunden. Nur einige Zeilen, wenn überhaupt, sind es, mit denen der Hereroaufstand in den modernen kriegsgeschichtlichen Werken noch Erwähnung findet. Vor dem Hintergrund der gewaltigen Geschehnisse zweier die ganze Welt in Mitleidenschaft ziehender Weltkriege mit ihren Hekatomben an Opfern mußte ein solcher Konflikt wie der Hereroaufstand einfach zu einer völlig nebensächlichen Episode werden, nicht wert der Erinnerung. Anders dagegen für die Leidtragenden selbst, die Herero: Für sie war ihre Erhebung ein beispielloser Einschnitt in ihre Geschichte, die in der fast vollständigen Auslöschung ihrer Nation endete. Denn was zurückblieb, waren nur noch Trümmer eines einst großen und stolzen Afrikanervolkes, entwurzelt, auseinandergerissen und ohne Zusammenhalt über das südliche Afrika verstreut, ein Teil nach dem heutigen Botswana, ein anderer in die Südafrikanische Union, ein dritter nach Angola verschlagen, nur kümmerliche Reste verblieben in der angestammten Heimat, geduldete Fremdlinge im eigenen Land, in dem nun weiße Farmen wie Pilze aus der Erde schossen.

Jahrzehnte gingen dahin, die Zeit heilte die Wunden, die Erinnerung an den schrecklichen Krieg verblaßte. Aus den Überresten des Volkes ist nun eine neue, selbstbewußtere Generation herangewachsen, die, stolz auf die Werte ihrer Vergangenheit, auf ihre Rechte, ihre Selbstbestimmung pocht. Die Führer dieser neuen Generation wissen um den Kampf der Vorväter gegen die koloniale Unterdrückung und halten die Erinnerung hieran im Volke wach: In den Vorvätern sehen sie ihre Vorbilder in ihrem Ringen um rassische Gleichberechtigung und Freiheit gegenüber weißer Bevormundung.

Unter diesem Gesichtswinkel gesehen, bildet der Hereroaufstand von 1904 zweifellos einen wichtigen Meilenstein in der Vorgeschichte der Unabhängigkeitsbewegung der Afrikaner im südlichen Afrika, und damit gewinnt dieser

Krieg eine durchaus aktuelle Bedeutung, die es wert erscheinen läßt, ihn dem Schoß der Vergessenheit zu entreißen.

Was nun noch bleibt, ist die Beantwortung der in der Einleitung gestellten Fragen:
Zweifellos hat die deutsche Kolonialära, so kurz sie auch war, positive Beiträge zur Entwicklung der früheren deutschen Kolonien geleistet. Sie hat den Kolonisierten, die zum großen Teil bei der Errichtung der deutschen Herrschaft noch auf einer archaischen, ja hier und da sogar steinzeitlich-primitiven Kulturstufe standen, die Fortschritte der Zivilisation nahegebracht und ihren Lebensstandard, gemessen an ihrem ursprünglichen, beträchtlich gesteigert, so daß man mit Fug und Recht in einigen der Kolonien, insbesondere Togo und Samoa, von einem »kleinen Wirtschaftswunder« sprechen kann. So waren unsere Leistungen im Aufbau eines modernen Verkehrswesens – Eisenbahn, Straßen und Hafenanlagen – unbestritten groß, der Bergbau wurde ins Leben gerufen und auf einen hohen Stand gebracht, ein modernes Fernmeldewesen geschaffen, in der Landwirtschaft neue, den Export belebende Anbauarten, z. B. Baumwolle, Sisal, Kautschuk, Kakao und Kaffee, eingeführt, in Dürregebieten eine fortschrittliche Wasserwirtschaft aufgebaut, die Viehzucht auf ein hohes Niveau gebracht, ein modernes Veterinärwesen geschaffen, den Kolonisierten mit der Einführung der Tages- und Jahreszeitrechnung überhaupt erst der Begriff für rationelle Zeiteinteilung nahegebracht; ein modernes Erziehungswesen wurde aufgebaut, auf dem Gebiet des Gesundheitswesens wurden bemerkenswerte Fortschritte erzielt, in der Bekämpfung der Seuchen Bahnbrechendes geleistet, zahlreiche Krankenhäuser, auch für die Eingeborenen, wurden gebaut, neue Berufe eingeführt und neue Sparten des Handwerks, ein moderner Verwaltungsapparat wurde aufgebaut, neue Märkte für den einheimischen Handel erschlossen, im Städtebau Beachtliches geleistet. Dies alles sind Errungenschaften, die weitreichende Wirkungen in den deutschen Kolonialgebieten bis in die heutige Zeit hatten. Bis hierhin also stimmt das positive Bild vom deutschen Kolonialherrn!

Doch wie jede andere Kolonialherrschaft war auch die deutsche von ihrem Wesen her ambivalent, d. h. sie trug neben ihren väterlich-patriarchalischen Zügen noch die des rücksichtslosen, nur auf seine Vorteile bedachten, nicht selten brutalen des Eroberers und Ausbeuters.

Die Erschließung und Eroberung kolonialen Territoriums durch ein auf einer höheren Zivilisations- und Kulturstufe stehendes Volk erzeugt zwangsläufig ein Spannungsfeld durch die Berührung mit den in der Regel auf einer niedrigeren Kultur- und Zivilisationsstufe stehenden Kolonisierten. Diese, die Vorteile verkennend, die die Zivilisation letztlich auch für sie bringen würde, reagieren mit Angst und Ablehnung, sie fühlen sich in ihrer Lebensweise bedroht und wehren sich. Die Kolonisatoren ihrerseits versuchen nun zunächst, den zu Kolonisierenden in einem behutsamen Anpassungsprozeß ihre höhere Zivilisation nahezubringen und sie von deren Nutzen und Vorteilen zu überzeugen. Mißlingt dieses Verfahren, erscheint es zu langwierig oder verzögert es den Fortschritt zu sehr, so wird zu Gewalt und Zwangsmaßnahmen gegriffen. Das erstere, friedliche Verfahren wandten insbesondere, wenn auch nicht immer mit Erfolg, die englischen Kolonialherren mit ihrer jahrhundertelangen Tradition im Umgang mit nichtweißen Völkern an, während die deutschen Kolonialherren als »koloniale Späteinsteiger« und damit ohne Erfahrung in der Behandlung andersfarbiger Völker mit einer ungeduldigen, auf Erfolgsberichte wartenden, nach Profiten drängenden kolonialen Wirtschaftslobby und einem auf Rentabilität der Kolonien bedachten Reichstag im Rücken, dem zweiten Verfahren, dem der Gewalt, allzuoft den Vorzug gaben.

Dieses Verfahren artete, wie exemplarisch am hier geschilderten Hereroaufstand gezeigt, in Unmenschlichkeit, Brutalität, ja Beinahe-Ausrottung ganzer Volksstämme aus. Und hier liegt die hohe Schuldhypothek, die uns als »koloniale Erblast« überkommen ist, und die uns, als die Kolonialherren von gestern, nicht gleichgültig lassen darf gegenüber den politischen Entwicklungen und Ereignissen in Afrika, insbesondere dem südlichen Afrika, vor allem aber gegenüber dem Schicksal seiner schwarzen Bewohner!

Angesichts dieser Passivseite der deutschen Kolonialgeschichte sei noch eine letzte – hoffentlich nicht als apologetisch verstandene – Überlegung gestattet: Wie wäre wohl die Entwicklung des deutschen Kolonialreiches verlaufen, wenn nicht hinter jeglicher Bemühung der Schutzgebietsverwaltungen um Fortschritt und wirtschaftliches Gedeihen drohend der Reichstag mit seiner Ausgabenknauserei und seinem engstirnigen Drängen nach Erfolgsnachweisen gestanden hätte, und welches Bild (nach den hoffnungsvollen, in Deutsch-Ostafrika bereits Früchte tragenden Reformansätzen des Kolonialstaatssekretärs Dernberg ab 1907[5]) hätten wohl die deutschen Kolonien geboten, wenn die Geschichte ihnen noch wenigstens ein weiteres Jahrzehnt der Entwicklung zugestanden hätte (d. h., wenn nicht der Erste Weltkrieg dazwischen gekommen wäre)?

5 Diese Reformansätze kamen in der weißen Siedlungskolonie Deutsch-Südwestafrikas nicht zum Tragen.

Nachwort

Diese Arbeit zu schreiben, war kein leichtes Unterfangen. Um eine wirklich ausgewogene Darstellung der Ereignisse zu bringen, müßte man beide kriegführenden Parteien, das heißt die Herero und die Deutschen, gleichermaßen zu Wort kommen lassen. Es erwies sich jedoch als unmöglich, diese Forderung zu erfüllen, denn trotz meiner intensiven Nachforschungen waren nur wenige Aufzeichnungen über Aussagen und Befragungen von Herero-Augenzeugen des Aufstands zu finden, und zwar in dem bereits erwähnten britischen Blaubuch[1] und in den Archivbeständen des britischen Colonial Office[2]. Hinterlassenschaften der Hereroführer, die über die Geschehnisse des Aufstands auf der Hereroseite Auskunft geben könnten, existieren nach meinen Recherchen nicht. Im Gegensatz zu dem 1905/1906 im damaligen Deutsch-Ostafrika tobenden Maji-Maji-Aufstand ist auch später seitens amtlicher oder privater Stellen keine systematische Befragung von Herero-Augenzeugen erfolgt.

Auf der deutschen Seite hingegen gibt es eine Fülle zeitgenössischer Darstellungen, zumeist Erlebnisberichte von Kriegsteilnehmern, Farmern oder Farmersfrauen, die natürlich die Vorgänge aus ihrem eigenen, begrenzten persönlichen Gesichtskreis schilderten, ferner einige Gesamtdarstellungen, darunter das umfassende Werk des Großen Generalstabs, die allerdings auch kein objektives Bild vermitteln. In der westdeutschen Literatur der Gegenwart sind bisher nur sehr wenige zaghafte Versuche unternommen worden, sich des Themas der deutschen kolonialen Vergangenheit anzunehmen, wenn doch, dann sind es nur Gesamtdarstellungen, meist Bildbände. So nimmt es nicht wunder, daß dem Hereroaufstand, der ohne Zweifel einen herausragenden Stellenwert in der deutschen Kolonialgeschichte einnimmt, überhaupt keine Monographie im deutschen Sprachraum nach dem Zweiten Weltkrieg gewidmet worden ist, läßt man einmal die wenigen, zumeist »ideologisch gefärbten« einschlägigen Veröffentlichungen in der DDR außer acht.

Außer auf die genannten zeitgenössischen Gesamtdarstellungen stützt sich meine Arbeit vor allem auf bisher nicht veröffentlichte Nachlässe und private Tagebücher von Kriegsteilnehmern, auf Kriegstagebücher von Truppenteilen sowie auf Aktenmaterial der deutschen Gouvernementsverwaltung von Südwestafrika im Bundesarchiv Koblenz, der Kaiserlichen Marine im Militärarchiv Freiburg und des britischen Colonial Office im Public Record Office, Kew, London, ab. Selbstverständlich habe ich auch die Augenzeugenberichte

1 »Report on the Natives of South West Africa and Their Treatment by Germany«.
2 Siehe »Public Record Office, Kew, London«.

in der umfangreichen zeitgenössischen Sekundärliteratur herangezogen. Von großem Nutzen waren mir die in Afrikaans geschriebene sachliche Darstellung von Gerhardus Pool »Die Herero-Opstand 1904–1907« und Horst Drechslers Werk »Südwestafrika unter deutscher Kolonialherrschaft. Der Kampf der Hereros und der Namas gegen den deutschen Imperialismus. (1884–1915)« Häufig wurde von mir auch als Quelle Gustav Frenssens Werk »Peter Moors Fahrt nach Südwest« benutzt. Obwohl als Roman geschrieben, ist dieses Buch als Tatsachenbericht zu werten, verbirgt sich doch hinter dem Pseudonym Peter Moor der damalige Unteroffizier im I. Seebataillon, spätere Direktor des Meereskundemuseums von Berlin, Michaelsen[3], der es wohl aus naheliegenden Gründen vorgezogen hatte, sich hinter einem Pseudonym zu verbergen und keine Orts-, Zeit- und Personenangaben zu machen. Die Ereignisse, die handelnden Personen und die geographischen und topographischen Gegebenheiten werden in Frenssens Werk aber so wirklichkeitsgetreu und ungeschminkt wiedergegeben, daß es dem eingeweihten Leser nicht schwerfällt, sie zu identifizieren und richtig in den tatsächlichen Ablauf des Aufstandsgeschehens einzuordnen.

Abschließend möchte ich es nicht versäumen, dem Bundesarchiv in Koblenz, dem Militärarchiv des Bundesarchivs in Freiburg sowie dem britischen Public Record Office für die bereitwillige Überlassung von Archivmaterial zu danken. Mein Dank gilt ferner dem Staatsarchiv in Windhoek, S.W.A./Namibia, hier insbesondere Frau Stern, für eine Reihe wertvoller Hinweise zum Thema und der Gesellschaft für Wissenschaftliche Entwicklung, Swakopmund, S.W.A./Namibia, deren langjährige, leider inzwischen verstorbene Sekretärin, Frau Massmann, mir – mündlich und schriftlich – zahlreiche wertvolle Informationen zum Thema zukommen ließ und Quellenmaterial, vor allem zeitgenössische Südwester Zeitungen, zur Verfügung stellte. Nicht zuletzt ist es mir auch noch ein Bedürfnis, dem Verlag für das meiner Arbeit entgegengebrachte Interesse und Herrn Rupprecht Sommer, Stuttgart, für die zahlreichen Anregungen und Verbesserungsvorschläge meinen Dank auszusprechen.

Walter Nuhn

3 So nachzulesen im Nachlaß des Generals a. D. von Lettow-Vorbeck und auf Seite 93 in »Der Farmer vom Seeis-Rivier«.

Anhang

1. Begriffserläuterungen
2. Gliederung der Schutztruppe 1903 (Friedensgliederung)
   Gliederung der Schutztruppe ab April 1904
   Gliederung der Schutztruppe August 1904 (mit Legende)
3. »Aufruf an das Volk der Herero« vom 2. Oktober 1904 (Abschrift)
4. Ausgewählte Kurzbiographien

1. Begriffserläuterungen

abkommen (ein Rivier »kommt ab«)	Plötzliches/sintflutartiges Ergießen des Regenwassers in das Rivier, wobei die Wassermassen sich als eine alles mit sich reißende Wasserwand durch das sonst völlig trockene Flußbett dahinwälzen
abtrocknen (z. B. eine Patrouille)	umbringen, töten
Assagai	Speer der Eingeborenen
Baiweg	Frachtfahrerweg, die Route der Ochsentreckgespanne von der Küste in das Binnenland
Bockie	Großohrige Hereroziege
Dütchmen	Bei den Eingeborenen gebräuchliche Bezeichnung für die Deutschen
Feldherero	Im Busch als Hirten lebende, zumeist nur mit Fellschurzen bekleidete Herero (im Gegensatz zu den besser gekleideten »Werftherero«)
Feldkost	Nahrung der Feldherero und der Herero allgemein in Notzeiten: Kleine, im Busch wild wachsende Zwiebeln und Wurzeln
Kaffer (auch Klippkaffer)	Bergdamara
Kalabasse (oder Kalebasse)	Birnenförmiges Gefäß, hergestellt durch Aushöhlung eines Kürbisses; dient als Behälter für Omeire
Kirri	Keulenstock, gefertigt aus Dornwurzeln, dessen keulenartiges Ende ausgehöhlt und mit Blei oder Steinen gefüllt ist
Klippe	Felsen, großer Stein
Klippkaffer	(siehe Kaffer)
Knobelbecher	Lederstiefel in der deutschen Armee
Kraal	Eingezäunter Platz für das Eingeborenenvieh
Muhonge	(Hererowort) Herr
Mukuru	(Hererowort) Gott
Ointje	kleine, wild wachsende Zwiebel
Omeihi	(Hererowort) Milch
Omeire	(Hererowort) Sauermilch (hergestellt durch natürliche Säuerung frisch gemolkener Milch in Kalebassen)
Orlog	(Hererowort) Krieg; Kriegsmacht
Ovita	(Hererowort) Krieg
Pad	Ausgefahrene, schmale Ochsenwagenspur im Busch oder Sandfeld
Palaver	(Eingeborenenwort) Verhandlung
Paviansbüchse	Scherzhafte Bezeichnung für Vorderladergewehre, wie sie die Eingeborenen benutzten
Pferdesterbe	Eine durch Steckmücken übertragene Virusinfektion der Pferde
Pforte	Gebirgspaß

Platz	(Burensprache) Farm; Ort
Pontok	Bienenkorbartige Behausung der Herero, vor allem der Feldherero, deren Grundgerüst aus hölzernen Pfählen, Ästen usw. bestand, die mit Baumrinde, Fellen oder ähnlichen Stoffen behangen waren; als Bindemittel und zur Abdichtung dienten Kuhmist und Lehm
Pütz	Wasserloch
Rivier	Trockenfluß, der sich nur zur Regenzeit mit Wasser füllt
story	(Eingeborenensprache) Gerücht
SWAPO	Abkürzung für »South West African People's Organisation«: Militante Befreiungsbewegung für Südwestafrika
Treck	Zug ~ (in Wortverbindungen: z. B. Treckochse, Treckgespann)
Tschambok	Nilpferdpeitsche
Vley	Tümpel im Rivierbett, mit stehengebliebenem Regenwasser gefüllt; auch als Kalkpfanne bezeichnet
Werft	Eingeborenendorf

2. Gliederung der Schutztruppe

a) Friedensgliederung im Jahre 1903

Kommandeur: Oberst Leutwein
Stellvertreter: Hauptmann von Fiedler

1. Feldkompanie (Windhuk)
   (Oberleutnant von Stillfried)
2. Feldkompanie (Omaruru)
   (Hauptmann Franke)
3. Feldkompanie (Keetmannshoop)
   (Hauptmann von Koppy)
4. Feldkompanie (Outjo)
   (Hauptmann Kliefoth)

Gebirgsbatterie (Okahandja)
(Hauptmann von Heydebreck)

b) Kriegsgliederung Anfang April 1904

Kommandeur: Oberst Leutwein
Generalstab: Hauptleute Salzer und Bayer

Hauptabteilung
Chef: Oberst Leutwein
(ab 17. April): Major von Estorff

4. Feldkompanie
   (Oberleutnant Epp)
   2. Kompanie des Marine-Expeditionskorps
   (Hauptmann Schering)

2. Feldkompanie
   (Hauptmann Franke)
6. Feldkompanie
   (Hauptmann von Bagenski)

1. Feldkompanie
   Oberleutnant von Stillfried)
5. Feldkompanie
   (Hauptmann Puder)

Maschinengewehrabteilung
(Leutnant von Saurma)
Feldartillerieabteilung
(Hauptmann von Heydebreck)

3. Feldbatterie (C.96)
   (Oberleutnant Bauszus)

2. Feld-(Geb.)Batterie
   (Leutnant von Hirschberg)

1. Feldbatterie (5,7 cm)
   (Hauptmann von Oertzen)

Bastardabteilung
(Oberleutnant Böttlin)

Witbooiabteilung
(Leutnant Müller von Berneck)

Ostabteilung
(Chef: Major von Glasenapp)

4. Kompanie des Marine-Expeditionskorps
   (Hauptmann Lieber)

1. Kompanie des Marine-Expeditionskorps
   (Hauptmann Fischel)

Schutztruppenkompanie
(Oberleutnant von Brockdorff)

Berittene Abteilung
(Oberleutnant von Winkler)
Artillerieabteilung
(Oberleutnant z. S. Mansholt)

c) **Truppeneinteilung für die Gefechte am Waterberg, 11. August 1904**

Kommandeur: Generalleutnant v. Trotha.
Chef des Generalstabes: Oberstleutnant Chales de Beaulieu.
Generalstab: Major Quade, Hauptleute Salzer, Bayer.
Adjutantur: Hauptmann v. Lettow-Vorbeck, Oberleutnant v. Bosse.

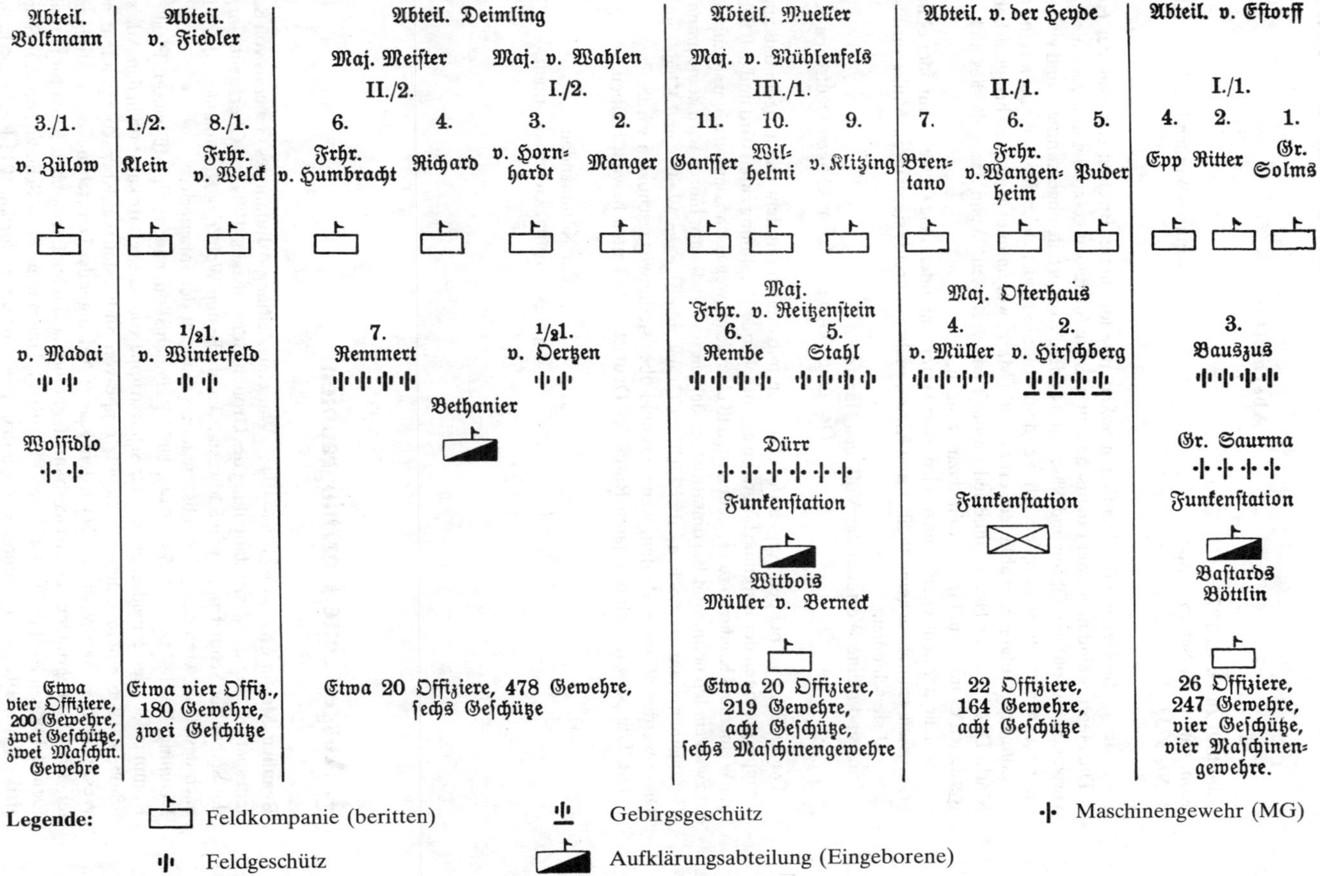

3. »Aufruf an das Volk der Herero« vom 2. Oktober 1904

Abschrift

Abschrift zu O. K. 17290
Kommando der Schutztruppe. Osombo-Windembe, den 2. 10. 1904
J. Nr. 3737

Ich der große General der Deutschen Soldaten sende diesen Brief an das Volk der Herero:

Die Hereros sind nicht mehr deutsche Untertanen. Sie haben gemordet und gestohlen, haben verwundeten Soldaten Ohren und Nasen und andere Körperteile abgeschnitten, und wollen jetzt aus Feigheit nicht mehr kämpfen. Ich sage dem Volk: Jeder der einen der Kapitäne an eine meiner Stationen **als Gefangenen abliefert,** erhält 1000 Mark, wer Samuel Maharero bringt, erhält 5000 Mark. Das Volk der Herero muß jedoch das Land verlassen. Wenn das Volk dies nicht tut, so werde ich es mit dem Groot Rohr dazu zwingen.

Innerhalb der deutschen Grenze wird jeder Herero mit oder ohne Gewehr, mit oder ohne Vieh erschossen, ich nehme keine Weiber und Kinder mehr auf, treibe sie zu ihrem Volke zurück, oder lasse auf sie schießen.

Dies sind meine Worte an das Volk der Herero.

Der große General des mächtigen Deutschen Kaisers.

Dieser Erlaß ist bei den Appels den Truppen mitzuteilen mit dem Hinzufügen, daß auch der Truppe, die einen der Kapitäne fängt, die entsprechende Belohnung zuteil wird und daß Schießen auf Weiber und Kinder so zu verstehen ist, daß über sie hinweggeschossen wird, um sie zum Laufen zu zwingen. Ich nehme mit Bestimmtheit an, daß dieser Erlaß dazu führen wird keine männlichen Gefangenen mehr zu machen, aber nicht zu Grausamkeit gegen Weiber und Kinder ausartet. Diese werden schon fortlaufen, wenn zweimal über sie hinweggeschossen wird.

Die Truppe wird sich des guten Rufes der Deutschen Soldaten bewußt bleiben.

der Kommandeur.
gez. v. Trotha, Generalleutnant.

4. Ausgewählte Kurzbiographien

Beaulieu, Martin Chales de (1857–1945). War eine Zeitlang Adjutant des Generals von Schlieffen, später Leiter der Zentralabteilung des Großen Generalstabs, 1904 (als Oberstleutnant) Chef des Stabes der Schutztruppe von Südwestafrika, im Ersten Weltkrieg Kommandeur des VI., danach des XIV. Armeekorps, verabschiedet als General der Infanterie.

Deimling, Berthold von (1853–1944). 1904 Regimentskommandeur in Mülhausen/Elsaß, 1904 Kommandeur des 2. Feldregiments der Schutztruppe von Südwestafrika, 1905 in den Adelsstand erhoben, 1906 Kommandeur der Schutztruppe von Südwestafrika, Korpskommandeur an der Westfront im Ersten Weltkrieg. Nach dem Kriege Anhänger der Deutschen Demokratischen Partei, 1924 Mitbegründer des »Reichsbanners«, einer sozialdemokratischen Kampforganisation.

Estorff, Ludwig von (1859–1943). 1894 Eintritt als Hauptmann in die Schutztruppe von Südwestafrika, 1907–1911 Kommandeur der Schutztruppe von Südwestafrika, 1911 Regimentskommandeur in Braunschweig, während des Ersten Weltkriegs Divisionskommandeur; nach dem Krieg als

Generalleutnant Führer des Reichswehrgruppenkommandos 3; verabschiedet aus der Reichswehr in Verbindung mit dem Kapputsch. Estorff war später eng verbunden mit Friedrich von Bodelschwingh, der in erbitterter Gegnerschaft zu den pro-nazistischen Deutschen Christen stand, und sympathisierte mit den Kritikern des Nationalsozialismus aus den Reihen der Evangelischen Kirche Deutschlands.

Franke, Victor (1865–1936). Diente in der Schutztruppe von Südwestafrika ab 1896, dessen Kommandeur er Ende 1914 wurde; unter seiner Führung kapitulierte die Schutztruppe vor der siegreichen südafrikanischen Armee unter General Botha im Sommer 1915 bei Khorab; nach dem Kriege verabschiedet als Generalmajor.

Glasenapp, Georg von (1857–1914). 1903 Major und Kommandeur des II. Seebataillons in Wilhelmshaven, 1904 Führer des Marine-Expeditionskorps in Südwestafrika, 1908–1914 Führer des Oberkommandos der Schutztruppen im Reichskolonialamt, kurz vor Ausbruch des Ersten Weltkriegs Verabschiedung aus der Armee als Generalleutnant.

Lettow-Vorbeck, Paul von (1870–1964). Kämpfte 1904–1905 im Stabe des Generalleutnants von Trotha gegen die Herero und Hottentotten in Südwestafrika, Ernennung zum Kommandeur der Schutztruppe von Deutsch-Ostafrika kurz vor Ausbruch des Ersten Weltkriegs; unter seiner Führung verteidigte die Schutztruppe 1914–1918 die Kolonie erfolgreich gegen die Westmächte; 1919 Übernahme in die Reichswehr, Führer einer Infanteridivision, die 1919 eine kommunistische Revolte in Hamburg niederschlug; 1920 Verabschiedung als Generalmajor, Mitglied einer Reihe rechtsgerichteter Organisationen, darunter der Volkskonservativen Vereinigung, einer Splittergruppe, die sich 1930 von der Deutschnationalen Volkspartei losgelöst hatte.

Leutwein, Theodor (1849–1921). 1885 Hauptmann, 1887–1891 Taktiklehrer an der Kriegsschule in Neiße, 1893 Major, 1894 Landeshauptmann, später Gouverneur von Südwestafrika, 1901 Oberst, 1905 Verabschiedung als Generalmajor.

Lindequist, Friedrich von (1862–1945). 1894 Oberrichter am Gouvernement des Schutzgebietes Südwestafrika, 1900 Generalkonsul in Kapstadt, 1905–1907 Gouverneur von Südwestafrika. 1907 Unterstaatssekretär, 1911 Verabschiedung aus dem Staatsdienst. Nach dem Ersten Weltkrieg Vizepräsident der Deutschen Kolonialgesellschaft.

Quade, Ferdinand (1860–?). Diente in Südwestafrika als Major und Chef des Stabes (Ia) der Schutztruppe 1904, ab 1906 Führer des Oberkommandos der Schutztruppen in der Kolonialabteilung des Auswärtigen Amtes, letzter Dienstgrad: Generalmajor.

Trotha, Lothar von (1848–1920). 1865 Eintritt in die preußische Armee. 1877 Hauptmann. Nach Verwendungen als Bataillonskommandeur (1893 Oberstleutnant) war er 1894 bis 1897 Vizegouverneur von Deutsch-Ostafrika und Kommandeur der Schutztruppe. 1896 bereiste er die Kolonie bis an die Grenzen des Kongostaates (vergleiche »Meine Bereisung von Deutsch-Ostafrika«, 1898). Nach seiner Rückkehr war er als Oberst Kommandeur eines Infanterieregiments und einer Infanteriebrigade. Im Feldzug gegen China wurde er 1900 Generalmajor und Kommandeur der 1. Ostasiatischen Infanteriebrigade. Dort unternahm er sieben Expeditionen, bereiste 1901 Japan, Java, Sumatra, Hinterindien, Vorderindien und Ceylon und wurde nach seiner Rückkehr 1902 wieder Brigadekommandeur. Seit 1903 war er als Generalleutnant Kommandeur der 16. Division in Trier. Im Mai 1904 ging er als Kommandeur des Expeditionskorps bzw. der Schutztruppe nach Deutsch-Südwestafrika, im November wurde er auch Gouverneur. Bis Oktober 1904 führte er die Niederwerfung der Herero zu Ende, November 1904 bis Februar 1905 leitete er den Feldzug gegen die Hottentotten, kämpfte von Februar bis Mai bei Gibeon, traf im Juni in Keetmanshoop ein und kämpfte dann in den Karrasbergen gegen Morenga und im Bethanierland gegen Hendrik Witbooi und Cornelius. Im November 1905 abberufen, nahm er 1906 seinen Abschied.

Quellen- und Literaturverzeichnis

Archivquellen

1. Bundesarchiv Koblenz (BA)

R 43 F, Bd. 1, 1904–1907 (Reichskanzlei: Kolonialdebatten im Reichstag)

D. IV. k. 1. Feldzug gegen die Bondelzwarts, 1903

D. IV. k. 2., Bd. 1–3: Feldzug gegen die Bondelzwarts

D. IV. L. 1: Feldzug gegen die Hereros, 1904–1906: Weißbuch über den Herero-Aufstand, 1904, u. a. Brief Präses Diehl an Gouverneur Leutwein vom 5. September 1904 über die Ursachen des Aufstands

D. IV. L. 2.: Bd. 1–6: Feldzug gegen die Hereros. 1904–1906: Feldzug, 1904–1909, u. a. eine Aufstellung »Übergriffe Weißer auf Farbige in Deutsch-Südwestafrika«; Schr. Kais. Gouvernement für Südwestafrika vom 29. September 1904: »Die historische Entwicklung des Schutzgebiets und deren Zusammenhang mit dem Hereroaufstande«; Manuskript Gouverneur Leutweins: »Proklamation an das Volk der Hereros« vom 30. Mai 1904; verschiedene Auszüge aus britischen Zeitungen (Kapkolonie) über »Ill-Treatment of Natives by Germany«, »Tagesbericht des Bergrats Duft über die Vorgänge beim Aufstande der Hereros im Distrikt Okahandya« vom 17. Janaur 1904.

D. IV. L. 3, Bd. 1–6: Feldzug gegen die Hereros, 1904–1906: Kriegsgefangene, 1904–1913.

D. IV. L. 4, Bd. 1–5: Feldzug gegen die Hereros, 1904–1906: Kriegsbeute, 1904–1908

D. IV. L. 5: Feldzug gegen die Hereros, 1904–1906: Auswanderungsbewegung der Hereros, 1907–1909

Nachlässe (BA):

Nachlaß Epp, N1 a, Mappe M5 (u. a. Tagebuch 1904)

Nachlaß Franke: Aktenstück Nr. 3 (Tagebuch vom 5. September 1903 – 18. Dezember 1904) Aktenstück Nr. 21: »Der Aufstand in Deutsch-Südwestafrika und die nachfolgenden Jahre«, u. a. Vortrag, gehalten 1920 in Liegnitz

Nachlaß Paul Leutwein: u. a. Manuskript Roman »Im Banne Afrikas«

»Kleine Erwerbungen« (BA):

Lindequist (S. 79)

2. Bundesarchiv Militärarchiv Freiburg (MA):

RM 2 Kaiserliches Marinekabinett, Aktenband 1867: Expedition nach Südwestafrika. Aufstand der Hereros (1904–1906)

RM 3 Reichs-Marine-Amt, Aktenband 10263 und 14290: Expedition nach Südwestafrika. Aufstand der Hereros (1904–1906)

RM 5 Admiralstab der Marine, Aktenband 6051, 6052, 6053 u. 6054: Aufstand der Herero in Südwestafrika (1904–1906)

RM 31 Marinestation der Ostsee, Aktenband 811: Expedition nach Südwestafrika, der Aufstand der Hereros (1904–1906), u. a. Denkschrift Oberst Dürr über Kampfesweise der Hereros

RM 33/v. 166: Expedition nach Südwestafrika, Gefechtsberichte des Majors von Glasenapp

RM 121, Aktenband 420, 422 und 1867: Expedition nach Südwestafrika, der Aufstand der Hereros (1904–1906), u. a. Heliogramm 2. Feld-Kp. der Schutztruppe vom 11. Februar 1904

RW 51/18: Erfahrungen mit der Verstärkung der Schutztruppe in Südwestafrika

Nachlässe:

N 103 Nachlaß Generalmajor a. D. von Lettow-Vorbeck (soweit Hereroaufstand betreffend, u. a. privates KTB)

N 559 Nachlaß General der Infanterie Berthold von Deimling, v. 7: KTB 2. Feldregiment

3. Public Record Office (PRO), Kew Gardens, London
C. O. 545 Register, Class. C. O. 417: Papers of the Colonial Office relating to the High Commission territories in South Africa (soweit Hereroaufstand 1904 betreffend)
C. O. 545 Register, Class C. O. 806: Colonial Office: Material relating to the Herero uprising in German South West Africa 1904–1905 (internal circulation)
C. O. 336 Register, Class C. O. 48: Correspondence High Commissioner of the territories in South Africa: Correspondence with the Governor of the Cape Colony relating to the Herero uprising 1904–1905 in German South West Africa

4. Staatsargiefdiens, Government Archives Service, Kapstadt, Südafrika
KAB 770072546, Verwysing 116, Vol 24: »Entry of Natives into the Colony«
KAB 770072599, Verwysing 116, Vol. 77: »Influx of Natives from German South West Africa into Bechuanaland«
KAB 770020376, Verwysing B 2331, Vol. 647: »Rebellion in German South West Africa. Protection of Refugees«
KAB 770090296, Verwysing 13603, Vol. Nr. 1536: »Native Refugees from German Territory. Report by Legal Adviser«

5. **Eigene Korrespondenz** mit dem Director of Archives, Department of National Education, Windhoek, South West Africa/Namibia

Regierungsveröffentlichungen

His Majesty's Stationery Office: Report on the Natives of South West Africa and Their Treatment by Germany. London, 1918 (erstellt im Administrator's Office, Windhoek, SWA, Januar 1918)
Reichskolonialamt: Deutsches Kolonialblatt, Jg. 15 (1904) und 16 (1905)
Reichskolonialamt: Die Kämpfe der deutschen Truppen in Südwestafrika. Auf Grund amtlichen Materials bearbeitet von der Kriegsgeschichtlichen Abteilung I des Großen Generalstabes. Erster Band. Der Feldzug gegen die Hereros. Berlin 1906
Reichskolonialamt: Mitteilungen aus den deutschen Schutzgebieten, Jg. 1913
Reichstag: Drucksache Nr. 734, 21. März 1905: Denkschrift über den Verlauf des Aufstands in Deutsch-Südwestafrika

Tageszeitungen

Berliner Lokalanzeiger, Jg. 1904
Berliner Tageblatt, Jg. 1908
Der Reichsbote, Jg. 1904
Deutsch-Südwestafrikanische Zeitung (früher: Windhuker Anzeiger), Jg. 1904
Frankfurter Zeitung, Jg. 1904 und 1909
Hamburger Nachrichten, Jg. 1904
Wilhelmshavener Tageblatt, Jg. 1905

Zeitschriften, Periodika

Berichte der Rheinischen Missionsgesellschaft, 1891–1906
Deutsche Kolonialzeitung, Jg. 1904, 1905 und 1906
Deutsche Reichspost, Jg. 1907

Journal der Wissenschaftlichen Gesellschaft, Jg. 1955/1956, Windhoek 1956
Marine-Rundschau, Jg. 1904–1907 u. a.: Artikel »Das Marine-Expeditionskorps in Südwest-Afrika während des Herero-Aufstandes. Auf Grund amtlichen Materials bearbeitet im Admiralstab der Marine«, Berlin, 1905 und Artikel »Die Tätigkeit des Landungskorps S. M. S. ›Habicht‹ während des Herero-Aufstandes in Süd-West-Afrika. Januar/Februar 1904. Auf Grund amtlichen Materials bearbeitet im Admiralstab der Marine.« Berlin 1905
Militärwochenblatt, Jg. 1904 und 1905
Nachrichten der Gesellschaft für Wissenschaftliche Entwicklung Swakopmund, Jg. 12 (1980)
Die Reformation, Jg. 3 (1904)
Zeitschrift für Ethnologie, Jg. 1955
Zeitschrift für Kolonialpolitik, Kolonialrecht und Kolonialwirtschaft, Jg. 8 (1906)

Sonstige Veröffentlichungen

Albertini, Rudolf von: Europäische Kolonialherrschaft. Die Expansion in Übersee 1880–1940. München 1982
Alverdes, Hermann: Mein Tagebuch aus Südwest. Oldenburg 1907
Auer, G.: In Südwestafrika gegen die Hereros. Nach den Kriegs-Tagebüchern des Obermatrosen G. Auer. Berlin 1911
Auer von Herrenkirchen, Helmuth: Meine Erlebnisse während des Feldzugs gegen die Hereros und Witboois. Berlin 1907

Bayer, Maximilian: Südwestafrikanische Kriegsbilder, in: Deutsche Kolonialzeitung, Jg. 1906, Nr. 39
Bayer, Maximilian: Der Krieg in Südwestafrika und seine Bedeutung für die Entwicklung der Kolonie. Leipzig 1908
Bayer, Maximilian: Mit dem Hauptquartier in Südwestafrika. Leipzig 1909
Belwe, Max: Gegen die Herero 1904–1905. Tagebuchaufzeichnungen von Max Belwe. Berlin 1906
Bley, Helmuth: South West Africa under German Rule 1894–1914. London 1928
Bridgman, Jon M.: The Revolt of the Hereros. Berkeley und Los Angeles 1981
Bülow, Bernhard Früst von: Denkwürdigkeiten, 3 Bde., II. Band, Berlin 1930, S. 20f.

Deimling, Berthold von: Aus der alten in die neue Zeit. Lebenserinnerungen von Berthold von Deimling. Berlin 1930
Dincklage-Campe: Deutsche Reiter in Südwest. Berlin 1908
Doehler, Christian: Christian Doehler erzählt, in: Beilage zu den »Nachrichten«, Jg. 12, 1980, Heft 12, der Gesellschaft für Wissenschaftliche Entwicklung Swakopmund
Drechsler, Horst: Südwestafrika unter deutscher Kolonialherrschaft. Der Kampf der Hereros und Namas gegen den deutschen Imperialismus (1884–1915). Berlin (Ost) 1966
Driessler, Heinrich: Die Rheinische Mission in Südwestafrika. Gütersloh 1932

Eckenbrecher, Margarete von: Was Afrika mir gab und nahm. Berlin 1907
Einem, Generaloberst von: Erinnerungen eines Soldaten 1853–1933. Leipzig 1933
Engelbrechten, A. von: Der Krieg in Deutsch-Südwestafrika, in: Zeitschrift für Kolonialpolitik, Kolonialrecht und Kolonialwirtschaft, Jg. 8, 1906
Erffa, Burckhart, Freiherr von: Reise- und Kriegsbilder in Deutsch-Südwestafrika, Halle 1905
Erzberger, Matthias: Die Kolonial-Bilanz. Bilder aus der deutschen Kolonialpolitik. Berlin 1906
Estorff, Ludwig von: Kriegserlebnisse in Südwestafrika, in: Militärwochenblatt, Jg. 1911, Beiheft 3

Estorff, Ludwig von: Wanderungen und Kämpfe in Südwestafrika, Ostafrika und Südafrika 1894–1910. Unveröffentlichte Dokumente zur Kolonialgeschichte Afrikas. Herausgegeben von Christoph-Friedrich Kutscher. Wiesbaden 1968

Fabri, Friedrich: Fünf Jahre deutsche Kolonial-Politik, Gotha 1889

Falkenhausen, Helene von: Ansiedlerschicksale. Elf Jahre in Deutsch-Südwestafrika 1893–1904. Berlin 1905

Frenssen, Gustav: Peter Moors Fahrt nach Südwest, Berlin 1912

Gann, L. H., und Peter Duignan: The Rulers of German Africa. Stanford, California 1977

Grimm, Hans: Gustav Voigts. Ein Leben in Deutsch-Südwest. München 1929

Grümpelt, Werner: Im Herzen von Deutsch-Südwest. Erlebnisse des deutschen Reiters Albin Freier. Berlin 1939

Hintrager, Oskar: Südwestafrika in der deutschen Zeit. München 1955

Irle, I.: Was soll aus den Herero werden?. Gütersloh 1906

Irle, I.: Die Herero. Ein Beitrag zur Landes-, Volks- und Missionskunde. Gütersloh 1906

Jacob, E. G.: Deutsche Kolonialpolitik in Dokumenten. Gedanken und Gestalten aus den letzten fünfzig Jahren. Leipzig 1938

Kerremans, A.:Quelques observations sur la stratégie des Allemands dans la guerre contre les héreros. Paris 1913

Kleist, Detlev von: Der Hererofeldzug 1904–1906. Flensburg 1908

Kolbe, Paul: Unsere Helden in Südwestafrika. I. Die Kämpfe mit den Hereros. Leipzig 1907

Lenssen, H. E.: Chronik von Deutsch-Südwestafrika. Windhoek 1972

Lettow-Vorbeck, Paul von: Mein Leben. Biberach o.J.

Leutwein, Paul: Afrikanerschicksal. Gouverneur Leutwein und seine Zeit. Stuttgart 1929

Leutwein, Paul: Du weitest Deine Brust, der Blick wird freier. Kriegs- und Wanderjahre in Südwestafrika. Berlin 1909

Leutwein, Paul: Kämpfe um Afrika. Sechs Lebensbilder. Lübeck 1936

Leutwein, Theodor: Elf Jahre Gouverneur in Südwestafrika. Berlin 1908

Moritz, W.: Erlebnisse im Hereroaufstand 1904, in: Aus alten Tagen in Südwest, herausgegeben von Walter Moritz, Heft 3. Karibib 1971

Mossolov, N.: Die Verhaal von Namutoni. Windhoek, 1971

Müller, Fritz F.: Kolonien unter der Peitsche. Berlin (Ost) 1962

Noske, Gustav: Kolonialpolitik und Sozialdemokraten. Stuttgart 1914

Nussbaum, M.: Vom Kolonialenthusiasmus zur Kolonialpolitik der Monopole. Zur deutschen Kolonialpolitik unter Bismarck, Caprivi, Hohenlohe. Berlin (Ost) 1962

Paschasius, W.: Die Befreiung Okahandjas während des Herero-Aufstands. Windhoek 1951

Passarge, Siegfried: Das Kaukaufeld, ein Rückzugsgebiet der Hereros, in: Deutsche Kolonialzeitung, Jg. 1904, Nr. 21, S. 355ff.

Petschull, Jürgen: Der Wahn vom Weltreich. Hamburg 1984

Pool, Gerhardus: Die Herero-Opstand 1904–1907. Kapstadt und Pretoria, 1979

Prittwitz und Gaffron von: Geschichte des I. See-Bataillons. Oldenburg 1912

Renck-Reichert, Kurt: Kampf um Südwest. Wedel in Holstein 1938

Rheinische Missionsgesellschaft: Die Rheinische Mission und der Hereroaufstand – Erlebnisse und Beobachtungen Rheinischer Missionare, Heft 1–4. Barmen 1904

Rohrbach, Paul: Um des Teufels Handschrift. Hamburg 1953

Rohrbach, Paul: Aus Südwestafrikas schweren Tagen. Blätter von Arbeit und Abschied. Berlin 1909
Rohrbach, Paul: Deutsche Kolonialwirtschaft. I. Südwest-Afrika. Berlin 1907
Rosenberg von: Das Gefecht bei Klein-Barmen, in: Militärwochenblatt, Jg. 1904, Nr. 54
Rust, Conrad: Krieg und Frieden im Hererolande. Aufzeichnungen aus dem Kriegsjahre 1904. Berlin 1905

Salzmann, Erich von: Im Kampfe gegen die Herero. Berlin 1905
Scheer, Maximilian: Schwarz und Weiß am Waterberg. Schwerin 1952
Schlosser, Katera: Die Herero im britischen Betschuana-Protektorat und ein Besuch in einer ihrer Siedlungen: Newe-le-tau, in: Zeitschrift für Ethnologie, Jg. 1955, Bd. 80, Nr. 2
Schmidt, Max: Aus unserem Kriegsleben in Südwestafrika. Erlebnisse und Erfahrungen von Max Schmidt. Berlin 1907
Schoen, Walter von: Deutschlands Kolonialweg. Die Geschichte unserer Schutzgebiete. Berlin 1939
Schröder-Stranz: Südwest, Kriegs- und Jagdfahrten. Berlin 1910
Schwabe, Kurd: Der Krieg in Deutsch-Südwestafrika 1904–1906. Berlin 1907
Seiner, Franz: Ergebnisse einer Bereisung der Omaheke in den Jahren 1910–1912, in: Mitteilungen aus den deutschen Schutzgebieten, Jg. 1913, S. 225–316
Seiner, Franz: Bergtouren und Steppenfahrten in Südwestafrika. Tagebuchnotizen und Schlußfolgerungen. Hamburg 1906
Semler, Dr.: Meine Beobachtungen in Südwestafrika. Hamburg 1906
Simplex Africanus (pseud.): Laasch, Leutnant, und Lene, Hauptmann: Mit der Schutztruppe durch Deutsch-Afrika. Minden 1905
Sonnenberg, Elise: Wie es am Waterberg zuging. Berlin 1905
Spiecker, Pastor: Die Rheinische Mission im Hereroland. Barmen 1906
Streitwolf: Reise ins Ngami-Gebiet, in: Deutsches Kolonialblatt, Jg. 16 (1905), S. 707 ff.
Stülpnagel, C. von: Heiße Tage. Meine Erlebnisse im Kampf gegen die Hereros. Berlin 1906
Sudholt, Gert: Die deutsche Eingeborenenpolitik in Südwestafrika – Historische Texte – Studien. Hildesheim 1975

Trautmann, Otto: Im Herero- und Hottentottenland. Ernste und heitere Erinnerungen aus dem großen Aufstand. Oldenburg 1913

Vedder, H.: Kurze Geschichten aus einem langen Leben. Wuppertal 1953
Vedder, H.: The Native Tribes of South West Africa. The Herero. Kapstadt 1928
Vedder, H.: Die Voorgeskiedenis van Suidwes-Afrika. Gebeurtenisse in Suidwes tot aan die dood van Maharero in 1890. Windhoek 1937
Voigt, Bernhard: Die Farmer am Seeis-Rivier. Potsdam 1937

Wülfging, Walther: Die deutschen Südwester. Die Geschichte eines Kolonialkämpfers. Reutlingen o. J.

Zitschin, C.: Als Reiter in Südwest. Breslau 1937

Bildteil

Theodor Leutwein

Samuel Maharero

Herero-Pontok

Hendrik Witbooi

Station im Khanfluß △

Kanonenboot »Habicht« ▽

Hauptmann Franke

Die von den Herero verwüstete Farm Etiro des ermordeten Farmers Joost.

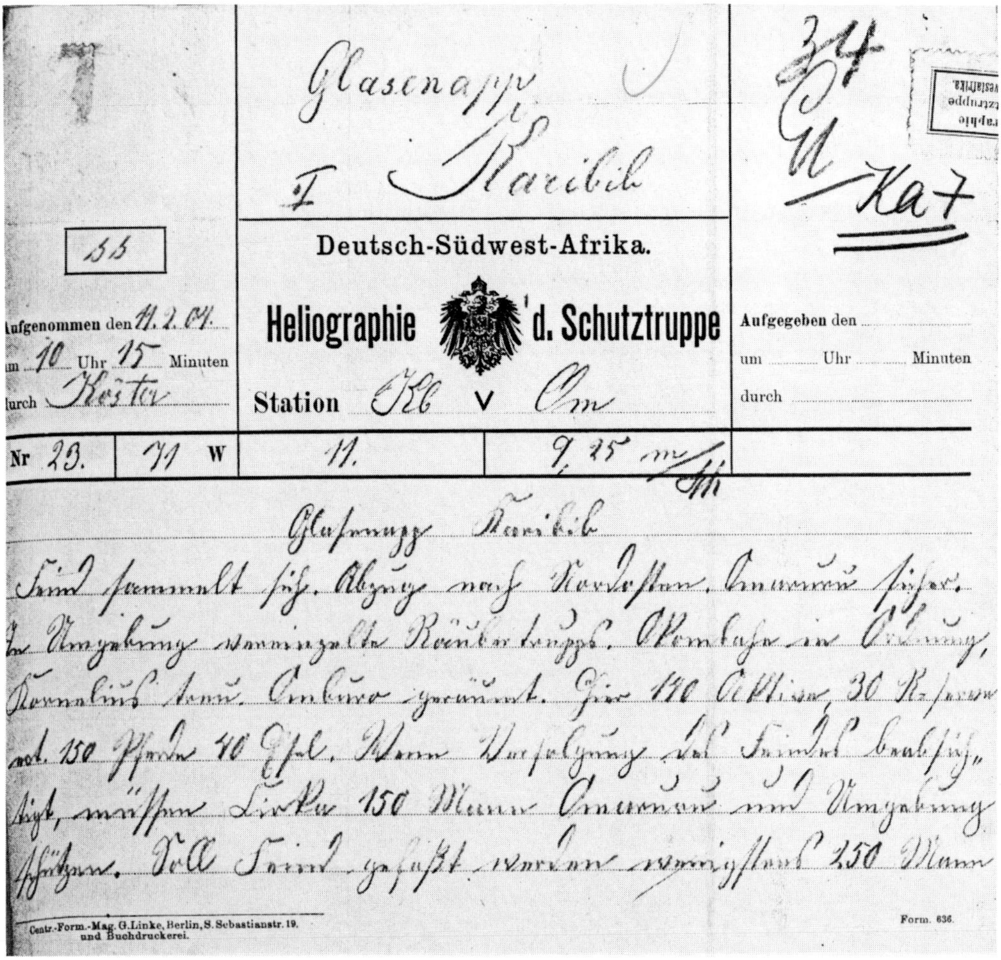

Heliogramm des Hauptmanns Franke an Major von Glasenapp zur Lage in Omaruru, aufgenommen am 11. Februar 1904 (Blatt 1).

II

Deutsch-Südwest-Afrika.

Heliographie d. Schutztruppe

Station V

Aufgenommen den ...... um ...... Uhr ...... Minuten durch ......

Aufgegeben den ...... um ...... Uhr ...... Minuten durch ......

Nr | W

Franke.

Heliogramm des Hauptmanns Franke an Major von Glasenapp zur Lage in Omaruru, aufgenommen am 11. Februar 1904 (Blatt 2).

Unteroffiziersposten der Marineinfanterie bei Omaruru.

Die Westabteilung (Major von Estorff) auf dem Marsch durch den Busch in Richtung Otjihanamaparero.

Die Felswand (Klippe) oberhalb der (jetzt versiegten) Wasserquelle, Wasserstelle Otjihanamaparero, Blickrichtung Nord, vom »Felsigen Rand« aus.

Auslaufen des Lloyd-Dampfers »Darmstadt« mit dem eingeschifften Marine-Expeditionskorps aus der ersten Einfahrt in Wilhelmshaven am 21. Januar 1904.

Truppen vor der Einschiffung am Petersenkai in Hamburg, 6. Februar 1904.

Major von Glasenapp

Seesoldat nach vier Wochen Buschmarsch.

Hererohäuptling Tjetjo und sein Sohn Traugott.

Heliographen-Signalstation bei Otjosongombe.

Generalleutnant Lothar von Trotha

Nach dem Kommandowechsel: General von Trotha und Oberst Leutwein in Windhuk, Juli 1904.

Das Waterberg-Massiv (von Südosten gesehen).

Tränken der Pferde an der Wasserstelle Hamakari, aufgenommen am 12. August 1904, am Tage nach dem Gefecht am Waterberg.

Aus dem Sandfeld entwichene Herero, die sich den deutschen Truppen gestellt haben.

Kettengefangene

Eisenbahntransport gefangener Herero.

Der Friedhof der im Gefecht bei Waterberg gefallenen Schutztruppler nahe dem heutigen Touristen-Rastplatz Waterberg.

Nahe dem Ehrenfriedhof Waterberg erinnert dieser Gedenkstein an die direkt bei der Station Waterberg ums Leben gekommenen Schutztruppler: Die auf der oberen Tafel aufgeführten Soldaten starben beim Gefecht nahe der Station, die sieben auf der unteren Tafel genannten Soldaten wurden beim Überfall der Herero auf den Polizeiposten Waterberg umgebracht.

Grabmal Samuel Mahareros, seines Vaters und seines Großvaters.

Personenregister

Register geographischer Namen

Verzeichnis der Karten

Bildnachweis

a) Ursprung der Karten

Karte 1, 14, 15, Vorsatz hinten: Zeichnungen nach verschiedenen Vorlagen
Karte 2: Kurd Schwabe: »Der Krieg in Deutsch-Südwestafrika 1904–1906«
Karte 3: Rust: »Krieg und Frieden im Hereroland«
Karte 4, 5, 8, 10, 12, 13, Vorsatz vorne: Großer Generalstab: »Die Kämpfe der deutschen Truppen in Südwestafrika«
Karte 7: Leutwein: »Elf Jahre Gouverneur in Deutsch-Südwestafrika«
Karte 9, 11: Bayer: »Mit dem Hauptquartier in Südwestafrika«

b) Herkunft der Fotos

Abb. 1: Paul Leutwein: »Afrikanerschicksal. Gouverneur Leutwein und seine Zeit«
Abb. 2, 8, 10, 11, 14, 16, 17, 19, 25: Kurd Schwabe: »Der Krieg in Deutsch-Südwestafrika«
Abb. 3, 23: G. Auer: »In Südwestafrika gegen die Hereros«
Abb. 4, 5, 7, 20: Theodor Leutwein: »Elf Jahre Gouverneur in Südwestafrika«
Abb. 6, 13: Archiv Koop, 2940 Wilhelmshaven
Abb. 9: Bundesarchiv-Militärarchiv Freiburg
Abb. 12, 21, 26, 27, 28: Autor
Abb. 15, 18, 22: Dincklage-Campe: »Deutsche Reiter in Südwest«
Abb. 24: Paul Kolbe: »Unsere Helden in Südwestafrika. I. Die Kämpfe mit den Hereros«

Der Autor

Walter Nuhn, geb. 1928 in Norderney, wohnhaft in Wilhelmshaven.
Oberschulbesuch in Wilhelmshaven und Cuxhaven, unterbrochen durch kurzen Wehrdienst und zweijährige russische Kriegsgefangenschaft; 1950 Abitur.
1951–1955 Hochschulstudium (Theologie, Anglistik) in Hamburg, Kiel und Göttingen.
Ab 1957 berufliche Tätigkeit im sprachlichen Bereich (englisch, französisch, russisch) zunächst als Dolmetscher und Übersetzer bei den amerikanischen Stationierungsstreitkräften, danach in der Luftfahrtindustrie, seit 1963 als Fachübersetzer im Sprachendienst der Bundeswehr, ab 1967 Verwendung in verschiedenen Kommandobehörden der Bundesmarine in Wilhelmshaven.
Durch frühe Kontakte zur Marine (Vater Marineoffizier) schon in der Jugend Interesse an deutscher Marine- und Kolonialgeschichte. Vertiefung der kolonialgeschichtlichen Kenntnisse durch Archivbesuche im In- und Ausland und Bereisung der früheren deutschen Schutzgebiete Kamerun, Deutsch-Südwestafrika (Namibia) und Deutsch-Ostafrika (Tansania).
Bisherige Veröffentlichungen:
Abhandlung über den Einsatz des Marine-Expeditionskorps in Südwestafrika während des Hereroaufstands 1904; verschiedene kolonialhistorische Aufsätze in Tageszeitungen.

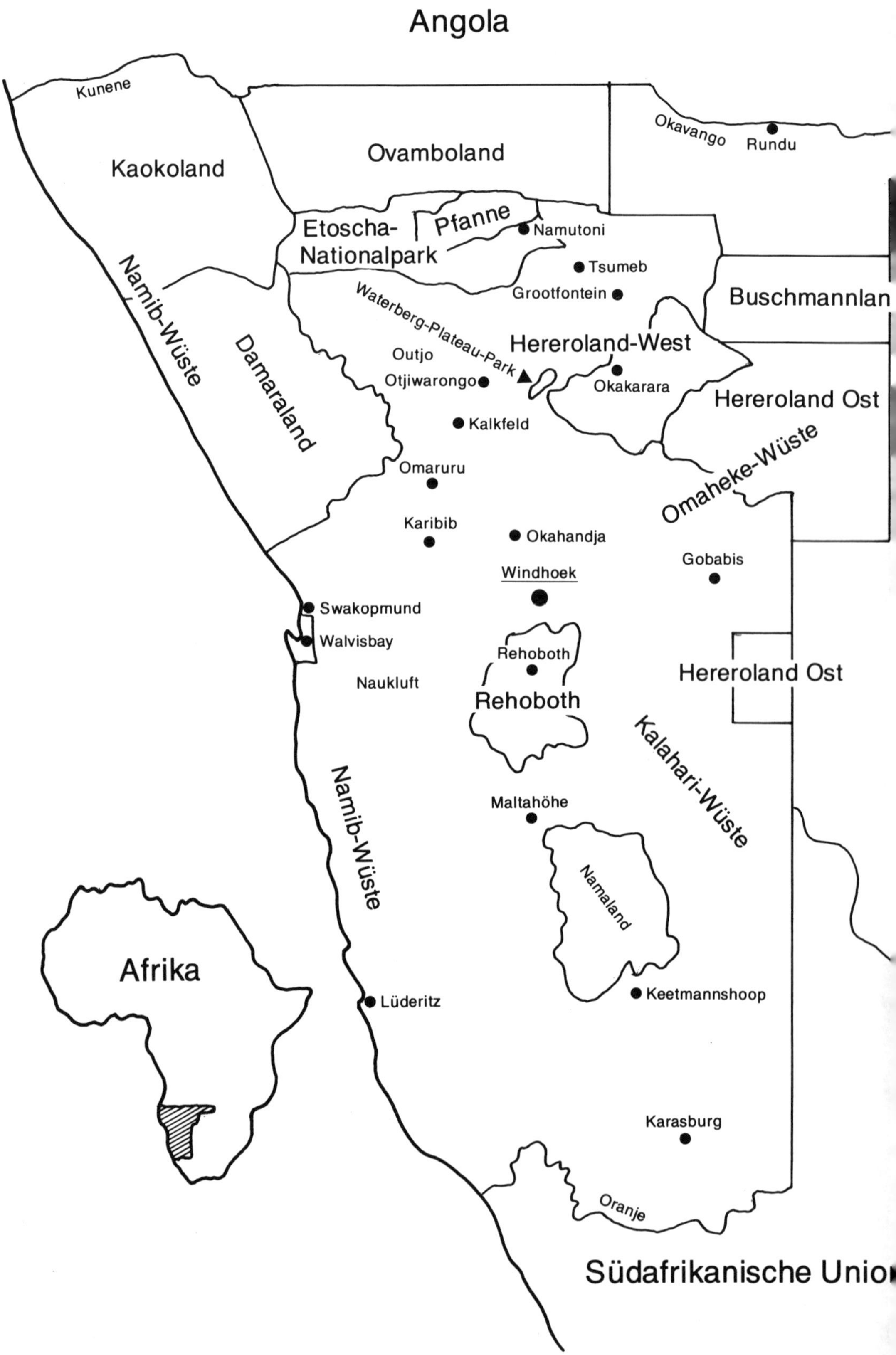
Angola
Kunene
Kaokoland
Ovamboland
Okavango
Rundu
Etoscha-
Pfanne
Nationalpark
Namutoni
Tsumeb
Grootfontein
Buschmannlan
Namib-Wüste
Damaraland
Waterberg-Plateau-Park
Hereroland-West
Outjo
Otjiwarongo
Okakarara
Hereroland Ost
Kalkfeld
Omaheke-Wüste
Omaruru
Karibib
Okahandja
Gobabis
Windhoek
Swakopmund
Walvisbay
Rehoboth
Naukluft
Rehoboth
Hereroland Ost
Kalahari-Wüste
Namib-Wüste
Maltahöhe
Namaland
Afrika
Lüderitz
Keetmannshoop
Karasburg
Oranje
Südafrikanische Unio